# 法律法规选编

## （上册）

《法律法规选编》编委会　编

中国铁道出版社

2016年·北京

**图书在版编目(CIP)数据**

法律法规选编:全2册/《法律法规选编》编委会编.
—北京:中国铁道出版社,2016.5 (2016.11重印)
ISBN 978-7-113-20265-1

Ⅰ.①法… Ⅱ.①法… Ⅲ.①法律—汇编—中国
Ⅳ.①D920.9

中国版本图书馆CIP数据核字(2015)第076042号

**书　　名:法律法规选编(上册)**
**作　　者:**《法律法规选编》编委会　编

**策　　划:**熊安春
**责任编辑:**陈若伟　王洪钦　　**编辑部电话:**(010)51873179
**封面设计:**郑春鹏
**责任印制:**郭向伟

**出版发行:**中国铁道出版社(100054,北京市西城区右安门西街8号)
**印　　刷:**中国铁道出版社印刷厂
**版　　次:**2016年5月第1版　2016年11月第3次印刷
**开　　本:**880 mm×1 230 mm　1/32　印张:32　字数:921千
**书　　号:**978-7-113-20265-1
**定　　价:**98.00元(上、下册)

# 前　　言

党的十八届四中全会审议通过了《中共中央关于全面推进依法治国若干重大问题的决定》。贯彻落实党的十八届四中全会精神，加快铁路现代化建设，最重要最根本的任务之一就是学好法律法规，用好法律法规，执行好法律法规，坚持依法治企、依法管企、依法生产，依法推进铁路运输、经营、建设和改革工作，做到有法必依，依法工作。

为了认真贯彻党中央关于依法治国伟大方略，落实铁路总公司党组的部署要求，推进铁路企业法制建设，配合“七五”普法教育，中国铁道出版社组织专业人员编写了《铁路职工法律普及教育读本》《法律法规选编》《铁路职工法律法规知识问答》，方便各级干部和职工学习。

学法的目的是为了知法、守法、依法律法规的规定开展工作，维护客户、企业和职工的正当权益。各级组织要加大依法治企的宣传教育工作，各级领导干部要在学法、守法、依法管理工作中发挥表率作用。各单位安排年度工作、各级领导干部集中学习、各类培训班和干部职工的日常学习都要安排有关法律法规的学习内容，用法律法规的观点、方法开展工作，学以致用，解决问题，做知法、守法、依法管理、依法生产的优秀职工。

编　者

# 目　录

## 宪法类



## 民商法律类

## 劳动与社会保险法律类

## 刑事法律类



## 行政法律类

# 第一部分

## 宪 法 类

# 中华人民共和国宪法

（1982年12月4日第五届全国人民代表大会第五次会议通过，1982年12月4日全国人民代表大会公告公布施行，根据1988年4月12日第七届全国人民代表大会第一次会议通过的《中华人民共和国宪法修正案》第一次修正，1993年3月29日第八届全国人民代表大会第一次会议通过的《中华人民共和国宪法修正案》第二次修正，1999年3月15日第九届全国人民代表大会第二次会议通过的《中华人民共和国宪法修正案》第三次修正，2004年3月14日第十届全国人民代表大会第二次会议通过的《中华人民共和国宪法修正案》第四次修正）

## 目　　录



## 序　　言

中国是世界上历史最悠久的国家之一。中国各族人民共同创造了光辉灿烂的文化，具有光荣的革命传统。

一八四〇年以后，封建的中国逐渐变成半殖民地、半封建的国家。中国人民为国家独立、民族解放和民主自由进行了前仆后继的英勇奋斗。

二十世纪，中国发生了翻天覆地的伟大历史变革。

一九一一年孙中山先生领导的辛亥革命，废除了封建帝制，创立了中华民国。但是，中国人民反对帝国主义和封建主义的历史任务还没有完成。

一九四九年，以毛泽东主席为领袖的中国共产党领导中国各族人民，在经历了长期的艰难曲折的武装斗争和其他形式的斗争以后，终于推翻了帝国主义、封建主义和官僚资本主义的统治，取得了新民主主义革命的伟大胜利，建立了中华人民共和国。从此，中国人民掌握了国家的权力，成为国家的主人。

中华人民共和国成立以后，我国社会逐步实现了由新民主主义到社会主义的过渡。生产资料私有制的社会主义改造已经完成，人剥削人的制度已经消灭，社会主义制度已经确立。工人阶级领导的、以工农联盟为基础的人民民主专政，实质上即无产阶级专政，得到巩固和发展。中国人民和中国人民解放军战胜了帝国主义、霸权主义的侵略、破坏和武装挑衅，维护了国家的独立和安全，增强了国防。经济建设取得了重大的成就，独立的、比较完整的社会主义工业体系已经基本形成，农业生产显著提高。教育、科学、文化等事业有了很大的发展，社会主义思想教育取得了明显的成效。广大人民的生活有了较大的改善。

中国新民主主义革命的胜利和社会主义事业的成就，是中国共产党领导中国各族人民，在马克思列宁主义、毛泽东思想的指引下，坚持真理，修正错误，战胜许多艰难险阻而取得的。我国将长期处于社会主义初级阶段。国家的根本任务是，沿着中国特色社会主义道路，集中力量进行社会主义现代化建设。中国各族人民将继续在中国共产党领导下，在马克思列宁主义、毛泽东思想、邓小平理论和“三个代表”重要思想指引下，坚持人民民主专政，坚持社会主义道路，坚持改革开放，不断完善社会主义的各项制度，发展社会主义市场经济，发展社会主义民主，健全社会主义法制，自力更生，艰苦奋斗，逐步实现工业、农业、国防和科学技术的现代化，推动物质文明、政治文明和精神文明协调发展，把我国建设成为富强、民主、文明的社会主义国家。

在我国，剥削阶级作为阶级已经消灭，但是阶级斗争还将在一定范围内长期存在。中国人民对敌视和破坏我国社会主义制度的国内外的敌对势力和敌对分子，必须进行斗争。

台湾是中华人民共和国的神圣领土的一部分。完成统一祖国的大业是包括台湾同胞在内的全中国人民的神圣职责。

社会主义的建设事业必须依靠工人、农民和知识分子，团结一切可以团结的力量。在长期的革命和建设过程中，已经结成由中国共产党领导的，有各民主党派和各人民团体参加的，包括全体社会主义劳动者、社会主义事业的建设者、拥护社会主义的爱国者和拥护祖国统一的爱国者的广泛的爱国统一战线，这个统一战线将继续巩固和发展。中国人民政治协商会议是有广泛代表性的统一战线组织，过去发挥了重要的历史作用，今后在国家政治生活、社会生活和对外友好活动中，在进行社会主义现代化建设、维护国家的统一和团结的斗争中，将进一步发挥它的重要作用。中国共产党领导的多党合作和政治协商制度将长期存在和发展。

中华人民共和国是全国各族人民共同缔造的统一的多民族国家。平等、团结、互助的社会主义民族关系已经确立，并将继续加强。在维护民族团结的斗争中，要反对大民族主义，主要是大汉族主义，也要反对地方民族主义。国家尽一切努力，促进全国各民族的共同繁荣。

中国革命和建设的成就是同世界人民的支持分不开的。中国的前途是同世界的前途紧密地联系在一起的。中国坚持独立自主的对外政策，坚持互相尊重主权和领土完整、互不侵犯、互不干涉内政、平等互利、和平共处的五项原则，发展同各国的外交关系和经济、文化的交流；坚持反对帝国主义、霸权主义、殖民主义，加强同世界各国人民的团结，支持被压迫民族和发展中国家争取和维护民族独立、发展民族经济的正义斗争，为维护世界和平和促进人类进步事业而努力。

本宪法以法律的形式确认了中国各族人民奋斗的成果，规定了国家的根本制度和根本任务，是国家的根本法，具有最高的法律效力。全国各族人民、一切国家机关和武装力量、各政党和各社会团体、各企业事业组织，都必须以宪法为根本的活动准则，并且负有维护宪法尊严、保证宪法实施的职责。

## 第一章 总 纲

**第一条** 中华人民共和国是工人阶级领导的、以工农联盟为基础的人民民主专政的社会主义国家。

社会主义制度是中华人民共和国的根本制度。禁止任何组织或者个人破坏社会主义制度。

**第二条** 中华人民共和国的一切权力属于人民。

人民行使国家权力的机关是全国人民代表大会和地方各级人民代表大会。

人民依照法律规定，通过各种途径和形式，管理国家事务，管理经济和文化事业，管理社会事务。

**第三条** 中华人民共和国的国家机构实行民主集中制的原则。

全国人民代表大会和地方各级人民代表大会都由民主选举产生，对人民负责，受人民监督。

国家行政机关、审判机关、检察机关都由人民代表大会产生，对它负责，受它监督。

中央和地方的国家机构职权的划分，遵循在中央的统一领导下，充分发挥地方的主动性、积极性的原则。

**第四条** 中华人民共和国各民族一律平等。国家保障各少数民族的合法的权利和利益，维护和发展各民族的平等、团结、互助关系。禁止对任何民族的歧视和压迫，禁止破坏民族团结和制造民族分裂的行为。

国家根据各少数民族的特点和需要，帮助各少数民族地区加速经济和文化的发展。

各少数民族聚居的地方实行区域自治，设立自治机关，行使自治权。各民族自治地方都是中华人民共和国不可分离的部分。

各民族都有使用和发展自己的语言文字的自由，都有保持或者改革自己的风俗习惯的自由。

**第五条** 中华人民共和国实行依法治国，建设社会主义法治国家。

国家维护社会主义法制的统一和尊严。

一切法律、行政法规和地方性法规都不得同宪法相抵触。

一切国家机关和武装力量、各政党和各社会团体、各企业事业组织都必须遵守宪法和法律。一切违反宪法和法律的行为，必须予以追究。

任何组织或者个人都不得有超越宪法和法律的特权。

**第六条** 中华人民共和国的社会主义经济制度的基础是生产资料的社会主义公有制，即全民所有制和劳动群众集体所有制。社会主义公有制消灭人剥削人的制度，实行各尽所能、按劳分配的原则。

国家在社会主义初级阶段，坚持公有制为主体、多种所有制经济共同发展的基本经济制度，坚持按劳分配为主体、多种分配方式并存的分配制度。

**第七条** 国有经济，即社会主义全民所有制经济，是国民经济中的主导力量。国家保障国有经济的巩固和发展。

**第八条** 农村集体经济组织实行家庭承包经营为基础、统分结合的双层经营体制。农村中的生产、供销、信用、消费等各种形式的合作经济，是社会主义劳动群众集体所有制经济。参加农村集体经济组织的劳动者，有权在法律规定的范围内经营自留地、自留山、家庭副业和饲养自留畜。

城镇中的手工业、工业、建筑业、运输业、商业、服务业等行业的各种形式的合作经济，都是社会主义劳动群众集体所有制经济。

国家保护城乡集体经济组织的合法的权利和利益，鼓励、指导和帮助集体经济的发展。

**第九条** 矿藏、水流、森林、山岭、草原、荒地、滩涂等自然资源，都属于国家所有，即全民所有；由法律规定属于集体所有的森林和山岭、草原、荒地、滩涂除外。

国家保障自然资源的合理利用，保护珍贵的动物和植物。禁止任何组织或者个人用任何手段侵占或者破坏自然资源。

**第十条**　城市的土地属于国家所有。

农村和城市郊区的土地，除由法律规定属于国家所有的以外，属于集体所有；宅基地和自留地、自留山，也属于集体所有。

国家为了公共利益的需要，可以依照法律规定对土地实行征收或者征用并给予补偿。

任何组织或者个人不得侵占、买卖或者以其他形式非法转让土地。土地的使用权可以依照法律的规定转让。

一切使用土地的组织和个人必须合理地利用土地。

**第十一条**　在法律规定范围内的个体经济、私营经济等非公有制经济，是社会主义市场经济的重要组成部分。

国家保护个体经济、私营经济等非公有制经济的合法的权利和利益。国家鼓励、支持和引导非公有制经济的发展，并对非公有制经济依法实行监督和管理。

**第十二条**　社会主义的公共财产神圣不可侵犯。

国家保护社会主义的公共财产。禁止任何组织或者个人用任何手段侵占或者破坏国家的和集体的财产。

**第十三条**　公民的合法的私有财产不受侵犯。

国家依照法律规定保护公民的私有财产权和继承权。

国家为了公共利益的需要，可以依照法律规定对公民的私有财产实行征收或者征用并给予补偿。

**第十四条**　国家通过提高劳动者的积极性和技术水平，推广先进的科学技术，完善经济管理体制和企业经营管理制度，实行各种形式的社会主义责任制，改进劳动组织，以不断提高劳动生产率和经济效益，发展社会生产力。

国家厉行节约，反对浪费。

国家合理安排积累和消费，兼顾国家、集体和个人的利益，在发展生产的基础上，逐步改善人民的物质生活和文化生活。

国家建立健全同经济发展水平相适应的社会保障制度。

**第十五条**　国家实行社会主义市场经济。

国家加强经济立法，完善宏观调控。

国家依法禁止任何组织或者个人扰乱社会经济秩序。

**第十六条** 国有企业在法律规定的范围内有权自主经营。

国有企业依照法律规定，通过职工代表大会和其他形式，实行民主管理。

**第十七条** 集体经济组织在遵守有关法律的前提下，有独立进行经济活动的自主权。

集体经济组织实行民主管理，依照法律规定选举和罢免管理人员，决定经营管理的重大问题。

**第十八条** 中华人民共和国允许外国的企业和其他经济组织或者个人依照中华人民共和国法律的规定在中国投资，同中国的企业或者其他经济组织进行各种形式的经济合作。

在中国境内的外国企业和其他外国经济组织以及中外合资经营的企业，都必须遵守中华人民共和国的法律。它们的合法的权利和利益受中华人民共和国法律的保护。

**第十九条** 国家发展社会主义的教育事业，提高全国人民的科学文化水平。

国家举办各种学校，普及初等义务教育，发展中等教育、职业教育和高等教育，并且发展学前教育。

国家发展各种教育设施，扫除文盲，对工人、农民、国家工作人员和其他劳动者进行政治、文化、科学、技术、业务的教育，鼓励自学成才。

国家鼓励集体经济组织、国家企业事业组织和其他社会力量依照法律规定举办各种教育事业。

国家推广全国通用的普通话。

**第二十条** 国家发展自然科学和社会科学事业，普及科学和技术知识，奖励科学研究成果和技术发明创造。

**第二十一条** 国家发展医疗卫生事业，发展现代医药和我国传统医药，鼓励和支持农村集体经济组织、国家企业事业组织和街道组织举办各种医疗卫生设施，开展群众性的卫生活动，保护人民健康。

国家发展体育事业，开展群众性的体育活动，增强人民体质。

**第二十二条** 国家发展为人民服务、为社会主义服务的文学艺术事业、新闻广播电视事业、出版发行事业、图书馆博物馆文化馆和其他文化事业，开展群众性的文化活动。

国家保护名胜古迹、珍贵文物和其他重要历史文化遗产。

**第二十三条** 国家培养为社会主义服务的各种专业人才，扩大知识分子的队伍，创造条件，充分发挥他们在社会主义现代化建设中的作用。

**第二十四条** 国家通过普及理想教育、道德教育、文化教育、纪律和法制教育，通过在城乡不同范围的群众中制定和执行各种守则、公约，加强社会主义精神文明的建设。

国家提倡爱祖国、爱人民、爱劳动、爱科学、爱社会主义的公德，在人民中进行爱国主义、集体主义和国际主义、共产主义的教育，进行辩证唯物主义和历史唯物主义的教育，反对资本主义的、封建主义的和其他的腐朽思想。

**第二十五条** 国家推行计划生育，使人口的增长同经济和社会发展计划相适应。

**第二十六条** 国家保护和改善生活环境和生态环境，防治污染和其他公害。

国家组织和鼓励植树造林，保护林木。

**第二十七条** 一切国家机关实行精简的原则，实行工作责任制，实行工作人员的培训和考核制度，不断提高工作质量和工作效率，反对官僚主义。

一切国家机关和国家工作人员必须依靠人民的支持，经常保持同人民的密切联系，倾听人民的意见和建议，接受人民的监督，努力为人民服务。

**第二十八条** 国家维护社会秩序，镇压叛国和其他危害国家安全的犯罪活动，制裁危害社会治安、破坏社会主义经济和其他犯罪的活动，惩办和改造犯罪分子。

**第二十九条** 中华人民共和国的武装力量属于人民。它的任务是巩固国防，抵抗侵略，保卫祖国，保卫人民的和平劳动，参加国家建设事业，努力为人民服务。

国家加强武装力量的革命化、现代化、正规化的建设，增强国防力量。

**第三十条** 中华人民共和国的行政区域划分如下：

（一）全国分为省、自治区、直辖市；

（二）省、自治区分为自治州、县、自治县、市；

（三）县、自治县分为乡、民族乡、镇。

直辖市和较大的市分为区、县。自治州分为县、自治县、市。

自治区、自治州、自治县都是民族自治地方。

**第三十一条** 国家在必要时得设立特别行政区。在特别行政区内实行的制度按照具体情况由全国人民代表大会以法律规定。

**第三十二条** 中华人民共和国保护在中国境内的外国人的合法权利和利益，在中国境内的外国人必须遵守中华人民共和国的法律。

中华人民共和国对于因为政治原因要求避难的外国人，可以给予受庇护的权利。

## 第二章 公民的基本权利和义务

**第三十三条** 凡具有中华人民共和国国籍的人都是中华人民共和国公民。

中华人民共和国公民在法律面前一律平等。

国家尊重和保障人权。

任何公民享有宪法和法律规定的权利，同时必须履行宪法和法律规定的义务。

**第三十四条** 中华人民共和国年满十八周岁的公民，不分民族、种族、性别、职业、家庭出身、宗教信仰、教育程度、财产状况、居住期限，都有选举权和被选举权；但是依照法律被剥夺政治权利的人除外。

**第三十五条** 中华人民共和国公民有言论、出版、集会、结社、游行、示威的自由。

**第三十六条** 中华人民共和国公民有宗教信仰自由。

任何国家机关、社会团体和个人不得强制公民信仰宗教或者不信仰宗教，不得歧视信仰宗教的公民和不信仰宗教的公民。

国家保护正常的宗教活动。任何人不得利用宗教进行破坏社会秩序、损害公民身体健康、妨碍国家教育制度的活动。

宗教团体和宗教事务不受外国势力的支配。

**第三十七条**　中华人民共和国公民的人身自由不受侵犯。

任何公民，非经人民检察院批准或者决定或者人民法院决定，并由公安机关执行，不受逮捕。

禁止非法拘禁和以其他方法非法剥夺或者限制公民的人身自由，禁止非法搜查公民的身体。

**第三十八条**　中华人民共和国公民的人格尊严不受侵犯。禁止用任何方法对公民进行侮辱、诽谤和诬告陷害。

**第三十九条**　中华人民共和国公民的住宅不受侵犯。禁止非法搜查或者非法侵入公民的住宅。

**第四十条**　中华人民共和国公民的通信自由和通信秘密受法律的保护。除因国家安全或者追查刑事犯罪的需要，由公安机关或者检察机关依照法律规定的程序对通信进行检查外，任何组织或者个人不得以任何理由侵犯公民的通信自由和通信秘密。

**第四十一条**　中华人民共和国公民对于任何国家机关和国家工作人员，有提出批评和建议的权利；对于任何国家机关和国家工作人员的违法失职行为，有向有关国家机关提出申诉、控告或者检举的权利，但是不得捏造或者歪曲事实进行诬告陷害。

对于公民的申诉、控告或者检举，有关国家机关必须查清事实，负责处理。任何人不得压制和打击报复。

由于国家机关和国家工作人员侵犯公民权利而受到损失的人，有依照法律规定取得赔偿的权利。

**第四十二条**　中华人民共和国公民有劳动的权利和义务。

国家通过各种途径，创造劳动就业条件，加强劳动保护，改善劳动条件，并在发展生产的基础上，提高劳动报酬和福利待遇。

劳动是一切有劳动能力的公民的光荣职责。国有企业和城乡集体经济组织的劳动者都应当以国家主人翁的态度对待自己的劳动。国家提倡社会主义劳动竞赛，奖励劳动模范和先进工作者。国家提倡公民从事义务劳动。

国家对就业前的公民进行必要的劳动就业训练。

**第四十三条** 中华人民共和国劳动者有休息的权利。

国家发展劳动者休息和休养的设施，规定职工的工作时间和休假制度。

**第四十四条** 国家依照法律规定实行企业事业组织的职工和国家机关工作人员的退休制度。退休人员的生活受到国家和社会的保障。

**第四十五条** 中华人民共和国公民在年老、疾病或者丧失劳动能力的情况下，有从国家和社会获得物质帮助的权利。国家发展为公民享受这些权利所需要的社会保险、社会救济和医疗卫生事业。

国家和社会保障残废军人的生活，抚恤烈士家属，优待军人家属。

国家和社会帮助安排盲、聋、哑和其他有残疾的公民的劳动、生活和教育。

**第四十六条** 中华人民共和国公民有受教育的权利和义务。

国家培养青年、少年、儿童在品德、智力、体质等方面全面发展。

**第四十七条** 中华人民共和国公民有进行科学研究、文学艺术创作和其他文化活动的自由。国家对于从事教育、科学、技术、文学、艺术和其他文化事业的公民的有益于人民的创造性工作，给以鼓励和帮助。

**第四十八条** 中华人民共和国妇女在政治的、经济的、文化的、社会的和家庭的生活等各方面享有同男子平等的权利。

国家保护妇女的权利和利益，实行男女同工同酬，培养和选拔妇女干部。

**第四十九条** 婚姻、家庭、母亲和儿童受国家的保护。

夫妻双方有实行计划生育的义务。

父母有抚养教育未成年子女的义务，成年子女有赡养扶助父母的义务。

禁止破坏婚姻自由，禁止虐待老人、妇女和儿童。

**第五十条** 中华人民共和国保护华侨的正当的权利和利益，保护归侨和侨眷的合法的权利和利益。

**第五十一条**　中华人民共和国公民在行使自由和权利的时候，不得损害国家的、社会的、集体的利益和其他公民的合法的自由和权利。

**第五十二条**　中华人民共和国公民有维护国家统一和全国各民族团结的义务。

**第五十三条**　中华人民共和国公民必须遵守宪法和法律，保守国家秘密，爱护公共财产，遵守劳动纪律，遵守公共秩序，尊重社会公德。

**第五十四条**　中华人民共和国公民有维护祖国的安全、荣誉和利益的义务，不得有危害祖国的安全、荣誉和利益的行为。

**第五十五条**　保卫祖国、抵抗侵略是中华人民共和国每一个公民的神圣职责。

依照法律服兵役和参加民兵组织是中华人民共和国公民的光荣义务。

**第五十六条**　中华人民共和国公民有依照法律纳税的义务。

## 第三章　国家机构

### 第一节　全国人民代表大会

**第五十七条**　中华人民共和国全国人民代表大会是最高国家权力机关。它的常设机关是全国人民代表大会常务委员会。

**第五十八条**　全国人民代表大会和全国人民代表大会常务委员会行使国家立法权。

**第五十九条**　全国人民代表大会由省、自治区、直辖市、特别行政区和军队选出的代表组成。各少数民族都应当有适当名额的代表。

全国人民代表大会代表的选举由全国人民代表大会常务委员会主持。

全国人民代表大会代表名额和代表产生办法由法律规定。

**第六十条**　全国人民代表大会每届任期五年。

全国人民代表大会任期届满的两个月以前，全国人民代表大会常务委员会必须完成下届全国人民代表大会代表的选举。如果遇到不能进行选举的非常情况，由全国人民代表大会常务委员会以全体组成人员的三分之二以上的多数通过，可以推迟选举，延长本届全国人民代表大会的任期。在非常情况结束后一年内，必须完成下届全国人民代表大会代表的选举。

**第六十一条**　全国人民代表大会会议每年举行一次，由全国人民代表大会常务委员会召集。如果全国人民代表大会常务委员会认为必要，或者有五分之一以上的全国人民代表大会代表提议，可以临时召集全国人民代表大会会议。

全国人民代表大会举行会议的时候，选举主席团主持会议。

**第六十二条**　全国人民代表大会行使下列职权：

（一）修改宪法；

（二）监督宪法的实施；

（三）制定和修改刑事、民事、国家机构的和其他的基本法律；

（四）选举中华人民共和国主席、副主席；

（五）根据中华人民共和国主席的提名，决定国务院总理的人选；根据国务院总理的提名，决定国务院副总理、国务委员、各部部长、各委员会主任、审计长、秘书长的人选；

（六）选举中央军事委员会主席；根据中央军事委员会主席的提名，决定中央军事委员会其他组成人员的人选；

（七）选举最高人民法院院长；

（八）选举最高人民检察院检察长；

（九）审查和批准国民经济和社会发展计划和计划执行情况的报告；

（十）审查和批准国家的预算和预算执行情况的报告；

（十一）改变或者撤销全国人民代表大会常务委员会不适当的决定；

（十二）批准省、自治区和直辖市的建置；

（十三）决定特别行政区的设立及其制度；

（十四）决定战争和和平的问题；

（十五）应当由最高国家权力机关行使的其他职权。

**第六十三条**　全国人民代表大会有权罢免下列人员：

（一）中华人民共和国主席、副主席；

（二）国务院总理、副总理、国务委员、各部部长、各委员会主任、审计长、秘书长；

（三）中央军事委员会主席和中央军事委员会其他组成人员；

（四）最高人民法院院长；

（五）最高人民检察院检察长。

**第六十四条**　宪法的修改，由全国人民代表大会常务委员会或者五分之一以上的全国人民代表大会代表提议，并由全国人民代表大会以全体代表的三分之二以上的多数通过。

法律和其他议案由全国人民代表大会以全体代表的过半数通过。

**第六十五条**　全国人民代表大会常务委员会由下列人员组成：

委员长；

副委员长若干人；

秘书长；

委员若干人；

全国人民代表大会常务委员会组成人员中，应当有适当名额的少数民族代表；

全国人民代表大会选举并有权罢免全国人民代表大会常务委员会的组成人员；

全国人民代表大会常务委员会的组成人员不得担任国家行政机关、审判机关和检察机关的职务。

**第六十六条**　全国人民代表大会常务委员会每届任期同全国人民代表大会每届任期相同，它行使职权到下届全国人民代表大会选出新的常务委员会为止。

委员长、副委员长连续任职不得超过两届。

**第六十七条**　全国人民代表大会常务委员会行使下列职权：

（一）解释宪法，监督宪法的实施；

（二）制定和修改除应当由全国人民代表大会制定的法律以外的其他法律；

（三）在全国人民代表大会闭会期间，对全国人民代表大会制定的法律进行部分补充和修改，但是不得同该法律的基本原则相抵触；

（四）解释法律；

（五）在全国人民代表大会闭会期间，审查和批准国民经济和社会发展计划、国家预算在执行过程中所必须作的部分调整方案；

（六）监督国务院、中央军事委员会、最高人民法院和最高人民检察院的工作；

（七）撤销国务院制定的同宪法、法律相抵触的行政法规、决定和命令；

（八）撤销省、自治区、直辖市国家权力机关制定的同宪法、法律和行政法规相抵触的地方性法规和决议；

（九）在全国人民代表大会闭会期间，根据国务院总理的提名，决定部长、委员会主任、审计长、秘书长的人选；

（十）在全国人民代表大会闭会期间，根据中央军事委员会主席的提名，决定中央军事委员会其他组成人员的人选；

（十一）根据最高人民法院院长的提请，任免最高人民法院副院长、审判员、审判委员会委员和军事法院院长；

（十二）根据最高人民检察院检察长的提请，任免最高人民检察院副检察长、检察员、检察委员会委员和军事检察院检察长，并且批准省、自治区、直辖市的人民检察院检察长的任免；

（十三）决定驻外全权代表的任免；

（十四）决定同外国缔结的条约和重要协定的批准和废除；

（十五）规定军人和外交人员的衔级制度和其他专门衔级制度；

（十六）规定和决定授予国家的勋章和荣誉称号；

（十七）决定特赦；

（十八）在全国人民代表大会闭会期间，如果遇到国家遭受武装侵犯或者必须履行国际间共同防止侵略的条约的情况，决定战争状态的宣布；

（十九）决定全国总动员或者局部动员；

（二十）决定全国或者个别省、自治区、直辖市进入紧急状态；

（二十一）全国人民代表大会授予的其他职权。

**第六十八条**　全国人民代表大会常务委员会委员长主持全国人民代表大会常务委员会的工作，召集全国人民代表大会常务委员会会议。副委员长、秘书长协助委员长工作。

委员长、副委员长、秘书长组成委员长会议，处理全国人民代表大会常务委员会的重要日常工作。

**第六十九条**　全国人民代表大会常务委员会对全国人民代表大会负责并报告工作。

**第七十条**　全国人民代表大会设立民族委员会、法律委员会、财政经济委员会、教育科学文化卫生委员会、外事委员会、华侨委员会和其他需要设立的专门委员会。在全国人民代表大会闭会期间，各专门委员会受全国人民代表大会常务委员会的领导。

各专门委员会在全国人民代表大会和全国人民代表大会常务委员会领导下，研究、审议和拟订有关议案。

**第七十一条**　全国人民代表大会和全国人民代表大会常务委员会认为必要的时候，可以组织关于特定问题的调查委员会，并且根据调查委员会的报告，作出相应的决议。

调查委员会进行调查的时候，一切有关的国家机关、社会团体和公民都有义务向它提供必要的材料。

**第七十二条**　全国人民代表大会代表和全国人民代表大会常务委员会组成人员，有权依照法律规定的程序分别提出属于全国人民代表大会和全国人民代表大会常务委员会职权范围内的议案。

**第七十三条**　全国人民代表大会代表在全国人民代表大会开会期间，全国人民代表大会常务委员会组成人员在常务委员会开会期间，有权依照法律规定的程序提出对国务院或者国务院各部、各委员会的质询案。受质询的机关必须负责答复。

**第七十四条**　全国人民代表大会代表，非经全国人民代表大会会议主席团许可，在全国人民代表大会闭会期间非经全国人民代表大会常务委员会许可，不受逮捕或者刑事审判。

**第七十五条**　全国人民代表大会代表在全国人民代表大会各种会

议上的发言和表决，不受法律追究。

**第七十六条** 全国人民代表大会代表必须模范地遵守宪法和法律，保守国家秘密，并且在自己参加的生产、工作和社会活动中，协助宪法和法律的实施。

全国人民代表大会代表应当同原选举单位和人民保持密切的联系，听取和反映人民的意见和要求，努力为人民服务。

**第七十七条** 全国人民代表大会代表受原选举单位的监督。原选举单位有权依照法律规定的程序罢免本单位选出的代表。

**第七十八条** 全国人民代表大会和全国人民代表大会常务委员会的组织和工作程序由法律规定。

## 第二节　中华人民共和国主席

**第七十九条** 中华人民共和国主席、副主席由全国人民代表大会选举。

有选举权和被选举权的年满四十五周岁的中华人民共和国公民可以被选为中华人民共和国主席、副主席。

中华人民共和国主席、副主席每届任期同全国人民代表大会每届任期相同，连续任职不得超过两届。

**第八十条** 中华人民共和国主席根据全国人民代表大会的决定和全国人民代表大会常务委员会的决定，公布法律，任免国务院总理、副总理、国务委员、各部部长、各委员会主任、审计长、秘书长，授予国家的勋章和荣誉称号，发布特赦令，宣布进入紧急状态，宣布战争状态，发布动员令。

**第八十一条** 中华人民共和国主席代表中华人民共和国，进行国事活动，接受外国使节；根据全国人民代表大会常务委员会的决定，派遣和召回驻外全权代表，批准和废除同外国缔结的条约和重要协定。

**第八十二条** 中华人民共和国副主席协助主席工作。

中华人民共和国副主席受主席的委托，可以代行主席的部分职权。

**第八十三条** 中华人民共和国主席、副主席行使职权到下届全国人民代表大会选出的主席、副主席就职为止。

**第八十四条** 中华人民共和国主席缺位的时候，由副主席继任主席的职位。

中华人民共和国副主席缺位的时候，由全国人民代表大会补选。

中华人民共和国主席、副主席都缺位的时候，由全国人民代表大会补选；在补选以前，由全国人民代表大会常务委员会委员长暂时代理主席职位。

## 第三节 国 务 院

**第八十五条** 中华人民共和国国务院，即中央人民政府，是最高国家权力机关的执行机关，是最高国家行政机关。

**第八十六条** 国务院由下列人员组成：

总理，

副总理若干人，

国务委员若干人，

各部部长，

各委员会主任，

审计长，

秘书长。

国务院实行总理负责制。各部、各委员会实行部长、主任负责制。

国务院的组织由法律规定。

**第八十七条** 国务院每届任期同全国人民代表大会每届任期相同。

总理、副总理、国务委员连续任职不得超过两届。

**第八十八条** 总理领导国务院的工作。副总理、国务委员协助总理工作。

总理、副总理、国务委员、秘书长组成国务院常务会议。

总理召集和主持国务院常务会议和国务院全体会议。

**第八十九条** 国务院行使下列职权：

（一）根据宪法和法律，规定行政措施，制定行政法规，发布决定和命令；

（二）向全国人民代表大会或者全国人民代表大会常务委员会提出议案；

（三）规定各部和各委员会的任务和职责，统一领导各部和各委员会的工作，并且领导不属于各部和各委员会的全国性的行政工作；

（四）统一领导全国地方各级国家行政机关的工作，规定中央和省、自治区、直辖市的国家行政机关的职权的具体划分；

（五）编制和执行国民经济和社会发展计划和国家预算；

（六）领导和管理经济工作和城乡建设；

（七）领导和管理教育、科学、文化、卫生、体育和计划生育工作；

（八）领导和管理民政、公安、司法行政和监察等工作；

（九）管理对外事务，同外国缔结条约和协定；

（十）领导和管理国防建设事业；

（十一）领导和管理民族事务，保障少数民族的平等权利和民族自治地方的自治权利；

（十二）保护华侨的正当的权利和利益，保护归侨和侨眷的合法的权利和利益；

（十三）改变或者撤销各部、各委员会发布的不适当的命令、指示和规章；

（十四）改变或者撤销地方各级国家行政机关的不适当的决定和命令；

（十五）批准省、自治区、直辖市的区域划分，批准自治州、县、自治县、市的建置和区域划分；

（十六）依照法律规定决定省、自治区、直辖市的范围内部分地区进入紧急状态；

（十七）审定行政机构的编制，依照法律规定任免、培训、考核和奖惩行政人员；

（十八）全国人民代表大会和全国人民代表大会常务委员会授予的其他职权。

**第九十条** 国务院各部部长、各委员会主任负责本部门的工作；召集和主持部务会议或者委员会会议、委务会议，讨论决定本部门工作的重大问题。

各部、各委员会根据法律和国务院的行政法规、决定、命令，在本部门的权限内，发布命令、指示和规章。

**第九十一条**　国务院设立审计机关，对国务院各部门和地方各级政府的财政收支，对国家的财政金融机构和企业事业组织的财务收支，进行审计监督。

审计机关在国务院总理领导下，依照法律规定独立行使审计监督权，不受其他行政机关、社会团体和个人的干涉。

**第九十二条**　国务院对全国人民代表大会负责并报告工作；在全国人民代表大会闭会期间，对全国人民代表大会常务委员会负责并报告工作。

## 第四节　中央军事委员会

**第九十三条**　中华人民共和国中央军事委员会领导全国武装力量。

中央军事委员会由下列人员组成：

主席，

副主席若干人，

委员若干人。

中央军事委员会实行主席负责制。

中央军事委员会每届任期同全国人民代表大会每届任期相同。

**第九十四条**　中央军事委员会主席对全国人民代表大会和全国人民代表大会常务委员会负责。

## 第五节　地方各级人民代表大会和地方各级人民政府

**第九十五条**　省、直辖市、县、市、市辖区、乡、民族乡、镇设立人民代表大会和人民政府。

地方各级人民代表大会和地方各级人民政府的组织由法律规定。

自治区、自治州、自治县设立自治机关。自治机关的组织和工作根据宪法第三章第五节、第六节规定的基本原则由法律规定。

**第九十六条**　地方各级人民代表大会是地方国家权力机关。

县级以上的地方各级人民代表大会设立常务委员会。

**第九十七条**　省、直辖市、设区的市的人民代表大会代表由下一级的人民代表大会选举；县、不设区的市、市辖区、乡、民族乡、镇的人民代表大会代表由选民直接选举。

地方各级人民代表大会代表名额和代表产生办法由法律规定。

**第九十八条**　地方各级人民代表大会每届任期五年。

**第九十九条**　地方各级人民代表大会在本行政区域内，保证宪法、法律、行政法规的遵守和执行；依照法律规定的权限，通过和发布决议，审查和决定地方的经济建设、文化建设和公共事业建设的计划。

县级以上的地方各级人民代表大会审查和批准本行政区域内的国民经济和社会发展计划、预算以及它们的执行情况的报告；有权改变或者撤销本级人民代表大会常务委员会不适当的决定。

民族乡的人民代表大会可以依照法律规定的权限采取适合民族特点的具体措施。

**第一百条**　省、直辖市的人民代表大会和它们的常务委员会，在不同宪法、法律、行政法规相抵触的前提下，可以制定地方性法规，报全国人民代表大会常务委员会备案。

**第一百零一条**　地方各级人民代表大会分别选举并且有权罢免本级人民政府的省长和副省长、市长和副市长、县长和副县长、区长和副区长、乡长和副乡长、镇长和副镇长。

县级以上的地方各级人民代表大会选举并且有权罢免本级人民法院院长和本级人民检察院检察长。选出或者罢免人民检察院检察长，须报上级人民检察院检察长提请该级人民代表大会常务委员会批准。

**第一百零二条**　省、直辖市、设区的市的人民代表大会代表受原选举单位的监督；县、不设区的市、市辖区、乡、民族乡、镇的人民代表大会代表受选民的监督。

地方各级人民代表大会代表的选举单位和选民有权依照法律规定的程序罢免由他们选出的代表。

**第一百零三条**　县级以上的地方各级人民代表大会常务委员会由

主任、副主任若干人和委员若干人组成，对本级人民代表大会负责并报告工作。

县级以上的地方各级人民代表大会选举并有权罢免本级人民代表大会常务委员会的组成人员。

县级以上的地方各级人民代表大会常务委员会的组成人员不得担任国家行政机关、审判机关和检察机关的职务。

**第一百零四条**　县级以上的地方各级人民代表大会常务委员会讨论、决定本行政区域内各方面工作的重大事项；监督本级人民政府、人民法院和人民检察院的工作；撤销本级人民政府的不适当的决定和命令；撤销下一级人民代表大会的不适当的决议；依照法律规定的权限决定国家机关工作人员的任免；在本级人民代表大会闭会期间，罢免和补选上一级人民代表大会的个别代表。

**第一百零五条**　地方各级人民政府是地方各级国家权力机关的执行机关，是地方各级国家行政机关。

地方各级人民政府实行省长、市长、县长、区长、乡长、镇长负责制。

**第一百零六条**　地方各级人民政府每届任期同本级人民代表大会每届任期相同。

**第一百零七条**　县级以上地方各级人民政府依照法律规定的权限，管理本行政区域内的经济、教育、科学、文化、卫生、体育事业、城乡建设事业和财政、民政、公安、民族事务、司法行政、监察、计划生育等行政工作，发布决定和命令，任免、培训、考核和奖惩行政工作人员。

乡、民族乡、镇的人民政府执行本级人民代表大会的决议和上级国家行政机关的决定和命令，管理本行政区域内的行政工作。

省、直辖市的人民政府决定乡、民族乡、镇的建置和区域划分。

**第一百零八条**　县级以上的地方各级人民政府领导所属各工作部门和下级人民政府的工作，有权改变或者撤销所属各工作部门和下级人民政府的不适当的决定。

**第一百零九条**　县级以上的地方各级人民政府设立审计机关。地方各级审计机关依照法律规定独立行使审计监督权，对本级人民政府和上一级审计机关负责。

**第一百一十条** 地方各级人民政府对本级人民代表大会负责并报告工作。县级以上的地方各级人民政府在本级人民代表大会闭会期间，对本级人民代表大会常务委员会负责并报告工作。

地方各级人民政府对上一级国家行政机关负责并报告工作。全国地方各级人民政府都是国务院统一领导下的国家行政机关，都服从国务院。

**第一百一十一条** 城市和农村按居民居住地区设立的居民委员会或者村民委员会是基层群众性自治组织。居民委员会、村民委员会的主任、副主任和委员由居民选举。居民委员会、村民委员会同基层政权的相互关系由法律规定。

居民委员会、村民委员会设人民调解、治安保卫、公共卫生等委员会，办理本居住地区的公共事务和公益事业，调解民间纠纷，协助维护社会治安，并且向人民政府反映群众的意见、要求和提出建议。

## 第六节 民族自治地方的自治机关

**第一百一十二条** 民族自治地方的自治机关是自治区、自治州、自治县的人民代表大会和人民政府。

**第一百一十三条** 自治区、自治州、自治县的人民代表大会中，除实行区域自治的民族的代表外，其他居住在本行政区域内的民族也应当有适当名额的代表。

自治区、自治州、自治县的人民代表大会常务委员会中应当有实行区域自治的民族的公民担任主任或者副主任。

**第一百一十四条** 自治区主席、自治州州长、自治县县长由实行区域自治的民族的公民担任。

**第一百一十五条** 自治区、自治州、自治县的自治机关行使宪法第三章第五节规定的地方国家机关的职权，同时依照宪法、民族区域自治法和其他法律规定的权限行使自治权，根据本地方实际情况贯彻执行国家的法律、政策。

**第一百一十六条** 民族自治地方的人民代表大会有权依照当地民族的政治、经济和文化的特点，制定自治条例和单行条例。自治区的自治条例和单行条例，报全国人民代表大会常务委员会批准后生效。自治州、自治县的自治条例和单行条例，报省或者自治区的人民代表大会常务委员会批准后生效，并报全国人民代表大会常务委员会备案。

**第一百一十七条** 民族自治地方的自治机关有管理地方财政的自治权。凡是依照国家财政体制属于民族自治地方的财政收入，都应当由民族自治地方的自治机关自主地安排使用。

**第一百一十八条** 民族自治地方的自治机关在国家计划的指导下，自主地安排和管理地方性的经济建设事业。

国家在民族自治地方开发资源、建设企业的时候，应当照顾民族自治地方的利益。

**第一百一十九条** 民族自治地方的自治机关自主地管理本地方的教育、科学、文化、卫生、体育事业，保护和整理民族的文化遗产，发展和繁荣民族文化。

**第一百二十条** 民族自治地方的自治机关依照国家的军事制度和当地的实际需要，经国务院批准，可以组织本地方维护社会治安的公安部队。

**第一百二十一条** 民族自治地方的自治机关在执行职务的时候，依照本民族自治地方自治条例的规定，使用当地通用的一种或者几种语言文字。

**第一百二十二条** 国家从财政、物资、技术等方面帮助各少数民族加速发展经济建设和文化建设事业。

国家帮助民族自治地方从当地民族中大量培养各级干部、各种专业人才和技术工人。

### 第七节 人民法院和人民检察院

**第一百二十三条** 中华人民共和国人民法院是国家的审判机关。

**第一百二十四条** 中华人民共和国设立最高人民法院、地方各级人民法院和军事法院等专门人民法院。

最高人民法院院长每届任期同全国人民代表大会每届任期相同，连续任职不得超过两届。

人民法院的组织由法律规定。

**第一百二十五条** 人民法院审理案件，除法律规定的特别情况外，一律公开进行。被告人有权获得辩护。

**第一百二十六条** 人民法院依照法律规定独立行使审判权，不受行政机关、社会团体和个人的干涉。

**第一百二十七条** 最高人民法院是最高审判机关。

最高人民法院监督地方各级人民法院和专门人民法院的审判工作，上级人民法院监督下级人民法院的审判工作。

**第一百二十八条** 最高人民法院对全国人民代表大会和全国人民代表大会常务委员会负责。地方各级人民法院对产生它的国家权力机关负责。

**第一百二十九条** 中华人民共和国人民检察院是国家的法律监督机关。

**第一百三十条** 中华人民共和国设立最高人民检察院、地方各级人民检察院和军事检察院等专门人民检察院。

最高人民检察院检察长每届任期同全国人民代表大会每届任期相同，连续任职不得超过两届。

人民检察院的组织由法律规定。

**第一百三十一条** 人民检察院依照法律规定独立行使检察权，不受行政机关、社会团体和个人的干涉。

**第一百三十二条** 最高人民检察院是最高检察机关。

最高人民检察院领导地方各级人民检察院和专门人民检察院的工作，上级人民检察院领导下级人民检察院的工作。

**第一百三十三条** 最高人民检察院对全国人民代表大会和全国人民代表大会常务委员会负责。地方各级人民检察院对产生它的国家权力机关和上级人民检察院负责。

**第一百三十四条** 各民族公民都有用本民族语言文字进行诉讼的权利。人民法院和人民检察院对于不通晓当地通用的语言文字的诉讼参与人，应当为他们翻译。

在少数民族聚居或者多民族共同居住的地区，应当用当地通用的语言进行审理;起诉书、判决书、布告和其他文书应当根据实际需要使用当地通用的一种或者几种文字。

**第一百三十五条** 人民法院、人民检察院和公安机关办理刑事案件,应当分工负责,互相配合,互相制约,以保证准确有效地执行法律。

## 第四章 国旗、国歌、国徽、首都

**第一百三十六条** 中华人民共和国国旗是五星红旗。

中华人民共和国国歌是《义勇军进行曲》。

**第一百三十七条** 中华人民共和国国徽,中间是五星照耀下的天安门,周围是谷穗和齿轮。

**第一百三十八条** 中华人民共和国首都是北京。

# 中华人民共和国立法法

（2000 年 3 月 15 日第九届全国人民代表大会第三次会议通过，根据 2015 年 3 月 15 日第十二届全国人民代表大会第三次会议《关于修改〈中华人民共和国立法法〉的决定》修正）

## 目　　录



## 第一章　总　　则

**第一条**　为了规范立法活动，健全国家立法制度，提高立法质量，完善中国特色社会主义法律体系，发挥立法的引领和推动作用，保障和发展社会主义民主，全面推进依法治国，建设社会主义法治国家，根据宪法，制定本法。

**第二条**　法律、行政法规、地方性法规、自治条例和单行条例的制定、修改和废止,适用本法。

国务院部门规章和地方政府规章的制定、修改和废止,依照本法的有关规定执行。

**第三条** 立法应当遵循宪法的基本原则,以经济建设为中心,坚持社会主义道路、坚持人民民主专政、坚持中国共产党的领导、坚持马克思列宁主义毛泽东思想邓小平理论,坚持改革开放。

**第四条** 立法应当依照法定的权限和程序,从国家整体利益出发,维护社会主义法制的统一和尊严。

**第五条** 立法应当体现人民的意志,发扬社会主义民主,坚持立法公开,保障人民通过多种途径参与立法活动。

**第六条** 立法应当从实际出发,适应经济社会发展和全面深化改革的要求,科学合理地规定公民、法人和其他组织的权利与义务、国家机关的权力与责任。

法律规范应当明确、具体,具有针对性和可执行性。

## 第二章 法 律

### 第一节 立法权限

**第七条** 全国人民代表大会和全国人民代表大会常务委员会行使国家立法权。

全国人民代表大会制定和修改刑事、民事、国家机构的和其他的基本法律。

全国人民代表大会常务委员会制定和修改除应当由全国人民代表大会制定的法律以外的其他法律;在全国人民代表大会闭会期间,对全国人民代表大会制定的法律进行部分补充和修改,但是不得同该法律的基本原则相抵触。

**第八条** 下列事项只能制定法律:

(一)国家主权的事项;

(二)各级人民代表大会、人民政府、人民法院和人民检察院的产生、组织和职权;

（三）民族区域自治制度、特别行政区制度、基层群众自治制度；

（四）犯罪和刑罚；

（五）对公民政治权利的剥夺、限制人身自由的强制措施和处罚；

（六）税种的设立、税率的确定和税收征收管理等税收基本制度；

（七）对非国有财产的征收、征用；

（八）民事基本制度；

（九）基本经济制度以及财政、海关、金融和外贸的基本制度；

（十）诉讼和仲裁制度；

（十一）必须由全国人民代表大会及其常务委员会制定法律的其他事项。

**第九条** 本法第八条规定的事项尚未制定法律的，全国人民代表大会及其常务委员会有权作出决定，授权国务院可以根据实际需要，对其中的部分事项先制定行政法规，但是有关犯罪和刑罚、对公民政治权利的剥夺和限制人身自由的强制措施和处罚、司法制度等事项除外。

**第十条** 授权决定应当明确授权的目的、事项、范围、期限以及被授权机关实施授权决定应当遵循的原则等。

授权的期限不得超过五年，但是授权决定另有规定的除外。

被授权机关应当在授权期限届满的六个月以前，向授权机关报告授权决定实施的情况，并提出是否需要制定有关法律的意见；需要继续授权的，可以提出相关意见，由全国人民代表大会及其常务委员会决定。

**第十一条** 授权立法事项，经过实践检验，制定法律的条件成熟时，由全国人民代表大会及其常务委员会及时制定法律。法律制定后，相应立法事项的授权终止。

**第十二条** 被授权机关应当严格按照授权决定行使被授予的权力。

被授权机关不得将被授予的权力转授给其他机关。

**第十三条** 全国人民代表大会及其常务委员会可以根据改革发展的需要，决定就行政管理等领域的特定事项授权在一定期限内在部分地方暂时调整或者暂时停止适用法律的部分规定。

## 第二节 全国人民代表大会立法程序

**第十四条** 全国人民代表大会主席团可以向全国人民代表大会提出法律案，由全国人民代表大会会议审议。

全国人民代表大会常务委员会、国务院、中央军事委员会、最高人民法院、最高人民检察院、全国人民代表大会各专门委员会，可以向全国人民代表大会提出法律案，由主席团决定列入会议议程。

**第十五条** 一个代表团或者三十名以上的代表联名，可以向全国人民代表大会提出法律案，由主席团决定是否列入会议议程，或者先交有关的专门委员会审议、提出是否列入会议议程的意见，再决定是否列入会议议程。

专门委员会审议的时候，可以邀请提案人列席会议，发表意见。

**第十六条** 向全国人民代表大会提出的法律案，在全国人民代表大会闭会期间，可以先向常务委员会提出，经常务委员会会议依照本法第二章第三节规定的有关程序审议后，决定提请全国人民代表大会审议，由常务委员会向大会全体会议作说明，或者由提案人向大会全体会议作说明。

常务委员会依照前款规定审议法律案，应当通过多种形式征求全国人民代表大会代表的意见，并将有关情况予以反馈；专门委员会和常务委员会工作机构进行立法调研，可以邀请有关的全国人民代表大会代表参加。

**第十七条** 常务委员会决定提请全国人民代表大会会议审议的法律案，应当在会议举行的一个月前将法律草案发给代表。

**第十八条** 列入全国人民代表大会会议议程的法律案，大会全体会议听取提案人的说明后，由各代表团进行审议。

各代表团审议法律案时，提案人应当派人听取意见，回答询问。

各代表团审议法律案时，根据代表团的要求，有关机关、组织应当派人介绍情况。

**第十九条** 列入全国人民代表大会会议议程的法律案，由有关的专门委员会进行审议，向主席团提出审议意见，并印发会议。

**第二十条**　列入全国人民代表大会会议议程的法律案，由法律委员会根据各代表团和有关的专门委员会的审议意见，对法律案进行统一审议，向主席团提出审议结果报告和法律草案修改稿，对重要的不同意见应当在审议结果报告中予以说明，经主席团会议审议通过后，印发会议。

**第二十一条**　列入全国人民代表大会会议议程的法律案，必要时，主席团常务主席可以召开各代表团团长会议，就法律案中的重大问题听取各代表团的审议意见，进行讨论，并将讨论的情况和意见向主席团报告。

主席团常务主席也可以就法律案中的重大的专门性问题，召集代表团推选的有关代表进行讨论，并将讨论的情况和意见向主席团报告。

**第二十二条**　列入全国人民代表大会会议议程的法律案，在交付表决前，提案人要求撤回的，应当说明理由，经主席团同意，并向大会报告，对该法律案的审议即行终止。

**第二十三条**　法律案在审议中有重大问题需要进一步研究的，经主席团提出，由大会全体会议决定，可以授权常务委员会根据代表的意见进一步审议，作出决定，并将决定情况向全国人民代表大会下次会议报告；也可以授权常务委员会根据代表的意见进一步审议，提出修改方案，提请全国人民代表大会下次会议审议决定。

**第二十四条**　法律草案修改稿经各代表团审议，由法律委员会根据各代表团的审议意见进行修改，提出法律草案表决稿，由主席团提请大会全体会议表决，由全体代表的过半数通过。

**第二十五条**　全国人民代表大会通过的法律由国家主席签署主席令予以公布。

### 第三节　全国人民代表大会常务委员会立法程序

**第二十六条**　委员长会议可以向常务委员会提出法律案，由常务委员会会议审议。

国务院、中央军事委员会、最高人民法院、最高人民检察院、全国人民代表大会各专门委员会，可以向常务委员会提出法律案，由委员长会议决定列入常务委员会会议议程，或者先交有关的专门委员会审议、提出报告，再决定列入常务委员会会议议程。如果委员长会议认为法律案有重大问题需要进一步研究，可以建议提案人修改完善后再向常务委员会提出。

**第二十七条**　常务委员会组成人员十人以上联名，可以向常务委员会提出法律案，由委员长会议决定是否列入常务委员会会议议程，或者先交有关的专门委员会审议、提出是否列入会议议程的意见，再决定是否列入常务委员会会议议程。不列入常务委员会会议议程的，应当向常务委员会会议报告或者向提案人说明。

专门委员会审议的时候，可以邀请提案人列席会议，发表意见。

**第二十八条**　列入常务委员会会议议程的法律案，除特殊情况外，应当在会议举行的七日前将法律草案发给常务委员会组成人员。

常务委员会会议审议法律案时，应当邀请有关的全国人民代表大会代表列席会议。

**第二十九条**　列入常务委员会会议议程的法律案，一般应当经三次常务委员会会议审议后再交付表决。

常务委员会会议第一次审议法律案，在全体会议上听取提案人的说明，由分组会议进行初步审议。

常务委员会会议第二次审议法律案，在全体会议上听取法律委员会关于法律草案修改情况和主要问题的汇报，由分组会议进一步审议。

常务委员会会议第三次审议法律案，在全体会议上听取法律委员会关于法律草案审议结果的报告，由分组会议对法律草案修改稿进行审议。

常务委员会审议法律案时，根据需要，可以召开联组会议或者全体会议，对法律草案中的主要问题进行讨论。

**第三十条**　列入常务委员会会议议程的法律案，各方面意见比较一致的，可以经两次常务委员会会议审议后交付表决；调整事项较为单一或者部分修改的法律案，各方面的意见比较一致的，也可以经一次常务委员会会议审议即交付表决。

**第三十一条**　常务委员会分组会议审议法律案时，提案人应当派人听取意见，回答询问。

常务委员会分组会议审议法律案时，根据小组的要求，有关机关、组织应当派人介绍情况。

**第三十二条** 列入常务委员会会议议程的法律案，由有关的专门委员会进行审议，提出审议意见，印发常务委员会会议。

有关的专门委员会审议法律案时，可以邀请其他专门委员会的成员列席会议，发表意见。

**第三十三条** 列入常务委员会会议议程的法律案，由法律委员会根据常务委员会组成人员、有关的专门委员会的审议意见和各方面提出的意见，对法律案进行统一审议，提出修改情况的汇报或者审议结果报告和法律草案修改稿，对重要的不同意见应当在汇报或者审议结果报告中予以说明。对有关的专门委员会的审议意见没有采纳的，应当向有关的专门委员会反馈。

法律委员会审议法律案时，应当邀请有关的专门委员会的成员列席会议，发表意见。

**第三十四条** 专门委员会审议法律案时，应当召开全体会议审议，根据需要，可以要求有关机关、组织派有关负责人说明情况。

**第三十五条** 专门委员会之间对法律草案的重要问题意见不一致时，应当向委员长会议报告。

**第三十六条** 列入常务委员会会议议程的法律案，法律委员会、有关的专门委员会和常务委员会工作机构应当听取各方面的意见。听取意见可以采取座谈会、论证会、听证会等多种形式。

法律案有关问题专业性较强，需要进行可行性评价的，应当召开论证会，听取有关专家、部门和全国人民代表大会代表等方面的意见。论证情况应当向常务委员会报告。

法律案有关问题存在重大意见分歧或者涉及利益关系重大调整，需要进行听证的，应当召开听证会，听取有关基层和群体代表、部门、人民团体、专家、全国人民代表大会代表和社会有关方面的意见。听证情况应当向常务委员会报告。

常务委员会工作机构应当将法律草案发送相关领域的全国人民代

表大会代表、地方人民代表大会常务委员会以及有关部门、组织和专家征求意见。

**第三十七条** 列入常务委员会会议议程的法律案，应当在常务委员会会议后将法律草案及其起草、修改的说明等向社会公布，征求意见，但是经委员长会议决定不公布的除外。向社会公布征求意见的时间一般不少于三十日。征求意见的情况应当向社会通报。

**第三十八条** 列入常务委员会会议议程的法律案，常务委员会工作机构应当收集整理分组审议的意见和各方面提出的意见以及其他有关资料，分送法律委员会和有关的专门委员会，并根据需要，印发常务委员会会议。

**第三十九条** 拟提请常务委员会会议审议通过的法律案，在法律委员会提出审议结果报告前，常务委员会工作机构可以对法律草案中主要制度规范的可行性、法律出台时机、法律实施的社会效果和可能出现的问题等进行评估。评估情况由法律委员会在审议结果报告中予以说明。

**第四十条** 列入常务委员会会议议程的法律案，在交付表决前，提案人要求撤回的，应当说明理由，经委员长会议同意，并向常务委员会报告，对该法律案的审议即行终止。

**第四十一条** 法律草案修改稿经常务委员会会议审议，由法律委员会根据常务委员会组成人员的审议意见进行修改，提出法律草案表决稿，由委员长会议提请常务委员会全体会议表决，由常务委员会全体组成人员的过半数通过。

法律草案表决稿交付常务委员会会议表决前，委员长会议根据常务委员会会议审议的情况，可以决定将个别意见分歧较大的重要条款提请常务委员会会议单独表决。

单独表决的条款经常务委员会会议表决后，委员长会议根据单独表决的情况，可以决定将法律草案表决稿交付表决，也可以决定暂不付表决，交法律委员会和有关的专门委员会进一步审议。

**第四十二条** 列入常务委员会会议审议的法律案，因各方面对制定该法律的必要性、可行性等重大问题存在较大意见分歧搁置审议满两年的，或者因暂不付表决经过两年没有再次列入常务委员会会议议程审议的，由委员长会议向常务委员会报告，该法律案终止审议。

**第四十三条**　对多部法律中涉及同类事项的个别条款进行修改，一并提出法律案的，经委员长会议决定，可以合并表决，也可以分别表决。

**第四十四条**　常务委员会通过的法律由国家主席签署主席令予以公布。

### 第四节　法律解释

**第四十五条**　法律解释权属于全国人民代表大会常务委员会。

法律有以下情况之一的，由全国人民代表大会常务委员会解释：

（一）法律的规定需要进一步明确具体含义的；

（二）法律制定后出现新的情况，需要明确适用法律依据的。

**第四十六条**　国务院、中央军事委员会、最高人民法院、最高人民检察院和全国人民代表大会各专门委员会以及省、自治区、直辖市的人民代表大会常务委员会可以向全国人民代表大会常务委员会提出法律解释要求。

**第四十七条**　常务委员会工作机构研究拟订法律解释草案，由委员长会议决定列入常务委员会会议议程。

**第四十八条**　法律解释草案经常务委员会会议审议，由法律委员会根据常务委员会组成人员的审议意见进行审议、修改，提出法律解释草案表决稿。

**第四十九条**　法律解释草案表决稿由常务委员会全体组成人员的过半数通过，由常务委员会发布公告予以公布。

**第五十条**　全国人民代表大会常务委员会的法律解释同法律具有同等效力。

### 第五节　其他规定

**第五十一条**　全国人民代表大会及其常务委员会加强对立法工作的组织协调，发挥在立法工作中的主导作用。

**第五十二条** 全国人民代表大会常务委员会通过立法规划、年度立法计划等形式，加强对立法工作的统筹安排。编制立法规划和年度立法计划，应当认真研究代表议案和建议，广泛征集意见，科学论证评估，根据经济社会发展和民主法治建设的需要，确定立法项目，提高立法的及时性、针对性和系统性。立法规划和年度立法计划由委员长会议通过并向社会公布。

全国人民代表大会常务委员会工作机构负责编制立法规划和拟订年度立法计划，并按照全国人民代表大会常务委员会的要求，督促立法规划和年度立法计划的落实。

**第五十三条** 全国人民代表大会有关的专门委员会、常务委员会工作机构应当提前参与有关方面的法律草案起草工作；综合性、全局性、基础性的重要法律草案，可以由有关的专门委员会或者常务委员会工作机构组织起草。

专业性较强的法律草案，可以吸收相关领域的专家参与起草工作，或者委托有关专家、教学科研单位、社会组织起草。

**第五十四条** 提出法律案，应当同时提出法律草案文本及其说明，并提供必要的参阅资料。修改法律的，还应当提交修改前后的对照文本。法律草案的说明应当包括制定或者修改法律的必要性、可行性和主要内容，以及起草过程中对重大分歧意见的协调处理情况。

**第五十五条** 向全国人民代表大会及其常务委员会提出的法律案，在列入会议议程前，提案人有权撤回。

**第五十六条** 交付全国人民代表大会及其常务委员会全体会议表决未获得通过的法律案，如果提案人认为必须制定该法律，可以按照法律规定的程序重新提出，由主席团、委员长会议决定是否列入会议议程；其中，未获得全国人民代表大会通过的法律案，应当提请全国人民代表大会审议决定。

**第五十七条** 法律应当明确规定施行日期。

**第五十八条** 签署公布法律的主席令载明该法律的制定机关、通过和施行日期。

法律签署公布后，及时在全国人民代表大会常务委员会公报和中国人大网以及在全国范围内发行的报纸上刊载。

在常务委员会公报上刊登的法律文本为标准文本。

**第五十九条** 法律的修改和废止程序，适用本章的有关规定。

法律被修改的，应当公布新的法律文本。

法律被废止的，除由其他法律规定废止该法律的以外，由国家主席签署主席令予以公布。

**第六十条** 法律草案与其他法律相关规定不一致的，提案人应当予以说明并提出处理意见，必要时应当同时提出修改或者废止其他法律相关规定的议案。

法律委员会和有关的专门委员会审议法律案时，认为需要修改或者废止其他法律相关规定的，应当提出处理意见。

**第六十一条** 法律根据内容需要，可以分编、章、节、条、款、项、目。

编、章、节、条的序号用中文数字依次表述，款不编序号，项的序号用中文数字加括号依次表述，目的序号用阿拉伯数字依次表述。

法律标题的题注应当载明制定机关、通过日期。经过修改的法律，应当依次载明修改机关、修改日期。

**第六十二条** 法律规定明确要求有关国家机关对专门事项作出配套的具体规定的，有关国家机关应当自法律施行之日起一年内作出规定，法律对配套的具体规定制定期限另有规定的，从其规定。有关国家机关未能在期限内作出配套的具体规定的，应当向全国人民代表大会常务委员会说明情况。

**第六十三条** 全国人民代表大会有关的专门委员会、常务委员会工作机构可以组织对有关法律或者法律中有关规定进行立法后评估。评估情况应当向常务委员会报告。

**第六十四条** 全国人民代表大会常务委员会工作机构可以对有关具体问题的法律询问进行研究予以答复，并报常务委员会备案。

## 第三章 行政法规

**第六十五条** 国务院根据宪法和法律，制定行政法规。

行政法规可以就下列事项作出规定：

（一）为执行法律的规定需要制定行政法规的事项；

（二）宪法第八十九条规定的国务院行政管理职权的事项。

应当由全国人民代表大会及其常务委员会制定法律的事项，国务院根据全国人民代表大会及其常务委员会的授权决定先制定的行政法规，经过实践检验，制定法律的条件成熟时，国务院应当及时提请全国人民代表大会及其常务委员会制定法律。

**第六十六条**　国务院法制机构应当根据国家总体工作部署拟订国务院年度立法计划，报国务院审批。国务院年度立法计划中的法律项目应当与全国人民代表大会常务委员会的立法规划和年度立法计划相衔接。国务院法制机构应当及时跟踪了解国务院各部门落实立法计划的情况，加强组织协调和督促指导。

国务院有关部门认为需要制定行政法规的，应当向国务院报请立项。

**第六十七条**　行政法规由国务院有关部门或者国务院法制机构具体负责起草，重要行政管理的法律、行政法规草案由国务院法制机构组织起草。行政法规在起草过程中，应当广泛听取有关机关、组织、人民代表大会代表和社会公众的意见。听取意见可以采取座谈会、论证会、听证会等多种形式。

行政法规草案应当向社会公布，征求意见，但是经国务院决定不公布的除外。

**第六十八条**　行政法规起草工作完成后，起草单位应当将草案及其说明、各方面对草案主要问题的不同意见和其他有关资料送国务院法制机构进行审查。

国务院法制机构应当向国务院提出审查报告和草案修改稿，审查报告应当对草案主要问题作出说明。

**第六十九条**　行政法规的决定程序依照中华人民共和国国务院组织法的有关规定办理。

**第七十条**　行政法规由总理签署国务院令公布。

有关国防建设的行政法规，可以由国务院总理、中央军事委员会主席共同签署国务院、中央军事委员会令公布。

**第七十一条** 行政法规签署公布后，及时在国务院公报和中国政府法制信息网以及在全国范围内发行的报纸上刊载。

在国务院公报上刊登的行政法规文本为标准文本。

# 第四章 地方性法规、自治条例和单行条例、规章

## 第一节 地方性法规、自治条例和单行条例

**第七十二条** 省、自治区、直辖市的人民代表大会及其常务委员会根据本行政区域的具体情况和实际需要，在不同宪法、法律、行政法规相抵触的前提下，可以制定地方性法规。

设区的市的人民代表大会及其常务委员会根据本市的具体情况和实际需要，在不同宪法、法律、行政法规和本省、自治区的地方性法规相抵触的前提下，可以对城乡建设与管理、环境保护、历史文化保护等方面的事项制定地方性法规，法律对设区的市制定地方性法规的事项另有规定的，从其规定。设区的市的地方性法规须报省、自治区的人民代表大会常务委员会批准后施行。省、自治区的人民代表大会常务委员会对报请批准的地方性法规，应当对其合法性进行审查，同宪法、法律、行政法规和本省、自治区的地方性法规不抵触的，应当在四个月内予以批准。

省、自治区的人民代表大会常务委员会在对报请批准的设区的市的地方性法规进行审查时，发现其同本省、自治区的人民政府的规章相抵触的，应当作出处理决定。

除省、自治区的人民政府所在地的市，经济特区所在地的市和国务院已经批准的较大的市以外，其他设区的市开始制定地方性法规的具体步骤和时间，由省、自治区的人民代表大会常务委员会综合考虑本省、自治区所辖的设区的市的人口数量、地域面积、经济社会发展情况以及立法需求、立法能力等因素确定，并报全国人民代表大会常务委员会和国务院备案。

自治州的人民代表大会及其常务委员会可以依照本条第二款规定

行使设区的市制定地方性法规的职权。自治州开始制定地方性法规的具体步骤和时间，依照前款规定确定。

省、自治区的人民政府所在地的市，经济特区所在地的市和国务院已经批准的较大的市已经制定的地方性法规，涉及本条第二款规定事项范围以外的，继续有效。

**第七十三条** 地方性法规可以就下列事项作出规定：

（一）为执行法律、行政法规的规定，需要根据本行政区域的实际情况作具体规定的事项；

（二）属于地方性事务需要制定地方性法规的事项。

除本法第八条规定的事项外，其他事项国家尚未制定法律或者行政法规的，省、自治区、直辖市和设区的市、自治州根据本地方的具体情况和实际需要，可以先制定地方性法规。在国家制定的法律或者行政法规生效后，地方性法规同法律或者行政法规相抵触的规定无效，制定机关应当及时予以修改或者废止。

设区的市、自治州根据本条第一款、第二款制定地方性法规，限于本法第七十二条第二款规定的事项。

制定地方性法规，对上位法已经明确规定的内容，一般不作重复性规定。

**第七十四条** 经济特区所在地的省、市的人民代表大会及其常务委员会根据全国人民代表大会的授权决定，制定法规，在经济特区范围内实施。

**第七十五条** 民族自治地方的人民代表大会有权依照当地民族的政治、经济和文化的特点，制定自治条例和单行条例。自治区的自治条例和单行条例，报全国人民代表大会常务委员会批准后生效。自治州、自治县的自治条例和单行条例，报省、自治区、直辖市的人民代表大会常务委员会批准后生效。

自治条例和单行条例可以依照当地民族的特点，对法律和行政法规的规定作出变通规定，但不得违背法律或者行政法规的基本原则，不得对宪法和民族区域自治法的规定以及其他有关法律、行政法规专门就民族自治地方所作的规定作出变通规定。

**第七十六条** 规定本行政区域特别重大事项的地方性法规，应当由人民代表大会通过。

**第七十七条** 地方性法规案、自治条例和单行条例案的提出、审议和表决程序，根据中华人民共和国地方各级人民代表大会和地方各级人民政府组织法，参照本法第二章第二节、第三节、第五节的规定，由本级人民代表大会规定。

地方性法规草案由负责统一审议的机构提出审议结果的报告和草案修改稿。

**第七十八条** 省、自治区、直辖市的人民代表大会制定的地方性法规由大会主席团发布公告予以公布。

省、自治区、直辖市的人民代表大会常务委员会制定的地方性法规由常务委员会发布公告予以公布。

设区的市、自治州的人民代表大会及其常务委员会制定的地方性法规报经批准后，由设区的市、自治州的人民代表大会常务委员会发布公告予以公布。

自治条例和单行条例报经批准后，分别由自治区、自治州、自治县的人民代表大会常务委员会发布公告予以公布。

**第七十九条** 地方性法规、自治区的自治条例和单行条例公布后，及时在本级人民代表大会常务委员会公报和中国人大网、本地方人民代表大会网站以及在本行政区域范围内发行的报纸上刊载。

在常务委员会公报上刊登的地方性法规、自治条例和单行条例文本为标准文本。

## 第二节 规　　章

**第八十条** 国务院各部、委员会、中国人民银行、审计署和具有行政管理职能的直属机构，可以根据法律和国务院的行政法规、决定、命令，在本部门的权限范围内，制定规章。

部门规章规定的事项应当属于执行法律或者国务院的行政法规、决定、命令的事项。没有法律或者国务院的行政法规、决定、命令的依据，部门规章不得设定减损公民、法人和其他组织权利或者增加其义务的规范，不得增加本部门的权力或者减少本部门的法定职责。

**第八十一条** 涉及两个以上国务院部门职权范围的事项，应当提请国务院制定行政法规或者由国务院有关部门联合制定规章。

**第八十二条** 省、自治区、直辖市和设区的市、自治州的人民政府，可以根据法律、行政法规和本省、自治区、直辖市的地方性法规，制定规章。

地方政府规章可以就下列事项作出规定：

（一）为执行法律、行政法规、地方性法规的规定需要制定规章的事项；

（二）属于本行政区域的具体行政管理事项。

设区的市、自治州的人民政府根据本条第一款、第二款制定地方政府规章，限于城乡建设与管理、环境保护、历史文化保护等方面的事项。已经制定的地方政府规章，涉及上述事项范围以外的，继续有效。

除省、自治区的人民政府所在地的市，经济特区所在地的市和国务院已经批准的较大的市以外，其他设区的市、自治州的人民政府开始制定规章的时间，与本省、自治区人民代表大会常务委员会确定的本市、自治州开始制定地方性法规的时间同步。

应当制定地方性法规但条件尚不成熟的，因行政管理迫切需要，可以先制定地方政府规章。规章实施满两年需要继续实施规章所规定的行政措施的，应当提请本级人民代表大会或者其常务委员会制定地方性法规。

没有法律、行政法规、地方性法规的依据，地方政府规章不得设定减损公民、法人和其他组织权利或者增加其义务的规范。

**第八十三条** 国务院部门规章和地方政府规章的制定程序，参照本法第三章的规定，由国务院规定。

**第八十四条** 部门规章应当经部务会议或者委员会会议决定。

地方政府规章应当经政府常务会议或者全体会议决定。

**第八十五条** 部门规章由部门首长签署命令予以公布。

地方政府规章由省长、自治区主席、市长或者自治州州长签署命令予以公布。

**第八十六条** 部门规章签署公布后,及时在国务院公报或者部门公报和中国政府法制信息网以及在全国范围内发行的报纸上刊载。

地方政府规章签署公布后,及时在本级人民政府公报和中国政府法制信息网以及在本行政区域范围内发行的报纸上刊载。

在国务院公报或者部门公报和地方人民政府公报上刊登的规章文本为标准文本。

## 第五章 适用与备案审查

**第八十七条** 宪法具有最高的法律效力,一切法律、行政法规、地方性法规、自治条例和单行条例、规章都不得同宪法相抵触。

**第八十八条** 法律的效力高于行政法规、地方性法规、规章。

行政法规的效力高于地方性法规、规章。

**第八十九条** 地方性法规的效力高于本级和下级地方政府规章。

省、自治区的人民政府制定的规章的效力高于本行政区域内的设区的市、自治州的人民政府制定的规章。

**第九十条** 自治条例和单行条例依法对法律、行政法规、地方性法规作变通规定的,在本自治地方适用自治条例和单行条例的规定。

经济特区法规根据授权对法律、行政法规、地方性法规作变通规定的,在本经济特区适用经济特区法规的规定。

**第九十一条** 部门规章之间、部门规章与地方政府规章之间具有同等效力,在各自的权限范围内施行。

**第九十二条** 同一机关制定的法律、行政法规、地方性法规、自治条例和单行条例、规章,特别规定与一般规定不一致的,适用特别规定;新的规定与旧的规定不一致的,适用新的规定。

**第九十三条** 法律、行政法规、地方性法规、自治条例和单行条例、规章不溯及既往,但为了更好地保护公民、法人和其他组织的权利和利益而作的特别规定除外。

**第九十四条** 法律之间对同一事项的新的一般规定与旧的特别规定不一致,不能确定如何适用时,由全国人民代表大会常务委员会裁决。

行政法规之间对同一事项的新的一般规定与旧的特别规定不一致，不能确定如何适用时，由国务院裁决。

**第九十五条** 地方性法规、规章之间不一致时，由有关机关依照下列规定的权限作出裁决：

（一）同一机关制定的新的一般规定与旧的特别规定不一致时，由制定机关裁决；

（二）地方性法规与部门规章之间对同一事项的规定不一致，不能确定如何适用时，由国务院提出意见，国务院认为应当适用地方性法规的，应当决定在该地方适用地方性法规的规定；认为应当适用部门规章的，应当提请全国人民代表大会常务委员会裁决；

（三）部门规章之间、部门规章与地方政府规章之间对同一事项的规定不一致时，由国务院裁决。

根据授权制定的法规与法律规定不一致，不能确定如何适用时，由全国人民代表大会常务委员会裁决。

**第九十六条** 法律、行政法规、地方性法规、自治条例和单行条例、规章有下列情形之一的，由有关机关依照本法第九十七条规定的权限予以改变或者撤销：

（一）超越权限的；

（二）下位法违反上位法规定的；

（三）规章之间对同一事项的规定不一致，经裁决应当改变或者撤销一方的规定的；

（四）规章的规定被认为不适当，应当予以改变或者撤销的；

（五）违背法定程序的。

**第九十七条** 改变或者撤销法律、行政法规、地方性法规、自治条例和单行条例、规章的权限是：

（一）全国人民代表大会有权改变或者撤销它的常务委员会制定的不适当的法律，有权撤销全国人民代表大会常务委员会批准的违背宪法和本法第七十五条第二款规定的自治条例和单行条例；

（二）全国人民代表大会常务委员会有权撤销同宪法和法律相抵触

的行政法规，有权撤销同宪法、法律和行政法规相抵触的地方性法规，有权撤销省、自治区、直辖市的人民代表大会常务委员会批准的违背宪法和本法第七十五条第二款规定的自治条例和单行条例；

（三）国务院有权改变或者撤销不适当的部门规章和地方政府规章；

（四）省、自治区、直辖市的人民代表大会有权改变或者撤销它的常务委员会制定的和批准的不适当的地方性法规；

（五）地方人民代表大会常务委员会有权撤销本级人民政府制定的不适当的规章；

（六）省、自治区的人民政府有权改变或者撤销下一级人民政府制定的不适当的规章；

（七）授权机关有权撤销被授权机关制定的超越授权范围或者违背授权目的的法规，必要时可以撤销授权。

**第九十八条**　行政法规、地方性法规、自治条例和单行条例、规章应当在公布后的三十日内依照下列规定报有关机关备案：

（一）行政法规报全国人民代表大会常务委员会备案；

（二）省、自治区、直辖市的人民代表大会及其常务委员会制定的地方性法规，报全国人民代表大会常务委员会和国务院备案；设区的市、自治州的人民代表大会及其常务委员会制定的地方性法规，由省、自治区的人民代表大会常务委员会报全国人民代表大会常务委员会和国务院备案；

（三）自治州、自治县的人民代表大会制定的自治条例和单行条例，由省、自治区、直辖市的人民代表大会常务委员会报全国人民代表大会常务委员会和国务院备案；自治条例、单行条例报送备案时，应当说明对法律、行政法规、地方性法规作出变通的情况；

（四）部门规章和地方政府规章报国务院备案；地方政府规章应当同时报本级人民代表大会常务委员会备案；设区的市、自治州的人民政府制定的规章应当同时报省、自治区的人民代表大会常务委员会和人民政府备案；

（五）根据授权制定的法规应当报授权决定规定的机关备案；经济

特区法规报送备案时，应当说明对法律、行政法规、地方性法规作出变通的情况。

**第九十九条** 国务院、中央军事委员会、最高人民法院、最高人民检察院和各省、自治区、直辖市的人民代表大会常务委员会认为行政法规、地方性法规、自治条例和单行条例同宪法或者法律相抵触的，可以向全国人民代表大会常务委员会书面提出进行审查的要求，由常务委员会工作机构分送有关的专门委员会进行审查、提出意见。

前款规定以外的其他国家机关和社会团体、企业事业组织以及公民认为行政法规、地方性法规、自治条例和单行条例同宪法或者法律相抵触的，可以向全国人民代表大会常务委员会书面提出进行审查的建议，由常务委员会工作机构进行研究，必要时，送有关的专门委员会进行审查、提出意见。

有关的专门委员会和常务委员会工作机构可以对报送备案的规范性文件进行主动审查。

**第一百条** 全国人民代表大会专门委员会、常务委员会工作机构在审查、研究中认为行政法规、地方性法规、自治条例和单行条例同宪法或者法律相抵触的，可以向制定机关提出书面审查意见、研究意见；也可以由法律委员会与有关的专门委员会、常务委员会工作机构召开联合审查会议，要求制定机关到会说明情况，再向制定机关提出书面审查意见。制定机关应当在两个月内研究提出是否修改的意见，并向全国人民代表大会法律委员会和有关的专门委员会或者常务委员会工作机构反馈。

全国人民代表大会法律委员会、有关的专门委员会、常务委员会工作机构根据前款规定，向制定机关提出审查意见、研究意见，制定机关按照所提意见对行政法规、地方性法规、自治条例和单行条例进行修改或者废止的，审查终止。

全国人民代表大会法律委员会、有关的专门委员会、常务委员会工作机构经审查、研究认为行政法规、地方性法规、自治条例和单行条例同宪法或者法律相抵触而制定机关不予修改的，应当向委员长会议提出予以撤销的议案、建议，由委员长会议决定提请常务委员会会议审议决定。

**第一百零一条** 全国人民代表大会有关的专门委员会和常务委员会工作机构应当按照规定要求，将审查、研究情况向提出审查建议的国家机关、社会团体、企业事业组织以及公民反馈，并可以向社会公开。

**第一百零二条** 其他接受备案的机关对报送备案的地方性法规、自治条例和单行条例、规章的审查程序，按照维护法制统一的原则，由接受备案的机关规定。

## 第六章 附 则

**第一百零三条** 中央军事委员会根据宪法和法律，制定军事法规。

中央军事委员会各总部、军兵种、军区、中国人民武装警察部队，可以根据法律和中央军事委员会的军事法规、决定、命令，在其权限范围内，制定军事规章。

军事法规、军事规章在武装力量内部实施。

军事法规、军事规章的制定、修改和废止办法，由中央军事委员会依照本法规定的原则规定。

**第一百零四条** 最高人民法院、最高人民检察院作出的属于审判、检察工作中具体应用法律的解释，应当主要针对具体的法律条文，并符合立法的目的、原则和原意。遇有本法第四十五条第二款规定情况的，应当向全国人民代表大会常务委员会提出法律解释的要求或者提出制定、修改有关法律的议案。

最高人民法院、最高人民检察院作出的属于审判、检察工作中具体应用法律的解释，应当自公布之日起三十日内报全国人民代表大会常务委员会备案。

最高人民法院、最高人民检察院以外的审判机关和检察机关，不得作出具体应用法律的解释。

**第一百零五条** 本法自 2000 年 7 月 1 日起施行。

# 第二部分

# 民商法律类

# 中华人民共和国民法通则

（1986年4月12日第六届全国人民代表大会第四次会议通过，根据2009年8月27日第十一届全国人民代表大会常务委员会第十次会议《关于修改部分法律的决定》修正）

## 目　录

## 第一章　基本原则

**第一条**　为了保障公民、法人的合法的民事权益，正确调整民事关系，适应社会主义现代化建设事业发展的需要，根据宪法和我国实际情况，总结民事活动的实践经验，制定本法。

**第二条**　中华人民共和国民法调整平等主体的公民之间、法人之间、公民和法人之间的财产关系和人身关系。

**第三条**　当事人在民事活动中的地位平等。

**第四条**　民事活动应当遵循自愿、公平、等价有偿、诚实信用的原则。

**第五条**　公民、法人的合法的民事权益受法律保护，任何组织和个人不得侵犯。

**第六条**　民事活动必须遵守法律，法律没有规定的，应当遵守国家政策。

**第七条**　民事活动应当尊重社会公德，不得损害社会公共利益，扰乱社会经济秩序。

**第八条**　在中华人民共和国领域内的民事活动，适用中华人民共和国法律，法律另有规定的除外。

本法关于公民的规定，适用于在中华人民共和国领域内的外国人、无国籍人，法律另有规定的除外。

# 第二章　公民(自然人)

## 第一节　民事权利能力和民事行为能力

**第九条**　公民从出生时起到死亡时止,具有民事权利能力,依法享有民事权利,承担民事义务。

**第十条**　公民的民事权利能力一律平等。

**第十一条**　十八周岁以上的公民是成年人,具有完全民事行为能力,可以独立进行民事活动,是完全民事行为能力人。

十六周岁以上不满十八周岁的公民,以自己的劳动收入为主要生活来源的,视为完全民事行为能力人。

**第十二条**　十周岁以上的未成年人是限制民事行为能力人,可以进行与他的年龄、智力相适应的民事活动;其他民事活动由他的法定代理人代理,或者征得他的法定代理人的同意。

不满十周岁的未成年人是无民事行为能力人,由他的法定代理人代理民事活动。

**第十三条**　不能辨认自己行为的精神病人是无民事行为能力人,由他的法定代理人代理民事活动。

不能完全辨认自己行为的精神病人是限制民事行为能力人,可以进行与他的精神健康状况相适应的民事活动;其他民事活动由他的法定代理人代理,或者征得他的法定代理人的同意。

**第十四条**　无民事行为能力人、限制民事行为能力人的监护人是他的法定代理人。

**第十五条**　公民以他的户籍所在地的居住地为住所,经常居住地与住所不一致的,经常居住地视为住所。

## 第二节　监　　护

**第十六条**　未成年人的父母是未成年人的监护人。

未成年人的父母已经死亡或者没有监护能力的,由下列人员中有监护能力的人担任监护人:

（一）祖父母、外祖父母；

（二）兄、姐；

（三）关系密切的其他亲属、朋友愿意承担监护责任，经未成年人的父、母的所在单位或者未成年人住所地的居民委员会、村民委员会同意的。

对担任监护人有争议的，由未成年人的父、母的所在单位或者未成年人住所地的居民委员会、村民委员会在近亲属中指定。对指定不服提起诉讼的，由人民法院裁决。

没有第一款、第二款规定的监护人的，由未成年人的父、母的所在单位或者未成年人住所地的居民委员会、村民委员会或者民政部门担任监护人。

**第十七条**　无民事行为能力或者限制民事行为能力的精神病人，由下列人员担任监护人：

（一）配偶；

（二）父母；

（三）成年子女；

（四）其他近亲属；

（五）关系密切的其他亲属、朋友愿意承担监护责任，经精神病人的所在单位或者住所地的居民委员会、村民委员会同意的。

对担任监护人有争议的，由精神病人的所在单位或者住所地的居民委员会、村民委员会在近亲属中指定。对指定不服提起诉讼的，由人民法院裁决。

没有第一款规定的监护人的，由精神病人的所在单位或者住所地的居民委员会、村民委员会或者民政部门担任监护人。

**第十八条**　监护人应当履行监护职责，保护被监护人的人身、财产及其他合法权益，除为被监护人的利益外，不得处理被监护人的财产。

监护人依法履行监护的权利，受法律保护。

监护人不履行监护职责或者侵害被监护人的合法权益的，应当承担责任；给被监护人造成财产损失的，应当赔偿损失。人民法院可以根据有关人员或者有关单位的申请，撤销监护人的资格。

**第十九条** 精神病人的利害关系人，可以向人民法院申请宣告精神病人为无民事行为能力人或者限制民事行为能力人。

被人民法院宣告为无民事行为能力人或者限制民事行为能力人的，根据他健康恢复的状况，经本人或者利害关系人申请，人民法院可以宣告他为限制民事行为能力人或者完全民事行为能力人。

## 第三节　宣告失踪和宣告死亡

**第二十条** 公民下落不明满二年的，利害关系人可以向人民法院申请宣告他为失踪人。

战争期间下落不明的，下落不明的时间从战争结束之日起计算。

**第二十一条** 失踪人的财产由他的配偶、父母、成年子女或者关系密切的其他亲属、朋友代管。代管有争议的，没有以上规定的人或者以上规定的人无能力代管的，由人民法院指定的人代管。

失踪人所欠税款、债务和应付的其他费用，由代管人从失踪人的财产中支付。

**第二十二条** 被宣告失踪的人重新出现或者确知他的下落，经本人或者利害关系人申请，人民法院应当撤销对他的失踪宣告。

**第二十三条** 公民有下列情形之一的，利害关系人可以向人民法院申请宣告他死亡：

（一）下落不明满四年的；

（二）因意外事故下落不明，从事故发生之日起满二年的。

战争期间下落不明的，下落不明的时间从战争结束之日起计算。

**第二十四条** 被宣告死亡的人重新出现或者确知他没有死亡，经本人或者利害关系人申请，人民法院应当撤销对他的死亡宣告。

有民事行为能力人在被宣告死亡期间实施的民事法律行为有效。

**第二十五条** 被撤销死亡宣告的人有权请求返还财产。依照继承法取得他的财产的公民或者组织，应当返还原物；原物不存在的，给予适当补偿。

## 第四节 个体工商户、农村承包经营户

**第二十六条** 公民在法律允许的范围内,依法经核准登记,从事工商业经营的,为个体工商户。个体工商户可以起字号。

**第二十七条** 农村集体经济组织的成员,在法律允许的范围内,按照承包合同规定从事商品经营的,为农村承包经营户。

**第二十八条** 个体工商户、农村承包经营户的合法权益,受法律保护。

**第二十九条** 个体工商户、农村承包经营户的债务,个人经营的,以个人财产承担;家庭经营的,以家庭财产承担。

## 第五节 个人合伙

**第三十条** 个人合伙是指两个以上公民按照协议,各自提供资金、实物、技术等,合伙经营、共同劳动。

**第三十一条** 合伙人应当对出资数额、盈余分配、债务承担、入伙、退伙、合伙终止等事项,订立书面协议。

**第三十二条** 合伙人投入的财产,由合伙人统一管理和使用。

合伙经营积累的财产,归合伙人共有。

**第三十三条** 个人合伙可以起字号,依法经核准登记,在核准登记的经营范围内从事经营。

**第三十四条** 个人合伙的经营活动,由合伙人共同决定,合伙人有执行和监督的权利。

合伙人可以推举负责人。合伙负责人和其他人员的经营活动,由全体合伙人承担民事责任。

**第三十五条** 合伙的债务,由合伙人按照出资比例或者协议的约定,以各自的财产承担清偿责任。

合伙人对合伙的债务承担连带责任,法律另有规定的除外。偿还合伙债务超过自己应当承担数额的合伙人,有权向其他合伙人追偿。

# 第三章 法　　人

## 第一节 一般规定

**第三十六条** 法人是具有民事权利能力和民事行为能力，依法独立享有民事权利和承担民事义务的组织。

法人的民事权利能力和民事行为能力，从法人成立时产生，到法人终止时消灭。

**第三十七条** 法人应当具备下列条件：

（一）依法成立；

（二）有必要的财产或者经费；

（三）有自己的名称、组织机构和场所；

（四）能够独立承担民事责任。

**第三十八条** 依照法律或者法人组织章程规定，代表法人行使职权的负责人，是法人的法定代表人。

**第三十九条** 法人以它的主要办事机构所在地为住所。

**第四十条** 法人终止，应当依法进行清算，停止清算范围外的活动。

## 第二节 企业法人

**第四十一条** 全民所有制企业、集体所有制企业有符合国家规定的资金数额，有组织章程、组织机构和场所，能够独立承担民事责任，经主管机关核准登记，取得法人资格。

在中华人民共和国领域内设立的中外合资经营企业、中外合作经营企业和外资企业，具备法人条件的，依法经工商行政管理机关核准登记，取得中国法人资格。

**第四十二条** 企业法人应当在核准登记的经营范围内从事经营。

**第四十三条** 企业法人对它的法定代表人和其他工作人员的经营活动，承担民事责任。

**第四十四条** 企业法人分立、合并或者有其他重要事项变更，应当向登记机关办理登记并公告。

企业法人分立、合并,它的权利和义务由变更后的法人享有和承担。

**第四十五条**　企业法人由于下列原因之一终止:

(一)依法被撤销;

(二)解散;

(三)依法宣告破产;

(四)其他原因。

**第四十六条**　企业法人终止,应当向登记机关办理注销登记并公告。

**第四十七条**　企业法人解散,应当成立清算组织,进行清算。企业法人被撤销、被宣告破产的,应当由主管机关或者人民法院组织有关机关和有关人员成立清算组织,进行清算。

**第四十八条**　全民所有制企业法人以国家授予它经营管理的财产承担民事责任。集体所有制企业法人以企业所有的财产承担民事责任。中外合资经营企业法人、中外合作经营企业法人和外资企业法人以企业所有的财产承担民事责任,法律另有规定的除外。

**第四十九条**　企业法人有下列情形之一的,除法人承担责任外,对法定代表人可以给予行政处分、罚款,构成犯罪的,依法追究刑事责任:

(一)超出登记机关核准登记的经营范围从事非法经营的;

(二)向登记机关、税务机关隐瞒真实情况、弄虚作假的;

(三)抽逃资金、隐匿财产逃避债务的;

(四)解散、被撤销、被宣告破产后,擅自处理财产的;

(五)变更、终止时不及时申请办理登记和公告,使利害关系人遭受重大损失的;

(六)从事法律禁止的其他活动,损害国家利益或者社会公共利益的。

## 第三节　机关、事业单位和社会团体法人

**第五十条**　有独立经费的机关从成立之日起,具有法人资格。

具备法人条件的事业单位、社会团体，依法不需要办理法人登记的，从成立之日起，具有法人资格；依法需要办理法人登记的，经核准登记，取得法人资格。

### 第四节　联　　营

**第五十一条**　企业之间或者企业、事业单位之间联营，组成新的经济实体，独立承担民事责任、具备法人条件的，经主管机关核准登记，取得法人资格。

**第五十二条**　企业之间或者企业、事业单位之间联营，共同经营、不具备法人条件的，由联营各方按照出资比例或者协议的约定，以各自所有的或者经营管理的财产承担民事责任。依照法律的规定或者协议的约定负连带责任的，承担连带责任。

**第五十三条**　企业之间或者企业、事业单位之间联营，按照合同的约定各自独立经营的，它的权利和义务由合同约定，各自承担民事责任。

## 第四章　民事法律行为和代理

### 第一节　民事法律行为

**第五十四条**　民事法律行为是公民或者法人设立、变更、终止民事权利和民事义务的合法行为。

**第五十五条**　民事法律行为应当具备下列条件：

（一）行为人具有相应的民事行为能力；

（二）意思表示真实；

（三）不违反法律或者社会公共利益。

**第五十六条**　民事法律行为可以采取书面形式、口头形式或者其他形式。法律规定用特定形式的，应当依照法律规定。

**第五十七条**　民事法律行为从成立时起具有法律约束力。行为人非依法律规定或者取得对方同意，不得擅自变更或者解除。

**第五十八条**　下列民事行为无效：

（一）无民事行为能力人实施的；

（二）限制民事行为能力人依法不能独立实施的；

（三）一方以欺诈、胁迫的手段或者乘人之危，使对方在违背真实意思的情况下所为的；

（四）恶意串通，损害国家、集体或者第三人利益的；

（五）违反法律或者社会公共利益的；

（六）经济合同违反国家指令性计划的；此款 2009 年 8 月 27 日删除。

（七）以合法形式掩盖非法目的的。

无效的民事行为，从行为开始起就没有法律约束力。

**第五十九条**　下列民事行为，一方有权请求人民法院或者仲裁机关予以变更或者撤销：

（一）行为人对行为内容有重大误解的；

（二）显失公平的。

被撤销的民事行为从行为开始起无效。

**第六十条**　民事行为部分无效，不影响其他部分的效力的，其他部分仍然有效。

**第六十一条**　民事行为被确认为无效或者被撤销后，当事人因该行为取得的财产，应当返还给受损失的一方。有过错的一方应当赔偿对方因此所受的损失，双方都有过错的，应当各自承担相应的责任。

双方恶意串通，实施民事行为损害国家的、集体的或者第三人的利益的，应当追缴双方取得的财产，收归国家、集体所有或者返还第三人。

**第六十二条**　民事法律行为可以附条件，附条件的民事法律行为在符合所附条件时生效。

## 第二节　代　　理

**第六十三条**　公民、法人可以通过代理人实施民事法律行为。

代理人在代理权限内，以被代理人的名义实施民事法律行为。被代理人对代理人的代理行为，承担民事责任。

依照法律规定或者按照双方当事人约定，应当由本人实施的民事法律行为，不得代理。

**第六十四条** 代理包括委托代理、法定代理和指定代理。

委托代理人按照被代理人的委托行使代理权，法定代理人依照法律的规定行使代理权，指定代理人按照人民法院或者指定单位的指定行使代理权。

**第六十五条** 民事法律行为的委托代理，可以用书面形式，也可以用口头形式。法律规定用书面形式的，应当用书面形式。

书面委托代理的授权委托书应当载明代理人的姓名或者名称、代理事项、权限和期间，并由委托人签名或者盖章。

委托书授权不明的，被代理人应当向第三人承担民事责任，代理人负连带责任。

**第六十六条** 没有代理权、超越代理权或者代理权终止后的行为，只有经过被代理人的追认，被代理人才承担民事责任。未经追认的行为，由行为人承担民事责任。本人知道他人以本人名义实施民事行为而不作否认表示的，视为同意。

代理人不履行职责而给被代理人造成损害的，应当承担民事责任。

代理人和第三人串通，损害被代理人的利益的，由代理人和第三人负连带责任。

第三人知道行为人没有代理权、超越代理权或者代理权已终止还与行为人实施民事行为给他人造成损害的，由第三人和行为人负连带责任。

**第六十七条** 代理人知道被委托代理的事项违法仍然进行代理活动的，或者被代理人知道代理人的代理行为违法不表示反对的，由被代理人和代理人负连带责任。

**第六十八条** 委托代理人为被代理人的利益需要转托他人代理的，应当事先取得被代理人的同意。事先没有取得被代理人同意的，应当在事后及时告诉被代理人，如果被代理人不同意，由代理人对自己所转托的人的行为负民事责任，但在紧急情况下，为了保护被代理人的利益而转托他人代理的除外。

**第六十九条** 有下列情形之一的，委托代理终止：

（一）代理期间届满或者代理事务完成；

（二）被代理人取消委托或者代理人辞去委托；

（三）代理人死亡；

（四）代理人丧失民事行为能力；

（五）作为被代理人或者代理人的法人终止。

**第七十条** 有下列情形之一的，法定代理或者指定代理终止：

（一）被代理人取得或者恢复民事行为能力；

（二）被代理人或者代理人死亡；

（三）代理人丧失民事行为能力；

（四）指定代理的人民法院或者指定单位取消指定；

（五）由其他原因引起的被代理人和代理人之间的监护关系消灭。

# 第五章 民事权利

## 第一节 财产所有权和与财产所有权有关的财产权

**第七十一条** 财产所有权是指所有人依法对自己的财产享有占有、使用、收益和处分的权利。

**第七十二条** 财产所有权的取得，不得违反法律规定。

按照合同或者其他合法方式取得财产的，财产所有权从财产交付时起转移，法律另有规定或者当事人另有约定的除外。

**第七十三条** 国家财产属于全民所有。

国家财产神圣不可侵犯，禁止任何组织或者个人侵占、哄抢、私分、截留、破坏。

**第七十四条** 劳动群众集体组织的财产属于劳动群众集体所有，包括：

（一）法律规定为集体所有的土地和森林、山岭、草原、荒地、滩涂等；

（二）集体经济组织的财产；

（三）集体所有的建筑物、水库、农田水利设施和教育、科学、文化、卫生、体育等设施；

（四）集体所有的其他财产。

集体所有的土地依照法律属于村农民集体所有，由村农业生产合作社等农业集体经济组织或者村民委员会经营、管理。已经属于乡（镇）农民集体经济组织所有的，可以属于乡（镇）农民集体所有。

集体所有的财产受法律保护，禁止任何组织或者个人侵占、哄抢、私分、破坏或者非法查封、扣押、冻结、没收。

**第七十五条** 公民的个人财产，包括公民的合法收入、房屋、储蓄、生活用品、文物、图书资料、林木、牲畜和法律允许公民所有的生产资料以及其他合法财产。

公民的合法财产受法律保护，禁止任何组织或者个人侵占、哄抢、破坏或者非法查封、扣押、冻结、没收。

**第七十六条** 公民依法享有财产继承权。

**第七十七条** 社会团体包括宗教团体的合法财产受法律保护。

**第七十八条** 财产可以由两个以上的公民、法人共有。

共有分为按份共有和共同共有。按份共有人按照各自的份额，对共有财产分享权利，分担义务。共同共有人对共有财产享有权利，承担义务。

按份共有财产的每个共有人有权要求将自己的份额分出或者转让。但在出售时，其他共有人在同等条件下，有优先购买的权利。

**第七十九条** 所有人不明的埋藏物、隐藏物，归国家所有。接收单位应当对上缴的单位或者个人，给予表扬或者物质奖励。

拾得遗失物、漂流物或者失散的饲养动物，应当归还失主，因此而支出的费用由失主偿还。

**第八十条** 国家所有的土地，可以依法由全民所有制单位使用，也可以依法确定由集体所有制单位使用，国家保护它的使用、收益的权利；使用单位有管理、保护、合理利用的义务。

公民、集体依法对集体所有的或者国家所有由集体使用的土地的承包经营权，受法律保护。承包双方的权利和义务，依照法律由承包合同规定。

土地不得买卖、出租、抵押或者以其他形式非法转让。

**第八十一条**　国家所有的森林、山岭、草原、荒地、滩涂、水面等自然资源，可以依法由全民所有制单位使用，也可以依法确定由集体所有制单位使用，国家保护它的使用、收益的权利；使用单位有管理、保护、合理利用的义务。

国家所有的矿藏，可以依法由全民所有制单位和集体所有制单位开采，也可以依法由公民采挖。国家保护合法的采矿权。

公民、集体依法对集体所有的或者国家所有由集体使用的森林、山岭、草原、荒地、滩涂、水面的承包经营权，受法律保护。承包双方的权利和义务，依照法律由承包合同规定。

国家所有的矿藏、水流，国家所有的和法律规定属于集体所有的林地、山岭、草原、荒地、滩涂不得买卖、出租、抵押或者以其他形式非法转让。

**第八十二条**　全民所有制企业对国家授予它经营管理的财产依法享有经营权，受法律保护。

**第八十三条**　不动产的相邻各方，应当按照有利生产、方便生活、团结互助、公平合理的精神，正确处理截水、排水、通行、通风、采光等方面的相邻关系。给相邻方造成妨碍或者损失的，应当停止侵害，排除妨碍，赔偿损失。

## 第二节　债　　权

**第八十四条**　债是按照合同的约定或者依照法律的规定，在当事人之间产生的特定的权利和义务关系。享有权利的人是债权人，负有义务的人是债务人。

债权人有权要求债务人按照合同的约定或者依照法律的规定履行义务。

**第八十五条**　合同是当事人之间设立、变更、终止民事关系的协议。依法成立的合同，受法律保护。

**第八十六条**　债权人为二人以上的，按照确定的份额分享权利。债务人为二人以上的，按照确定的份额分担义务。

**第八十七条**　债权人或者债务人一方人数为二人以上的，依照法律的规定或者当事人的约定，享有连带权利的每个债权人，都有权要求债务人履行义务；负有连带义务的每个债务人，都负有清偿全部债务的义务，履行了义务的人，有权要求其他负有连带义务的人偿付他应当承担的份额。

**第八十八条** 合同的当事人应当按照合同的约定，全部履行自己的义务。

合同中有关质量、期限、地点或者价款约定不明确，按照合同有关条款内容不能确定，当事人又不能通过协商达成协议的，适用下列规定：

（一）质量要求不明确的，按照国家质量标准履行，没有国家质量标准的，按照通常标准履行。

（二）履行期限不明确的，债务人可以随时向债权人履行义务，债权人也可以随时要求债务人履行义务，但应当给对方必要的准备时间。

（三）履行地点不明确，给付货币的，在接受给付一方的所在地履行，其他标的在履行义务一方的所在地履行。

（四）价款约定不明确的，按照国家规定的价格履行；没有国家规定价格的，参照市场价格或者同类物品的价格或者同类劳务的报酬标准履行。

合同对专利申请权没有约定的，完成发明创造的当事人享有申请权。

合同对科技成果的使用权没有约定的，当事人都有使用的权利。

**第八十九条** 依照法律的规定或者按照当事人的约定，可以采用下列方式担保债务的履行：

（一）保证人向债权人保证债务人履行债务，债务人不履行债务的，按照约定由保证人履行或者承担连带责任；保证人履行债务后，有权向债务人追偿。

（二）债务人或者第三人可以提供一定的财产作为抵押物。债务人不履行债务的，债权人有权依照法律的规定以抵押物折价或者以变卖抵押物的价款优先得到偿还。

（三）当事人一方在法律规定的范围内可以向对方给付定金。债务人履行债务后，定金应当抵作价款或者收回。给付定金的一方不履行债务的，无权要求返还定金；接受定金的一方不履行债务的，应当双倍返还定金。

（四）按照合同约定一方占有对方的财产，对方不按照合同给付应付款项超过约定期限的，占有人有权留置该财产，依照法律的规定以留置财产折价或者以变卖该财产的价款优先得到偿还。

**第九十条**　合法的借贷关系受法律保护。

**第九十一条**　合同一方将合同的权利、义务全部或者部分转让给第三人的，应当取得合同另一方的同意，并不得牟利。依照法律规定应当由国家批准的合同，需经原批准机关批准。但是，法律另有规定或者原合同另有约定的除外。

**第九十二条**　没有合法根据，取得不当利益，造成他人损失的，应当将取得的不当利益返还受损失的人。

**第九十三条**　没有法定的或者约定的义务，为避免他人利益受损失进行管理或者服务的，有权要求受益人偿付由此而支付的必要费用。

## 第三节　知识产权

**第九十四条**　公民、法人享有著作权（版权），依法有署名、发表、出版、获得报酬等权利。

**第九十五条**　公民、法人依法取得的专利权受法律保护。

**第九十六条**　法人、个体工商户、个人合伙依法取得的商标专用权受法律保护。

**第九十七条**　公民对自己的发现享有发现权。发现人有权申请领取发现证书、奖金或者其他奖励。

公民对自己的发明或者其他科技成果，有权申请领取荣誉证书、奖金或者其他奖励。

## 第四节　人身权

**第九十八条**　公民享有生命健康权。

**第九十九条**　公民享有姓名权，有权决定、使用和依照规定改变自己的姓名，禁止他人干涉、盗用、假冒。

法人、个体工商户、个人合伙享有名称权。企业法人、个体工商户、个人合伙有权使用、依法转让自己的名称。

**第一百条** 公民享有肖像权，未经本人同意，不得以营利为目的使用公民的肖像。

**第一百零一条** 公民、法人享有名誉权，公民的人格尊严受法律保护，禁止用侮辱、诽谤等方式损害公民、法人的名誉。

**第一百零二条** 公民、法人享有荣誉权，禁止非法剥夺公民、法人的荣誉称号。

**第一百零三条** 公民享有婚姻自主权，禁止买卖、包办婚姻和其他干涉婚姻自由的行为。

**第一百零四条** 婚姻、家庭、老人、母亲和儿童受法律保护。

残疾人的合法权益受法律保护。

**第一百零五条** 妇女享有同男子平等的民事权利。

# 第六章 民事责任

## 第一节 一般规定

**第一百零六条** 公民、法人违反合同或者不履行其他义务的，应当承担民事责任。

公民、法人由于过错侵害国家的、集体的财产，侵害他人财产、人身的，应当承担民事责任。

没有过错，但法律规定应当承担民事责任的，应当承担民事责任。

**第一百零七条** 因不可抗力不能履行合同或者造成他人损害的，不承担民事责任，法律另有规定的除外。

**第一百零八条** 债务应当清偿。暂时无力偿还的，经债权人同意或者人民法院裁决，可以由债务人分期偿还。有能力偿还拒不偿还的，由人民法院判决强制偿还。

**第一百零九条** 因防止、制止国家的、集体的财产或者他人的财产、人身遭受侵害而使自己受到损害的，由侵害人承担赔偿责任，受益人也可以给予适当的补偿。

**第一百一十条** 对承担民事责任的公民、法人需要追究行政责任的，应当追究行政责任；构成犯罪的，对公民、法人的法定代表人应当依法追究刑事责任。

## 第二节 违反合同的民事责任

**第一百一十一条** 当事人一方不履行合同义务或者履行合同义务不符合约定条件的，另一方有权要求履行或者采取补救措施，并有权要求赔偿损失。

**第一百一十二条** 当事人一方违反合同的赔偿责任，应当相当于另一方因此所受到的损失。

当事人可以在合同中约定，一方违反合同时，向另一方支付一定数额的违约金；也可以在合同中约定对于违反合同而产生的损失赔偿额的计算方法。

**第一百一十三条** 当事人双方都违反合同的，应当分别承担各自应负的民事责任。

**第一百一十四条** 当事人一方因另一方违反合同受到损失的，应当及时采取措施防止损失的扩大；没有及时采取措施致使损失扩大的，无权就扩大的损失要求赔偿。

**第一百一十五条** 合同的变更或者解除，不影响当事人要求赔偿损失的权利。

**第一百一十六条** 当事人一方由于上级机关的原因，不能履行合同义务的，应当按照合同约定向另一方赔偿损失或者采取其他补救措施，再由上级机关对它因此受到的损失负责处理。

## 第三节 侵权的民事责任

**第一百一十七条** 侵占国家的、集体的财产或者他人财产的，应当返还财产，不能返还财产的，应当折价赔偿。

损坏国家的、集体的财产或者他人财产的，应当恢复原状或者折价赔偿。

受害人因此遭受其他重大损失的，侵害人并应当赔偿损失。

**第一百一十八条** 公民、法人的著作权（版权）、专利权、商标专用权、发现权、发明权和其他科技成果权受到剽窃、篡改、假冒等侵害的，有权要求停止侵害，消除影响，赔偿损失。

**第一百一十九条** 侵害公民身体造成伤害的，应当赔偿医疗费、因误工减少的收入、残废者生活补助费等费用；造成死亡的，并应当支付丧葬费、死者生前扶养的人必要的生活费等费用。

**第一百二十条** 公民的姓名权、肖像权、名誉权、荣誉权受到侵害的，有权要求停止侵害，恢复名誉，消除影响，赔礼道歉，并可以要求赔偿损失。

法人的名称权、名誉权、荣誉权受到侵害的，适用前款规定。

**第一百二十一条** 国家机关或者国家机关工作人员在执行职务中，侵犯公民、法人的合法权益造成损害的，应当承担民事责任。

**第一百二十二条** 因产品质量不合格造成他人财产、人身损害的，产品制造者、销售者应当依法承担民事责任。运输者、仓储者对此负有责任的，产品制造者、销售者有权要求赔偿损失。

**第一百二十三条** 从事高空、高压、易燃、易爆、剧毒、放射性、高速运输工具等对周围环境有高度危险的作业造成他人损害的，应当承担民事责任；如果能够证明损害是由受害人故意造成的，不承担民事责任。

**第一百二十四条** 违反国家保护环境防止污染的规定，污染环境造成他人损害的，应当依法承担民事责任。

**第一百二十五条** 在公共场所、道旁或者通道上挖坑、修缮安装地下设施等，没有设置明显标志和采取安全措施造成他人损害的，施工人应当承担民事责任。

**第一百二十六条** 建筑物或者其他设施以及建筑物上的搁置物、悬挂物发生倒塌、脱落、坠落造成他人损害的，它的所有人或者管理人应当承担民事责任，但能够证明自己没有过错的除外。

**第一百二十七条** 饲养的动物造成他人损害的，动物饲养人或者管理人应当承担民事责任；由于受害人的过错造成损害的，动物饲养人或者管理人不承担民事责任；由于第三人的过错造成损害的，第三人应当承担民事责任。

**第一百二十八条**　因正当防卫造成损害的，不承担民事责任。正当防卫超过必要的限度，造成不应有的损害的，应当承担适当的民事责任。

**第一百二十九条**　因紧急避险造成损害的，由引起险情发生的人承担民事责任。如果危险是由自然原因引起的，紧急避险人不承担民事责任或者承担适当的民事责任。因紧急避险采取措施不当或者超过必要的限度，造成不应有的损害的，紧急避险人应当承担适当的民事责任。

**第一百三十条**　二人以上共同侵权造成他人损害的，应当承担连带责任。

**第一百三十一条**　受害人对于损害的发生也有过错的，可以减轻侵害人的民事责任。

**第一百三十二条**　当事人对造成损害都没有过错的，可以根据实际情况，由当事人分担民事责任。

**第一百三十三条**　无民事行为能力人、限制民事行为能力人造成他人损害的，由监护人承担民事责任。监护人尽了监护责任的，可以适当减轻他的民事责任。

有财产的无民事行为能力人、限制民事行为能力人造成他人损害的，从本人财产中支付赔偿费用。不足部分，由监护人适当赔偿，但单位担任监护人的除外。

## 第四节　承担民事责任的方式

**第一百三十四条**　承担民事责任的方式主要有：

（一）停止侵害；

（二）排除妨碍；

（三）消除危险；

（四）返还财产；

（五）恢复原状；

（六）修理、重作、更换；

（七）赔偿损失；

（八）支付违约金；

（九）消除影响、恢复名誉；

（十）赔礼道歉。

以上承担民事责任的方式，可以单独适用，也可以合并适用。

人民法院审理民事案件，除适用上述规定外，还可以予以训诫、责令具结悔过、收缴进行非法活动的财物和非法所得，并可以依照法律规定处以罚款、拘留。

## 第七章　诉讼时效

**第一百三十五条**　向人民法院请求保护民事权利的诉讼时效期间为二年，法律另有规定的除外。

**第一百三十六条**　下列的诉讼时效期间为一年：

（一）身体受到伤害要求赔偿的；

（二）出售质量不合格的商品未声明的；

（三）延付或者拒付租金的；

（四）寄存财物被丢失或者损毁的。

**第一百三十七条**　诉讼时效期间从知道或者应当知道权利被侵害时起计算。但是，从权利被侵害之日起超过二十年的，人民法院不予保护。有特殊情况的，人民法院可以延长诉讼时效期间。

**第一百三十八条**　超过诉讼时效期间，当事人自愿履行的，不受诉讼时效限制。

**第一百三十九条**　在诉讼时效期间的最后六个月内，因不可抗力或者其他障碍不能行使请求权的，诉讼时效中止。从中止时效的原因消除之日起，诉讼时效期间继续计算。

**第一百四十条**　诉讼时效因提起诉讼、当事人一方提出要求或者同意履行义务而中断。从中断时起，诉讼时效期间重新计算。

**第一百四十一条**　法律对诉讼时效另有规定的，依照法律规定。

## 第八章　涉外民事关系的法律适用

**第一百四十二条**　涉外民事关系的法律适用，依照本章的规定确定。

中华人民共和国缔结或者参加的国际条约同中华人民共和国的民事法律有不同规定的，适用国际条约的规定，但中华人民共和国声明保留的条款除外。

中华人民共和国法律和中华人民共和国缔结或者参加的国际条约没有规定的，可以适用国际惯例。

**第一百四十三条**　中华人民共和国公民定居国外的，他的民事行为能力可以适用定居国法律。

**第一百四十四条**　不动产的所有权，适用不动产所在地法律。

**第一百四十五条**　涉外合同的当事人可以选择处理合同争议所适用的法律，法律另有规定的除外。

涉外合同的当事人没有选择的，适用与合同有最密切联系的国家的法律。

**第一百四十六条**　侵权行为的损害赔偿，适用侵权行为地法律。当事人双方国籍相同或者在同一国家有住所的，也可以适用当事人本国法律或者住所地法律。

中华人民共和国法律不认为在中华人民共和国领域外发生的行为是侵权行为的，不作为侵权行为处理。

**第一百四十七条**　中华人民共和国公民和外国人结婚适用婚姻缔结地法律，离婚适用受理案件的法院所在地法律。

**第一百四十八条**　扶养适用与被扶养人有最密切联系的国家的法律。

**第一百四十九条**　遗产的法定继承，动产适用被继承人死亡时住所地法律，不动产适用不动产所在地法律。

**第一百五十条**　依照本章规定适用外国法律或者国际惯例的，不得违背中华人民共和国的社会公共利益。

# 第九章　附　　则

**第一百五十一条**　民族自治地方的人民代表大会可以根据本法规定的原则，结合当地民族的特点，制定变通的或者补充的单行条例或者规定。自治区人民代表大会制定的，依照法律规定报全国人民代表大会常务委员会批准或者备案；自治州、自治县人民代表大会制定的，报省、自治区人民代表大会常务委员会批准。

**第一百五十二条**　本法生效以前，经省、自治区、直辖市以上主管机关批准开办的全民所有制企业，已经向工商行政管理机关登记的，可以不再办理法人登记，即具有法人资格。

**第一百五十三条**　本法所称的"不可抗力"，是指不能预见、不能避免并不能克服的客观情况。

**第一百五十四条**　民法所称的期间按照公历年、月、日、小时计算。

规定按照小时计算期间的，从规定时开始计算。规定按照日、月、年计算期间的，开始的当天不算入，从下一天开始计算。

期间的最后一天是星期日或者其他法定休假日的，以休假日的次日为期间的最后一天。

期间的最后一天的截止时间为二十四点。有业务时间的，到停止业务活动的时间截止。

**第一百五十五条**　民法所称的"以上"、"以下"、"以内"、"届满"，包括本数；所称的"不满"、"以外"，不包括本数。

**第一百五十六条**　本法自 1987 年 1 月 1 日起施行。

# 中华人民共和国合同法

（1999年3月15日第九届全国人民大表大会第二次会议通过）

## 目　　录

# 总　　则

## 第一章　一 般 规 定

**第一条**　为了保护合同当事人的合法权益，维护社会经济秩序，促进社会主义现代化建设，制定本法。

**第二条**　本法所称合同是平等主体的自然人、法人、其他组织之间设立、变更、终止民事权利义务关系的协议。婚姻、收养、监护等有关身份关系的协议，适用其他法律的规定。

**第三条**　合同当事人的法律地位平等，一方不得将自己的意志强加给另一方。

**第四条**　当事人依法享有自愿订立合同的权利，任何单位和个人不得非法干预。

**第五条**　当事人应当遵循公平原则确定各方的权利和义务。

**第六条**　当事人行使权利、履行义务应当遵循诚实信用原则。

**第七条**　当事人订立、履行合同，应当遵守法律、行政法规，尊重社会公德，不得扰乱社会经济秩序，损害社会公共利益。

**第八条**　依法成立的合同，对当事人具有法律约束力。当事人应当按照约定履行自己的义务，不得擅自变更或者解除合同。

依法成立的合同，受法律保护。

## 第二章　合同的订立

**第九条**　当事人订立合同，应当具有相应的民事权利能力和民事行为能力。当事人依法可以委托代理人订立合同。

**第十条**　当事人订立合同，有书面形式、口头形式和其他形式。法律、行政法规规定采用书面形式的，应当采用书面形式。当事人约定采用书面形式的，应当采用书面形式。

**第十一条**　书面形式是指合同书、信件和数据电文（包括电报、电传、传真、电子数据交换和电子邮件）等可以有形地表现所载内容的形式。

**第十二条**　合同的内容由当事人约定，一般包括以下条款：

（一）当事人的名称或者姓名和住所；

（二）标的；

（三）数量；

（四）质量；

（五）价款或者报酬；

（六）履行期限、地点和方式；

（七）违约责任；

（八）解决争议的方法。当事人可以参照各类合同的示范文本订立合同。

**第十三条**　当事人订立合同，采取要约、承诺方式。

**第十四条**　要约是希望和他人订立合同的意思表示，该意思表示应当符合下列规定：

（一）内容具体确定；

（二）表明经受要约人承诺，要约人即受该意思表示约束。

**第十五条**　要约邀请是希望他人向自己发出要约的意思表示。寄送的价目表、拍卖公告、招标公告、招股说明书、商业广告等为要约邀请。商业广告的内容符合要约规定的，视为要约。

**第十六条** 要约到达受要约人时生效。

采用数据电文形式订立合同，收件人指定特定系统接收数据电文的，该数据电文进入该特定系统的时间，视为到达时间；未指定特定系统的，该数据电文进入收件人的任何系统的首次时间，视为到达时间。

**第十七条** 要约可以撤回。撤回要约的通知应当在要约到达受要约人之前或者与要约同时到达受要约人。

**第十八条** 要约可以撤销。撤销要约的通知应当在受要约人发出承诺通知之前到达受要约人。

**第十九条** 有下列情形之一的，要约不得撤销：

（一）要约人确定了承诺期限或者以其他形式明示要约不可撤销；

（二）受要约人有理由认为要约是不可撤销的，并已经为履行合同作了准备工作。

**第二十条** 有下列情形之一的，要约失效：

（一）拒绝要约的通知到达要约人；

（二）要约人依法撤销要约；

（三）承诺期限届满，受要约人未作出承诺；

（四）受要约人对要约的内容作出实质性变更。

**第二十一条** 承诺是受要约人同意要约的意思表示。

**第二十二条** 承诺应当以通知的方式作出，但根据交易习惯或者要约表明可以通过行为作出承诺的除外

**第二十三条** 承诺应当在要约确定的期限内到达要约人。要约没有确定承诺期限的，承诺应当依照下列规定到达：

（一）要约以对话方式作出的，应当即时作出承诺，但当事人另有约定的除外；

（二）要约以非对话方式作出的，承诺应当在合理期限内到达。

**第二十四条** 要约以信件或者电报作出的，承诺期限自信件载明的日期或者电报交发之日开始计算。信件未载明日期的，自投寄该信件的邮戳日期开始计算。要约以电话、传真等快速通讯方式作出的，承诺期限自要约到达受要约人时开始计算。

**第二十五条** 承诺生效时合同成立。

**第二十六条** 承诺通知到达要约人时生效。承诺不需要通知的，根据交易习惯或者要约的要求作出承诺的行为时生效。

采用数据电文形式订立合同的，承诺到达的时间适用本法第十六条第二款的规定。

**第二十七条** 承诺可以撤回。撤回承诺的通知应当在承诺通知到达要约人之前或者与承诺通知同时到达要约人。

**第二十八条** 受要约人超过承诺期限发出承诺的，除要约人及时通知受要约人该承诺有效的以外，为新要约。

**第二十九条** 受要约人在承诺期限内发出承诺，按照通常情形能够及时到达要约人，但因其他原因承诺到达要约人时超过承诺期限的，除要约人及时通知受要约人因承诺超过期限不接受该承诺的以外，该承诺有效。

**第三十条** 承诺的内容应当与要约的内容一致。受要约人对要约的内容作出实质性变更的，为新要约。有关合同标的、数量、质量、价款或者报酬、履行期限、履行地点和方式、违约责任和解决争议方法等的变更，是对要约内容的实质性变更。

**第三十一条** 承诺对要约的内容作出非实质性变更的，除要约人及时表示反对或者要约表明承诺不得对要约的内容作出任何变更的以外，该承诺有效，合同的内容以承诺的内容为准。

**第三十二条** 当事人采用合同书形式订立合同的，自双方当事人签字或者盖章时合同成立。

**第三十三条** 当事人采用信件、数据电文等形式订立合同的，可以在合同成立之前要求签订确认书。签订确认书时合同成立。

**第三十四条** 承诺生效的地点为合同成立的地点。

采用数据电文形式订立合同的，收件人的主营业地为合同成立的地点；没有主营业地的，其经常居住地为合同成立的地点。当事人另有约定的，按照其约定。

**第三十五条** 当事人采用合同书形式订立合同的，双方当事人签字或者盖章的地点为合同成立的地点。

**第三十六条** 法律、行政法规规定或者当事人约定采用书面形式订立合同,当事人未采用书面形式但一方已经履行主要义务,对方接受的,该合同成立。

**第三十七条** 采用合同书形式订立合同,在签字或者盖章之前,当事人一方已经履行主要义务,对方接受的,该合同成立。

**第三十八条** 国家根据需要下达指令性任务或者国家订货任务的,有关法人、其他组织之间应当依照有关法律、行政法规规定的权利和义务订立合同。

**第三十九条** 采用格式条款订立合同的,提供格式条款的一方应当遵循公平原则确定当事人之间的权利和义务,并采取合理的方式提请对方注意免除或者限制其责任的条款,按照对方的要求,对该条款予以说明。

格式条款是当事人为了重复使用而预先拟定,并在订立合同时未与对方协商的条款。

**第四十条** 格式条款具有本法第五十二条和第五十三条规定情形的,或者提供格式条款一方免除其责任、加重对方责任、排除对方主要权利的,该条款无效。

**第四十一条** 对格式条款的理解发生争议的,应当按照通常理解予以解释。对格式条款有两种以上解释的,应当作出不利于提供格式条款一方的解释。格式条款和非格式条款不一致的,应当采用非格式条款。

**第四十二条** 当事人在订立合同过程中有下列情形之一,给对方造成损失的,应当承担损害赔偿责任:

(一)假借订立合同,恶意进行磋商;

(二)故意隐瞒与订立合同有关的重要事实或者提供虚假情况;

(三)有其他违背诚实信用原则的行为。

**第四十三条** 当事人在订立合同过程中知悉的商业秘密,无论合同是否成立,不得泄露或者不正当地使用。泄露或者不正当地使用该商业秘密给对方造成损失的,应当承担损害赔偿责任。

## 第三章　合同的效力

**第四十四条**　依法成立的合同，自成立时生效。

法律、行政法规规定应当办理批准、登记等手续生效的，依照其规定。

**第四十五条**　当事人对合同的效力可以约定附条件。附生效条件的合同，自条件成就时生效。附解除条件的合同，自条件成就时失效。

当事人为自己的利益不正当地阻止条件成就的，视为条件已成就；不正当地促成条件成就的，视为条件不成就。

**第四十六条**　当事人对合同的效力可以约定附期限。附生效期限的合同，自期限届至时生效。附终止期限的合同，自期限届满时失效。

**第四十七条**　限制民事行为能力人订立的合同，经法定代理人追认后，该合同有效，但纯获利益的合同或者与其年龄、智力、精神健康状况相适应而订立的合同，不必经法定代理人追认。

相对人可以催告法定代理人在一个月内予以追认。法定代理人未作表示的，视为拒绝追认。合同被追认之前，善意相对人有撤销的权利。撤销应当以通知的方式作出。

**第四十八条**　行为人没有代理权、超越代理权或者代理权终止后以被代理人名义订立的合同，未经被代理人追认，对被代理人不发生效力，由行为人承担责任。

相对人可以催告被代理人在一个月内予以追认。被代理人未作表示的，视为拒绝追认。合同被追认之前，善意相对人有撤销的权利。撤销应当以通知的方式作出。

**第四十九条**　行为人没有代理权、超越代理权或者代理权终止后以被代理人名义订立合同，相对人有理由相信行为人有代理权的，该代理行为有效。

**第五十条**　法人或者其他组织的法定代表人、负责人超越权限订立的合同，除相对人知道或者应当知道其超越权限的以外，该代表行为有效。

**第五十一条** 无处分权的人处分他人财产，经权利人追认或者无处分权的人订立合同后取得处分权的，该合同有效。

**第五十二条** 有下列情形之一的，合同无效：

（一）一方以欺诈、胁迫的手段订立合同，损害国家利益；

（二）恶意串通，损害国家、集体或者第三人利益；

（三）以合法形式掩盖非法目的；

（四）损害社会公共利益；

（五）违反法律、行政法规的强制性规定。

**第五十三条** 合同中的下列免责条款无效：

（一）造成对方人身伤害的；

（二）因故意或者重大过失造成对方财产损失的。

**第五十四条** 下列合同，当事人一方有权请求人民法院或者仲裁机构变更或者撤销：

（一）因重大误解订立的；

（二）在订立合同时显失公平的。

一方以欺诈、胁迫的手段或者乘人之危，使对方在违背真实意思的情况下订立的合同，受损害方有权请求人民法院或者仲裁机构变更或者撤销。

当事人请求变更的，人民法院或者仲裁机构不得撤销。

**第五十五条** 有下列情形之一的，撤销权消灭：

（一）具有撤销权的当事人自知道或者应当知道撤销事由之日起一年内没有行使撤销权；

（二）具有撤销权的当事人知道撤销事由后明确表示或者以自己的行为放弃撤销权。

**第五十六条** 无效的合同或者被撤销的合同自始没有法律约束力。合同部分无效，不影响其他部分效力的，其他部分仍然有效。

**第五十七条** 合同无效、被撤销或者终止的，不影响合同中独立存在的有关解决争议方法的条款的效力。

**第五十八条** 合同无效或者被撤销后，因该合同取得的财产，应当予以返还；不能返还或者没有必要返还的，应当折价补偿。有过错的一方应当赔偿对方因此所受到的损失，双方都有过错的，应当各自承担相应的责任。

**第五十九条**　当事人恶意串通，损害国家、集体或者第三人利益的，因此取得的财产收归国家所有或者返还集体、第三人。

## 第四章　合同的履行

**第六十条**　当事人应当按照约定全面履行自己的义务。

当事人应当遵循诚实信用原则，根据合同的性质、目的和交易习惯履行通知、协助、保密等义务。

**第六十一条**　合同生效后，当事人就质量、价款或者报酬、履行地点等内容没有约定或者约定不明确的，可以协议补充；不能达成补充协议的，按照合同有关条款或者交易习惯确定。

**第六十二条**　当事人就有关合同内容约定不明确，依照本法第六十一条的规定仍不能确定的，适用下列规定：

（一）质量要求不明确的，按照国家标准、行业标准履行；没有国家标准、行业标准的，按照通常标准或者符合合同目的的特定标准履行。

（二）价款或者报酬不明确的，按照订立合同时履行地的市场价格履行；依法应当执行政府定价或者政府指导价的，按照规定履行。

（三）履行地点不明确，给付货币的，在接受货币一方所在地履行；交付不动产的，在不动产所在地履行；其他标的，在履行义务一方所在地履行。

（四）履行期限不明确的，债务人可以随时履行，债权人也可以随时要求履行，但应当给对方必要的准备时间。

（五）履行方式不明确的，按照有利于实现合同目的的方式履行。

（六）履行费用的负担不明确的，由履行义务一方负担。

**第六十三条**　执行政府定价或者政府指导价的，在合同约定的交付期限内政府价格调整时，按照交付时的价格计价。逾期交付标的物的，遇价格上涨时，按照原价格执行；价格下降时，按照新价格执行。逾期提取标的物或者逾期付款的，遇价格上涨时，按照新价格执行；价格下降时，按照原价格执行。

**第六十四条** 当事人约定由债务人向第三人履行债务的，债务人未向第三人履行债务或者履行债务不符合约定，应当向债权人承担违约责任。

**第六十五条** 当事人约定由第三人向债权人履行债务的，第三人不履行债务或者履行债务不符合约定，债务人应当向债权人承担违约责任。

**第六十六条** 当事人互负债务，没有先后履行顺序的，应当同时履行。一方在对方履行之前有权拒绝其履行要求。一方在对方履行债务不符合约定时，有权拒绝其相应的履行要求。

**第六十七条** 当事人互负债务，有先后履行顺序，先履行一方未履行的，后履行一方有权拒绝其履行要求。先履行一方履行债务不符合约定的，后履行一方有权拒绝其相应的履行要求。

**第六十八条** 应当先履行债务的当事人，有确切证据证明对方有下列情形之一的，可以中止履行：

（一）经营状况严重恶化；

（二）转移财产、抽逃资金，以逃避债务；

（三）丧失商业信誉；

（四）有丧失或者可能丧失履行债务能力的其他情形。

当事人没有确切证据中止履行的，应当承担违约责任。

**第六十九条** 当事人依照本法第六十八条的规定中止履行的，应当及时通知对方。对方提供适当担保时，应当恢复履行。中止履行后，对方在合理期限内未恢复履行能力并且未提供适当担保的，中止履行的一方可以解除合同。

**第七十条** 债权人分立、合并或者变更住所没有通知债务人，致使履行债务发生困难的，债务人可以中止履行或者将标的物提存。

**第七十一条** 债权人可以拒绝债务人提前履行债务，但提前履行不损害债权人利益的除外。债务人提前履行债务给债权人增加的费用，由债务人负担。

**第七十二条** 债权人可以拒绝债务人部分履行债务，但部分履行不损害债权人利益的除外。债务人部分履行债务给债权人增加的费用，由债务人负担。

**第七十三条**　因债务人怠于行使其到期债权，对债权人造成损害的，债权人可以向人民法院请求以自己的名义代位行使债务人的债权，但该债权专属于债务人自身的除外。

代位权的行使范围以债权人的债权为限。债权人行使代位权的必要费用，由债务人负担。

**第七十四条**　因债务人放弃其到期债权或者无偿转让财产，对债权人造成损害的，债权人可以请求人民法院撤销债务人的行为。债务人以明显不合理的低价转让财产，对债权人造成损害，并且受让人知道该情形的，债权人也可以请求人民法院撤销债务人的行为。

撤销权的行使范围以债权人的债权为限。债权人行使撤销权的必要费用，由债务人负担。

**第七十五条**　撤销权自债权人知道或者应当知道撤销事由之日起一年内行使。自债务人的行为发生之日起五年内没有行使撤销权的，该撤销权消灭。

**第七十六条**　合同生效后，当事人不得因姓名、名称的变更或者法定代表人、负责人、承办人的变动而不履行合同义务。

## 第五章　合同的变更和转让

**第七十七条**　当事人协商一致，可以变更合同。

法律、行政法规规定变更合同应当办理批准、登记等手续的，依照其规定。

**第七十八条**　当事人对合同变更的内容约定不明确的，推定为未变更。

**第七十九条**　债权人可以将合同的权利全部或者部分转让给第三人，但有下列情形之一的除外：

（一）根据合同性质不得转让；

（二）按照当事人约定不得转让；

（三）依照法律规定不得转让。

**第八十条**　债权人转让权利的，应当通知债务人。未经通知，该转让对债务人不发生效力。

债权人转让权利的通知不得撤销，但经受让人同意的除外。

**第八十一条**　债权人转让权利的，受让人取得与债权有关的从权利，但该从权利专属于债权人自身的除外。

**第八十二条**　债务人接到债权转让通知后，债务人对让与人的抗辩，可以向受让人主张。

**第八十三条**　债务人接到债权转让通知时，债务人对让与人享有债权，并且债务人的债权先于转让的债权到期或者同时到期的，债务人可以向受让人主张抵销。

**第八十四条**　债务人将合同的义务全部或者部分转移给第三人的，应当经债权人同意。

**第八十五条**　债务人转移义务的，新债务人可以主张原债务人对债权人的抗辩。

**第八十六条**　债务人转移义务的，新债务人应当承担与主债务有关的从债务，但该从债务专属于原债务人自身的除外。

**第八十七条**　法律、行政法规规定转让权利或者转移义务应当办理批准、登记等手续的，依照其规定。

**第八十八条**　当事人一方经对方同意，可以将自己在合同中的权利和义务一并转让给第三人。

**第八十九条**　权利和义务一并转让的，适用本法第七十九条、第八十一条至第八十三条、第八十五条至第八十七条的规定。

**第九十条**　当事人订立合同后合并的，由合并后的法人或者其他组织行使合同权利，履行合同义务。当事人订立合同后分立的，除债权人和债务人另有约定的以外，由分立的法人或者其他组织对合同的权利和义务享有连带债权，承担连带债务。

## 第六章　合同的权利义务终止

**第九十一条**　有下列情形之一的，合同的权利义务终止：

（一）债务已经按照约定履行；

（二）合同解除；

（三）债务相互抵销；

（四）债务人依法将标的物提存；

（五）债权人免除债务；

（六）债权债务同归于一人；

（七）法律规定或者当事人约定终止的其他情形。

**第九十二条**　合同的权利义务终止后，当事人应当遵循诚实信用原则，根据交易习惯履行通知、协助、保密等义务。

**第九十三条**　当事人协商一致，可以解除合同。

当事人可以约定一方解除合同的条件。解除合同的条件成就时，解除权人可以解除合同。

**第九十四条**　有下列情形之一的，当事人可以解除合同：

（一）因不可抗力致使不能实现合同目的；

（二）在履行期限届满之前，当事人一方明确表示或者以自己的行为表明不履行主要债务；

（三）当事人一方迟延履行主要债务，经催告后在合理期限内仍未履行；

（四）当事人一方迟延履行债务或者有其他违约行为致使不能实现合同目的；

（五）法律规定的其他情形。

**第九十五条**　法律规定或者当事人约定解除权行使期限，期限届满当事人不行使的，该权利消灭。

法律没有规定或者当事人没有约定解除权行使期限，经对方催告后在合理期限内不行使的，该权利消灭。

**第九十六条**　当事人一方依照本法第九十三条第二款、第九十四条的规定主张解除合同的，应当通知对方。合同自通知到达对方时解除。对方有异议的，可以请求人民法院或者仲裁机构确认解除合同的效力。

法律、行政法规规定解除合同应当办理批准、登记等手续的，依照其规定。

**第九十七条** 合同解除后，尚未履行的，终止履行；已经履行的，根据履行情况和合同性质，当事人可以要求恢复原状、采取其他补救措施，并有权要求赔偿损失。

**第九十八条** 合同的权利义务终止，不影响合同中结算和清理条款的效力。

**第九十九条** 当事人互负到期债务，该债务的标的物种类、品质相同的，任何一方可以将自己的债务与对方的债务抵销，但依照法律规定或者按照合同性质不得抵销的除外。

当事人主张抵销的，应当通知对方。通知自到达对方时生效。抵销不得附条件或者附期限。

**第一百条** 当事人互负债务，标的物种类、品质不相同的，经双方协商一致，也可以抵销。

**第一百零一条** 有下列情形之一，难以履行债务的，债务人可以将标的物提存：

（一）债权人无正当理由拒绝受领；

（二）债权人下落不明；

（三）债权人死亡未确定继承人或者丧失民事行为能力未确定监护人；

（四）法律规定的其他情形。

标的物不适于提存或者提存费用过高的，债务人依法可以拍卖或者变卖标的物，提存所得的价款。

**第一百零二条** 标的物提存后，除债权人下落不明的以外，债务人应当及时通知债权人或者债权人的继承人、监护人。

**第一百零三条** 标的物提存后，毁损、灭失的风险由债权人承担。提存期间，标的物的孳息归债权人所有。提存费用由债权人负担。

**第一百零四条** 债权人可以随时领取提存物，但债权人对债务人负有到期债务的，在债权人未履行债务或者提供担保之前，提存部门根据债务人的要求应当拒绝其领取提存物。

债权人领取提存物的权利，自提存之日起五年内不行使而消灭，提存物扣除提存费用后归国家所有。

**第一百零五条**　债权人免除债务人部分或者全部债务的，合同的权利义务部分或者全部终止。

**第一百零六条**　债权和债务同归于一人的，合同的权利义务终止，但涉及第三人利益的除外。

## 第七章　违约责任

**第一百零七条**　当事人一方不履行合同义务或者履行合同义务不符合约定的，应当承担继续履行、采取补救措施或者赔偿损失等违约责任。

**第一百零八条**　当事人一方明确表示或者以自己的行为表明不履行合同义务的，对方可以在履行期限届满之前要求其承担违约责任。

**第一百零九条**　当事人一方未支付价款或者报酬的，对方可以要求其支付价款或者报酬。

**第一百一十条**　当事人一方不履行非金钱债务或者履行非金钱债务不符合约定的，对方可以要求履行，但有下列情形之一的除外：

（一）法律上或者事实上不能履行；

（二）债务的标的不适于强制履行或者履行费用过高；

（三）债权人在合理期限内未要求履行。

**第一百一十一条**　质量不符合约定的，应当按照当事人的约定承担违约责任。对违约责任没有约定或者约定不明确，依照本法第六十一条的规定仍不能确定的，受损害方根据标的的性质以及损失的大小，可以合理选择要求对方承担修理、更换、重作、退货、减少价款或者报酬等违约责任。

**第一百一十二条**　当事人一方不履行合同义务或者履行合同义务不符合约定的，在履行义务或者采取补救措施后，对方还有其他损失的，应当赔偿损失。

**第一百一十三条**　当事人一方不履行合同义务或者履行合同义务不符合约定，给对方造成损失的，损失赔偿额应当相当于因违约所造成的损失，包括合同履行后可以获得的利益，但不得超过违反合同一方订立合同时预见到或者应当预见到的因违反合同可能造成的损失。

经营者对消费者提供商品或者服务有欺诈行为的，依照《中华人民共和国消费者权益保护法》的规定承担损害赔偿责任。

**第一百一十四条** 当事人可以约定一方违约时应当根据违约情况向对方支付一定数额的违约金，也可以约定因违约产生的损失赔偿额的计算方法。

约定的违约金低于造成的损失的，当事人可以请求人民法院或者仲裁机构予以增加；约定的违约金过分高于造成的损失的，当事人可以请求人民法院或者仲裁机构予以适当减少。

当事人就迟延履行约定违约金的，违约方支付违约金后，还应当履行债务。

**第一百一十五条** 当事人可以依照《中华人民共和国担保法》约定一方向对方给付定金作为债权的担保。债务人履行债务后，定金应当抵作价款或者收回。给付定金的一方不履行约定的债务的，无权要求返还定金；收受定金的一方不履行约定的债务的，应当双倍返还定金。

**第一百一十六条** 当事人既约定违约金，又约定定金的，一方违约时，对方可以选择适用违约金或者定金条款。

**第一百一十七条** 因不可抗力不能履行合同的，根据不可抗力的影响，部分或者全部免除责任，但法律另有规定的除外。当事人迟延履行后发生不可抗力的，不能免除责任。

本法所称不可抗力，是指不能预见、不能避免并不能克服的客观情况。

**第一百一十八条** 当事人一方因不可抗力不能履行合同的，应当及时通知对方，以减轻可能给对方造成的损失，并应当在合理期限内提供证明。

**第一百一十九条** 当事人一方违约后，对方应当采取适当措施防止损失的扩大；没有采取适当措施致使损失扩大的，不得就扩大的损失要求赔偿。

当事人因防止损失扩大而支出的合理费用，由违约方承担。

**第一百二十条**　当事人双方都违反合同的，应当各自承担相应的责任。

**第一百二十一条**　当事人一方因第三人的原因造成违约的，应当向对方承担违约责任。当事人一方和第三人之间的纠纷，依照法律规定或者按照约定解决。

**第一百二十二条**　因当事人一方的违约行为，侵害对方人身、财产权益的，受损害方有权选择依照本法要求其承担违约责任或者依照其他法律要求其承担侵权责任。

## 第八章　其他规定

**第一百二十三条**　其他法律对合同另有规定的，依照其规定。

**第一百二十四条**　本法分则或者其他法律没有明文规定的合同，适用本法总则的规定，并可以参照本法分则或者其他法律最相类似的规定。

**第一百二十五条**　当事人对合同条款的理解有争议的，应当按照合同所使用的词句、合同的有关条款、合同的目的、交易习惯以及诚实信用原则，确定该条款的真实意思。

合同文本采用两种以上文字订立并约定具有同等效力的，对各文本使用的词句推定具有相同含义。各文本使用的词句不一致的，应当根据合同的目的予以解释。

**第一百二十六条**　涉外合同的当事人可以选择处理合同争议所适用的法律，但法律另有规定的除外。涉外合同的当事人没有选择的，适用与合同有最密切联系的国家的法律。

在中华人民共和国境内履行的中外合资经营企业合同、中外合作经营企业合同、中外合作勘探开发自然资源合同，适用中华人民共和国法律。

**第一百二十七条**　工商行政管理部门和其他有关行政主管部门在各自的职权范围内，依照法律、行政法规的规定，对利用合同危害国家利益、社会公共利益的违法行为，负责监督处理；构成犯罪的，依法追究刑事责任。

**第一百二十八条** 当事人可以通过和解或者调解解决合同争议。

当事人不愿和解、调解或者和解、调解不成的，可以根据仲裁协议向仲裁机构申请仲裁。涉外合同的当事人可以根据仲裁协议向中国仲裁机构或者其他仲裁机构申请仲裁。当事人没有订立仲裁协议或者仲裁协议无效的，可以向人民法院起诉。当事人应当履行发生法律效力的判决、仲裁裁决、调解书；拒不履行的，对方可以请求人民法院执行。

**第一百二十九条** 因国际货物买卖合同和技术进出口合同争议提起诉讼或者申请仲裁的期限为四年，自当事人知道或者应当知道其权利受到侵害之日起计算。因其他合同争议提起诉讼或者申请仲裁的期限，依照有关法律的规定。

# 分　　则

## 第九章　买 卖 合 同

**第一百三十条** 买卖合同是出卖人转移标的物的所有权于买受人，买受人支付价款的合同。

**第一百三十一条** 买卖合同的内容除依照本法第十二条的规定以外，还可以包括包装方式、检验标准和方法、结算方式、合同使用的文字及其效力等条款。

**第一百三十二条** 出卖的标的物，应当属于出卖人所有或者出卖人有权处分。

法律、行政法规禁止或者限制转让的标的物，依照其规定。

**第一百三十三条** 标的物的所有权自标的物交付时起转移，但法律另有规定或者当事人另有约定的除外。

**第一百三十四条** 当事人可以在买卖合同中约定买受人未履行支付价款或者其他义务的，标的物的所有权属于出卖人。

**第一百三十五条** 出卖人应当履行向买受人交付标的物或者交付提取标的物的单证，并转移标的物所有权的义务。

**第一百三十六条**　出卖人应当按照约定或者交易习惯向买受人交付提取标的物单证以外的有关单证和资料。

**第一百三十七条**　出卖具有知识产权的计算机软件等标的物的，除法律另有规定或者当事人另有约定的以外，该标的物的知识产权不属于买受人。

**第一百三十八条**　出卖人应当按照约定的期限交付标的物。约定交付期间的，出卖人可以在该交付期间内的任何时间交付。

**第一百三十九条**　当事人没有约定标的物的交付期限或者约定不明确的，适用本法第六十一条、第六十二条第四项的规定。

**第一百四十条**　标的物在订立合同之前已为买受人占有的，合同生效的时间为交付时间。

**第一百四十一条**　出卖人应当按照约定的地点交付标的物。

当事人没有约定交付地点或者约定不明确，依照本法第六十一条的规定仍不能确定的，适用下列规定：

（一）标的物需要运输的，出卖人应当将标的物交付给第一承运人以运交给买受人；

（二）标的物不需要运输，出卖人和买受人订立合同时知道标的物在某一地点的，出卖人应当在该地点交付标的物；不知道标的物在某一地点的，应当在出卖人订立合同时的营业地交付标的物。

**第一百四十二条**　标的物毁损、灭失的风险，在标的物交付之前由出卖人承担，交付之后由买受人承担，但法律另有规定或者当事人另有约定的除外。

**第一百四十三条**　因买受人的原因致使标的物不能按照约定的期限交付的，买受人应当自违反约定之日起承担标的物毁损、灭失的风险。

**第一百四十四条**　出卖人出卖交由承运人运输的在途标的物，除当事人另有约定的以外，毁损、灭失的风险自合同成立时起由买受人承担。

**第一百四十五条**　当事人没有约定交付地点或者约定不明确，依照本法第一百四十一条第二款第一项的规定标的物需要运输的，出卖人将标的物交付给第一承运人后，标的物毁损、灭失的风险由买受人承担。

**第一百四十六条** 出卖人按照约定或者依照本法第一百四十一条第二款第二项的规定将标的物置于交付地点，买受人违反约定没有收取的，标的物毁损、灭失的风险自违反约定之日起由买受人承担。

**第一百四十七条** 出卖人按照约定未交付有关标的物的单证和资料的，不影响标的物毁损、灭失风险的转移。

**第一百四十八条** 因标的物质量不符合质量要求，致使不能实现合同目的的，买受人可以拒绝接受标的物或者解除合同。买受人拒绝接受标的物或者解除合同的，标的物毁损、灭失的风险由出卖人承担。

**第一百四十九条** 标的物毁损、灭失的风险由买受人承担的，不影响因出卖人履行债务不符合约定，买受人要求其承担违约责任的权利。

**第一百五十条** 出卖人就交付的标的物，负有保证第三人不得向买受人主张任何权利的义务，但法律另有规定的除外。

**第一百五十一条** 买受人订立合同时知道或者应当知道第三人对买卖的标的物享有权利的，出卖人不承担本法第一百五十条规定的义务。

**第一百五十二条** 买受人有确切证据证明第三人可能就标的物主张权利的，可以中止支付相应的价款，但出卖人提供适当担保的除外。

**第一百五十三条** 出卖人应当按照约定的质量要求交付标的物。出卖人提供有关标的物质量说明的，交付的标的物应当符合该说明的质量要求。

**第一百五十四条** 当事人对标的物的质量要求没有约定或者约定不明确，依照本法第六十一条的规定仍不能确定的，适用本法第六十二条第一项的规定。

**第一百五十五条** 出卖人交付的标的物不符合质量要求的，买受人可以依照本法第一百一十一条的规定要求承担违约责任。

**第一百五十六条** 出卖人应当按照约定的包装方式交付标的物。对包装方式没有约定或者约定不明确，依照本法第六十一条的规定仍不能确定的，应当按照通用的方式包装，没有通用方式的，应当采取足以保护标的物的包装方式。

**第一百五十七条**　买受人收到标的物时应当在约定的检验期间内检验。没有约定检验期间的,应当及时检验。

**第一百五十八条**　当事人约定检验期间的,买受人应当在检验期间内将标的物的数量或者质量不符合约定的情形通知出卖人。买受人怠于通知的,视为标的物的数量或者质量符合约定。

当事人没有约定检验期间的,买受人应当在发现或者应当发现标的物的数量或者质量不符合约定的合理期间内通知出卖人。买受人在合理期间内未通知或者自标的物收到之日起两年内未通知出卖人的,视为标的物的数量或者质量符合约定,但对标的物有质量保证期的,适用质量保证期,不适用该两年的规定。

出卖人知道或者应当知道提供的标的物不符合约定的,买受人不受前两款规定的通知时间的限制。

**第一百五十九条**　买受人应当按照约定的数额支付价款。对价款没有约定或者约定不明确的,适用本法第六十一条、第六十二条第二项的规定。

**第一百六十条**　买受人应当按照约定的地点支付价款。对支付地点没有约定或者约定不明确,依照本法第六十一条的规定仍不能确定的,买受人应当在出卖人的营业地支付,但约定支付价款以交付标的物或者交付提取标的物单证为条件的,在交付标的物或者交付提取标的物单证的所在地支付。

**第一百六十一条**　买受人应当按照约定的时间支付价款。对支付时间没有约定或者约定不明确,依照本法第六十一条的规定仍不能确定的,买受人应当在收到标的物或者提取标的物单证的同时支付。

**第一百六十二条**　出卖人多交标的物的,买受人可以接收或者拒绝接收多交的部分。买受人接收多交部分的,按照合同的价格支付价款;买受人拒绝接收多交部分的,应当及时通知出卖人。

**第一百六十三条**　标的物在交付之前产生的孳息,归出卖人所有,交付之后产生的孳息,归买受人所有。

**第一百六十四条**　因标的物的主物不符合约定而解除合同的,解除合同的效力及于从物。因标的物的从物不符合约定被解除的，解除的效力不及于主物。

**第一百六十五条** 标的物为数物，其中一物不符合约定的，买受人可以就该物解除，但该物与他物分离使标的物的价值显受损害的，当事人可以就数物解除合同。

**第一百六十六条** 出卖人分批交付标的物的，出卖人对其中一批标的物不交付或者交付不符合约定，致使该批标的物不能实现合同目的的，买受人可以就该批标的物解除。

出卖人不交付其中一批标的物或者交付不符合约定，致使今后其他各批标的物的交付不能实现合同目的的，买受人可以就该批以及今后其他各批标的物解除。

买受人如果就其中一批标的物解除，该批标的物与其他各批标的物相互依存的，可以就已经交付和未交付的各批标的物解除。

**第一百六十七条** 分期付款的买受人未支付到期价款的金额达到全部价款的五分之一的，出卖人可以要求买受人支付全部价款或者解除合同。

出卖人解除合同的，可以向买受人要求支付该标的物的使用费。

**第一百六十八条** 凭样品买卖的当事人应当封存样品，并可以对样品质量予以说明。出卖人交付的标的物应当与样品及其说明的质量相同。

**第一百六十九条** 凭样品买卖的买受人不知道样品有隐蔽瑕疵的，即使交付的标的物与样品相同，出卖人交付的标的物的质量仍然应当符合同种物的通常标准。

**第一百七十条** 试用买卖的当事人可以约定标的物的试用期间。对试用期间没有约定或者约定不明确，依照本法第六十一条的规定仍不能确定的，由出卖人确定。

**第一百七十一条** 试用买卖的买受人在试用期内可以购买标的物，也可以拒绝购买。试用期间届满，买受人对是否购买标的物未作表示的，视为购买。

**第一百七十二条** 招标投标买卖的当事人的权利和义务以及招标

投标程序等，依照有关法律、行政法规的规定。

**第一百七十三条** 拍卖的当事人的权利和义务以及拍卖程序等，依照有关法律、行政法规的规定。

**第一百七十四条** 法律对其他有偿合同有规定的，依照其规定；没有规定的，参照买卖合同的有关规定。

**第一百七十五条** 当事人约定易货交易，转移标的物的所有权的，参照买卖合同的有关规定。

## 第十章 供用电、水、气、热力合同

**第一百七十六条** 供用电合同是供电人向用电人供电，用电人支付电费的合同。

**第一百七十七条** 供用电合同的内容包括供电的方式、质量、时间，用电容量、地址、性质，计量方式，电价、电费的结算方式，供用电设施的维护责任等条款。

**第一百七十八条** 供用电合同的履行地点，按照当事人约定；当事人没有约定或者约定不明确的，供电设施的产权分界处为履行地点。

**第一百七十九条** 供电人应当按照国家规定的供电质量标准和约定安全供电。供电人未按照国家规定的供电质量标准和约定安全供电，造成用电人损失的，应当承担损害赔偿责任。

**第一百八十条** 供电人因供电设施计划检修、临时检修、依法限电或者用电人违法用电等原因，需要中断供电时，应当按照国家有关规定事先通知用电人。未事先通知用电人中断供电，造成用电人损失的，应当承担损害赔偿责任。

**第一百八十一条** 因自然灾害等原因断电，供电人应当按照国家有关规定及时抢修。未及时抢修，造成用电人损失的，应当承担损害赔偿责任。

**第一百八十二条** 用电人应当按照国家有关规定和当事人的约定及时交付电费。用电人逾期不交付电费的，应当按照约定支付违约金。经催告用电人在合理期限内仍不交付电费和违约金的，供电人可以按照国家规定的程序中止供电。

**第一百八十三条** 用电人应当按照国家有关规定和当事人的约定安全用电。用电人未按照国家有关规定和当事人的约定安全用电，造成供电人损失的，应当承担损害赔偿责任。

**第一百八十四条** 供用水、供用气、供用热力合同，参照供用电合同的有关规定。

## 第十一章 赠与合同

**第一百八十五条** 赠与合同是赠与人将自己的财产无偿给予受赠人，受赠人表示接受赠与的合同。

**第一百八十六条** 赠与人在赠与财产的权利转移之前可以撤销赠与。

具有救灾、扶贫等社会公益、道德义务性质的赠与合同或者经过公证的赠与合同，不适用前款规定。

**第一百八十七条** 赠与的财产依法需要办理登记等手续的，应当办理有关手续。

**第一百八十八条** 具有救灾、扶贫等社会公益、道德义务性质的赠与合同或者经过公证的赠与合同，赠与人不交付赠与的财产的，受赠人可以要求交付。

**第一百八十九条** 因赠与人故意或者重大过失致使赠与的财产毁损、灭失的，赠与人应当承担损害赔偿责任。

**第一百九十条** 赠与可以附义务。

赠与附义务的，受赠人应当按照约定履行义务。

**第一百九十一条** 赠与的财产有瑕疵的，赠与人不承担责任。附义务的赠与，赠与的财产有瑕疵的，赠与人在附义务的限度内承担与出卖人相同的责任。

赠与人故意不告知瑕疵或者保证无瑕疵，造成受赠人损失的，应当承担损害赔偿责任。

**第一百九十二条** 受赠人有下列情形之一的，赠与人可以撤销赠与：

（一）严重侵害赠与人或者赠与人的近亲属；

（二）对赠与人有扶养义务而不履行；

（三）不履行赠与合同约定的义务。

赠与人的撤销权，自知道或者应当知道撤销原因之日起一年内行使。

**第一百九十三条**　因受赠人的违法行为致使赠与人死亡或者丧失民事行为能力的，赠与人的继承人或者法定代理人可以撤销赠与。

赠与人的继承人或者法定代理人的撤销权，自知道或者应当知道撤销原因之日起六个月内行使。

**第一百九十四条**　撤销权人撤销赠与的，可以向受赠人要求返还赠与的财产。

**第一百九十五条**　赠与人的经济状况显著恶化，严重影响其生产经营或者家庭生活的，可以不再履行赠与义务。

## 第十二章　借 款 合 同

**第一百九十六条**　借款合同是借款人向贷款人借款，到期返还借款并支付利息的合同。

**第一百九十七条**　借款合同采用书面形式，但自然人之间借款另有约定的除外。借款合同的内容包括借款种类、币种、用途、数额、利率、期限和还款方式等条款。

**第一百九十八条**　订立借款合同，贷款人可以要求借款人提供担保。担保依照《中华人民共和国担保法》的规定。

**第一百九十九条**　订立借款合同，借款人应当按照贷款人的要求提供与借款有关的业务活动和财务状况的真实情况。

**第二百条**　借款的利息不得预先在本金中扣除。利息预先在本金中扣除的，应当按照实际借款数额返还借款并计算利息。

**第二百零一条**　贷款人未按照约定的日期、数额提供借款，造成借款人损失的，应当赔偿损失。

借款人未按照约定的日期、数额收取借款的，应当按照约定的日期、数额支付利息。

**第二百零二条** 贷款人按照约定可以检查、监督借款的使用情况。借款人应当按照约定向贷款人定期提供有关财务会计报表等资料。

**第二百零三条** 借款人未按照约定的借款用途使用借款的，贷款人可以停止发放借款、提前收回借款或者解除合同。

**第二百零四条** 办理贷款业务的金融机构贷款的利率，应当按照中国人民银行规定的贷款利率的上下限确定。

**第二百零五条** 借款人应当按照约定的期限支付利息。对支付利息的期限没有约定或者约定不明确，依照本法第六十一条的规定仍不能确定，借款期间不满一年的，应当在返还借款时一并支付；借款期间一年以上的，应当在每届满一年时支付，剩余期间不满一年的，应当在返还借款时一并支付。

**第二百零六条** 借款人应当按照约定的期限返还借款。对借款期限没有约定或者约定不明确，依照本法第六十一条的规定仍不能确定的，借款人可以随时返还；贷款人可以催告借款人在合理期限内返还。

**第二百零七条** 借款人未按照约定的期限返还借款的，应当按照约定或者国家有关规定支付逾期利息。

**第二百零八条** 借款人提前偿还借款的，除当事人另有约定的以外，应当按照实际借款的期间计算利息。

**第二百零九条** 借款人可以在还款期限届满之前向贷款人申请展期。贷款人同意的，可以展期。

**第二百一十条** 自然人之间的借款合同，自贷款人提供借款时生效。

**第二百一十一条** 自然人之间的借款合同对支付利息没有约定或者约定不明确的，视为不支付利息。

## 第十三章　租 赁 合 同

**第二百一十二条** 租赁合同是出租人将租赁物交付承租人使用、

收益，承租人支付租金的合同。

**第二百一十三条** 租赁合同的内容包括租赁物的名称、数量、用途、租赁期限、租金及其支付期限和方式、租赁物维修等条款。

**第二百一十四条** 租赁期限不得超过二十年。超过二十年的，超过部分无效。租赁期间届满，当事人可以续订租赁合同，但约定的租赁期限自续订之日起不得超过二十年。

**第二百一十五条** 租赁期限六个月以上的，应当采用书面形式。当事人未采用书面形式的，视为不定期租赁。

**第二百一十六条** 出租人应当按照约定将租赁物交付承租人，并在租赁期间保持租赁物符合约定的用途。

**第二百一十七条** 承租人应当按照约定的方法使用租赁物。对租赁物的使用方法没有约定或者约定不明确，依照本法第六十一条的规定仍不能确定的，应当按照租赁物的性质使用。

**第二百一十八条** 承租人按照约定的方法或者租赁物的性质使用租赁物，致使租赁物受到损耗的，不承担损害赔偿责任。

**第二百一十九条** 承租人未按照约定的方法或者租赁物的性质使用租赁物，致使租赁物受到损失的，出租人可以解除合同并要求赔偿损失。

**第二百二十条** 出租人应当履行租赁物的维修义务，但当事人另有约定的除外。

**第二百二十一条** 承租人在租赁物需要维修时可以要求出租人在合理期限内维修。出租人未履行维修义务的，承租人可以自行维修，维修费用由出租人负担。因维修租赁物影响承租人使用的，应当相应减少租金或者延长租期。

**第二百二十二条** 承租人应当妥善保管租赁物，因保管不善造成租赁物毁损、灭失的，应当承担损害赔偿责任。

**第二百二十三条** 承租人经出租人同意，可以对租赁物进行改善或者增设他物。

承租人未经出租人同意，对租赁物进行改善或者增设他物的，出租人可以要求承租人恢复原状或者赔偿损失。

**第二百二十四条** 承租人经出租人同意,可以将租赁物转租给第三人。承租人转租的,承租人与出租人之间的租赁合同继续有效,第三人对租赁物造成损失的,承租人应当赔偿损失。承租人未经出租人同意转租的,出租人可以解除合同。

**第二百二十五条** 在租赁期间因占有、使用租赁物获得的收益,归承租人所有,但当事人另有约定的除外。

**第二百二十六条** 承租人应当按照约定的期限支付租金。对支付期限没有约定或者约定不明确,依照本法第六十一条的规定仍不能确定,租赁期间不满一年的,应当在租赁期间届满时支付;租赁期间一年以上的,应当在每届满一年时支付,剩余期间不满一年的,应当在租赁期间届满时支付。

**第二百二十七条** 承租人无正当理由未支付或者迟延支付租金的,出租人可以要求承租人在合理期限内支付。承租人逾期不支付的,出租人可以解除合同。

**第二百二十八条** 因第三人主张权利,致使承租人不能对租赁物使用、收益的,承租人可以要求减少租金或者不支付租金。

第三人主张权利的,承租人应当及时通知出租人。

**第二百二十九条** 租赁物在租赁期间发生所有权变动的,不影响租赁合同的效力。

**第二百三十条** 出租人出卖租赁房屋的,应当在出卖之前的合理期限内通知承租人,承租人享有以同等条件优先购买的权利。

**第二百三十一条** 因不可归责于承租人的事由,致使租赁物部分或者全部毁损、灭失的,承租人可以要求减少租金或者不支付租金;因租赁物部分或者全部毁损、灭失,致使不能实现合同目的的,承租人可以解除合同。

**第二百三十二条** 当事人对租赁期限没有约定或者约定不明确,依照本法第六十一条的规定仍不能确定的,视为不定期租赁。当事人可以随时解除合同,但出租人解除合同应当在合理期限之前通知承租人。

**第二百三十三条** 租赁物危及承租人的安全或者健康的,即使承租人订立合同时明知该租赁物质量不合格，承租人仍然可以随时解除合同。

**第二百三十四条**　承租人在房屋租赁期间死亡的，与其生前共同居住的人可以按照原租赁合同租赁该房屋。

**第二百三十五条**　租赁期间届满，承租人应当返还租赁物。返还的租赁物应当符合按照约定或者租赁物的性质使用后的状态。

**第二百三十六条**　租赁期间届满，承租人继续使用租赁物，出租人没有提出异议的，原租赁合同继续有效，但租赁期限为不定期。

## 第十四章　融资租赁合同

**第二百三十七条**　融资租赁合同是出租人根据承租人对出卖人、租赁物的选择，向出卖人购买租赁物，提供给承租人使用，承租人支付租金的合同。

**第二百三十八条**　融资租赁合同的内容包括租赁物名称、数量、规格、技术性能、检验方法、租赁期限、租金构成及其支付期限和方式、币种、租赁期间届满租赁物的归属等条款。

融资租赁合同应当采用书面形式。

**第二百三十九条**　出租人根据承租人对出卖人、租赁物的选择订立的买卖合同，出卖人应当按照约定向承租人交付标的物，承租人享有与受领标的物有关的买受人的权利。

**第二百四十条**　出租人、出卖人、承租人可以约定，出卖人不履行买卖合同义务的，由承租人行使索赔的权利。承租人行使索赔权利的，出租人应当协助。

**第二百四十一条**　出租人根据承租人对出卖人、租赁物的选择订立的买卖合同，未经承租人同意，出租人不得变更与承租人有关的合同内容。

**第二百四十二条**　出租人享有租赁物的所有权。承租人破产的，租赁物不属于破产财产。

**第二百四十三条**　融资租赁合同的租金，除当事人另有约定的以外,应当根据购买租赁物的大部分或者全部成本以及出租人的合理利润确定。

**第二百四十四条** 租赁物不符合约定或者不符合使用目的的,出租人不承担责任,但承租人依赖出租人的技能确定租赁物或者出租人干预选择租赁物的除外。

**第二百四十五条** 出租人应当保证承租人对租赁物的占有和使用。

**第二百四十六条** 承租人占有租赁物期间,租赁物造成第三人的人身伤害或者财产损害的,出租人不承担责任。

**第二百四十七条** 承租人应当妥善保管、使用租赁物。承租人应当履行占有租赁物期间的维修义务。

**第二百四十八条** 承租人应当按照约定支付租金。承租人经催告后在合理期限内仍不支付租金的,出租人可以要求支付全部租金;也可以解除合同,收回租赁物。

**第二百四十九条** 当事人约定租赁期间届满租赁物归承租人所有,承租人已经支付大部分租金,但无力支付剩余租金,出租人因此解除合同收回租赁物的,收回的租赁物的价值超过承租人欠付的租金以及其他费用的,承租人可以要求部分返还。

**第二百五十条** 出租人和承租人可以约定租赁期间届满租赁物的归属。对租赁物的归属没有约定或者约定不明确,依照本法第六十一条的规定仍不能确定的,租赁物的所有权归出租人。

## 第十五章　承揽合同

**第二百五十一条** 承揽合同是承揽人按照定作人的要求完成工作,交付工作成果,定作人给付报酬的合同。

承揽包括加工、定作、修理、复制、测试、检验等工作。

**第二百五十二条** 承揽合同的内容包括承揽的标的、数量、质量、报酬、承揽方式、材料的提供、履行期限、验收标准和方法等条款。

**第二百五十三条** 承揽人应当以自己的设备、技术和劳力,完成主要工作，但当事人另有约定的除外。

承揽人将其承揽的主要工作交由第三人完成的，应当就该第三人完成的工作成果向定作人负责；未经定作人同意的，定作人也可以解除合同。

**第二百五十四条**　承揽人可以将其承揽的辅助工作交由第三人完成。承揽人将其承揽的辅助工作交由第三人完成的，应当就该第三人完成的工作成果向定作人负责。

**第二百五十五条**　承揽人提供材料的，承揽人应当按照约定选用材料，并接受定作人检验。

**第二百五十六条**　定作人提供材料的，定作人应当按照约定提供材料。承揽人对定作人提供的材料，应当及时检验，发现不符合约定时，应当及时通知定作人更换、补齐或者采取其他补救措施。

承揽人不得擅自更换定作人提供的材料，不得更换不需要修理的零部件。

**第二百五十七条**　承揽人发现定作人提供的图纸或者技术要求不合理的，应当及时通知定作人。因定作人怠于答复等原因造成承揽人损失的，应当赔偿损失。

**第二百五十八条**　定作人中途变更承揽工作的要求，造成承揽人损失的，应当赔偿损失。

**第二百五十九条**　承揽工作需要定作人协助的，定作人有协助的义务。定作人不履行协助义务致使承揽工作不能完成的，承揽人可以催告定作人在合理期限内履行义务，并可以顺延履行期限；定作人逾期不履行的，承揽人可以解除合同。

**第二百六十条**　承揽人在工作期间，应当接受定作人必要的监督检验。定作人不得因监督检验妨碍承揽人的正常工作。

**第二百六十一条**　承揽人完成工作的，应当向定作人交付工作成果，并提交必要的技术资料和有关质量证明。定作人应当验收该工作成果。

**第二百六十二条**　承揽人交付的工作成果不符合质量要求的，定作人可以要求承揽人承担修理、重作、减少报酬、赔偿损失等违约责任。

**第二百六十三条** 定作人应当按照约定的期限支付报酬。对支付报酬的期限没有约定或者约定不明确,依照本法第六十一条的规定仍不能确定的,定作人应当在承揽人交付工作成果时支付;工作成果部分交付的,定作人应当相应支付。

**第二百六十四条** 定作人未向承揽人支付报酬或者材料费等价款的,承揽人对完成的工作成果享有留置权,但当事人另有约定的除外。

**第二百六十五条** 承揽人应当妥善保管定作人提供的材料以及完成的工作成果,因保管不善造成毁损、灭失的,应当承担损害赔偿责任。

**第二百六十六条** 承揽人应当按照定作人的要求保守秘密,未经定作人许可,不得留存复制品或者技术资料。

**第二百六十七条** 共同承揽人对定作人承担连带责任,但当事人另有约定的除外。

**第二百六十八条** 定作人可以随时解除承揽合同,造成承揽人损失的,应当赔偿损失。

## 第十六章　建设工程合同

**第二百六十九条** 建设工程合同是承包人进行工程建设,发包人支付价款的合同。建设工程合同包括工程勘察、设计、施工合同。

**第二百七十条** 建设工程合同应当采用书面形式。

**第二百七十一条** 建设工程的招标投标活动,应当依照有关法律的规定公开、公平、公正进行。

**第二百七十二条** 发包人可以与总承包人订立建设工程合同,也可以分别与勘察人、设计人、施工人订立勘察、设计、施工承包合同。发包人不得将应当由一个承包人完成的建设工程肢解成若干部分发包给几个承包人。

总承包人或者勘察、设计、施工承包人经发包人同意,可以将自己承包的部分工作交由第三人完成。第三人就其完成的工作成果与总承包人或者勘察、设计、施工承包人向发包人承担连带责任。承包人不得将其承包的全部建设工程转包给第三人或者将其承包的全部建设工程肢解以后以分包的名义分别转包给第三人。

禁止承包人将工程分包给不具备相应资质条件的单位。禁止分包单位将其承包的工程再分包。建设工程主体结构的施工必须由承包人自行完成。

**第二百七十三条**　国家重大建设工程合同，应当按照国家规定的程序和国家批准的投资计划、可行性研究报告等文件订立。

**第二百七十四条**　勘察、设计合同的内容包括提交有关基础资料和文件（包括概预算）的期限、质量要求、费用以及其他协作条件等条款。

**第二百七十五条**　施工合同的内容包括工程范围、建设工期、中间交工工程的开工和竣工时间、工程质量、工程造价、技术资料交付时间、材料和设备供应责任、拨款和结算、竣工验收、质量保修范围和质量保证期、双方相互协作等条款。

**第二百七十六条**　建设工程实行监理的，发包人应当与监理人采用书面形式订立委托监理合同。发包人与监理人的权利和义务以及法律责任，应当依照本法委托合同以及其他有关法律、行政法规的规定。

**第二百七十七条**　发包人在不妨碍承包人正常作业的情况下，可以随时对作业进度、质量进行检查。

**第二百七十八条**　隐蔽工程在隐蔽以前，承包人应当通知发包人检查。发包人没有及时检查的，承包人可以顺延工程日期，并有权要求赔偿停工、窝工等损失。

**第二百七十九条**　建设工程竣工后，发包人应当根据施工图纸及说明书、国家颁发的施工验收规范和质量检验标准及时进行验收。验收合格的，发包人应当按照约定支付价款，并接收该建设工程。建设工程竣工经验收合格后，方可交付使用；未经验收或者验收不合格的，不得交付使用。

**第二百八十条**　勘察、设计的质量不符合要求或者未按照期限提交勘察、设计文件拖延工期，造成发包人损失的，勘察人、设计人应当继续完善勘察、设计，减收或者免收勘察、设计费并赔偿损失。

**第二百八十一条**　因施工人的原因致使建设工程质量不符合约定

的，发包人有权要求施工人在合理期限内无偿修理或者返工、改建。经过修理或者返工、改建后，造成逾期交付的，施工人应当承担违约责任。

**第二百八十二条** 因承包人的原因致使建设工程在合理使用期限内造成人身和财产损害的，承包人应当承担损害赔偿责任。

**第二百八十三条** 发包人未按照约定的时间和要求提供原材料、设备、场地、资金、技术资料的，承包人可以顺延工程日期，并有权要求赔偿停工、窝工等损失。

**第二百八十四条** 因发包人的原因致使工程中途停建、缓建的，发包人应当采取措施弥补或者减少损失，赔偿承包人因此造成的停工、窝工、倒运、机械设备调迁、材料和构件积压等损失和实际费用。

**第二百八十五条** 因发包人变更计划，提供的资料不准确，或者未按照期限提供必需的勘察、设计工作条件而造成勘察、设计的返工、停工或者修改设计，发包人应当按照勘察人、设计人实际消耗的工作量增付费用。

**第二百八十六条** 发包人未按照约定支付价款的，承包人可以催告发包人在合理期限内支付价款。发包人逾期不支付的，除按照建设工程的性质不宜折价、拍卖的以外，承包人可以与发包人协议将该工程折价，也可以申请人民法院将该工程依法拍卖。建设工程的价款就该工程折价或者拍卖的价款优先受偿。

**第二百八十七条** 本章没有规定的，适用承揽合同的有关规定。

# 第十七章　运 输 合 同

## 第一节　一 般 规 定

**第二百八十八条** 运输合同是承运人将旅客或者货物从起运地点运输到约定地点，旅客、托运人或者收货人支付票款或者运输费用的合同。

**第二百八十九条** 从事公共运输的承运人不得拒绝旅客、托运人通常、合理的运输要求。

**第二百九十条** 承运人应当在约定期间或者合理期间内将旅客、

货物安全运输到约定地点。

**第二百九十一条**　承运人应当按照约定的或者通常的运输路线将旅客、货物运输到约定地点。

**第二百九十二条**　旅客、托运人或者收货人应当支付票款或者运输费用。承运人未按照约定路线或者通常路线运输增加票款或者运输费用的，旅客、托运人或者收货人可以拒绝支付增加部分的票款或者运输费用。

## 第二节　客 运 合 同

**第二百九十三条**　客运合同自承运人向旅客交付客票时成立，但当事人另有约定或者另有交易习惯的除外。

**第二百九十四条**　旅客应当持有效客票乘运。旅客无票乘运、超程乘运、越级乘运或者持失效客票乘运的，应当补交票款，承运人可以按照规定加收票款。旅客不交付票款的，承运人可以拒绝运输。

**第二百九十五条**　旅客因自己的原因不能按照客票记载的时间乘坐的，应当在约定的时间内办理退票或者变更手续。逾期办理的，承运人可以不退票款，并不再承担运输义务。

**第二百九十六条**　旅客在运输中应当按照约定的限量携带行李。超过限量携带行李的，应当办理托运手续。

**第二百九十七条**　旅客不得随身携带或者在行李中夹带易燃、易爆、有毒、有腐蚀性、有放射性以及有可能危及运输工具上人身和财产安全的危险物品或者其他违禁物品。

旅客违反前款规定的，承运人可以将违禁物品卸下、销毁或者送交有关部门。旅客坚持携带或者夹带违禁物品的，承运人应当拒绝运输。

**第二百九十八条**　承运人应当向旅客及时告知有关不能正常运输的重要事由和安全运输应当注意的事项。

**第二百九十九条**　承运人应当按照客票载明的时间和班次运输旅客。承运人迟延运输的，应当根据旅客的要求安排改乘其他班次或者退票。

**第三百条**　承运人擅自变更运输工具而降低服务标准的，应当根据旅客的要求退票或者减收票款；提高服务标准的，不应当加收票款。

**第三百零一条** 承运人在运输过程中，应当尽力救助患有急病、分娩、遇险的旅客。

**第三百零二条** 承运人应当对运输过程中旅客的伤亡承担损害赔偿责任，但伤亡是旅客自身健康原因造成的或者承运人证明伤亡是旅客故意、重大过失造成的除外。

前款规定适用于按照规定免票、持优待票或者经承运人许可搭乘的无票旅客。

**第三百零三条** 在运输过程中旅客自带物品毁损、灭失，承运人有过错的，应当承担损害赔偿责任。

旅客托运的行李毁损、灭失的，适用货物运输的有关规定。

## 第三节 货运合同

**第三百零四条** 托运人办理货物运输，应当向承运人准确表明收货人的名称或者姓名或者凭指示的收货人，货物的名称、性质、重量、数量，收货地点等有关货物运输的必要情况。

因托运人申报不实或者遗漏重要情况，造成承运人损失的，托运人应当承担损害赔偿责任。

**第三百零五条** 货物运输需要办理审批、检验等手续的，托运人应当将办理完有关手续的文件提交承运人。

**第三百零六条** 托运人应当按照约定的方式包装货物。对包装方式没有约定或者约定不明确的，适用本法第一百五十六条的规定。

托运人违反前款规定的，承运人可以拒绝运输。

**第三百零七条** 托运人托运易燃、易爆、有毒、有腐蚀性、有放射性等危险物品的，应当按照国家有关危险物品运输的规定对危险物品妥善包装，作出危险物标志和标签，并将有关危险物品的名称、性质和防范措施的书面材料提交承运人。

托运人违反前款规定的，承运人可以拒绝运输，也可以采取相应措施以避免损失的发生，因此产生的费用由托运人承担。

**第三百零八条** 在承运人将货物交付收货人之前，托运人可以要求承运人中止运输、返还货物、变更到达地或者将货物交给其他收货人，但应当赔偿承运人因此受到的损失。

**第三百零九条**　货物运输到达后，承运人知道收货人的，应当及时通知收货人，收货人应当及时提货。收货人逾期提货的，应当向承运人支付保管费等费用。

**第三百一十条**　收货人提货时应当按照约定的期限检验货物。对检验货物的期限没有约定或者约定不明确，依照本法第六十一条的规定仍不能确定的，应当在合理期限内检验货物。收货人在约定的期限或者合理期限内对货物的数量、毁损等未提出异议的，视为承运人已经按照运输单证的记载交付的初步证据。

**第三百一十一条**　承运人对运输过程中货物的毁损、灭失承担损害赔偿责任，但承运人证明货物的毁损、灭失是因不可抗力、货物本身的自然性质或者合理损耗以及托运人、收货人的过错造成的，不承担损害赔偿责任。

**第三百一十二条**　货物的毁损、灭失的赔偿额，当事人有约定的，按照其约定；没有约定或者约定不明确，依照本法第六十一条的规定仍不能确定的，按照交付或者应当交付时货物到达地的市场价格计算。法律、行政法规对赔偿额的计算方法和赔偿限额另有规定的，依照其规定。

**第三百一十三条**　两个以上承运人以同一运输方式联运的，与托运人订立合同的承运人应当对全程运输承担责任。损失发生在某一运输区段的，与托运人订立合同的承运人和该区段的承运人承担连带责任。

**第三百一十四条**　货物在运输过程中因不可抗力灭失，未收取运费的，承运人不得要求支付运费；已收取运费的，托运人可以要求返还。

**第三百一十五条**　托运人或者收货人不支付运费、保管费以及其他运输费用的，承运人对相应的运输货物享有留置权，但当事人另有约定的除外。

**第三百一十六条**　收货人不明或者收货人无正当理由拒绝受领货物的，依照本法第一百零一条的规定，承运人可以提存货物。

### 第四节　多式联运合同

**第三百一十七条**　多式联运经营人负责履行或者组织履行多式联运合同，对全程运输享有承运人的权利，承担承运人的义务。

**第三百一十八条**　多式联运经营人可以与参加多式联运的各区段承运人就多式联运合同的各区段运输约定相互之间的责任，但该约定不影响多式联运经营人对全程运输承担的义务。

**第三百一十九条**　多式联运经营人收到托运人交付的货物时，应当签发多式联运单据。按照托运人的要求，多式联运单据可以是可转让单据，也可以是不可转让单据。

**第三百二十条**　因托运人托运货物时的过错造成多式联运经营人损失的，即使托运人已经转让多式联运单据，托运人仍然应当承担损害赔偿责任。

**第三百二十一条**　货物的毁损、灭失发生于多式联运的某一运输区段的，多式联运经营人的赔偿责任和责任限额，适用调整该区段运输方式的有关法律规定。货物毁损、灭失发生的运输区段不能确定的，依照本章规定承担损害赔偿责任。

## 第十八章　技 术 合 同

### 第一节　一 般 规 定

**第三百二十二条**　技术合同是当事人就技术开发、转让、咨询或者服务订立的确立相互之间权利和义务的合同。

**第三百二十三条**　订立技术合同，应当有利于科学技术的进步，加速科学技术成果的转化、应用和推广。

**第三百二十四条**　技术合同的内容由当事人约定，一般包括以下条款：

（一）项目名称；

（二）标的的内容、范围和要求；

（三）履行的计划、进度、期限、地点、地域和方式；

（四）技术情报和资料的保密；

（五）风险责任的承担；

（六）技术成果的归属收益的分成办法；

（七）验收标准和方法；

（八）价款、报酬或者使用费及其支付方式；

（九）违约金或者损失赔偿的计算方法；

（十）解决争议的方法；

（十一）名词和术语的解释。

与履行合同有关的技术背景资料、可行性论证和技术评价报告、项目任务书和计划书、技术标准、技术规范、原始设计和工艺文件，以及其他技术文档，按照当事人的约定可以作为合同的组成部分。

技术合同涉及专利的，应当注明发明创造的名称、专利申请人和专利权人、申请日期、申请号、专利号以及专利权的有效期限。

**第三百二十五条**　技术合同价款、报酬或者使用费的支付方式由当事人约定，可以采取一次总算、一次总付或者一次总算、分期支付，也可以采取提成支付或者提成支付附加预付入门费的方式。

约定提成支付的，可以按照产品价格、实施专利和使用技术秘密后新增的产值、利润或者产品销售额的一定比例提成，也可以按照约定的其他方式计算。提成支付的比例可以采取固定比例、逐年递增比例或者逐年递减比例。约定提成支付的，当事人应当在合同中约定查阅有关会计账目的办法。

**第三百二十六条**　职务技术成果的使用权、转让权属于法人或者其他组织的，法人或者其他组织可以就该项职务技术成果订立技术合同。法人或者其他组织应当从使用和转让该项职务技术成果所取得的收益中提取一定比例，对完成该项职务技术成果的个人给予奖励或者报酬。法人或者其他组织订立技术合同转让职务技术成果时，职务技术成果的完成人享有以同等条件优先受让的权利。

职务技术成果是执行法人或者其他组织的工作任务，或者主要是利用法人或者其他组织的物质技术条件所完成的技术成果。

**第三百二十七条**　非职务技术成果的使用权、转让权属于完成技术成果的个人,完成技术成果的个人可以就该项非职务技术成果订立技术合同。

**第三百二十八条** 完成技术成果的个人有在有关技术成果文件上写明自己是技术成果完成者的权利和取得荣誉证书、奖励的权利。

**第三百二十九条** 非法垄断技术、妨碍技术进步或者侵害他人技术成果的技术合同无效。

## 第二节 技术开发合同

**第三百三十条** 技术开发合同是指当事人之间就新技术、新产品、新工艺或者新材料及其系统的研究开发所订立的合同。

技术开发合同包括委托开发合同和合作开发合同。

技术开发合同应当采用书面形式。当事人之间就具有产业应用价值的科技成果实施转化订立的合同,参照技术开发合同的规定。

**第三百三十一条** 委托开发合同的委托人应当按照约定支付研究开发经费和报酬;提供技术资料、原始数据;完成协作事项;接受研究开发成果。

**第三百三十二条** 委托开发合同的研究开发人应当按照约定制定和实施研究开发计划;合理使用研究开发经费;按期完成研究开发工作,交付研究开发成果,提供有关的技术资料和必要的技术指导,帮助委托人掌握研究开发成果。

**第三百三十三条** 委托人违反约定造成研究开发工作停滞、延误或者失败的,应当承担违约责任。

**第三百三十四条** 研究开发人违反约定造成研究开发工作停滞、延误或者失败的,应当承担违约责任。

**第三百三十五条** 合作开发合同的当事人应当按照约定进行投资,包括以技术进行投资;分工参与研究开发工作;协作配合研究开发工作。

**第三百三十六条** 合作开发合同的当事人违反约定造成研究开发工作停滞、延误或者失败的,应当承担违约责任。

**第三百三十七条** 因作为技术开发合同标的的技术已经由他人公

廾，致使技术开发合同的履行没有意义的，当事人可以解除合同。

**第三百三十八条**　在技术开发合同履行过程中，因出现无法克服的技术困难，致使研究开发失败或者部分失败的，该风险责任由当事人约定。没有约定或者约定不明确，依照本法第六十一条的规定仍不能确定的，风险责任由当事人合理分担。

当事人一方发现前款规定的可能致使研究开发失败或者部分失败的情形时，应当及时通知另一方并采取适当措施减少损失。没有及时通知并采取适当措施，致使损失扩大的，应当就扩大的损失承担责任。

**第三百三十九条**　委托开发完成的发明创造，除当事人另有约定的以外，申请专利的权利属于研究开发人。研究开发人取得专利权的，委托人可以免费实施该专利。

研究开发人转让专利申请权的，委托人享有以同等条件优先受让的权利。

**第三百四十条**　合作开发完成的发明创造，除当事人另有约定的以外，申请专利的权利属于合作开发的当事人共有。当事人一方转让其共有的专利申请权的，其他各方享有以同等条件优先受让的权利。

合作开发的当事人一方声明放弃其共有的专利申请权的，可以由另一方单独申请或者由其他各方共同申请。申请人取得专利权的，放弃专利申请权的一方可以免费实施该专利。

合作开发的当事人一方不同意申请专利的，另一方或者其他各方不得申请专利。

**第三百四十一条**　委托开发或者合作开发完成的技术秘密成果的使用权、转让权以及利益的分配办法，由当事人约定。没有约定或者约定不明确，依照本法第六十一条的规定仍不能确定的，当事人均有使用和转让的权利，但委托开发的研究开发人不得在向委托人交付研究开发成果之前，将研究开发成果转让给第三人。

### 第三节　技术转让合同

**第三百四十二条**　技术转让合同包括专利权转让、专利申请权转让、技术秘密转让、专利实施许可合同技术转让合同应当采用书面形式。

**第三百四十三条** 技术转让合同可以约定让与人和受让人实施专利或者使用技术秘密的范围，但不得限制技术竞争和技术发展。

**第三百四十四条** 专利实施许可合同只在该专利权的存续期间内有效。专利权有效期限届满或者专利权被宣布无效的，专利权人不得就该专利与他人订立专利实施许可合同。

**第三百四十五条** 专利实施许可合同的让与人应当按照约定许可受让人实施专利，交付实施专利有关的技术资料，提供必要的技术指导。

**第三百四十六条** 专利实施许可合同的受让人应当按照约定实施专利，不得许可约定以外的第三人实施该专利；并按照约定支付使用费。

**第三百四十七条** 技术秘密转让合同的让与人应当按照约定提供技术资料，进行技术指导，保证技术的实用性、可靠性，承担保密义务。

**第三百四十八条** 技术秘密转让合同的受让人应当按照约定使用技术，支付使用费，承担保密义务。

**第三百四十九条** 技术转让合同的让与人应当保证自己是所提供的技术的合法拥有者，并保证所提供的技术完整、无误、有效，能够达到约定的目标。

**第三百五十条** 技术转让合同的受让人应当按照约定的范围和期限，对让与人提供的技术中尚未公开的秘密部分，承担保密义务。

**第三百五十一条** 让与人未按照约定转让技术的，应当返还部分或者全部使用费，并应当承担违约责任；实施专利或者使用技术秘密超越约定的范围的，违反约定擅自许可第三人实施该项专利或者使用该项技术秘密的，应当停止违约行为，承担违约责任；违反约定的保密义务的，应当承担违约责任。

**第三百五十二条** 受让人未按照约定支付使用费的，应当补交使用费并按照约定支付违约金；不补交使用费或者支付违约金的，应当停止实施专利或者使用技术秘密，交还技术资料，承担违约责任；实施专利或者使用技术秘密超越约定的范围的，未经让与人同意擅自许可第三人实施该专利或者使用该技术秘密的，应当停止违约行为，承担违约责任；违反约定的保密义务的，应当承担违约责任。

**第三百五十三条**　受让人按照约定实施专利、使用技术秘密侵害他人合法权益的，由让与人承担责任，但当事人另有约定的除外。

**第三百五十四条**　当事人可以按照互利的原则，在技术转让合同中约定实施专利、使用技术秘密后续改进的技术成果的分享办法。没有约定或者约定不明确，依照本法第六十一条的规定仍不能确定的，一方后续改进的技术成果，其他各方无权分享。

**第三百五十五条**　法律、行政法规对技术进出口合同或者专利、专利申请合同另有规定的，依照其规定。

## 第四节　技术咨询合同和技术服务合同

**第三百五十六条**　技术咨询合同包括就特定技术项目提供可行性论证、技术预测、专题技术调查、分析评价报告等合同。

技术服务合同是指当事人一方以技术知识为另一方解决特定技术问题所订立的合同，不包括建设工程合同和承揽合同。

**第三百五十七条**　技术咨询合同的委托人应当按照约定阐明咨询的问题，提供技术背景材料及有关技术资料、数据；接受受托人的工作成果，支付报酬。

**第三百五十八条**　技术咨询合同的受托人应当按照约定的期限完成咨询报告或者解答问题；提出的咨询报告应当达到约定的要求。

**第三百五十九条**　技术咨询合同的委托人未按照约定提供必要的资料和数据，影响工作进度和质量，不接受或者逾期接受工作成果的，支付的报酬不得追回，未支付的报酬应当支付。

技术咨询合同的受托人未按期提出咨询报告或者提出的咨询报告不符合约定的，应当承担减收或者免收报酬等违约责任。

技术咨询合同的委托人按照受托人符合约定要求的咨询报告和意见作出决策所造成的损失，由委托人承担，但当事人另有约定的除外。

**第三百六十条**　技术服务合同的委托人应当按照约定提供工作条件，完成配合事项；接受工作成果并支付报酬。

**第三百六十一条** 技术服务合同的受托人应当按照约定完成服务项目，解决技术问题，保证工作质量，并传授解决技术问题的知识。

**第三百六十二条** 技术服务合同的委托人不履行合同义务或者履行合同义务不符合约定，影响工作进度和质量，不接受或者逾期接受工作成果的，支付的报酬不得追回，未支付的报酬应当支付。技术服务合同的受托人未按照合同约定完成服务工作的，应当承担免收报酬等违约责任。

**第三百六十三条** 在技术咨询合同、技术服务合同履行过程中，受托人利用委托人提供的技术资料和工作条件完成的新的技术成果，属于受托人。委托人利用受托人的工作成果完成的新的技术成果，属于委托人。当事人另有约定的，按照其约定。

**第三百六十四条** 法律、行政法规对技术中介合同、技术培训合同另有规定的，依照其规定。

## 第十九章　保管合同

**第三百六十五条** 保管合同是保管人保管寄存人交付的保管物，并返还该物的合同。

**第三百六十六条** 寄存人应当按照约定向保管人支付保管费。

当事人对保管费没有约定或者约定不明确，依照本法第六十一条的规定仍不能确定的，保管是无偿的。

**第三百六十七条** 保管合同自保管物交付时成立，但当事人另有约定的除外。

**第三百六十八条** 寄存人向保管人交付保管物的，保管人应当给付保管凭证，但另有交易习惯的除外。

**第三百六十九条** 保管人应当妥善保管保管物。

当事人可以约定保管场所或者方法。除紧急情况或者为了维护寄存人利益的以外，不得擅自改变保管场所或者方法。

**第三百七十条** 寄存人交付的保管物有瑕疵或者按照保管物的性质需要采取特殊保管措施的，寄存人应当将有关情况告知保管人。寄存人未告知，致使保管物受损失的，保管人不承担损害赔偿责任；保管人因此受损失的，除保管人知道或者应当知道并且未采取补救措施的以外，寄存人应当承担损害赔偿责任。

**第三百七十一条**　保管人不得将保管物转交第三人保管，但当事人另有约定的除外。

保管人违反前款规定，将保管物转交第三人保管，对保管物造成损失的，应当承担损害赔偿责任。

**第三百七十二条**　保管人不得使用或者许可第三人使用保管物，但当事人另有约定的除外。

**第三百七十三条**　第三人对保管物主张权利的，除依法对保管物采取保全或者执行的以外，保管人应当履行向寄存人返还保管物的义务。

第三人对保管人提起诉讼或者对保管物申请扣押的，保管人应当及时通知寄存人。

**第三百七十四条**　保管期间，因保管人保管不善造成保管物毁损、灭失的，保管人应当承担损害赔偿责任，但保管是无偿的，保管人证明自己没有重大过失的，不承担损害赔偿责任。

**第三百七十五条**　寄存人寄存货币、有价证券或者其他贵重物品的，应当向保管人声明，由保管人验收或者封存。寄存人未声明的，该物品毁损、灭失后，保管人可以按照一般物品予以赔偿。

**第三百七十六条**　寄存人可以随时领取保管物。

当事人对保管期间没有约定或者约定不明确的，保管人可以随时要求寄存人领取保管物；约定保管期间的，保管人无特别事由，不得要求寄存人提前领取保管物。

**第三百七十七条**　保管期间届满或者寄存人提前领取保管物的，保管人应当将原物及其孳息归还寄存人。

**第三百七十八条**　保管人保管货币的，可以返还相同种类、数量的货币。保管其他可替代物的，可以按照约定返还相同种类、品质、数量的物品。

**第三百七十九条**　有偿的保管合同，寄存人应当按照约定的期限向保管人支付保管费。当事人对支付期限没有约定或者约定不明确，依照本法第六十一条的规定仍不能确定的，应当在领取保管物的同时支付。

**第三百八十条** 寄存人未按照约定支付保管费以及其他费用的，保管人对保管物享有留置权，但当事人另有约定的除外。

## 第二十章 仓储合同

**第三百八十一条** 仓储合同是保管人储存存货人交付的仓储物，存货人支付仓储费的合同。

**第三百八十二条** 仓储合同自成立时生效。

**第三百八十三条** 储存易燃、易爆、有毒、有腐蚀性、有放射性等危险物品或者易变质物品，存货人应当说明该物品的性质，提供有关资料。

存货人违反前款规定的，保管人可以拒收仓储物，也可以采取相应措施以避免损失的发生，因此产生的费用由存货人承担。

保管人储存易燃、易爆、有毒、有腐蚀性、有放射性等危险物品的，应当具备相应的保管条件。

**第三百八十四条** 保管人应当按照约定对入库仓储物进行验收。保管人验收时发现入库仓储物与约定不符合的，应当及时通知存货人。保管人验收后，发生仓储物的品种、数量、质量不符合约定的，保管人应当承担损害赔偿责任。

**第三百八十五条** 存货人交付仓储物的，保管人应当给付仓单。

**第三百八十六条** 保管人应当在仓单上签字或者盖章。仓单包括下列事项：

（一）存货人的名称或者姓名和住所；

（二）仓储物的品种、数量、质量、包装、件数和标记；

（三）仓储物的损耗标准；

（四）储存场所；

（五）储存期间；

（六）仓储费；

（七）仓储物已经办理保险的，其保险金额、期间以及保险人的名称；

（八）填发人、填发地和填发日期。

**第三百八十七条**　仓单是提取仓储物的凭证。存货人或者仓单持有人在仓单上背书并经保管人签字或者盖章的，可以转让提取仓储物的权利。

**第三百八十八条**　保管人根据存货人或者仓单持有人的要求，应当同意其检查仓储物或者提取样品。

**第三百八十九条**　保管人对入库仓储物发现有变质或者其他损坏的，应当及时通知存货人或者仓单持有人。

**第三百九十条**　保管人对入库仓储物发现有变质或者其他损坏，危及其他仓储物的安全和正常保管的，应当催告存货人或者仓单持有人作出必要的处置。因情况紧急，保管人可以作出必要的处置，但事后应当将该情况及时通知存货人或者仓单持有人。

**第三百九十一条**　当事人对储存期间没有约定或者约定不明确的，存货人或者仓单持有人可以随时提取仓储物，保管人也可以随时要求存货人或者仓单持有人提取仓储物，但应当给予必要的准备时间。

**第三百九十二条**　储存期间届满，存货人或者仓单持有人应当凭仓单提取仓储物。存货人或者仓单持有人逾期提取的，应当加收仓储费；提前提取的，不减收仓储费。

**第三百九十三条**　储存期间届满，存货人或者仓单持有人不提取仓储物的，保管人可以催告其在合理期限内提取，逾期不提取的，保管人可以提存仓储物。

**第三百九十四条**　储存期间，因保管人保管不善造成仓储物毁损、灭失的，保管人应当承担损害赔偿责任。因仓储物的性质、包装不符合约定或者超过有效储存期造成仓储物变质、损坏的，保管人不承担损害赔偿责任。

**第三百九十五条**　本章没有规定的，适用保管合同的有关规定。

## 第二十一章　委托合同

**第三百九十六条**　委托合同是委托人和受托人约定，由受托人处理委托人事务的合同。

**第三百九十七条**　委托人可以特别委托受托人处理一项或者数项事务，也可以概括委托受托人处理一切事务。

**第三百九十八条**　委托人应当预付处理委托事务的费用。受托人为处理委托事务垫付的必要费用，委托人应当偿还该费用及其利息。

**第三百九十九条**　受托人应当按照委托人的指示处理委托事务。需要变更委托人指示的，应当经委托人同意；因情况紧急，难以和委托人取得联系的，受托人应当妥善处理委托事务，但事后应当将该情况及时报告委托人。

**第四百条**　受托人应当亲自处理委托事务。经委托人同意，受托人可以转委托。转委托经同意的，委托人可以就委托事务直接指示转委托的第三人，受托人仅就第三人的选任及其对第三人的指示承担责任。转委托未经同意的，受托人应当对转委托的第三人的行为承担责任，但在紧急情况下受托人为维护委托人的利益需要转委托的除外。

**第四百零一条**　受托人应当按照委托人的要求，报告委托事务的处理情况。委托合同终止时，受托人应当报告委托事务的结果。

**第四百零二条**　受托人以自己的名义，在委托人的授权范围内与第三人订立的合同，第三人在订立合同时知道受托人与委托人之间的代理关系的，该合同直接约束委托人和第三人，但有确切证据证明该合同只约束受托人和第三人的除外。

**第四百零三条**　受托人以自己的名义与第三人订立合同时，第三人不知道受托人与委托人之间的代理关系的，受托人因第三人的原因对委托人不履行义务，受托人应当向委托人披露第三人，委托人因此可以行使受托人对第三人的权利，但第三人与受托人订立合同时如果知道该委托人就不会订立合同的除外。

受托人因委托人的原因对第三人不履行义务，受托人应当向第三人披露委托人,第三人因此可以选择受托人或者委托人作为相对人主张其权利,但第三人不得变更选定的相对人。委托人行使受托人对第三人的权利的,第三人可以向委托人主张其对受托人的抗辩。第三人选定委托人作为其相对人的,委托人可以向第三人主张其对受托人的抗辩以及受托人对第三人的抗辩。

**第四百零四条**　受托人处理委托事务取得的财产,应当转交给委托人。

**第四百零五条**　受托人完成委托事务的,委托人应当向其支付报酬。因不可归责于受托人的事由,委托合同解除或者委托事务不能完成的,委托人应当向受托人支付相应的报酬。当事人另有约定的,按照其约定。

**第四百零六条**　有偿的委托合同,因受托人的过错给委托人造成损失的,委托人可以要求赔偿损失。无偿的委托合同,因受托人的故意或者重大过失给委托人造成损失的,委托人可以要求赔偿损失。

受托人超越权限给委托人造成损失的,应当赔偿损失。

**第四百零七条**　受托人处理委托事务时,因不可归责于自己的事由受到损失的,可以向委托人要求赔偿损失。

**第四百零八条**　委托人经受托人同意,可以在受托人之外委托第三人处理委托事务。因此给受托人造成损失的,受托人可以向委托人要求赔偿损失。

**第四百零九条**　两个以上的受托人共同处理委托事务的,对委托人承担连带责任。

**第四百一十条**　委托人或者受托人可以随时解除委托合同。因解除合同给对方造成损失的,除不可归责于该当事人的事由以外,应当赔偿损失。

**第四百一十一条**　委托人或者受托人死亡、丧失民事行为能力或者破产的,委托合同终止,但当事人另有约定或者根据委托事务的性质不宜终止的除外。

**第四百一十二条**　因委托人死亡、丧失民事行为能力或者破产,致使委托合同终止将损害委托人利益的,在委托人的继承人、法定代理人或者清算组织承受委托事务之前，受托人应当继续处理委托事务。

**第四百一十三条** 因受托人死亡、丧失民事行为能力或者破产，致使委托合同终止的，受托人的继承人、法定代理人或者清算组织应当及时通知委托人。因委托合同终止将损害委托人利益的，在委托人作出善后处理之前，受托人的继承人、法定代理人或者清算组织应当采取必要措施。

## 第二十二章 行 纪 合 同

**第四百一十四条** 行纪合同是行纪人以自己的名义为委托人从事贸易活动，委托人支付报酬的合同。

**第四百一十五条** 行纪人处理委托事务支出的费用，由行纪人负担，但当事人另有约定的除外。

**第四百一十六条** 行纪人占有委托物的，应当妥善保管委托物。

**第四百一十七条** 委托物交付给行纪人时有瑕疵或者容易腐烂、变质的，经委托人同意，行纪人可以处分该物；和委托人不能及时取得联系的，行纪人可以合理处分。

**第四百一十八条** 行纪人低于委托人指定的价格卖出或者高于委托人指定的价格买入的，应当经委托人同意。未经委托人同意，行纪人补偿其差额的，该买卖对委托人发生效力。

行纪人高于委托人指定的价格卖出或者低于委托人指定的价格买入的，可以按照约定增加报酬。没有约定或者约定不明确，依照本法第六十一条的规定仍不能确定的，该利益属于委托人。

委托人对价格有特别指示的，行纪人不得违背该指示卖出或者买入。

**第四百一十九条** 行纪人卖出或者买入具有市场定价的商品，除委托人有相反的意思表示的以外，行纪人自己可以作为买受人或者出卖人。

行纪人有前款规定情形的，仍然可以要求委托人支付报酬。

**第四百二十条** 行纪人按照约定买入委托物，委托人应当及时受领。经行纪人催告，委托人无正当理由拒绝受领的，行纪人依照本法第一百零一条的规定可以提存委托物。

委托物不能卖出或者委托人撤回出卖，经行纪人催告，委托人不取回或者不处分该物的，行纪人依照本法第一百零一条的规定可以提存委托物。

**第四百二十一条**　行纪人与第三人订立合同的，行纪人对该合同直接享有权利、承担义务。

第三人不履行义务致使委托人受到损害的，行纪人应当承担损害赔偿责任，但行纪人与委托人另有约定的除外。

**第四百二十二条**　行纪人完成或者部分完成委托事务的，委托人应当向其支付相应的报酬。委托人逾期不支付报酬的，行纪人对委托物享有留置权，但当事人另有约定的除外。

**第四百二十三条**　本章没有规定的，适用委托合同的有关规定。

## 第二十三章　居 间 合 同

**第四百二十四条**　居间合同是居间人向委托人报告订立合同的机会或者提供订立合同的媒介服务，委托人支付报酬的合同。

**第四百二十五条**　居间人应当就有关订立合同的事项向委托人如实报告。居间人故意隐瞒与订立合同有关的重要事实或者提供虚假情况，损害委托人利益的，不得要求支付报酬并应当承担损害赔偿责任。

**第四百二十六条**　居间人促成合同成立的，委托人应当按照约定支付报酬。对居间人的报酬没有约定或者约定不明确，依照本法第六十一条的规定仍不能确定的，根据居间人的劳务合理确定。因居间人提供订立合同的媒介服务而促成合同成立的，由该合同的当事人平均负担居间人的报酬。

居间人促成合同成立的，居间活动的费用，由居间人负担。

**第四百二十七条**　居间人未促成合同成立的，不得要求支付报酬，但可以要求委托人支付从事居间活动支出的必要费用。

# 附　　则

**第四百二十八条**　本法自 1999 年 10 月 1 日起施行，《中华人民共和国经济合同法》、《中华人民共和国涉外经济合同法》、《中华人民共和国技术合同法》同时废止。

# 中华人民共和国物权法

（2007 年 3 月 16 日第十届全国人民代表大会第五次会议通过）

## 目　　录

# 第一编　总　　则

## 第一章　基 本 原 则

**第一条**　为了维护国家基本经济制度，维护社会主义市场经济秩序，明确物的归属，发挥物的效用，保护权利人的物权，根据宪法，制定本法。

**第二条**　因物的归属和利用而产生的民事关系，适用本法。

本法所称物，包括不动产和动产。法律规定权利作为物权客体的，依照其规定。

本法所称物权，是指权利人依法对特定的物享有直接支配和排他的权利，包括所有权、用益物权和担保物权。

**第三条**　国家在社会主义初级阶段，坚持公有制为主体、多种所有制经济共同发展的基本经济制度。

国家巩固和发展公有制经济，鼓励、支持和引导非公有制经济的发展。

国家实行社会主义市场经济，保障一切市场主体的平等法律地位和发展权利。

**第四条**　国家、集体、私人的物权和其他权利人的物权受法律保护，任何单位和个人不得侵犯。

**第五条**　物权的种类和内容，由法律规定。

**第六条**　不动产物权的设立、变更、转让和消灭，应当依照法律规定登记。动产物权的设立和转让，应当依照法律规定交付。

**第七条**　物权的取得和行使，应当遵守法律，尊重社会公德，不得损害公共利益和他人合法权益。

**第八条**　其他相关法律对物权另有特别规定的，依照其规定。

## 第二章　物权的设立、变更、转让和消灭

### 第一节　不动产登记

**第九条**　不动产物权的设立、变更、转让和消灭，经依法登记，发生效力；未经登记，不发生效力，但法律另有规定的除外。

依法属于国家所有的自然资源，所有权可以不登记。

**第十条**　不动产登记，由不动产所在地的登记机构办理。

国家对不动产实行统一登记制度。统一登记的范围、登记机构和登记办法，由法律、行政法规规定。

**第十一条**　当事人申请登记，应当根据不同登记事项提供权属证明和不动产界址、面积等必要材料。

**第十二条**　登记机构应当履行下列职责：

（一）查验申请人提供的权属证明和其他必要材料；

（二）就有关登记事项询问申请人；

（三）如实、及时登记有关事项；

（四）法律、行政法规规定的其他职责。

申请登记的不动产的有关情况需要进一步证明的，登记机构可以要求申请人补充材料，必要时可以实地查看。

**第十三条**　登记机构不得有下列行为：

（一）要求对不动产进行评估；

（二）以年检等名义进行重复登记；

（三）超出登记职责范围的其他行为。

**第十四条**　不动产物权的设立、变更、转让和消灭，依照法律规定

应当登记的，自记载于不动产登记簿时发生效力。

**第十五条** 当事人之间订立有关设立、变更、转让和消灭不动产物权的合同，除法律另有规定或者合同另有约定外，自合同成立时生效；未办理物权登记的，不影响合同效力。

**第十六条** 不动产登记簿是物权归属和内容的根据。不动产登记簿由登记机构管理。

**第十七条** 不动产权属证书是权利人享有该不动产物权的证明。不动产权属证书记载的事项，应当与不动产登记簿一致；记载不一致的，除有证据证明不动产登记簿确有错误外，以不动产登记簿为准。

**第十八条** 权利人、利害关系人可以申请查询、复制登记资料，登记机构应当提供。

**第十九条** 权利人、利害关系人认为不动产登记簿记载的事项错误的，可以申请更正登记。不动产登记簿记载的权利人书面同意更正或者有证据证明登记确有错误的，登记机构应当予以更正。

不动产登记簿记载的权利人不同意更正的，利害关系人可以申请异议登记。登记机构予以异议登记的，申请人在异议登记之日起十五日内不起诉，异议登记失效。异议登记不当，造成权利人损害的，权利人可以向申请人请求损害赔偿。

**第二十条** 当事人签订买卖房屋或者其他不动产物权的协议，为保障将来实现物权，按照约定可以向登记机构申请预告登记。预告登记后，未经预告登记的权利人同意，处分该不动产的，不发生物权效力。

预告登记后，债权消灭或者自能够进行不动产登记之日起三个月内未申请登记的，预告登记失效。

**第二十一条** 当事人提供虚假材料申请登记，给他人造成损害的，应当承担赔偿责任。

因登记错误，给他人造成损害的，登记机构应当承担赔偿责任。登记机构赔偿后，可以向造成登记错误的人追偿。

**第二十二条** 不动产登记费按件收取，不得按照不动产的面积、体积或者价款的比例收取。具体收费标准由国务院有关部门会同价格主管部门规定。

### 第二节　动产交付

**第二十三条**　动产物权的设立和转让，自交付时发生效力，但法律另有规定的除外。

**第二十四条**　船舶、航空器和机动车等物权的设立、变更、转让和消灭，未经登记，不得对抗善意第三人。

**第二十五条**　动产物权设立和转让前，权利人已经依法占有该动产的，物权自法律行为生效时发生效力。

**第二十六条**　动产物权设立和转让前，第三人依法占有该动产的，负有交付义务的人可以通过转让请求第三人返还原物的权利代替交付。

**第二十七条**　动产物权转让时，双方又约定由出让人继续占有该动产的，物权自该约定生效时发生效力。

### 第三节　其他规定

**第二十八条**　因人民法院、仲裁委员会的法律文书或者人民政府的征收决定等，导致物权设立、变更、转让或者消灭的，自法律文书或者人民政府的征收决定等生效时发生效力。

**第二十九条**　因继承或者受遗赠取得物权的，自继承或者受遗赠开始时发生效力。

**第三十条**　因合法建造、拆除房屋等事实行为设立或者消灭物权的，自事实行为成就时发生效力。

**第三十一条**　依照本法第二十八条至第三十条规定享有不动产物权的，处分该物权时，依照法律规定需要办理登记的，未经登记，不发生物权效力。

## 第三章　物权的保护

**第三十二条**　物权受到侵害的，权利人可以通过和解、调解、仲裁、诉讼等途径解决。

**第三十三条** 因物权的归属、内容发生争议的，利害关系人可以请求确认权利。

**第三十四条** 无权占有不动产或者动产的，权利人可以请求返还原物。

**第三十五条** 妨害物权或者可能妨害物权的，权利人可以请求排除妨害或者消除危险。

**第三十六条** 造成不动产或者动产毁损的，权利人可以请求修理、重作、更换或者恢复原状。

**第三十七条** 侵害物权，造成权利人损害的，权利人可以请求损害赔偿，也可以请求承担其他民事责任。

**第三十八条** 本章规定的物权保护方式，可以单独适用，也可以根据权利被侵害的情形合并适用。

侵害物权，除承担民事责任外，违反行政管理规定的，依法承担行政责任；构成犯罪的，依法追究刑事责任。

# 第二编 所 有 权

## 第四章 一般规定

**第三十九条** 所有权人对自己的不动产或者动产，依法享有占有、使用、收益和处分的权利。

**第四十条** 所有权人有权在自己的不动产或者动产上设立用益物权和担保物权。用益物权人、担保物权人行使权利，不得损害所有权人的权益。

**第四十一条** 法律规定专属于国家所有的不动产和动产，任何单位和个人不能取得所有权。

**第四十二条** 为了公共利益的需要，依照法律规定的权限和程序可以征收集体所有的土地和单位、个人的房屋及其他不动产。

征收集体所有的土地，应当依法足额支付土地补偿费、安置补助费、地上附着物和青苗的补偿费等费用，安排被征地农民的社会保障费用，保障被征地农民的生活，维护被征地农民的合法权益。

征收单位、个人的房屋及其他不动产，应当依法给予拆迁补偿，维护被征收人的合法权益；征收个人住宅的，还应当保障被征收人的居住条件。

任何单位和个人不得贪污、挪用、私分、截留、拖欠征收补偿费等费用。

**第四十三条**　国家对耕地实行特殊保护，严格限制农用地转为建设用地，控制建设用地总量。不得违反法律规定的权限和程序征收集体所有的土地。

**第四十四条**　因抢险、救灾等紧急需要，依照法律规定的权限和程序可以征用单位、个人的不动产或者动产。被征用的不动产或者动产使用后，应当返还被征用人。单位、个人的不动产或者动产被征用或者征用后毁损、灭失的，应当给予补偿。

## 第五章　国家所有权和集体所有权、私人所有权

**第四十五条**　法律规定属于国家所有的财产，属于国家所有即全民所有。

国有财产由国务院代表国家行使所有权；法律另有规定的，依照其规定。

**第四十六条**　矿藏、水流、海域属于国家所有。

**第四十七条**　城市的土地，属于国家所有。法律规定属于国家所有的农村和城市郊区的土地，属于国家所有。

**第四十八条**　森林、山岭、草原、荒地、滩涂等自然资源，属于国家所有，但法律规定属于集体所有的除外。

**第四十九条**　法律规定属于国家所有的野生动植物资源，属于国家所有。

**第五十条**　无线电频谱资源属于国家所有。

**第五十一条**　法律规定属于国家所有的文物，属于国家所有。

**第五十二条**　国防资产属于国家所有。

铁路、公路、电力设施、电信设施和油气管道等基础设施，依照法律规定为国家所有的，属于国家所有。

**第五十三条** 国家机关对其直接支配的不动产和动产，享有占有、使用以及依照法律和国务院的有关规定处分的权利。

**第五十四条** 国家举办的事业单位对其直接支配的不动产和动产，享有占有、使用以及依照法律和国务院的有关规定收益、处分的权利。

**第五十五条** 国家出资的企业，由国务院、地方人民政府依照法律、行政法规规定分别代表国家履行出资人职责，享有出资人权益。

**第五十六条** 国家所有的财产受法律保护，禁止任何单位和个人侵占、哄抢、私分、截留、破坏。

**第五十七条** 履行国有财产管理、监督职责的机构及其工作人员，应当依法加强对国有财产的管理、监督，促进国有财产保值增值，防止国有财产损失；滥用职权，玩忽职守，造成国有财产损失的，应当依法承担法律责任。

违反国有财产管理规定，在企业改制、合并分立、关联交易等过程中，低价转让、合谋私分、擅自担保或者以其他方式造成国有财产损失的，应当依法承担法律责任。

**第五十八条** 集体所有的不动产和动产包括：

（一）法律规定属于集体所有的土地和森林、山岭、草原、荒地、滩涂；

（二）集体所有的建筑物、生产设施、农田水利设施；

（三）集体所有的教育、科学、文化、卫生、体育等设施；

（四）集体所有的其他不动产和动产。

**第五十九条** 农民集体所有的不动产和动产，属于本集体成员集体所有。

下列事项应当依照法定程序经本集体成员决定：

（一）土地承包方案以及将土地发包给本集体以外的单位或者个人承包；

（二）个别土地承包经营权人之间承包地的调整；

（三）土地补偿费等费用的使用、分配办法；

（四）集体出资的企业的所有权变动等事项；

（五）法律规定的其他事项。

**第六十条**　对于集体所有的土地和森林、山岭、草原、荒地、滩涂等，依照下列规定行使所有权：

（一）属于村农民集体所有的，由村集体经济组织或者村民委员会代表集体行使所有权；

（二）分别属于村内两个以上农民集体所有的，由村内各该集体经济组织或者村民小组代表集体行使所有权；

（三）属于乡镇农民集体所有的，由乡镇集体经济组织代表集体行使所有权。

**第六十一条**　城镇集体所有的不动产和动产，依照法律、行政法规的规定由本集体享有占有、使用、收益和处分的权利。

**第六十二条**　集体经济组织或者村民委员会、村民小组应当依照法律、行政法规以及章程、村规民约向本集体成员公布集体财产的状况。

**第六十三条**　集体所有的财产受法律保护，禁止任何单位和个人侵占、哄抢、私分、破坏。

集体经济组织、村民委员会或者其负责人作出的决定侵害集体成员合法权益的，受侵害的集体成员可以请求人民法院予以撤销。

**第六十四条**　私人对其合法的收入、房屋、生活用品、生产工具、原材料等不动产和动产享有所有权。

**第六十五条**　私人合法的储蓄、投资及其收益受法律保护。

国家依照法律规定保护私人的继承权及其他合法权益。

**第六十六条**　私人的合法财产受法律保护，禁止任何单位和个人侵占、哄抢、破坏。

**第六十七条**　国家、集体和私人依法可以出资设立有限责任公司、股份有限公司或者其他企业。国家、集体和私人所有的不动产或者动产，投到企业的，由出资人按照约定或者出资比例享有资产收益、重大决策以及选择经营管理者等权利并履行义务。

**第六十八条** 企业法人对其不动产和动产依照法律、行政法规以及章程享有占有、使用、收益和处分的权利。

企业法人以外的法人，对其不动产和动产的权利，适用有关法律、行政法规以及章程的规定。

**第六十九条** 社会团体依法所有的不动产和动产，受法律保护。

## 第六章 业主的建筑物区分所有权

**第七十条** 业主对建筑物内的住宅、经营性用房等专有部分享有所有权，对专有部分以外的共有部分享有共有和共同管理的权利。

**第七十一条** 业主对其建筑物专有部分享有占有、使用、收益和处分的权利。业主行使权利不得危及建筑物的安全，不得损害其他业主的合法权益。

**第七十二条** 业主对建筑物专有部分以外的共有部分，享有权利，承担义务；不得以放弃权利不履行义务。

业主转让建筑物内的住宅、经营性用房，其对共有部分享有的共有和共同管理的权利一并转让。

**第七十三条** 建筑区划内的道路，属于业主共有，但属于城镇公共道路的除外。建筑区划内的绿地，属于业主共有，但属于城镇公共绿地或者明示属于个人的除外。建筑区划内的其他公共场所、公用设施和物业服务用房，属于业主共有。

**第七十四条** 建筑区划内，规划用于停放汽车的车位、车库应当首先满足业主的需要。

建筑区划内，规划用于停放汽车的车位、车库的归属，由当事人通过出售、附赠或者出租等方式约定。

占用业主共有的道路或者其他场地用于停放汽车的车位，属于业主共有。

**第七十五条** 业主可以设立业主大会，选举业主委员会。

地方人民政府有关部门应当对设立业主大会和选举业主委员会给予指导和协助。

**第七十六条**　下列事项由业主共同决定：

（一）制定和修改业主大会议事规则；

（二）制定和修改建筑物及其附属设施的管理规约；

（三）选举业主委员会或者更换业主委员会成员；

（四）选聘和解聘物业服务企业或者其他管理人；

（五）筹集和使用建筑物及其附属设施的维修资金；

（六）改建、重建建筑物及其附属设施；

（七）有关共有和共同管理权利的其他重大事项。

决定前款第五项和第六项规定的事项，应当经专有部分占建筑物总面积三分之二以上的业主且占总人数三分之二以上的业主同意。决定前款其他事项，应当经专有部分占建筑物总面积过半数的业主且占总人数过半数的业主同意。

**第七十七条**　业主不得违反法律、法规以及管理规约，将住宅改变为经营性用房。业主将住宅改变为经营性用房的，除遵守法律、法规以及管理规约外，应当经有利害关系的业主同意。

**第七十八条**　业主大会或者业主委员会的决定，对业主具有约束力。

业主大会或者业主委员会作出的决定侵害业主合法权益的，受侵害的业主可以请求人民法院予以撤销。

**第七十九条**　建筑物及其附属设施的维修资金，属于业主共有。经业主共同决定，可以用于电梯、水箱等共有部分的维修。维修资金的筹集、使用情况应当公布。

**第八十条**　建筑物及其附属设施的费用分摊、收益分配等事项，有约定的，按照约定；没有约定或者约定不明确的，按照业主专有部分占建筑物总面积的比例确定。

**第八十一条**　业主可以自行管理建筑物及其附属设施，也可以委托物业服务企业或者其他管理人管理。

对建设单位聘请的物业服务企业或者其他管理人，业主有权依法更换。

**第八十二条**　物业服务企业或者其他管理人根据业主的委托管理

建筑区划内的建筑物及其附属设施，并接受业主的监督。

**第八十三条** 业主应当遵守法律、法规以及管理规约。

业主大会和业主委员会，对任意弃置垃圾、排放污染物或者噪声、违反规定饲养动物、违章搭建、侵占通道、拒付物业费等损害他人合法权益的行为，有权依照法律、法规以及管理规约，要求行为人停止侵害、消除危险、排除妨害、赔偿损失。业主对侵害自己合法权益的行为，可以依法向人民法院提起诉讼。

# 第七章 相邻关系

**第八十四条** 不动产的相邻权利人应当按照有利生产、方便生活、团结互助、公平合理的原则，正确处理相邻关系。

**第八十五条** 法律、法规对处理相邻关系有规定的，依照其规定；法律、法规没有规定的，可以按照当地习惯。

**第八十六条** 不动产权利人应当为相邻权利人用水、排水提供必要的便利。

对自然流水的利用，应当在不动产的相邻权利人之间合理分配。对自然流水的排放，应当尊重自然流向。

**第八十七条** 不动产权利人对相邻权利人因通行等必须利用其土地的，应当提供必要的便利。

**第八十八条** 不动产权利人因建造、修缮建筑物以及铺设电线、电缆、水管、暖气和燃气管线等必须利用相邻土地、建筑物的，该土地、建筑物的权利人应当提供必要的便利。

**第八十九条** 建造建筑物，不得违反国家有关工程建设标准，妨碍相邻建筑物的通风、采光和日照。

**第九十条** 不动产权利人不得违反国家规定弃置固体废物，排放大气污染物、水污染物、噪声、光、电磁波辐射等有害物质。

**第九十一条** 不动产权利人挖掘土地、建造建筑物、铺设管线以及安装设备等，不得危及相邻不动产的安全。

**第九十二条** 不动产权利人因用水、排水、通行、铺设管线等利用相邻不动产的，应当尽量避免对相邻的不动产权利人造成损害；造成损害的，应当给予赔偿。

## 第八章　共　　有

**第九十三条**　不动产或者动产可以由两个以上单位、个人共有。共有包括按份共有和共同共有。

**第九十四条**　按份共有人对共有的不动产或者动产按照其份额享有所有权。

**第九十五条**　共同共有人对共有的不动产或者动产共同享有所有权。

**第九十六条**　共有人按照约定管理共有的不动产或者动产；没有约定或者约定不明确的，各共有人都有管理的权利和义务。

**第九十七条**　处分共有的不动产或者动产以及对共有的不动产或者动产作重大修缮的，应当经占份额三分之二以上的按份共有人或者全体共同共有人同意，但共有人之间另有约定的除外。

**第九十八条**　对共有物的管理费用以及其他负担，有约定的，按照约定；没有约定或者约定不明确的，按份共有人按照其份额负担，共同共有人共同负担。

**第九十九条**　共有人约定不得分割共有的不动产或者动产，以维持共有关系的，应当按照约定，但共有人有重大理由需要分割的，可以请求分割；没有约定或者约定不明确的，按份共有人可以随时请求分割，共同共有人在共有的基础丧失或者有重大理由需要分割时可以请求分割。因分割对其他共有人造成损害的，应当给予赔偿。

**第一百条**　共有人可以协商确定分割方式。达不成协议，共有的不动产或者动产可以分割并且不会因分割减损价值的，应当对实物予以分割；难以分割或者因分割会减损价值的，应当对折价或者拍卖、变卖取得的价款予以分割。

共有人分割所得的不动产或者动产有瑕疵的，其他共有人应当分担损失。

**第一百零一条** 按份共有人可以转让其享有的共有的不动产或者动产份额。其他共有人在同等条件下享有优先购买的权利。

**第一百零二条** 因共有的不动产或者动产产生的债权债务，在对外关系上，共有人享有连带债权、承担连带债务，但法律另有规定或者第三人知道共有人不具有连带债权债务关系的除外；在共有人内部关系上，除共有人另有约定外，按份共有人按照份额享有债权、承担债务，共同共有人共同享有债权、承担债务。偿还债务超过自己应当承担份额的按份共有人，有权向其他共有人追偿。

**第一百零三条** 共有人对共有的不动产或者动产没有约定为按份共有或者共同共有，或者约定不明确的，除共有人具有家庭关系等外，视为按份共有。

**第一百零四条** 按份共有人对共有的不动产或者动产享有的份额，没有约定或者约定不明确的，按照出资额确定；不能确定出资额的，视为等额享有。

**第一百零五条** 两个以上单位、个人共同享有用益物权、担保物权的，参照本章规定。

## 第九章　所有权取得的特别规定

**第一百零六条** 无处分权人将不动产或者动产转让给受让人的，所有权人有权追回；除法律另有规定外，符合下列情形的，受让人取得该不动产或者动产的所有权：

（一）受让人受让该不动产或者动产时是善意的；

（二）以合理的价格转让；

（三）转让的不动产或者动产依照法律规定应当登记的已经登记，不需要登记的已经交付给受让人。

受让人依照前款规定取得不动产或者动产的所有权的，原所有权人有权向无处分权人请求赔偿损失。

当事人善意取得其他物权的，参照前两款规定。

**第一百零七条** 所有权人或者其他权利人有权追回遗失物。该遗失物通过转让被他人占有的，权利人有权向无处分权人请求损害赔偿，或者自知道或者应当知道受让人之日起二年内向受让人请求返还原物，但受让人通过拍卖或者向具有经营资格的经营者购得该遗失物的，权利人请求返还原物时应当支付受让人所付的费用。权利人向受让人支付所付费用后，有权向无处分权人追偿。

**第一百零八条**　善意受让人取得动产后，该动产上的原有权利消灭，但善意受让人在受让时知道或者应当知道该权利的除外。

**第一百零九条**　拾得遗失物，应当返还权利人。拾得人应当及时通知权利人领取，或者送交公安等有关部门。

**第一百一十条**　有关部门收到遗失物，知道权利人的，应当及时通知其领取；不知道的，应当及时发布招领公告。

**第一百一十一条**　拾得人在遗失物送交有关部门前，有关部门在遗失物被领取前，应当妥善保管遗失物。因故意或者重大过失致使遗失物毁损、灭失的，应当承担民事责任。

**第一百一十二条**　权利人领取遗失物时，应当向拾得人或者有关部门支付保管遗失物等支出的必要费用。

权利人悬赏寻找遗失物的，领取遗失物时应当按照承诺履行义务。

拾得人侵占遗失物的，无权请求保管遗失物等支出的费用，也无权请求权利人按照承诺履行义务。

**第一百一十三条**　遗失物自发布招领公告之日起六个月内无人认领的，归国家所有。

**第一百一十四条**　拾得漂流物、发现埋藏物或者隐藏物的，参照拾得遗失物的有关规定。文物保护法等法律另有规定的，依照其规定。

**第一百一十五条**　主物转让的，从物随主物转让，但当事人另有约定的除外。

**第一百一十六条**　天然孳息，由所有权人取得；既有所有权人又有用益物权人的，由用益物权人取得。当事人另有约定的，按照约定。

法定孳息，当事人有约定的，按照约定取得；没有约定或者约定不明确的，按照交易习惯取得。

# 第三编　用益物权

## 第十章　一般规定

**第一百一十七条**　用益物权人对他人所有的不动产或者动产，依法享有占有、使用和收益的权利。

**第一百一十八条**　国家所有或者国家所有由集体使用以及法律规定属于集体所有的自然资源，单位、个人依法可以占有、使用和收益。

**第一百一十九条**　国家实行自然资源有偿使用制度，但法律另有规定的除外。

**第一百二十条**　用益物权人行使权利，应当遵守法律有关保护和合理开发利用资源的规定。所有权人不得干涉用益物权人行使权利。

**第一百二十一条**　因不动产或者动产被征收、征用致使用益物权消灭或者影响用益物权行使的，用益物权人有权依照本法第四十二条、第四十四条的规定获得相应补偿。

**第一百二十二条**　依法取得的海域使用权受法律保护。

**第一百二十三条**　依法取得的探矿权、采矿权、取水权和使用水域、滩涂从事养殖、捕捞的权利受法律保护。

## 第十一章　土地承包经营权

**第一百二十四条**　农村集体经济组织实行家庭承包经营为基础、统分结合的双层经营体制。

农民集体所有和国家所有由农民集体使用的耕地、林地、草地以及其他用于农业的土地，依法实行土地承包经营制度。

**第一百二十五条**　土地承包经营权人依法对其承包经营的耕地、林地、草地等享有占有、使用和收益的权利，有权从事种植业、林业、畜牧业等农业生产。

**第一百二十六条**　耕地的承包期为三十年。草地的承包期为三十年至五十年。林地的承包期为三十年至七十年；特殊林木的林地承包期，经国务院林业行政主管部门批准可以延长。

前款规定的承包期届满，由土地承包经营权人按照国家有关规定继续承包。

**第一百二十七条**　土地承包经营权自土地承包经营权合同生效时设立。

县级以上地方人民政府应当向土地承包经营权人发放土地承包经营权证、林权证、草原使用权证，并登记造册，确认土地承包经营权。

**第一百二十八条**　土地承包经营权人依照农村土地承包法的规定，有权将土地承包经营权采取转包、互换、转让等方式流转。流转的期限不得超过承包期的剩余期限。未经依法批准，不得将承包地用于非农建设。

**第一百二十九条**　土地承包经营权人将土地承包经营权互换、转让，当事人要求登记的，应当向县级以上地方人民政府申请土地承包经营权变更登记；未经登记，不得对抗善意第三人。

**第一百三十条**　承包期内发包人不得调整承包地。

因自然灾害严重毁损承包地等特殊情形，需要适当调整承包的耕地和草地的，应当依照农村土地承包法等法律规定办理。

**第一百三十一条**　承包期内发包人不得收回承包地。农村土地承包法等法律另有规定的，依照其规定。

**第一百三十二条**　承包地被征收的，土地承包经营权人有权依照本法第四十二条第二款的规定获得相应补偿。

**第一百三十三条**　通过招标、拍卖、公开协商等方式承包荒地等农村土地，依照农村土地承包法等法律和国务院的有关规定，其土地承包经营权可以转让、入股、抵押或者以其他方式流转。

**第一百三十四条**　国家所有的农用地实行承包经营的，参照本法的有关规定。

# 第十二章　建设用地使用权

**第一百三十五条**　建设用地使用权人依法对国家所有的土地享有占有、使用和收益的权利，有权利用该土地建造建筑物、构筑物及其附属设施。

**第一百三十六条**　建设用地使用权可以在土地的地表、地上或者地下分别设立。新设立的建设用地使用权，不得损害已设立的用益物权。

**第一百三十七条**　设立建设用地使用权，可以采取出让或者划拨等方式。

工业、商业、旅游、娱乐和商品住宅等经营性用地以及同一土地有两个以上意向用地者的，应当采取招标、拍卖等公开竞价的方式出让。

严格限制以划拨方式设立建设用地使用权。采取划拨方式的，应当遵守法律、行政法规关于土地用途的规定。

**第一百三十八条**　采取招标、拍卖、协议等出让方式设立建设用地使用权的，当事人应当采取书面形式订立建设用地使用权出让合同。

建设用地使用权出让合同一般包括下列条款：

（一）当事人的名称和住所；

（二）土地界址、面积等；

（三）建筑物、构筑物及其附属设施占用的空间；

（四）土地用途；

（五）使用期限；

（六）出让金等费用及其支付方式；

（七）解决争议的方法。

**第一百三十九条**　设立建设用地使用权的，应当向登记机构申请建设用地使用权登记。建设用地使用权自登记时设立。登记机构应当向建设用地使用权人发放建设用地使用权证书。

**第一百四十条**　建设用地使用权人应当合理利用土地，不得改变土地用途；需要改变土地用途的，应当依法经有关行政主管部门批准。

**第一百四十一条**　建设用地使用权人应当依照法律规定以及合同

约定支付出让金等费用。

**第一百四十二条** 建设用地使用权人建造的建筑物、构筑物及其附属设施的所有权属于建设用地使用权人，但有相反证据证明的除外。

**第一百四十三条** 建设用地使用权人有权将建设用地使用权转让、互换、出资、赠与或者抵押，但法律另有规定的除外。

**第一百四十四条** 建设用地使用权转让、互换、出资、赠与或者抵押的，当事人应当采取书面形式订立相应的合同。使用期限由当事人约定，但不得超过建设用地使用权的剩余期限。

**第一百四十五条** 建设用地使用权转让、互换、出资或者赠与的，应当向登记机构申请变更登记。

**第一百四十六条** 建设用地使用权转让、互换、出资或者赠与的，附着于该土地上的建筑物、构筑物及其附属设施一并处分。

**第一百四十七条** 建筑物、构筑物及其附属设施转让、互换、出资或者赠与的，该建筑物、构筑物及其附属设施占用范围内的建设用地使用权一并处分。

**第一百四十八条** 建设用地使用权期间届满前，因公共利益需要提前收回该土地的，应当依照本法第四十二条的规定对该土地上的房屋及其他不动产给予补偿，并退还相应的出让金。

**第一百四十九条** 住宅建设用地使用权期间届满的，自动续期。

非住宅建设用地使用权期间届满后的续期，依照法律规定办理。该土地上的房屋及其他不动产的归属，有约定的，按照约定；没有约定或者约定不明确的，依照法律、行政法规的规定办理。

**第一百五十条** 建设用地使用权消灭的，出让人应当及时办理注销登记。登记机构应当收回建设用地使用权证书。

**第一百五十一条** 集体所有的土地作为建设用地的，应当依照土地管理法等法律规定办理。

## 第十三章　宅基地使用权

**第一百五十二条** 宅基地使用权人依法对集体所有的土地享有占

有和使用的权利，有权依法利用该土地建造住宅及其附属设施。

**第一百五十三条** 宅基地使用权的取得、行使和转让，适用土地管理法等法律和国家有关规定。

**第一百五十四条** 宅基地因自然灾害等原因灭失的，宅基地使用权消灭。对失去宅基地的村民，应当重新分配宅基地。

**第一百五十五条** 已经登记的宅基地使用权转让或者消灭的，应当及时办理变更登记或者注销登记。

## 第十四章 地 役 权

**第一百五十六条** 地役权人有权按照合同约定，利用他人的不动产，以提高自己的不动产的效益。

前款所称他人的不动产为供役地，自己的不动产为需役地。

**第一百五十七条** 设立地役权，当事人应当采取书面形式订立地役权合同。

地役权合同一般包括下列条款：

（一）当事人的姓名或者名称和住所；

（二）供役地和需役地的位置；

（三）利用目的和方法；

（四）利用期限；

（五）费用及其支付方式；

（六）解决争议的方法。

**第一百五十八条** 地役权自地役权合同生效时设立。当事人要求登记的，可以向登记机构申请地役权登记；未经登记，不得对抗善意第三人。

**第一百五十九条** 供役地权利人应当按照合同约定，允许地役权人利用其土地，不得妨害地役权人行使权利。

**第一百六十条** 地役权人应当按照合同约定的利用目的和方法利用供役地，尽量减少对供役地权利人物权的限制。

**第一百六十一条** 地役权的期限由当事人约定，但不得超过土地承包经营权、建设用地使用权等用益物权的剩余期限。

**第一百六十二条**　土地所有权人享有地役权或者负担地役权的，设立土地承包经营权、宅基地使用权时，该土地承包经营权人、宅基地使用权人继续享有或者负担已设立的地役权。

**第一百六十三条**　土地上已设立土地承包经营权、建设用地使用权、宅基地使用权等权利的，未经用益物权人同意，土地所有权人不得设立地役权。

**第一百六十四条**　地役权不得单独转让。土地承包经营权、建设用地使用权等转让的，地役权一并转让，但合同另有约定的除外。

**第一百六十五条**　地役权不得单独抵押。土地承包经营权、建设用地使用权等抵押的，在实现抵押权时，地役权一并转让。

**第一百六十六条**　需役地以及需役地上的土地承包经营权、建设用地使用权部分转让时，转让部分涉及地役权的，受让人同时享有地役权。

**第一百六十七条**　供役地以及供役地上的土地承包经营权、建设用地使用权部分转让时，转让部分涉及地役权的，地役权对受让人具有约束力。

**第一百六十八条**　地役权人有下列情形之一的，供役地权利人有权解除地役权合同，地役权消灭：

（一）违反法律规定或者合同约定，滥用地役权；

（二）有偿利用供役地，约定的付款期间届满后在合理期限内经两次催告未支付费用。

**第一百六十九条**　已经登记的地役权变更、转让或者消灭的，应当及时办理变更登记或者注销登记。

# 第四编　担保物权

## 第十五章　一般规定

**第一百七十条**　担保物权人在债务人不履行到期债务或者发生当

事人约定的实现担保物权的情形，依法享有就担保财产优先受偿的权利，但法律另有规定的除外。

**第一百七十一条** 债权人在借贷、买卖等民事活动中，为保障实现其债权，需要担保的，可以依照本法和其他法律的规定设立担保物权。

第三人为债务人向债权人提供担保的，可以要求债务人提供反担保。反担保适用本法和其他法律的规定。

**第一百七十二条** 设立担保物权，应当依照本法和其他法律的规定订立担保合同。担保合同是主债权债务合同的从合同。主债权债务合同无效，担保合同无效，但法律另有规定的除外。

担保合同被确认无效后，债务人、担保人、债权人有过错的，应当根据其过错各自承担相应的民事责任。

**第一百七十三条** 担保物权的担保范围包括主债权及其利息、违约金、损害赔偿金、保管担保财产和实现担保物权的费用。当事人另有约定的，按照约定。

**第一百七十四条** 担保期间，担保财产毁损、灭失或者被征收等，担保物权人可以就获得的保险金、赔偿金或者补偿金等优先受偿。被担保债权的履行期未届满的，也可以提存该保险金、赔偿金或者补偿金等。

**第一百七十五条** 第三人提供担保，未经其书面同意，债权人允许债务人转移全部或者部分债务的，担保人不再承担相应的担保责任。

**第一百七十六条** 被担保的债权既有物的担保又有人的担保的，债务人不履行到期债务或者发生当事人约定的实现担保物权的情形，债权人应当按照约定实现债权；没有约定或者约定不明确，债务人自己提供物的担保的，债权人应当先就该物的担保实现债权；第三人提供物的担保的，债权人可以就物的担保实现债权，也可以要求保证人承担保证责任。提供担保的第三人承担担保责任后，有权向债务人追偿。

**第一百七十七条** 有下列情形之一的，担保物权消灭：

（一）主债权消灭；

（二）担保物权实现；

（三）债权人放弃担保物权；

（四）法律规定担保物权消灭的其他情形。

**第一百七十八条** 担保法与本法的规定不一致的，适用本法。

# 第十六章 抵 押 权

## 第一节 一般抵押权

**第一百七十九条** 为担保债务的履行，债务人或者第三人不转移财产的占有，将该财产抵押给债权人的，债务人不履行到期债务或者发生当事人约定的实现抵押权的情形，债权人有权就该财产优先受偿。

前款规定的债务人或者第三人为抵押人，债权人为抵押权人，提供担保的财产为抵押财产。

**第一百八十条** 债务人或者第三人有权处分的下列财产可以抵押：

（一）建筑物和其他土地附着物；

（二）建设用地使用权；

（三）以招标、拍卖、公开协商等方式取得的荒地等土地承包经营权；

（四）生产设备、原材料、半成品、产品；

（五）正在建造的建筑物、船舶、航空器；

（六）交通运输工具；

（七）法律、行政法规未禁止抵押的其他财产。

抵押人可以将前款所列财产一并抵押。

**第一百八十一条** 经当事人书面协议，企业、个体工商户、农业生产经营者可以将现有的以及将有的生产设备、原材料、半成品、产品抵押，债务人不履行到期债务或者发生当事人约定的实现抵押权的情形，债权人有权就实现抵押权时的动产优先受偿。

**第一百八十二条** 以建筑物抵押的，该建筑物占用范围内的建设用地使用权一并抵押。以建设用地使用权抵押的，该土地上的建筑物一并抵押。

抵押人未依照前款规定一并抵押的，未抵押的财产视为一并抵押。

**第一百八十三条** 乡镇、村企业的建设用地使用权不得单独抵押。以乡镇、村企业的厂房等建筑物抵押的，其占用范围内的建设用地使用权一并抵押。

**第一百八十四条** 下列财产不得抵押：

（一）土地所有权；

（二）耕地、宅基地、自留地、自留山等集体所有的土地使用权，但法律规定可以抵押的除外；

（三）学校、幼儿园、医院等以公益为目的的事业单位、社会团体的教育设施、医疗卫生设施和其他社会公益设施；

（四）所有权、使用权不明或者有争议的财产；

（五）依法被查封、扣押、监管的财产；

（六）法律、行政法规规定不得抵押的其他财产。

**第一百八十五条** 设立抵押权，当事人应当采取书面形式订立抵押合同。

抵押合同一般包括下列条款：

（一）被担保债权的种类和数额；

（二）债务人履行债务的期限；

（三）抵押财产的名称、数量、质量、状况、所在地、所有权归属或者使用权归属；

（四）担保的范围。

**第一百八十六条** 抵押权人在债务履行期届满前，不得与抵押人约定债务人不履行到期债务时抵押财产归债权人所有。

**第一百八十七条** 以本法第一百八十条第一款第一项至第三项规定的财产或者第五项规定的正在建造的建筑物抵押的，应当办理抵押登记。抵押权自登记时设立。

**第一百八十八条** 以本法第一百八十条第一款第四项、第六项规定的财产或者第五项规定的正在建造的船舶、航空器抵押的，抵押权自抵押合同生效时设立；未经登记，不得对抗善意第三人。

**第一百八十九条** 企业、个体工商户、农业生产经营者以本法第一百八十一条规定的动产抵押的，应当向抵押人住所地的工商行政管理部门办理登记。抵押权自抵押合同生效时设立；未经登记，不得对抗善意第三人。

依照本法第一百八十一条规定抵押的，不得对抗正常经营活动中已支付合理价款并取得抵押财产的买受人。

**第一百九十条**　订立抵押合同前抵押财产已出租的，原租赁关系不受该抵押权的影响。抵押权设立后抵押财产出租的，该租赁关系不得对抗已登记的抵押权。

**第一百九十一条**　抵押期间，抵押人经抵押权人同意转让抵押财产的，应当将转让所得的价款向抵押权人提前清偿债务或者提存。转让的价款超过债权数额的部分归抵押人所有，不足部分由债务人清偿。

抵押期间，抵押人未经抵押权人同意，不得转让抵押财产，但受让人代为清偿债务消灭抵押权的除外。

**第一百九十二条**　抵押权不得与债权分离而单独转让或者作为其他债权的担保。债权转让的，担保该债权的抵押权一并转让，但法律另有规定或者当事人另有约定的除外。

**第一百九十三条**　抵押人的行为足以使抵押财产价值减少的，抵押权人有权要求抵押人停止其行为。抵押财产价值减少的，抵押权人有权要求恢复抵押财产的价值，或者提供与减少的价值相应的担保。抵押人不恢复抵押财产的价值也不提供担保的，抵押权人有权要求债务人提前清偿债务。

**第一百九十四条**　抵押权人可以放弃抵押权或者抵押权的顺位。抵押权人与抵押人可以协议变更抵押权顺位以及被担保的债权数额等内容，但抵押权的变更，未经其他抵押权人书面同意，不得对其他抵押权人产生不利影响。

债务人以自己的财产设定抵押，抵押权人放弃该抵押权、抵押权顺位或者变更抵押权的，其他担保人在抵押权人丧失优先受偿权益的范围内免除担保责任，但其他担保人承诺仍然提供担保的除外。

**第一百九十五条**　债务人不履行到期债务或者发生当事人约定的实现抵押权的情形，抵押权人可以与抵押人协议以抵押财产折价或者以拍卖、变卖该抵押财产所得的价款优先受偿。协议损害其他债权人利益的，其他债权人可以在知道或者应当知道撤销事由之日起一年内请求人民法院撤销该协议。

抵押权人与抵押人未就抵押权实现方式达成协议的，抵押权人可以请求人民法院拍卖、变卖抵押财产。

抵押财产折价或者变卖的，应当参照市场价格。

**第一百九十六条** 依照本法第一百八十一条规定设定抵押的，抵押财产自下列情形之一发生时确定：

（一）债务履行期届满，债权未实现；

（二）抵押人被宣告破产或者被撤销；

（三）当事人约定的实现抵押权的情形；

（四）严重影响债权实现的其他情形。

**第一百九十七条** 债务人不履行到期债务或者发生当事人约定的实现抵押权的情形，致使抵押财产被人民法院依法扣押的，自扣押之日起抵押权人有权收取该抵押财产的天然孳息或者法定孳息，但抵押权人未通知应当清偿法定孳息的义务人的除外。

前款规定的孳息应当先充抵收取孳息的费用。

**第一百九十八条** 抵押财产折价或者拍卖、变卖后，其价款超过债权数额的部分归抵押人所有，不足部分由债务人清偿。

**第一百九十九条** 同一财产向两个以上债权人抵押的，拍卖、变卖抵押财产所得的价款依照下列规定清偿：

（一）抵押权已登记的，按照登记的先后顺序清偿；顺序相同的，按照债权比例清偿；

（二）抵押权已登记的先于未登记的受偿；

（三）抵押权未登记的，按照债权比例清偿。

**第二百条** 建设用地使用权抵押后，该土地上新增的建筑物不属于抵押财产。该建设用地使用权实现抵押权时，应当将该土地上新增的建筑物与建设用地使用权一并处分，但新增建筑物所得的价款，抵押权人无权优先受偿。

**第二百零一条** 依照本法第一百八十条第一款第三项规定的土地

承包经营权抵押的，或者依照本法第一百八十三条规定以乡镇、村企业的厂房等建筑物占用范围内的建设用地使用权一并抵押的，实现抵押权后，未经法定程序，不得改变土地所有权的性质和土地用途。

**第二百零二条**　抵押权人应当在主债权诉讼时效期间行使抵押权；未行使的，人民法院不予保护。

## 第二节　最高额抵押权

**第二百零三条**　为担保债务的履行，债务人或者第三人对一定期间内将要连续发生的债权提供担保财产的，债务人不履行到期债务或者发生当事人约定的实现抵押权的情形，抵押权人有权在最高债权额限度内就该担保财产优先受偿。

最高额抵押权设立前已经存在的债权，经当事人同意，可以转入最高额抵押担保的债权范围。

**第二百零四条**　最高额抵押担保的债权确定前，部分债权转让的，最高额抵押权不得转让，但当事人另有约定的除外。

**第二百零五条**　最高额抵押担保的债权确定前，抵押权人与抵押人可以通过协议变更债权确定的期间、债权范围以及最高债权额，但变更的内容不得对其他抵押权人产生不利影响。

**第二百零六条**　有下列情形之一的，抵押权人的债权确定：

（一）约定的债权确定期间届满；

（二）没有约定债权确定期间或者约定不明确，抵押权人或者抵押人自最高额抵押权设立之日起满二年后请求确定债权；

（三）新的债权不可能发生；

（四）抵押财产被查封、扣押；

（五）债务人、抵押人被宣告破产或者被撤销；

（六）法律规定债权确定的其他情形。

**第二百零七条**　最高额抵押权除适用本节规定外，适用本章第一节一般抵押权的规定。

# 第十七章 质　　权

## 第一节 动产质权

**第二百零八条** 为担保债务的履行，债务人或者第三人将其动产出质给债权人占有的，债务人不履行到期债务或者发生当事人约定的实现质权的情形，债权人有权就该动产优先受偿。

前款规定的债务人或者第三人为出质人，债权人为质权人，交付的动产为质押财产。

**第二百零九条** 法律、行政法规禁止转让的动产不得出质。

**第二百一十条** 设立质权，当事人应当采取书面形式订立质权合同。

质权合同一般包括下列条款：

（一）被担保债权的种类和数额；

（二）债务人履行债务的期限；

（三）质押财产的名称、数量、质量、状况；

（四）担保的范围；

（五）质押财产交付的时间。

**第二百一十一条** 质权人在债务履行期届满前，不得与出质人约定债务人不履行到期债务时质押财产归债权人所有。

**第二百一十二条** 质权自出质人交付质押财产时设立。

**第二百一十三条** 质权人有权收取质押财产的孳息，但合同另有约定的除外。

前款规定的孳息应当先充抵收取孳息的费用。

**第二百一十四条** 质权人在质权存续期间，未经出质人同意，擅自使用、处分质押财产，给出质人造成损害的，应当承担赔偿责任。

**第二百一十五条** 质权人负有妥善保管质押财产的义务；因保管不善致使质押财产毁损、灭失的，应当承担赔偿责任。

质权人的行为可能使质押财产毁损、灭失的，出质人可以要求质权人将质押财产提存，或者要求提前清偿债务并返还质押财产。

**第二百一十六条**　因不能归责于质权人的事由可能使质押财产毁损或者价值明显减少，足以危害质权人权利的，质权人有权要求出质人提供相应的担保；出质人不提供的，质权人可以拍卖、变卖质押财产，并与出质人通过协议将拍卖、变卖所得的价款提前清偿债务或者提存。

**第二百一十七条**　质权人在质权存续期间，未经出质人同意转质，造成质押财产毁损、灭失的，应当向出质人承担赔偿责任。

**第二百一十八条**　质权人可以放弃质权。债务人以自己的财产出质，质权人放弃该质权的，其他担保人在质权人丧失优先受偿权益的范围内免除担保责任，但其他担保人承诺仍然提供担保的除外。

**第二百一十九条**　债务人履行债务或者出质人提前清偿所担保的债权的，质权人应当返还质押财产。

债务人不履行到期债务或者发生当事人约定的实现质权的情形，质权人可以与出质人协议以质押财产折价，也可以就拍卖、变卖质押财产所得的价款优先受偿。

质押财产折价或者变卖的，应当参照市场价格。

**第二百二十条**　出质人可以请求质权人在债务履行期届满后及时行使质权；质权人不行使的，出质人可以请求人民法院拍卖、变卖质押财产。

出质人请求质权人及时行使质权，因质权人怠于行使权利造成损害的，由质权人承担赔偿责任。

**第二百二十一条**　质押财产折价或者拍卖、变卖后，其价款超过债权数额的部分归出质人所有，不足部分由债务人清偿。

**第二百二十二条**　出质人与质权人可以协议设立最高额质权。

最高额质权除适用本节有关规定外，参照本法第十六章第二节最高额抵押权的规定。

### 第二节　权利质权

**第二百二十三条**　债务人或者第三人有权处分的下列权利可以出质：

（一）汇票、支票、本票；

（二）债券、存款单；

（三）仓单、提单；

（四）可以转让的基金份额、股权；

（五）可以转让的注册商标专用权、专利权、著作权等知识产权中的财产权；

（六）应收账款；

（七）法律、行政法规规定可以出质的其他财产权利。

**第二百二十四条** 以汇票、支票、本票、债券、存款单、仓单、提单出质的，当事人应当订立书面合同。质权自权利凭证交付质权人时设立；没有权利凭证的，质权自有关部门办理出质登记时设立。

**第二百二十五条** 汇票、支票、本票、债券、存款单、仓单、提单的兑现日期或者提货日期先于主债权到期的，质权人可以兑现或者提货，并与出质人协议将兑现的价款或者提取的货物提前清偿债务或者提存。

**第二百二十六条** 以基金份额、股权出质的，当事人应当订立书面合同。以基金份额、证券登记结算机构登记的股权出质的，质权自证券登记结算机构办理出质登记时设立；以其他股权出质的，质权自工商行政管理部门办理出质登记时设立。

基金份额、股权出质后，不得转让，但经出质人与质权人协商同意的除外。出质人转让基金份额、股权所得的价款，应当向质权人提前清偿债务或者提存。

**第二百二十七条** 以注册商标专用权、专利权、著作权等知识产权中的财产权出质的，当事人应当订立书面合同。质权自有关主管部门办理出质登记时设立。

知识产权中的财产权出质后，出质人不得转让或者许可他人使用，但经出质人与质权人协商同意的除外。出质人转让或者许可他人使用出质的知识产权中的财产权所得的价款，应当向质权人提前清偿债务或者提存。

**第二百二十八条** 以应收账款出质的，当事人应当订立书面合同。质权自信贷征信机构办理出质登记时设立。

应收账款出质后，不得转让，但经出质人与质权人协商同意的除外。出质人转让应收账款所得的价款，应当向质权人提前清偿债务或者提存。

**第二百二十九条**　权利质权除适用本节规定外，适用本章第一节动产质权的规定。

## 第十八章　留　置　权

**第二百三十条**　债务人不履行到期债务，债权人可以留置已经合法占有的债务人的动产，并有权就该动产优先受偿。

前款规定的债权人为留置权人，占有的动产为留置财产。

**第二百三十一条**　债权人留置的动产，应当与债权属于同一法律关系，但企业之间留置的除外。

**第二百三十二条**　法律规定或者当事人约定不得留置的动产，不得留置。

**第二百三十三条**　留置财产为可分物的，留置财产的价值应当相当于债务的金额。

**第二百三十四条**　留置权人负有妥善保管留置财产的义务；因保管不善致使留置财产毁损、灭失的，应当承担赔偿责任。

**第二百三十五条**　留置权人有权收取留置财产的孳息。

前款规定的孳息应当先充抵收取孳息的费用。

**第二百三十六条**　留置权人与债务人应当约定留置财产后的债务履行期间；没有约定或者约定不明确的，留置权人应当给债务人两个月以上履行债务的期间，但鲜活易腐等不易保管的动产除外。债务人逾期未履行的，留置权人可以与债务人协议以留置财产折价，也可以就拍卖、变卖留置财产所得的价款优先受偿。

留置财产折价或者变卖的，应当参照市场价格。

**第二百三十七条**　债务人可以请求留置权人在债务履行期届满后行使留置权；留置权人不行使的，债务人可以请求人民法院拍卖、变卖留置财产。

**第二百三十八条** 留置财产折价或者拍卖、变卖后，其价款超过债权数额的部分归债务人所有，不足部分由债务人清偿。

**第二百三十九条** 同一动产上已设立抵押权或者质权，该动产又被留置的，留置权人优先受偿。

**第二百四十条** 留置权人对留置财产丧失占有或者留置权人接受债务人另行提供担保的，留置权消灭。

# 第五编 占 有

## 第十九章 占 有

**第二百四十一条** 基于合同关系等产生的占有，有关不动产或者动产的使用、收益、违约责任等，按照合同约定；合同没有约定或者约定不明确的，依照有关法律规定。

**第二百四十二条** 占有人因使用占有的不动产或者动产，致使该不动产或者动产受到损害的，恶意占有人应当承担赔偿责任。

**第二百四十三条** 不动产或者动产被占有人占有的，权利人可以请求返还原物及其孳息，但应当支付善意占有人因维护该不动产或者动产支出的必要费用。

**第二百四十四条** 占有的不动产或者动产毁损、灭失，该不动产或者动产的权利人请求赔偿的，占有人应当将因毁损、灭失取得的保险金、赔偿金或者补偿金等返还给权利人；权利人的损害未得到足够弥补的，恶意占有人还应当赔偿损失。

**第二百四十五条** 占有的不动产或者动产被侵占的，占有人有权请求返还原物；对妨害占有的行为，占有人有权请求排除妨害或者消除危险；因侵占或者妨害造成损害的，占有人有权请求损害赔偿。

占有人返还原物的请求权，自侵占发生之日起一年内未行使的，该请求权消灭。

## 附　　则

**第二百四十六条**　法律、行政法规对不动产统一登记的范围、登记机构和登记办法作出规定前，地方性法规可以依照本法有关规定作出规定。

**第二百四十七条**　本法自 2007 年 10 月 1 日起施行。

# 中华人民共和国侵权责任法

（2009 年 12 月 26 日第十一届全国人民代表大会常务委员会第十二次会议通过）

## 目　　录



## 第一章　一 般 规 定

**第一条**　为保护民事主体的合法权益，明确侵权责任，预防并制裁侵权行为，促进社会和谐稳定，制定本法。

**第二条**　侵害民事权益，应当依照本法承担侵权责任。

本法所称民事权益，包括生命权、健康权、姓名权、名誉权、荣誉权、肖像权、隐私权、婚姻自主权、监护权、所有权、用益物权、担保物权、著作权、专利权、商标专用权、发现权、股权、继承权等人身、财产权益。

**第三条**　被侵权人有权请求侵权人承担侵权责任。

**第四条**　侵权人因同一行为应当承担行政责任或者刑事责任的，不影响依法承担侵权责任。

因同一行为应当承担侵权责任和行政责任、刑事责任，侵权人的财产不足以支付的，先承担侵权责任。

**第五条**　其他法律对侵权责任另有特别规定的，依照其规定。

## 第二章　责任构成和责任方式

**第六条**　行为人因过错侵害他人民事权益，应当承担侵权责任。

根据法律规定推定行为人有过错，行为人不能证明自己没有过错的，应当承担侵权责任。

**第七条**　行为人损害他人民事权益，不论行为人有无过错，法律规定应当承担侵权责任的，依照其规定。

**第八条**　二人以上共同实施侵权行为，造成他人损害的，应当承担连带责任。

**第九条**　教唆、帮助他人实施侵权行为的，应当与行为人承担连带责任。

教唆、帮助无民事行为能力人、限制民事行为能力人实施侵权行为的，应当承担侵权责任；该无民事行为能力人、限制民事行为能力人的监护人未尽到监护责任的，应当承担相应的责任。

**第十条**　二人以上实施危及他人人身、财产安全的行为，其中一人或者数人的行为造成他人损害，能够确定具体侵权人的，由侵权人承担责任；不能确定具体侵权人的，行为人承担连带责任。

**第十一条**　二人以上分别实施侵权行为造成同一损害，每个人的侵权行为都足以造成全部损害的，行为人承担连带责任。

**第十二条**　二人以上分别实施侵权行为造成同一损害，能够确定责任大小的，各自承担相应的责任；难以确定责任大小的，平均承担赔偿责任。

**第十三条**　法律规定承担连带责任的，被侵权人有权请求部分或者全部连带责任人承担责任。

**第十四条** 连带责任人根据各自责任大小确定相应的赔偿数额；难以确定责任大小的，平均承担赔偿责任。

支付超出自己赔偿数额的连带责任人，有权向其他连带责任人追偿。

**第十五条** 承担侵权责任的方式主要有：

（一）停止侵害；

（二）排除妨碍；

（三）消除危险；

（四）返还财产；

（五）恢复原状；

（六）赔偿损失；

（七）赔礼道歉；

（八）消除影响、恢复名誉。

以上承担侵权责任的方式，可以单独适用，也可以合并适用。

**第十六条** 侵害他人造成人身损害的，应当赔偿医疗费、护理费、交通费等为治疗和康复支出的合理费用，以及因误工减少的收入。造成残疾的，还应当赔偿残疾生活辅助具费和残疾赔偿金。造成死亡的，还应当赔偿丧葬费和死亡赔偿金。

**第十七条** 因同一侵权行为造成多人死亡的，可以以相同数额确定死亡赔偿金。

**第十八条** 被侵权人死亡的，其近亲属有权请求侵权人承担侵权责任。被侵权人为单位，该单位分立、合并的，承继权利的单位有权请求侵权人承担侵权责任。

被侵权人死亡的，支付被侵权人医疗费、丧葬费等合理费用的人有权请求侵权人赔偿费用，但侵权人已支付该费用的除外。

**第十九条** 侵害他人财产的，财产损失按照损失发生时的市场价格或者其他方式计算。

**第二十条** 侵害他人人身权益造成财产损失的，按照被侵权人因此受到的损失赔偿；被侵权人的损失难以确定，侵权人因此获得利益的，按照其获得的利益赔偿；侵权人因此获得的利益难以确定，被侵权人和侵权人就赔偿数额协商不一致，向人民法院提起诉讼的，由人民法院根据实际情况确定赔偿数额。

**第二十一条**　侵权行为危及他人人身、财产安全的，被侵权人可以请求侵权人承担停止侵害、排除妨碍、消除危险等侵权责任。

**第二十二条**　侵害他人人身权益，造成他人严重精神损害的，被侵权人可以请求精神损害赔偿。

**第二十三条**　因防止、制止他人民事权益被侵害而使自己受到损害的，由侵权人承担责任。侵权人逃逸或者无力承担责任，被侵权人请求补偿的，受益人应当给予适当补偿。

**第二十四条**　受害人和行为人对损害的发生都没有过错的，可以根据实际情况，由双方分担损失。

**第二十五条**　损害发生后，当事人可以协商赔偿费用的支付方式。协商不一致的，赔偿费用应当一次性支付；一次性支付确有困难的，可以分期支付，但应当提供相应的担保。

## 第三章　不承担责任和减轻责任的情形

**第二十六条**　被侵权人对损害的发生也有过错的，可以减轻侵权人的责任。

**第二十七条**　损害是因受害人故意造成的，行为人不承担责任。

**第二十八条**　损害是因第三人造成的，第三人应当承担侵权责任。

**第二十九条**　因不可抗力造成他人损害的，不承担责任。法律另有规定的，依照其规定。

**第三十条**　因正当防卫造成损害的，不承担责任。正当防卫超过必要的限度，造成不应有的损害的，正当防卫人应当承担适当的责任。

**第三十一条**　因紧急避险造成损害的，由引起险情发生的人承担责任。如果危险是由自然原因引起的，紧急避险人不承担责任或者给予适当补偿。紧急避险采取措施不当或者超过必要的限度，造成不应有的损害的，紧急避险人应当承担适当的责任。

## 第四章　关于责任主体的特殊规定

**第三十二条**　无民事行为能力人、限制民事行为能力人造成他人损害的，由监护人承担侵权责任。监护人尽到监护责任的，可以减轻其侵权责任。

有财产的无民事行为能力人、限制民事行为能力人造成他人损害的，从本人财产中支付赔偿费用。不足部分，由监护人赔偿。

**第三十三条**　完全民事行为能力人对自己的行为暂时没有意识或者失去控制造成他人损害有过错的，应当承担侵权责任；没有过错的，根据行为人的经济状况对受害人适当补偿。

完全民事行为能力人因醉酒、滥用麻醉药品或者精神药品对自己的行为暂时没有意识或者失去控制造成他人损害的，应当承担侵权责任。

**第三十四条**　用人单位的工作人员因执行工作任务造成他人损害的，由用人单位承担侵权责任。

劳务派遣期间，被派遣的工作人员因执行工作任务造成他人损害的，由接受劳务派遣的用工单位承担侵权责任；劳务派遣单位有过错的，承担相应的补充责任。

**第三十五条**　个人之间形成劳务关系，提供劳务一方因劳务造成他人损害的，由接受劳务一方承担侵权责任。提供劳务一方因劳务自己受到损害的，根据双方各自的过错承担相应的责任。

**第三十六条**　网络用户、网络服务提供者利用网络侵害他人民事权益的，应当承担侵权责任。

网络用户利用网络服务实施侵权行为的，被侵权人有权通知网络服务提供者采取删除、屏蔽、断开链接等必要措施。网络服务提供者接到通知后未及时采取必要措施的，对损害的扩大部分与该网络用户承担连带责任。

网络服务提供者知道网络用户利用其网络服务侵害他人民事权益，未采取必要措施的，与该网络用户承担连带责任。

**第三十七条** 宾馆、商场、银行、车站、娱乐场所等公共场所的管理人或者群众性活动的组织者，未尽到安全保障义务，造成他人损害的，应当承担侵权责任。

因第三人的行为造成他人损害的，由第三人承担侵权责任；管理人或者组织者未尽到安全保障义务的，承担相应的补充责任。

**第三十八条** 无民事行为能力人在幼儿园、学校或者其他教育机构学习、生活期间受到人身损害的，幼儿园、学校或者其他教育机构应当承担责任，但能够证明尽到教育、管理职责的，不承担责任。

**第三十九条** 限制民事行为能力人在学校或者其他教育机构学习、生活期间受到人身损害，学校或者其他教育机构未尽到教育、管理职责的，应当承担责任。

**第四十条** 无民事行为能力人或者限制民事行为能力人在幼儿园、学校或者其他教育机构学习、生活期间，受到幼儿园、学校或者其他教育机构以外的人员人身损害的，由侵权人承担侵权责任；幼儿园、学校或者其他教育机构未尽到管理职责的，承担相应的补充责任。

## 第五章　产 品 责 任

**第四十一条** 因产品存在缺陷造成他人损害的，生产者应当承担侵权责任。

**第四十二条** 因销售者的过错使产品存在缺陷，造成他人损害的，销售者应当承担侵权责任。

销售者不能指明缺陷产品的生产者也不能指明缺陷产品的供货者的，销售者应当承担侵权责任。

**第四十三条** 因产品存在缺陷造成损害的，被侵权人可以向产品的生产者请求赔偿，也可以向产品的销售者请求赔偿。

产品缺陷由生产者造成的，销售者赔偿后，有权向生产者追偿。

因销售者的过错使产品存在缺陷的，生产者赔偿后，有权向销售者追偿。

**第四十四条** 因运输者、仓储者等第三人的过错使产品存在缺陷，造成他人损害的，产品的生产者、销售者赔偿后，有权向第三人追偿。

**第四十五条** 因产品缺陷危及他人人身、财产安全的，被侵权人有权请求生产者、销售者承担排除妨碍、消除危险等侵权责任。

**第四十六条** 产品投入流通后发现存在缺陷的，生产者、销售者应当及时采取警示、召回等补救措施。未及时采取补救措施或者补救措施不力造成损害的，应当承担侵权责任。

**第四十七条** 明知产品存在缺陷仍然生产、销售，造成他人死亡或者健康严重损害的，被侵权人有权请求相应的惩罚性赔偿。

## 第六章 机动车交通事故责任

**第四十八条** 机动车发生交通事故造成损害的，依照道路交通安全法的有关规定承担赔偿责任。

**第四十九条** 因租赁、借用等情形机动车所有人与使用人不是同一人时，发生交通事故后属于该机动车一方责任的，由保险公司在机动车强制保险责任限额范围内予以赔偿。不足部分，由机动车使用人承担赔偿责任；机动车所有人对损害的发生有过错的，承担相应的赔偿责任。

**第五十条** 当事人之间已经以买卖等方式转让并交付机动车但未办理所有权转移登记，发生交通事故后属于该机动车一方责任的，由保险公司在机动车强制保险责任限额范围内予以赔偿。不足部分，由受让人承担赔偿责任。

**第五十一条** 以买卖等方式转让拼装或者已达到报废标准的机动车，发生交通事故造成损害的，由转让人和受让人承担连带责任。

**第五十二条** 盗窃、抢劫或者抢夺的机动车发生交通事故造成损害的，由盗窃人、抢劫人或者抢夺人承担赔偿责任。保险公司在机动车强制保险责任限额范围内垫付抢救费用的，有权向交通事故责任人追偿。

**第五十三条** 机动车驾驶人发生交通事故后逃逸，该机动车参加强制保险的，由保险公司在机动车强制保险责任限额范围内予以赔偿；

机动车不明或者该机动车未参加强制保险，需要支付被侵权人人身伤亡的抢救、丧葬等费用的，由道路交通事故社会救助基金垫付。道路交通事故社会救助基金垫付后，其管理机构有权向交通事故责任人追偿。

## 第七章　医疗损害责任

**第五十四条**　患者在诊疗活动中受到损害，医疗机构及其医务人员有过错的，由医疗机构承担赔偿责任。

**第五十五条**　医务人员在诊疗活动中应当向患者说明病情和医疗措施。需要实施手术、特殊检查、特殊治疗的，医务人员应当及时向患者说明医疗风险、替代医疗方案等情况，并取得其书面同意；不宜向患者说明的，应当向患者的近亲属说明，并取得其书面同意。

医务人员未尽到前款义务，造成患者损害的，医疗机构应当承担赔偿责任。

**第五十六条**　因抢救生命垂危的患者等紧急情况，不能取得患者或者其近亲属意见的，经医疗机构负责人或者授权的负责人批准，可以立即实施相应的医疗措施。

**第五十七条**　医务人员在诊疗活动中未尽到与当时的医疗水平相应的诊疗义务，造成患者损害的，医疗机构应当承担赔偿责任。

**第五十八条**　患者有损害，因下列情形之一的，推定医疗机构有过错：

（一）违反法律、行政法规、规章以及其他有关诊疗规范的规定；

（二）隐匿或者拒绝提供与纠纷有关的病历资料；

（三）伪造、篡改或者销毁病历资料。

**第五十九条**　因药品、消毒药剂、医疗器械的缺陷，或者输入不合格的血液造成患者损害的，患者可以向生产者或者血液提供机构请求赔偿，也可以向医疗机构请求赔偿。患者向医疗机构请求赔偿的，医疗机构赔偿后，有权向负有责任的生产者或者血液提供机构追偿。

**第六十条**　患者有损害，因下列情形之一的，医疗机构不承担赔偿责任：

（一）患者或者其近亲属不配合医疗机构进行符合诊疗规范的诊疗；

（二）医务人员在抢救生命垂危的患者等紧急情况下已经尽到合理诊疗义务；

（三）限于当时的医疗水平难以诊疗。

前款第一项情形中，医疗机构及其医务人员也有过错的，应当承担相应的赔偿责任。

**第六十一条** 医疗机构及其医务人员应当按照规定填写并妥善保管住院志、医嘱单、检验报告、手术及麻醉记录、病理资料、护理记录、医疗费用等病历资料。

患者要求查阅、复制前款规定的病历资料的，医疗机构应当提供。

**第六十二条** 医疗机构及其医务人员应当对患者的隐私保密。泄露患者隐私或者未经患者同意公开其病历资料，造成患者损害的，应当承担侵权责任。

**第六十三条** 医疗机构及其医务人员不得违反诊疗规范实施不必要的检查。

**第六十四条** 医疗机构及其医务人员的合法权益受法律保护。干扰医疗秩序，妨害医务人员工作、生活的，应当依法承担法律责任。

## 第八章 环境污染责任

**第六十五条** 因污染环境造成损害的，污染者应当承担侵权责任。

**第六十六条** 因污染环境发生纠纷，污染者应当就法律规定的不承担责任或者减轻责任的情形及其行为与损害之间不存在因果关系承担举证责任。

**第六十七条** 两个以上污染者污染环境，污染者承担责任的大小，根据污染物的种类、排放量等因素确定。

**第六十八条** 因第三人的过错污染环境造成损害的，被侵权人可以向污染者请求赔偿，也可以向第三人请求赔偿。污染者赔偿后，有权向第三人追偿。

## 第九章　高度危险责任

**第六十九条**　从事高度危险作业造成他人损害的，应当承担侵权责任。

**第七十条**　民用核设施发生核事故造成他人损害的，民用核设施的经营者应当承担侵权责任，但能够证明损害是因战争等情形或者受害人故意造成的，不承担责任。

**第七十一条**　民用航空器造成他人损害的，民用航空器的经营者应当承担侵权责任，但能够证明损害是因受害人故意造成的，不承担责任。

**第七十二条**　占有或者使用易燃、易爆、剧毒、放射性等高度危险物造成他人损害的，占有人或者使用人应当承担侵权责任，但能够证明损害是因受害人故意或者不可抗力造成的，不承担责任。被侵权人对损害的发生有重大过失的，可以减轻占有人或者使用人的责任。

**第七十三条**　从事高空、高压、地下挖掘活动或者使用高速轨道运输工具造成他人损害的，经营者应当承担侵权责任，但能够证明损害是因受害人故意或者不可抗力造成的，不承担责任。被侵权人对损害的发生有过失的，可以减轻经营者的责任。

**第七十四条**　遗失、抛弃高度危险物造成他人损害的，由所有人承担侵权责任。所有人将高度危险物交由他人管理的，由管理人承担侵权责任；所有人有过错的，与管理人承担连带责任。

**第七十五条**　非法占有高度危险物造成他人损害的，由非法占有人承担侵权责任。所有人、管理人不能证明对防止他人非法占有尽到高度注意义务的，与非法占有人承担连带责任。

**第七十六条**　未经许可进入高度危险活动区域或者高度危险物存放区域受到损害，管理人已经采取安全措施并尽到警示义务的，可以减轻或者不承担责任。

**第七十七条**　承担高度危险责任，法律规定赔偿限额的，依照其规定。

## 第十章　饲养动物损害责任

**第七十八条**　饲养的动物造成他人损害的，动物饲养人或者管理人应当承担侵权责任，但能够证明损害是因被侵权人故意或者重大过失造成的，可以不承担或者减轻责任。

**第七十九条**　违反管理规定，未对动物采取安全措施造成他人损害的，动物饲养人或者管理人应当承担侵权责任。

**第八十条**　禁止饲养的烈性犬等危险动物造成他人损害的，动物饲养人或者管理人应当承担侵权责任。

**第八十一条**　动物园的动物造成他人损害的，动物园应当承担侵权责任，但能够证明尽到管理职责的，不承担责任。

**第八十二条**　遗弃、逃逸的动物在遗弃、逃逸期间造成他人损害的，由原动物饲养人或者管理人承担侵权责任。

**第八十三条**　因第三人的过错致使动物造成他人损害的，被侵权人可以向动物饲养人或者管理人请求赔偿，也可以向第三人请求赔偿。动物饲养人或者管理人赔偿后，有权向第三人追偿。

**第八十四条**　饲养动物应当遵守法律，尊重社会公德，不得妨害他人生活。

## 第十一章　物件损害责任

**第八十五条**　建筑物、构筑物或者其他设施及其搁置物、悬挂物发生脱落、坠落造成他人损害，所有人、管理人或者使用人不能证明自己没有过错的，应当承担侵权责任。所有人、管理人或者使用人赔偿后，有其他责任人的，有权向其他责任人追偿。

**第八十六条**　建筑物、构筑物或者其他设施倒塌造成他人损害的，由建设单位与施工单位承担连带责任。建设单位、施工单位赔偿后，有其他责任人的，有权向其他责任人追偿。

因其他责任人的原因，建筑物、构筑物或者其他设施倒塌造成他人损害的，由其他责任人承担侵权责任。

**第八十七条**　从建筑物中抛掷物品或者从建筑物上坠落的物品造成他人损害，难以确定具体侵权人的，除能够证明自己不是侵权人的外，由可能加害的建筑物使用人给予补偿。

**第八十八条**　堆放物倒塌造成他人损害，堆放人不能证明自己没有过错的，应当承担侵权责任。

**第八十九条**　在公共道路上堆放、倾倒、遗撒妨碍通行的物品造成他人损害的，有关单位或者个人应当承担侵权责任。

**第九十条**　因林木折断造成他人损害，林木的所有人或者管理人不能证明自己没有过错的，应当承担侵权责任。

**第九十一条**　在公共场所或者道路上挖坑、修缮安装地下设施等，没有设置明显标志和采取安全措施造成他人损害的，施工人应当承担侵权责任。

窨井等地下设施造成他人损害，管理人不能证明尽到管理职责的，应当承担侵权责任。

## 第十二章　附　　则

**第九十二条**　本法自 2010 年 7 月 1 日起施行。

# 中华人民共和国婚姻法

（1980年9月10日第五届全国人民代表大会第三次会议通过，根据2001年4月28日第九届全国人民代表大会常务委员会第二十一次会议《关于修改〈中华人民共和国婚姻法〉的决定》修正）

## 目　录



## 第一章　总　　则

**第一条**　本法是婚姻家庭关系的基本准则。

**第二条**　实行婚姻自由、一夫一妻、男女平等的婚姻制度。

保护妇女、儿童和老人的合法权益。

实行计划生育。

**第三条**　禁止包办、买卖婚姻和其他干涉婚姻自由的行为。禁止借婚姻索取财物。

禁止重婚。禁止有配偶者与他人同居。禁止家庭暴力。禁止家庭成员间的虐待和遗弃。

**第四条**　夫妻应当互相忠实，互相尊重；家庭成员间应当敬老爱幼，互相帮助，维护平等、和睦、文明的婚姻家庭关系。

# 第二章　结　　婚

**第五条**　结婚必须男女双方完全自愿，不许任何一方对他方加以强迫或任何第三者加以干涉。

**第六条**　结婚年龄，男不得早于二十二周岁，女不得早于二十周岁。晚婚晚育应予鼓励。

**第七条**　有下列情形之一的，禁止结婚：

（一）直系血亲和三代以内的旁系血亲；

（二）患有医学上认为不应当结婚的疾病。

**第八条**　要求结婚的男女双方必须亲自到婚姻登记机关进行结婚登记。符合本法规定的，予以登记，发给结婚证。取得结婚证，即确立夫妻关系。未办理结婚登记的，应当补办登记。

**第九条**　登记结婚后，根据男女双方约定，女方可以成为男方家庭的成员，男方可以成为女方家庭的成员。

**第十条**　有下列情形之一的，婚姻无效：

（一）重婚的；

（二）有禁止结婚的亲属关系的；

（三）婚前患有医学上认为不应当结婚的疾病，婚后尚未治愈的；

（四）未到法定婚龄的。

**第十一条**　因胁迫结婚的，受胁迫的一方可以向婚姻登记机关或人民法院请求撤销该婚姻。受胁迫的一方撤销婚姻的请求，应当自结婚登记之日起一年内提出。被非法限制人身自由的当事人请求撤销婚姻的，应当自恢复人身自由之日起一年内提出。

**第十二条**　无效或被撤销的婚姻，自始无效。当事人不具有夫妻的权利和义务。同居期间所得的财产，由当事人协议处理；协议不成时，由人民法院根据照顾无过错方的原则判决。对重婚导致的婚姻无效的财产处理，不得侵害合法婚姻当事人的财产权益。当事人所生的子女，适用本法有关父母子女的规定。

## 第三章　家庭关系

**第十三条**　夫妻在家庭中地位平等。

**第十四条**　夫妻双方都有各用自己姓名的权利。

**第十五条**　夫妻双方都有参加生产、工作、学习和社会活动的自由，一方不得对他方加以限制或干涉。

**第十六条**　夫妻双方都有实行计划生育的义务。

**第十七条**　夫妻在婚姻关系存续期间所得的下列财产，归夫妻共同所有：

（一）工资、奖金；

（二）生产、经营的收益；

（三）知识产权的收益；

（四）继承或赠与所得的财产，但本法第十八条第三项规定的除外；

（五）其他应当归共同所有的财产。

夫妻对共同所有的财产，有平等的处理权。

**第十八条**　有下列情形之一的，为夫妻一方的财产：

（一）一方的婚前财产；

（二）一方因身体受到伤害获得的医疗费、残疾人生活补助费等费用；

（三）遗嘱或赠与合同中确定只归夫或妻一方的财产；

（四）一方专用的生活用品；

（五）其他应当归一方的财产。

**第十九条**　夫妻可以约定婚姻关系存续期间所得的财产以及婚前财产归各自所有、共同所有或部分各自所有、部分共同所有。约定应当采用书面形式。没有约定或约定不明确的，适用本法第十七条、第十八条的规定。

夫妻对婚姻关系存续期间所得的财产以及婚前财产的约定，对双方具有约束力。

夫妻对婚姻关系存续期间所得的财产约定归各自所有的，夫或妻一方对外所负的债务，第三人知道该约定的，以夫或妻一方所有的财产清偿。

**第二十条**　夫妻有互相扶养的义务。

一方不履行扶养义务时，需要扶养的一方，有要求对方付给扶养费的权利。

**第二十一条**　父母对子女有抚养教育的义务；子女对父母有赡养扶助的义务。

父母不履行抚养义务时，未成年的或不能独立生活的子女，有要求父母付给抚养费的权利。

子女不履行赡养义务时，无劳动能力的或生活困难的父母，有要求子女付给赡养费的权利。

禁止溺婴、弃婴和其他残害婴儿的行为。

**第二十二条**　子女可以随父姓，可以随母姓。

**第二十三条**　父母有保护和教育未成年子女的权利和义务。在未成年子女对国家、集体或他人造成损害时，父母有承担民事责任的义务。

**第二十四条**　夫妻有相互继承遗产的权利。

父母和子女有相互继承遗产的权利。

**第二十五条**　非婚生子女享有与婚生子女同等的权利，任何人不得加以危害和歧视。

不直接抚养非婚生子女的生父或生母，应当负担子女的生活费和教育费，直至子女能独立生活为止。

**第二十六条**　国家保护合法的收养关系。养父母和养子女间的权利和义务，适用本法对父母子女关系的有关规定。

养子女和生父母间的权利和义务，因收养关系的成立而消除。

**第二十七条**　继父母与继子女间，不得虐待或歧视。

继父或继母和受其抚养教育的继子女间的权利和义务，适用本法对父母子女关系的有关规定。

**第二十八条**　有负担能力的祖父母、外祖父母，对于父母已经死亡或父母无力抚养的未成年的孙子女、外孙子女，有抚养的义务。有负担能力的孙子女、外孙子女，对于子女已经死亡或子女无力赡养的祖父母、外祖父母，有赡养的义务。

**第二十九条** 有负担能力的兄、姐，对于父母已经死亡或父母无力抚养的未成年的弟、妹，有扶养的义务。由兄、姐扶养长大的有负担能力的弟、妹，对于缺乏劳动能力又缺乏生活来源的兄、姐，有扶养的义务。

**第三十条** 子女应当尊重父母的婚姻权利，不得干涉父母再婚以及婚后的生活。子女对父母的赡养义务，不因父母的婚姻关系变化而终止。

## 第四章 离 婚

**第三十一条** 男女双方自愿离婚的，准予离婚。双方必须到婚姻登记机关申请离婚。婚姻登记机关查明双方确实是自愿并对子女和财产问题已有适当处理时，发给离婚证。

**第三十二条** 男女一方要求离婚的，可由有关部门进行调解或直接向人民法院提出离婚诉讼。

人民法院审理离婚案件，应当进行调解；如感情确已破裂，调解无效，应准予离婚。

有下列情形之一，调解无效的，应准予离婚：

（一）重婚或有配偶者与他人同居的；

（二）实施家庭暴力或虐待、遗弃家庭成员的；

（三）有赌博、吸毒等恶习屡教不改的；

（四）因感情不和分居满二年的；

（五）其他导致夫妻感情破裂的情形。

一方被宣告失踪，另一方提出离婚诉讼的，应准予离婚。

**第三十三条** 现役军人的配偶要求离婚，须得军人同意，但军人一方有重大过错的除外。

**第三十四条** 女方在怀孕期间、分娩后一年内或中止妊娠后六个月内，男方不得提出离婚。女方提出离婚的，或人民法院认为确有必要受理男方离婚请求的,不在此限。

**第三十五条** 离婚后,男女双方自愿恢复夫妻关系的,必须到婚姻登记机关进行复婚登记。

**第三十六条** 父母与子女间的关系,不因父母离婚而消除。离婚后,子女无论由父或母直接抚养,仍是父母双方的子女。

离婚后,父母对于子女仍有抚养和教育的权利和义务。

离婚后,哺乳期内的子女,以随哺乳的母亲抚养为原则。哺乳期后的子女,如双方因抚养问题发生争执不能达成协议时,由人民法院根据子女的权益和双方的具体情况判决。

**第三十七条** 离婚后,一方抚养的子女,另一方应负担必要的生活费和教育费的一部或全部,负担费用的多少和期限的长短,由双方协议;协议不成时,由人民法院判决。

关于子女生活费和教育费的协议或判决,不妨碍子女在必要时向父母任何一方提出超过协议或判决原定数额的合理要求。

**第三十八条** 离婚后,不直接抚养子女的父或母,有探望子女的权利,另一方有协助的义务。

行使探望权利的方式、时间由当事人协议;协议不成时,由人民法院判决。

父或母探望子女,不利于子女身心健康的,由人民法院依法中止探望的权利;中止的事由消失后,应当恢复探望的权利。

**第三十九条** 离婚时,夫妻的共同财产由双方协议处理;协议不成时,由人民法院根据财产的具体情况,照顾子女和女方权益的原则判决。

夫或妻在家庭土地承包经营中享有的权益等,应当依法予以保护。

**第四十条** 夫妻书面约定婚姻关系存续期间所得的财产归各自所有,一方因抚育子女、照料老人、协助另一方工作等付出较多义务的,离婚时有权向另一方请求补偿,另一方应当予以补偿。

**第四十一条** 离婚时,原为夫妻共同生活所负的债务,应当共同偿还。共同财产不足清偿的,或财产归各自所有的,由双方协议清偿;协议不成时,由人民法院判决。

**第四十二条** 离婚时,如一方生活困难,另一方应从其住房等个人财产中给予适当帮助。具体办法由双方协议;协议不成时,由人民法院判决。

## 第五章 救助措施与法律责任

**第四十三条** 实施家庭暴力或虐待家庭成员,受害人有权提出请求,居民委员会、村民委员会以及所在单位应当予以劝阻、调解。

对正在实施的家庭暴力,受害人有权提出请求,居民委员会、村民委员会应当予以劝阻;公安机关应当予以制止。

实施家庭暴力或虐待家庭成员,受害人提出请求的,公安机关应当依照治安管理处罚的法律规定予以行政处罚。

**第四十四条** 对遗弃家庭成员,受害人有权提出请求,居民委员会、村民委员会以及所在单位应当予以劝阻、调解。

对遗弃家庭成员,受害人提出请求的,人民法院应当依法作出支付扶养费、抚养费、赡养费的判决。

**第四十五条** 对重婚的,对实施家庭暴力或虐待、遗弃家庭成员构成犯罪的,依法追究刑事责任。受害人可以依照刑事诉讼法的有关规定,向人民法院自诉;公安机关应当依法侦查,人民检察院应当依法提起公诉。

**第四十六条** 有下列情形之一,导致离婚的,无过错方有权请求损害赔偿:

(一)重婚的;

(二)有配偶者与他人同居的;

(三)实施家庭暴力的;

(四)虐待、遗弃家庭成员的。

**第四十七条** 离婚时,一方隐藏、转移、变卖、毁损夫妻共同财产,或伪造债务企图侵占另一方财产的,分割夫妻共同财产时,对隐藏、转移、变卖、毁损夫妻共同财产或伪造债务的一方,可以少分或不分。离婚后,另一方发现有上述行为的,可以向人民法院提起诉讼,请求再次分割夫妻共同财产。

人民法院对前款规定的妨害民事诉讼的行为，依照民事诉讼法的规定予以制裁。

**第四十八条**　对拒不执行有关扶养费、抚养费、赡养费、财产分割、遗产继承、探望子女等判决或裁定的，由人民法院依法强制执行。有关个人和单位应负协助执行的责任。

**第四十九条**　其他法律对有关婚姻家庭的违法行为和法律责任另有规定的，依照其规定。

## 第六章　附　　则

**第五十条**　民族自治地方的人民代表大会有权结合当地民族婚姻家庭的具体情况，制定变通规定。自治州、自治县制定的变通规定，报省、自治区、直辖市人民代表大会常务委员会批准后生效。自治区制定的变通规定，报全国人民代表大会常务委员会批准后生效。

**第五十一条**　本法自1981年1月1日起施行。

1950年5月1日颁行的《中华人民共和国婚姻法》，自本法施行之日起废止。

# 中华人民共和国继承法

（1985年4月10日第六届全国人民代表大会第三次会议通过）

## 目　录



## 第一章　总　　则

**第一条**　根据《中华人民共和国宪法》规定，为保护公民的私有财产的继承权，制定本法。

**第二条**　继承从被继承人死亡时开始。

**第三条**　遗产是公民死亡时遗留的个人合法财产，包括：

（一）公民的收入；

（二）公民的房屋、储蓄和生活用品；

（三）公民的林木、牲畜和家禽；

（四）公民的文物、图书资料；

（五）法律允许公民所有的生产资料；

（六）公民的著作权、专利权中的财产权利；

（七）公民的其他合法财产。

**第四条**　个人承包应得的个人收益，依照本法规定继承。个人承包，依照法律允许由继承人继续承包的，按照承包合同办理。

**第五条**　继承开始后，按照法定继承办理；有遗嘱的，按照遗嘱继承或者遗赠办理；有遗赠扶养协议的，按照协议办理。

**第六条**　无行为能力人的继承权、受遗赠权，由他的法定代理人代为行使。

限制行为能力人的继承权、受遗赠权，由他的法定代理人代为行使，或者征得法定代理人同意后行使。

**第七条**　继承人有下列行为之一的，丧失继承权：

（一）故意杀害被继承人的；

（二）为争夺遗产而杀害其他继承人的；

（三）遗弃被继承人的，或者虐待被继承人情节严重的；

（四）伪造、篡改或者销毁遗嘱，情节严重的。

**第八条**　继承权纠纷提起诉讼的期限为二年，自继承人知道或者应当知道其权利被侵犯之日起计算。但是，自继承开始之日起超过二十年的，不得再提起诉讼。

## 第二章　法定继承

**第九条**　继承权男女平等。

**第十条**　遗产按照下列顺序继承：

第一顺序：配偶、子女、父母。

第二顺序：兄弟姐妹、祖父母、外祖父母。

继承开始后，由第一顺序继承人继承，第二顺序继承人不继承。没有第一顺序继承人继承的，由第二顺序继承人继承。

本法所说的子女，包括婚生子女、非婚生子女、养子女和有扶养关系的继子女。

本法所说的父母，包括生父母、养父母和有扶养关系的继父母。

本法所说的兄弟姐妹，包括同父母的兄弟姐妹、同父异母或者同母异父的兄弟姐妹、养兄弟姐妹、有扶养关系的继兄弟姐妹。

**第十一条**　被继承人的子女先于被继承人死亡的，由被继承人的子女的晚辈直系血亲代位继承。代位继承人一般只能继承他的父亲或者母亲有权继承的遗产份额。

**第十二条**　丧偶儿媳对公、婆，丧偶女婿对岳父、岳母，尽了主要赡养义务的，作为第一顺序继承人。

**第十三条**　同一顺序继承人继承遗产的份额，一般应当均等。

对生活有特殊困难的缺乏劳动能力的继承人，分配遗产时，应当予以照顾。

对被继承人尽了主要扶养义务或者与被继承人共同生活的继承人，分配遗产时，可以多分。

有扶养能力和有扶养条件的继承人，不尽扶养义务的，分配遗产时，应当不分或者少分。

继承人协商同意的，也可以不均等。

**第十四条**　对继承人以外的依靠被继承人扶养的缺乏劳动能力又没有生活来源的人，或者继承人以外的对被继承人扶养较多的人，可以分配给他们适当的遗产。

**第十五条**　继承人应当本着互谅互让、和睦团结的精神，协商处理继承问题。遗产分割的时间、办法和份额，由继承人协商确定。协商不成的，可以由人民调解委员会调解或者向人民法院提起诉讼。

## 第三章　遗嘱继承和遗赠

**第十六条**　公民可以依照本法规定立遗嘱处分个人财产，并可以指定遗嘱执行人。

公民可以立遗嘱将个人财产指定由法定继承人的一人或者数人继承。

公民可以立遗嘱将个人财产赠给国家、集体或者法定继承人以外的人。

**第十七条**　公证遗嘱由遗嘱人经公证机关办理。

自书遗嘱由遗嘱人亲笔书写，签名，注明年、月、日。

代书遗嘱应当有两个以上见证人在场见证，由其中一人代书，注明年、月、日，并由代书人、其他见证人和遗嘱人签名。

以录音形式立的遗嘱，应当有两个以上见证人在场见证。

遗嘱人在危急情况下，可以立口头遗嘱。口头遗嘱应当有两个以上见证人在场见证。危急情况解除后，遗嘱人能够用书面或者录音形式立遗嘱的，所立的口头遗嘱无效。

**第十八条**　下列人员不能作为遗嘱见证人：

（一）无行为能力人、限制行为能力人；

（二）继承人、受遗赠人；

（三）与继承人、受遗赠人有利害关系的人。

**第十九条**　遗嘱应当对缺乏劳动能力又没有生活来源的继承人保留必要的遗产份额。

**第二十条**　遗嘱人可以撤销、变更自己所立的遗嘱。

立有数份遗嘱，内容相抵触的，以最后的遗嘱为准。

自书、代书、录音、口头遗嘱，不得撤销、变更公证遗嘱。

**第二十一条**　遗嘱继承或者遗赠附有义务的，继承人或者受遗赠人应当履行义务。没有正当理由不履行义务的，经有关单位或者个人请求，人民法院可以取消他接受遗产的权利。

**第二十二条**　无行为能力人或者限制行为能力人所立的遗嘱无效。

遗嘱必须表示遗嘱人的真实意思，受胁迫、欺骗所立的遗嘱无效。

伪造的遗嘱无效。

遗嘱被篡改的，篡改的内容无效。

## 第四章　遗产的处理

**第二十三条**　继承开始后，知道被继承人死亡的继承人应当及时通知其他继承人和遗嘱执行人。继承人中无人知道被继承人死亡或者知道被继承人死亡而不能通知的，由被继承人生前所在单位或者住所地的居民委员会、村民委员会负责通知。

**第二十四条**　存有遗产的人，应当妥善保管遗产，任何人不得侵吞或者争抢。

**第二十五条**　继承开始后，继承人放弃继承的，应当在遗产处理前，作出放弃继承的表示。没有表示的，视为接受继承。

受遗赠人应当在知道受遗赠后两个月内，作出接受或者放弃受遗赠的表示。到期没有表示的，视为放弃受遗赠。

**第二十六条** 夫妻在婚姻关系存续期间所得的共同所有的财产，除有约定的以外，如果分割遗产，应当先将共同所有的财产的一半分出为配偶所有，其余的为被继承人的遗产。

遗产在家庭共有财产之中的，遗产分割时，应当先分出他人的财产。

**第二十七条** 有下列情形之一的，遗产中的有关部分按照法定继承办理：

（一）遗嘱继承人放弃继承或者受遗赠人放弃受遗赠的；

（二）遗嘱继承人丧失继承权的；

（三）遗嘱继承人、受遗赠人先于遗嘱人死亡的；

（四）遗嘱无效部分所涉及的遗产；

（五）遗嘱未处分的遗产。

**第二十八条** 遗产分割时，应当保留胎儿的继承份额。胎儿出生时是死体的，保留的份额按照法定继承办理。

**第二十九条** 遗产分割应当有利于生产和生活需要，不损害遗产的效用。

不宜分割的遗产，可以采取折价、适当补偿或者共有等方法处理。

**第三十条** 夫妻一方死亡后另一方再婚的，有权处分所继承的财产，任何人不得干涉。

**第三十一条** 公民可以与扶养人签订遗赠扶养协议。按照协议，扶养人承担该公民生养死葬的义务，享有受遗赠的权利。

公民可以与集体所有制组织签订遗赠扶养协议。按照协议，集体所有制组织承担该公民生养死葬的义务，享有受遗赠的权利。

**第三十二条** 无人继承又无人受遗赠的遗产，归国家所有；死者生前是集体所有制组织成员的，归所在集体所有制组织所有。

**第三十三条** 继承遗产应当清偿被继承人依法应当缴纳的税款和债务，缴纳税款和清偿债务以他的遗产实际价值为限。超过遗产实际价值部分，继承人自愿偿还的不在此限。

继承人放弃继承的，对被继承人依法应当缴纳的税款和债务可以不负偿还责任。

**第三十四条**　执行遗赠不得妨碍清偿遗赠人依法应当缴纳的税款和债务。

## 第五章　附　　则

**第三十五条**　民族自治地方的人民代表大会可以根据本法的原则，结合当地民族财产继承的具体情况，制定变通的或者补充的规定。自治区的规定，报全国人民代表大会常务委员会备案。自治州、自治县的规定，报省或者自治区的人民代表大会常务委员会批准后生效，并报全国人民代表大会常务委员会备案。

**第三十六条**　中国公民继承在中华人民共和国境外的遗产或者继承在中华人民共和国境内的外国人的遗产，动产适用被继承人住所地法律，不动产适用不动产所在地法律。

外国人继承在中华人民共和国境内的遗产或者继承在中华人民共和国境外的中国公民的遗产，动产适用被继承人住所地法律，不动产适用不动产所在地法律。

中华人民共和国与外国订有条约、协定的，按照条约、协定办理。

**第三十七条**　本法自一九八五年十月一日起施行。

# 中华人民共和国公司法

（1993年12月29日第八届全国人民代表大会常务委员会第五次会议通过，根据1999年12月25日第九届全国人民代表大会常务委员会第十三次会议《关于修改〈中华人民共和国公司法〉的决定》第一次修正，根据2004年8月28日第十届全国人民代表大会常务委员会第十一次会议《关于修改〈中华人民共和国公司法〉的决定》第二次修正，2005年10月27日第十届全国人民代表大会常务委员会第十八次会议修订，根据2013年12月28日第十二届全国人民代表大会常务委员会第六次会议《关于修改〈中华人民共和国海洋环境保护法〉等七部法律的决定》修正）

## 目　　录

## 第一章　总　　则

**第一条**　为了规范公司的组织和行为，保护公司、股东和债权人的合法权益，维护社会经济秩序，促进社会主义市场经济的发展，制定本法。

**第二条**　本法所称公司是指依照本法在中国境内设立的有限责任公司和股份有限公司。

**第三条**　公司是企业法人，有独立的法人财产，享有法人财产权。公司以其全部财产对公司的债务承担责任。

有限责任公司的股东以其认缴的出资额为限对公司承担责任；股份有限公司的股东以其认购的股份为限对公司承担责任。

**第四条**　公司股东依法享有资产收益、参与重大决策和选择管理者等权利。

**第五条**　公司从事经营活动，必须遵守法律、行政法规，遵守社会公德、商业道德，诚实守信，接受政府和社会公众的监督，承担社会责任。

公司的合法权益受法律保护，不受侵犯。

**第六条**　设立公司，应当依法向公司登记机关申请设立登记。符合本法规定的设立条件的，由公司登记机关分别登记为有限责任公司或者股份有限公司；不符合本法规定的设立条件的，不得登记为有限责任公司或者股份有限公司。

法律、行政法规规定设立公司必须报经批准的，应当在公司登记前依法办理批准手续。

公众可以向公司登记机关申请查询公司登记事项，公司登记机关应当提供查询服务。

**第七条** 依法设立的公司，由公司登记机关发给公司营业执照。公司营业执照签发日期为公司成立日期。

公司营业执照应当载明公司的名称、住所、注册资本、实收资本、经营范围、法定代表人姓名等事项。

公司营业执照记载的事项发生变更的，公司应当依法办理变更登记，由公司登记机关换发营业执照。

**第八条** 依照本法设立的有限责任公司，必须在公司名称中标明有限责任公司或者有限公司字样。

依照本法设立的股份有限公司，必须在公司名称中标明股份有限公司或者股份公司字样。

**第九条** 有限责任公司变更为股份有限公司，应当符合本法规定的股份有限公司的条件。股份有限公司变更为有限责任公司，应当符合本法规定的有限责任公司的条件。

有限责任公司变更为股份有限公司的，或者股份有限公司变更为有限责任公司的，公司变更前的债权、债务由变更后的公司承继。

**第十条** 公司以其主要办事机构所在地为住所。

**第十一条** 设立公司必须依法制定公司章程。公司章程对公司、股东、董事、监事、高级管理人员具有约束力。

**第十二条** 公司的经营范围由公司章程规定，并依法登记。公司可以修改公司章程，改变经营范围，但是应当办理变更登记。

公司的经营范围中属于法律、行政法规规定须经批准的项目，应当依法经过批准。

**第十三条** 公司法定代表人依照公司章程的规定，由董事长、执行董事或者经理担任，并依法登记。公司法定代表人变更，应当办理变更登记。

**第十四条**　公司可以设立分公司。设立分公司，应当向公司登记机关申请登记，领取营业执照。分公司不具有法人资格，其民事责任由公司承担。

公司可以设立子公司，子公司具有法人资格，依法独立承担民事责任。

**第十五条**　公司可以向其他企业投资；但是，除法律另有规定外，不得成为对所投资企业的债务承担连带责任的出资人。

**第十六条**　公司向其他企业投资或者为他人提供担保，依照公司章程的规定，由董事会或者股东会、股东大会决议；公司章程对投资或者担保的总额及单项投资或者担保的数额有限额规定的，不得超过规定的限额。

公司为公司股东或者实际控制人提供担保的，必须经股东会或者股东大会决议。

前款规定的股东或者受前款规定的实际控制人支配的股东，不得参加前款规定事项的表决。该项表决由出席会议的其他股东所持表决权的过半数通过。

**第十七条**　公司必须保护职工的合法权益，依法与职工签订劳动合同，参加社会保险，加强劳动保护，实现安全生产。

公司应当采用多种形式，加强公司职工的职业教育和岗位培训，提高职工素质。

**第十八条**　公司职工依照《中华人民共和国工会法》组织工会，开展工会活动，维护职工合法权益。公司应当为本公司工会提供必要的活动条件。公司工会代表职工就职工的劳动报酬、工作时间、福利、保险和劳动安全卫生等事项依法与公司签订集体合同。

公司依照宪法和有关法律的规定，通过职工代表大会或者其他形式，实行民主管理。

公司研究决定改制以及经营方面的重大问题、制定重要的规章制度时，应当听取公司工会的意见，并通过职工代表大会或者其他形式听取职工的意见和建议。

**第十九条**　在公司中，根据中国共产党章程的规定，设立中国共产党的组织，开展党的活动。公司应当为党组织的活动提供必要条件。

**第二十条** 公司股东应当遵守法律、行政法规和公司章程，依法行使股东权利，不得滥用股东权利损害公司或者其他股东的利益；不得滥用公司法人独立地位和股东有限责任损害公司债权人的利益。

公司股东滥用股东权利给公司或者其他股东造成损失的，应当依法承担赔偿责任。

公司股东滥用公司法人独立地位和股东有限责任，逃避债务，严重损害公司债权人利益的，应当对公司债务承担连带责任。

**第二十一条** 公司的控股股东、实际控制人、董事、监事、高级管理人员不得利用其关联关系损害公司利益。

违反前款规定，给公司造成损失的，应当承担赔偿责任。

**第二十二条** 公司股东会或者股东大会、董事会的决议内容违反法律、行政法规的无效。

股东会或者股东大会、董事会的会议召集程序、表决方式违反法律、行政法规或者公司章程，或者决议内容违反公司章程的，股东可以自决议作出之日起六十日内，请求人民法院撤销。

股东依照前款规定提起诉讼的，人民法院可以应公司的请求，要求股东提供相应担保。

公司根据股东会或者股东大会、董事会决议已办理变更登记的，人民法院宣告该决议无效或者撤销该决议后，公司应当向公司登记机关申请撤销变更登记。

## 第二章 有限责任公司的设立和组织机构

### 第一节 设 立

**第二十三条** 设立有限责任公司，应当具备下列条件：

（一）股东符合法定人数；

（二）有符合公司章程规定的全体股东认缴的出资额。

（三）股东共同制定公司章程；

（四）有公司名称，建立符合有限责任公司要求的组织机构；

（五）有公司住所。

**第二十四条**　有限责任公司由五十个以下股东出资设立。

**第二十五条**　有限责任公司章程应当载明下列事项：

（一）公司名称和住所；

（二）公司经营范围；

（三）公司注册资本；

（四）股东的姓名或者名称；

（五）股东的出资方式、出资额和出资时间；

（六）公司的机构及其产生办法、职权、议事规则；

（七）公司法定代表人；

（八）股东会会议认为需要规定的其他事项。

股东应当在公司章程上签名、盖章。

**第二十六条**　有限责任公司的注册资本为在公司登记机关登记的全体股东认缴的出资额。

法律、行政法规以及国务院决定对有限责任公司注册资本实缴、注册资本最低限额另有规定的，从其规定。

**第二十七条**　股东可以用货币出资，也可以用实物、知识产权、土地使用权等可以用货币估价并可以依法转让的非货币财产作价出资；但是，法律、行政法规规定不得作为出资的财产除外。

对作为出资的非货币财产应当评估作价，核实财产，不得高估或者低估作价。法律、行政法规对评估作价有规定的，从其规定。

全体股东的货币出资金额不得低于有限责任公司注册资本的百分之三十。

**第二十八条**　股东应当按期足额缴纳公司章程中规定的各自所认缴的出资额。股东以货币出资的，应当将货币出资足额存入有限责任公司在银行开设的账户；以非货币财产出资的，应当依法办理其财产权的转移手续。

股东不按照前款规定缴纳出资的，除应当向公司足额缴纳外，还应当向已按期足额缴纳出资的股东承担违约责任。

**第二十九条**　股东认足公司章程规定的出资后，由全体股东指定的代表或者共同委托的代理人向公司登记机关报送公司登记申请书、公司章程等文件，申请设立登记。

**第三十条**　有限责任公司成立后，发现作为设立公司出资的非货币财产的实际价额显著低于公司章程所定价额的，应当由交付该出资的股东补足其差额；公司设立时的其他股东承担连带责任。

**第三十一条**　有限责任公司成立后，应当向股东签发出资证明书。

出资证明书应当载明下列事项：

(一)公司名称；

(二)公司成立日期；

(三)公司注册资本；

(四)股东的姓名或者名称、缴纳的出资额和出资日期；

(五)出资证明书的编号和核发日期。

出资证明书由公司盖章。

**第三十二条**　有限责任公司应当置备股东名册，记载下列事项：

(一)股东的姓名或者名称及住所；

(二)股东的出资额；

(三)出资证明书编号。

记载于股东名册的股东，可以依股东名册主张行使股东权利。

公司应当将股东的姓名或者名称及其出资额向公司登记机关登记；登记事项发生变更的，应当办理变更登记。未经登记或者变更登记的，不得对抗第三人。

**第三十三条**　股东有权查阅、复制公司章程、股东会会议记录、董事会会议决议、监事会会议决议和财务会计报告。

股东可以要求查阅公司会计账簿。股东要求查阅公司会计账簿的，应当向公司提出书面请求，说明目的。公司有合理根据认为股东查阅会计账簿有不正当目的，可能损害公司合法利益的，可以拒绝提供查阅，并应当自股东提出书面请求之日起十五日内书面答复股东并说明理由。公司拒绝提供查阅的，股东可以请求人民法院要求公司提供查阅。

**第三十四条**　股东按照实缴的出资比例分取红利；公司新增资本

时，股东有权优先按照实缴的出资比例认缴出资。但是，全体股东约定不按照出资比例分取红利或者不按照出资比例优先认缴出资的除外。

**第三十五条**　公司成立后，股东不得抽逃出资。

## 第二节　组 织 机 构

**第三十六条**　有限责任公司股东会由全体股东组成。股东会是公司的权力机构，依照本法行使职权。

**第三十七条**　股东会行使下列职权：

（一）决定公司的经营方针和投资计划；

（二）选举和更换非由职工代表担任的董事、监事，决定有关董事、监事的报酬事项；

（三）审议批准董事会的报告；

（四）审议批准监事会或者监事的报告；

（五）审议批准公司的年度财务预算方案、决算方案；

（六）审议批准公司的利润分配方案和弥补亏损方案；

（七）对公司增加或者减少注册资本作出决议；

（八）对发行公司债券作出决议；

（九）对公司合并、分立、解散、清算或者变更公司形式作出决议；

（十）修改公司章程；

（十一）公司章程规定的其他职权。

对前款所列事项股东以书面形式一致表示同意的，可以不召开股东会会议，直接作出决定，并由全体股东在决定文件上签名、盖章。

**第三十八条**　首次股东会会议由出资最多的股东召集和主持，依照本法规定行使职权。

**第三十九条**　股东会会议分为定期会议和临时会议。

定期会议应当依照公司章程的规定按时召开。代表十分之一以上表决权的股东，三分之一以上的董事，监事会或者不设监事会的公司的监事提议召开临时会议的，应当召开临时会议。

**第四十条**　有限责任公司设立董事会的，股东会会议由董事会召集，董事长主持；董事长不能履行职务或者不履行职务的，由副董事长主持；副董事长不能履行职务或者不履行职务的，由半数以上董事共同推举一名董事主持。

有限责任公司不设董事会的，股东会会议由执行董事召集和主持。

董事会或者执行董事不能履行或者不履行召集股东会会议职责的，由监事会或者不设监事会的公司的监事召集和主持；监事会或者监事不召集和主持的，代表十分之一以上表决权的股东可以自行召集和主持。

**第四十一条** 召开股东会会议，应当于会议召开十五日前通知全体股东；但是，公司章程另有规定或者全体股东另有约定的除外。

股东会应当对所议事项的决定作成会议记录，出席会议的股东应当在会议记录上签名。

**第四十二条** 股东会会议由股东按照出资比例行使表决权；但是，公司章程另有规定的除外。

**第四十三条** 股东会的议事方式和表决程序，除本法有规定的外，由公司章程规定。

股东会会议作出修改公司章程、增加或者减少注册资本的决议，以及公司合并、分立、解散或者变更公司形式的决议，必须经代表三分之二以上表决权的股东通过。

**第四十四条** 有限责任公司设董事会，其成员为三人至十三人；但是，本法第五十一条另有规定的除外。

两个以上的国有企业或者两个以上的其他国有投资主体投资设立的有限责任公司，其董事会成员中应当有公司职工代表；其他有限责任公司董事会成员中可以有公司职工代表。董事会中的职工代表由公司职工通过职工代表大会、职工大会或者其他形式民主选举产生。

董事会设董事长一人，可以设副董事长。董事长、副董事长的产生办法由公司章程规定。

**第四十五条** 董事任期由公司章程规定，但每届任期不得超过三年。董事任期届满，连选可以连任。

董事任期届满未及时改选，或者董事在任期内辞职导致董事会成员低于法定人数的，在改选出的董事就任前，原董事仍应当依照法律、行政法规和公司章程的规定，履行董事职务。

**第四十六条**　董事会对股东会负责，行使下列职权：

（一）召集股东会会议，并向股东会报告工作；

（二）执行股东会的决议；

（三）决定公司的经营计划和投资方案；

（四）制订公司的年度财务预算方案、决算方案；

（五）制订公司的利润分配方案和弥补亏损方案；

（六）制订公司增加或者减少注册资本以及发行公司债券的方案；

（七）制订公司合并、分立、解散或者变更公司形式的方案；

（八）决定公司内部管理机构的设置；

（九）决定聘任或者解聘公司经理及其报酬事项，并根据经理的提名决定聘任或者解聘公司副经理、财务负责人及其报酬事项；

（十）制定公司的基本管理制度；

（十一）公司章程规定的其他职权。

**第四十七条**　董事会会议由董事长召集和主持；董事长不能履行职务或者不履行职务的，由副董事长召集和主持；副董事长不能履行职务或者不履行职务的，由半数以上董事共同推举一名董事召集和主持。

**第四十八条**　董事会的议事方式和表决程序，除本法有规定的外，由公司章程规定。

董事会应当对所议事项的决定作成会议记录，出席会议的董事应当在会议记录上签名。

董事会决议的表决，实行一人一票。

**第四十九条**　有限责任公司可以设经理，由董事会决定聘任或者解聘。经理对董事会负责，行使下列职权：

（一）主持公司的生产经营管理工作，组织实施董事会决议；

（二）组织实施公司年度经营计划和投资方案；

（三）拟订公司内部管理机构设置方案；

（四）拟订公司的基本管理制度；

（五）制定公司的具体规章；

（六）提请聘任或者解聘公司副经理、财务负责人；

（七）决定聘任或者解聘除应由董事会决定聘任或者解聘以外的负责管理人员；

（八）董事会授予的其他职权。

公司章程对经理职权另有规定的，从其规定。

经理列席董事会会议。

**第五十条** 股东人数较少或者规模较小的有限责任公司，可以设一名执行董事，不设董事会。执行董事可以兼任公司经理。

执行董事的职权由公司章程规定。

**第五十一条** 有限责任公司设监事会，其成员不得少于三人。股东人数较少或者规模较小的有限责任公司，可以设一至二名监事，不设监事会。

监事会应当包括股东代表和适当比例的公司职工代表，其中职工代表的比例不得低于三分之一，具体比例由公司章程规定。监事会中的职工代表由公司职工通过职工代表大会、职工大会或者其他形式民主选举产生。

监事会设主席一人，由全体监事过半数选举产生。监事会主席召集和主持监事会会议；监事会主席不能履行职务或者不履行职务的，由半数以上监事共同推举一名监事召集和主持监事会会议。

董事、高级管理人员不得兼任监事。

**第五十二条** 监事的任期每届为三年。监事任期届满，连选可以连任。

监事任期届满未及时改选，或者监事在任期内辞职导致监事会成员低于法定人数的，在改选出的监事就任前，原监事仍应当依照法律、行政法规和公司章程的规定，履行监事职务。

**第五十三条** 监事会、不设监事会的公司的监事行使下列职权：

（一）检查公司财务；

（二）对董事、高级管理人员执行公司职务的行为进行监督，对违反法律、行政法规、公司章程或者股东会决议的董事、高级管理人员提出罢免的建议；

（三）当董事、高级管理人员的行为损害公司的利益时，要求董事、高级管理人员予以纠正；

（四）提议召开临时股东会会议，在董事会不履行本法规定的召集和主持股东会会议职责时召集和主持股东会会议；

（五）向股东会会议提出提案；

（六）依照本法第一百五十二条的规定，对董事、高级管理人员提起诉讼；

（七）公司章程规定的其他职权。

**第五十四条**　监事可以列席董事会会议，并对董事会决议事项提出质询或者建议。

监事会、不设监事会的公司的监事发现公司经营情况异常，可以进行调查；必要时，可以聘请会计师事务所等协助其工作，费用由公司承担。

**第五十五条**　监事会每年度至少召开一次会议，监事可以提议召开临时监事会会议。

监事会的议事方式和表决程序，除本法有规定的外，由公司章程规定。

监事会决议应当经半数以上监事通过。

监事会应当对所议事项的决定作成会议记录，出席会议的监事应当在会议记录上签名。

**第五十六条**　监事会、不设监事会的公司的监事行使职权所必需的费用，由公司承担。

## 第三节　一人有限责任公司的特别规定

**第五十七条**　一人有限责任公司的设立和组织机构，适用本节规定；本节没有规定的，适用本章第一节、第二节的规定。

本法所称一人有限责任公司，是指只有一个自然人股东或者一个法人股东的有限责任公司。

**第五十八条**　一个自然人只能投资设立一个一人有限责任公司。

该一人有限责任公司不能投资设立新的一人有限责任公司。

**第五十九条** 一人有限责任公司应当在公司登记中注明自然人独资或者法人独资，并在公司营业执照中载明。

**第六十条** 一人有限责任公司章程由股东制定。

**第六十一条** 一人有限责任公司不设股东会。股东作出本法第三十八条第一款所列决定时，应当采用书面形式，并由股东签名后置备于公司。

**第六十二条** 一人有限责任公司应当在每一会计年度终了时编制财务会计报告，并经会计师事务所审计。

**第六十三条** 一人有限责任公司的股东不能证明公司财产独立于股东自己的财产的，应当对公司债务承担连带责任。

## 第四节 国有独资公司的特别规定

**第六十四条** 国有独资公司的设立和组织机构，适用本节规定；本节没有规定的，适用本章第一节、第二节的规定。

本法所称国有独资公司，是指国家单独出资、由国务院或者地方人民政府授权本级人民政府国有资产监督管理机构履行出资人职责的有限责任公司。

**第六十五条** 国有独资公司章程由国有资产监督管理机构制定，或者由董事会制订报国有资产监督管理机构批准。

**第六十六条** 国有独资公司不设股东会，由国有资产监督管理机构行使股东会职权。国有资产监督管理机构可以授权公司董事会行使股东会的部分职权，决定公司的重大事项，但公司的合并、分立、解散、增加或者减少注册资本和发行公司债券，必须由国有资产监督管理机构决定；其中，重要的国有独资公司合并、分立、解散、申请破产的，应当由国有资产监督管理机构审核后，报本级人民政府批准。

前款所称重要的国有独资公司，按照国务院的规定确定。

**第六十七条** 国有独资公司设董事会，依照本法第四十七条、第六十七条的规定行使职权。董事每届任期不得超过三年。董事会成员中应当有公司职工代表。

董事会成员由国有资产监督管理机构委派；但是，董事会成员中的职工代表由公司职工代表大会选举产生。

董事会设董事长一人，可以设副董事长。董事长、副董事长由国有资产监督管理机构从董事会成员中指定。

**第六十八条**　国有独资公司设经理，由董事会聘任或者解聘。经理依照本法第五十条规定行使职权。

经国有资产监督管理机构同意，董事会成员可以兼任经理。

**第六十九条**　国有独资公司的董事长、副董事长、董事、高级管理人员，未经国有资产监督管理机构同意，不得在其他有限责任公司、股份有限公司或者其他经济组织兼职。

**第七十条**　国有独资公司监事会成员不得少于五人，其中职工代表的比例不得低于三分之一，具体比例由公司章程规定。

监事会成员由国有资产监督管理机构委派；但是，监事会成员中的职工代表由公司职工代表大会选举产生。监事会主席由国有资产监督管理机构从监事会成员中指定。

监事会行使本法第五十四条第（一）项至第（三）项规定的职权和国务院规定的其他职权。

## 第三章　有限责任公司的股权转让

**第七十一条**　有限责任公司的股东之间可以相互转让其全部或者部分股权。

股东向股东以外的人转让股权，应当经其他股东过半数同意。股东应就其股权转让事项书面通知其他股东征求同意，其他股东自接到书面通知之日起满三十日未答复的，视为同意转让。其他股东半数以上不同意转让的，不同意的股东应当购买该转让的股权；不购买的，视为同意转让。

经股东同意转让的股权，在同等条件下，其他股东有优先购买权。两个以上股东主张行使优先购买权的，协商确定各自的购买比例；协商不成的，按照转让时各自的出资比例行使优先购买权。

公司章程对股权转让另有规定的，从其规定。

**第七十二条** 人民法院依照法律规定的强制执行程序转让股东的股权时，应当通知公司及全体股东，其他股东在同等条件下有优先购买权。其他股东自人民法院通知之日起满二十日不行使优先购买权的，视为放弃优先购买权。

**第七十三条** 依照本法第七十二条、第七十三条转让股权后，公司应当注销原股东的出资证明书，向新股东签发出资证明书，并相应修改公司章程和股东名册中有关股东及其出资额的记载。对公司章程的该项修改不需再由股东会表决。

**第七十四条** 有下列情形之一的，对股东会该项决议投反对票的股东可以请求公司按照合理的价格收购其股权：

（一）公司连续五年不向股东分配利润，而公司该五年连续盈利，并且符合本法规定的分配利润条件的；

（二）公司合并、分立、转让主要财产的；

（三）公司章程规定的营业期限届满或者章程规定的其他解散事由出现，股东会会议通过决议修改章程使公司存续的。

自股东会会议决议通过之日起六十日内，股东与公司不能达成股权收购协议的，股东可以自股东会会议决议通过之日起九十日内向人民法院提起诉讼。

**第七十五条** 自然人股东死亡后，其合法继承人可以继承股东资格；但是，公司章程另有规定的除外。

# 第四章 股份有限公司的设立和组织机构

## 第一节 设 立

**第七十六条** 设立股份有限公司，应当具备下列条件：

（一）发起人符合法定人数；

（二）有符合公司章程规定的全体发起人认购的股本总额或者募集的实收股本总额；

（三）股份发行、筹办事项符合法律规定；

（四）发起人制订公司章程，采用募集方式设立的经创立大会通过；

（五）有公司名称，建立符合股份有限公司要求的组织机构；

（六）有公司住所。

**第七十七条**　股份有限公司的设立，可以采取发起设立或者募集设立的方式。

发起设立，是指由发起人认购公司应发行的全部股份而设立公司。

募集设立，是指由发起人认购公司应发行股份的一部分，其余股份向社会公开募集或者向特定对象募集而设立公司。

**第七十八条**　设立股份有限公司，应当有二人以上二百人以下为发起人，其中须有半数以上的发起人在中国境内有住所。

**第七十九条**　股份有限公司发起人承担公司筹办事务。

发起人应当签订发起人协议，明确各自在公司设立过程中的权利和义务。

**第八十条**　股份有限公司采取发起设立方式设立的，注册资本为在公司登记机关登记的全体发起人认购的股本总额。在发起人认购的股份缴足前，不得向他人募集股份。

股份有限公司采取募集方式设立的，注册资本为在公司登记机关登记的实收股本总额。

法律、行政法规以及国务院决定对股份有限公司注册资本实缴、注册资本最低限额另有规定的，从其规定。

**第八十一条**　股份有限公司章程应当载明下列事项：

（一）公司名称和住所；

（二）公司经营范围；

（三）公司设立方式；

（四）公司股份总数、每股金额和注册资本；

（五）发起人的姓名或者名称、认购的股份数、出资方式和出资时间；

（六）董事会的组成、职权和议事规则；

（七）公司法定代表人；

（八）监事会的组成、职权和议事规则；

(九)公司利润分配办法；

(十)公司的解散事由与清算办法；

(十一)公司的通知和公告办法；

(十二)股东大会会议认为需要规定的其他事项。

**第八十二条** 发起人的出资方式，适用本法第二十七条的规定。

**第八十三条** 以发起设立方式设立股份有限公司的，发起人应当书面认足公司章程规定其认购的股份，并按照公司章程规定缴纳出资。以非货币财产出资的，应当依法办理其财产权的转移手续。

发起人不依照前款规定缴纳出资的，应当按照发起人协议承担违约责任。

发起人认足公司章程规定的出资后，应当选举董事会和监事会，由董事会向公司登记机关报送公司章程以及法律、行政法规规定的其他文件，申请设立登记。

**第八十四条** 以募集设立方式设立股份有限公司的，发起人认购的股份不得少于公司股份总数的百分之三十五；但是，法律、行政法规另有规定的，从其规定。

**第八十五条** 发起人向社会公开募集股份，必须公告招股说明书，并制作认股书。认股书应当载明本法第八十七条所列事项，由认股人填写认购股数、金额、住所，并签名、盖章。认股人按照所认购股数缴纳股款。

**第八十六条** 招股说明书应当附有发起人制订的公司章程，并载明下列事项：

(一)发起人认购的股份数；

(二)每股的票面金额和发行价格；

(二)无记名股票的发行总数，

(四)募集资金的用途；

(五)认股人的权利、义务；

(六)本次募股的起止期限及逾期未募足时认股人可以撤回所认股份的说明。

**第八十七条** 发起人向社会公开募集股份，应当由依法设立的证券公司承销,签订承销协议。

**第八十八条** 发起人向社会公开募集股份,应当同银行签订代收股款协议。

代收股款的银行应当按照协议代收和保存股款,向缴纳股款的认股人出具收款单据,并负有向有关部门出具收款证明的义务。

**第八十九条** 发行股份的股款缴足后,必须经依法设立的验资机构验资并出具证明。发起人应当自股款缴足之日起三十日内主持召开公司创立大会。创立大会由发起人、认股人组成。

发行的股份超过招股说明书规定的截止期限尚未募足的,或者发行股份的股款缴足后,发起人在三十日内未召开创立大会的,认股人可以按照所缴股款并加算银行同期存款利息,要求发起人返还。

**第九十条** 发起人应当在创立大会召开十五日前将会议日期通知各认股人或者予以公告。创立大会应有代表股份总数过半数的发起人、认股人出席,方可举行。

创立大会行使下列职权:

(一)审议发起人关于公司筹办情况的报告;

(二)通过公司章程;

(三)选举董事会成员;

(四)选举监事会成员;

(五)对公司的设立费用进行审核;

(六)对发起人用于抵作股款的财产的作价进行审核;

(七)发生不可抗力或者经营条件发生重大变化直接影响公司设立的,可以作出不设立公司的决议。

创立大会对前款所列事项作出决议,必须经出席会议的认股人所持表决权过半数通过。

**第九十一条** 发起人、认股人缴纳股款或者交付抵作股款的出资后,除未按期募足股份、发起人未按期召开创立大会或者创立大会决议不设立公司的情形外,不得抽回其股本。

**第九十二条** 董事会应于创立大会结束后三十日内,向公司登记机关报送下列文件,申请设立登记:

（一）公司登记申请书；

（二）创立大会的会议记录；

（三）公司章程；

（四）验资证明；

（五）法定代表人、董事、监事的任职文件及其身份证明；

（六）发起人的法人资格证明或者自然人身份证明；

（七）公司住所证明。

以募集方式设立股份有限公司公开发行股票的，还应当向公司登记机关报送国务院证券监督管理机构的核准文件。

**第九十三条** 股份有限公司成立后，发起人未按照公司章程的规定缴足出资的，应当补缴；其他发起人承担连带责任。

股份有限公司成立后，发现作为设立公司出资的非货币财产的实际价额显著低于公司章程所定价额的，应当由交付该出资的发起人补足其差额；其他发起人承担连带责任。

**第九十四条** 股份有限公司的发起人应当承担下列责任：

（一）公司不能成立时，对设立行为所产生的债务和费用负连带责任；

（二）公司不能成立时，对认股人已缴纳的股款，负返还股款并加算银行同期存款利息的连带责任；

（三）在公司设立过程中，由于发起人的过失致使公司利益受到损害的，应当对公司承担赔偿责任。

**第九十五条** 有限责任公司变更为股份有限公司时，折合的实收股本总额不得高于公司净资产额。有限责任公司变更为股份有限公司，为增加资本公开发行股份时，应当依法办理。

**第九十六条** 股份有限公司应当将公司章程、股东名册、公司债券存根、股东大会会议记录、董事会会议记录、监事会会议记录、财务会计报告置备于本公司。

**第九十七条** 股东有权查阅公司章程、股东名册、公司债券存根、股东大会会议记录、董事会会议决议、监事会会议决议、财务会计报告，对公司的经营提出建议或者质询。

## 第二节　股 东 大 会

**第九十八条**　股份有限公司股东大会由全体股东组成。股东大会是公司的权力机构，依照本法行使职权。

**第九十九条**　本法第三十八条第一款关于有限责任公司股东会职权的规定，适用于股份有限公司股东大会。

**第一百条**　股东大会应当每年召开一次年会。有下列情形之一的，应当在两个月内召开临时股东大会：

（一）董事人数不足本法规定人数或者公司章程所定人数的三分之二时；

（二）公司未弥补的亏损达实收股本总额三分之一时；

（三）单独或者合计持有公司百分之十以上股份的股东请求时；

（四）董事会认为必要时；

（五）监事会提议召开时；

（六）公司章程规定的其他情形。

**第一百零一条**　股东大会会议由董事会召集，董事长主持；董事长不能履行职务或者不履行职务的，由副董事长主持；副董事长不能履行职务或者不履行职务的，由半数以上董事共同推举一名董事主持。

董事会不能履行或者不履行召集股东大会会议职责的，监事会应当及时召集和主持；监事会不召集和主持的，连续九十日以上单独或者合计持有公司百分之十以上股份的股东可以自行召集和主持。

**第一百零二条**　召开股东大会会议，应当将会议召开的时间、地点和审议的事项于会议召开二十日前通知各股东；临时股东大会应当于会议召开十五日前通知各股东；发行无记名股票的，应当于会议召开三十日前公告会议召开的时间、地点和审议事项。

单独或者合计持有公司百分之三以上股份的股东，可以在股东大会召开十日前提出临时提案并书面提交董事会；董事会应当在收到提案后二日内通知其他股东，并将该临时提案提交股东大会审议。临时提案的内容应当属于股东大会职权范围，并有明确议题和具体决议事项。

股东大会不得对前两款通知中未列明的事项作出决议。

无记名股票持有人出席股东大会会议的,应当于会议召开五日前至股东大会闭会时将股票交存于公司。

**第一百零三条** 股东出席股东大会会议,所持每一股份有一表决权。但是,公司持有的本公司股份没有表决权。

股东大会作出决议,必须经出席会议的股东所持表决权过半数通过。但是,股东大会作出修改公司章程、增加或者减少注册资本的决议,以及公司合并、分立、解散或者变更公司形式的决议,必须经出席会议的股东所持表决权的三分之二以上通过。

**第一百零四条** 本法和公司章程规定公司转让、受让重大资产或者对外提供担保等事项必须经股东大会作出决议的,董事会应当及时召集股东大会会议,由股东大会就上述事项进行表决。

**第一百零五条** 股东大会选举董事、监事,可以依照公司章程的规定或者股东大会的决议,实行累积投票制。

本法所称累积投票制,是指股东大会选举董事或者监事时,每一股份拥有与应选董事或者监事人数相同的表决权,股东拥有的表决权可以集中使用。

**第一百零六条** 股东可以委托代理人出席股东大会会议,代理人应当向公司提交股东授权委托书,并在授权范围内行使表决权。

**第一百零七条** 股东大会应当对所议事项的决定作成会议记录,主持人、出席会议的董事应当在会议记录上签名。会议记录应当与出席股东的签名册及代理出席的委托书一并保存。

## 第三节 董事会、经理

**第一百零八条** 股份有限公司设董事会,其成员为五人至十九人。

董事会成员中可以有公司职工代表。董事会中的职工代表由公司职工通过职工代表大会、职工大会或者其他形式民主选举产生。

本法第四十六条关于有限责任公司董事任期的规定,适用于股份有限公司董事。

本法第四十七条关于有限责任公司董事会职权的规定,适用于股份有限公司董事会。

**第一百零九条**　董事会设董事长一人，可以设副董事长。董事长和副董事长由董事会以全体董事的过半数选举产生。

董事长召集和主持董事会会议，检查董事会决议的实施情况。副董事长协助董事长工作，董事长不能履行职务或者不履行职务的，由副董事长履行职务；副董事长不能履行职务或者不履行职务的，由半数以上董事共同推举一名董事履行职务。

**第一百一十条**　董事会每年度至少召开两次会议，每次会议应当于会议召开十日前通知全体董事和监事。

代表十分之一以上表决权的股东、三分之一以上董事或者监事会，可以提议召开董事会临时会议。董事长应当自接到提议后十日内，召集和主持董事会会议。

董事会召开临时会议，可以另定召集董事会的通知方式和通知时限。

**第一百一十一条**　董事会会议应有过半数的董事出席方可举行。董事会作出决议，必须经全体董事的过半数通过。

董事会决议的表决，实行一人一票。

**第一百一十二条**　董事会会议，应由董事本人出席；董事因故不能出席，可以书面委托其他董事代为出席，委托书中应载明授权范围。

董事会应当对会议所议事项的决定作成会议记录，出席会议的董事应当在会议记录上签名。

董事应当对董事会的决议承担责任。董事会的决议违反法律、行政法规或者公司章程、股东大会决议，致使公司遭受严重损失的，参与决议的董事对公司负赔偿责任。但经证明在表决时曾表明异议并记载于会议记录的，该董事可以免除责任。

**第一百一十三条**　股份有限公司设经理，由董事会决定聘任或者解聘。

本法第五十条关于有限责任公司经理职权的规定，适用于股份有限公司经理。

**第一百一十四条** 公司董事会可以决定由董事会成员兼任经理。

**第一百一十五条** 公司不得直接或者通过子公司向董事、监事、高级管理人员提供借款。

**第一百一十六条** 公司应当定期向股东披露董事、监事、高级管理人员从公司获得报酬的情况。

## 第四节 监 事 会

**第一百一十七条** 股份有限公司设监事会,其成员不得少于三人。

监事会应当包括股东代表和适当比例的公司职工代表,其中职工代表的比例不得低于三分之一,具体比例由公司章程规定。监事会中的职工代表由公司职工通过职工代表大会、职工大会或者其他形式民主选举产生。

监事会设主席一人,可以设副主席。监事会主席和副主席由全体监事过半数选举产生。监事会主席召集和主持监事会会议;监事会主席不能履行职务或者不履行职务的,由监事会副主席召集和主持监事会会议;监事会副主席不能履行职务或者不履行职务的,由半数以上监事共同推举一名监事召集和主持监事会会议。

董事、高级管理人员不得兼任监事。

本法第五十三条关于有限责任公司监事任期的规定,适用于股份有限公司监事。

**第一百一十八条** 本法第五十四条、第五十五条关于有限责任公司监事会职权的规定,适用于股份有限公司监事会。

监事会行使职权所必需的费用,由公司承担。

**第一百一十九条** 监事会每六个月至少召开一次会议。监事可以提议召开临时监事会会议。

监事会的议事方式和表决程序,除本法有规定的外,由公司章程规定。

监事会决议应当经半数以上监事通过。

监事会应当对所议事项的决定作成会议记录,出席会议的监事应当在会议记录上签名。

### 第五节　上市公司组织机构的特别规定

**第一百二十条**　本法所称上市公司，是指其股票在证券交易所上市交易的股份有限公司。

**第一百二十一条**　上市公司在一年内购买、出售重大资产或者担保金额超过公司资产总额百分之三十的，应当由股东大会作出决议，并经出席会议的股东所持表决权的三分之二以上通过。

**第一百二十二条**　上市公司设立独立董事，具体办法由国务院规定。

**第一百二十三条**　上市公司设董事会秘书，负责公司股东大会和董事会会议的筹备、文件保管以及公司股东资料的管理，办理信息披露事务等事宜。

**第一百二十四条**　上市公司董事与董事会会议决议事项所涉及的企业有关联关系的，不得对该项决议行使表决权，也不得代理其他董事行使表决权。该董事会会议由过半数的无关联关系董事出席即可举行，董事会会议所作决议须经无关联关系董事过半数通过。出席董事会的无关联关系董事人数不足三人的，应将该事项提交上市公司股东大会审议。

## 第五章　股份有限公司的股份发行和转让

### 第一节　股 份 发 行

**第一百二十五条**　股份有限公司的资本划分为股份，每一股的金额相等。

公司的股份采取股票的形式。股票是公司签发的证明股东所持股份的凭证。

**第一百二十六条**　股份的发行，实行公平、公正的原则，同种类的每一股份应当具有同等权利。

同次发行的同种类股票，每股的发行条件和价格应当相同；任何单位或者个人所认购的股份，每股应当支付相同价额。

**第一百二十七条** 股票发行价格可以按票面金额，也可以超过票面金额，但不得低于票面金额。

**第一百二十八条** 股票采用纸面形式或者国务院证券监督管理机构规定的其他形式。

股票应当载明下列主要事项：

（一）公司名称；

（二）公司成立日期；

（三）股票种类、票面金额及代表的股份数；

（四）股票的编号。

股票由法定代表人签名，公司盖章。

发起人的股票，应当标明发起人股票字样。

**第一百二十九条** 公司发行的股票，可以为记名股票，也可以为无记名股票。

公司向发起人、法人发行的股票，应当为记名股票，并应当记载该发起人、法人的名称或者姓名，不得另立户名或者以代表人姓名记名。

**第一百三十条** 公司发行记名股票的，应当置备股东名册，记载下列事项：

（一）股东的姓名或者名称及住所；

（二）各股东所持股份数；

（三）各股东所持股票的编号；

（四）各股东取得股份的日期。

发行无记名股票的，公司应当记载其股票数量、编号及发行日期。

**第一百三十一条** 国务院可以对公司发行本法规定以外的其他种类的股份，另行作出规定。

**第一百三十二条** 股份有限公司成立后，即向股东正式交付股票。公司成立前不得向股东交付股票。

**第一百三十三条** 公司发行新股，股东大会应当对下列事项作出决议：

（一）新股种类及数额；

（二）新股发行价格；

（三）新股发行的起止日期；

（四）向原有股东发行新股的种类及数额。

**第一百三十四条**　公司经国务院证券监督管理机构核准公开发行新股时，必须公告新股招股说明书和财务会计报告，并制作认股书。

本法第八十八条、第八十九条的规定适用于公司公开发行新股。

**第一百三十五条**　公司发行新股，可以根据公司经营情况和财务状况，确定其作价方案。

**第一百三十六条**　公司发行新股募足股款后，必须向公司登记机关办理变更登记，并公告。

## 第二节　股份转让

**第一百三十七条**　股东持有的股份可以依法转让。

**第一百三十八条**　股东转让其股份，应当在依法设立的证券交易场所进行或者按照国务院规定的其他方式进行。

**第一百三十九条**　记名股票，由股东以背书方式或者法律、行政法规规定的其他方式转让；转让后由公司将受让人的姓名或者名称及住所记载于股东名册。

股东大会召开前二十日内或者公司决定分配股利的基准日前五日内，不得进行前款规定的股东名册的变更登记。但是，法律对上市公司股东名册变更登记另有规定的，从其规定。

**第一百四十条**　无记名股票的转让，由股东将该股票交付给受让人后即发生转让的效力。

**第一百四十一条**　发起人持有的本公司股份，自公司成立之日起一年内不得转让。公司公开发行股份前已发行的股份，自公司股票在证券交易所上市交易之日起一年内不得转让。

公司董事、监事、高级管理人员应当向公司申报所持有的本公司的股份及其变动情况，在任职期间每年转让的股份不得超过其所持有本公司股份总数的百分之二十五；所持本公司股份自公司股票上市交易之日起一年内不得转让。上述人员离职后半年内，不得转让其所持有的本公司股份。公司章程可以对公司董事、监事、高级管理人员转让其所持有的本公司股份作出其他限制性规定。

**第一百四十二条** 公司不得收购本公司股份。但是，有下列情形之一的除外：

（一）减少公司注册资本；

（二）与持有本公司股份的其他公司合并；

（三）将股份奖励给本公司职工；

（四）股东因对股东大会作出的公司合并、分立决议持异议，要求公司收购其股份的。

公司因前款第（一）项至第（三）项的原因收购本公司股份的，应当经股东大会决议。公司依照前款规定收购本公司股份后，属于第（一）项情形的，应当自收购之日起十日内注销；属于第（二）项、第（四）项情形的，应当在六个月内转让或者注销。

公司依照第一款第（三）项规定收购的本公司股份，不得超过本公司已发行股份总额的百分之五；用于收购的资金应当从公司的税后利润中支出；所收购的股份应当在一年内转让给职工。

公司不得接受本公司的股票作为质押权的标的。

**第一百四十三条** 记名股票被盗、遗失或者灭失，股东可以依照《中华人民共和国民事诉讼法》规定的公示催告程序，请求人民法院宣告该股票失效。人民法院宣告该股票失效后，股东可以向公司申请补发股票。

**第一百四十四条** 上市公司的股票，依照有关法律、行政法规及证券交易所交易规则上市交易。

**第一百四十五条** 上市公司必须依照法律、行政法规的规定，公开其财务状况、经营情况及重大诉讼，在每会计年度内半年公布一次财务会计报告。

## 第六章 公司董事、监事、高级管理人员的资格和义务

**第一百四十六条** 有下列情形之一的，不得担任公司的董事、监事、高级管理人员：

（一）无民事行为能力或者限制民事行为能力；

（二）因贪污、贿赂、侵占财产、挪用财产或者破坏社会主义市场经济秩序，被判处刑罚，执行期满未逾五年，或者因犯罪被剥夺政治权利，执行期满未逾五年；

（三）担任破产清算的公司、企业的董事或者厂长、经理，对该公司、企业的破产负有个人责任的，自该公司、企业破产清算完结之日起未逾三年；

（四）担任因违法被吊销营业执照、责令关闭的公司、企业的法定代表人，并负有个人责任的，自该公司、企业被吊销营业执照之日起未逾三年；

（五）个人所负数额较大的债务到期未清偿。

公司违反前款规定选举、委派董事、监事或者聘任高级管理人员的，该选举、委派或者聘任无效。

董事、监事、高级管理人员在任职期间出现本条第一款所列情形的，公司应当解除其职务。

**第一百四十七条**　董事、监事、高级管理人员应当遵守法律、行政法规和公司章程，对公司负有忠实义务和勤勉义务。

董事、监事、高级管理人员不得利用职权收受贿赂或者其他非法收入，不得侵占公司的财产。

**第一百四十八条**　董事、高级管理人员不得有下列行为：

（一）挪用公司资金；

（二）将公司资金以其个人名义或者以其他个人名义开立账户存储；

（三）违反公司章程的规定，未经股东会、股东大会或者董事会同意，将公司资金借贷给他人或者以公司财产为他人提供担保；

（四）违反公司章程的规定或者未经股东会、股东大会同意，与本公司订立合同或者进行交易；

（五）未经股东会或者股东大会同意，利用职务便利为自己或者他人谋取属于公司的商业机会，自营或者为他人经营与所任职公司同类的业务；

(六)接受他人与公司交易的佣金归为己有；

(七)擅自披露公司秘密；

(八)违反对公司忠实义务的其他行为。

董事、高级管理人员违反前款规定所得的收入应当归公司所有。

**第一百四十九条** 董事、监事、高级管理人员执行公司职务时违反法律、行政法规或者公司章程的规定,给公司造成损失的,应当承担赔偿责任。

**第一百五十条** 股东会或者股东大会要求董事、监事、高级管理人员列席会议的,董事、监事、高级管理人员应当列席并接受股东的质询。

董事、高级管理人员应当如实向监事会或者不设监事会的有限责任公司的监事提供有关情况和资料,不得妨碍监事会或者监事行使职权。

**第一百五十一条** 董事、高级管理人员有本法第一百五十条规定的情形的,有限责任公司的股东、股份有限公司连续一百八十日以上单独或者合计持有公司百分之一以上股份的股东,可以书面请求监事会或者不设监事会的有限责任公司的监事向人民法院提起诉讼;监事有本法第一百五十条规定的情形的,前述股东可以书面请求董事会或者不设董事会的有限责任公司的执行董事向人民法院提起诉讼。

监事会、不设监事会的有限责任公司的监事,或者董事会、执行董事收到前款规定的股东书面请求后拒绝提起诉讼,或者自收到请求之日起三十日内未提起诉讼,或者情况紧急、不立即提起诉讼将会使公司利益受到难以弥补的损害的,前款规定的股东有权为了公司的利益以自己的名义直接向人民法院提起诉讼。

他人侵犯公司合法权益,给公司造成损失的,本条第一款规定的股东可以依照前两款的规定向人民法院提起诉讼。

**第一百五十二条** 董事、高级管理人员违反法律、行政法规或者公司章程的规定,损害股东利益的,股东可以向人民法院提起诉讼。

## 第七章　公 司 债 券

**第一百五十三条**　本法所称公司债券，是指公司依照法定程序发行、约定在一定期限还本付息的有价证券。

公司发行公司债券应当符合《中华人民共和国证券法》规定的发行条件。

**第一百五十四条**　发行公司债券的申请经国务院授权的部门核准后，应当公告公司债券募集办法。

公司债券募集办法中应当载明下列主要事项：

（一）公司名称；

（二）债券募集资金的用途；

（三）债券总额和债券的票面金额；

（四）债券利率的确定方式；

（五）还本付息的期限和方式；

（六）债券担保情况；

（七）债券的发行价格、发行的起止日期；

（八）公司净资产额；

（九）已发行的尚未到期的公司债券总额；

（十）公司债券的承销机构。

**第一百五十五条**　公司以实物券方式发行公司债券的，必须在债券上载明公司名称、债券票面金额、利率、偿还期限等事项，并由法定代表人签名，公司盖章。

**第一百五十六条**　公司债券，可以为记名债券，也可以为无记名债券。

**第一百五十七条**　公司发行公司债券应当置备公司债券存根簿。

发行记名公司债券的，应当在公司债券存根簿上载明下列事项：

（一）债券持有人的姓名或者名称及住所；

（二）债券持有人取得债券的日期及债券的编号；

（三）债券总额，债券的票面金额、利率、还本付息的期限和方式；

（四）债券的发行日期。

发行无记名公司债券的，应当在公司债券存根簿上载明债券总额、利率、偿还期限和方式、发行日期及债券的编号。

**第一百五十八条** 记名公司债券的登记结算机构应当建立债券登记、存管、付息、兑付等相关制度。

**第一百五十九条** 公司债券可以转让，转让价格由转让人与受让人约定。

公司债券在证券交易所上市交易的，按照证券交易所的交易规则转让。

**第一百六十条** 记名公司债券，由债券持有人以背书方式或者法律、行政法规规定的其他方式转让；转让后由公司将受让人的姓名或者名称及住所记载于公司债券存根簿。

无记名公司债券的转让，由债券持有人将该债券交付给受让人后即发生转让的效力。

**第一百六十一条** 上市公司经股东大会决议可以发行可转换为股票的公司债券，并在公司债券募集办法中规定具体的转换办法。上市公司发行可转换为股票的公司债券，应当报国务院证券监督管理机构核准。

发行可转换为股票的公司债券，应当在债券上标明可转换公司债券字样，并在公司债券存根簿上载明可转换公司债券的数额。

**第一百六十二条** 发行可转换为股票的公司债券的，公司应当按照其转换办法向债券持有人换发股票，但债券持有人对转换股票或者不转换股票有选择权。

## 第八章 公司财务、会计

**第一百六十三条** 公司应当依照法律、行政法规和国务院财政部门的规定建立本公司的财务、会计制度。

**第一百六十四条** 公司应当在每一会计年度终了时编制财务会计报告，并依法经会计师事务所审计。

财务会计报告应当依照法律、行政法规和国务院财政部门的规定制作。

**第一百六十五条**　有限责任公司应当依照公司章程规定的期限将财务会计报告送交各股东。

股份有限公司的财务会计报告应当在召开股东大会年会的二十日前置备于本公司，供股东查阅；公开发行股票的股份有限公司必须公告其财务会计报告。

**第一百六十六条**　公司分配当年税后利润时，应当提取利润的百分之十列入公司法定公积金。公司法定公积金累计额为公司注册资本的百分之五十以上的，可以不再提取。

公司的法定公积金不足以弥补以前年度亏损的，在依照前款规定提取法定公积金之前，应当先用当年利润弥补亏损。

公司从税后利润中提取法定公积金后，经股东会或者股东大会决议，还可以从税后利润中提取任意公积金。

公司弥补亏损和提取公积金后所余税后利润，有限责任公司依照本法第三十五条的规定分配；股份有限公司按照股东持有的股份比例分配，但股份有限公司章程规定不按持股比例分配的除外。

股东会、股东大会或者董事会违反前款规定，在公司弥补亏损和提取法定公积金之前向股东分配利润的，股东必须将违反规定分配的利润退还公司。

公司持有的本公司股份不得分配利润。

**第一百六十七条**　股份有限公司以超过股票票面金额的发行价格发行股份所得的溢价款以及国务院财政部门规定列入资本公积金的其他收入，应当列为公司资本公积金。

**第一百六十八条**　公司的公积金用于弥补公司的亏损、扩大公司生产经营或者转为增加公司资本。但是，资本公积金不得用于弥补公司的亏损。

法定公积金转为资本时，所留存的该项公积金不得少于转增前公司注册资本的百分之二十五。

**第一百六十九条**　公司聘用、解聘承办公司审计业务的会计师事务所，依照公司章程的规定，由股东会、股东大会或者董事会决定。

公司股东会、股东大会或者董事会就解聘会计师事务所进行表决时，应当允许会计师事务所陈述意见。

**第一百七十条** 公司应当向聘用的会计师事务所提供真实、完整的会计凭证、会计账簿、财务会计报告及其他会计资料，不得拒绝、隐匿、谎报。

**第一百七十一条** 公司除法定的会计账簿外，不得另立会计账簿。

对公司资产，不得以任何个人名义开立账户存储。

## 第九章 公司合并、分立、增资、减资

**第一百七十二条** 公司合并可以采取吸收合并或者新设合并。

一个公司吸收其他公司为吸收合并，被吸收的公司解散。两个以上公司合并设立一个新的公司为新设合并，合并各方解散。

**第一百七十三条** 公司合并，应当由合并各方签订合并协议，并编制资产负债表及财产清单。公司应当自作出合并决议之日起十日内通知债权人，并于三十日内在报纸上公告。债权人自接到通知书之日起三十日内，未接到通知书的自公告之日起四十五日内，可以要求公司清偿债务或者提供相应的担保。

**第一百七十四条** 公司合并时，合并各方的债权、债务，应当由合并后存续的公司或者新设的公司承继。

**第一百七十五条** 公司分立，其财产作相应的分割。

公司分立，应当编制资产负债表及财产清单。公司应当自作出分立决议之日起十日内通知债权人，并于三十日内在报纸上公告。

**第一百七十六条** 公司分立前的债务由分立后的公司承担连带责任。但是，公司在分立前与债权人就债务清偿达成的书面协议另有约定的除外。

**第一百七十七条** 公司需要减少注册资本时，必须编制资产负债表及财产清单。

公司应当自作出减少注册资本决议之日起十日内通知债权人，并

于三十日内在报纸上公告。债权人自接到通知书之日起三十日内，未接到通知书的自公告之日起四十五日内，有权要求公司清偿债务或者提供相应的担保。

公司减资后的注册资本不得低于法定的最低限额。

**第一百七十八条**　有限责任公司增加注册资本时，股东认缴新增资本的出资，依照本法设立有限责任公司缴纳出资的有关规定执行。

股份有限公司为增加注册资本发行新股时，股东认购新股，依照本法设立股份有限公司缴纳股款的有关规定执行。

**第一百七十九条**　公司合并或者分立，登记事项发生变更的，应当依法向公司登记机关办理变更登记；公司解散的，应当依法办理公司注销登记；设立新公司的，应当依法办理公司设立登记。

公司增加或者减少注册资本，应当依法向公司登记机关办理变更登记。

## 第十章　公司解散和清算

**第一百八十条**　公司因下列原因解散：

(一)公司章程规定的营业期限届满或者公司章程规定的其他解散事由出现；

(二)股东会或者股东大会决议解散；

(三)因公司合并或者分立需要解散；

(四)依法被吊销营业执照、责令关闭或者被撤销；

(五)人民法院依照本法第一百八十三条的规定予以解散。

**第一百八十一条**　公司有本法第一百八十一条第(一)项情形的，可以通过修改公司章程而存续。

依照前款规定修改公司章程，有限责任公司须经持有三分之二以上表决权的股东通过，股份有限公司须经出席股东大会会议的股东所持表决权的三分之二以上通过。

**第一百八十二条**　公司经营管理发生严重困难，继续存续会使股东利益受到重大损失，通过其他途径不能解决的，持有公司全部股东表决权百分之十以上的股东,可以请求人民法院解散公司。

**第一百八十三条** 公司因本法第一百八十一条第(一)项、第(二)项、第(四)项、第(五)项规定而解散的,应当在解散事由出现之日起十五日内成立清算组,开始清算。有限责任公司的清算组由股东组成,股份有限公司的清算组由董事或者股东大会确定的人员组成。逾期不成立清算组进行清算的,债权人可以申请人民法院指定有关人员组成清算组进行清算。人民法院应当受理该申请,并及时组织清算组进行清算。

**第一百八十四条** 清算组在清算期间行使下列职权:

(一)清理公司财产,分别编制资产负债表和财产清单;

(二)通知、公告债权人;

(三)处理与清算有关的公司未了结的业务;

(四)清缴所欠税款以及清算过程中产生的税款;

(五)清理债权、债务;

(六)处理公司清偿债务后的剩余财产;

(七)代表公司参与民事诉讼活动。

**第一百八十五条** 清算组应当自成立之日起十日内通知债权人,并于六十日内在报纸上公告。债权人应当自接到通知书之日起三十日内,未接到通知书的自公告之日起四十五日内,向清算组申报其债权。

债权人申报债权,应当说明债权的有关事项,并提供证明材料。清算组应当对债权进行登记。

在申报债权期间,清算组不得对债权人进行清偿。

**第一百八十六条** 清算组在清理公司财产、编制资产负债表和财产清单后,应当制定清算方案,并报股东会、股东大会或者人民法院确认。

公司财产在分别支付清算费用、职工的工资、社会保险费用和法定补偿金,缴纳所欠税款,清偿公司债务后的剩余财产,有限责任公司按照股东的出资比例分配,股份有限公司按照股东持有的股份比例分配。

清算期间,公司存续,但不得开展与清算无关的经营活动。公司财产在未依照前款规定清偿前,不得分配给股东。

**第一百八十七条**　清算组在清理公司财产、编制资产负债表和财产清单后，发现公司财产不足清偿债务的，应当依法向人民法院申请宣告破产。

公司经人民法院裁定宣告破产后，清算组应当将清算事务移交给人民法院。

**第一百八十八条**　公司清算结束后，清算组应当制作清算报告，报股东会、股东大会或者人民法院确认，并报送公司登记机关，申请注销公司登记，公告公司终止。

**第一百八十九条**　清算组成员应当忠于职守，依法履行清算义务。

清算组成员不得利用职权收受贿赂或者其他非法收入，不得侵占公司财产。

清算组成员因故意或者重大过失给公司或者债权人造成损失的，应当承担赔偿责任。

**第一百九十条**　公司被依法宣告破产的，依照有关企业破产的法律实施破产清算。

## 第十一章　外国公司的分支机构

**第一百九十一条**　本法所称外国公司是指依照外国法律在中国境外设立的公司。

**第一百九十二条**　外国公司在中国境内设立分支机构，必须向中国主管机关提出申请，并提交其公司章程、所属国的公司登记证书等有关文件，经批准后，向公司登记机关依法办理登记，领取营业执照。

外国公司分支机构的审批办法由国务院另行规定。

**第一百九十三条**　外国公司在中国境内设立分支机构，必须在中国境内指定负责该分支机构的代表人或者代理人，并向该分支机构拨付与其所从事的经营活动相适应的资金。

对外国公司分支机构的经营资金需要规定最低限额的，由国务院另行规定。

**第一百九十四条**　外国公司的分支机构应当在其名称中标明该外

国公司的国籍及责任形式。

外国公司的分支机构应当在本机构中置备该外国公司章程。

**第一百九十五条** 外国公司在中国境内设立的分支机构不具有中国法人资格。

外国公司对其分支机构在中国境内进行经营活动承担民事责任。

**第一百九十六条** 经批准设立的外国公司分支机构,在中国境内从事业务活动,必须遵守中国的法律,不得损害中国的社会公共利益,其合法权益受中国法律保护。

**第一百九十七条** 外国公司撤销其在中国境内的分支机构时,必须依法清偿债务,依照本法有关公司清算程序的规定进行清算。未清偿债务之前,不得将其分支机构的财产移至中国境外。

## 第十二章 法律责任

**第一百九十八条** 违反本法规定,虚报注册资本、提交虚假材料或者采取其他欺诈手段隐瞒重要事实取得公司登记的,由公司登记机关责令改正,对虚报注册资本的公司,处以虚报注册资本金额百分之五以上百分之十五以下的罚款;对提交虚假材料或者采取其他欺诈手段隐瞒重要事实的公司,处以五万元以上五十万元以下的罚款;情节严重的,撤销公司登记或者吊销营业执照。

**第一百九十九条** 公司的发起人、股东虚假出资,未交付或者未按期交付作为出资的货币或者非货币财产的,由公司登记机关责令改正,处以虚假出资金额百分之五以上百分之十五以下的罚款。

**第二百条** 公司的发起人、股东在公司成立后,抽逃其出资的,由公司登记机关责令改正,处以所抽逃出资金额百分之五以上百分之十五以下的罚款。

**第二百零一条** 公司违反本法规定,在法定的会计账簿以外另立会计账簿的,由县级以上人民政府财政部门责令改正,处以五万元以上五十万元以下的罚款。

**第二百零二条** 公司在依法向有关主管部门提供的财务会计报告

等材料上作虚假记载或者隐瞒重要事实的，由有关主管部门对直接负责的主管人员和其他直接责任人员处以三万元以上三十万元以下的罚款。

**第二百零三条** 公司不依照本法规定提取法定公积金的，由县级以上人民政府财政部门责令如数补足应当提取的金额，可以对公司处以二十万元以下的罚款。

**第二百零四条** 公司在合并、分立、减少注册资本或者进行清算时，不依照本法规定通知或者公告债权人的，由公司登记机关责令改正，对公司处以一万元以上十万元以下的罚款。

公司在进行清算时，隐匿财产，对资产负债表或者财产清单作虚假记载或者在未清偿债务前分配公司财产的，由公司登记机关责令改正，对公司处以隐匿财产或者未清偿债务前分配公司财产金额百分之五以上百分之十以下的罚款；对直接负责的主管人员和其他直接责任人员处以一万元以上十万元以下的罚款。

**第二百零五条** 公司在清算期间开展与清算无关的经营活动的，由公司登记机关予以警告，没收违法所得。

**第二百零六条** 清算组不依照本法规定向公司登记机关报送清算报告，或者报送清算报告隐瞒重要事实或者有重大遗漏的，由公司登记机关责令改正。

清算组成员利用职权徇私舞弊、谋取非法收入或者侵占公司财产的，由公司登记机关责令退还公司财产，没收违法所得，并可以处以违法所得一倍以上五倍以下的罚款。

**第二百零七条** 承担资产评估、验资或者验证的机构提供虚假材料的，由公司登记机关没收违法所得，处以违法所得一倍以上五倍以下的罚款，并可以由有关主管部门依法责令该机构停业、吊销直接责任人员的资格证书，吊销营业执照。

承担资产评估、验资或者验证的机构因过失提供有重大遗漏的报告的，由公司登记机关责令改正，情节较重的，处以所得收入一倍以上五倍以下的罚款，并可以由有关主管部门依法责令该机构停业、吊销直接责任人员的资格证书，吊销营业执照。

承担资产评估、验资或者验证的机构因其出具的评估结果、验资或者验证证明不实，给公司债权人造成损失的，除能够证明自己没有过错的外，在其评估或者证明不实的金额范围内承担赔偿责任。

**第二百零八条**　公司登记机关对不符合本法规定条件的登记申请予以登记，或者对符合本法规定条件的登记申请不予登记的，对直接负责的主管人员和其他直接责任人员，依法给予行政处分。

**第二百零九条**　公司登记机关的上级部门强令公司登记机关对不符合本法规定条件的登记申请予以登记，或者对符合本法规定条件的登记申请不予登记的，或者对违法登记进行包庇的，对直接负责的主管人员和其他直接责任人员依法给予行政处分。

**第二百一十条**　未依法登记为有限责任公司或者股份有限公司，而冒用有限责任公司或者股份有限公司名义的，或者未依法登记为有限责任公司或者股份有限公司的分公司，而冒用有限责任公司或者股份有限公司的分公司名义的，由公司登记机关责令改正或者予以取缔，可以并处十万元以下的罚款。

**第二百一十一条**　公司成立后无正当理由超过六个月未开业的，或者开业后自行停业连续六个月以上的，可以由公司登记机关吊销营业执照。

公司登记事项发生变更时，未依照本法规定办理有关变更登记的，由公司登记机关责令限期登记；逾期不登记的，处以一万元以上十万元以下的罚款。

**第二百一十二条**　外国公司违反本法规定，擅自在中国境内设立分支机构的，由公司登记机关责令改正或者关闭，可以并处五万元以上二十万元以下的罚款。

**第二百一十三条**　利用公司名义从事危害国家安全、社会公共利益的严重违法行为的，吊销营业执照。

**第二百一十四条**　公司违反本法规定，应当承担民事赔偿责任和缴纳罚款、罚金的，其财产不足以支付时，先承担民事赔偿责任。

**第二百一十五条**　违反本法规定，构成犯罪的，依法追究刑事责任。

## 第十三章　附　　则

**第二百一十六条**　本法下列用语的含义：

（一）高级管理人员，是指公司的经理、副经理、财务负责人，上市公司董事会秘书和公司章程规定的其他人员。

（二）控股股东，是指其出资额占有限责任公司资本总额百分之五十以上或者其持有的股份占股份有限公司股本总额百分之五十以上的股东；出资额或者持有股份的比例虽然不足百分之五十，但依其出资额或者持有的股份所享有的表决权已足以对股东会、股东大会的决议产生重大影响的股东。

（三）实际控制人，是指虽不是公司的股东，但通过投资关系、协议或者其他安排，能够实际支配公司行为的人。

（四）关联关系，是指公司控股股东、实际控制人、董事、监事、高级管理人员与其直接或者间接控制的企业之间的关系，以及可能导致公司利益转移的其他关系。但是，国家控股的企业之间不仅因为同受国家控股而具有关联关系。

**第二百一十七条**　外商投资的有限责任公司和股份有限公司适用本法；有关外商投资的法律另有规定的，适用其规定。

**第二百一十八条**　本法自 2014 年 3 月 1 日起施行。

# 中华人民共和国企业破产法

（2006年8月27日第十届全国人民代表大会常务委员会第二十三次会议通过）

## 目　　录

## 第一章 总 则

**第一条** 为规范企业破产程序，公平清理债权债务，保护债权人和债务人的合法权益，维护社会主义市场经济秩序，制定本法。

**第二条** 企业法人不能清偿到期债务，并且资产不足以清偿全部债务或者明显缺乏清偿能力的，依照本法规定清理债务。

企业法人有前款规定情形，或者有明显丧失清偿能力可能的，可以依照本法规定进行重整。

**第三条** 破产案件由债务人住所地人民法院管辖。

**第四条** 破产案件审理程序，本法没有规定的，适用民事诉讼法的有关规定。

**第五条** 依照本法开始的破产程序，对债务人在中华人民共和国领域外的财产发生效力。

对外国法院作出的发生法律效力的破产案件的判决、裁定，涉及债务人在中华人民共和国领域内的财产，申请或者请求人民法院承认和执行的，人民法院依照中华人民共和国缔结或者参加的国际条约，或者按照互惠原则进行审查，认为不违反中华人民共和国法律的基本原则，不损害国家主权、安全和社会公共利益，不损害中华人民共和国领域内债权人的合法权益的，裁定承认和执行。

**第六条** 人民法院审理破产案件，应当依法保障企业职工的合法权益，依法追究破产企业经营管理人员的法律责任。

## 第二章 申请和受理

### 第一节 申 请

**第七条** 债务人有本法第二条规定的情形，可以向人民法院提出重整、和解或者破产清算申请。

债务人不能清偿到期债务，债权人可以向人民法院提出对债务人进行重整或者破产清算的申请。

企业法人已解散但未清算或者未清算完毕，资产不足以清偿债务的，依法负有清算责任的人应当向人民法院申请破产清算。

**第八条** 向人民法院提出破产申请，应当提交破产申请书和有关证据。

破产申请书应当载明下列事项：

（一）申请人、被申请人的基本情况；

（二）申请目的；

（三）申请的事实和理由；

（四）人民法院认为应当载明的其他事项。

债务人提出申请的，还应当向人民法院提交财产状况说明、债务清册、债权清册、有关财务会计报告、职工安置预案以及职工工资的支付和社会保险费用的缴纳情况。

**第九条** 人民法院受理破产申请前，申请人可以请求撤回申请。

## 第二节 受 理

**第十条** 债权人提出破产申请的，人民法院应当自收到申请之日起五日内通知债务人。债务人对申请有异议的，应当自收到人民法院的通知之日起七日内向人民法院提出。人民法院应当自异议期满之日起十日内裁定是否受理。

除前款规定的情形外，人民法院应当自收到破产申请之日起十五日内裁定是否受理。

有特殊情况需要延长前两款规定的裁定受理期限的，经上一级人民法院批准，可以延长十五日。

**第十一条** 人民法院受理破产申请的，应当自裁定作出之日起五日内送达申请人。

债权人提出申请的，人民法院应当自裁定作出之日起五日内送达债务人。债务人应当自裁定送达之日起十五日内，向人民法院提交财产状况说明、债务清册、债权清册、有关财务会计报告以及职工工资的支付和社会保险费用的缴纳情况。

**第十二条** 人民法院裁定不受理破产申请的，应当自裁定作出之日起五日内送达申请人并说明理由。申请人对裁定不服的,可以自裁定送达之日起十日内向上一级人民法院提起上诉。

人民法院受理破产申请后至破产宣告前,经审查发现债务人不符合本法第二条规定情形的,可以裁定驳回申请。申请人对裁定不服的,可以自裁定送达之日起十日内向上一级人民法院提起上诉。

**第十三条**　人民法院裁定受理破产申请的,应当同时指定管理人。

**第十四条**　人民法院应当自裁定受理破产申请之日起二十五日内通知已知债权人,并予以公告。

通知和公告应当载明下列事项:

(一)申请人、被申请人的名称或者姓名;

(二)人民法院受理破产申请的时间;

(三)申报债权的期限、地点和注意事项;

(四)管理人的名称或者姓名及其处理事务的地址;

(五)债务人的债务人或者财产持有人应当向管理人清偿债务或者交付财产的要求;

(六)第一次债权人会议召开的时间和地点;

(七)人民法院认为应当通知和公告的其他事项。

**第十五条**　自人民法院受理破产申请的裁定送达债务人之日起至破产程序终结之日,债务人的有关人员承担下列义务:

(一)妥善保管其占有和管理的财产、印章和账簿、文书等资料;

(二)根据人民法院、管理人的要求进行工作,并如实回答询问;

(三)列席债权人会议并如实回答债权人的询问;

(四)未经人民法院许可,不得离开住所地;

(五)不得新任其他企业的董事、监事、高级管理人员。

前款所称有关人员,是指企业的法定代表人;经人民法院决定,可以包括企业的财务管理人员和其他经营管理人员。

**第十六条**　人民法院受理破产申请后,债务人对个别债权人的债务清偿无效。

**第十七条**　人民法院受理破产申请后,债务人的债务人或者财产持有人应当向管理人清偿债务或者交付财产。

债务人的债务人或者财产持有人故意违反前款规定向债务人清偿债务或者交付财产，使债权人受到损失的，不免除其清偿债务或者交付财产的义务。

**第十八条** 人民法院受理破产申请后，管理人对破产申请受理前成立而债务人和对方当事人均未履行完毕的合同有权决定解除或者继续履行，并通知对方当事人。管理人自破产申请受理之日起二个月内未通知对方当事人，或者自收到对方当事人催告之日起三十日内未答复的，视为解除合同。

管理人决定继续履行合同的，对方当事人应当履行；但是，对方当事人有权要求管理人提供担保。管理人不提供担保的，视为解除合同。

**第十九条** 人民法院受理破产申请后，有关债务人财产的保全措施应当解除，执行程序应当中止。

**第二十条** 人民法院受理破产申请后，已经开始而尚未终结的有关债务人的民事诉讼或者仲裁应当中止；在管理人接管债务人的财产后，该诉讼或者仲裁继续进行。

**第二十一条** 人民法院受理破产申请后，有关债务人的民事诉讼，只能向受理破产申请的人民法院提起。

## 第三章 管 理 人

**第二十二条** 管理人由人民法院指定。

债权人会议认为管理人不能依法、公正执行职务或者有其他不能胜任职务情形的，可以申请人民法院予以更换。

指定管理人和确定管理人报酬的办法，由最高人民法院规定。

**第二十三条** 管理人依照本法规定执行职务，向人民法院报告工作，并接受债权人会议和债权人委员会的监督。

管理人应当列席债权人会议，向债权人会议报告职务执行情况，并回答询问。

**第二十四条** 管理人可以由有关部门、机构的人员组成的清算组或者依法设立的律师事务所、会计师事务所、破产清算事务所等社会中介机构担任。

人民法院根据债务人的实际情况,可以在征询有关社会中介机构的意见后,指定该机构具备相关专业知识并取得执业资格的人员担任管理人。

有下列情形之一的,不得担任管理人:

(一)因故意犯罪受过刑事处罚;

(二)曾被吊销相关专业执业证书;

(三)与本案有利害关系;

(四)人民法院认为不宜担任管理人的其他情形。

个人担任管理人的,应当参加执业责任保险。

**第二十五条** 管理人履行下列职责:

(一)接管债务人的财产、印章和账簿、文书等资料;

(二)调查债务人财产状况,制作财产状况报告;

(三)决定债务人的内部管理事务;

(四)决定债务人的日常开支和其他必要开支;

(五)在第一次债权人会议召开之前,决定继续或者停止债务人的营业;

(六)管理和处分债务人的财产;

(七)代表债务人参加诉讼、仲裁或者其他法律程序;

(八)提议召开债权人会议;

(九)人民法院认为管理人应当履行的其他职责。

本法对管理人的职责另有规定的,适用其规定。

**第二十六条** 在第一次债权人会议召开之前,管理人决定继续或者停止债务人的营业或者有本法第六十九条规定行为之一的,应当经人民法院许可。

**第二十七条** 管理人应当勤勉尽责,忠实执行职务。

**第二十八条** 管理人经人民法院许可,可以聘用必要的工作人员。

管理人的报酬由人民法院确定。债权人会议对管理人的报酬有异议的,有权向人民法院提出。

**第二十九条** 管理人没有正当理由不得辞去职务。管理人辞去职务应当经人民法院许可。

## 第四章　债务人财产

**第三十条**　破产申请受理时属于债务人的全部财产，以及破产申请受理后至破产程序终结前债务人取得的财产，为债务人财产。

**第三十一条**　人民法院受理破产申请前一年内，涉及债务人财产的下列行为，管理人有权请求人民法院予以撤销：

（一）无偿转让财产的；

（二）以明显不合理的价格进行交易的；

（三）对没有财产担保的债务提供财产担保的；

（四）对未到期的债务提前清偿的；

（五）放弃债权的。

**第三十二条**　人民法院受理破产申请前六个月内，债务人有本法第二条第一款规定的情形，仍对个别债权人进行清偿的，管理人有权请求人民法院予以撤销。但是，个别清偿使债务人财产受益的除外。

**第三十三条**　涉及债务人财产的下列行为无效：

（一）为逃避债务而隐匿、转移财产的；

（二）虚构债务或者承认不真实的债务的。

**第三十四条**　因本法第三十一条、第三十二条或者第三十三条规定的行为而取得的债务人的财产，管理人有权追回。

**第三十五条**　人民法院受理破产申请后，债务人的出资人尚未完全履行出资义务的，管理人应当要求该出资人缴纳所认缴的出资，而不受出资期限的限制。

**第三十六条**　债务人的董事、监事和高级管理人员利用职权从企业获取的非正常收入和侵占的企业财产，管理人应当追回。

**第三十七条**　人民法院受理破产申请后，管理人可以通过清偿债务或者提供为债权人接受的担保，取回质物、留置物。

前款规定的债务清偿或者替代担保，在质物或者留置物的价值低于被担保的债权额时，以该质物或者留置物当时的市场价值为限。

**第三十八条**　人民法院受理破产申请后，债务人占有的不属于债务人的财产，该财产的权利人可以通过管理人取回。但是，本法另有规定的除外。

**第三十九条**　人民法院受理破产申请时，出卖人已将买卖标的物向作为买受人的债务人发运，债务人尚未收到且未付清全部价款的，出卖人可以取回在运途中的标的物。但是，管理人可以支付全部价款，请求出卖人交付标的物。

**第四十条**　债权人在破产申请受理前对债务人负有债务的，可以向管理人主张抵销。但是，有下列情形之一的，不得抵销：

（一）债务人的债务人在破产申请受理后取得他人对债务人的债权的；

（二）债权人已知债务人有不能清偿到期债务或者破产申请的事实，对债务人负担债务的；但是，债权人因为法律规定或者有破产申请一年前所发生的原因而负担债务的除外；

（三）债务人的债务人已知债务人有不能清偿到期债务或者破产申请的事实，对债务人取得债权的；但是，债务人的债务人因为法律规定或者有破产申请一年前所发生的原因而取得债权的除外。

## 第五章　破产费用和共益债务

**第四十一条**　人民法院受理破产申请后发生的下列费用，为破产费用：

（一）破产案件的诉讼费用；

（二）管理、变价和分配债务人财产的费用；

（三）管理人执行职务的费用、报酬和聘用工作人员的费用。

**第四十二条**　人民法院受理破产申请后发生的下列债务，为共益债务：

（一）因管理人或者债务人请求对方当事人履行双方均未履行完毕的合同所产生的债务；

（二）债务人财产受无因管理所产生的债务；

（三）因债务人不当得利所产生的债务；

（四）为债务人继续营业而应支付的劳动报酬和社会保险费用以及由此产生的其他债务；

（五）管理人或者相关人员执行职务致人损害所产生的债务；

（六）债务人财产致人损害所产生的债务。

**第四十三条** 破产费用和共益债务由债务人财产随时清偿。

债务人财产不足以清偿所有破产费用和共益债务的，先行清偿破产费用。

债务人财产不足以清偿所有破产费用或者共益债务的，按照比例清偿。

债务人财产不足以清偿破产费用的，管理人应当提请人民法院终结破产程序。人民法院应当自收到请求之日起十五日内裁定终结破产程序，并予以公告。

## 第六章 债 权 申 报

**第四十四条** 人民法院受理破产申请时对债务人享有债权的债权人，依照本法规定的程序行使权利。

**第四十五条** 人民法院受理破产申请后，应当确定债权人申报债权的期限。债权申报期限自人民法院发布受理破产申请公告之日起计算，最短不得少于三十日，最长不得超过三个月。

**第四十六条** 未到期的债权，在破产申请受理时视为到期。

附利息的债权自破产申请受理时起停止计息。

**第四十七条** 附条件、附期限的债权和诉讼、仲裁未决的债权，债权人可以申报。

**第四十八条** 债权人应当在人民法院确定的债权申报期限内向管理人申报债权。

债务人所欠职工的工资和医疗、伤残补助、抚恤费用，所欠的应当划入职工个人账户的基本养老保险、基本医疗保险费用，以及法律、行政法规规定应当支付给职工的补偿金，不必申报，由管理人调查后列出清单并予以公示。职工对清单记载有异议的，可以要求管理人更正；管理人不予更正的，职工可以向人民法院提起诉讼。

**第四十九条**　债权人申报债权时，应当书面说明债权的数额和有无财产担保，并提交有关证据。申报的债权是连带债权的，应当说明。

**第五十条**　连带债权人可以由其中一人代表全体连带债权人申报债权，也可以共同申报债权。

**第五十一条**　债务人的保证人或者其他连带债务人已经代替债务人清偿债务的，以其对债务人的求偿权申报债权。

债务人的保证人或者其他连带债务人尚未代替债务人清偿债务的，以其对债务人的将来求偿权申报债权。但是，债权人已经向管理人申报全部债权的除外。

**第五十二条**　连带债务人数人被裁定适用本法规定的程序的，其债权人有权就全部债权分别在各破产案件中申报债权。

**第五十三条**　管理人或者债务人依照本法规定解除合同的，对方当事人以因合同解除所产生的损害赔偿请求权申报债权。

**第五十四条**　债务人是委托合同的委托人，被裁定适用本法规定的程序，受托人不知该事实，继续处理委托事务的，受托人以由此产生的请求权申报债权。

**第五十五条**　债务人是票据的出票人，被裁定适用本法规定的程序，该票据的付款人继续付款或者承兑的，付款人以由此产生的请求权申报债权。

**第五十六条**　在人民法院确定的债权申报期限内，债权人未申报债权的，可以在破产财产最后分配前补充申报；但是，此前已进行的分配，不再对其补充分配。为审查和确认补充申报债权的费用，由补充申报人承担。

债权人未依照本法规定申报债权的，不得依照本法规定的程序行使权利。

**第五十七条**　管理人收到债权申报材料后，应当登记造册，对申报的债权进行审查，并编制债权表。

债权表和债权申报材料由管理人保存，供利害关系人查阅。

**第五十八条**　依照本法第五十七条规定编制的债权表，应当提交第一次债权人会议核查。

债务人、债权人对债权表记载的债权无异议的，由人民法院裁定确认。

债务人、债权人对债权表记载的债权有异议的，可以向受理破产申请的人民法院提起诉讼。

# 第七章　债权人会议

## 第一节　一般规定

**第五十九条**　依法申报债权的债权人为债权人会议的成员，有权参加债权人会议，享有表决权。

债权尚未确定的债权人，除人民法院能够为其行使表决权而临时确定债权额的外，不得行使表决权。

对债务人的特定财产享有担保权的债权人，未放弃优先受偿权利的，对于本法第六十一条第一款第七项、第十项规定的事项不享有表决权。

债权人可以委托代理人出席债权人会议，行使表决权。代理人出席债权人会议，应当向人民法院或者债权人会议主席提交债权人的授权委托书。

债权人会议应当有债务人的职工和工会的代表参加，对有关事项发表意见。

**第六十条**　债权人会议设主席一人，由人民法院从有表决权的债权人中指定。

债权人会议主席主持债权人会议。

**第六十一条**　债权人会议行使下列职权：

（一）核查债权；

（二）申请人民法院更换管理人，审查管理人的费用和报酬；

（三）监督管理人；

（四）选任和更换债权人委员会成员；

（五）决定继续或者停止债务人的营业；

（六）通过重整计划；

（七）通过和解协议；

（八）通过债务人财产的管理方案；

（九）通过破产财产的变价方案；

（十）通过破产财产的分配方案；

（十一）人民法院认为应当由债权人会议行使的其他职权。

债权人会议应当对所议事项的决议作成会议记录。

**第六十二条**　第一次债权人会议由人民法院召集，自债权申报期限届满之日起十五日内召开。

以后的债权人会议，在人民法院认为必要时，或者管理人、债权人委员会、占债权总额四分之一以上的债权人向债权人会议主席提议时召开。

**第六十三条**　召开债权人会议，管理人应当提前十五日通知已知的债权人。

**第六十四条**　债权人会议的决议，由出席会议的有表决权的债权人过半数通过，并且其所代表的债权额占无财产担保债权总额的二分之一以上。但是，本法另有规定的除外。

债权人认为债权人会议的决议违反法律规定，损害其利益的，可以自债权人会议作出决议之日起十五日内，请求人民法院裁定撤销该决议，责令债权人会议依法重新作出决议。

债权人会议的决议，对于全体债权人均有约束力。

**第六十五条**　本法第六十一条第一款第八项、第九项所列事项，经债权人会议表决未通过的，由人民法院裁定。

本法第六十一条第一款第十项所列事项，经债权人会议二次表决仍未通过的，由人民法院裁定。

对前两款规定的裁定，人民法院可以在债权人会议上宣布或者另行通知债权人。

**第六十六条**　债权人对人民法院依照本法第六十五条第一款作出的裁定不服的，债权额占无财产担保债权总额二分之一以上的债权人对人民法院依照本法第六十五条第二款作出的裁定不服的，可以自裁定宣布之日或者收到通知之日起十五日内向该人民法院申请复议。复议期间不停止裁定的执行。

## 第二节　债权人委员会

**第六十七条**　债权人会议可以决定设立债权人委员会。债权人委员会由债权人会议选任的债权人代表和一名债务人的职工代表或者工会代表组成。债权人委员会成员不得超过九人。

债权人委员会成员应当经人民法院书面决定认可。

**第六十八条**　债权人委员会行使下列职权：

（一）监督债务人财产的管理和处分；

（二）监督破产财产分配；

（三）提议召开债权人会议；

（四）债权人会议委托的其他职权。

债权人委员会执行职务时，有权要求管理人、债务人的有关人员对其职权范围内的事务作出说明或者提供有关文件。

管理人、债务人的有关人员违反本法规定拒绝接受监督的，债权人委员会有权就监督事项请求人民法院作出决定；人民法院应当在五日内作出决定。

**第六十九条**　管理人实施下列行为，应当及时报告债权人委员会：

（一）涉及土地、房屋等不动产权益的转让；

（二）探矿权、采矿权、知识产权等财产权的转让；

（三）全部库存或者营业的转让；

（四）借款；

（五）设定财产担保；

（六）债权和有价证券的转让；

（七）履行债务人和对方当事人均未履行完毕的合同；

（八）放弃权利；

（九）担保物的取回；

（十）对债权人利益有重大影响的其他财产处分行为。

未设立债权人委员会的，管理人实施前款规定的行为应当及时报告人民法院。

# 第八章　重　　整

## 第一节　重整申请和重整期间

**第七十条**　债务人或者债权人可以依照本法规定，直接向人民法院申请对债务人进行重整。

债权人申请对债务人进行破产清算的，在人民法院受理破产申请后、宣告债务人破产前，债务人或者出资额占债务人注册资本十分之一以上的出资人，可以向人民法院申请重整。

**第七十一条**　人民法院经审查认为重整申请符合本法规定的，应当裁定债务人重整，并予以公告。

**第七十二条**　自人民法院裁定债务人重整之日起至重整程序终止，为重整期间。

**第七十三条**　在重整期间，经债务人申请，人民法院批准，债务人可以在管理人的监督下自行管理财产和营业事务。

有前款规定情形的，依照本法规定已接管债务人财产和营业事务的管理人应当向债务人移交财产和营业事务，本法规定的管理人的职权由债务人行使。

**第七十四条**　管理人负责管理财产和营业事务的，可以聘任债务人的经营管理人员负责营业事务。

**第七十五条**　在重整期间，对债务人的特定财产享有的担保权暂停行使。但是，担保物有损坏或者价值明显减少的可能，足以危害担保权人权利的，担保权人可以向人民法院请求恢复行使担保权。

在重整期间，债务人或者管理人为继续营业而借款的，可以为该借款设定担保。

**第七十六条**　债务人合法占有的他人财产，该财产的权利人在重整期间要求取回的，应当符合事先约定的条件。

**第七十七条**　在重整期间，债务人的出资人不得请求投资收益分配。

在重整期间，债务人的董事、监事、高级管理人员不得向第三人转让其持有的债务人的股权。但是,经人民法院同意的除外。

**第七十八条** 在重整期间,有下列情形之一的,经管理人或者利害关系人请求,人民法院应当裁定终止重整程序,并宣告债务人破产:

(一)债务人的经营状况和财产状况继续恶化,缺乏挽救的可能性;

(二)债务人有欺诈、恶意减少债务人财产或者其他显著不利于债权人的行为;

(三)由于债务人的行为致使管理人无法执行职务。

## 第二节 重整计划的制定和批准

**第七十九条** 债务人或者管理人应当自人民法院裁定债务人重整之日起六个月内,同时向人民法院和债权人会议提交重整计划草案。

前款规定的期限届满,经债务人或者管理人请求,有正当理由的,人民法院可以裁定延期三个月。

债务人或者管理人未按期提出重整计划草案的,人民法院应当裁定终止重整程序,并宣告债务人破产。

**第八十条** 债务人自行管理财产和营业事务的,由债务人制作重整计划草案。

管理人负责管理财产和营业事务的,由管理人制作重整计划草案。

**第八十一条** 重整计划草案应当包括下列内容:

(一)债务人的经营方案;

(二)债权分类;

(三)债权调整方案;

(四)债权受偿方案;

(五)重整计划的执行期限;

(六)重整计划执行的监督期限;

(七)有利于债务人重整的其他方案。

**第八十二条** 下列各类债权的债权人参加讨论重整计划草案的债权人会议,依照下列债权分类,分组对重整计划草案进行表决:

(一)对债务人的特定财产享有担保权的债权;

(二)债务人所欠职工的工资和医疗、伤残补助、抚恤费用,所欠的应当划入职工个人账户的基本养老保险、基本医疗保险费用，以及法律、行政法规规定应当支付给职工的补偿金；

（三）债务人所欠税款；

（四）普通债权。

人民法院在必要时可以决定在普通债权组中设小额债权组对重整计划草案进行表决。

**第八十三条**　重整计划不得规定减免债务人欠缴的本法第八十二条第一款第二项规定以外的社会保险费用；该项费用的债权人不参加重整计划草案的表决。

**第八十四条**　人民法院应当自收到重整计划草案之日起三十日内召开债权人会议，对重整计划草案进行表决。

出席会议的同一表决组的债权人过半数同意重整计划草案，并且其所代表的债权额占该组债权总额的三分之二以上的，即为该组通过重整计划草案。

债务人或者管理人应当向债权人会议就重整计划草案作出说明，并回答询问。

**第八十五条**　债务人的出资人代表可以列席讨论重整计划草案的债权人会议。

重整计划草案涉及出资人权益调整事项的，应当设出资人组，对该事项进行表决。

**第八十六条**　各表决组均通过重整计划草案时，重整计划即为通过。

自重整计划通过之日起十日内，债务人或者管理人应当向人民法院提出批准重整计划的申请。人民法院经审查认为符合本法规定的，应当自收到申请之日起三十日内裁定批准，终止重整程序，并予以公告。

**第八十七条**　部分表决组未通过重整计划草案的，债务人或者管理人可以同未通过重整计划草案的表决组协商。该表决组可以在协商后再表决一次。双方协商的结果不得损害其他表决组的利益。

未通过重整计划草案的表决组拒绝再次表决或者再次表决仍未通

过重整计划草案，但重整计划草案符合下列条件的，债务人或者管理人可以申请人民法院批准重整计划草案：

（一）按照重整计划草案，本法第八十二条第一款第一项所列债权就该特定财产将获得全额清偿，其因延期清偿所受的损失将得到公平补偿，并且其担保权未受到实质性损害，或者该表决组已经通过重整计划草案；

（二）按照重整计划草案，本法第八十二条第一款第二项、第三项所列债权将获得全额清偿，或者相应表决组已经通过重整计划草案；

（三）按照重整计划草案，普通债权所获得的清偿比例，不低于其在重整计划草案被提请批准时依照破产清算程序所能获得的清偿比例，或者该表决组已经通过重整计划草案；

（四）重整计划草案对出资人权益的调整公平、公正，或者出资人组已经通过重整计划草案；

（五）重整计划草案公平对待同一表决组的成员，并且所规定的债权清偿顺序不违反本法第一百一十三条的规定；

（六）债务人的经营方案具有可行性。

人民法院经审查认为重整计划草案符合前款规定的，应当自收到申请之日起三十日内裁定批准，终止重整程序，并予以公告。

**第八十八条**　重整计划草案未获得通过且未依照本法第八十七条的规定获得批准，或者已通过的重整计划未获得批准的，人民法院应当裁定终止重整程序，并宣告债务人破产。

## 第三节　重整计划的执行

**第八十九条**　重整计划由债务人负责执行。

人民法院裁定批准重整计划后，已接管财产和营业事务的管理人应当向债务人移交财产和营业事务。

**第九十条**　自人民法院裁定批准重整计划之日起，在重整计划规定的监督期内，由管理人监督重整计划的执行。

在监督期内，债务人应当向管理人报告重整计划执行情况和债务人财务状况。

**第九十一条**　监督期届满时，管理人应当向人民法院提交监督报告。自监督报告提交之日起，管理人的监督职责终止。

管理人向人民法院提交的监督报告，重整计划的利害关系人有权查阅。

经管理人申请，人民法院可以裁定延长重整计划执行的监督期限。

**第九十二条**　经人民法院裁定批准的重整计划，对债务人和全体债权人均有约束力。

债权人未依照本法规定申报债权的，在重整计划执行期间不得行使权利；在重整计划执行完毕后，可以按照重整计划规定的同类债权的清偿条件行使权利。

债权人对债务人的保证人和其他连带债务人所享有的权利，不受重整计划的影响。

**第九十三条**　债务人不能执行或者不执行重整计划的，人民法院经管理人或者利害关系人请求，应当裁定终止重整计划的执行，并宣告债务人破产。

人民法院裁定终止重整计划执行的，债权人在重整计划中作出的债权调整的承诺失去效力。债权人因执行重整计划所受的清偿仍然有效，债权未受清偿的部分作为破产债权。

前款规定的债权人，只有在其他同顺位债权人同自己所受的清偿达到同一比例时，才能继续接受分配。

有本条第一款规定情形的，为重整计划的执行提供的担保继续有效。

**第九十四条**　按照重整计划减免的债务，自重整计划执行完毕时起，债务人不再承担清偿责任。

## 第九章　和　　解

**第九十五条**　债务人可以依照本法规定，直接向人民法院申请和解；也可以在人民法院受理破产申请后、宣告债务人破产前，向人民法院申请和解。

债务人申请和解,应当提出和解协议草案。

**第九十六条** 人民法院经审查认为和解申请符合本法规定的,应当裁定和解,予以公告,并召集债权人会议讨论和解协议草案。

对债务人的特定财产享有担保权的权利人,自人民法院裁定和解之日起可以行使权利。

**第九十七条** 债权人会议通过和解协议的决议,由出席会议的有表决权的债权人过半数同意,并且其所代表的债权额占无财产担保债权总额的三分之二以上。

**第九十八条** 债权人会议通过和解协议的,由人民法院裁定认可,终止和解程序,并予以公告。管理人应当向债务人移交财产和营业事务,并向人民法院提交执行职务的报告。

**第九十九条** 和解协议草案经债权人会议表决未获得通过,或者已经债权人会议通过的和解协议未获得人民法院认可的,人民法院应当裁定终止和解程序,并宣告债务人破产。

**第一百条** 经人民法院裁定认可的和解协议,对债务人和全体和解债权人均有约束力。

和解债权人是指人民法院受理破产申请时对债务人享有无财产担保债权的人。

和解债权人未依照本法规定申报债权的,在和解协议执行期间不得行使权利;在和解协议执行完毕后,可以按照和解协议规定的清偿条件行使权利。

**第一百零一条** 和解债权人对债务人的保证人和其他连带债务人所享有的权利,不受和解协议的影响。

**第一百零二条** 债务人应当按照和解协议规定的条件清偿债务。

**第一百零三条** 因债务人的欺诈或者其他违法行为而成立的和解协议,人民法院应当裁定无效,并宣告债务人破产。

有前款规定情形的,和解债权人因执行和解协议所受的清偿,在其他债权人所受清偿同等比例的范围内,不予返还。

**第一百零四条** 债务人不能执行或者不执行和解协议的,人民法院经和解债权人请求,应当裁定终止和解协议的执行,并宣告债务人破产。

人民法院裁定终止和解协议执行的，和解债权人在和解协议中作出的债权调整的承诺失去效力。和解债权人因执行和解协议所受的清偿仍然有效，和解债权未受清偿的部分作为破产债权。

前款规定的债权人，只有在其他债权人同自己所受的清偿达到同一比例时，才能继续接受分配。

有本条第一款规定情形的，为和解协议的执行提供的担保继续有效。

**第一百零五条**　人民法院受理破产申请后，债务人与全体债权人就债权债务的处理自行达成协议的，可以请求人民法院裁定认可，并终结破产程序。

**第一百零六条**　按照和解协议减免的债务，自和解协议执行完毕时起，债务人不再承担清偿责任。

# 第十章　破产清算

## 第一节　破产宣告

**第一百零七条**　人民法院依照本法规定宣告债务人破产的，应当自裁定作出之日起五日内送达债务人和管理人，自裁定作出之日起十日内通知已知债权人，并予以公告。

债务人被宣告破产后，债务人称为破产人，债务人财产称为破产财产，人民法院受理破产申请时对债务人享有的债权称为破产债权。

**第一百零八条**　破产宣告前，有下列情形之一的，人民法院应当裁定终结破产程序，并予以公告：

（一）第三人为债务人提供足额担保或者为债务人清偿全部到期债务的；

（二）债务人已清偿全部到期债务的。

**第一百零九条**　对破产人的特定财产享有担保权的权利人，对该特定财产享有优先受偿的权利。

**第一百一十条**　享有本法第一百零九条规定权利的债权人行使优

先受偿权利未能完全受偿的，其未受偿的债权作为普通债权；放弃优先受偿权利的，其债权作为普通债权。

## 第二节　变价和分配

**第一百一十一条**　管理人应当及时拟订破产财产变价方案，提交债权人会议讨论。

管理人应当按照债权人会议通过的或者人民法院依照本法第六十五条第一款规定裁定的破产财产变价方案，适时变价出售破产财产。

**第一百一十二条**　变价出售破产财产应当通过拍卖进行。但是，债权人会议另有决议的除外。

破产企业可以全部或者部分变价出售。企业变价出售时，可以将其中的无形资产和其他财产单独变价出售。

按照国家规定不能拍卖或者限制转让的财产，应当按照国家规定的方式处理。

**第一百一十三条**　破产财产在优先清偿破产费用和共益债务后，依照下列顺序清偿：

（一）破产人所欠职工的工资和医疗、伤残补助、抚恤费用，所欠的应当划入职工个人账户的基本养老保险、基本医疗保险费用，以及法律、行政法规规定应当支付给职工的补偿金；

（二）破产人欠缴的除前项规定以外的社会保险费用和破产人所欠税款；

（三）普通破产债权。

破产财产不足以清偿同一顺序的清偿要求的，按照比例分配。

破产企业的董事、监事和高级管理人员的工资按照该企业职工的平均工资计算。

**第一百一十四条**　破产财产的分配应当以货币分配方式进行。但是，债权人会议另有决议的除外。

**第一百一十五条**　管理人应当及时拟订破产财产分配方案，提交债权人会议讨论。

破产财产分配方案应当载明下列事项：

（一）参加破产财产分配的债权人名称或者姓名、住所；

（二）参加破产财产分配的债权额；

（三）可供分配的破产财产数额；

（四）破产财产分配的顺序、比例及数额；

（五）实施破产财产分配的方法。

债权人会议通过破产财产分配方案后，由管理人将该方案提请人民法院裁定认可。

**第一百一十六条**　破产财产分配方案经人民法院裁定认可后，由管理人执行。

管理人按照破产财产分配方案实施多次分配的，应当公告本次分配的财产额和债权额。管理人实施最后分配的，应当在公告中指明，并载明本法第一百一十七条第二款规定的事项。

**第一百一十七条**　对于附生效条件或者解除条件的债权，管理人应当将其分配额提存。

管理人依照前款规定提存的分配额，在最后分配公告日，生效条件未成就或者解除条件成就的，应当分配给其他债权人；在最后分配公告日，生效条件成就或者解除条件未成就的，应当交付给债权人。

**第一百一十八条**　债权人未受领的破产财产分配额，管理人应当提存。债权人自最后分配公告之日起满二个月仍不领取的，视为放弃受领分配的权利，管理人或者人民法院应当将提存的分配额分配给其他债权人。

**第一百一十九条**　破产财产分配时，对于诉讼或者仲裁未决的债权，管理人应当将其分配额提存。自破产程序终结之日起满二年仍不能受领分配的，人民法院应当将提存的分配额分配给其他债权人。

## 第三节　破产程序的终结

**第一百二十条**　破产人无财产可供分配的，管理人应当请求人民法院裁定终结破产程序。

管理人在最后分配完结后，应当及时向人民法院提交破产财产分配报告，并提请人民法院裁定终结破产程序。

人民法院应当自收到管理人终结破产程序的请求之日起十五日内作出是否终结破产程序的裁定。裁定终结的，应当予以公告。

**第一百二十一条**　管理人应当自破产程序终结之日起十日内，持人民法院终结破产程序的裁定，向破产人的原登记机关办理注销登记。

**第一百二十二条**　管理人于办理注销登记完毕的次日终止执行职务。但是，存在诉讼或者仲裁未决情况的除外。

**第一百二十三条**　自破产程序依照本法第四十三条第四款或者第一百二十条的规定终结之日起二年内，有下列情形之一的，债权人可以请求人民法院按照破产财产分配方案进行追加分配：

（一）发现有依照本法第三十一条、第三十二条、第三十三条、第三十六条规定应当追回的财产的；

（二）发现破产人有应当供分配的其他财产的。

有前款规定情形，但财产数量不足以支付分配费用的，不再进行追加分配，由人民法院将其上交国库。

**第一百二十四条**　破产人的保证人和其他连带债务人，在破产程序终结后，对债权人依照破产清算程序未受清偿的债权，依法继续承担清偿责任。

## 第十一章　法律责任

**第一百二十五条**　企业董事、监事或者高级管理人员违反忠实义务、勤勉义务，致使所在企业破产的，依法承担民事责任。

有前款规定情形的人员，自破产程序终结之日起三年内不得担任任何企业的董事、监事、高级管理人员。

**第一百二十六条**　有义务列席债权人会议的债务人的有关人员，经人民法院传唤，无正当理由拒不列席债权人会议的，人民法院可以拘传，并依法处以罚款。债务人的有关人员违反本法规定，拒不陈述、回答，或者作虚假陈述、回答的，人民法院可以依法处以罚款。

**第一百二十七条**　债务人违反本法规定，拒不向人民法院提交或者提交不真实的财产状况说明、债务清册、债权清册、有关财务会计报告以及职工工资的支付情况和社会保险费用的缴纳情况的，人民法院可以对直接责任人员依法处以罚款。

债务人违反本法规定，拒不向管理人移交财产、印章和账簿、文书等资料的，或者伪造、销毁有关财产证据材料而使财产状况不明的，人民法院可以对直接责任人员依法处以罚款。

**第一百二十八条**　债务人有本法第三十一条、第三十二条、第三十三条规定的行为，损害债权人利益的，债务人的法定代表人和其他直接责任人员依法承担赔偿责任。

**第一百二十九条**　债务人的有关人员违反本法规定，擅自离开住所地的，人民法院可以予以训诫、拘留，可以依法并处罚款。

**第一百三十条**　管理人未依照本法规定勤勉尽责，忠实执行职务的，人民法院可以依法处以罚款；给债权人、债务人或者第三人造成损失的，依法承担赔偿责任。

**第一百三十一条**　违反本法规定，构成犯罪的，依法追究刑事责任。

## 第十二章　附　　则

**第一百三十二条**　本法施行后，破产人在本法公布之日前所欠职工的工资和医疗、伤残补助、抚恤费用，所欠的应当划入职工个人账户的基本养老保险、基本医疗保险费用，以及法律、行政法规规定应当支付给职工的补偿金，依照本法第一百一十三条的规定清偿后不足以清偿的部分，以本法第一百零九条规定的特定财产优先于对该特定财产享有担保权的权利人受偿。

**第一百三十三条**　在本法施行前国务院规定的期限和范围内的国有企业实施破产的特殊事宜，按照国务院有关规定办理。

**第一百三十四条**　商业银行、证券公司、保险公司等金融机构有本法第二条规定情形的，国务院金融监督管理机构可以向人民法院提出对该金融机构进行重整或者破产清算的申请。国务院金融监督管理机构依法对出现重大经营风险的金融机构采取接管、托管等措施的，可以向人民法院申请中止以该金融机构为被告或者被执行人的民事诉讼程序或者执行程序。

金融机构实施破产的，国务院可以依据本法和其他有关法律的规定制定实施办法。

**第一百三十五条** 其他法律规定企业法人以外的组织的清算，属于破产清算的，参照适用本法规定的程序。

**第一百三十六条** 本法自 2007 年 6 月 1 日起施行，《中华人民共和国企业破产法（试行）》同时废止。

# 中华人民共和国民事诉讼法

（1991年4月9日第七届全国人民代表大会第四次会议通过，根据2007年10月28日第十届全国人民代表大会常务委员会第三十次会议《关于修改〈中华人民共和国民事诉讼法〉的决定》第一次修正，根据2012年8月31日第十一届全国人民代表大会常务委员会第二十八次会议《关于修改〈中华人民共和国民事诉讼法〉的决定》第二次修正）

## 目　　录

# 第一编　总　　则

## 第一章　任务、适用范围和基本原则

**第一条**　中华人民共和国民事诉讼法以宪法为根据，结合我国民事审判工作的经验和实际情况制定。

**第二条**　中华人民共和国民事诉讼法的任务，是保护当事人行使诉讼权利，保证人民法院查明事实，分清是非，正确适用法律，及时审理民事案件，确认民事权利义务关系，制裁民事违法行为，保护当事人的合法权益，教育公民自觉遵守法律，维护社会秩序、经济秩序，保障社会主义建设事业顺利进行。

**第三条**　人民法院受理公民之间、法人之间、其他组织之间以及他们相互之间因财产关系和人身关系提起的民事诉讼，适用本法的规定。

**第四条**　凡在中华人民共和国领域内进行民事诉讼，必须遵守本法。

**第五条**　外国人、无国籍人、外国企业和组织在人民法院起诉、应诉，同中华人民共和国公民、法人和其他组织有同等的诉讼权利义务。

外国法院对中华人民共和国公民、法人和其他组织的民事诉讼权利加以限制的，中华人民共和国人民法院对该国公民、企业和组织的民事诉讼权利，实行对等原则。

**第六条**　民事案件的审判权由人民法院行使。

人民法院依照法律规定对民事案件独立进行审判，不受行政机关、社会团体和个人的干涉。

**第七条**　人民法院审理民事案件，必须以事实为根据，以法律为准绳。

**第八条**　民事诉讼当事人有平等的诉讼权利。人民法院审理民事案件，应当保障和便利当事人行使诉讼权利，对当事人在适用法律上一律平等。

**第九条** 人民法院审理民事案件，应当根据自愿和合法的原则进行调解；调解不成的，应当及时判决。

**第十条** 人民法院审理民事案件，依照法律规定实行合议、回避、公开审判和两审终审制度。

**第十一条** 各民族公民都有用本民族语言、文字进行民事诉讼的权利。

在少数民族聚居或者多民族共同居住的地区，人民法院应当用当地民族通用的语言、文字进行审理和发布法律文书。

人民法院应当对不通晓当地民族通用的语言、文字的诉讼参与人提供翻译。

**第十二条** 人民法院审理民事案件时，当事人有权进行辩论。

**第十三条** 民事诉讼应当遵循诚实信用原则。

当事人有权在法律规定的范围内处分自己的民事权利和诉讼权利。

**第十四条** 人民检察院有权对民事诉讼实行法律监督。

**第十五条** 机关、社会团体、企业事业单位对损害国家、集体或者个人民事权益的行为，可以支持受损害的单位或者个人向人民法院起诉。

**第十六条** 民族自治地方的人民代表大会根据宪法和本法的原则，结合当地民族的具体情况，可以制定变通或者补充的规定。自治区的规定，报全国人民代表大会常务委员会批准。自治州、自治县的规定，报省或者自治区的人民代表大会常务委员会批准，并报全国人民代表大会常务委员会备案。

## 第二章　管　　辖

### 第一节　级别管辖

**第十七条** 基层人民法院管辖第一审民事案件，但本法另有规定的除外。

**第十八条** 中级人民法院管辖下列第一审民事案件：

（一）重大涉外案件；

（二）在本辖区有重大影响的案件；

（三）最高人民法院确定由中级人民法院管辖的案件。

**第十九条** 高级人民法院管辖在本辖区有重大影响的第一审民事案件。

**第二十条** 最高人民法院管辖下列第一审民事案件：

（一）在全国有重大影响的案件；

（二）认为应当由本院审理的案件。

## 第二节 地域管辖

**第二十一条** 对公民提起的民事诉讼，由被告住所地人民法院管辖；被告住所地与经常居住地不一致的，由经常居住地人民法院管辖。

对法人或者其他组织提起的民事诉讼，由被告住所地人民法院管辖。

同一诉讼的几个被告住所地、经常居住地在两个以上人民法院辖区的，各该人民法院都有管辖权。

**第二十二条** 下列民事诉讼，由原告住所地人民法院管辖；原告住所地与经常居住地不一致的，由原告经常居住地人民法院管辖：

（一）对不在中华人民共和国领域内居住的人提起的有关身份关系的诉讼；

（二）对下落不明或者宣告失踪的人提起的有关身份关系的诉讼；

（三）对被采取强制性教育措施的人提起的诉讼；

（四）对被监禁的人提起的诉讼。

**第二十三条** 因合同纠纷提起的诉讼，由被告住所地或者合同履行地人民法院管辖。

**第二十四条** 因保险合同纠纷提起的诉讼，由被告住所地或者保险标的物所在地人民法院管辖。

**第二十五条** 因票据纠纷提起的诉讼，由票据支付地或者被告住所地人民法院管辖。

**第二十六条**　因公司设立、确认股东资格、分配利润、解散等纠纷提起的诉讼，由公司住所地人民法院管辖。

**第二十七条**　因铁路、公路、水上、航空运输和联合运输合同纠纷提起的诉讼，由运输始发地、目的地或者被告住所地人民法院管辖。

**第二十八条**　因侵权行为提起的诉讼，由侵权行为地或者被告住所地人民法院管辖。

**第二十九条**　因铁路、公路、水上和航空事故请求损害赔偿提起的诉讼，由事故发生地或者车辆、船舶最先到达地、航空器最先降落地或者被告住所地人民法院管辖。

**第三十条**　因船舶碰撞或者其他海事损害事故请求损害赔偿提起的诉讼，由碰撞发生地、碰撞船舶最先到达地、加害船舶被扣留地或者被告住所地人民法院管辖。

**第三十一条**　因海难救助费用提起的诉讼，由救助地或者被救助船舶最先到达地人民法院管辖。

**第三十二条**　因共同海损提起的诉讼，由船舶最先到达地、共同海损理算地或者航程终止地的人民法院管辖。

**第三十三条**　下列案件，由本条规定的人民法院专属管辖：

（一）因不动产纠纷提起的诉讼，由不动产所在地人民法院管辖；

（二）因港口作业中发生纠纷提起的诉讼，由港口所在地人民法院管辖；

（三）因继承遗产纠纷提起的诉讼，由被继承人死亡时住所地或者主要遗产所在地人民法院管辖。

**第三十四条**　合同或者其他财产权益纠纷的当事人可以书面协议选择被告住所地、合同履行地、合同签订地、原告住所地、标的物所在地等与争议有实际联系的地点的人民法院管辖，但不得违反本法对级别管辖和专属管辖的规定。

**第三十五条**　两个以上人民法院都有管辖权的诉讼，原告可以向其中一个人民法院起诉；原告向两个以上有管辖权的人民法院起诉的，由最先立案的人民法院管辖。

### 第三节　移送管辖和指定管辖

**第三十六条**　人民法院发现受理的案件不属于本院管辖的，应当移送有管辖权的人民法院，受移送的人民法院应当受理。受移送的人民法院认为受移送的案件依照规定不属于本院管辖的，应当报请上级人民法院指定管辖，不得再自行移送。

**第三十七条**　有管辖权的人民法院由于特殊原因，不能行使管辖权的，由上级人民法院指定管辖。

人民法院之间因管辖权发生争议，由争议双方协商解决；协商解决不了的，报请它们的共同上级人民法院指定管辖。

**第三十八条**　上级人民法院有权审理下级人民法院管辖的第一审民事案件；确有必要将本院管辖的第一审民事案件交下级人民法院审理的，应当报请其上级人民法院批准。

下级人民法院对它所管辖的第一审民事案件，认为需要由上级人民法院审理的，可以报请上级人民法院审理。

## 第三章　审判组织

**第三十九条**　人民法院审理第一审民事案件，由审判员、陪审员共同组成合议庭或者由审判员组成合议庭。合议庭的成员人数，必须是单数。

适用简易程序审理的民事案件，由审判员一人独任审理。

陪审员在执行陪审职务时，与审判员有同等的权利义务。

**第四十条**　人民法院审理第二审民事案件，由审判员组成合议庭。合议庭的成员人数，必须是单数。

发回重审的案件，原审人民法院应当按照第一审程序另行组成合议庭。

审理再审案件，原来是第一审的，按照第一审程序另行组成合议庭；原来是第二审的或者是上级人民法院提审的，按照第二审程序另行组成合议庭。

**第四十一条** 合议庭的审判长由院长或者庭长指定审判员一人担任；院长或者庭长参加审判的，由院长或者庭长担任。

**第四十二条** 合议庭评议案件，实行少数服从多数的原则。评议应当制作笔录，由合议庭成员签名。评议中的不同意见，必须如实记入笔录。

**第四十三条** 审判人员应当依法秉公办案。

审判人员不得接受当事人及其诉讼代理人请客送礼。

审判人员有贪污受贿，徇私舞弊，枉法裁判行为的，应当追究法律责任；构成犯罪的，依法追究刑事责任。

## 第四章 回 避

**第四十四条** 审判人员有下列情形之一的，应当自行回避，当事人有权用口头或者书面方式申请他们回避：

（一）是本案当事人或者当事人、诉讼代理人近亲属的；

（二）与本案有利害关系的；

（三）与本案当事人、诉讼代理人有其他关系，可能影响对案件公正审理的。

审判人员接受当事人、诉讼代理人请客送礼，或者违反规定会见当事人、诉讼代理人的，当事人有权要求他们回避。

审判人员有前款规定的行为的，应当依法追究法律责任。

前三款规定，适用于书记员、翻译人员、鉴定人、勘验人。

**第四十五条** 当事人提出回避申请，应当说明理由，在案件开始审理时提出；回避事由在案件开始审理后知道的，也可以在法庭辩论终结前提出。

被申请回避的人员在人民法院作出是否回避的决定前，应当暂停参与本案的工作，但案件需要采取紧急措施的除外。

**第四十六条** 院长担任审判长时的回避，由审判委员会决定；审判人员的回避，由院长决定；其他人员的回避，由审判长决定。

**第四十七条** 人民法院对当事人提出的回避申请，应当在申请提出的三日内，以口头或者书面形式作出决定。申请人对决定不服的，可以在接到决定时申请复议一次。复议期间，被申请回避的人员，不停止参与本案的工作。人民法院对复议申请，应当在三日内作出复议决定，并通知复议申请人。

## 第五章　诉讼参加人

### 第一节　当　事　人

**第四十八条**　公民、法人和其他组织可以作为民事诉讼的当事人。

法人由其法定代表人进行诉讼。其他组织由其主要负责人进行诉讼。

**第四十九条**　当事人有权委托代理人，提出回避申请，收集、提供证据，进行辩论，请求调解，提起上诉，申请执行。

当事人可以查阅本案有关材料，并可以复制本案有关材料和法律文书。查阅、复制本案有关材料的范围和办法由最高人民法院规定。

当事人必须依法行使诉讼权利，遵守诉讼秩序，履行发生法律效力的判决书、裁定书和调解书。

**第五十条**　双方当事人可以自行和解。

**第五十一条**　原告可以放弃或者变更诉讼请求。被告可以承认或者反驳诉讼请求，有权提起反诉。

**第五十二条**　当事人一方或者双方为二人以上，其诉讼标的是共同的，或者诉讼标的是同一种类、人民法院认为可以合并审理并经当事人同意的，为共同诉讼。

共同诉讼的一方当事人对诉讼标的有共同权利义务的，其中一人的诉讼行为经其他共同诉讼人承认，对其他共同诉讼人发生效力；对诉讼标的没有共同权利义务的，其中一人的诉讼行为对其他共同诉讼人不发生效力。

**第五十三条**　当事人一方人数众多的共同诉讼，可以由当事人推选代表人进行诉讼。代表人的诉讼行为对其所代表的当事人发生效力，但代表人变更、放弃诉讼请求或者承认对方当事人的诉讼请求，进行和解,必须经被代表的当事人同意。

**第五十四条** 诉讼标的是同一种类、当事人一方人数众多在起诉时人数尚未确定的,人民法院可以发出公告,说明案件情况和诉讼请求,通知权利人在一定期间向人民法院登记。

向人民法院登记的权利人可以推选代表人进行诉讼;推选不出代表人的,人民法院可以与参加登记的权利人商定代表人。

代表人的诉讼行为对其所代表的当事人发生效力,但代表人变更、放弃诉讼请求或者承认对方当事人的诉讼请求,进行和解,必须经被代表的当事人同意。

人民法院作出的判决、裁定,对参加登记的全体权利人发生效力。未参加登记的权利人在诉讼时效期间提起诉讼的,适用该判决、裁定。

**第五十五条** 对污染环境、侵害众多消费者合法权益等损害社会公共利益的行为,法律规定的机关和有关组织可以向人民法院提起诉讼。

**第五十六条** 对当事人双方的诉讼标的,第三人认为有独立请求权的,有权提起诉讼。

对当事人双方的诉讼标的,第三人虽然没有独立请求权,但案件处理结果同他有法律上的利害关系的,可以申请参加诉讼,或者由人民法院通知他参加诉讼。人民法院判决承担民事责任的第三人,有当事人的诉讼权利义务。

前两款规定的第三人,因不能归责于本人的事由未参加诉讼,但有证据证明发生法律效力的判决、裁定、调解书的部分或者全部内容错误,损害其民事权益的,可以自知道或者应当知道其民事权益受到损害之日起六个月内,向作出该判决、裁定、调解书的人民法院提起诉讼。人民法院经审理,诉讼请求成立的,应当改变或者撤销原判决、裁定、调解书;诉讼请求不成立的,驳回诉讼请求。

## 第二节 诉讼代理人

**第五十七条** 无诉讼行为能力人由他的监护人作为法定代理人代为诉讼。法定代理人之间互相推诿代理责任的,由人民法院指定其中一人代为诉讼。

**第五十八条**　当事人、法定代理人可以委托一至二人作为诉讼代理人。

下列人员可以被委托为诉讼代理人：

（一）律师、基层法律服务工作者；

（二）当事人的近亲属或者工作人员；

（三）当事人所在社区、单位以及有关社会团体推荐的公民。

**第五十九条**　委托他人代为诉讼，必须向人民法院提交由委托人签名或者盖章的授权委托书。

授权委托书必须记明委托事项和权限。诉讼代理人代为承认、放弃、变更诉讼请求，进行和解，提起反诉或者上诉，必须有委托人的特别授权。

侨居在国外的中华人民共和国公民从国外寄交或者托交的授权委托书，必须经中华人民共和国驻该国的使领馆证明；没有使领馆的，由与中华人民共和国有外交关系的第三国驻该国的使领馆证明，再转由中华人民共和国驻该第三国使领馆证明，或者由当地的爱国华侨团体证明。

**第六十条**　诉讼代理人的权限如果变更或者解除，当事人应当书面告知人民法院，并由人民法院通知对方当事人。

**第六十一条**　代理诉讼的律师和其他诉讼代理人有权调查收集证据，可以查阅本案有关材料。查阅本案有关材料的范围和办法由最高人民法院规定。

**第六十二条**　离婚案件有诉讼代理人的，本人除不能表达意思的以外，仍应出庭；确因特殊情况无法出庭的，必须向人民法院提交书面意见。

## 第六章　证　　据

**第六十三条**　证据包括：

（一）当事人的陈述；

（二）书证；

（三）物证；

（四）视听资料；

（五）电子数据；

（六）证人证言；

（七）鉴定意见；

（八）勘验笔录。

证据必须查证属实，才能作为认定事实的根据。

**第六十四条**　当事人对自己提出的主张，有责任提供证据。

当事人及其诉讼代理人因客观原因不能自行收集的证据，或者人民法院认为审理案件需要的证据，人民法院应当调查收集。

人民法院应当按照法定程序，全面地、客观地审查核实证据。

**第六十五条**　当事人对自己提出的主张应当及时提供证据。

人民法院根据当事人的主张和案件审理情况，确定当事人应当提供的证据及其期限。当事人在该期限内提供证据确有困难的，可以向人民法院申请延长期限，人民法院根据当事人的申请适当延长。当事人逾期提供证据的，人民法院应当责令其说明理由；拒不说明理由或者理由不成立的，人民法院根据不同情形可以不予采纳该证据，或者采纳该证据但予以训诫、罚款。

**第六十六条**　人民法院收到当事人提交的证据材料，应当出具收据，写明证据名称、页数、份数、原件或者复印件以及收到时间等，并由经办人员签名或者盖章。

**第六十七条**　人民法院有权向有关单位和个人调查取证，有关单位和个人不得拒绝。

人民法院对有关单位和个人提出的证明文书，应当辨别真伪，审查确定其效力。

**第六十八条**　证据应当在法庭上出示，并由当事人互相质证。对涉及国家秘密、商业秘密和个人隐私的证据应当保密，需要在法庭出示的，不得在公开开庭时出示。

**第六十九条**　经过法定程序公证证明的法律事实和文书，人民法院应当作为认定事实的根据，但有相反证据足以推翻公证证明的除外。

**第七十条**　书证应当提交原件。物证应当提交原物。提交原件或者原物确有困难的，可以提交复制品、照片、副本、节录本。

提交外文书证，必须附有中文译本。

**第七十一条**　人民法院对视听资料，应当辨别真伪，并结合本案的其他证据，审查确定能否作为认定事实的根据。

**第七十二条**　凡是知道案件情况的单位和个人，都有义务出庭作证。有关单位的负责人应当支持证人作证。

不能正确表达意思的人，不能作证。

**第七十三条**　经人民法院通知，证人应当出庭作证。有下列情形之一的，经人民法院许可，可以通过书面证言、视听传输技术或者视听资料等方式作证：

（一）因健康原因不能出庭的；

（二）因路途遥远，交通不便不能出庭的；

（三）因自然灾害等不可抗力不能出庭的；

（四）其他有正当理由不能出庭的。

**第七十四条**　证人因履行出庭作证义务而支出的交通、住宿、就餐等必要费用以及误工损失，由败诉一方当事人负担。当事人申请证人作证的，由该当事人先行垫付；当事人没有申请，人民法院通知证人作证的，由人民法院先行垫付。

**第七十五条**　人民法院对当事人的陈述，应当结合本案的其他证据，审查确定能否作为认定事实的根据。

当事人拒绝陈述的，不影响人民法院根据证据认定案件事实。

**第七十六条**　当事人可以就查明事实的专门性问题向人民法院申请鉴定。当事人申请鉴定的，由双方当事人协商确定具备资格的鉴定人；协商不成的，由人民法院指定。

当事人未申请鉴定，人民法院对专门性问题认为需要鉴定的，应当委托具备资格的鉴定人进行鉴定。

**第七十七条**　鉴定人有权了解进行鉴定所需要的案件材料，必要时可以询问当事人、证人。

鉴定人应当提出书面鉴定意见，在鉴定书上签名或者盖章。

**第七十八条**　当事人对鉴定意见有异议或者人民法院认为鉴定人有必要出庭的，鉴定人应当出庭作证。经人民法院通知，鉴定人拒不出庭作证的，鉴定意见不得作为认定事实的根据；支付鉴定费用的当事人可以要求返还鉴定费用。

**第七十九条**　当事人可以申请人民法院通知有专门知识的人出庭，就鉴定人作出的鉴定意见或者专业问题提出意见。

**第八十条**　勘验物证或者现场，勘验人必须出示人民法院的证件，并邀请当地基层组织或者当事人所在单位派人参加。当事人或者当事人的成年家属应当到场，拒不到场的，不影响勘验的进行。

有关单位和个人根据人民法院的通知，有义务保护现场，协助勘验工作。

勘验人应当将勘验情况和结果制作笔录，由勘验人、当事人和被邀参加人签名或者盖章。

**第八十一条**　在证据可能灭失或者以后难以取得的情况下，当事人可以在诉讼过程中向人民法院申请保全证据，人民法院也可以主动采取保全措施。

因情况紧急，在证据可能灭失或者以后难以取得的情况下，利害关系人可以在提起诉讼或者申请仲裁前向证据所在地、被申请人住所地或者对案件有管辖权的人民法院申请保全证据。

证据保全的其他程序，参照适用本法第九章保全的有关规定。

## 第七章　期间、送达

### 第一节　期　　间

**第八十二条**　期间包括法定期间和人民法院指定的期间。

期间以时、日、月、年计算。期间开始的时和日，不计算在期间内。

期间届满的最后一日是节假日的，以节假日后的第一日为期间届满的日期。

期间不包括在途时间，诉讼文书在期满前交邮的，不算过期。

**第八十三条**　当事人因不可抗拒的事由或者其他正当理由耽误期限的，在障碍消除后的十日内，可以申请顺延期限，是否准许，由人民法院决定。

## 第二节　送　　达

**第八十四条**　送达诉讼文书必须有送达回证，由受送达人在送达回证上记明收到日期，签名或者盖章。

受送达人在送达回证上的签收日期为送达日期。

**第八十五条**　送达诉讼文书，应当直接送交受送达人。受送达人是公民的，本人不在交他的同住成年家属签收；受送达人是法人或者其他组织的，应当由法人的法定代表人、其他组织的主要负责人或者该法人、组织负责收件的人签收；受送达人有诉讼代理人的，可以送交其代理人签收；受送达人已向人民法院指定代收人的，送交代收人签收。

受送达人的同住成年家属，法人或者其他组织的负责收件的人，诉讼代理人或者代收人在送达回证上签收的日期为送达日期。

**第八十六条**　受送达人或者他的同住成年家属拒绝接收诉讼文书的，送达人可以邀请有关基层组织或者所在单位的代表到场，说明情况，在送达回证上记明拒收事由和日期，由送达人、见证人签名或者盖章，把诉讼文书留在受送达人的住所；也可以把诉讼文书留在受送达人的住所，并采用拍照、录像等方式记录送达过程，即视为送达。

**第八十七条**　经受送达人同意，人民法院可以采用传真、电子邮件等能够确认其收悉的方式送达诉讼文书，但判决书、裁定书、调解书除外。

采用前款方式送达的，以传真、电子邮件等到达受送达人特定系统的日期为送达日期。

**第八十八条**　直接送达诉讼文书有困难的，可以委托其他人民法院代为送达，或者邮寄送达。邮寄送达的，以回执上注明的收件日期为送达日期。

**第八十九条**　受送达人是军人的，通过其所在部队团以上单位的政治机关转交。

**第九十条**　受送达人被监禁的，通过其所在监所转交。

受送达人被采取强制性教育措施的，通过其所在强制性教育机构转交。

**第九十一条**　代为转交的机关、单位收到诉讼文书后，必须立即交受送达人签收，以在送达回证上的签收日期，为送达日期。

**第九十二条**　受送达人下落不明，或者用本节规定的其他方式无法送达的，公告送达。自发出公告之日起，经过六十日，即视为送达。

公告送达，应当在案卷中记明原因和经过。

## 第八章　调　　解

**第九十三条**　人民法院审理民事案件，根据当事人自愿的原则，在事实清楚的基础上，分清是非，进行调解。

**第九十四条**　人民法院进行调解，可以由审判员一人主持，也可以由合议庭主持，并尽可能就地进行。

人民法院进行调解，可以用简便方式通知当事人、证人到庭。

**第九十五条**　人民法院进行调解，可以邀请有关单位和个人协助。被邀请的单位和个人，应当协助人民法院进行调解。

**第九十六条**　调解达成协议，必须双方自愿，不得强迫。调解协议的内容不得违反法律规定。

**第九十七条**　调解达成协议，人民法院应当制作调解书。调解书应当写明诉讼请求、案件的事实和调解结果。

调解书由审判人员、书记员署名，加盖人民法院印章，送达双方当事人。

调解书经双方当事人签收后，即具有法律效力。

**第九十八条**　下列案件调解达成协议，人民法院可以不制作调解书：

（一）调解和好的离婚案件；

（二）调解维持收养关系的案件；

（三）能够即时履行的案件；

（四）其他不需要制作调解书的案件。

对不需要制作调解书的协议，应当记入笔录，由双方当事人、审判人员、书记员签名或者盖章后，即具有法律效力。

**第九十九条**　调解未达成协议或者调解书送达前一方反悔的，人民法院应当及时判决。

## 第九章　保全和先予执行

**第一百条**　人民法院对于可能因当事人一方的行为或者其他原因，使判决难以执行或者造成当事人其他损害的案件，根据对方当事人的申请，可以裁定对其财产进行保全、责令其作出一定行为或者禁止其作出一定行为；当事人没有提出申请的，人民法院在必要时也可以裁定采取保全措施。

人民法院采取保全措施，可以责令申请人提供担保，申请人不提供担保的，裁定驳回申请。

人民法院接受申请后，对情况紧急的，必须在四十八小时内作出裁定；裁定采取保全措施的，应当立即开始执行。

**第一百零一条**　利害关系人因情况紧急，不立即申请保全将会使其合法权益受到难以弥补的损害的，可以在提起诉讼或者申请仲裁前向被保全财产所在地、被申请人住所地或者对案件有管辖权的人民法院申请采取保全措施。申请人应当提供担保，不提供担保的，裁定驳回申请。

人民法院接受申请后，必须在四十八小时内作出裁定；裁定采取保全措施的，应当立即开始执行。

申请人在人民法院采取保全措施后三十日内不依法提起诉讼或者申请仲裁的，人民法院应当解除保全。

**第一百零二条**　保全限于请求的范围，或者与本案有关的财物。

**第一百零三条**　财产保全采取查封、扣押、冻结或者法律规定的其他方法。人民法院保全财产后，应当立即通知被保全财产的人。

财产已被查封、冻结的，不得重复查封、冻结。

**第一百零四条** 财产纠纷案件，被申请人提供担保的，人民法院应当裁定解除保全。

**第一百零五条** 申请有错误的，申请人应当赔偿被申请人因保全所遭受的损失。

**第一百零六条** 人民法院对下列案件，根据当事人的申请，可以裁定先予执行：

（一）追索赡养费、扶养费、抚育费、抚恤金、医疗费用的；

（二）追索劳动报酬的；

（三）因情况紧急需要先予执行的。

**第一百零七条** 人民法院裁定先予执行的，应当符合下列条件：

（一）当事人之间权利义务关系明确，不先予执行将严重影响申请人的生活或者生产经营的；

（二）被申请人有履行能力。

人民法院可以责令申请人提供担保，申请人不提供担保的，驳回申请。申请人败诉的，应当赔偿被申请人因先予执行遭受的财产损失。

**第一百零八条** 当事人对保全或者先予执行的裁定不服的，可以申请复议一次。复议期间不停止裁定的执行。

## 第十章　对妨害民事诉讼的强制措施

**第一百零九条** 人民法院对必须到庭的被告，经两次传票传唤，无正当理由拒不到庭的，可以拘传。

**第一百一十条** 诉讼参与人和其他人应当遵守法庭规则。

人民法院对违反法庭规则的人，可以予以训诫，责令退出法庭或者予以罚款、拘留。

人民法院对哄闹、冲击法庭，侮辱、诽谤、威胁、殴打审判人员，严重扰乱法庭秩序的人，依法追究刑事责任；情节较轻的，予以罚款、拘留。

**第一百一十一条** 诉讼参与人或者其他人有下列行为之一的，人民法院可以根据情节轻重予以罚款、拘留；构成犯罪的，依法追究刑事责任：

（一）伪造、毁灭重要证据，妨碍人民法院审理案件的；

（二）以暴力、威胁、贿买方法阻止证人作证或者指使、贿买、胁迫他人作伪证的；

（三）隐藏、转移、变卖、毁损已被查封、扣押的财产，或者已被清点并责令其保管的财产，转移已被冻结的财产的；

（四）对司法工作人员、诉讼参加人、证人、翻译人员、鉴定人、勘验人、协助执行的人，进行侮辱、诽谤、诬陷、殴打或者打击报复的；

（五）以暴力、威胁或者其他方法阻碍司法工作人员执行职务的；

（六）拒不履行人民法院已经发生法律效力的判决、裁定的。

人民法院对有前款规定的行为之一的单位，可以对其主要负责人或者直接责任人员予以罚款、拘留；构成犯罪的，依法追究刑事责任。

**第一百一十二条** 当事人之间恶意串通，企图通过诉讼、调解等方式侵害他人合法权益的，人民法院应当驳回其请求，并根据情节轻重予以罚款、拘留；构成犯罪的，依法追究刑事责任。

**第一百一十三条** 被执行人与他人恶意串通，通过诉讼、仲裁、调解等方式逃避履行法律文书确定的义务的，人民法院应当根据情节轻重予以罚款、拘留；构成犯罪的，依法追究刑事责任。

**第一百一十四条** 有义务协助调查、执行的单位有下列行为之一的，人民法院除责令其履行协助义务外，并可以予以罚款：

（一）有关单位拒绝或者妨碍人民法院调查取证的；

（二）有关单位接到人民法院协助执行通知书后，拒不协助查询、扣押、冻结、划拨、变价财产的；

（三）有关单位接到人民法院协助执行通知书后，拒不协助扣留被执行人的收入、办理有关财产权证照转移手续、转交有关票证、证照或者其他财产的；

（四）其他拒绝协助执行的。

人民法院对有前款规定的行为之一的单位，可以对其主要负责人或者直接责任人员予以罚款；对仍不履行协助义务的，可以予以拘留；并可以向监察机关或者有关机关提出予以纪律处分的司法建议。

**第一百一十五条** 对个人的罚款金额，为人民币十万元以下。对单位的罚款金额，为人民币五万元以上一百万元以下。

拘留的期限，为十五日以下。

被拘留的人，由人民法院交公安机关看管。在拘留期间，被拘留人承认并改正错误的，人民法院可以决定提前解除拘留。

**第一百一十六条** 拘传、罚款、拘留必须经院长批准。

拘传应当发拘传票。

罚款、拘留应当用决定书。对决定不服的，可以向上一级人民法院申请复议一次。复议期间不停止执行。

**第一百一十七条** 采取对妨害民事诉讼的强制措施必须由人民法院决定。任何单位和个人采取非法拘禁他人或者非法私自扣押他人财产追索债务的，应当依法追究刑事责任，或者予以拘留、罚款。

## 第十一章 诉讼费用

**第一百一十八条** 当事人进行民事诉讼，应当按照规定交纳案件受理费。财产案件除交纳案件受理费外，并按照规定交纳其他诉讼费用。

当事人交纳诉讼费用确有困难的，可以按照规定向人民法院申请缓交、减交或者免交。

收取诉讼费用的办法另行制定。

# 第二编 审判程序

## 第十二章 第一审普通程序

### 第一节 起诉和受理

**第一百一十九条** 起诉必须符合下列条件：

（一）原告是与本案有直接利害关系的公民、法人和其他组织；

（二）有明确的被告；

（三）有具体的诉讼请求和事实、理由；

（四）属于人民法院受理民事诉讼的范围和受诉人民法院管辖。

**第一百二十条**　起诉应当向人民法院递交起诉状，并按照被告人数提出副本。

书写起诉状确有困难的，可以口头起诉，由人民法院记入笔录，并告知对方当事人。

**第一百二十一条**　起诉状应当记明下列事项：

（一）原告的姓名、性别、年龄、民族、职业、工作单位、住所、联系方式，法人或者其他组织的名称、住所和法定代表人或者主要负责人的姓名、职务、联系方式；

（二）被告的姓名、性别、工作单位、住所等信息，法人或者其他组织的名称、住所等信息；

（三）诉讼请求和所根据的事实与理由；

（四）证据和证据来源，证人姓名和住所。

**第一百二十二条**　当事人起诉到人民法院的民事纠纷，适宜调解的，先行调解，但当事人拒绝调解的除外。

**第一百二十三条**　人民法院应当保障当事人依照法律规定享有的起诉权利。对符合本法第一百一十九条的起诉，必须受理。符合起诉条件的，应当在七日内立案，并通知当事人；不符合起诉条件的，应当在七日内作出裁定书，不予受理；原告对裁定不服的，可以提起上诉。

**第一百二十四条**　人民法院对下列起诉，分别情形，予以处理：

（一）依照行政诉讼法的规定，属于行政诉讼受案范围的，告知原告提起行政诉讼；

（二）依照法律规定，双方当事人达成书面仲裁协议申请仲裁、不得向人民法院起诉的，告知原告向仲裁机构申请仲裁；

（三）依照法律规定，应当由其他机关处理的争议，告知原告向有关机关申请解决；

（四）对不属于本院管辖的案件，告知原告向有管辖权的人民法院起诉；

（五）对判决、裁定、调解书已经发生法律效力的案件，当事人又起诉的，告知原告申请再审，但人民法院准许撤诉的裁定除外；

（六）依照法律规定，在一定期限内不得起诉的案件，在不得起诉的期限内起诉的，不予受理；

（七）判决不准离婚和调解和好的离婚案件，判决、调解维持收养关系的案件，没有新情况、新理由，原告在六个月内又起诉的，不予受理。

## 第二节　审理前的准备

**第一百二十五条**　人民法院应当在立案之日起五日内将起诉状副本发送被告，被告应当在收到之日起十五日内提出答辩状。答辩状应当记明被告的姓名、性别、年龄、民族、职业、工作单位、住所、联系方式；法人或者其他组织的名称、住所和法定代表人或者主要负责人的姓名、职务、联系方式。人民法院应当在收到答辩状之日起五日内将答辩状副本发送原告。

被告不提出答辩状的，不影响人民法院审理。

**第一百二十六条**　人民法院对决定受理的案件，应当在受理案件通知书和应诉通知书中向当事人告知有关的诉讼权利义务，或者口头告知。

**第一百二十七条**　人民法院受理案件后，当事人对管辖权有异议的，应当在提交答辩状期间提出。人民法院对当事人提出的异议，应当审查。异议成立的，裁定将案件移送有管辖权的人民法院；异议不成立的，裁定驳回。

当事人未提出管辖异议，并应诉答辩的，视为受诉人民法院有管辖权，但违反级别管辖和专属管辖规定的除外。

**第一百二十八条**　合议庭组成人员确定后，应当在三日内告知当事人。

**第一百二十九条**　审判人员必须认真审核诉讼材料，调查收集必要的证据。

**第一百三十条**　人民法院派出人员进行调查时，应当向被调查人出示证件。

调查笔录经被调查人校阅后，由被调查人、调查人签名或者盖章。

**第一百三十一条**　人民法院在必要时可以委托外地人民法院

调查。

委托调查，必须提出明确的项目和要求。受委托人民法院可以主动补充调查。

受委托人民法院收到委托书后，应当在三十日内完成调查。因故不能完成的，应当在上述期限内函告委托人民法院。

**第一百三十二条**　必须共同进行诉讼的当事人没有参加诉讼的，人民法院应当通知其参加诉讼。

**第一百三十三条**　人民法院对受理的案件，分别情形，予以处理：

（一）当事人没有争议，符合督促程序规定条件的，可以转入督促程序；

（二）开庭前可以调解的，采取调解方式及时解决纠纷；

（三）根据案件情况，确定适用简易程序或者普通程序；

（四）需要开庭审理的，通过要求当事人交换证据等方式，明确争议焦点。

## 第三节　开庭审理

**第一百三十四条**　人民法院审理民事案件，除涉及国家秘密、个人隐私或者法律另有规定的以外，应当公开进行。

离婚案件，涉及商业秘密的案件，当事人申请不公开审理的，可以不公开审理。

**第一百三十五条**　人民法院审理民事案件，根据需要进行巡回审理，就地办案。

**第一百三十六条**　人民法院审理民事案件，应当在开庭三日前通知当事人和其他诉讼参与人。公开审理的，应当公告当事人姓名、案由和开庭的时间、地点。

**第一百三十七条**　开庭审理前，书记员应当查明当事人和其他诉讼参与人是否到庭，宣布法庭纪律。

开庭审理时，由审判长核对当事人，宣布案由，宣布审判人员、书记员名单，告知当事人有关的诉讼权利义务，询问当事人是否提出回避申请。

**第一百三十八条** 法庭调查按照下列顺序进行：

（一）当事人陈述；

（二）告知证人的权利义务，证人作证，宣读未到庭的证人证言；

（三）出示书证、物证、视听资料和电子数据；

（四）宣读鉴定意见；

（五）宣读勘验笔录。

**第一百三十九条** 当事人在法庭上可以提出新的证据。

当事人经法庭许可，可以向证人、鉴定人、勘验人发问。

当事人要求重新进行调查、鉴定或者勘验的，是否准许，由人民法院决定。

**第一百四十条** 原告增加诉讼请求，被告提出反诉，第三人提出与本案有关的诉讼请求，可以合并审理。

**第一百四十一条** 法庭辩论按照下列顺序进行：

（一）原告及其诉讼代理人发言；

（二）被告及其诉讼代理人答辩；

（三）第三人及其诉讼代理人发言或者答辩；

（四）互相辩论。

法庭辩论终结，由审判长按照原告、被告、第三人的先后顺序征询各方最后意见。

**第一百四十二条** 法庭辩论终结，应当依法作出判决。判决前能够调解的，还可以进行调解，调解不成的，应当及时判决。

**第一百四十三条** 原告经传票传唤，无正当理由拒不到庭的，或者未经法庭许可中途退庭的，可以按撤诉处理；被告反诉的，可以缺席判决。

**第一百四十四条** 被告经传票传唤，无正当理由拒不到庭的，或者未经法庭许可中途退庭的，可以缺席判决。

**第一百四十五条** 宣判前，原告申请撤诉的，是否准许，由人民法院裁定。

人民法院裁定不准许撤诉的，原告经传票传唤，无正当理由拒不到庭的，可以缺席判决。

**第一百四十六条**　有下列情形之一的，可以延期开庭审理：

（一）必须到庭的当事人和其他诉讼参与人有正当理由没有到庭的；

（二）当事人临时提出回避申请的；

（三）需要通知新的证人到庭，调取新的证据，重新鉴定、勘验，或者需要补充调查的；

（四）其他应当延期的情形。

**第一百四十七条**　书记员应当将法庭审理的全部活动记入笔录，由审判人员和书记员签名。

法庭笔录应当当庭宣读，也可以告知当事人和其他诉讼参与人当庭或者在五日内阅读。当事人和其他诉讼参与人认为对自己的陈述记录有遗漏或者差错的，有权申请补正。如果不予补正，应当将申请记录在案。

法庭笔录由当事人和其他诉讼参与人签名或者盖章。拒绝签名盖章的，记明情况附卷。

**第一百四十八条**　人民法院对公开审理或者不公开审理的案件，一律公开宣告判决。

当庭宣判的，应当在十日内发送判决书；定期宣判的，宣判后立即发给判决书。

宣告判决时，必须告知当事人上诉权利、上诉期限和上诉的法院。

宣告离婚判决，必须告知当事人在判决发生法律效力前不得另行结婚。

**第一百四十九条**　人民法院适用普通程序审理的案件，应当在立案之日起六个月内审结。有特殊情况需要延长的，由本院院长批准，可以延长六个月；还需要延长的，报请上级人民法院批准。

### 第四节　诉讼中止和终结

**第一百五十条**　有下列情形之一的，中止诉讼：

（一）一方当事人死亡，需要等待继承人表明是否参加诉讼的；

（二）一方当事人丧失诉讼行为能力，尚未确定法定代理人的；

（三）作为一方当事人的法人或者其他组织终止，尚未确定权利义务承受人的；

（四）一方当事人因不可抗拒的事由，不能参加诉讼的；

（五）本案必须以另一案的审理结果为依据，而另一案尚未审结的；

（六）其他应当中止诉讼的情形。

中止诉讼的原因消除后，恢复诉讼。

**第一百五十一条** 有下列情形之一的，终结诉讼：

（一）原告死亡，没有继承人，或者继承人放弃诉讼权利的；

（二）被告死亡，没有遗产，也没有应当承担义务的人的；

（三）离婚案件一方当事人死亡的；

（四）追索赡养费、扶养费、抚育费以及解除收养关系案件的一方当事人死亡的。

## 第五节 判决和裁定

**第一百五十二条** 判决书应当写明判决结果和作出该判决的理由。判决书内容包括：

（一）案由、诉讼请求、争议的事实和理由；

（二）判决认定的事实和理由、适用的法律和理由；

（三）判决结果和诉讼费用的负担；

（四）上诉期间和上诉的法院。

判决书由审判人员、书记员署名，加盖人民法院印章。

**第一百五十三条** 人民法院审理案件，其中一部分事实已经清楚，可以就该部分先行判决。

**第一百五十四条** 裁定适用于下列范围：

（一）不予受理；

（二）对管辖权有异议的；

（三）驳回起诉；

（四）保全和先予执行；

（五）准许或者不准许撤诉；

（六）中止或者终结诉讼；

（七）补正判决书中的笔误；

（八）中止或者终结执行；

（九）撤销或者不予执行仲裁裁决；

（十）不予执行公证机关赋予强制执行效力的债权文书；

（十一）其他需要裁定解决的事项。

对前款第一项至第三项裁定，可以上诉。

裁定书应当写明裁定结果和作出该裁定的理由。裁定书由审判人员、书记员署名，加盖人民法院印章。口头裁定的，记入笔录。

**第一百五十五条**　最高人民法院的判决、裁定，以及依法不准上诉或者超过上诉期没有上诉的判决、裁定，是发生法律效力的判决、裁定。

**第一百五十六条**　公众可以查阅发生法律效力的判决书、裁定书，但涉及国家秘密、商业秘密和个人隐私的内容除外。

## 第十三章　简易程序

**第一百五十七条**　基层人民法院和它派出的法庭审理事实清楚、权利义务关系明确、争议不大的简单的民事案件，适用本章规定。

基层人民法院和它派出的法庭审理前款规定以外的民事案件，当事人双方也可以约定适用简易程序。

**第一百五十八条**　对简单的民事案件，原告可以口头起诉。

当事人双方可以同时到基层人民法院或者它派出的法庭，请求解决纠纷。基层人民法院或者它派出的法庭可以当即审理，也可以另定日期审理。

**第一百五十九条**　基层人民法院和它派出的法庭审理简单的民事案件，可以用简便方式传唤当事人和证人、送达诉讼文书、审理案件，但应当保障当事人陈述意见的权利。

**第一百六十条**　简单的民事案件由审判员一人独任审理，并不受本法第一百三十六条、第一百三十八条、第一百四十一条规定的限制。

**第一百六十一条**　人民法院适用简易程序审理案件，应当在立案之日起三个月内审结。

**第一百六十二条** 基层人民法院和它派出的法庭审理符合本法第一百五十七条第一款规定的简单的民事案件，标的额为各省、自治区、直辖市上年度就业人员年平均工资百分之三十以下的，实行一审终审。

**第一百六十三条** 人民法院在审理过程中，发现案件不宜适用简易程序的，裁定转为普通程序。

## 第十四章 第二审程序

**第一百六十四条** 当事人不服地方人民法院第一审判决的，有权在判决书送达之日起十五日内向上一级人民法院提起上诉。

当事人不服地方人民法院第一审裁定的，有权在裁定书送达之日起十日内向上一级人民法院提起上诉。

**第一百六十五条** 上诉应当递交上诉状。上诉状的内容，应当包括当事人的姓名，法人的名称及其法定代表人的姓名或者其他组织的名称及其主要负责人的姓名；原审人民法院名称、案件的编号和案由；上诉的请求和理由。

**第一百六十六条** 上诉状应当通过原审人民法院提出，并按照对方当事人或者代表人的人数提出副本。

当事人直接向第二审人民法院上诉的，第二审人民法院应当在五日内将上诉状移交原审人民法院。

**第一百六十七条** 原审人民法院收到上诉状，应当在五日内将上诉状副本送达对方当事人，对方当事人在收到之日起十五日内提出答辩状。人民法院应当在收到答辩状之日起五日内将副本送达上诉人。对方当事人不提出答辩状的，不影响人民法院审理。

原审人民法院收到上诉状、答辩状，应当在五日内连同全部案卷和证据，报送第二审人民法院。

**第一百六十八条** 第二审人民法院应当对上诉请求的有关事实和适用法律进行审查。

**第一百六十九条** 第二审人民法院对上诉案件，应当组成合议庭，开庭审理。经过阅卷、调查和询问当事人，对没有提出新的事实、证据或者理由，合议庭认为不需要开庭审理的，可以不开庭审理。

第二审人民法院审理上诉案件，可以在本院进行，也可以到案件发生地或者原审人民法院所在地进行。

**第一百七十条**　第二审人民法院对上诉案件，经过审理，按照下列情形，分别处理：

（一）原判决、裁定认定事实清楚，适用法律正确的，以判决、裁定方式驳回上诉，维持原判决、裁定；

（二）原判决、裁定认定事实错误或者适用法律错误的，以判决、裁定方式依法改判、撤销或者变更；

（三）原判决认定基本事实不清的，裁定撤销原判决，发回原审人民法院重审，或者查清事实后改判；

（四）原判决遗漏当事人或者违法缺席判决等严重违反法定程序的，裁定撤销原判决，发回原审人民法院重审。

原审人民法院对发回重审的案件作出判决后，当事人提起上诉的，第二审人民法院不得再次发回重审。

**第一百七十一条**　第二审人民法院对不服第一审人民法院裁定的上诉案件的处理，一律使用裁定。

**第一百七十二条**　第二审人民法院审理上诉案件，可以进行调解。调解达成协议，应当制作调解书，由审判人员、书记员署名，加盖人民法院印章。调解书送达后，原审人民法院的判决即视为撤销。

**第一百七十三条**　第二审人民法院判决宣告前，上诉人申请撤回上诉的，是否准许，由第二审人民法院裁定。

**第一百七十四条**　第二审人民法院审理上诉案件，除依照本章规定外，适用第一审普通程序。

**第一百七十五条**　第二审人民法院的判决、裁定，是终审的判决、裁定。

**第一百七十六条**　人民法院审理对判决的上诉案件，应当在第二审立案之日起三个月内审结。有特殊情况需要延长的，由本院院长批准。

人民法院审理对裁定的上诉案件，应当在第二审立案之日起三十日内作出终审裁定。

# 第十五章 特别程序

## 第一节 一般规定

**第一百七十七条** 人民法院审理选民资格案件、宣告失踪或者宣告死亡案件、认定公民无民事行为能力或者限制民事行为能力案件、认定财产无主案件、确认调解协议案件和实现担保物权案件，适用本章规定。本章没有规定的，适用本法和其他法律的有关规定。

**第一百七十八条** 依照本章程序审理的案件，实行一审终审。选民资格案件或者重大、疑难的案件，由审判员组成合议庭审理；其他案件由审判员一人独任审理。

**第一百七十九条** 人民法院在依照本章程序审理案件的过程中，发现本案属于民事权益争议的，应当裁定终结特别程序，并告知利害关系人可以另行起诉。

**第一百八十条** 人民法院适用特别程序审理的案件，应当在立案之日起三十日内或者公告期满后三十日内审结。有特殊情况需要延长的，由本院院长批准。但审理选民资格的案件除外。

## 第二节 选民资格案件

**第一百八十一条** 公民不服选举委员会对选民资格的申诉所作的处理决定，可以在选举日的五日以前向选区所在地基层人民法院起诉。

**第一百八十二条** 人民法院受理选民资格案件后，必须在选举日前审结。

审理时，起诉人、选举委员会的代表和有关公民必须参加。

人民法院的判决书，应当在选举日前送达选举委员会和起诉人，并通知有关公民。

## 第三节 宣告失踪、宣告死亡案件

**第一百八十三条** 公民下落不明满二年，利害关系人申请宣告其失踪的，向下落不明人住所地基层人民法院提出。

申请书应当写明失踪的事实、时间和请求，并附有公安机关或者其他有关机关关于该公民下落不明的书面证明。

**第一百八十四条**　公民下落不明满四年，或者因意外事故下落不明满二年，或者因意外事故下落不明，经有关机关证明该公民不可能生存，利害关系人申请宣告其死亡的，向下落不明人住所地基层人民法院提出。

申请书应当写明下落不明的事实、时间和请求，并附有公安机关或者其他有关机关关于该公民下落不明的书面证明。

**第一百八十五条**　人民法院受理宣告失踪、宣告死亡案件后，应当发出寻找下落不明人的公告。宣告失踪的公告期间为三个月，宣告死亡的公告期间为一年。因意外事故下落不明，经有关机关证明该公民不可能生存的，宣告死亡的公告期间为三个月。

公告期间届满，人民法院应当根据被宣告失踪、宣告死亡的事实是否得到确认，作出宣告失踪、宣告死亡的判决或者驳回申请的判决。

**第一百八十六条**　被宣告失踪、宣告死亡的公民重新出现，经本人或者利害关系人申请，人民法院应当作出新判决，撤销原判决。

## 第四节　认定公民无民事行为能力、限制民事行为能力案件

**第一百八十七条**　申请认定公民无民事行为能力或者限制民事行为能力，由其近亲属或者其他利害关系人向该公民住所地基层人民法院提出。

申请书应当写明该公民无民事行为能力或者限制民事行为能力的事实和根据。

**第一百八十八条**　人民法院受理申请后，必要时应当对被请求认定为无民事行为能力或者限制民事行为能力的公民进行鉴定。申请人已提供鉴定意见的，应当对鉴定意见进行审查。

**第一百八十九条**　人民法院审理认定公民无民事行为能力或者限制民事行为能力的案件，应当由该公民的近亲属为代理人，但申请人除外。近亲属互相推诿的，由人民法院指定其中一人为代理人。该公民健康情况许可的，还应当询问本人的意见。

人民法院经审理认定申请有事实根据的，判决该公民为无民事行为能力或者限制民事行为能力人；认定申请没有事实根据的，应当判决予以驳回。

**第一百九十条** 人民法院根据被认定为无民事行为能力人、限制民事行为能力人或者他的监护人的申请，证实该公民无民事行为能力或者限制民事行为能力的原因已经消除的，应当作出新判决，撤销原判决。

## 第五节 认定财产无主案件

**第一百九十一条** 申请认定财产无主，由公民、法人或者其他组织向财产所在地基层人民法院提出。

申请书应当写明财产的种类、数量以及要求认定财产无主的根据。

**第一百九十二条** 人民法院受理申请后，经审查核实，应当发出财产认领公告。公告满一年无人认领的，判决认定财产无主，收归国家或者集体所有。

**第一百九十三条** 判决认定财产无主后，原财产所有人或者继承人出现，在民法通则规定的诉讼时效期间可以对财产提出请求，人民法院审查属实后，应当作出新判决，撤销原判决。

## 第六节 确认调解协议案件

**第一百九十四条** 申请司法确认调解协议，由双方当事人依照人民调解法等法律，自调解协议生效之日起三十日内，共同向调解组织所在地基层人民法院提出。

**第一百九十五条** 人民法院受理申请后，经审查，符合法律规定的，裁定调解协议有效，一方当事人拒绝履行或者未全部履行的，对方当事人可以向人民法院申请执行；不符合法律规定的，裁定驳回申请，当事人可以通过调解方式变更原调解协议或者达成新的调解协议，也可以向人民法院提起诉讼。

### 第七节　实现担保物权案件

**第一百九十六条**　申请实现担保物权，由担保物权人以及其他有权请求实现担保物权的人依照物权法等法律，向担保财产所在地或者担保物权登记地基层人民法院提出。

**第一百九十七条**　人民法院受理申请后，经审查，符合法律规定的，裁定拍卖、变卖担保财产，当事人依据该裁定可以向人民法院申请执行；不符合法律规定的，裁定驳回申请，当事人可以向人民法院提起诉讼。

## 第十六章　审判监督程序

**第一百九十八条**　各级人民法院院长对本院已经发生法律效力的判决、裁定、调解书，发现确有错误，认为需要再审的，应当提交审判委员会讨论决定。

最高人民法院对地方各级人民法院已经发生法律效力的判决、裁定、调解书，上级人民法院对下级人民法院已经发生法律效力的判决、裁定、调解书，发现确有错误的，有权提审或者指令下级人民法院再审。

**第一百九十九条**　当事人对已经发生法律效力的判决、裁定，认为有错误的，可以向上一级人民法院申请再审；当事人一方人数众多或者当事人双方为公民的案件，也可以向原审人民法院申请再审。当事人申请再审的，不停止判决、裁定的执行。

**第二百条**　当事人的申请符合下列情形之一的，人民法院应当再审：

（一）有新的证据，足以推翻原判决、裁定的；

（二）原判决、裁定认定的基本事实缺乏证据证明的；

（三）原判决、裁定认定事实的主要证据是伪造的；

（四）原判决、裁定认定事实的主要证据未经质证的；

（五）对审理案件需要的主要证据，当事人因客观原因不能自行收集，书面申请人民法院调查收集，人民法院未调查收集的；

（六）原判决、裁定适用法律确有错误的；

（七）审判组织的组成不合法或者依法应当回避的审判人员没有回避的；

（八）无诉讼行为能力人未经法定代理人代为诉讼或者应当参加诉讼的当事人，因不能归责于本人或者其诉讼代理人的事由，未参加诉讼的；

（九）违反法律规定，剥夺当事人辩论权利的；

（十）未经传票传唤，缺席判决的；

（十一）原判决、裁定遗漏或者超出诉讼请求的；

（十二）据以作出原判决、裁定的法律文书被撤销或者变更的；

（十三）审判人员审理该案件时有贪污受贿，徇私舞弊，枉法裁判行为的。

**第二百零一条**　当事人对已经发生法律效力的调解书，提出证据证明调解违反自愿原则或者调解协议的内容违反法律的，可以申请再审。经人民法院审查属实的，应当再审。

**第二百零二条**　当事人对已经发生法律效力的解除婚姻关系的判决、调解书，不得申请再审。

**第二百零三条**　当事人申请再审的，应当提交再审申请书等材料。人民法院应当自收到再审申请书之日起五日内将再审申请书副本发送对方当事人。对方当事人应当自收到再审申请书副本之日起十五日内提交书面意见；不提交书面意见的，不影响人民法院审查。人民法院可以要求申请人和对方当事人补充有关材料，询问有关事项。

**第二百零四条**　人民法院应当自收到再审申请书之日起三个月内审查，符合本法规定的，裁定再审；不符合本法规定的，裁定驳回申请。有特殊情况需要延长的，由本院院长批准。

因当事人申请裁定再审的案件由中级人民法院以上的人民法院审理，但当事人依照本法第一百九十九条的规定选择向基层人民法院申请再审的除外。最高人民法院、高级人民法院裁定再审的案件，由本院再审或者交其他人民法院再审，也可以交原审人民法院再审。

**第二百零五条**　当事人申请再审，应当在判决、裁定发生法律效力后六个月内提出；有本法第二百条第一项、第三项、第十二项、第十三项规定情形的，自知道或者应当知道之日起六个月内提出。

**第二百零六条**　按照审判监督程序决定再审的案件，裁定中止原判决、裁定、调解书的执行，但追索赡养费、扶养费、抚育费、抚恤金、医疗费用、劳动报酬等案件，可以不中止执行。

**第二百零七条**　人民法院按照审判监督程序再审的案件，发生法律效力的判决、裁定是由第一审法院作出的，按照第一审程序审理，所作的判决、裁定，当事人可以上诉；发生法律效力的判决、裁定是由第二审法院作出的，按照第二审程序审理，所作的判决、裁定，是发生法律效力的判决、裁定；上级人民法院按照审判监督程序提审的，按照第二审程序审理，所作的判决、裁定是发生法律效力的判决、裁定。

人民法院审理再审案件，应当另行组成合议庭。

**第二百零八条**　最高人民检察院对各级人民法院已经发生法律效力的判决、裁定，上级人民检察院对下级人民法院已经发生法律效力的判决、裁定，发现有本法第二百条规定情形之一的，或者发现调解书损害国家利益、社会公共利益的，应当提出抗诉。

地方各级人民检察院对同级人民法院已经发生法律效力的判决、裁定，发现有本法第二百条规定情形之一的，或者发现调解书损害国家利益、社会公共利益的，可以向同级人民法院提出检察建议，并报上级人民检察院备案；也可以提请上级人民检察院向同级人民法院提出抗诉。

各级人民检察院对审判监督程序以外的其他审判程序中审判人员的违法行为，有权向同级人民法院提出检察建议。

**第二百零九条**　有下列情形之一的，当事人可以向人民检察院申请检察建议或者抗诉：

（一）人民法院驳回再审申请的；

（二）人民法院逾期未对再审申请作出裁定的；

（三）再审判决、裁定有明显错误的。

人民检察院对当事人的申请应当在三个月内进行审查，作出提出或者不予提出检察建议或者抗诉的决定。当事人不得再次向人民检察院申请检察建议或者抗诉。

**第二百一十条** 人民检察院因履行法律监督职责提出检察建议或者抗诉的需要,可以向当事人或者案外人调查核实有关情况。

**第二百一十一条** 人民检察院提出抗诉的案件,接受抗诉的人民法院应当自收到抗诉书之日起三十日内作出再审的裁定;有本法第二百条第一项至第五项规定情形之一的,可以交下一级人民法院再审,但经该下一级人民法院再审的除外。

**第二百一十二条** 人民检察院决定对人民法院的判决、裁定、调解书提出抗诉的,应当制作抗诉书。

**第二百一十三条** 人民检察院提出抗诉的案件,人民法院再审时,应当通知人民检察院派员出席法庭。

## 第十七章 督促程序

**第二百一十四条** 债权人请求债务人给付金钱、有价证券,符合下列条件的,可以向有管辖权的基层人民法院申请支付令:

(一)债权人与债务人没有其他债务纠纷的;

(二)支付令能够送达债务人的。

申请书应当写明请求给付金钱或者有价证券的数量和所根据的事实、证据。

**第二百一十五条** 债权人提出申请后,人民法院应当在五日内通知债权人是否受理。

**第二百一十六条** 人民法院受理申请后,经审查债权人提供的事实、证据,对债权债务关系明确、合法的,应当在受理之日起十五日内向债务人发出支付令;申请不成立的,裁定予以驳回。

债务人应当自收到支付令之日起十五日内清偿债务,或者向人民法院提出书面异议。

债务人在前款规定的期间不提出异议又不履行支付令的,债权人可以向人民法院申请执行。

**第二百一十七条** 人民法院收到债务人提出的书面异议后,经审查，异议成立的，应当裁定终结督促程序，支付令自行失效。

支付令失效的，转入诉讼程序，但申请支付令的一方当事人不同意提起诉讼的除外。

## 第十八章　公示催告程序

**第二百一十八条**　按照规定可以背书转让的票据持有人，因票据被盗、遗失或者灭失，可以向票据支付地的基层人民法院申请公示催告。依照法律规定可以申请公示催告的其他事项，适用本章规定。

申请人应当向人民法院递交申请书，写明票面金额、发票人、持票人、背书人等票据主要内容和申请的理由、事实。

**第二百一十九条**　人民法院决定受理申请，应当同时通知支付人停止支付，并在三日内发出公告，催促利害关系人申报权利。公示催告的期间，由人民法院根据情况决定，但不得少于六十日。

**第二百二十条**　支付人收到人民法院停止支付的通知，应当停止支付，至公示催告程序终结。

公示催告期间，转让票据权利的行为无效。

**第二百二十一条**　利害关系人应当在公示催告期间向人民法院申报。

人民法院收到利害关系人的申报后，应当裁定终结公示催告程序，并通知申请人和支付人。

申请人或者申报人可以向人民法院起诉。

**第二百二十二条**　没有人申报的，人民法院应当根据申请人的申请，作出判决，宣告票据无效。判决应当公告，并通知支付人。自判决公告之日起，申请人有权向支付人请求支付。

**第二百二十三条**　利害关系人因正当理由不能在判决前向人民法院申报的，自知道或者应当知道判决公告之日起一年内，可以向作出判决的人民法院起诉。

# 第三编　执行程序

## 第十九章　一般规定

**第二百二十四条**　发生法律效力的民事判决、裁定，以及刑事判决、裁定中的财产部分，由第一审人民法院或者与第一审人民法院同级的被执行的财产所在地人民法院执行。

法律规定由人民法院执行的其他法律文书，由被执行人住所地或者被执行的财产所在地人民法院执行。

**第二百二十五条**　当事人、利害关系人认为执行行为违反法律规定的，可以向负责执行的人民法院提出书面异议。当事人、利害关系人提出书面异议的，人民法院应当自收到书面异议之日起十五日内审查，理由成立的，裁定撤销或者改正；理由不成立的，裁定驳回。当事人、利害关系人对裁定不服的，可以自裁定送达之日起十日内向上一级人民法院申请复议。

**第二百二十六条**　人民法院自收到申请执行书之日起超过六个月未执行的，申请执行人可以向上一级人民法院申请执行。上一级人民法院经审查，可以责令原人民法院在一定期限内执行，也可以决定由本院执行或者指令其他人民法院执行。

**第二百二十七条**　执行过程中，案外人对执行标的提出书面异议的，人民法院应当自收到书面异议之日起十五日内审查，理由成立的，裁定中止对该标的的执行；理由不成立的，裁定驳回。案外人、当事人对裁定不服，认为原判决、裁定错误的，依照审判监督程序办理；与原判决、裁定无关的，可以自裁定送达之日起十五日内向人民法院提起诉讼。

**第二百二十八条**　执行工作由执行员进行。

采取强制执行措施时，执行员应当出示证件。执行完毕后，应当将执行情况制作笔录，由在场的有关人员签名或者盖章。

人民法院根据需要可以设立执行机构。

**第二百二十九条**　被执行人或者被执行的财产在外地的，可以委托当地人民法院代为执行。受委托人民法院收到委托函件后，必须在十五日内开始执行，不得拒绝。执行完毕后，应当将执行结果及时函复委托人民法院；在三十日内如果还未执行完毕，也应当将执行情况函告委托人民法院。

受委托人民法院自收到委托函件之日起十五日内不执行的，委托人民法院可以请求受委托人民法院的上级人民法院指令受委托人民法院执行。

**第二百三十条** 在执行中，双方当事人自行和解达成协议的，执行员应当将协议内容记入笔录，由双方当事人签名或者盖章。

申请执行人因受欺诈、胁迫与被执行人达成和解协议，或者当事人不履行和解协议的，人民法院可以根据当事人的申请，恢复对原生效法律文书的执行。

**第二百三十一条** 在执行中，被执行人向人民法院提供担保，并经申请执行人同意的，人民法院可以决定暂缓执行及暂缓执行的期限。被执行人逾期仍不履行的，人民法院有权执行被执行人的担保财产或者担保人的财产。

**第二百三十二条** 作为被执行人的公民死亡的，以其遗产偿还债务。作为被执行人的法人或者其他组织终止的，由其权利义务承受人履行义务。

**第二百三十三条** 执行完毕后，据以执行的判决、裁定和其他法律文书确有错误，被人民法院撤销的，对已被执行的财产，人民法院应当作出裁定，责令取得财产的人返还；拒不返还的，强制执行。

**第二百三十四条** 人民法院制作的调解书的执行，适用本编的规定。

**第二百三十五条** 人民检察院有权对民事执行活动实行法律监督。

## 第二十章 执行的申请和移送

**第二百三十六条** 发生法律效力的民事判决、裁定，当事人必须履行。一方拒绝履行的，对方当事人可以向人民法院申请执行，也可以由审判员移送执行员执行。

调解书和其他应当由人民法院执行的法律文书，当事人必须履行。一方拒绝履行的，对方当事人可以向人民法院申请执行。

**第二百三十七条** 对依法设立的仲裁机构的裁决，一方当事人不履行的，对方当事人可以向有管辖权的人民法院申请执行。受申请的人民法院应当执行。

被申请人提出证据证明仲裁裁决有下列情形之一的，经人民法院组成合议庭审查核实，裁定不予执行：

（一）当事人在合同中没有订有仲裁条款或者事后没有达成书面仲裁协议的；

（二）裁决的事项不属于仲裁协议的范围或者仲裁机构无权仲裁的；

（三）仲裁庭的组成或者仲裁的程序违反法定程序的；

（四）裁决所根据的证据是伪造的；

（五）对方当事人向仲裁机构隐瞒了足以影响公正裁决的证据的；

（六）仲裁员在仲裁该案时有贪污受贿，徇私舞弊，枉法裁决行为的。

人民法院认定执行该裁决违背社会公共利益的，裁定不予执行。

裁定书应当送达双方当事人和仲裁机构。

仲裁裁决被人民法院裁定不予执行的，当事人可以根据双方达成的书面仲裁协议重新申请仲裁，也可以向人民法院起诉。

**第二百三十八条** 对公证机关依法赋予强制执行效力的债权文书，一方当事人不履行的，对方当事人可以向有管辖权的人民法院申请执行，受申请的人民法院应当执行。

公证债权文书确有错误的，人民法院裁定不予执行，并将裁定书送达双方当事人和公证机关。

**第二百三十九条** 申请执行的期间为二年。申请执行时效的中止、中断，适用法律有关诉讼时效中止、中断的规定。

前款规定的期间，从法律文书规定履行期间的最后一日起计算；法律文书规定分期履行的,从规定的每次履行期间的最后一日起计算;法律文书未规定履行期间的,从法律文书生效之日起计算。

**第二百四十条** 执行员接到申请执行书或者移交执行书,应当向被执行人发出执行通知,并可以立即采取强制执行措施。

## 第二十一章 执行措施

**第二百四十一条** 被执行人未按执行通知履行法律文书确定的义务,应当报告当前以及收到执行通知之日前一年的财产情况。被执行人拒绝报告或者虚假报告的,人民法院可以根据情节轻重对被执行人或者其法定代理人、有关单位的主要负责人或者直接责任人员予以罚款、拘留。

**第二百四十二条** 被执行人未按执行通知履行法律文书确定的义务,人民法院有权向有关单位查询被执行人的存款、债券、股票、基金份额等财产情况。人民法院有权根据不同情形扣押、冻结、划拨、变价被执行人的财产。人民法院查询、扣押、冻结、划拨、变价的财产不得超出被执行人应当履行义务的范围。

人民法院决定扣押、冻结、划拨、变价财产,应当作出裁定,并发出协助执行通知书,有关单位必须办理。

**第二百四十三条** 被执行人未按执行通知履行法律文书确定的义务,人民法院有权扣留、提取被执行人应当履行义务部分的收入。但应当保留被执行人及其所扶养家属的生活必需费用。

人民法院扣留、提取收入时,应当作出裁定,并发出协助执行通知书,被执行人所在单位、银行、信用合作社和其他有储蓄业务的单位必须办理。

**第二百四十四条** 被执行人未按执行通知履行法律文书确定的义务,人民法院有权查封、扣押、冻结、拍卖、变卖被执行人应当履行义务部分的财产。但应当保留被执行人及其所扶养家属的生活必需品。

采取前款措施,人民法院应当作出裁定。

**第二百四十五条** 人民法院查封、扣押财产时,被执行人是公民的，应当通知被执行人或者他的成年家属到场；被执行人是法人或者其他组织的，应当通知其法定代表人或者主要负责人到场。拒不到场的，不影响执行。被执行人是公民的，其工作单位或者财产所在地的基层组织应当派人参加。

对被查封、扣押的财产，执行员必须造具清单，由在场人签名或者盖章后，交被执行人一份。被执行人是公民的，也可以交他的成年家属一份。

**第二百四十六条** 被查封的财产，执行员可以指定被执行人负责保管。因被执行人的过错造成的损失，由被执行人承担。

**第二百四十七条** 财产被查封、扣押后，执行员应当责令被执行人在指定期间履行法律文书确定的义务。被执行人逾期不履行的，人民法院应当拍卖被查封、扣押的财产；不适于拍卖或者当事人双方同意不进行拍卖的，人民法院可以委托有关单位变卖或者自行变卖。国家禁止自由买卖的物品，交有关单位按照国家规定的价格收购。

**第二百四十八条** 被执行人不履行法律文书确定的义务，并隐匿财产的，人民法院有权发出搜查令，对被执行人及其住所或者财产隐匿地进行搜查。

采取前款措施，由院长签发搜查令。

**第二百四十九条** 法律文书指定交付的财物或者票证，由执行员传唤双方当事人当面交付，或者由执行员转交，并由被交付人签收。

有关单位持有该项财物或者票证的，应当根据人民法院的协助执行通知书转交，并由被交付人签收。

有关公民持有该项财物或者票证的，人民法院通知其交出。拒不交出的，强制执行。

**第二百五十条** 强制迁出房屋或者强制退出土地，由院长签发公告，责令被执行人在指定期间履行。被执行人逾期不履行的，由执行员强制执行。

强制执行时，被执行人是公民的，应当通知被执行人或者他的成年家属到场；被执行人是法人或者其他组织的，应当通知其法定代表人或者主要负责人到场。拒不到场的，不影响执行。被执行人是公民的，其工作单位或者房屋、土地所在地的基层组织应当派人参加。执行员应当将强制执行情况记入笔录，由在场人签名或者盖章。

强制迁出房屋被搬出的财物，由人民法院派人运至指定处所，交给被执行人。被执行人是公民的，也可以交给他的成年家属。因拒绝接收而造成的损失，由被执行人承担。

**第二百五十一条**　在执行中，需要办理有关财产权证照转移手续的，人民法院可以向有关单位发出协助执行通知书，有关单位必须办理。

**第二百五十二条**　对判决、裁定和其他法律文书指定的行为，被执行人未按执行通知履行的，人民法院可以强制执行或者委托有关单位或者其他人完成，费用由被执行人承担。

**第二百五十三条**　被执行人未按判决、裁定和其他法律文书指定的期间履行给付金钱义务的，应当加倍支付迟延履行期间的债务利息。被执行人未按判决、裁定和其他法律文书指定的期间履行其他义务的，应当支付迟延履行金。

**第二百五十四条**　人民法院采取本法第二百四十二条、第二百四十三条、第二百四十四条规定的执行措施后，被执行人仍不能偿还债务的，应当继续履行义务。债权人发现被执行人有其他财产的，可以随时请求人民法院执行。

**第二百五十五条**　被执行人不履行法律文书确定的义务的，人民法院可以对其采取或者通知有关单位协助采取限制出境，在征信系统记录、通过媒体公布不履行义务信息以及法律规定的其他措施。

## 第二十二章　执行中止和终结

**第二百五十六条**　有下列情形之一的，人民法院应当裁定中止执行：

（一）申请人表示可以延期执行的；

（二）案外人对执行标的提出确有理由的异议的；

（三）作为一方当事人的公民死亡，需要等待继承人继承权利或者承担义务的；

（四）作为一方当事人的法人或者其他组织终止，尚未确定权利义务承受人的；

（五）人民法院认为应当中止执行的其他情形。

中止的情形消失后，恢复执行。

**第二百五十七条** 有下列情形之一的，人民法院裁定终结执行：

（一）申请人撤销申请的；

（二）据以执行的法律文书被撤销的；

（三）作为被执行人的公民死亡，无遗产可供执行，又无义务承担人的；

（四）追索赡养费、扶养费、抚育费案件的权利人死亡的；

（五）作为被执行人的公民因生活困难无力偿还借款，无收入来源，又丧失劳动能力的；

（六）人民法院认为应当终结执行的其他情形。

**第二百五十八条** 中止和终结执行的裁定，送达当事人后立即生效。

# 第四编 涉外民事诉讼程序的特别规定

## 第二十三章 一般原则

**第二百五十九条** 在中华人民共和国领域内进行涉外民事诉讼，适用本编规定。本编没有规定的，适用本法其他有关规定。

**第二百六十条** 中华人民共和国缔结或者参加的国际条约同本法有不同规定的，适用该国际条约的规定，但中华人民共和国声明保留的条款除外。

**第二百六十一条** 对享有外交特权与豁免的外国人、外国组织或者国际组织提起的民事诉讼，应当依照中华人民共和国有关法律和中华人民共和国缔结或者参加的国际条约的规定办理。

**第二百六十二条** 人民法院审理涉外民事案件，应当使用中华人民共和国通用的语言、文字。当事人要求提供翻译的，可以提供，费用由当事人承担。

**第二百六十三条** 外国人、无国籍人、外国企业和组织在人民法院起诉、应诉，需要委托律师代理诉讼的，必须委托中华人民共和国的律师。

**第二百六十四条** 在中华人民共和国领域内没有住所的外国人、无国籍人、外国企业和组织委托中华人民共和国律师或者其他人代理诉讼，从中华人民共和国领域外寄交或者托交的授权委托书，应当经所在国公证机关证明，并经中华人民共和国驻该国使领馆认证，或者履行中华人民共和国与该所在国订立的有关条约中规定的证明手续后，才具有效力。

## 第二十四章 管 辖

**第二百六十五条** 因合同纠纷或者其他财产权益纠纷，对在中华人民共和国领域内没有住所的被告提起的诉讼，如果合同在中华人民共和国领域内签订或者履行，或者诉讼标的物在中华人民共和国领域内，或者被告在中华人民共和国领域内有可供扣押的财产，或者被告在中华人民共和国领域内设有代表机构，可以由合同签订地、合同履行地、诉讼标的物所在地、可供扣押财产所在地、侵权行为地或者代表机构住所地人民法院管辖。

**第二百六十六条** 因在中华人民共和国履行中外合资经营企业合同、中外合作经营企业合同、中外合作勘探开发自然资源合同发生纠纷提起的诉讼，由中华人民共和国人民法院管辖。

## 第二十五章 送达、期间

**第二百六十七条** 人民法院对在中华人民共和国领域内没有住所的当事人送达诉讼文书，可以采用下列方式：

（一）依照受送达人所在国与中华人民共和国缔结或者共同参加的

国际条约中规定的方式送达；

（二）通过外交途径送达；

（三）对具有中华人民共和国国籍的受送达人，可以委托中华人民共和国驻受送达人所在国的使领馆代为送达；

（四）向受送达人委托的有权代其接受送达的诉讼代理人送达；

（五）向受送达人在中华人民共和国领域内设立的代表机构或者有权接受送达的分支机构、业务代办人送达；

（六）受送达人所在国的法律允许邮寄送达的，可以邮寄送达，自邮寄之日起满三个月，送达回证没有退回，但根据各种情况足以认定已经送达的，期间届满之日视为送达；

（七）采用传真、电子邮件等能够确认受送达人收悉的方式送达；

（八）不能用上述方式送达的，公告送达，自公告之日起满三个月，即视为送达。

**第二百六十八条** 被告在中华人民共和国领域内没有住所的，人民法院应当将起诉状副本送达被告，并通知被告在收到起诉状副本后三十日内提出答辩状。被告申请延期的，是否准许，由人民法院决定。

**第二百六十九条** 在中华人民共和国领域内没有住所的当事人，不服第一审人民法院判决、裁定的，有权在判决书、裁定书送达之日起三十日内提起上诉。被上诉人在收到上诉状副本后，应当在三十日内提出答辩状。当事人不能在法定期间提起上诉或者提出答辩状，申请延期的，是否准许，由人民法院决定。

**第二百七十条** 人民法院审理涉外民事案件的期间，不受本法第一百四十九条、第一百七十六条规定的限制。

## 第二十六章　仲　　裁

**第二百七十一条** 涉外经济贸易、运输和海事中发生的纠纷，当事人在合同中订有仲裁条款或者事后达成书面仲裁协议，提交中华人民共和国涉外仲裁机构或者其他仲裁机构仲裁的，当事人不得向人民法院起诉。

当事人在合同中没有订有仲裁条款或者事后没有达成书面仲裁协议的,可以向人民法院起诉。

**第二百七十二条**　当事人申请采取保全的,中华人民共和国的涉外仲裁机构应当将当事人的申请,提交被申请人住所地或者财产所在地的中级人民法院裁定。

**第二百七十三条**　经中华人民共和国涉外仲裁机构裁决的,当事人不得向人民法院起诉。一方当事人不履行仲裁裁决的,对方当事人可以向被申请人住所地或者财产所在地的中级人民法院申请执行。

**第二百七十四条**　对中华人民共和国涉外仲裁机构作出的裁决,被申请人提出证据证明仲裁裁决有下列情形之一的,经人民法院组成合议庭审查核实,裁定不予执行:

(一)当事人在合同中没有订有仲裁条款或者事后没有达成书面仲裁协议的;

(二)被申请人没有得到指定仲裁员或者进行仲裁程序的通知,或者由于其他不属于被申请人负责的原因未能陈述意见的;

(三)仲裁庭的组成或者仲裁的程序与仲裁规则不符的;

(四)裁决的事项不属于仲裁协议的范围或者仲裁机构无权仲裁的。

人民法院认定执行该裁决违背社会公共利益的,裁定不予执行。

**第二百七十五条**　仲裁裁决被人民法院裁定不予执行的,当事人可以根据双方达成的书面仲裁协议重新申请仲裁,也可以向人民法院起诉。

## 第二十七章　司法协助

**第二百七十六条**　根据中华人民共和国缔结或者参加的国际条约,或者按照互惠原则,人民法院和外国法院可以相互请求,代为送达文书、调查取证以及进行其他诉讼行为。

外国法院请求协助的事项有损于中华人民共和国的主权、安全或者社会公共利益的,人民法院不予执行。

**第二百七十七条** 请求和提供司法协助，应当依照中华人民共和国缔结或者参加的国际条约所规定的途径进行；没有条约关系的，通过外交途径进行。

外国驻中华人民共和国的使领馆可以向该国公民送达文书和调查取证，但不得违反中华人民共和国的法律，并不得采取强制措施。

除前款规定的情况外，未经中华人民共和国主管机关准许，任何外国机关或者个人不得在中华人民共和国领域内送达文书、调查取证。

**第二百七十八条** 外国法院请求人民法院提供司法协助的请求书及其所附文件，应当附有中文译本或者国际条约规定的其他文字文本。

人民法院请求外国法院提供司法协助的请求书及其所附文件，应当附有该国文字译本或者国际条约规定的其他文字文本。

**第二百七十九条** 人民法院提供司法协助，依照中华人民共和国法律规定的程序进行。外国法院请求采用特殊方式的，也可以按照其请求的特殊方式进行，但请求采用的特殊方式不得违反中华人民共和国法律。

**第二百八十条** 人民法院作出的发生法律效力的判决、裁定，如果被执行人或者其财产不在中华人民共和国领域内，当事人请求执行的，可以由当事人直接向有管辖权的外国法院申请承认和执行，也可以由人民法院依照中华人民共和国缔结或者参加的国际条约的规定，或者按照互惠原则，请求外国法院承认和执行。

中华人民共和国涉外仲裁机构作出的发生法律效力的仲裁裁决，当事人请求执行的，如果被执行人或者其财产不在中华人民共和国领域内，应当由当事人直接向有管辖权的外国法院申请承认和执行。

**第二百八十一条** 外国法院作出的发生法律效力的判决、裁定，需要中华人民共和国人民法院承认和执行的，可以由当事人直接向中华人民共和国有管辖权的中级人民法院申请承认和执行，也可以由外国法院依照该国与中华人民共和国缔结或者参加的国际条约的规定，或者按照互惠原则，请求人民法院承认和执行。

**第二百八十二条** 人民法院对申请或者请求承认和执行的外国法院作出的发生法律效力的判决、裁定，依照中华人民共和国缔结或者参加的国际条约，或者按照互惠原则进行审查后，认为不违反中华人民共和国法律的基本原则或者国家主权、安全、社会公共利益的，裁定承认其效力，需要执行的，发出执行令，依照本法的有关规定执行。违反中华人民共和国法律的基本原则或者国家主权、安全、社会公共利益的，不予承认和执行。

**第二百八十三条**　国外仲裁机构的裁决，需要中华人民共和国人民法院承认和执行的，应当由当事人直接向被执行人住所地或者其财产所在地的中级人民法院申请，人民法院应当依照中华人民共和国缔结或者参加的国际条约，或者按照互惠原则办理。

**第二百八十四条**　本法自公布之日起施行，《中华人民共和国民事诉讼法（试行）》同时废止。

# 最高人民法院关于贯彻执行《中华人民共和国民法通则》若干问题的意见(试行)

(1988年1月26日最高人民法院审判委员会讨论通过)

《中华人民共和国民法通则》(以下简称民法通则)已于1987年1月1日起施行。现就民法通则的贯彻执行中遇到的问题提出以下意见。

## 一、公　民

### (一)关于民事权利能力和民事行为能力问题

1. 公民的民事权利能力自出生时开始。出生的时间以户籍证明为准;没有户籍证明的,以医院出具的出生证明为准。没有医院证明的,参照其他有关证明认定。

2. 十六周岁以上不满十八周岁的公民,能够以自己的劳动取得收入,并能维持当地群众一般生活水平的,可以认定为以自己的劳动收入为主要生活来源的完全民事行为能力人。

3. 十周岁以上的未成年人进行的民事活动是否与其年龄、智力状况相适应,可以从行为与本人生活相关联的程度、本人的智力能否理解其行为,并预见相应的行为后果,以及行为标的数额等方面认定。

4. 不能完全辨认自己行为的精神病人进行的民事活动,是否与其精神健康状态相适应,可以从行为与本人生活相关联的程度、本人的精神状态能否理解其行为,并预见相应的行为后果,以及行为标的数额等方面认定。

5. 精神病人(包括痴呆症人)如果没有判断能力和自我保护能力,

不知其行为后果的，可以认定为不能辨认自己行为的人；对于比较复杂的事物或者比较重大的行为缺乏判断能力和自我保护能力，并且不能预见其行为后果的，可以认定为不能完全辨认自己行为的人。

6. 无民事行为能力人、限制民事行为能力人接受奖励、赠与、报酬，他人不得以行为人无民事行为能力、限制民事行为能力为由，主张以上行为无效。

7. 当事人是否患有精神病，人民法院应当根据司法精神病学鉴定或者参照医院的诊断、鉴定确认。在不具备诊断、鉴定条件的情况下，也可以参照群众公认的当事人的精神状态认定，但应以利害关系人没有异议为限。

8. 在诉讼中，当事人及利害关系人提出一方当事人患有精神病（包括痴呆症），人民法院认为确有必要认定的，应当按照民事诉讼法（试行）规定的特别程序，先作出当事人有无民事行为能力的判决。

确认精神病人（包括痴呆症人）为限制民事行为能力人的，应当比照民事诉讼法（试行）规定的特别程序进行审理。

9. 公民离开住所地最后连续居住一年以上的地方，为经常居住地。但住医院治病的除外。

公民由其户籍所在地迁出后至迁入另一地之前，无经常居住地的，仍以其原户籍所在地为住所。

### （二）关于监护问题

10. 监护人的监护职责包括：保护被监护人的身体健康，照顾被监护人的生活，管理和保护被监护人的财产，代理被监护人进行民事活动，对被监护人进行管理和教育，在被监护人合法权益受到侵害或者与人发生争议时，代理其进行诉讼。

11. 认定监护人监护能力，应当根据监护人的身体健康状况、经济条件，以及与被监护人在生活上的联系状况等因素确定。

12. 民法通则中规定的近亲属，包括配偶、父母、子女、兄弟姐妹、祖父母、外祖父母、孙子女、外孙子女。

13. 为患有精神病的未成年人设定监护人，适用民法通则第十六条的规定。

14. 人民法院指定监护人时,可以将民法通则第十六条第二款中(一)、(二)、(三)项或第十七条第一款中的(一)、(二)、(三)、(四)、(五)项规定视为指定监护人的顺序。前一顺序有监护资格的人无监护能力或者对被监护人明显不利的,人民法院可以根据对被监护人有利的原则,从后一顺序有监护资格的人中择优确定。被监护人有识别能力的,应视情况征求被监护人的意见。

监护人可以是一人,也可以是同一顺序中的数人。

15. 有监护资格的人之间协议确定监护人的,应当由协议确定的监护人对被监护人承担监护责任。

16. 对于担任监护人有争议的,应当按照民法通则第十六条第三款或者第十七条第二款的规定,由有关组织予以指定。未经指定而向人民法院起诉的,人民法院不予受理。

17. 有关组织依照民法通则规定指定监护人,以书面或者口头通知了被指定人的,应当认定指定成立。被指定人不服的,应当在接到通知的次日起三十日内向人民法院起诉。逾期起诉的,按变更监护关系处理。

18. 监护人被指定后,不得自行变更。擅自变更的,由原被指定的监护人和变更后的监护人承担监护责任。

19. 被指定人对指定不服提起诉讼的,人民法院应当根据本意见第十四条的规定,作出维持或者撤销指定监护人的判决。如果判决是撤销原指定的,可以同时另行指定监护人。此类案件,比照民事诉讼法(试行)规定的特别程序进行审理。

在人民法院作出判决前的监护责任,一般应当按照指定监护人的顺序,由有监护资格人承担。

20. 监护人不履行监护职责,或者侵害了被监护人的合法权益,民法通则第十六条、第十七条规定的其他有监护资格的人或者单位向人民法院起诉,要求监护人承担民事责任的,按照普通程序审理;要求变更监护关系的,按照特别程序审理;既要求承担民事责任,又要求变更监护关系的,分别审理。

21. 夫妻离婚后，与子女共同生活的一方无权取消对方对该子女的监护权，但是，未与该子女共同生活的一方，对该子女有犯罪行为、虐待行为或者对该子女明显不利的，人民法院认为可以取消的除外。

22. 监护人可以将监护职责部分或者全部委托给他人。因被监护人的侵权行为需要承担民事责任的，应当由监护人承担，但另有约定的除外；被委托人确有过错的，负连带责任。

23. 夫妻一方死亡后，另一方将子女送给他人收养，如收养对子女的健康成长并无不利，又办了合法收养手续的，认定收养关系成立；其他有监护资格的人不得以收养未经其同意而主张收养关系无效。

## （三）关于宣告失踪、宣告死亡问题

24. 申请宣告失踪的利害关系人，包括被申请宣告失踪人的配偶、父母、子女、兄弟姐妹、祖父母、外祖父母、孙子女、外孙子女以及其他与被申请人有民事权利义务关系的人。

25. 申请宣告死亡的利害关系人的顺序是：

（一）配偶；

（二）父母、子女；

（三）兄弟姐妹、祖父母、外祖父母、孙子女、外孙子女；

（四）其他有民事权利义务关系的人。

申请撤销死亡宣告不受上列顺序限制。

26. 下落不明是指公民离开最后居住地后没有音讯的状况。对于在台湾或者在国外，无法正常通讯联系的，不得以下落不明宣告死亡。

27. 战争期间下落不明的，申请宣告死亡的期间适用民法通则第二十三条第一款第一项的规定。

28. 民法通则第二十条第一款、第二十三条第一款第一项中的下落不明的起算时间，从公民音讯消失之次日起算。

宣告失踪的案件，由被宣告失踪人住所地的基层人民法院管辖。住所地与居住地不一致的，由最后居住地基层人民法院管辖。

29. 宣告失踪不是宣告死亡的必经程序。公民下落不明，符合申请宣告死亡的条件，利害关系人可以不经申请宣告失踪而直接申请宣告死亡。但利害关系人只申请宣告失踪的,应当宣告失踪;同一顺序的利害关系,有的申请宣告死亡,有的不同意宣告死亡,则应当宣告死亡。

30. 人民法院指定失踪人的财产代管人,应当根据有利于保护失踪人财产的原则指定。没有民法通则第二十一条规定的代管人,或者他们无能力作代管人,或者不宜作代管人的,人民法院可以指定公民或者有关组织为失踪人的财产代管人。

无民事行为能力人、限制民事行为能力人失踪的,其监护人即为财产代管人。

31. 民法通则第二十一条第二款中的“其他费用”,包括赡养费、扶养费、抚育费和因代管财产所需的管理费等必要的费用。

32. 失踪人的财产代管人拒绝支付失踪人所欠的税款、债务和其他费用,债权人提起诉讼的,人民法院应当将代管人列为被告。

失踪人的财产代管人向失踪人的债务人要求偿还债务的,可以作为原告提起诉讼。

33. 债务人下落不明,但未被宣告失踪,债权人起诉要求清偿债务的,人民法院可以在公告传唤后缺席判决或者按中止诉讼处理。

34. 人民法院审理宣告失踪的案件,比照民事诉讼法(试行)规定的特别程序进行。

人民法院审理宣告失踪的案件,应当查清被申请宣告失踪人的财产,指定临时管理人或者采取诉讼保全措施,发出寻找失踪人的公告,公告期间为半年。公告期间届满,人民法院根据被宣告失踪人失踪的事实是否得到确认,作出宣告失踪的判决或者终结审理的裁定。如果判决宣告为失踪人,应当同时指定失踪人的财产代管人。

35. 失踪人的财产代管人以无力履行代管职责,申请变更代管人的,人民法院比照特别程序进行审理。

失踪人的财产代管人不履行代管职责或者侵犯失踪人财产权益的,失踪人的利害关系人可以向人民法院请求财产代管人承担民事责任。如果同时申请人民法院变更财产代管人的,变更之诉比照特别程序单独审理。

36. 被宣告死亡的人,判决宣告之日为其死亡的日期。判决书除发给申请人外，还应当在被宣告死亡的人住所地和人民法院所在地公告。

被宣告死亡和自然死亡的时间不一致的，被宣告死亡所引起的法律后果仍然有效，但自然死亡前实施的民事法律行为与被宣告死亡引起的法律后果相抵触的，则以其实施的民事法律行为为准。

37. 被宣告死亡的人与配偶的婚姻关系，自死亡宣告之日起消灭。死亡宣告被人民法院撤销，如果其配偶尚未再婚的，夫妻关系从撤销死亡宣告之日起自行恢复；如果其配偶再婚后又离婚或者再婚后配偶又死亡的，则不得认定夫妻关系自行恢复。

38. 被宣告死亡的人在被宣告死亡期间，其子女被他人依法收养，被宣告死亡的人在死亡宣告被撤销后，仅以未经本人同意而主张收养关系无效的，一般不应准许，但收养人和被收养人同意的除外。

39. 利害关系人隐瞒真实情况使他人被宣告死亡而取得其财产的，除应返还原物及孳息外，还应对造成的损失予以赔偿。

40. 被撤销死亡宣告的人请求返还财产，其原物已被第三人合法取得的，第三人可不予返还。但依继承法取得原物的公民或者组织，应当返还原物或者给予适当补偿。

### （四）关于个体工商户、农村承包经营户、个人合伙问题

41. 起字号的工商户，在民事诉讼中，应以营业执照登记的户主（业主）为诉讼当事人，在诉讼文书注明系某字号的户主。

42. 以公民个人名义申请登记的个体工商户和个人承包的农村承包经营户，用家庭共有财产投资，或者收益的主要部分供家庭成员享用的，其债务应以家庭共有财产清偿。

43. 在夫妻关系存续期间，一方从事个体经营或者承包经营的，其收入为夫妻共有财产，债务亦应以夫妻共有财产清偿。

44. 个体工商户、农村承包经营户的债务，如以其家庭共有财产承担责任时，应当保留家庭成员的生活必需品和必要的生产工具。

45. 起字号的个人合伙，在民事诉讼中，应当以依法核准登记的字号为诉讼当事人，并由合伙负责人为诉讼代表人。合伙负责人的诉讼

行为,对全体合伙人发生法律效力。

未起字号的个人合伙,合伙人在民事诉讼中为共同诉讼人。合伙人人数众多的,可以推举诉讼代表人参加诉讼,诉讼代表人的诉讼行为,对全体合伙人发生法律效力。推举诉讼代表人,应当办理书面手续。

46. 公民按照协议提供资金或者实物,并约定参与合伙盈余分配,但不参与合伙经营、劳动的,或者提供技术性劳务而不提供资金、实物,但约定参与盈余分配的,视为合伙人。

47. 全体合伙人对合伙经营的亏损额,对外应当负连带责任;对内则应按照协议约定的债务承担比例或者出资比例分担;协议未规定债务承担比例或者出资比例的,可以按照约定的或者实际的盈余分配比例承担。但是对造成合伙经营亏损有过错的合伙人,应当根据其过错程度相应的多承担责任。

48. 只提供技术性劳务,不提供资金、实物的合伙人,对于合伙经营的亏损额,对外也应当承担连带责任;对内则应当按照协议约定的债务承担比例或者技术性劳务折抵的出资比例承担;协议未规定债务承担比例或者出资比例的,可以按照约定的或者合伙人实际的盈余分配比例承担;没有盈余分配比例的,按照其余合伙人平均投资比例承担。

49. 个人合伙或者个体工商户,虽经工商行政管理部门错误地登记为集体所有制的企业,但实际为个人合伙或者个体工商户的,应当按个人合伙或者个体工商户对待。

50. 当事人之间没有书面合伙协议,又未经工商行政管理部门核准登记,但具备合伙的其他条件,又有两个以上无利害关系人证明有口头合伙协议的,人民法院可以认定为合伙关系。

51. 在合伙经营过程中增加合伙人,书面协议有约定的,按照协议处理;书面协议未约定的,须经全体合伙人同意,未经全体合伙人同意的,应当认定入伙无效。

52. 合伙人退伙,书面协议有约定的,按书面协议处理;书面协议未约定的,原则上应予准许。但因其退伙给其他合伙人造成损失的,应当考虑退伙的原因、理由以及双方当事人的过错等情况,确定其应当承担的赔偿责任。

53. 合伙经营期间发生亏损，合伙人退出合伙时未按约定分担或者未合理分担合伙债务的，退伙人对原合伙的债务，应当承担清偿责任；退伙人已分担合伙债务的，对其参加合伙期间的全部债务仍负连带责任。

54. 合伙人退伙时分割的合伙财产，应当包括合伙时投入的财产和合伙期间积累的财产，以及合伙期间的债权和债务。入伙的原物退伙时原则上应予退还；一次清退有困难的，可以分批分期清退；退还原物确有困难的，可以折价处理。

55. 合伙终止时，对合伙财产的处理，有书面协议的，按协议处理；没有书面协议，又协商不成的，如果合伙人出资额相等，应当考虑多数人意见酌情处理；合伙人出资额不等的，可以按出资额占全部合伙额多的合伙人意见处理，但要保护其他合伙人的利益。

56. 合伙人互相串通逃避合伙债务的，除应令其承担清偿责任外，还可以按照民法通则第一百三十四条第三款的规定处理。

57. 民法通则第三十五条第一款中关于"以各自的财产承担清偿责任"，是指合伙人以个人财产出资的，以合伙人的个人财产承担；合伙人以其家庭共有财产出资的，以其家庭共有财产承担；合伙人以个人财产出资，合伙的盈余分配所得用于其家庭成员生活的，应先以合伙人的个人财产承担，不足部分以合伙人的家庭共有财产承担。

## 二、法　　人

58. 企业法人的法定代表人和其他工作人员，以法人名义从事的经营活动，给他人造成经济损失的，企业法人应当承担民事责任。

59. 企业法人解散或被撤销的，应当由其主管机关组织清算小组进行清算。企业法人被宣告破产的，应当由人民法院组织有关机关和有关人员成立清算组织进行清算。

60. 清算组织是以清算企业法人债权、债务为目的而依法成立的组织。它负责对终止的企业法人的财产进行保管、清理、估价、处理和清偿。

对于涉及终止的企业法人债权、债务的民事诉讼,清算组织可以用自己的名义参加诉讼。

以逃避债务责任为目的而成立的清算组织,其实施的民事行为无效。

61. 人民法院审理案件时,如果查明企业法人有民法通则第四十九条所列的六种情形之一的,除企业法人承担责任外,还可以根据民法通则第四十九条和第一百三十四条第三款的规定,对企业法定代表人直接给予罚款的处罚;对需要给予行政处分的,可以向有关部门提出司法建议,由有关部门决定处理;对构成犯罪需要依法追究刑事责任的,应当依法移送公安、检察机关。

62. 人民法院在审理案件中,依法对企业法定代表人或者其他人采用罚款、拘留制裁措施,必须经院长批准,另行制作民事制裁决定书。被制裁人对决定不服的,在收到决定书的次日起十日内可以向上一级人民法院申请复议一次。复议期间,决定暂不执行。

63. 对法定代表人直接处以罚款的数额一般在二千元以下。法律另有规定的除外。

64. 以提供土地使用权作为联营条件的一方,对联营企业的债务,应当按照书面协议的约定承担;书面协议未约定的,可以按照出资比例或者盈余分配比例承担。

## 三、民事法律行为和代理

65. 当事人以录音、录像等视听资料形式实施的民事行为,如有两个以上无利害关系人作为证人或者有其他证据证明该民事行为符合民法通则第五十五条的规定,可以认定有效。

66. 一方当事人向对方当事人提出民事权利的要求,对方未用语言或者文字明确表示意见,但其行为表明已接受的,可以认定为默示。不作为的默示只有在法律有规定或者当事人双方有约定的情况下,才可以视为意思表示。

67. 间歇性精神病人的民事行为，确能证明是在发病期间实施的，应当认定无效。

行为人在神志不清的状态下所实施的民事行为，应当认定无效。

68. 一方当事人故意告知对方虚假情况，或者故意隐瞒真实情况，诱使对方当事人作出错误意思表示的，可以认定为欺诈行为。

69. 以给公民及其亲友的生命健康、荣誉、名誉、财产等造成损失或者以给法人的荣誉、名誉、财产等造成损害为要挟，迫使对方作出违背真实的意思表示的，可以认定为胁迫行为。

70. 一方当事人乘对方处于危难之机，为牟取不正当利益，迫使对方作出不真实的意思表示，严重损害对方利益的，可以认定为乘人之危。

71. 行为人因对行为的性质、对方当事人、标的物的品种、质量、规格和数量等的错误认识，使行为的后果与自己的意思相悖，并造成较大损失的，可以认定为重大误解。

72. 一方当事人利用优势或者利用对方没有经验，致使双方的权利义务明显违反公平、等价有偿原则的，可以认定为显失公平。

73. 对于重大误解或者显失公平的民事行为，当事人请求变更的，人民法院应当予以变更；当事人请求撤销的，人民法院可以酌情予以变更或者撤销。

可变更或者可撤销的民事行为，自行为成立时起超过一年当事人才请求变更或撤销的，人民法院不予保护。

74. 民法通则第六十一条第二款中的“双方取得的财产”，应当包括双方当事人已经取得和约定取得的财产。

75. 附条件的民事行为，如果所附的条件是违背法律规定或者不可能发生的，应当认定该民事行为无效。

76. 附期限的民事法律行为，在所附期限到来时生效或者解除。

77. 意思表示由第三人义务转达，而第三人由于过失转达错误或者没有转达，使他人造成损失的，一般可由意思表示人负赔偿责任。但法律另有规定或者双方另有约定的除外。

78. 凡是依法或者依双方的约定必须由本人亲自实施的民事行

为,本人未亲自实施的,应当认定行为无效。

79. 数个委托代理人共同行使代理权的,如果其中一人或者数人未与其他委托代理人协商,所实施的行为侵害被代理人权益的,由实施行为的委托代理人承担民事责任。

被代理人为数人时,其中一人或者数人未经其他被代理人同意而提出解除代理关系,因此,造成损害的,由提出解除代理关系的被代理人承担。

80. 由于急病、通讯联络中断等特殊原因,委托代理人自己不能办理代理事项,又不能与被代理人及时取得联系,如不及时转托他人代理,会给被代理人的利益造成损失或者扩大损失的,属于民法通则第六十八条中的"紧急情况"。

81. 委托代理人转托他人代理的,比照民法通则第六十五条规定的条件办理转托手续。因委托代理人转托不明,给第三人造成损失的,第三人可以直接要求被代理人赔偿损失;被代理人承担民事责任后,可以要求委托代理人赔偿损失,转托代理人有过错的,应当负连带责任。

82. 被代理人死亡后有下列情况之一的,委托代理人实施的代理行为有效:(1)代理人不知道被代理人死亡的;(2)被代理人的继承人均予承认的;(3)被代理人与代理人约定到代理事项完成时代理权终止的;(4)在被代理人死亡前已经进行、而在被代理人死亡后为了被代理人的继承人的利益继续完成的。

83. 代理人和被代理人对已实施的民事行为负连带责任的,在民事诉讼中,可以列为共同诉讼人。

## 四、民事权利

### (一)关于财产所有权和与财产所有权有关的财产权问题

84. 财产已经交付,但当事人约定财产所有权转移附条件的,在所附条件成就时,财产所有权方为转移。

85. 财产所有权合法转移后,一方翻悔的,不予支持。财产所有权尚未按原协议转移,一方翻悔并无正当理由,协议又能够履行的,应当继续履行；如果协议不能履行，给对方造成损失的，应当负赔偿责任。

86. 非产权人在使用他人的财产上增添附属物，财产所有人同意增添，并就财产返还时附属物如何处理有约定的，按约定办理；没有约定又协商不成，能够拆除的，可以责令拆除；不能拆除的，也可以折价归财产所有人，造成财产所有人损失的，应当负赔偿责任。

87. 有附属物的财产，附属物随财产所有权的转移而转移。但当事人另有约定又不违法的，按约定处理。

88. 对于共有财产，部分共有人主张按份共有，部分共有人主张共同共有，如果不能证明财产是按份共有的，应当认定为共同共有。（此条已废止）

89. 共同共有人对共有财产享有共同的权利，承担共同的义务。在共同共有关系存续期间，部分共有人擅自处分共有财产的，一般认定无效。但第三人善意、有偿取得该财产的，应当维护第三人的合法权益；对其他共有人的损失，由擅自处分共有财产的人赔偿。

90. 在共同共有关系终止时，对共有财产的分割，有协议的，按协议处理；没有协议的，应当根据等分原则处理，并且考虑共有人对共有财产的贡献大小，适当照顾共有人生产、生活的实际需要等情况。但分割夫妻共有财产，应当根据婚姻法的有关规定处理。

91. 共有财产是特定物，而且不能分割或者分割有损其价值的，可以折价处理。

92. 共同共有财产分割后，一个或者数个原共有人出卖自己分得的财产时，如果出卖的财产与其他原共有人分得的财产属于一个整体或者配套使用，其他原共有人主张优先购买权的，应当予以支持。

93. 公民、法人对于挖掘、发现的埋藏物、隐藏物，如果能够证明属其所有，而且根据现行的法律、政策又可以归其所有的，应当予以保护。

94. 拾得物灭失、毁损，拾得人没有故意的，不承担民事责任。拾得人将拾得物据为己有，拒不返还而引起诉讼的，按照侵权之诉处理。（此条已废止）

95. 公民和集体依法对集体所有的或者国家所有由集体使用的森林、土地、山岭、草原、荒地、滩涂、水面等承包经营的权利和义务，按承包合同的规定处理。承包人未经发包人同意擅自转包或者转让的无效。

96.因土地、山岭、森林、草原、荒地、滩涂、水面等自然资源的所有权或使用权发生权属争议的,应当由有关行政部门处理。对行政处理不服的,当事人可以依据有关法律和行政法规的规定,向人民法院提起诉讼;因侵权纠纷起诉的,人民法院可以直接受理。

97.相邻一方因施工临时占用他方使用的土地,占用的一方如未按照双方约定的范围、用途和期限使用的,应当责令其及时清理现场,排除妨碍,恢复原状,赔偿损失。

98.一方擅自堵截或者独占自然流水,影响他方正常生产、生活的,他方有权请求排除妨碍;造成他方损失的,应负赔偿责任。

99.相邻一方必须使用另一方的土地排水的,应当予以准许;但应在必要限度内使用并采取适当的保护措施排水,如仍造成损失的,由受益人合理补偿。

相邻一方可以采取其他合理的措施排水而未采取,向他方土地排水毁损或者可能毁损他方财产,他方要求致害人停止侵害、消除危险、恢复原状、赔偿损失的,应当予以支持。

100.一方必须在相邻一方使用的土地上通行的,应当予以准许;因此造成损失的,应当给予适当补偿。

101.对于一方所有的或者使用的建筑物范围内历史形成的必经通道,所有权人或者使用权人不得堵塞。因堵塞影响他人生产、生活,他人要求排除妨碍或者恢复原状的,应当予以支持。但有条件另开通道的,也可以另开通道。

102.处理相邻房屋滴水纠纷时,对有过错的一方造成他方损害的,应当责令其排除妨碍、赔偿损失。

103.相邻一方在自己使用的土地上挖水沟、水池、地窖等或者种植的竹木根枝伸延,危及另一方建筑物的安全和正常使用的,应当分别情况,责令其消除危险,恢复原状,赔偿损失。

## (二)关于债权问题

104.债权人无正当理由拒绝债务人履行义务,债务人将履行的标的物向有关部门提存的，应当认定债务已经履行。因提存所支出的费用，应当由债权人承担。提存期间，财产收益归债权人所有，风险责任由债权人承担。

105. 依据民法通则第八十八条第二款第(一)项规定，合同对产品质量要求不明确，当事人未能达成协议，又没有国家质量标准的，按部颁标准或者专业标准处理；没有部颁标准或者专业标准的，按经过批准的企业标准处理；没有经过批准的企业标准的，按标的物产地同行业其他企业经过批准的同类产品质量标准处理。

106. 保证人应当是具有代偿能力的公民、企业法人以及其他经济组织。保证人即使不具备完全代偿能力，仍应以自己的财产承担保证责任。

国家机关不能担任保证人。

107. 不具有法人资格的企业法人的分支机构，以自己的名义对外签订的保证合同，一般应当认定无效。但因此产生的财产责任，分支机构如有偿付能力的，应当自行承担；如无偿付能力的，应由企业法人承担。

108. 保证人向债权人保证债务人履行债务的，应当与债权人订立书面保证合同，确定保证人对主债务的保证范围和保证期限。虽未单独订立书面保证合同，但在主合同中写明保证人的保证范围和保证期限，并由保证人签名盖章的，视为书面保证合同成立。公民间的口头保证，有两个以上无利害关系人证明的，也视为保证合同成立，法律另有规定的除外。

保证范围不明确的，推定保证人对全部主债务承担保证责任。

109. 在保证期限的，保证人的保证范围，可因主债务的减少而减少。新增加的债务，未经保证人同意担保的，保证人不承担保证责任。

110. 保证人为二人以上的，相互之间负连带保证责任。但是保证人与债权人约定按份承担保证责任的除外。

111. 被担保的经济合同确认无效后，如果被保证人应当返还财产或者赔偿损失的，除有特殊约定外，保证人仍应承担连带责任。

112. 债务人或者第三人向债权人提供抵押物时，应当订立书面合同或者在原债权文书中写明。没有书面合同,但有其他证据证明抵押物或者其权利证书已交给抵押权人的,可以认定抵押关系成立。

113. 以自己不享有所有权或者经营管理权的财产作抵押物的,应当认定抵押无效。

以法律限制流通的财产作为抵押物的,在清偿债务时,应当由有关部门收购,抵押权人可以从价款中优先受偿。

114. 抵押物在抵押权人保管期间灭失、毁损的,抵押权人如有过错,应当承担民事责任。

抵押物在抵押人处灭失、毁损的,应当认定抵押关系存在,并责令抵押人以其他财产代替抵押物。

115. 抵押物如由抵押人自己占有并负责保管,在抵押期间,非经债权人同意,抵押人将同一抵押物转让他人,或者就抵押物价值已设置抵押部分再作抵押的,其行为无效。

债务人以抵押物清偿债务时,如果一项抵押物有数个抵押权人的,应当按照设定抵押权的先后顺序受偿。(此条已废止)

116. 有要求清偿银行贷款和其他债权等数个债权人的,有抵押权的债权人应享有优先受偿的权利。法律、法规另有规定的除外。

117. 债权人因合同关系占有债务人财物的,如果债务人到期不履行义务,债权人可以将相应的财物留置。经催告,债务人在合理期限内仍不履行义务,债权人依法将留置的财物以合理的价格变卖,并以变卖财物的价款优先受偿的,应予保护。(此条已废止)

118. 出租人出卖出租房屋,应提前三个月通知承租人,承租人在同等条件下,享有优先购买权;出租人未按此规定出卖房屋的,承租人可以请求人民法院宣告该房屋买卖无效。(此条已废止)

119. 承租户以一人名义承租私有房屋,在租赁期内,承租人死亡,该户共同居住人要求按原租约履行的,应当准许。

私有房屋在租赁期内,因买卖、赠与或者继承发生房屋产权转移的,原租赁合同对承租人和新房主继续有效。

未定租期,房主要求收回房屋自住的,一般应当准许。承租人有条件搬迁的,应责令其搬迁;如果承租人搬迁确有困难的,可给一定期限让其找房或者腾让部分房屋。

120. 在房屋出典期间或者典期届满时，当事人之间约定延长典期或者增减典价的，应当准许。承典人要求出典人高于原典价回赎的，一般不予支持。以合法流通物作典价的，应当按照回赎时市场零售价格折算。

121. 公民之间的借贷款，双方对返还期限有约定的，一般应按约定处理；没有约定的，出借人随时可以请求返还，借方应当根据出借人的请求及时返还；暂时无力返还的，可以根据实际情况责令其分期返还。

122. 公民之间的生产经营性借贷的利率，可以适当高于生活性借贷利率。如因利率发生纠纷，应本着保护合法借贷关系，考虑当地实际情况，有利于生产和稳定经济秩序的原则处理。

123. 公民之间的无息借款，有约定偿还期限而借款人不按期偿还，或者未约定偿还期限但经出借人催告后，借款人仍不偿还的，出借人要求借款人偿付逾期利息，应当予以准许。

124. 借款双方因利率发生争议，如果约定不明，又不能证明的，可以比照银行同类贷款利率计息。

125. 公民之间的借贷，出借人将利息计入本金计算复利的，不予保护；在借款时将利息扣除的，应当按实际出借款数计息。

126. 借用实物的，出借人要求归还原物或者同等数量、质量的实物，应当予以支持；如果确实无法归还实物的，可以按照或者适当高于归还时市场零售价格折价给付。

127. 借用人因管理、使用不善造成借用物毁损的，借用人应当负赔偿责任；借用物自身有缺陷的，可以减轻借用人的赔偿责任。

128. 公民之间赠与关系的成立，以赠与物的交付为准。赠与房屋，如根据书面赠与合同办理了过户手续的，应当认定赠与关系成立；未办理过户手续，但赠与人根据书面赠与合同已将产权证书交与受赠人，受赠人根据赠与合同已占有、使用该房屋的，可以认定赠与有效，但应令其补办过户手续。

129. 赠与人明确表示将赠与物赠给未成年人个人的，应当认定该赠与物为未成年人的个人财产。

130. 赠与人为了逃避应履行的法定义务,将自己的财产赠与他人,如果利害关系人主张权利的,应当认定赠与无效。

131. 返还的不当利益,应当包括原物和原物所生的孳息。利用不当得利所取得的其他利益,扣除劳务管理费用后,应当予以收缴。

132. 民法通则第九十三条规定的管理人或者服务人可以要求受益人偿付的必要费用,包括在管理或者服务活动中直接支出的费用,以及在该活动中受到的实际损失。

### (三)关于知识产权、人身权问题

133. 作品不论是否发表,作者均享有著作权(版权)。

134. 二人以上按照约定共同创作作品的,不论各人的创作成果在作品中被采用多少,应当认定该项作品为共同创作。

135. 合著的作品,著作权(版权)应当认定为全体合著人共同享有;其中各组成部分可以分别独立存在的,各组成部分的著作权(版权)由各组成部分的作者分别享有。

136. 作者死亡后,著作权(版权)中由继承人继承的财产权利在法律规定的保护期限内受到侵犯,继承人依法要求保护的,人民法院应当予以支持。

137. 公民、法人通过申请专利取得的专利权,或者通过继承、受赠、受让等方式取得的专利权,应当予以保护。

转让专利权应当由国家专利局登记并公告,专利权自国家专利局公告之日起转移。

138. 法人、个体工商户、个人合伙通过申请商标注册或者受让等方式取得的商标专用权,除依法定程序撤销者外,应当予以保护。

转让商标专用权应当由国家工商行政管理局商标局批准,商标专用权自核准之日起转移。

139. 以营利为目的,未经公民同意利用其肖像做广告、商标、装饰橱窗等,应当认定为侵犯公民肖像权的行为。

140. 以书面、口头等形式宣扬他人的隐私,或者捏造事实公然丑化他人人格，以及用侮辱、诽谤等方式损害他人名誉，造成一定影响的，应当认定为侵害公民名誉权的行为。

以书面、口头等形式诋毁、诽谤法人名誉，给法人造成损害的，应当认定为侵害法人名誉权的行为。

141. 盗用、假冒他人姓名、名称造成损害的，应当认定为侵犯姓名权、名称权的行为。

## 五、民 事 责 任

142. 为了维护国家、集体或者他人合法权益而使自己受到损害，在侵害人无力赔偿或者没有侵害人的情况下，如果受害人提出请求的，人民法院可以根据受益人受益的多少及其经济状况，责令受益人给予适当补偿。

143. 受害人的误工日期，应当按其实际损害程度、恢复状况并参照治疗医院出具的证明或者法医鉴定等认定。赔偿费用的标准，可以按照受害人的工资标准或者实际收入的数额计算。

受害人是承包经营户或者个体工商户的，其误工费的计算标准，可以参照受害人一定期限内的平均收入酌定。如果受害人承包经营的种植、养殖业季节性很强，不及时经营会造成更大损失的，除受害人应当采取措施防止损失扩大外，还可以裁定侵害人采取措施防止扩大损失。

144. 医药治疗费的赔偿，一般应以所在地治疗医院的诊断证明和医药费、住院费的单据为凭。应经医务部门批准而未获批准擅自另找医院治疗的费用，一般不予赔偿；擅自购买与损害无关的药品或者治疗其他疾病的，其费用则不予赔偿。

145. 经医院批准专事护理的人，其误工补助费可以按收入的实际损失计算。应得奖金一般可以计算在应赔偿的数额内。本人没有工资收入的，其补偿标准应以当地的一般临时工的工资标准为限。

146. 侵害他人身体致使其丧失全部或者部分劳动能力的，赔偿生活补助费一般应补足到不低于当地居民基本生活费的标准。

147. 侵害他人身体致人死亡或者丧失劳动能力的，依靠受害人实际扶养而又没有其他生活来源的人要求侵害人支付必要生活费的,应当予以支持,其数额根据实际情况确定。

148. 教唆、帮助他人实施侵权行为的人,为共同侵权人,应当承担连带民事责任。

教唆、帮助无民事行为能力人实施侵权行为的人,为侵权人,应当承担民事责任。

教唆、帮助限制民事行为能力人实施侵权行为的人,为共同侵权人,应当承担主要民事责任。

149. 盗用、假冒他人名义,以函、电等方式进行欺骗或者愚弄他人,并使其财产、名誉受到损害的,侵权人应当承担民事责任。

150. 公民的姓名权、肖像权、名誉权、荣誉权和法人的名称权、名誉权、荣誉权受到侵害,公民或者法人要求赔偿损失的,人民法院可以根据侵权人的过错程度、侵权行为的具体情节、后果和影响确定其赔偿责任。

151. 侵害他人的姓名权、名称权、肖像权、名誉权、荣誉权而获利的,侵权人除依法赔偿受害人的损失外,其非法所得应当予以收缴。

152. 国家机关工作人员在执行职务中,给公民、法人的合法权益造成损害的,国家机关应当承担民事责任。

153. 消费者、用户因为使用质量不合格的产品造成本人或者第三人人身伤害、财产损失的,受害人可以向产品制造者或者销售者要求赔偿。因此提起的诉讼,由被告所在地或侵权行为地人民法院管辖。

运输者和仓储者对产品质量负有责任,制造者或者销售者请求赔偿损失的,可以另案处理,也可以将运输者和仓储者列为第三人,一并处理。

154. 从事高度危险作业,没有按有关规定采取必要的安全防护措施,严重威胁他人人身、财产安全的,人民法院应当根据他人的要求,责令作业人消除危险。

155. 因堆放物品倒塌造成他人损害的,如果当事人均无过错,应当根据公平原则酌情处理。

156. 因紧急避险造成他人损失的,如果险情是由自然原因引起,行为人采取的措施又无不当，则行为人不承担民事责任。受害人要求补偿的，可以责令受益人适当补偿。

157．当事人对造成损害均无过错，但一方是在为对方的利益或者共同的利益进行活动的过程中受到损害的，可以责令对方或者受益人给予一定的经济补偿。

158．夫妻离婚后，未成年子女侵害他人权益的，同该子女共同生活的一方应当承担民事责任；如果独立承担民事责任确有困难的，可以责令未与该子女共同生活的一方共同承担民事责任。

159．被监护人造成他人损害的，有明确的监护人时，由监护人承担民事责任；监护人不明确的，由顺序在前的有监护能力的人承担民事责任。

160．在幼儿园、学校生活、学习的无民事行为能力的人或者在精神病院治疗的精神病人，受到伤害或者给他人造成损害，单位有过错的，可以责令这些单位适当给予赔偿。

161．侵权行为发生时行为人不满十八周岁，在诉讼时已满十八周岁，并有经济能力的，应当承担民事责任；行为人没有经济能力的，应当由原监护人承担民事责任。

行为人致人损害时年满十八周岁的，应当由本人承担民事责任；没有经济收入的，由扶养人垫付，垫付有困难的，也可以判决或者调解延期给付。

162．在诉讼中遇有需要停止侵害、排除妨碍、消除危险的情况时，人民法院可以根据当事人的申请或者依职权先行作出裁定。

当事人在诉讼中用赔礼道歉方式承担了民事责任的，应当在判决中叙明。

163．在诉讼中发现与本案有关的违法行为需要给予制裁的，可适用民法通则第一百三十四条第三款规定，予以训诫、责令具结悔过、收缴进行非法活动的财物和非法所得，或者依照法律规定处以罚款、拘留。

采用收缴、罚款、拘留制裁措施，必须经院长批准，另行制作民事制裁决定书。被制裁人对决定不服的，在收到决定书的次日起十日内向上一级人民法院申请复议一次。复议期间,决定暂不执行。

164. 适用民法通则第一百三十四条第三款对公民处以罚款的数额为五百元以下,拘留为十五日以下。

依法对法定代表人处以拘留制裁措施,为十五日以下。

以上两款,法律另有规定的除外。

## 六、诉 讼 时 效

165. 在民法通则实施前,权利人知道或者应当知道其民事权利被侵害,民法通则实施后,向人民法院请求保护的诉讼时效期间,应当适用民法通则第一百三十五条和第一百三十六条的规定,从 1987 年 1 月 1 日起算。

166. 民法通则实施前,民事权利被侵害超过二十年的,民法通则实施后,权利人向人民法院请求保护的诉讼时效期间,分别为民法通则第一百三十五条规定的二年或者第一百三十六条规定的一年,从 1987 年 1 月 1 日起算。

167. 民法通则实施后,属于民法通则第一百三十五条规定的二年诉讼时效期间,权利人自权利被侵害时起的第十八年后至第二十年期间才知道自己的权利被侵害的,或者属于民法通则第一百三十六条规定的一年诉讼时效期间,权利人自权利被侵害时起的第十九年后至二十年期间才知道自己的权利被侵害的,提起诉讼请求的权利,应当在权利被侵害之日起的二十年内行使;超过二十年的,不予保护。

168. 人身损害赔偿的诉讼时效期间,伤害明显的,从受伤害之日起算;伤害当时未曾发现,后经检查确诊并能证明是由侵害引起的,从伤势确诊之日起算。

169. 权利人由于客观的障碍在法定诉讼时效期间不能行使请求权的,属于民法通则第一百三十七条规定的"特殊情况"。

170. 未授权给公民、法人经营、管理的国家财产受到侵害的,不受诉讼时效期间的限制。

171. 过了诉讼时效期间,义务人履行义务后,又以超过诉讼时效为由翻悔的，不予支持。

172. 在诉讼时效期间的最后六个月内，权利被侵害的无民事行为能力人、限制民事行为能力人没有法定代理人，或者法定代理人死亡、丧失代理权，或者法定代理人本人丧失行为能力的，可以认定为因其他障碍不能行使请求权，适用诉讼时效中止。

173. 诉讼时效因权利人主张权利或者义务人同意履行义务而中断后，权利人在新的诉讼时效期间内，再次主张权利或者义务人再次同意履行义务的，可以认定为诉讼时效再次中断。

权利人向债务保证人、债务人的代理人或者财产代管人主张权利的，可以认定诉讼时效中断。

174. 权利人向人民调解委员会或者有关单位提出保护民事权利的请求，从提出请求时起，诉讼时效中断。经调处达不成协议的，诉讼时效期间即重新起算；如调处达成协议，义务人未按协议所定期限履行义务的，诉讼时效期间应从期限届满时重新起算。

175. 民法通则第一百三十五条、第一百三十六条规定的诉讼时效期间，可以适用民法通则有关中止、中断和延长的规定。

民法通则第一百三十七条规定的“二十年”诉讼时效期间，可以适用民法通则有关延长的规定，不适用中止、中断的规定。

176. 法律、法规对索赔时间和对产品质量等提出异议的时间有特殊规定的，按特殊规定办理。

177. 继承的诉讼时效按继承法的规定执行。但继承开始后，继承人未明确表示放弃继承的，视为接受继承，遗产未分割的，即为共同共有。诉讼时效的中止、中断、延长，均适用民法通则的有关规定。（此条已废止）

## 七、涉外民事关系的法律适用

178. 凡民事关系的一方或者双方当事人是外国人、无国籍人、外国法人的；民事关系的标的物在外国领域内的；产生、变更或者消灭民事权利义务关系的法律事实发生在外国的，均为涉外民事关系。

人民法院在审理涉外民事关系的案件时,应当按照民法通则第八章的规定来确定应适用的实体法。

179. 定居国外的我国公民的民事行为能力,如其行为是在我国境内所为,适用我国法律;在定居国所为,可以适用其定居国法律。

180. 外国人在我国领域内进行民事活动,如依其本国法律为无民事行为能力,而依我国法律为有民事行为能力,应当认定为有民事行为能力。

181. 无国籍人的民事行为能力,一般适用其定居国法律;如未定居的,适用其住所地国法律。

182. 有双重或多重国籍的外国人,以其有住所或者与其有最密切联系的国家的法律为其本国法。

183. 当事人的住所不明或者不能确定的,以其经常居住地为住所。当事人有几个住所的,以与产生纠纷的民事关系有最密切联系的住所为住所。

184. 外国法人以其注册登记地国家的法律为其本国法,法人的民事行为能力依其本国法确定。

外国法人在我国领域内进行的民事活动,必须符合我国的法律规定。

185. 当事人有二个以上营业所的,应以与产生纠纷的民事关系有最密切联系的营业所为准;当事人没有营业所的,以其住所或者经常居住地为准。

186. 土地、附着于土地的建筑物及其他定着物、建筑物的固定附属设备为不动产。不动产的所有权、买卖、租赁、抵押、使用等民事关系,均应适用不动产所在地法律。

187. 侵权行为地的法律包括侵权行为实施地法律和侵权结果发生地法律。如果两者不一致时,人民法院可以选择适用。

188. 我国法院受理的涉外离婚案件,离婚以及因离婚而引起的财产分割,适用我国法律。认定其婚姻是否有效,适用婚姻缔结地法律。

189. 父母子女相互之间的扶养、夫妻相互之间的扶养以及其他有扶养关系的人之间的扶养,应当适用与被扶养人有最密切联系国家的法律。扶养人和被扶养人的国籍、住所以及供养被扶养人的财产所在地,均可视为与被扶养人有最密切的联系。

190. 监护的设立、变更和终止,适用被监护人的本国法律。但是,被监护人在我国境内有住所的,适用我国的法律。

191. 在我国境内死亡的外国人,遗留在我国境内的财产如果无人继承又无人受遗赠的,依照我国法律处理,两国缔结或者参加的国际条约另有规定的除外。

192. 依法应当适用的外国法律,如果该外国不同地区实施不同的法律的,依据该国法律关于调整国内法律冲突的规定,确定应适用的法律。该国法律未作规定的,直接适用与该民事关系有最密切联系的地区的法律。

193. 对于应当适用的外国法律,可通过下列途径查明:①由当事人提供;②由与我国订立司法协助协定的缔约对方的中央机关提供;③由我国驻该国使领馆提供;④由该国驻我国使馆提供;⑤由中外法律专家提供。通过以上途径仍不能查明的,适用中华人民共和国法律。

194. 当事人规避我国强制性或者禁止性法律规范的行为,不发生适用外国法律的效力。

195. 涉外民事法律关系的诉讼时效,依冲突规范确定的民事法律关系的准据法确定。

## 八、其　他

196. 1987 年 1 月 1 日以后受理的案件,如果民事行为发生在 1987 年以前,适用民事行为发生时的法律、政策,当时的法律、政策没有具体规定的,可以比照民法通则处理。

197. 处理申诉案件和审判监督程序再审的案件,适用原审审结时应当适用的法律或政策。

198. 当事人约定的期间不是以月、年第一天起算的,一个月为三十日,一年为三百六十五日。

期间的最后一天是星期日或者其他法定休假日,而星期日或者其他法定休假日有变通的,以实际休假日的次日为期间的最后一天。

199. 按照日、月、年计算期间,当事人对起算时间有约定的,按约定办。

200. 最高人民法院以前的有关规定,与民法通则和本意见抵触的,各级人民法院今后在审理一、二审民事、经济纠纷案件中不再适用。

# 最高人民法院关于适用《中华人民共和国侵权责任法》若干问题的通知

（法发〔2010〕23号）

各省、自治区、直辖市高级人民法院，解放军军事法院，新疆维吾尔自治区高级人民法院生产建设兵团分院：

《中华人民共和国侵权责任法》（以下简称侵权责任法），自2010年7月1日起施行。为了正确适用侵权责任法，现就有关问题通知如下：

一、侵权责任法施行后发生的侵权行为引起的民事纠纷案件，适用侵权责任法的规定。侵权责任法施行前发生的侵权行为引起的民事纠纷案件，适用当时的法律规定。

二、侵权行为发生在侵权责任法施行前，但损害后果出现在侵权责任法施行后的民事纠纷案件，适用侵权责任法的规定。

三、人民法院适用侵权责任法审理民事纠纷案件，根据当事人的申请或者依职权决定进行医疗损害鉴定的，按照《全国人民代表大会常务委员会关于司法鉴定管理问题的决定》、《人民法院对外委托司法鉴定管理规定》及国家有关部门的规定组织鉴定。

四、人民法院适用侵权责任法审理民事纠纷案件，如受害人有被抚养人的，应当依据《最高人民法院关于审理人身损害赔偿案件适用法律若干问题的解释》第二十八条的规定，将被抚养人生活费计入残疾赔偿金或死亡赔偿金。

各级人民法院在适用侵权责任法过程中遇到的其他重大问题，请及时层报我院。

中华人民共和国最高人民法院

二○一○年六月三十日

# 最高人民法院关于适用《中华人民共和国合同法》若干问题的解释(一)

(1999年12月1日最高人民法院审判委员会第1090次会议通过)

为了正确审理合同纠纷案件，根据《中华人民共和国合同法》(以下简称合同法)的规定，对人民法院适用合同法的有关问题作出如下解释：

## 一、法律适用范围

**第一条** 合同法实施以后成立的合同发生纠纷起诉到人民法院的，适用合同法的规定；合同法实施以前成立的合同发生纠纷起诉到人民法院的，除本解释另有规定的以外，适用当时的法律规定，当时没有法律规定的，可以适用合同法的有关规定。

**第二条** 合同成立于合同法实施之前，但合同约定的履行期限跨越合同法实施之日或者履行期限在合同法实施之后，因履行合同发生的纠纷，适用合同法第四章的有关规定。

**第三条** 人民法院确认合同效力时，对合同法实施以前成立的合同，适用当时的法律合同无效而适用合同法合同有效的，则适用合同法。

**第四条** 合同法实施以后，人民法院确认合同无效，应当以全国人大及其常委会制定的法律和国务院制定的行政法规为依据，不得以地方性法规、行政规章为依据。

**第五条** 人民法院对合同法实施以前已经作出终审裁决的案件进行再审，不适用合同法。

## 二、诉讼时效

**第六条** 技术合同争议当事人的权利受到侵害的事实发生在合同法实施之前，自当事人知道或者应当知道其权利受到侵害之日起至合同法实施之日超过一年的，人民法院不予保护；尚未超过一年的，其提起诉讼的时效期间为二年。

**第七条** 技术进出口合同争议当事人的权利受到侵害的事实发生在合同法实施之前，自当事人知道或者应当知道其权利受到侵害之日起至合同法施行之日超过二年的，人民法院不予保护；尚未超过二年的，其提起诉讼的时效期间为四年。

**第八条** 合同法第五十五条规定的“一年”、第七十五条和第一百零四条第二款规定的“五年”为不变期间，不适用诉讼时效中止、中断或者延长的规定。

## 三、合同效力

**第九条** 依照合同法第四十四条第二款的规定，法律、行政法规规定合同应当办理批准手续，或者办理批准、登记等手续才生效，在一审法庭辩论终结前当事人仍未办理批准手续的，或者仍未办理批准、登记等手续的，人民法院应当认定该合同未生效；法律、行政法规规定合同应当办理登记手续，但未规定登记后生效的，当事人未办理登记手续不影响合同的效力，合同标的物所有权及其他物权不能转移。

合同法第七十七条第二款、第八十七条、第九十六条第二款所列合同变更、转让、解除等情形，依照前款规定处理。

**第十条** 当事人超越经营范围订立合同，人民法院不因此认定合同无效。但违反国家限制经营、特许经营以及法律、行政法规禁止经营规定的除外。

## 四、代　位　权

**第十一条**　债权人依照合同法第七十三条的规定提起代位权诉讼,应当符合下列条件:

(一)债权人对债务人的债权合法;

(二)债务人怠于行使其到期债权,对债权人造成损害;

(三)债务人的债权已到期;

(四)债务人的债权不是专属于债务人自身的债权。

**第十二条**　合同法第七十三条第一款规定的专属于债务人自身的债权,是指基于扶养关系、抚养关系、赡养关系、继承关系产生的给付请求权和劳动报酬、退休金、养老金、抚恤金、安置费、人寿保险、人身伤害赔偿请求权等权利。

**第十三条**　合同法第七十三条规定的“债务人怠于行使其到期债权,对债权人造成损害的”,是指债务人不履行其对债权人的到期债务,又不以诉讼方式或者仲裁方式向其债务人主张其享有的具有金钱给付内容的到期债权,致使债权人的到期债权未能实现。

次债务人(即债务人的债务人)不认为债务人有怠于行使其到期债权情况的,应当承担举证责任。

**第十四条**　债权人依照合同法第七十三条的规定提起代位权诉讼的,由被告住所地人民法院管辖。

**第十五条**　债权人向人民法院起诉债务人以后,又向同一人民法院对次债务人提起代位权诉讼,符合本解释第十四条的规定和《中华人民共和国民事诉讼法》第一百零八条规定的起诉条件的,应当立案受理;不符合本解释第十四条规定的,告知债权人向次债务人住所地人民法院另行起诉。

受理代位权诉讼的人民法院在债权人起诉债务人的诉讼裁决发生法律效力以前,应当依照《中华人民共和国民事诉讼法》第一百三十六条第(五)项的规定中止代位权诉讼。

**第十六条**　债权人以次债务人为被告向人民法院提起代位权诉

讼，未将债务人列为第三人的，人民法院可以追加债务人为第三人。

两个或者两个以上债权人以同一次债务人为被告提起代位权诉讼的，人民法院可以合并审理。

**第十七条**　在代位权诉讼中，债权人请求人民法院对次债务人的财产采取保全措施的，应当提供相应的财产担保。

**第十八条**　在代位权诉讼中，次债务人对债务人的抗辩，可以向债权人主张。

债务人在代位权诉讼中对债权人的债权提出异议，经审查异议成立的，人民法院应当裁定驳回债权人的起诉。

**第十九条**　在代位权诉讼中，债权人胜诉的，诉讼费由次债务人负担，从实现的债权中优先支付。

**第二十条**　债权人向次债务人提起的代位权诉讼经人民法院审理后认定代位权成立的，由次债务人向债权人履行清偿义务，债权人与债务人、债务人与次债务人之间相应的债权债务关系即予消灭。

**第二十一条**　在代位权诉讼中，债权人行使代位权的请求数额超过债务人所负债务额或者超过次债务人对债务人所负债务额的，对超出部分人民法院不予支持。

**第二十二条**　债务人在代位权诉讼中，对超过债权人代位请求数额的债权部分起诉次债务人的，人民法院应当告知其向有管辖权的人民法院另行起诉。

债务人的起诉符合法定条件的，人民法院应当受理；受理债务人起诉的人民法院在代位权诉讼裁决发生法律效力以前，应当依法中止。

## 五、撤　销　权

**第二十三条**　债权人依照合同法第七十四条的规定提起撤销权诉讼的，由被告住所地人民法院管辖。

**第二十四条**　债权人依照合同法第七十四条的规定提起撤销权诉讼时只以债务人为被告，未将受益人或者受让人列为第三人的，人民法院可以追加该受益人或者受让人为第三人。

**第二十五条**　债权人依照合同法第七十四条的规定提起撤销权诉讼,请求人民法院撤销债务人放弃债权或转让财产的行为,人民法院应当就债权人主张的部分进行审理,依法撤销的,该行为自始无效。

两个或者两个以上债权人以同一债务人为被告,就同一标的提起撤销权诉讼的,人民法院可以合并审理。

**第二十六条**　债权人行使撤销权所支付的律师代理费、差旅费等必要费用,由债务人负担;第三人有过错的,应当适当分担。

## 六、合同转让中的第三人

**第二十七条**　债权人转让合同权利后,债务人与受让人之间因履行合同发生纠纷诉至人民法院,债务人对债权人的权利提出抗辩的,可以将债权人列为第三人。

**第二十八条**　经债权人同意,债务人转移合同义务后,受让人与债权人之间因履行合同发生纠纷诉至人民法院,受让人就债务人对债权人的权利提出抗辩的,可以将债务人列为第三人。

**第二十九条**　合同当事人一方经对方同意将其在合同中的权利义务一并转让给受让人,对方与受让人因履行合同发生纠纷诉至人民法院,对方就合同权利义务提出抗辩的,可以将出让方列为第三人。

## 七、请求权竞合

**第三十条**　债权人依照合同法第一百二十二条的规定向人民法院起诉时作出选择后,在一审开庭以前又变更诉讼请求的,人民法院应当准许。对方当事人提出管辖权异议,经审查异议成立的,人民法院应当驳回起诉。

# 最高人民法院关于适用《中华人民共和国合同法》若干问题的解释(二)

(2009年2月9日最高人民法院审判委员会第1462次会议通过)

为了正确审理合同纠纷案件,根据《中华人民共和国合同法》的规定,对人民法院适用合同法的有关问题作出如下解释:

## 一、合同的订立

**第一条** 当事人对合同是否成立存在争议,人民法院能够确定当事人名称或者姓名、标的和数量的,一般应当认定合同成立。但法律另有规定或者当事人另有约定的除外。

对合同欠缺的前款规定以外的其他内容,当事人达不成协议的,人民法院依照合同法第六十一条、第六十二条、第一百二十五条等有关规定予以确定。

**第二条** 当事人未以书面形式或者口头形式订立合同,但从双方从事的民事行为能够推定双方有订立合同意愿的,人民法院可以认定是以合同法第十条第一款中的“其他形式”订立的合同。但法律另有规定的除外。

**第三条** 悬赏人以公开方式声明对完成一定行为的人支付报酬,完成特定行为的人请求悬赏人支付报酬的,人民法院依法予以支持。但悬赏有合同法第五十二条规定情形的除外。

**第四条** 采用书面形式订立合同,合同约定的签订地与实际签字或者盖章地点不符的,人民法院应当认定约定的签订地为合同签订地;合同没有约定签订地,双方当事人签字或者盖章不在同一地点的,人民法院应当认定最后签字或者盖章的地点为合同签订地。

**第五条** 当事人采用合同书形式订立合同的,应当签字或者盖章。当事人在合同书上摁手印的,人民法院应当认定其具有与签字或者盖章同等的法律效力。

**第六条** 提供格式条款的一方对格式条款中免除或者限制其责任的内容,在合同订立时采用足以引起对方注意的文字、符号、字体等特别标识,并按照对方的要求对该格式条款予以说明的,人民法院应当认定符合合同法第三十九条所称"采取合理的方式"。

提供格式条款一方对已尽合理提示及说明义务承担举证责任。

**第七条** 下列情形,不违反法律、行政法规强制性规定的,人民法院可以认定为合同法所称"交易习惯":

(一)在交易行为当地或者某一领域、某一行业通常采用并为交易对方订立合同时所知道或者应当知道的做法;

(二)当事人双方经常使用的习惯做法。

对于交易习惯,由提出主张的一方当事人承担举证责任。

**第八条** 依照法律、行政法规的规定经批准或者登记才能生效的合同成立后,有义务办理申请批准或者申请登记等手续的一方当事人未按照法律规定或者合同约定办理申请批准或者未申请登记的,属于合同法第四十二条第(三)项规定的"其他违背诚实信用原则的行为",人民法院可以根据案件的具体情况和相对人的请求,判决相对人自己办理有关手续;对方当事人对由此产生的费用和给相对人造成的实际损失,应当承担损害赔偿责任。

## 二、合同的效力

**第九条** 提供格式条款的一方当事人违反合同法第三十九条第一款关于提示和说明义务的规定,导致对方没有注意免除或者限制其责任的条款,对方当事人申请撤销该格式条款的,人民法院应当支持。

**第十条** 提供格式条款的一方当事人违反合同法第三十九条第一款的规定,并具有合同法第四十条规定的情形之一的,人民法院应当认定该格式条款无效。

**第十一条**　根据合同法第四十七条、第四十八条的规定，追认的意思表示自到达相对人时生效，合同自订立时起生效。

**第十二条**　无权代理人以被代理人的名义订立合同，被代理人已经开始履行合同义务的，视为对合同的追认。

**第十三条**　被代理人依照合同法第四十九条的规定承担有效代理行为所产生的责任后，可以向无权代理人追偿因代理行为而遭受的损失。

**第十四条**　合同法第五十二条第（五）项规定的“强制性规定”，是指效力性强制性规定。

**第十五条**　出卖人就同一标的物订立多重买卖合同，合同均不具有合同法第五十二条规定的无效情形，买受人因不能按照合同约定取得标的物所有权，请求追究出卖人违约责任的，人民法院应予支持。

## 三、合同的履行

**第十六条**　人民法院根据具体案情可以将合同法第六十四条、第六十五条规定的第三人列为无独立请求权的第三人，但不得依职权将其列为该合同诉讼案件的被告或者有独立请求权的第三人。

**第十七条**　债权人以境外当事人为被告提起的代位权诉讼，人民法院根据《中华人民共和国民事诉讼法》第二百四十一条的规定确定管辖。

**第十八条**　债务人放弃其未到期的债权或者放弃债权担保，或者恶意延长到期债权的履行期，对债权人造成损害，债权人依照合同法第七十四条的规定提起撤销权诉讼的，人民法院应当支持。

**第十九条**　对于合同法第七十四条规定的“明显不合理的低价”，人民法院应当以交易当地一般经营者的判断，并参考交易当时交易地的物价部门指导价或者市场交易价，结合其他相关因素综合考虑予以确认。

转让价格达不到交易时交易地的指导价或者市场交易价百分之七

十的,一般可以视为明显不合理的低价;对转让价格高于当地指导价或者市场交易价百分之三十的,一般可以视为明显不合理的高价。

债务人以明显不合理的高价收购他人财产,人民法院可以根据债权人的申请,参照合同法第七十四条的规定予以撤销。

**第二十条** 债务人的给付不足以清偿其对同一债权人所负的数笔相同种类的全部债务,应当优先抵充已到期的债务;几项债务均到期的,优先抵充对债权人缺乏担保或者担保数额最少的债务;担保数额相同的,优先抵充债务负担较重的债务;负担相同的,按照债务到期的先后顺序抵充;到期时间相同的,按比例抵充。但是,债权人与债务人对清偿的债务或者清偿抵充顺序有约定的除外。

**第二十一条** 债务人除主债务之外还应当支付利息和费用,当其给付不足以清偿全部债务时,并且当事人没有约定的,人民法院应当按照下列顺序抵充:

(一)实现债权的有关费用;

(二)利息;

(三)主债务。

## 四、合同的权利义务终止

**第二十二条** 当事人一方违反合同法第九十二条规定的义务,给对方当事人造成损失,对方当事人请求赔偿实际损失的,人民法院应当支持。

**第二十三条** 对于依照合同法第九十九条的规定可以抵销的到期债权,当事人约定不得抵销的,人民法院可以认定该约定有效。

**第二十四条** 当事人对合同法第九十六条、第九十九条规定的合同解除或者债务抵销虽有异议,但在约定的异议期限届满后才提出异议并向人民法院起诉的,人民法院不予支持;当事人没有约定异议期间,在解除合同或者债务抵销通知到达之日起三个月以后才向人民法院起诉的,人民法院不予支持。

**第二十五条** 依照合同法第一百零一条的规定,债务人将合同标的物或者标的物拍卖、变卖所得价款交付提存部门时，人民法院应当认定提存成立。

提存成立的，视为债务人在其提存范围内已经履行债务。

**第二十六条**　合同成立以后客观情况发生了当事人在订立合同时无法预见的、非不可抗力造成的不属于商业风险的重大变化，继续履行合同对于一方当事人明显不公平或者不能实现合同目的，当事人请求人民法院变更或者解除合同的，人民法院应当根据公平原则，并结合案件的实际情况确定是否变更或者解除。

## 五、违约责任

**第二十七条**　当事人通过反诉或者抗辩的方式，请求人民法院依照合同法第一百一十四条第二款的规定调整违约金的，人民法院应予支持。

**第二十八条**　当事人依照合同法第一百一十四条第二款的规定，请求人民法院增加违约金的，增加后的违约金数额以不超过实际损失额为限。增加违约金以后，当事人又请求对方赔偿损失的，人民法院不予支持。

**第二十九条**　当事人主张约定的违约金过高请求予以适当减少的，人民法院应当以实际损失为基础，兼顾合同的履行情况、当事人的过错程度以及预期利益等综合因素，根据公平原则和诚实信用原则予以衡量，并作出裁决。

当事人约定的违约金超过造成损失的百分之三十的，一般可以认定为合同法第一百一十四条第二款规定的“过分高于造成的损失”。

## 六、附　　则

**第三十条**　合同法施行后成立的合同发生纠纷的案件，本解释施行后尚未终审的，适用本解释；本解释施行前已经终审，当事人申请再审或者按照审判监督程序决定再审的，不适用本解释。

# 最高人民法院关于审理买卖合同纠纷案件适用法律问题的解释

（2012年3月31日最高人民法院审判委员会第1545次会议通过）

为正确审理买卖合同纠纷案件，根据《中华人民共和国民法通则》、《中华人民共和国合同法》、《中华人民共和国物权法》、《中华人民共和国民事诉讼法》等法律的规定，结合审判实践，制定本解释。

## 一、买卖合同的成立及效力

**第一条** 当事人之间没有书面合同，一方以送货单、收货单、结算单、发票等主张存在买卖合同关系的，人民法院应当结合当事人之间的交易方式、交易习惯以及其他相关证据，对买卖合同是否成立作出认定。

对账确认函、债权确认书等函件、凭证没有记载债权人名称，买卖合同当事人一方以此证明存在买卖合同关系的，人民法院应予支持，但有相反证据足以推翻的除外。

**第二条** 当事人签订认购书、订购书、预订书、意向书、备忘录等预约合同，约定在将来一定期限内订立买卖合同，一方不履行订立买卖合同的义务，对方请求其承担预约合同违约责任或者要求解除预约合同并主张损害赔偿的，人民法院应予支持。

**第三条** 当事人一方以出卖人在缔约时对标的物没有所有权或者处分权为由主张合同无效的，人民法院不予支持。

出卖人因未取得所有权或者处分权致使标的物所有权不能转移，买受人要求出卖人承担违约责任或者要求解除合同并主张损害赔偿的，人民法院应予支持。

**第四条**　人民法院在按照合同法的规定认定电子交易合同的成立及效力的同时，还应当适用电子签名法的相关规定。

## 二、标的物交付和所有权转移

**第五条**　标的物为无需以有形载体交付的电子信息产品，当事人对交付方式约定不明确，且依照合同法第六十一条的规定仍不能确定的，买受人收到约定的电子信息产品或者权利凭证即为交付。

**第六条**　根据合同法第一百六十二条的规定，买受人拒绝接收多交部分标的物的，可以代为保管多交部分标的物。买受人主张出卖人负担代为保管期间的合理费用的，人民法院应予支持。

买受人主张出卖人承担代为保管期间非因买受人故意或者重大过失造成的损失的，人民法院应予支持。

**第七条**　合同法第一百三十六条规定的"提取标的物单证以外的有关单证和资料"，主要应当包括保险单、保修单、普通发票、增值税专用发票、产品合格证、质量保证书、质量鉴定书、品质检验证书、产品进出口检疫书、原产地证明书、使用说明书、装箱单等。

**第八条**　出卖人仅以增值税专用发票及税款抵扣资料证明其已履行交付标的物义务，买受人不认可的，出卖人应当提供其他证据证明交付标的物的事实。

合同约定或者当事人之间习惯以普通发票作为付款凭证，买受人以普通发票证明已经履行付款义务的，人民法院应予支持，但有相反证据足以推翻的除外。

**第九条**　出卖人就同一普通动产订立多重买卖合同，在买卖合同均有效的情况下，买受人均要求实际履行合同的，应当按照以下情形分别处理：

（一）先行受领交付的买受人请求确认所有权已经转移的，人民法院应予支持；

（二）均未受领交付，先行支付价款的买受人请求出卖人履行交付标的物等合同义务的，人民法院应予支持；

（三）均未受领交付，也未支付价款，依法成立在先合同的买受人请求出卖人履行交付标的物等合同义务的，人民法院应予支持。

**第十条** 出卖人就同一船舶、航空器、机动车等特殊动产订立多重买卖合同，在买卖合同均有效的情况下，买受人均要求实际履行合同的，应当按照以下情形分别处理：

（一）先行受领交付的买受人请求出卖人履行办理所有权转移登记手续等合同义务的，人民法院应予支持；

（二）均未受领交付，先行办理所有权转移登记手续的买受人请求出卖人履行交付标的物等合同义务的，人民法院应予支持；

（三）均未受领交付，也未办理所有权转移登记手续，依法成立在先合同的买受人请求出卖人履行交付标的物和办理所有权转移登记手续等合同义务的，人民法院应予支持；

（四）出卖人将标的物交付给买受人之一，又为其他买受人办理所有权转移登记，已受领交付的买受人请求将标的物所有权登记在自己名下的，人民法院应予支持。

## 三、标的物风险负担

**第十一条** 合同法第一百四十一条第二款第（一）项规定的“标的物需要运输的”，是指标的物由出卖人负责办理托运，承运人系独立于买卖合同当事人之外的运输业者的情形。标的物毁损、灭失的风险负担，按照合同法第一百四十五条的规定处理。

**第十二条** 出卖人根据合同约定将标的物运送至买受人指定地点并交付给承运人后，标的物毁损、灭失的风险由买受人负担，但当事人另有约定的除外。

**第十三条** 出卖人出卖交由承运人运输的在途标的物，在合同成立时知道或者应当知道标的物已经毁损、灭失却未告知买受人，买受人主张出卖人负担标的物毁损、灭失的风险的，人民法院应予支持。

**第十四条** 当事人对风险负担没有约定，标的物为种类物，出卖人未以装运单据、加盖标记、通知买受人等可识别的方式清楚地将标的物特定于买卖合同，买受人主张不负担标的物毁损、灭失的风险的，人民法院应予支持。

## 四、标的物检验

**第十五条** 当事人对标的物的检验期间未作约定，买受人签收的送货单、确认单等载明标的物数量、型号、规格的，人民法院应当根据合同法第一百五十七条的规定，认定买受人已对数量和外观瑕疵进行了检验，但有相反证据足以推翻的除外。

**第十六条** 出卖人依照买受人的指示向第三人交付标的物，出卖人和买受人之间约定的检验标准与买受人和第三人之间约定的检验标准不一致的，人民法院应当根据合同法第六十四条的规定，以出卖人和买受人之间约定的检验标准为标的物的检验标准。

**第十七条** 人民法院具体认定合同法第一百五十八条第二款规定的"合理期间"时，应当综合当事人之间的交易性质、交易目的、交易方式、交易习惯、标的物的种类、数量、性质、安装和使用情况、瑕疵的性质、买受人应尽的合理注意义务、检验方法和难易程度、买受人或者检验人所处的具体环境、自身技能以及其他合理因素，依据诚实信用原则进行判断。

合同法第一百五十八条第二款规定的"两年"是最长的合理期间。该期间为不变期间，不适用诉讼时效中止、中断或者延长的规定。

**第十八条** 约定的检验期间过短，依照标的物的性质和交易习惯，买受人在检验期间内难以完成全面检验的，人民法院应当认定该期间为买受人对外观瑕疵提出异议的期间，并根据本解释第十七条第一款的规定确定买受人对隐蔽瑕疵提出异议的合理期间。

约定的检验期间或者质量保证期间短于法律、行政法规规定的检验期间或者质量保证期间的，人民法院应当以法律、行政法规规定的检验期间或者质量保证期间为准。

**第十九条** 买受人在合理期间内提出异议，出卖人以买受人已经支付价款、确认欠款数额、使用标的物等为由，主张买受人放弃异议的，人民法院不予支持，但当事人另有约定的除外。

**第二十条** 合同法第一百五十八条规定的检验期间、合理期间、两年期间经过后，买受人主张标的物的数量或者质量不符合约定的，人民法院不予支持。

出卖人自愿承担违约责任后，又以上述期间经过为由翻悔的，人民法院不予支持。

## 五、违约责任

**第二十一条** 买受人依约保留部分价款作为质量保证金，出卖人在质量保证期间未及时解决质量问题而影响标的物的价值或者使用效果，出卖人主张支付该部分价款的，人民法院不予支持。

**第二十二条** 买受人在检验期间、质量保证期间、合理期间内提出质量异议，出卖人未按要求予以修理或者因情况紧急，买受人自行或者通过第三人修理标的物后，主张出卖人负担因此发生的合理费用的，人民法院应予支持。

**第二十三条** 标的物质量不符合约定，买受人依照合同法第一百一十一条的规定要求减少价款的，人民法院应予支持。当事人主张以符合约定的标的物和实际交付的标的物按交付时的市场价值计算差价的，人民法院应予支持。

价款已经支付，买受人主张返还减价后多出部分价款的，人民法院应予支持。

**第二十四条** 买卖合同对付款期限作出的变更，不影响当事人关于逾期付款违约金的约定，但该违约金的起算点应当随之变更。

买卖合同约定逾期付款违约金，买受人以出卖人接受价款时未主张逾期付款违约金为由拒绝支付该违约金的，人民法院不予支持。

买卖合同约定逾期付款违约金，但对账单、还款协议等未涉及逾期付款责任，出卖人根据对账单、还款协议等主张欠款时请求买受人依约支付逾期付款违约金的，人民法院应予支持，但对账单、还款协议等明确载有本金及逾期付款利息数额或者已经变更买卖合同中关于本金、利息等约定内容的除外。

买卖合同没有约定逾期付款违约金或者该违约金的计算方法，出卖人以买受人违约为由主张赔偿逾期付款损失的，人民法院可以中国人民银行同期同类人民币贷款基准利率为基础，参照逾期罚息利率标准计算。

**第二十五条** 出卖人没有履行或者不当履行从给付义务，致使买受人不能实现合同目的，买受人主张解除合同的，人民法院应当根据合同法第九十四条第（四）项的规定，予以支持。

**第二十六条** 买卖合同因违约而解除后，守约方主张继续适用违约金条款的，人民法院应予支持；但约定的违约金过分高于造成的损失的，人民法院可以参照合同法第一百一十四条第二款的规定处理。

**第二十七条** 买卖合同当事人一方以对方违约为由主张支付违约金，对方以合同不成立、合同未生效、合同无效或者不构成违约等为由进行免责抗辩而未主张调整过高的违约金的，人民法院应当就法院若不支持免责抗辩，当事人是否需要主张调整违约金进行释明。

一审法院认为免责抗辩成立且未予释明，二审法院认为应当判决支付违约金的，可以直接释明并改判。

**第二十八条** 买卖合同约定的定金不足以弥补一方违约造成的损失，对方请求赔偿超过定金部分的损失的，人民法院可以并处，但定金和损失赔偿的数额总和不应高于因违约造成的损失。

**第二十九条** 买卖合同当事人一方违约造成对方损失，对方主张赔偿可得利益损失的，人民法院应当根据当事人的主张，依据合同法第一百一十三条、第一百一十九条、本解释第三十条、第三十一条等规定进行认定。

**第三十条** 买卖合同当事人一方违约造成对方损失，对方对损失的发生也有过错，违约方主张扣减相应的损失赔偿额的，人民法院应予支持。

**第三十一条** 买卖合同当事人一方因对方违约而获有利益，违约方主张从损失赔偿额中扣除该部分利益的，人民法院应予支持。

**第三十二条** 合同约定减轻或者免除出卖人对标的物的瑕疵担保

责任，但出卖人故意或者因重大过失不告知买受人标的物的瑕疵，出卖人主张依约减轻或者免除瑕疵担保责任的，人民法院不予支持。

**第三十三条** 买受人在缔约时知道或者应当知道标的物质量存在瑕疵，主张出卖人承担瑕疵担保责任的，人民法院不予支持，但买受人在缔约时不知道该瑕疵会导致标的物的基本效用显著降低的除外。

## 六、所有权保留

**第三十四条** 买卖合同当事人主张合同法第一百三十四条关于标的物所有权保留的规定适用于不动产的，人民法院不予支持。

**第三十五条** 当事人约定所有权保留，在标的物所有权转移前，买受人有下列情形之一，对出卖人造成损害，出卖人主张取回标的物的，人民法院应予支持：

（一）未按约定支付价款的；

（二）未按约定完成特定条件的；

（三）将标的物出卖、出质或者作出其他不当处分的。

取回的标的物价值显著减少，出卖人要求买受人赔偿损失的，人民法院应予支持。

**第三十六条** 买受人已经支付标的物总价款的百分之七十五以上，出卖人主张取回标的物的，人民法院不予支持。

在本解释第三十五条第一款第（三）项情形下，第三人依据物权法第一百零六条的规定已经善意取得标的物所有权或者其他物权，出卖人主张取回标的物的，人民法院不予支持。

**第三十七条** 出卖人取回标的物后，买受人在双方约定的或者出卖人指定的回赎期间内，消除出卖人取回标的物的事由，主张回赎标的物的，人民法院应予支持。

买受人在回赎期间内没有回赎标的物的，出卖人可以另行出卖标的物。

出卖人另行出卖标的物的，出卖所得价款依次扣除取回和保管费用、再交易费用、利息、未清偿的价金后仍有剩余的，应返还原买受人；

如有不足，出卖人要求原买受人清偿的，人民法院应予支持，但原买受人有证据证明出卖人另行出卖的价格明显低于市场价格的除外。

## 七、特种买卖

**第三十八条**　合同法第一百六十七条第一款规定的“分期付款”，系指买受人将应付的总价款在一定期间内至少分三次向出卖人支付。

分期付款买卖合同的约定违反合同法第一百六十七条第一款的规定，损害买受人利益，买受人主张该约定无效的，人民法院应予支持。

**第三十九条**　分期付款买卖合同约定出卖人在解除合同时可以扣留已受领价金，出卖人扣留的金额超过标的物使用费以及标的物受损赔偿额，买受人请求返还超过部分的，人民法院应予支持。

当事人对标的物的使用费没有约定的，人民法院可以参照当地同类标的物的租金标准确定。

**第四十条**　合同约定的样品质量与文字说明不一致且发生纠纷时当事人不能达成合意，样品封存后外观和内在品质没有发生变化的，人民法院应当以样品为准；外观和内在品质发生变化，或者当事人对是否发生变化有争议而又无法查明的，人民法院应当以文字说明为准。

**第四十一条**　试用买卖的买受人在试用期内已经支付一部分价款的，人民法院应当认定买受人同意购买，但合同另有约定的除外。

在试用期内，买受人对标的物实施了出卖、出租、设定担保物权等非试用行为的，人民法院应当认定买受人同意购买。

**第四十二条**　买卖合同存在下列约定内容之一的，不属于试用买卖。买受人主张属于试用买卖的，人民法院不予支持：

（一）约定标的物经过试用或者检验符合一定要求时，买受人应当购买标的物；

（二）约定第三人经试验对标的物认可时，买受人应当购买标的物；

（三）约定买受人在一定期间内可以调换标的物；

（四）约定买受人在一定期间内可以退还标的物。

**第四十三条**　试用买卖的当事人没有约定使用费或者约定不明

确，出卖人主张买受人支付使用费的，人民法院不予支持。

## 八、其他问题

**第四十四条** 出卖人履行交付义务后诉请买受人支付价款，买受人以出卖人违约在先为由提出异议的，人民法院应当按照下列情况分别处理：

（一）买受人拒绝支付违约金、拒绝赔偿损失或者主张出卖人应当采取减少价款等补救措施的，属于提出抗辩；

（二）买受人主张出卖人应支付违约金、赔偿损失或者要求解除合同的，应当提起反诉。

**第四十五条** 法律或者行政法规对债权转让、股权转让等权利转让合同有规定的，依照其规定；没有规定的，人民法院可以根据合同法第一百二十四条和第一百七十四条的规定，参照适用买卖合同的有关规定。

权利转让或者其他有偿合同参照适用买卖合同的有关规定的，人民法院应当首先引用合同法第一百七十四条的规定，再引用买卖合同的有关规定。

**第四十六条** 本解释施行前本院发布的有关购销合同、销售合同等有偿转移标的物所有权的合同的规定，与本解释抵触的，自本解释施行之日起不再适用。

本解释施行后尚未终审的买卖合同纠纷案件，适用本解释；本解释施行前已经终审，当事人申请再审或者按照审判监督程序决定再审的，不适用本解释。

# 最高人民法院关于适用《中华人民共和国公司法》若干问题的规定(一)

(2006年3月27日最高人民法院审判委员会第1382次会议通过,根据2014年2月17日最高人民法院审判委员会第1607次会议《关于修改关于适用〈中华人民共和国公司法〉若干问题的规定的决定》修正)

为正确适用2005年10月27日十届全国人大常委会第十八次会议修订的《中华人民共和国公司法》,对人民法院在审理相关的民事纠纷案件中,具体适用公司法的有关问题规定如下:

**第一条** 公司法实施后,人民法院尚未审结的和新受理的民事案件,其民事行为或事件发生在公司法实施以前的,适用当时的法律法规和司法解释。

**第二条** 因公司法实施前有关民事行为或者事件发生纠纷起诉到人民法院的,如当时的法律法规和司法解释没有明确规定时,可参照适用公司法的有关规定。

**第三条** 原告以公司法第二十二条第二款、第七十四条第二款规定事由,向人民法院提起诉讼时,超过公司法规定期限的,人民法院不予受理。

**第四条** 公司法第一百五十一条规定的180日以上连续持股期间,应为股东向人民法院提起诉讼时,已期满的持股时间;规定的合计持有公司百分之一以上股份,是指两个以上股东持股份额的合计。

**第五条** 人民法院对公司法实施前已经终审的案件依法进行再审时,不适用公司法的规定。

**第六条** 本规定自公布之日起实施。

# 最高人民法院关于适用《中华人民共和国公司法》若干问题的规定(二)

(2008年5月5日最高人民法院审判委员会第1447次会议通过,根据2014年2月17日最高人民法院审判委员会第1607次会议《关于修改关于适用〈中华人民共和国公司法〉若干问题的规定的决定》修正)

为正确适用《中华人民共和国公司法》,结合审判实践,就人民法院审理公司解散和清算案件适用法律问题作出如下规定。

**第一条** 单独或者合计持有公司全部股东表决权百分之十以上的股东,以下列事由之一提起解散公司诉讼,并符合公司法第一百八十二条规定的,人民法院应予受理:

(一)公司持续两年以上无法召开股东会或者股东大会,公司经营管理发生严重困难的;

(二)股东表决时无法达到法定或者公司章程规定的比例,持续两年以上不能做出有效的股东会或者股东大会决议,公司经营管理发生严重困难的;

(三)公司董事长期冲突,且无法通过股东会或者股东大会解决,公司经营管理发生严重困难的;

(四)经营管理发生其他严重困难,公司继续存续会使股东利益受到重大损失的情形。

股东以知情权、利润分配请求权等权益受到损害,或者公司亏损、财产不足以偿还全部债务,以及公司被吊销企业法人营业执照未进行清算等为由,提起解散公司诉讼的,人民法院不予受理。

**第二条** 股东提起解散公司诉讼,同时又申请人民法院对公司进行清算的,人民法院对其提出的清算申请不予受理。人民法院可以告知原告，在人民法院判决解散公司后，依据公司法第一百八十三条和本规定第七条的规定，自行组织清算或者另行申请人民法院对公司进行清算。

**第三条**　股东提起解散公司诉讼时，向人民法院申请财产保全或者证据保全的，在股东提供担保且不影响公司正常经营的情形下，人民法院可予以保全。

**第四条**　股东提起解散公司诉讼应当以公司为被告。

原告以其他股东为被告一并提起诉讼的，人民法院应当告知原告将其他股东变更为第三人；原告坚持不予变更的，人民法院应当驳回原告对其他股东的起诉。

原告提起解散公司诉讼应当告知其他股东，或者由人民法院通知其参加诉讼。其他股东或者有关利害关系人申请以共同原告或者第三人身份参加诉讼的，人民法院应予准许。

**第五条**　人民法院审理解散公司诉讼案件，应当注重调解。当事人协商同意由公司或者股东收购股份，或者以减资等方式使公司存续，且不违反法律、行政法规强制性规定的，人民法院应予支持。当事人不能协商一致使公司存续的，人民法院应当及时判决。

经人民法院调解公司收购原告股份的，公司应当自调解书生效之日起六个月内将股份转让或者注销。股份转让或者注销之前，原告不得以公司收购其股份为由对抗公司债权人。

**第六条**　人民法院关于解散公司诉讼作出的判决，对公司全体股东具有法律约束力。

人民法院判决驳回解散公司诉讼请求后，提起该诉讼的股东或者其他股东又以同一事实和理由提起解散公司诉讼的，人民法院不予受理。

**第七条**　公司应当依照公司法第一百八十三条的规定，在解散事由出现之日起十五日内成立清算组，开始自行清算。

有下列情形之一，债权人申请人民法院指定清算组进行清算的，人民法院应予受理：

（一）公司解散逾期不成立清算组进行清算的；

(二)虽然成立清算组但故意拖延清算的;

(三)违法清算可能严重损害债权人或者股东利益的。

具有本条第二款所列情形,而债权人未提起清算申请,公司股东申请人民法院指定清算组对公司进行清算的,人民法院应予受理。

**第八条** 人民法院受理公司清算案件,应当及时指定有关人员组成清算组。

清算组成员可以从下列人员或者机构中产生:

(一)公司股东、董事、监事、高级管理人员;

(二)依法设立的律师事务所、会计师事务所、破产清算事务所等社会中介机构;

(三)依法设立的律师事务所、会计师事务所、破产清算事务所等社会中介机构中具备相关专业知识并取得执业资格的人员。

**第九条** 人民法院指定的清算组成员有下列情形之一的,人民法院可以根据债权人、股东的申请,或者依职权更换清算组成员:

(一)有违反法律或者行政法规的行为;

(二)丧失执业能力或者民事行为能力;

(三)有严重损害公司或者债权人利益的行为。

**第十条** 公司依法清算结束并办理注销登记前,有关公司的民事诉讼,应当以公司的名义进行。

公司成立清算组的,由清算组负责人代表公司参加诉讼;尚未成立清算组的,由原法定代表人代表公司参加诉讼。

**第十一条** 公司清算时,清算组应当按照公司法第一百八十五条的规定,将公司解散清算事宜书面通知全体已知债权人,并根据公司规模和营业地域范围在全国或者公司注册登记地省级有影响的报纸上进行公告。

清算组未按照前款规定履行通知和公告义务,导致债权人未及时申报债权而未获清偿,债权人主张清算组成员对因此造成的损失承担赔偿责任的,人民法院应依法予以支持。

**第十二条** 公司清算时,债权人对清算组核定的债权有异议的,可以要求清算组重新核定。清算组不予重新核定,或者债权人对重新核定的债权仍有异议，债权人以公司为被告向人民法院提起诉讼请求确认的，人民法院应予受理。

**第十三条**　债权人在规定的期限内未申报债权，在公司清算程序终结前补充申报的，清算组应予登记。

公司清算程序终结，是指清算报告经股东会、股东大会或者人民法院确认完毕。

**第十四条**　债权人补充申报的债权，可以在公司尚未分配财产中依法清偿。公司尚未分配财产不能全额清偿，债权人主张股东以其在剩余财产分配中已经取得的财产予以清偿的，人民法院应予支持；但债权人因重大过错未在规定期限内申报债权的除外。

债权人或者清算组，以公司尚未分配财产和股东在剩余财产分配中已经取得的财产，不能全额清偿补充申报的债权为由，向人民法院提出破产清算申请的，人民法院不予受理。

**第十五条**　公司自行清算的，清算方案应当报股东会或者股东大会决议确认；人民法院组织清算的，清算方案应当报人民法院确认。未经确认的清算方案，清算组不得执行。

执行未经确认的清算方案给公司或者债权人造成损失，公司、股东或者债权人主张清算组成员承担赔偿责任的，人民法院应依法予以支持。

**第十六条**　人民法院组织清算的，清算组应当自成立之日起六个月内清算完毕。

因特殊情况无法在六个月内完成清算的，清算组应当向人民法院申请延长。

**第十七条**　人民法院指定的清算组在清理公司财产、编制资产负债表和财产清单时，发现公司财产不足清偿债务的，可以与债权人协商制作有关债务清偿方案。

债务清偿方案经全体债权人确认且不损害其他利害关系人利益的，人民法院可依清算组的申请裁定予以认可。清算组依据该清偿方案清偿债务后，应当向人民法院申请裁定终结清算程序。

债权人对债务清偿方案不予确认或者人民法院不予认可的，清算组应当依法向人民法院申请宣告破产。

**第十八条** 有限责任公司的股东、股份有限公司的董事和控股股东未在法定期限内成立清算组开始清算,导致公司财产贬值、流失、毁损或者灭失,债权人主张其在造成损失范围内对公司债务承担赔偿责任的,人民法院应依法予以支持。

有限责任公司的股东、股份有限公司的董事和控股股东因怠于履行义务,导致公司主要财产、账册、重要文件等灭失,无法进行清算,债权人主张其对公司债务承担连带清偿责任的,人民法院应依法予以支持。

上述情形系实际控制人原因造成,债权人主张实际控制人对公司债务承担相应民事责任的,人民法院应依法予以支持。

**第十九条** 有限责任公司的股东、股份有限公司的董事和控股股东,以及公司的实际控制人在公司解散后,恶意处置公司财产给债权人造成损失,或者未经依法清算,以虚假的清算报告骗取公司登记机关办理法人注销登记,债权人主张其对公司债务承担相应赔偿责任的,人民法院应依法予以支持。

**第二十条** 公司解散应当在依法清算完毕后,申请办理注销登记。公司未经清算即办理注销登记,导致公司无法进行清算,债权人主张有限责任公司的股东、股份有限公司的董事和控股股东,以及公司的实际控制人对公司债务承担清偿责任的,人民法院应依法予以支持。

公司未经依法清算即办理注销登记,股东或者第三人在公司登记机关办理注销登记时承诺对公司债务承担责任,债权人主张其对公司债务承担相应民事责任的,人民法院应依法予以支持。

**第二十一条** 有限责任公司的股东、股份有限公司的董事和控股股东,以及公司的实际控制人为二人以上的,其中一人或者数人按照本规定第十八条和第二十条第一款的规定承担民事责任后,主张其他人员按照过错大小分担责任的,人民法院应依法予以支持。

**第二十二条** 公司解散时,股东尚未缴纳的出资均应作为清算财产。股东尚未缴纳的出资,包括到期应缴未缴的出资,以及依照公司法第二十六条和第八十条的规定分期缴纳尚未届满缴纳期限的出资。

公司财产不足以清偿债务时，债权人主张未缴出资股东，以及公司设立时的其他股东或者发起人在未缴出资范围内对公司债务承担连带清偿责任的，人民法院应依法予以支持。

**第二十三条**　清算组成员从事清算事务时，违反法律、行政法规或者公司章程给公司或者债权人造成损失，公司或者债权人主张其承担赔偿责任的，人民法院应依法予以支持。

有限责任公司的股东、股份有限公司连续一百八十日以上单独或者合计持有公司百分之一以上股份的股东，依据公司法第一百五十一条第三款的规定，以清算组成员有前款所述行为为由向人民法院提起诉讼的，人民法院应予受理。

公司已经清算完毕注销，上述股东参照公司法第一百五十一条第三款的规定，直接以清算组成员为被告、其他股东为第三人向人民法院提起诉讼的，人民法院应予受理。

**第二十四条**　解散公司诉讼案件和公司清算案件由公司住所地人民法院管辖。公司住所地是指公司主要办事机构所在地。公司办事机构所在地不明确的，由其注册地人民法院管辖。

基层人民法院管辖县、县级市或者区的公司登记机关核准登记公司的解散诉讼案件和公司清算案件；中级人民法院管辖地区、地级市以上的公司登记机关核准登记公司的解散诉讼案件和公司清算案件。

# 最高人民法院关于适用《中华人民共和国公司法》若干问题的规定(三)

(2010年12月6日最高人民法院审判委员会第1504次会议通过,根据2014年2月17日最高人民法院审判委员会第1607次会议《关于修改关于适用〈中华人民共和国公司法〉若干问题的规定的决定》修正)

为正确适用《中华人民共和国公司法》,结合审判实践,就人民法院审理公司设立、出资、股权确认等纠纷案件适用法律问题作出如下规定。

**第一条** 为设立公司而签署公司章程、向公司认购出资或者股份并履行公司设立职责的人,应当认定为公司的发起人,包括有限责任公司设立时的股东。

**第二条** 发起人为设立公司以自己名义对外签订合同,合同相对人请求该发起人承担合同责任的,人民法院应予支持。

公司成立后对前款规定的合同予以确认,或者已经实际享有合同权利或者履行合同义务,合同相对人请求公司承担合同责任的,人民法院应予支持。

**第三条** 发起人以设立中公司名义对外签订合同,公司成立后合同相对人请求公司承担合同责任的,人民法院应予支持。

公司成立后有证据证明发起人利用设立中公司的名义为自己的利益与相对人签订合同,公司以此为由主张不承担合同责任的,人民法院应予支持,但相对人为善意的除外。

**第四条** 公司因故未成立,债权人请求全体或者部分发起人对设立公司行为所产生的费用和债务承担连带清偿责任的,人民法院应予支持。

部分发起人依照前款规定承担责任后，请求其他发起人分担的，人民法院应当判令其他发起人按照约定的责任承担比例分担责任；没有约定责任承担比例的，按照约定的出资比例分担责任；没有约定出资比例的，按照均等份额分担责任。

因部分发起人的过错导致公司未成立，其他发起人主张其承担设立行为所产生的费用和债务的，人民法院应当根据过错情况，确定过错一方的责任范围。

**第五条**　发起人因履行公司设立职责造成他人损害，公司成立后受害人请求公司承担侵权赔偿责任的，人民法院应予支持；公司未成立，受害人请求全体发起人承担连带赔偿责任的，人民法院应予支持。

公司或者无过错的发起人承担赔偿责任后，可以向有过错的发起人追偿。

**第六条**　股份有限公司的认股人未按期缴纳所认股份的股款，经公司发起人催缴后在合理期间内仍未缴纳，公司发起人对该股份另行募集的，人民法院应当认定该募集行为有效。认股人延期缴纳股款给公司造成损失，公司请求该认股人承担赔偿责任的，人民法院应予支持。

**第七条**　出资人以不享有处分权的财产出资，当事人之间对于出资行为效力产生争议的，人民法院可以参照物权法第一百零六条的规定予以认定。

以贪污、受贿、侵占、挪用等违法犯罪所得的货币出资后取得股权的，对违法犯罪行为予以追究、处罚时，应当采取拍卖或者变卖的方式处置其股权。

**第八条**　出资人以划拨土地使用权出资，或者以设定权利负担的土地使用权出资，公司、其他股东或者公司债权人主张认定出资人未履行出资义务的，人民法院应当责令当事人在指定的合理期间内办理土地变更手续或者解除权利负担；逾期未办理或者未解除的，人民法院应当认定出资人未依法全面履行出资义务。

**第九条**　出资人以非货币财产出资，未依法评估作价，公司、其他股东或者公司债权人请求认定出资人未履行出资义务的,人民法院应当委托具有合法资格的评估机构对该财产评估作价。评估确定的价额显著低于公司章程所定价额的,人民法院应当认定出资人未依法全面履行出资义务。

**第十条** 出资人以房屋、土地使用权或者需要办理权属登记的知识产权等财产出资,已经交付公司使用但未办理权属变更手续,公司、其他股东或者公司债权人主张认定出资人未履行出资义务的,人民法院应当责令当事人在指定的合理期间内办理权属变更手续;在前述期间内办理了权属变更手续的,人民法院应当认定其已经履行了出资义务;出资人主张自其实际交付财产给公司使用时享有相应股东权利的,人民法院应予支持。

出资人以前款规定的财产出资,已经办理权属变更手续但未交付给公司使用,公司或者其他股东主张其向公司交付、并在实际交付之前不享有相应股东权利的,人民法院应予支持。

**第十一条** 出资人以其他公司股权出资,符合下列条件的,人民法院应当认定出资人已履行出资义务:

(一)出资的股权由出资人合法持有并依法可以转让;

(二)出资的股权无权利瑕疵或者权利负担;

(三)出资人已履行关于股权转让的法定手续;

(四)出资的股权已依法进行了价值评估。

股权出资不符合前款第(一)、(二)、(三)项的规定,公司、其他股东或者公司债权人请求认定出资人未履行出资义务的,人民法院应当责令该出资人在指定的合理期间内采取补正措施,以符合上述条件;逾期未补正的,人民法院应当认定其未依法全面履行出资义务。

股权出资不符合本条第一款第(四)项的规定,公司、其他股东或者公司债权人请求认定出资人未履行出资义务的,人民法院应当按照本规定第九条的规定处理。

**第十二条** 公司成立后,公司、股东或者公司债权人以相关股东的行为符合下列情形之一且损害公司权益为由,请求认定该股东抽逃出资的,人民法院应予支持:

（一）制作虚假财务会计报表虚增利润进行分配；

（二）通过虚构债权债务关系将其出资转出；

（三）利用关联交易将出资转出；

（四）其他未经法定程序将出资抽回的行为。

**第十三条**　股东未履行或者未全面履行出资义务，公司或者其他股东请求其向公司依法全面履行出资义务的，人民法院应予支持。

公司债权人请求未履行或者未全面履行出资义务的股东在未出资本息范围内对公司债务不能清偿的部分承担补充赔偿责任的，人民法院应予支持；未履行或者未全面履行出资义务的股东已经承担上述责任，其他债权人提出相同请求的，人民法院不予支持。

股东在公司设立时未履行或者未全面履行出资义务，依照本条第一款或者第二款提起诉讼的原告，请求公司的发起人与被告股东承担连带责任的，人民法院应予支持；公司的发起人承担责任后，可以向被告股东追偿。

股东在公司增资时未履行或者未全面履行出资义务，依照本条第一款或者第二款提起诉讼的原告，请求未尽公司法第一百四十七条第一款规定的义务而使出资未缴足的董事、高级管理人员承担相应责任的，人民法院应予支持；董事、高级管理人员承担责任后，可以向被告股东追偿。

**第十四条**　股东抽逃出资，公司或者其他股东请求其向公司返还出资本息、协助抽逃出资的其他股东、董事、高级管理人员或者实际控制人对此承担连带责任的，人民法院应予支持。

公司债权人请求抽逃出资的股东在抽逃出资本息范围内对公司债务不能清偿的部分承担补充赔偿责任、协助抽逃出资的其他股东、董事、高级管理人员或者实际控制人对此承担连带责任的，人民法院应予支持；抽逃出资的股东已经承担上述责任，其他债权人提出相同请求的，人民法院不予支持。

**第十五条**　出资人以符合法定条件的非货币财产出资后，因市场变化或者其他客观因素导致出资财产贬值，公司、其他股东或者公司债权人请求该出资人承担补足出资责任的，人民法院不予支持。但是，当事人另有约定的除外。

**第十六条** 股东未履行或者未全面履行出资义务或者抽逃出资，公司根据公司章程或者股东会决议对其利润分配请求权、新股优先认购权、剩余财产分配请求权等股东权利作出相应的合理限制，该股东请求认定该限制无效的，人民法院不予支持。

**第十七条** 有限责任公司的股东未履行出资义务或者抽逃全部出资，经公司催告缴纳或者返还，其在合理期间内仍未缴纳或者返还出资，公司以股东会决议解除该股东的股东资格，该股东请求确认该解除行为无效的，人民法院不予支持。

在前款规定的情形下，人民法院在判决时应当释明，公司应当及时办理法定减资程序或者由其他股东或者第三人缴纳相应的出资。在办理法定减资程序或者其他股东或者第三人缴纳相应的出资之前，公司债权人依照本规定第十三条或者第十四条请求相关当事人承担相应责任的，人民法院应予支持。

**第十八条** 有限责任公司的股东未履行或者未全面履行出资义务即转让股权，受让人对此知道或者应当知道，公司请求该股东履行出资义务、受让人对此承担连带责任的，人民法院应予支持；公司债权人依照本规定第十三条第二款向该股东提起诉讼，同时请求前述受让人对此承担连带责任的，人民法院应予支持。

受让人根据前款规定承担责任后，向该未履行或者未全面履行出资义务的股东追偿的，人民法院应予支持。但是，当事人另有约定的除外。

**第十九条** 公司股东未履行或者未全面履行出资义务或者抽逃出资，公司或者其他股东请求其向公司全面履行出资义务或者返还出资，被告股东以诉讼时效为由进行抗辩的，人民法院不予支持。

公司债权人的债权未过诉讼时效期间，其依照本规定第十三条第二款、第十四条第二款的规定请求未履行或者未全面履行出资义务或者抽逃出资的股东承担赔偿责任，被告股东以出资义务或者返还出资义务超过诉讼时效期间为由进行抗辩的，人民法院不予支持。

**第二十条** 当事人之间对是否已履行出资义务发生争议，原告提供对股东履行出资义务产生合理怀疑证据的，被告股东应当就其已履行出资义务承担举证责任。

**第二十一条**　当事人向人民法院起诉请求确认其股东资格的，应当以公司为被告，与案件争议股权有利害关系的人作为第三人参加诉讼。

**第二十二条**　当事人之间对股权归属发生争议，一方请求人民法院确认其享有股权的，应当证明以下事实之一：

（一）已经依法向公司出资或者认缴出资，且不违反法律法规强制性规定；

（二）已经受让或者以其他形式继受公司股权，且不违反法律法规强制性规定。

**第二十三条**　当事人依法履行出资义务或者依法继受取得股权后，公司未根据公司法第三十一条、第三十二条的规定签发出资证明书、记载于股东名册并办理公司登记机关登记，当事人请求公司履行上述义务的，人民法院应予支持。

**第二十四条**　有限责任公司的实际出资人与名义出资人订立合同，约定由实际出资人出资并享有投资权益，以名义出资人为名义股东，实际出资人与名义股东对该合同效力发生争议的，如无合同法第五十二条规定的情形，人民法院应当认定该合同有效。

前款规定的实际出资人与名义股东因投资权益的归属发生争议，实际出资人以其实际履行了出资义务为由向名义股东主张权利的，人民法院应予支持。名义股东以公司股东名册记载、公司登记机关登记为由否认实际出资人权利的，人民法院不予支持。

实际出资人未经公司其他股东半数以上同意，请求公司变更股东、签发出资证明书、记载于股东名册、记载于公司章程并办理公司登记机关登记的，人民法院不予支持。

**第二十五条**　名义股东将登记于其名下的股权转让、质押或者以其他方式处分，实际出资人以其对于股权享有实际权利为由，请求认定处分股权行为无效的，人民法院可以参照物权法第一百零六条的规定处理。

名义股东处分股权造成实际出资人损失，实际出资人请求名义股东承担赔偿责任的，人民法院应予支持。

**第二十六条** 公司债权人以登记于公司登记机关的股东未履行出资义务为由，请求其对公司债务不能清偿的部分在未出资本息范围内承担补充赔偿责任，股东以其仅为名义股东而非实际出资人为由进行抗辩的，人民法院不予支持。

名义股东根据前款规定承担赔偿责任后，向实际出资人追偿的，人民法院应予支持。

**第二十七条** 股权转让后尚未向公司登记机关办理变更登记，原股东将仍登记于其名下的股权转让、质押或者以其他方式处分，受让股东以其对于股权享有实际权利为由，请求认定处分股权行为无效的，人民法院可以参照物权法第一百零六条的规定处理。

原股东处分股权造成受让股东损失，受让股东请求原股东承担赔偿责任、对于未及时办理变更登记有过错的董事、高级管理人员或者实际控制人承担相应责任的，人民法院应予支持；受让股东对于未及时办理变更登记也有过错的，可以适当减轻上述董事、高级管理人员或者实际控制人的责任。

**第二十八条** 冒用他人名义出资并将该他人作为股东在公司登记机关登记的，冒名登记行为人应当承担相应责任；公司、其他股东或者公司债权人以未履行出资义务为由，请求被冒名登记为股东的承担补足出资责任或者对公司债务不能清偿部分的赔偿责任的，人民法院不予支持。

# 最高人民法院关于审理铁路运输人身损害赔偿纠纷案件适用法律若干问题的解释

（2010年1月4日最高人民法院审判委员会第1482次会议通过）

为正确审理铁路运输人身损害赔偿纠纷案件，依法维护各方当事人的合法权益，根据《中华人民共和国民法通则》、《中华人民共和国铁路法》、《中华人民共和国民事诉讼法》等法律的规定，结合审判实践，就有关适用法律问题作如下解释：

**第一条** 人民法院审理铁路行车事故及其他铁路运营事故造成的铁路运输人身损害赔偿纠纷案件，适用本解释。

与铁路运输企业建立劳动合同关系或者形成劳动关系的铁路职工在执行职务中发生的人身损害，依照有关调整劳动关系的法律规定及其他相关法律规定处理。

**第二条** 铁路运输人身损害的受害人、依法由受害人承担扶养义务的被扶养人以及死亡受害人的近亲属为赔偿权利人，有权请求赔偿。

**第三条** 赔偿权利人要求对方当事人承担侵权责任的，由事故发生地、列车最先到达地或者被告住所地铁路运输法院管辖；赔偿权利人依照合同法要求承运人承担违约责任予以人身损害赔偿的，由运输始发地、目的地或者被告住所地铁路运输法院管辖。

**第四条** 铁路运输造成人身损害的，铁路运输企业应当承担赔偿责任；法律另有规定的，依照其规定。

**第五条** 铁路运输中发生人身损害，铁路运输企业举证证明有下列情形之一的，不承担赔偿责任：

（一）不可抗力造成的；

（二）受害人故意以卧轨、碰撞等方式造成的。

**第六条** 因受害人翻越、穿越、损毁、移动铁路线路两侧防护围墙、栅栏或者其他防护设施穿越铁路线路，偷乘货车，攀附行进中的列车，在未设置人行通道的铁路桥梁、隧道内通行，攀爬高架铁路线路，以及其他未经许可进入铁路线路、车站、货场等铁路作业区域的过错行为，造成人身损害的，应当根据受害人的过错程度适当减轻铁路运输企业的赔偿责任，并按照以下情形分别处理：

（一）铁路运输企业未充分履行安全防护、警示等义务，受害人有上述过错行为的，铁路运输企业应当在全部损失的百分之八十至百分之二十之间承担赔偿责任；

（二）铁路运输企业已充分履行安全防护、警示等义务，受害人仍施以上述过错行为的，铁路运输企业应当在全部损失的百分之二十至百分之十之间承担赔偿责任。

**第七条** 受害人横向穿越未封闭的铁路线路时存在过错，造成人身损害的，按照前条规定处理。

受害人不听从值守人员劝阻或者无视禁行警示信号、标志硬行通过铁路平交道口、人行过道，或者沿铁路线路纵向行走，或者在铁路线路上坐卧，造成人身损害，铁路运输企业举证证明已充分履行安全防护、警示等义务的，不承担赔偿责任。

**第八条** 铁路运输造成无民事行为能力人人身损害的，铁路运输企业应当承担赔偿责任；监护人有过错的，按照过错程度减轻铁路运输企业的赔偿责任，但铁路运输企业承担的赔偿责任应当不低于全部损失的百分之五十。

铁路运输造成限制民事行为能力人人身损害的，铁路运输企业应当承担赔偿责任；监护人及受害人自身有过错的，按照过错程度减轻铁路运输企业的赔偿责任，但铁路运输企业承担的赔偿责任应当不低于全部损失的百分之四十。

**第九条** 铁路机车车辆与机动车发生碰撞造成机动车驾驶人员以外的人人身损害的，由铁路运输企业与机动车一方对受害人承担连带赔偿责任。铁路运输企业与机动车一方之间，按照各自的过错分担责任；双方均无过错的，按照公平原则分担责任。对受害人实际承担赔偿责任超出应当承担份额的一方，有权向另一方追偿。

铁路机车车辆与机动车发生碰撞造成机动车驾驶人员人身损害的，按照本解释第四条至第七条的规定处理。

**第十条**　在非铁路运输企业实行监护的铁路无人看守道口发生事故造成人身损害的，由铁路运输企业按照本解释的有关规定承担赔偿责任。道口管理单位有过错的，铁路运输企业对赔偿权利人承担赔偿责任后，有权向道口管理单位追偿。

**第十一条**　对于铁路桥梁、涵洞等设施负有管理、维护等职责的单位，因未尽职责使该铁路桥梁、涵洞等设施不能正常使用，导致行人、车辆穿越铁路线路造成人身损害的，铁路运输企业按照本解释有关规定承担赔偿责任后，有权向该单位追偿。

**第十二条**　铁路旅客运送期间发生旅客人身损害，赔偿权利人要求铁路运输企业承担违约责任的，人民法院应当依照《中华人民共和国合同法》第二百九十条、第三百零一条、第三百零二条等规定，确定铁路运输企业是否承担责任及责任的大小；赔偿权利人要求铁路运输企业承担侵权赔偿责任的，人民法院应当依照有关侵权责任的法律规定，确定铁路运输企业是否承担赔偿责任及责任的大小。

**第十三条**　铁路旅客运送期间因第三人侵权造成旅客人身损害的，由实施侵权行为的第三人承担赔偿责任。铁路运输企业有过错的，应当在能够防止或者制止损害的范围内承担相应的补充赔偿责任。铁路运输企业承担赔偿责任后，有权向第三人追偿。

车外第三人投掷石块等击打列车造成车内旅客人身损害，赔偿权利人要求铁路运输企业先予赔偿的，人民法院应当予以支持。铁路运输企业赔付后，有权向第三人追偿。

**第十四条**　有权作出事故认定的组织依照《铁路交通事故应急救援和调查处理条例》等有关规定制作的事故认定书，经庭审质证，对于事故认定书所认定的事实，当事人没有相反证据和理由足以推翻的，人民法院应当作为认定事实的根据。

**第十五条**　在专用铁路及铁路专用线上因运输造成人身损害，依法应当由肇事工具或者设备的所有人、使用人或者管理人承担赔偿责任的，适用本解释。

**第十六条** 本院以前发布的司法解释与本解释不一致的，以本解释为准。

本解释施行前已经终审，本解释施行后当事人申请再审或者按照审判监督程序决定再审的案件，不适用本解释。

# 第三部分

## 劳动与社会保险法律类

# 中华人民共和国劳动法

（1994年7月5日第八届全国人民代表大会常务委员会第八次会议通过，根据2009年8月27日第十一届全国人民代表大会常务委员会第十次会议《关于修改部分法律的决定》修正）

## 目　　录



## 第一章　总　　则

**第一条**　为了保护劳动者的合法权益，调整劳动关系，建立和维护适应社会主义市场经济的劳动制度，促进经济发展和社会进步，根据宪法，制定本法。

**第二条**　在中华人民共和国境内的企业、个体经济组织（以下统称用人单位）和与之形成劳动关系的劳动者，适用本法。

国家机关、事业组织、社会团体和与之建立劳动合同关系的劳动者，依照本法执行。

**第三条**　劳动者享有平等就业和选择职业的权利、取得劳动报酬的权利、休息休假的权利、获得劳动安全卫生保护的权利、接受职业技能培训的权利、享受社会保险和福利的权利、提请劳动争议处理的权利以及法律规定的其他劳动权利。

劳动者应当完成劳动任务，提高职业技能，执行劳动安全卫生规程，遵守劳动纪律和职业道德。

**第四条**　用人单位应当依法建立和完善规章制度，保障劳动者享有劳动权利和履行劳动义务。

**第五条**　国家采取各种措施，促进劳动就业，发展职业教育，制定劳动标准，调节社会收入，完善社会保险，协调劳动关系，逐步提高劳动者的生活水平。

**第六条**　国家提倡劳动者参加社会义务劳动，开展劳动竞赛和合理化建议活动，鼓励和保护劳动者进行科学研究、技术革新和发明创造，表彰和奖励劳动模范和先进工作者。

**第七条**　劳动者有权依法参加和组织工会。

工会代表和维护劳动者的合法权益，依法独立自主地开展活动。

**第八条**　劳动者依照法律规定，通过职工大会、职工代表大会或者其他形式，参与民主管理或者就保护劳动者合法权益与用人单位进行平等协商。

**第九条**　国务院劳动行政部门主管全国劳动工作。

县级以上地方人民政府劳动行政部门主管本行政区域内的劳动工作。

## 第二章　促进就业

**第十条**　国家通过促进经济和社会发展，创造就业条件，扩大就业机会。

国家鼓励企业、事业组织、社会团体在法律、行政法规规定的范围内兴办产业或者拓展经营，增加就业。

国家支持劳动者自愿组织起来就业和从事个体经营实现就业。

**第十一条** 地方各级人民政府应当采取措施，发展多种类型的职业介绍机构，提供就业服务。

**第十二条** 劳动者就业，不因民族、种族、性别、宗教信仰不同而受歧视。

**第十三条** 妇女享有与男子平等的就业权利。在录用职工时，除国家规定的不适合妇女的工种或者岗位外，不得以性别为由拒绝录用妇女或者提高对妇女的录用标准。

**第十四条** 残疾人、少数民族人员、退出现役的军人的就业，法律、法规有特别规定的，从其规定。

**第十五条** 禁止用人单位招用未满十六周岁的未成年人。

文艺、体育和特种工艺单位招用未满十六周岁的未成年人，必须依照国家有关规定，履行审批手续，并保障其接受义务教育的权利。

## 第三章 劳动合同和集体合同

**第十六条** 劳动合同是劳动者与用人单位确立劳动关系、明确双方权利和义务的协议。

建立劳动关系应当订立劳动合同。

**第十七条** 订立和变更劳动合同，应当遵循平等自愿、协商一致的原则，不得违反法律、行政法规的规定。

劳动合同依法订立即具有法律约束力，当事人必须履行劳动合同规定的义务。

**第十八条** 下列劳动合同无效：

（一）违反法律、行政法规的劳动合同；

（二）采取欺诈、威胁等手段订立的劳动合同。

无效的劳动合同，从订立的时候起，就没有法律约束力。确认劳动合同部分无效的，如果不影响其余部分的效力，其余部分仍然有效。

劳动合同的无效，由劳动争议仲裁委员会或者人民法院确认。

**第十九条** 劳动合同应当以书面形式订立，并具备以下条款：

（一）劳动合同期限；

（二）工作内容；

（三）劳动保护和劳动条件；

（四）劳动报酬；

（五）劳动纪律；

（六）劳动合同终止的条件；

（七）违反劳动合同的责任。

劳动合同除前款规定的必备条款外，当事人可以协商约定其他内容。

**第二十条** 劳动合同的期限分为有固定期限、无固定期限和以完成一定的工作为期限。

劳动者在同一用人单位连续工作满十年以上，当事人双方同意延续劳动合同的，如果劳动者提出订立无固定期限的劳动合同，应当订立无固定期限的劳动合同。

**第二十一条** 劳动合同可以约定试用期。试用期最长不得超过六个月。

**第二十二条** 劳动合同当事人可以在劳动合同中约定保守用人单位商业秘密的有关事项。

**第二十三条** 劳动合同期满或者当事人约定的劳动合同终止条件出现，劳动合同即行终止。

**第二十四条** 经劳动合同当事人协商一致，劳动合同可以解除。

**第二十五条** 劳动者有下列情形之一的，用人单位可以解除劳动合同：

（一）在试用期间被证明不符合录用条件的；

（二）严重违反劳动纪律或者用人单位规章制度的；

（三）严重失职，营私舞弊，对用人单位利益造成重大损害的；

（四）被依法追究刑事责任的。

**第二十六条** 有下列情形之一的，用人单位可以解除劳动合同，但是应当提前三十日以书面形式通知劳动者本人：

（一）劳动者患病或者非因工负伤，医疗期满后，不能从事原工作也不能从事由用人单位另行安排的工作的；

（二）劳动者不能胜任工作，经过培训或者调整工作岗位，仍不能胜任工作的；

（三）劳动合同订立时所依据的客观情况发生重大变化，致使原劳动合同无法履行，经当事人协商不能就变更劳动合同达成协议的。

**第二十七条** 用人单位濒临破产进行法定整顿期间或者生产经营状况发生严重困难，确需裁减人员的，应当提前三十日向工会或者全体职工说明情况，听取工会或者职工的意见，经向劳动行政部门报告后，可以裁减人员。

用人单位依据本条规定裁减人员，在六个月内录用人员的，应当优先录用被裁减的人员。

**第二十八条** 用人单位依据本法第二十四条、第二十六条、第二十七条的规定解除劳动合同的，应当依照国家有关规定给予经济补偿。

**第二十九条** 劳动者有下列情形之一的，用人单位不得依据本法第二十六条、第二十七条的规定解除劳动合同：

（一）患职业病或者因工负伤并被确认丧失或者部分丧失劳动能力的；

（二）患病或者负伤，在规定的医疗期内的；

（三）女职工在孕期、产假、哺乳期内的；

（四）法律、行政法规规定的其他情形。

**第三十条** 用人单位解除劳动合同，工会认为不适当的，有权提出意见。如果用人单位违反法律、法规或者劳动合同，工会有权要求重新处理；劳动者申请仲裁或者提起诉讼的，工会应当依法给予支持和帮助。

**第三十一条** 劳动者解除劳动合同，应当提前三十日以书面形式通知用人单位。

**第三十二条** 有下列情形之一的，劳动者可以随时通知用人单位解除劳动合同：

（一）在试用期内的；

（二）用人单位以暴力、威胁或者非法限制人身自由的手段强迫劳动的；

（三）用人单位未按照劳动合同约定支付劳动报酬或者提供劳动条件的。

**第三十三条**　企业职工一方与企业可以就劳动报酬、工作时间、休息休假、劳动安全卫生、保险福利等事项，签订集体合同。集体合同草案应当提交职工代表大会或者全体职工讨论通过。

集体合同由工会代表职工与企业签订；没有建立工会的企业，由职工推举的代表与企业签订。

**第三十四条**　集体合同签订后应当报送劳动行政部门；劳动行政部门自收到集体合同文本之日起十五日内未提出异议的，集体合同即行生效。

**第三十五条**　依法签订的集体合同对企业和企业全体职工具有约束力。职工个人与企业订立的劳动合同中劳动条件和劳动报酬等标准不得低于集体合同的规定。

## 第四章　工作时间和休息休假

**第三十六条**　国家实行劳动者每日工作时间不超过八小时、平均每周工作时间不超过四十四小时的工时制度。

**第三十七条**　对实行计件工作的劳动者，用人单位应当根据本法第三十六条规定的工时制度合理确定其劳动定额和计件报酬标准。

**第三十八条**　用人单位应当保证劳动者每周至少休息一日。

**第三十九条**　企业因生产特点不能实行本法第三十六条、第三十八条规定的，经劳动行政部门批准，可以实行其他工作和休息办法。

**第四十条**　用人单位在下列节日期间应当依法安排劳动者休假：

（一）元旦；

（二）春节；

（三）国际劳动节；

（四）国庆节；

（五）法律、法规规定的其他休假节日。

**第四十一条** 用人单位由于生产经营需要，经与工会和劳动者协商后可以延长工作时间，一般每日不得超过一小时；因特殊原因需要延长工作时间的，在保障劳动者身体健康的条件下延长工作时间每日不得超过三小时，但是每月不得超过三十六小时。

**第四十二条** 有下列情形之一的，延长工作时间不受本法第四十一条规定的限制：

（一）发生自然灾害、事故或者因其他原因，威胁劳动者生命健康和财产安全，需要紧急处理的；

（二）生产设备、交通运输线路、公共设施发生故障，影响生产和公众利益，必须及时抢修的；

（三）法律、行政法规规定的其他情形。

**第四十三条** 用人单位不得违反本法规定延长劳动者的工作时间。

**第四十四条** 有下列情形之一的，用人单位应当按照下列标准支付高于劳动者正常工作时间工资的工资报酬：

（一）安排劳动者延长工作时间的，支付不低于工资的百分之一百五十的工资报酬；

（二）休息日安排劳动者工作又不能安排补休的，支付不低于工资的百分之二百的工资报酬；

（三）法定休假日安排劳动者工作的，支付不低于工资的百分之三百的工资报酬。

**第四十五条** 国家实行带薪年休假制度。

劳动者连续工作一年以上的，享受带薪年休假。具体办法由国务院规定。

## 第五章　工　　资

**第四十六条** 工资分配应当遵循按劳分配原则，实行同工同酬。

工资水平在经济发展的基础上逐步提高。国家对工资总量实行宏观调控。

**第四十七条**　用人单位根据本单位的生产经营特点和经济效益，依法自主确定本单位的工资分配方式和工资水平。

**第四十八条**　国家实行最低工资保障制度。最低工资的具体标准由省、自治区、直辖市人民政府规定，报国务院备案。

用人单位支付劳动者的工资不得低于当地最低工资标准。

**第四十九条**　确定和调整最低工资标准应当综合参考下列因素：

（一）劳动者本人及平均赡养人口的最低生活费用；

（二）社会平均工资水平；

（三）劳动生产率；

（四）就业状况；

（五）地区之间经济发展水平的差异。

**第五十条**　工资应当以货币形式按月支付给劳动者本人。不得克扣或者无故拖欠劳动者的工资。

**第五十一条**　劳动者在法定休假日和婚丧假期间以及依法参加社会活动期间，用人单位应当依法支付工资。

## 第六章　劳动安全卫生

**第五十二条**　用人单位必须建立、健全劳动安全卫生制度，严格执行国家劳动安全卫生规程和标准，对劳动者进行劳动安全卫生教育，防止劳动过程中的事故，减少职业危害。

**第五十三条**　劳动安全卫生设施必须符合国家规定的标准。

新建、改建、扩建工程的劳动安全卫生设施必须与主体工程同时设计、同时施工、同时投入生产和使用。

**第五十四条**　用人单位必须为劳动者提供符合国家规定的劳动安全卫生条件和必要的劳动防护用品，对从事有职业危害作业的劳动者应当定期进行健康检查。

**第五十五条**　从事特种作业的劳动者必须经过专门培训并取得特种作业资格。

**第五十六条** 劳动者在劳动过程中必须严格遵守安全操作规程。

劳动者对用人单位管理人员违章指挥、强令冒险作业，有权拒绝执行；对危害生命安全和身体健康的行为，有权提出批评、检举和控告。

**第五十七条** 国家建立伤亡事故和职业病统计报告和处理制度。县级以上各级人民政府劳动行政部门、有关部门和用人单位应当依法对劳动者在劳动过程中发生的伤亡事故和劳动者的职业病状况，进行统计、报告和处理。

## 第七章 女职工和未成年工特殊保护

**第五十八条** 国家对女职工和未成年工实行特殊劳动保护。

未成年工是指年满十六周岁未满十八周岁的劳动者。

**第五十九条** 禁止安排女职工从事矿山井下、国家规定的第四级体力劳动强度的劳动和其他禁忌从事的劳动。

**第六十条** 不得安排女职工在经期从事高处、低温、冷水作业和国家规定的第三级体力劳动强度的劳动。

**第六十一条** 不得安排女职工在怀孕期间从事国家规定的第三级体力劳动强度的劳动和孕期禁忌从事的活动。对怀孕七个月以上的女职工，不得安排其延长工作时间和夜班劳动。

**第六十二条** 女职工生育享受不少于九十天的产假。

**第六十三条** 不得安排女职工在哺乳未满一周岁的婴儿期间从事国家规定的第三级体力劳动强度的劳动和哺乳期禁忌从事的其他劳动，不得安排其延长工作时间和夜班劳动。

**第六十四条** 不得安排未成年工从事矿山井下、有毒有害、国家规定的第四级体力劳动强度的劳动和其他禁忌从事的劳动。

**第六十五条** 用人单位应当对未成年工定期进行健康检查。

## 第八章 职 业 培 训

**第六十六条** 国家通过各种途径，采取各种措施，发展职业培训事业，开发劳动者的职业技能，提高劳动者素质，增强劳动者的就业能力和工作能力。

**第六十七条**　各级人民政府应当把发展职业培训纳入社会经济发展的规划，鼓励和支持有条件的企业、事业组织、社会团体和个人进行各种形式的职业培训。

**第六十八条**　用人单位应当建立职业培训制度，按照国家规定提取和使用职业培训经费，根据本单位实际，有计划地对劳动者进行职业培训。

从事技术工种的劳动者，上岗前必须经过培训。

**第六十九条**　国家确定职业分类，对规定的职业制定职业技能标准，实行职业资格证书制度，由经过政府批准的考核鉴定机构负责对劳动者实施职业技能考核鉴定。

## 第九章　社会保险和福利

**第七十条**　国家发展社会保险事业，建立社会保险制度，设立社会保险基金，使劳动者在年老、患病、工伤、失业、生育等情况下获得帮助和补偿。

**第七十一条**　社会保险水平应当与社会经济发展水平和社会承受能力相适应。

**第七十二条**　社会保险基金按照保险类型确定资金来源，逐步实行社会统筹。用人单位和劳动者必须依法参加社会保险，缴纳社会保险费。

**第七十三条**　劳动者在下列情形下，依法享受社会保险待遇：

（一）退休；

（二）患病、负伤；

（三）因工伤残或者患职业病；

（四）失业；

（五）生育。

劳动者死亡后，其遗属依法享受遗属津贴。

劳动者享受社会保险待遇的条件和标准由法律、法规规定。

劳动者享受的社会保险金必须按时足额支付。

**第七十四条** 社会保险基金经办机构依照法律规定收支、管理和运营社会保险基金,并负有使社会保险基金保值增值的责任。

社会保险基金监督机构依照法律规定,对社会保险基金的收支、管理和运营实施监督。

社会保险基金经办机构和社会保险基金监督机构的设立和职能由法律规定。

任何组织和个人不得挪用社会保险基金。

**第七十五条** 国家鼓励用人单位根据本单位实际情况为劳动者建立补充保险。

国家提倡劳动者个人进行储蓄性保险。

**第七十六条** 国家发展社会福利事业,兴建公共福利设施,为劳动者休息、休养和疗养提供条件。

用人单位应当创造条件,改善集体福利,提高劳动者的福利待遇。

## 第十章 劳动争议

**第七十七条** 用人单位与劳动者发生劳动争议,当事人可以依法申请调解、仲裁、提起诉讼,也可以协商解决。

调解原则适用于仲裁和诉讼程序。

**第七十八条** 解决劳动争议,应当根据合法、公正、及时处理的原则,依法维护劳动争议当事人的合法权益。

**第七十九条** 劳动争议发生后,当事人可以向本单位劳动争议调解委员会申请调解;调解不成,当事人一方要求仲裁的,可以向劳动争议仲裁委员会申请仲裁。当事人一方也可以直接向劳动争议仲裁委员会申请仲裁。对仲裁裁决不服的,可以向人民法院提起诉讼。

**第八十条** 在用人单位内,可以设立劳动争议调解委员会。劳动争议调解委员会由职工代表、用人单位代表和工会代表组成。劳动争议调解委员会主任由工会代表担任。

劳动争议经调解达成协议的，当事人应当履行。

**第八十一条**　劳动争议仲裁委员会由劳动行政部门代表、同级工会代表、用人单位方面的代表组成。劳动争议仲裁委员会主任由劳动行政部门代表担任。

**第八十二条**　提出仲裁要求的一方应当自劳动争议发生之日起六十日内向劳动争议仲裁委员会提出书面申请。仲裁裁决一般应在收到仲裁申请的六十日内作出。对仲裁裁决无异议的，当事人必须履行。

**第八十三条**　劳动争议当事人对仲裁裁决不服的，可以自收到仲裁裁决书之日起十五日内向人民法院提起诉讼。一方当事人在法定期限内不起诉又不履行仲裁裁决的，另一方当事人可以申请人民法院强制执行。

**第八十四条**　因签订集体合同发生争议，当事人协商解决不成的，当地人民政府劳动行政部门可以组织有关各方协调处理。

因履行集体合同发生争议，当事人协商解决不成的，可以向劳动争议仲裁委员会申请仲裁；对仲裁裁决不服的，可以自收到仲裁裁决书之日起十五日内向人民法院提起诉讼。

## 第十一章　监督检查

**第八十五条**　县级以上各级人民政府劳动行政部门依法对用人单位遵守劳动法律、法规的情况进行监督检查，对违反劳动法律、法规的行为有权制止，并责令改正。

**第八十六条**　县级以上各级人民政府劳动行政部门监督检查人员执行公务，有权进入用人单位了解执行劳动法律、法规的情况，查阅必要的资料，并对劳动场所进行检查。

县级以上各级人民政府劳动行政部门监督检查人员执行公务，必须出示证件，秉公执法并遵守有关规定。

**第八十七条**　县级以上各级人民政府有关部门在各自职责范围内，对用人单位遵守劳动法律、法规的情况进行监督。

**第八十八条** 各级工会依法维护劳动者的合法权益，对用人单位遵守劳动法律、法规的情况进行监督。

任何组织和个人对于违反劳动法律、法规的行为有权检举和控告。

## 第十二章 法律责任

**第八十九条** 用人单位制定的劳动规章制度违反法律、法规规定的，由劳动行政部门给予警告，责令改正；对劳动者造成损害的，应当承担赔偿责任。

**第九十条** 用人单位违反本法规定，延长劳动者工作时间的，由劳动行政部门给予警告，责令改正，并可以处以罚款。

**第九十一条** 用人单位有下列侵害劳动者合法权益情形之一的，由劳动行政部门责令支付劳动者的工资报酬、经济补偿，并可以责令支付赔偿金：

（一）克扣或者无故拖欠劳动者工资的；

（二）拒不支付劳动者延长工作时间工资报酬的；

（三）低于当地最低工资标准支付劳动者工资的；

（四）解除劳动合同后，未依照本法规定给予劳动者经济补偿的。

**第九十二条** 用人单位的劳动安全设施和劳动卫生条件不符合国家规定或者未向劳动者提供必要的劳动防护用品和劳动保护设施的，由劳动行政部门或者有关部门责令改正，可以处以罚款；情节严重的，提请县级以上人民政府决定责令停产整顿；对事故隐患不采取措施，致使发生重大事故，造成劳动者生命和财产损失的，对责任人员依照刑法有关规定追究刑事责任。

**第九十三条** 用人单位强令劳动者违章冒险作业，发生重大伤亡事故，造成严重后果的，对责任人员依法追究刑事责任。

**第九十四条** 用人单位非法招用未满十六周岁的未成年人的，由劳动行政部门责令改正，处以罚款；情节严重的，由工商行政管理部门吊销营业执照。

**第九十五条** 用人单位违反本法对女职工和未成年工的保护规

定，侵害其合法权益的，由劳动行政部门责令改正，处以罚款；对女职工或者未成年工造成损害的，应当承担赔偿责任。

**第九十六条**　用人单位有下列行为之一，由公安机关对责任人员处以十五日以下拘留、罚款或者警告；构成犯罪的，对责任人员依法追究刑事责任：

（一）以暴力、威胁或者非法限制人身自由的手段强迫劳动的；

（二）侮辱、体罚、殴打、非法搜查和拘禁劳动者的。

**第九十七条**　由于用人单位的原因订立的无效合同，对劳动者造成损害的，应当承担赔偿责任。

**第九十八条**　用人单位违反本法规定的条件解除劳动合同或者故意拖延不订立劳动合同的，由劳动行政部门责令改正；对劳动者造成损害的，应当承担赔偿责任。

**第九十九条**　用人单位招用尚未解除劳动合同的劳动者，对原用人单位造成经济损失的，该用人单位应当依法承担连带赔偿责任。

**第一百条**　用人单位无故不缴纳社会保险费的，由劳动行政部门责令其限期缴纳；逾期不缴的，可以加收滞纳金。

**第一百零一条**　用人单位无理阻挠劳动行政部门、有关部门及其工作人员行使监督检查权，打击报复举报人员的，由劳动行政部门或者有关部门处以罚款；构成犯罪的，对责任人员依法追究刑事责任。

**第一百零二条**　劳动者违反本法规定的条件解除劳动合同或者违反劳动合同中约定的保密事项，对用人单位造成经济损失的，应当依法承担赔偿责任。

**第一百零三条**　劳动行政部门或者有关部门的工作人员滥用职权、玩忽职守、徇私舞弊，构成犯罪的，依法追究刑事责任；不构成犯罪的，给予行政处分。

**第一百零四条**　国家工作人员和社会保险基金经办机构的工作人员挪用社会保险基金，构成犯罪的，依法追究刑事责任。

**第一百零五条**　违反本法规定侵害劳动者合法权益，其他法律、行政法规已规定处罚的，依照该法律、行政法规的规定处罚。

## 第十三章　附　　则

**第一百零六条**　省、自治区、直辖市人民政府根据本法和本地区的实际情况，规定劳动合同制度的实施步骤，报国务院备案。

**第一百零七条**　本法自 1995 年 1 月 1 日起施行。

# 中华人民共和国劳动合同法

（2007年6月29日第十届全国人民代表大会常务委员会第二十八次会议通过，根据2012年12月28日第十一届全国人民代表大会常务委员会第三十次会议《关于修改〈中华人民共和国劳动合同法〉的决定》修正）

## 目　　录



## 第一章　总　　则

**第一条**　为了完善劳动合同制度，明确劳动合同双方当事人的权利和义务，保护劳动者的合法权益，构建和发展和谐稳定的劳动关系，制定本法。

**第二条**　中华人民共和国境内的企业、个体经济组织、民办非企业单位等组织（以下称用人单位）与劳动者建立劳动关系，订立、履行、变更、解除或者终止劳动合同，适用本法。

国家机关、事业单位、社会团体和与其建立劳动关系的劳动者，订立、履行、变更、解除或者终止劳动合同，依照本法执行。

**第三条** 订立劳动合同，应当遵循合法、公平、平等自愿、协商一致、诚实信用的原则。

依法订立的劳动合同具有约束力，用人单位与劳动者应当履行劳动合同约定的义务。

**第四条** 用人单位应当依法建立和完善劳动规章制度，保障劳动者享有劳动权利、履行劳动义务。

用人单位在制定、修改或者决定有关劳动报酬、工作时间、休息休假、劳动安全卫生、保险福利、职工培训、劳动纪律以及劳动定额管理等直接涉及劳动者切身利益的规章制度或者重大事项时，应当经职工代表大会或者全体职工讨论，提出方案和意见，与工会或者职工代表平等协商确定。

在规章制度和重大事项决定实施过程中，工会或者职工认为不适当的，有权向用人单位提出，通过协商予以修改完善。

用人单位应当将直接涉及劳动者切身利益的规章制度和重大事项决定公示，或者告知劳动者。

**第五条** 县级以上人民政府劳动行政部门会同工会和企业方面代表，建立健全协调劳动关系三方机制，共同研究解决有关劳动关系的重大问题。

**第六条** 工会应当帮助、指导劳动者与用人单位依法订立和履行劳动合同，并与用人单位建立集体协商机制，维护劳动者的合法权益。

## 第二章　劳动合同的订立

**第七条** 用人单位自用工之日起即与劳动者建立劳动关系。用人单位应当建立职工名册备查。

**第八条** 用人单位招用劳动者时，应当如实告知劳动者工作内容、工作条件、工作地点、职业危害、安全生产状况、劳动报酬，以及劳动者要求了解的其他情况；用人单位有权了解劳动者与劳动合同直接相关的基本情况，劳动者应当如实说明。

**第九条**　用人单位招用劳动者，不得扣押劳动者的居民身份证和其他证件，不得要求劳动者提供担保或者以其他名义向劳动者收取财物。

**第十条**　建立劳动关系，应当订立书面劳动合同。

已建立劳动关系，未同时订立书面劳动合同的，应当自用工之日起一个月内订立书面劳动合同。

用人单位与劳动者在用工前订立劳动合同的，劳动关系自用工之日起建立。

**第十一条**　用人单位未在用工的同时订立书面劳动合同，与劳动者约定的劳动报酬不明确的，新招用的劳动者的劳动报酬按照集体合同规定的标准执行；没有集体合同或者集体合同未规定的，实行同工同酬。

**第十二条**　劳动合同分为固定期限劳动合同、无固定期限劳动合同和以完成一定工作任务为期限的劳动合同。

**第十三条**　固定期限劳动合同，是指用人单位与劳动者约定合同终止时间的劳动合同。

用人单位与劳动者协商一致，可以订立固定期限劳动合同。

**第十四条**　无固定期限劳动合同，是指用人单位与劳动者约定无确定终止时间的劳动合同。

用人单位与劳动者协商一致，可以订立无固定期限劳动合同。有下列情形之一，劳动者提出或者同意续订、订立劳动合同的，除劳动者提出订立固定期限劳动合同外，应当订立无固定期限劳动合同：

（一）劳动者在该用人单位连续工作满十年的；

（二）用人单位初次实行劳动合同制度或者国有企业改制重新订立劳动合同时，劳动者在该用人单位连续工作满十年且距法定退休年龄不足十年的；

（三）连续订立二次固定期限劳动合同，且劳动者没有本法第三十九条和第四十条第一项、第二项规定的情形，续订劳动合同的。

用人单位自用工之日起满一年不与劳动者订立书面劳动合同的，视为用人单位与劳动者已订立无固定期限劳动合同。

**第十五条** 以完成一定工作任务为期限的劳动合同，是指用人单位与劳动者约定以某项工作的完成为合同期限的劳动合同。

用人单位与劳动者协商一致，可以订立以完成一定工作任务为期限的劳动合同。

**第十六条** 劳动合同由用人单位与劳动者协商一致，并经用人单位与劳动者在劳动合同文本上签字或者盖章生效。

劳动合同文本由用人单位和劳动者各执一份。

**第十七条** 劳动合同应当具备以下条款：

（一）用人单位的名称、住所和法定代表人或者主要负责人；

（二）劳动者的姓名、住址和居民身份证或者其他有效身份证件号码；

（三）劳动合同期限；

（四）工作内容和工作地点；

（五）工作时间和休息休假；

（六）劳动报酬；

（七）社会保险；

（八）劳动保护、劳动条件和职业危害防护；

（九）法律、法规规定应当纳入劳动合同的其他事项。

劳动合同除前款规定的必备条款外，用人单位与劳动者可以约定试用期、培训、保守秘密、补充保险和福利待遇等其他事项。

**第十八条** 劳动合同对劳动报酬和劳动条件等标准约定不明确，引发争议的，用人单位与劳动者可以重新协商；协商不成的，适用集体合同规定；没有集体合同或者集体合同未规定劳动报酬的，实行同工同酬；没有集体合同或者集体合同未规定劳动条件等标准的，适用国家有关规定。

**第十九条** 劳动合同期限三个月以上不满一年的，试用期不得超过一个月；劳动合同期限一年以上不满三年的，试用期不得超过二个月；三年以上固定期限和无固定期限的劳动合同，试用期不得超过六个月。

同一用人单位与同一劳动者只能约定一次试用期。

以完成一定工作任务为期限的劳动合同或者劳动合同期限不满三个月的，不得约定试用期。

试用期包含在劳动合同期限内。劳动合同仅约定试用期的，试用期不成立，该期限为劳动合同期限。

**第二十条**　劳动者在试用期的工资不得低于本单位相同岗位最低档工资或者劳动合同约定工资的百分之八十，并不得低于用人单位所在地的最低工资标准。

**第二十一条**　在试用期中，除劳动者有本法第三十九条和第四十条第一项、第二项规定的情形外，用人单位不得解除劳动合同。用人单位在试用期解除劳动合同的，应当向劳动者说明理由。

**第二十二条**　用人单位为劳动者提供专项培训费用，对其进行专业技术培训的，可以与该劳动者订立协议，约定服务期。

劳动者违反服务期约定的，应当按照约定向用人单位支付违约金。违约金的数额不得超过用人单位提供的培训费用。用人单位要求劳动者支付的违约金不得超过服务期尚未履行部分所应分摊的培训费用。

用人单位与劳动者约定服务期的，不影响按照正常的工资调整机制提高劳动者在服务期期间的劳动报酬。

**第二十三条**　用人单位与劳动者可以在劳动合同中约定保守用人单位的商业秘密和与知识产权相关的保密事项。

对负有保密义务的劳动者，用人单位可以在劳动合同或者保密协议中与劳动者约定竞业限制条款，并约定在解除或者终止劳动合同后，在竞业限制期限内按月给予劳动者经济补偿。劳动者违反竞业限制约定的，应当按照约定向用人单位支付违约金。

**第二十四条**　竞业限制的人员限于用人单位的高级管理人员、高级技术人员和其他负有保密义务的人员。竞业限制的范围、地域、期限由用人单位与劳动者约定，竞业限制的约定不得违反法律、法规的规定。

在解除或者终止劳动合同后，前款规定的人员到与本单位生产或者经营同类产品、从事同类业务的有竞争关系的其他用人单位，或者自己开业生产或者经营同类产品、从事同类业务的竞业限制期限，不得超过二年。

**第二十五条** 除本法第二十二条和第二十三条规定的情形外，用人单位不得与劳动者约定由劳动者承担违约金。

**第二十六条** 下列劳动合同无效或者部分无效：

（一）以欺诈、胁迫的手段或者乘人之危，使对方在违背真实意思的情况下订立或者变更劳动合同的；

（二）用人单位免除自己的法定责任、排除劳动者权利的；

（三）违反法律、行政法规强制性规定的。

对劳动合同的无效或者部分无效有争议的，由劳动争议仲裁机构或者人民法院确认。

**第二十七条** 劳动合同部分无效，不影响其他部分效力的，其他部分仍然有效。

**第二十八条** 劳动合同被确认无效，劳动者已付出劳动的，用人单位应当向劳动者支付劳动报酬。劳动报酬的数额，参照本单位相同或者相近岗位劳动者的劳动报酬确定。

## 第三章 劳动合同的履行和变更

**第二十九条** 用人单位与劳动者应当按照劳动合同的约定，全面履行各自的义务。

**第三十条** 用人单位应当按照劳动合同约定和国家规定，向劳动者及时足额支付劳动报酬。

用人单位拖欠或者未足额支付劳动报酬的，劳动者可以依法向当地人民法院申请支付令，人民法院应当依法发出支付令。

**第三十一条** 用人单位应当严格执行劳动定额标准，不得强迫或者变相强迫劳动者加班。用人单位安排加班的，应当按照国家有关规定向劳动者支付加班费。

**第三十二条**　劳动者拒绝用人单位管理人员违章指挥、强令冒险作业的，不视为违反劳动合同。

劳动者对危害生命安全和身体健康的劳动条件，有权对用人单位提出批评、检举和控告。

**第三十三条**　用人单位变更名称、法定代表人、主要负责人或者投资人等事项，不影响劳动合同的履行。

**第三十四条**　用人单位发生合并或者分立等情况，原劳动合同继续有效，劳动合同由承继其权利和义务的用人单位继续履行。

**第三十五条**　用人单位与劳动者协商一致，可以变更劳动合同约定的内容。变更劳动合同，应当采用书面形式。

变更后的劳动合同文本由用人单位和劳动者各执一份。

## 第四章　劳动合同的解除和终止

**第三十六条**　用人单位与劳动者协商一致，可以解除劳动合同。

**第三十七条**　劳动者提前三十日以书面形式通知用人单位，可以解除劳动合同。劳动者在试用期内提前三日通知用人单位，可以解除劳动合同。

**第三十八条**　用人单位有下列情形之一的，劳动者可以解除劳动合同：

（一）未按照劳动合同约定提供劳动保护或者劳动条件的；

（二）未及时足额支付劳动报酬的；

（三）未依法为劳动者缴纳社会保险费的；

（四）用人单位的规章制度违反法律、法规的规定，损害劳动者权益的；

（五）因本法第二十六条第一款规定的情形致使劳动合同无效的；

（六）法律、行政法规规定劳动者可以解除劳动合同的其他情形。

用人单位以暴力、威胁或者非法限制人身自由的手段强迫劳动者劳动的，或者用人单位违章指挥、强令冒险作业危及劳动者人身安全的，劳动者可以立即解除劳动合同，不需事先告知用人单位。

**第三十九条** 劳动者有下列情形之一的，用人单位可以解除劳动合同：

（一）在试用期间被证明不符合录用条件的；

（二）严重违反用人单位的规章制度的；

（三）严重失职，营私舞弊，给用人单位造成重大损害的；

（四）劳动者同时与其他用人单位建立劳动关系，对完成本单位的工作任务造成严重影响，或者经用人单位提出，拒不改正的；

（五）因本法第二十六条第一款第一项规定的情形致使劳动合同无效的；

（六）被依法追究刑事责任的。

**第四十条** 有下列情形之一的，用人单位提前三十日以书面形式通知劳动者本人或者额外支付劳动者一个月工资后，可以解除劳动合同：

（一）劳动者患病或者非因工负伤，在规定的医疗期满后不能从事原工作，也不能从事由用人单位另行安排的工作的；

（二）劳动者不能胜任工作，经过培训或者调整工作岗位，仍不能胜任工作的；

（三）劳动合同订立时所依据的客观情况发生重大变化，致使劳动合同无法履行，经用人单位与劳动者协商，未能就变更劳动合同内容达成协议的。

**第四十一条** 有下列情形之一，需要裁减人员二十人以上或者裁减不足二十人但占企业职工总数百分之十以上的，用人单位提前三十日向工会或者全体职工说明情况，听取工会或者职工的意见后，裁减人员方案经向劳动行政部门报告，可以裁减人员：

（一）依照企业破产法规定进行重整的；

（二）生产经营发生严重困难的；

（三）企业转产、重大技术革新或者经营方式调整，经变更劳动合同后，仍需裁减人员的；

（四）其他因劳动合同订立时所依据的客观经济情况发生重大变化，致使劳动合同无法履行的。

裁减人员时，应当优先留用下列人员：

（一）与本单位订立较长期限的固定期限劳动合同的；

（二）与本单位订立无固定期限劳动合同的；

（三）家庭无其他就业人员，有需要扶养的老人或者未成年人的。

用人单位依照本条第一款规定裁减人员，在六个月内重新招用人员的，应当通知被裁减的人员，并在同等条件下优先招用被裁减的人员。

**第四十二条**　劳动者有下列情形之一的，用人单位不得依照本法第四十条、第四十一条的规定解除劳动合同：

（一）从事接触职业病危害作业的劳动者未进行离岗前职业健康检查，或者疑似职业病病人在诊断或者医学观察期间的；

（二）在本单位患职业病或者因工负伤并被确认丧失或者部分丧失劳动能力的；

（三）患病或者非因工负伤，在规定的医疗期内的；

（四）女职工在孕期、产期、哺乳期的；

（五）在本单位连续工作满十五年，且距法定退休年龄不足五年的；

（六）法律、行政法规规定的其他情形。

**第四十三条**　用人单位单方解除劳动合同，应当事先将理由通知工会。用人单位违反法律、行政法规规定或者劳动合同约定的，工会有权要求用人单位纠正。用人单位应当研究工会的意见，并将处理结果书面通知工会。

**第四十四条**　有下列情形之一的，劳动合同终止：

（一）劳动合同期满的；

（二）劳动者开始依法享受基本养老保险待遇的；

（三）劳动者死亡，或者被人民法院宣告死亡或者宣告失踪的；

（四）用人单位被依法宣告破产的；

（五）用人单位被吊销营业执照、责令关闭、撤销或者用人单位决定提前解散的；

（六）法律、行政法规规定的其他情形。

**第四十五条**　劳动合同期满，有本法第四十二条规定情形之一的，劳动合同应当续延至相应的情形消失时终止。但是，本法第四十二条第二项规定丧失或者部分丧失劳动能力劳动者的劳动合同的终止，按照国家有关工伤保险的规定执行。

**第四十六条** 有下列情形之一的，用人单位应当向劳动者支付经济补偿：

（一）劳动者依照本法第三十八条规定解除劳动合同的；

（二）用人单位依照本法第三十六条规定向劳动者提出解除劳动合同并与劳动者协商一致解除劳动合同的；

（三）用人单位依照本法第四十条规定解除劳动合同的；

（四）用人单位依照本法第四十一条第一款规定解除劳动合同的；

（五）除用人单位维持或者提高劳动合同约定条件续订劳动合同，劳动者不同意续订的情形外，依照本法第四十四条第一项规定终止固定期限劳动合同的；

（六）依照本法第四十四条第四项、第五项规定终止劳动合同的；

（七）法律、行政法规规定的其他情形。

**第四十七条** 经济补偿按劳动者在本单位工作的年限，每满一年支付一个月工资的标准向劳动者支付。六个月以上不满一年的，按一年计算；不满六个月的，向劳动者支付半个月工资的经济补偿。

劳动者月工资高于用人单位所在直辖市、设区的市级人民政府公布的本地区上年度职工月平均工资三倍的，向其支付经济补偿的标准按职工月平均工资三倍的数额支付，向其支付经济补偿的年限最高不超过十二年。

本条所称月工资是指劳动者在劳动合同解除或者终止前十二个月的平均工资。

**第四十八条** 用人单位违反本法规定解除或者终止劳动合同，劳动者要求继续履行劳动合同的，用人单位应当继续履行；劳动者不要求继续履行劳动合同或者劳动合同已经不能继续履行的，用人单位应当依照本法第八十七条规定支付赔偿金。

**第四十九条** 国家采取措施，建立健全劳动者社会保险关系跨地区转移接续制度。

**第五十条**　用人单位应当在解除或者终止劳动合同时出具解除或者终止劳动合同的证明，并在十五日内为劳动者办理档案和社会保险关系转移手续。

劳动者应当按照双方约定，办理工作交接。用人单位依照本法有关规定应当向劳动者支付经济补偿的，在办结工作交接时支付。

用人单位对已经解除或者终止的劳动合同的文本，至少保存二年备查。

# 第五章　特别规定

## 第一节　集体合同

**第五十一条**　企业职工一方与用人单位通过平等协商，可以就劳动报酬、工作时间、休息休假、劳动安全卫生、保险福利等事项订立集体合同。集体合同草案应当提交职工代表大会或者全体职工讨论通过。

集体合同由工会代表企业职工一方与用人单位订立；尚未建立工会的用人单位，由上级工会指导劳动者推举的代表与用人单位订立。

**第五十二条**　企业职工一方与用人单位可以订立劳动安全卫生、女职工权益保护、工资调整机制等专项集体合同。

**第五十三条**　在县级以下区域内，建筑业、采矿业、餐饮服务业等行业可以由工会与企业方面代表订立行业性集体合同，或者订立区域性集体合同。

**第五十四条**　集体合同订立后，应当报送劳动行政部门；劳动行政部门自收到集体合同文本之日起十五日内未提出异议的，集体合同即行生效。

依法订立的集体合同对用人单位和劳动者具有约束力。行业性、区域性集体合同对当地本行业、本区域的用人单位和劳动者具有约束力。

**第五十五条**　集体合同中劳动报酬和劳动条件等标准不得低于当地人民政府规定的最低标准；用人单位与劳动者订立的劳动合同中劳

动报酬和劳动条件等标准不得低于集体合同规定的标准。

**第五十六条** 用人单位违反集体合同，侵犯职工劳动权益的，工会可以依法要求用人单位承担责任；因履行集体合同发生争议，经协商解决不成的，工会可以依法申请仲裁、提起诉讼。

## 第二节 劳务派遣

**第五十七条** 经营劳务派遣业务应当具备下列条件：

（一）注册资本不得少于人民币二百万元；

（二）有与开展业务相适应的固定的经营场所和设施；

（三）有符合法律、行政法规规定的劳务派遣管理制度；

（四）法律、行政法规规定的其他条件。

经营劳务派遣业务，应当向劳动行政部门依法申请行政许可；经许可的，依法办理相应的公司登记。未经许可，任何单位和个人不得经营劳务派遣业务。

**第五十八条** 劳务派遣单位是本法所称用人单位，应当履行用人单位对劳动者的义务。劳务派遣单位与被派遣劳动者订立的劳动合同，除应当载明本法第十七条规定的事项外，还应当载明被派遣劳动者的用工单位以及派遣期限、工作岗位等情况。

劳务派遣单位应当与被派遣劳动者订立二年以上的固定期限劳动合同，按月支付劳动报酬；被派遣劳动者在无工作期间，劳务派遣单位应当按照所在地人民政府规定的最低工资标准，向其按月支付报酬。

**第五十九条** 劳务派遣单位派遣劳动者应当与接受以劳务派遣形式用工的单位（以下称用工单位）订立劳务派遣协议。劳务派遣协议应当约定派遣岗位和人员数量、派遣期限、劳动报酬和社会保险费的数额与支付方式以及违反协议的责任。

用工单位应当根据工作岗位的实际需要与劳务派遣单位确定派遣期限，不得将连续用工期限分割订立数个短期劳务派遣协议。

**第六十条** 劳务派遣单位应当将劳务派遣协议的内容告知被派遣劳动者。

劳务派遣单位不得克扣用工单位按照劳务派遣协议支付给被派遣劳动者的劳动报酬。

劳务派遣单位和用工单位不得向被派遣劳动者收取费用。

**第六十一条**　劳务派遣单位跨地区派遣劳动者的，被派遣劳动者享有的劳动报酬和劳动条件，按照用工单位所在地的标准执行。

**第六十二条**　用工单位应当履行下列义务：

（一）执行国家劳动标准，提供相应的劳动条件和劳动保护；

（二）告知被派遣劳动者的工作要求和劳动报酬；

（三）支付加班费、绩效奖金，提供与工作岗位相关的福利待遇；

（四）对在岗被派遣劳动者进行工作岗位所必需的培训；

（五）连续用工的，实行正常的工资调整机制。

用工单位不得将被派遣劳动者再派遣到其他用人单位。

**第六十三条**　被派遣劳动者享有与用工单位的劳动者同工同酬的权利。用工单位应当按照同工同酬原则，对被派遣劳动者与本单位同类岗位的劳动者实行相同的劳动报酬分配办法。用工单位无同类岗位劳动者的，参照用工单位所在地相同或者相近岗位劳动者的劳动报酬确定。

劳务派遣单位与被派遣劳动者订立的劳动合同和与用工单位订立的劳务派遣协议，载明或者约定的向被派遣劳动者支付的劳动报酬应当符合前款规定。

**第六十四条**　被派遣劳动者有权在劳务派遣单位或者用工单位依法参加或者组织工会，维护自身的合法权益。

**第六十五条**　被派遣劳动者可以依照本法第三十六条、第三十八条的规定与劳务派遣单位解除劳动合同。

被派遣劳动者有本法第三十九条和第四十条第一项、第二项规定情形的，用工单位可以将劳动者退回劳务派遣单位，劳务派遣单位依照本法有关规定，可以与劳动者解除劳动合同。

**第六十六条**　劳动合同用工是我国的企业基本用工形式。劳务派遣用工是补充形式，只能在临时性、辅助性或者替代性的工作岗位上实施。

前款规定的临时性工作岗位是指存续时间不超过六个月的岗位；辅助性工作岗位是指为主营业务岗位提供服务的非主营业务岗位；替代性工作岗位是指用工单位的劳动者因脱产学习、休假等原因无法工作的一定期间内，可以由其他劳动者替代工作的岗位。

用工单位应当严格控制劳务派遣用工数量，不得超过其用工总量的一定比例，具体比例由国务院劳动行政部门规定。

**第六十七条** 用人单位不得设立劳务派遣单位向本单位或者所属单位派遣劳动者。

### 第三节 非全日制用工

**第六十八条** 非全日制用工，是指以小时计酬为主，劳动者在同一用人单位一般平均每日工作时间不超过四小时，每周工作时间累计不超过二十四小时的用工形式。

**第六十九条** 非全日制用工双方当事人可以订立口头协议。

从事非全日制用工的劳动者可以与一个或者一个以上用人单位订立劳动合同；但是，后订立的劳动合同不得影响先订立的劳动合同的履行。

**第七十条** 非全日制用工双方当事人不得约定试用期。

**第七十一条** 非全日制用工双方当事人任何一方都可以随时通知对方终止用工。终止用工，用人单位不向劳动者支付经济补偿。

**第七十二条** 非全日制用工小时计酬标准不得低于用人单位所在地人民政府规定的最低小时工资标准。

非全日制用工劳动报酬结算支付周期最长不得超过十五日。

## 第六章 监督检查

**第七十三条** 国务院劳动行政部门负责全国劳动合同制度实施的监督管理。

县级以上地方人民政府劳动行政部门负责本行政区域内劳动合同制度实施的监督管理。

县级以上各级人民政府劳动行政部门在劳动合同制度实施的监督管理工作中，应当听取工会、企业方面代表以及有关行业主管部门的意见。

**第七十四条** 县级以上地方人民政府劳动行政部门依法对下列实施劳动合同制度的情况进行监督检查：

（一）用人单位制定直接涉及劳动者切身利益的规章制度及其执行的情况；

（二）用人单位与劳动者订立和解除劳动合同的情况；

（三）劳务派遣单位和用工单位遵守劳务派遣有关规定的情况；

（四）用人单位遵守国家关于劳动者工作时间和休息休假规定的情况；

（五）用人单位支付劳动合同约定的劳动报酬和执行最低工资标准的情况；

（六）用人单位参加各项社会保险和缴纳社会保险费的情况；

（七）法律、法规规定的其他劳动监察事项。

**第七十五条** 县级以上地方人民政府劳动行政部门实施监督检查时，有权查阅与劳动合同、集体合同有关的材料，有权对劳动场所进行实地检查，用人单位和劳动者都应当如实提供有关情况和材料。

劳动行政部门的工作人员进行监督检查，应当出示证件，依法行使职权，文明执法。

**第七十六条** 县级以上人民政府建设、卫生、安全生产监督管理等有关主管部门在各自职责范围内，对用人单位执行劳动合同制度的情况进行监督管理。

**第七十七条** 劳动者合法权益受到侵害的，有权要求有关部门依法处理，或者依法申请仲裁、提起诉讼。

**第七十八条** 工会依法维护劳动者的合法权益，对用人单位履行劳动合同、集体合同的情况进行监督。用人单位违反劳动法律、法规和劳动合同、集体合同的，工会有权提出意见或者要求纠正；劳动者申请仲裁、提起诉讼的，工会依法给予支持和帮助。

**第七十九条** 任何组织或者个人对违反本法的行为都有权举报，

县级以上人民政府劳动行政部门应当及时核实、处理，并对举报有功人员给予奖励。

## 第七章　法律责任

**第八十条**　用人单位直接涉及劳动者切身利益的规章制度违反法律、法规规定的，由劳动行政部门责令改正，给予警告；给劳动者造成损害的，应当承担赔偿责任。

**第八十一条**　用人单位提供的劳动合同文本未载明本法规定的劳动合同必备条款或者用人单位未将劳动合同文本交付劳动者的，由劳动行政部门责令改正；给劳动者造成损害的，应当承担赔偿责任。

**第八十二条**　用人单位自用工之日起超过一个月不满一年未与劳动者订立书面劳动合同的，应当向劳动者每月支付二倍的工资。

用人单位违反本法规定不与劳动者订立无固定期限劳动合同的，自应当订立无固定期限劳动合同之日起向劳动者每月支付二倍的工资。

**第八十三条**　用人单位违反本法规定与劳动者约定试用期的，由劳动行政部门责令改正；违法约定的试用期已经履行的，由用人单位以劳动者试用期满月工资为标准，按已经履行的超过法定试用期的期间向劳动者支付赔偿金。

**第八十四条**　用人单位违反本法规定，扣押劳动者居民身份证等证件的，由劳动行政部门责令限期退还劳动者本人，并依照有关法律规定给予处罚。

用人单位违反本法规定，以担保或者其他名义向劳动者收取财物的，由劳动行政部门责令限期退还劳动者本人，并以每人五百元以上二千元以下的标准处以罚款；给劳动者造成损害的，应当承担赔偿责任。

劳动者依法解除或者终止劳动合同，用人单位扣押劳动者档案或者其他物品的，依照前款规定处罚。

**第八十五条**　用人单位有下列情形之一的，由劳动行政部门责令限期支付劳动报酬、加班费或者经济补偿；劳动报酬低于当地最低工资标准的，应当支付其差额部分；逾期不支付的，责令用人单位按应付金额百分之五十以上百分之一百以下的标准向劳动者加付赔偿金：

（一）未按照劳动合同的约定或者国家规定及时足额支付劳动者劳动报酬的；

（二）低于当地最低工资标准支付劳动者工资的；

（三）安排加班不支付加班费的；

（四）解除或者终止劳动合同，未依照本法规定向劳动者支付经济补偿的。

**第八十六条**　劳动合同依照本法第二十六条规定被确认无效，给对方造成损害的，有过错的一方应当承担赔偿责任。

**第八十七条**　用人单位违反本法规定解除或者终止劳动合同的，应当依照本法第四十七条规定的经济补偿标准的二倍向劳动者支付赔偿金。

**第八十八条**　用人单位有下列情形之一的，依法给予行政处罚；构成犯罪的，依法追究刑事责任；给劳动者造成损害的，应当承担赔偿责任：

（一）以暴力、威胁或者非法限制人身自由的手段强迫劳动的；

（二）违章指挥或者强令冒险作业危及劳动者人身安全的；

（三）侮辱、体罚、殴打、非法搜查或者拘禁劳动者的；

（四）劳动条件恶劣、环境污染严重，给劳动者身心健康造成严重损害的。

**第八十九条**　用人单位违反本法规定未向劳动者出具解除或者终止劳动合同的书面证明，由劳动行政部门责令改正；给劳动者造成损害的，应当承担赔偿责任。

**第九十条**　劳动者违反本法规定解除劳动合同，或者违反劳动合同中约定的保密义务或者竞业限制，给用人单位造成损失的，应当承担赔偿责任。

**第九十一条**　用人单位招用与其他用人单位尚未解除或者终止劳动合同的劳动者，给其他用人单位造成损失的，应当承担连带赔偿责任。

**第九十二条** 违反本法规定，未经许可，擅自经营劳务派遣业务的，由劳动行政部门责令停止违法行为，没收违法所得，并处违法所得一倍以上五倍以下的罚款；没有违法所得的，可以处五万元以下的罚款。

劳务派遣单位、用工单位违反本法有关劳务派遣规定的，由劳动行政部门责令限期改正；逾期不改正的，以每人五千元以上一万元以下的标准处以罚款，对劳务派遣单位，吊销其劳务派遣业务经营许可证。用工单位给被派遣劳动者造成损害的，劳务派遣单位与用工单位承担连带赔偿责任。

**第九十三条** 对不具备合法经营资格的用人单位的违法犯罪行为，依法追究法律责任；劳动者已经付出劳动的，该单位或者其出资人应当依照本法有关规定向劳动者支付劳动报酬、经济补偿、赔偿金；给劳动者造成损害的，应当承担赔偿责任。

**第九十四条** 个人承包经营违反本法规定招用劳动者，给劳动者造成损害的，发包的组织与个人承包经营者承担连带赔偿责任。

**第九十五条** 劳动行政部门和其他有关主管部门及其工作人员玩忽职守、不履行法定职责，或者违法行使职权，给劳动者或者用人单位造成损害的，应当承担赔偿责任；对直接负责的主管人员和其他直接责任人员，依法给予行政处分；构成犯罪的，依法追究刑事责任。

## 第八章 附　　则

**第九十六条** 事业单位与实行聘用制的工作人员订立、履行、变更、解除或者终止劳动合同，法律、行政法规或者国务院另有规定的，依照其规定；未作规定的，依照本法有关规定执行。

**第九十七条** 本法施行前已依法订立且在本法施行之日存续的劳动合同，继续履行；本法第十四条第二款第三项规定连续订立固定期限劳动合同的次数，自本法施行后续订固定期限劳动合同时开始计算。

本法施行前已建立劳动关系，尚未订立书面劳动合同的，应当自本法施行之日起一个月内订立。

本法施行之日存续的劳动合同在本法施行后解除或者终止，依照本法第四十六条规定应当支付经济补偿的，经济补偿年限自本法施行之日起计算；本法施行前按照当时有关规定，用人单位应当向劳动者支付经济补偿的，按照当时有关规定执行。

**第九十八条**　本法自 2008 年 1 月 1 日起施行。

# 中华人民共和国劳动争议调解仲裁法

（2007年12月29日第十届全国人民代表大会常务委员会第三十一次会议通过）

## 目　　录



## 第一章　总　　则

**第一条**　为了公正及时解决劳动争议，保护当事人合法权益，促进劳动关系和谐稳定，制定本法。

**第二条**　中华人民共和国境内的用人单位与劳动者发生的下列劳动争议，适用本法：

（一）因确认劳动关系发生的争议；

（二）因订立、履行、变更、解除和终止劳动合同发生的争议；

（三）因除名、辞退和辞职、离职发生的争议；

（四）因工作时间、休息休假、社会保险、福利、培训以及劳动保护发生的争议；

（五）因劳动报酬、工伤医疗费、经济补偿或者赔偿金等发生的争议；

（六）法律、法规规定的其他劳动争议。

**第三条** 解决劳动争议，应当根据事实，遵循合法、公正、及时、着重调解的原则，依法保护当事人的合法权益。

**第四条** 发生劳动争议，劳动者可以与用人单位协商，也可以请工会或者第三方共同与用人单位协商，达成和解协议。

**第五条** 发生劳动争议，当事人不愿协商、协商不成或者达成和解协议后不履行的，可以向调解组织申请调解；不愿调解、调解不成或者达成调解协议后不履行的，可以向劳动争议仲裁委员会申请仲裁；对仲裁裁决不服的，除本法另有规定的外，可以向人民法院提起诉讼。

**第六条** 发生劳动争议，当事人对自己提出的主张，有责任提供证据。与争议事项有关的证据属于用人单位掌握管理的，用人单位应当提供；用人单位不提供的，应当承担不利后果。

**第七条** 发生劳动争议的劳动者一方在十人以上，并有共同请求的，可以推举代表参加调解、仲裁或者诉讼活动。

**第八条** 县级以上人民政府劳动行政部门会同工会和企业方面代表建立协调劳动关系三方机制，共同研究解决劳动争议的重大问题。

**第九条** 用人单位违反国家规定，拖欠或者未足额支付劳动报酬，或者拖欠工伤医疗费、经济补偿或者赔偿金的，劳动者可以向劳动行政部门投诉，劳动行政部门应当依法处理。

## 第二章　调　　解

**第十条** 发生劳动争议，当事人可以到下列调解组织申请调解：

（一）企业劳动争议调解委员会；

（二）依法设立的基层人民调解组织；

（三）在乡镇、街道设立的具有劳动争议调解职能的组织。

企业劳动争议调解委员会由职工代表和企业代表组成。职工代表由工会成员担任或者由全体职工推举产生，企业代表由企业负责人指定。企业劳动争议调解委员会主任由工会成员或者双方推举的人员担任。

**第十一条** 劳动争议调解组织的调解员应当由公道正派、联系群众、热心调解工作，并具有一定法律知识、政策水平和文化水平的成年公民担任。

**第十二条** 当事人申请劳动争议调解可以书面申请，也可以口头申请。口头申请的，调解组织应当当场记录申请人基本情况、申请调解的争议事项、理由和时间。

**第十三条** 调解劳动争议，应当充分听取双方当事人对事实和理由的陈述，耐心疏导，帮助其达成协议。

**第十四条** 经调解达成协议的，应当制作调解协议书。

调解协议书由双方当事人签名或者盖章，经调解员签名并加盖调解组织印章后生效，对双方当事人具有约束力，当事人应当履行。

自劳动争议调解组织收到调解申请之日起十五日内未达成调解协议的，当事人可以依法申请仲裁。

**第十五条** 达成调解协议后，一方当事人在协议约定期限内不履行调解协议的，另一方当事人可以依法申请仲裁。

**第十六条** 因支付拖欠劳动报酬、工伤医疗费、经济补偿或者赔偿金事项达成调解协议，用人单位在协议约定期限内不履行的，劳动者可以持调解协议书依法向人民法院申请支付令。人民法院应当依法发出支付令。

## 第三章 仲 裁

### 第一节 一般规定

**第十七条** 劳动争议仲裁委员会按照统筹规划、合理布局和适应实际需要的原则设立。省、自治区人民政府可以决定在市、县设立；直辖市人民政府可以决定在区、县设立。直辖市、设区的市也可以设立一个或者若干个劳动争议仲裁委员会。劳动争议仲裁委员会不按行政区划层层设立。

**第十八条**　国务院劳动行政部门依照本法有关规定制定仲裁规则。省、自治区、直辖市人民政府劳动行政部门对本行政区域的劳动争议仲裁工作进行指导。

**第十九条**　劳动争议仲裁委员会由劳动行政部门代表、工会代表和企业方面代表组成。劳动争议仲裁委员会组成人员应当是单数。

劳动争议仲裁委员会依法履行下列职责：

（一）聘任、解聘专职或者兼职仲裁员；

（二）受理劳动争议案件；

（三）讨论重大或者疑难的劳动争议案件；

（四）对仲裁活动进行监督。

劳动争议仲裁委员会下设办事机构，负责办理劳动争议仲裁委员会的日常工作。

**第二十条**　劳动争议仲裁委员会应当设仲裁员名册。

仲裁员应当公道正派并符合下列条件之一：

（一）曾任审判员的；

（二）从事法律研究、教学工作并具有中级以上职称的；

（三）具有法律知识、从事人力资源管理或者工会等专业工作满五年的；

（四）律师执业满三年的。

**第二十一条**　劳动争议仲裁委员会负责管辖本区域内发生的劳动争议。

劳动争议由劳动合同履行地或者用人单位所在地的劳动争议仲裁委员会管辖。双方当事人分别向劳动合同履行地和用人单位所在地的劳动争议仲裁委员会申请仲裁的，由劳动合同履行地的劳动争议仲裁委员会管辖。

**第二十二条**　发生劳动争议的劳动者和用人单位为劳动争议仲裁案件的双方当事人。

劳务派遣单位或者用工单位与劳动者发生劳动争议的，劳务派遣单位和用工单位为共同当事人。

**第二十三条**　与劳动争议案件的处理结果有利害关系的第三人，

可以申请参加仲裁活动或者由劳动争议仲裁委员会通知其参加仲裁活动。

**第二十四条** 当事人可以委托代理人参加仲裁活动。委托他人参加仲裁活动,应当向劳动争议仲裁委员会提交有委托人签名或者盖章的委托书,委托书应当载明委托事项和权限。

**第二十五条** 丧失或者部分丧失民事行为能力的劳动者,由其法定代理人代为参加仲裁活动;无法定代理人的,由劳动争议仲裁委员会为其指定代理人。劳动者死亡的,由其近亲属或者代理人参加仲裁活动。

**第二十六条** 劳动争议仲裁公开进行,但当事人协议不公开进行或者涉及国家秘密、商业秘密和个人隐私的除外。

## 第二节 申请和受理

**第二十七条** 劳动争议申请仲裁的时效期间为一年。仲裁时效期间从当事人知道或者应当知道其权利被侵害之日起计算。

前款规定的仲裁时效,因当事人一方向对方当事人主张权利,或者向有关部门请求权利救济,或者对方当事人同意履行义务而中断。从中断时起,仲裁时效期间重新计算。

因不可抗力或者有其他正当理由,当事人不能在本条第一款规定的仲裁时效期间申请仲裁的,仲裁时效中止。从中止时效的原因消除之日起,仲裁时效期间继续计算。

劳动关系存续期间因拖欠劳动报酬发生争议的,劳动者申请仲裁不受本条第一款规定的仲裁时效期间的限制;但是,劳动关系终止的,应当自劳动关系终止之日起一年内提出。

**第二十八条** 申请人申请仲裁应当提交书面仲裁申请,并按照被申请人人数提交副本。

仲裁申请书应当载明下列事项:

(一)劳动者的姓名、性别、年龄、职业、工作单位和住所,用人单位的名称、住所和法定代表人或者主要负责人的姓名、职务;

(二)仲裁请求和所根据的事实、理由;

（三）证据和证据来源、证人姓名和住所。

书写仲裁申请确有困难的，可以口头申请，由劳动争议仲裁委员会记入笔录，并告知对方当事人。

**第二十九条**　劳动争议仲裁委员会收到仲裁申请之日起五日内，认为符合受理条件的，应当受理，并通知申请人；认为不符合受理条件的，应当书面通知申请人不予受理，并说明理由。对劳动争议仲裁委员会不予受理或者逾期未作出决定的，申请人可以就该劳动争议事项向人民法院提起诉讼。

**第三十条**　劳动争议仲裁委员会受理仲裁申请后，应当在五日内将仲裁申请书副本送达被申请人。

被申请人收到仲裁申请书副本后，应当在十日内向劳动争议仲裁委员会提交答辩书。劳动争议仲裁委员会收到答辩书后，应当在五日内将答辩书副本送达申请人。被申请人未提交答辩书的，不影响仲裁程序的进行。

## 第三节　开庭和裁决

**第三十一条**　劳动争议仲裁委员会裁决劳动争议案件实行仲裁庭制。仲裁庭由三名仲裁员组成，设首席仲裁员。简单劳动争议案件可以由一名仲裁员独任仲裁。

**第三十二条**　劳动争议仲裁委员会应当在受理仲裁申请之日起五日内将仲裁庭的组成情况书面通知当事人。

**第三十三条**　仲裁员有下列情形之一，应当回避，当事人也有权以口头或者书面方式提出回避申请：

（一）是本案当事人或者当事人、代理人的近亲属的；

（二）与本案有利害关系的；

（三）与本案当事人、代理人有其他关系，可能影响公正裁决的；

（四）私自会见当事人、代理人，或者接受当事人、代理人的请客送礼的。

劳动争议仲裁委员会对回避申请应当及时作出决定，并以口头或者书面方式通知当事人。

**第三十四条**　仲裁员有本法第三十三条第四项规定情形，或者有索贿受贿、徇私舞弊、枉法裁决行为的，应当依法承担法律责任。劳动争议仲裁委员会应当将其解聘。

**第三十五条**　仲裁庭应当在开庭五日前，将开庭日期、地点书面通知双方当事人。当事人有正当理由的，可以在开庭三日前请求延期开庭。是否延期，由劳动争议仲裁委员会决定。

**第三十六条**　申请人收到书面通知，无正当理由拒不到庭或者未经仲裁庭同意中途退庭的，可以视为撤回仲裁申请。

被申请人收到书面通知，无正当理由拒不到庭或者未经仲裁庭同意中途退庭的，可以缺席裁决。

**第三十七条**　仲裁庭对专门性问题认为需要鉴定的，可以交由当事人约定的鉴定机构鉴定；当事人没有约定或者无法达成约定的，由仲裁庭指定的鉴定机构鉴定。

根据当事人的请求或者仲裁庭的要求，鉴定机构应当派鉴定人参加开庭。当事人经仲裁庭许可，可以向鉴定人提问。

**第三十八条**　当事人在仲裁过程中有权进行质证和辩论。质证和辩论终结时，首席仲裁员或者独任仲裁员应当征询当事人的最后意见。

**第三十九条**　当事人提供的证据经查证属实的，仲裁庭应当将其作为认定事实的根据。

劳动者无法提供由用人单位掌握管理的与仲裁请求有关的证据，仲裁庭可以要求用人单位在指定期限内提供。用人单位在指定期限内不提供的，应当承担不利后果。

**第四十条**　仲裁庭应当将开庭情况记入笔录。当事人和其他仲裁参加人认为对自己陈述的记录有遗漏或者差错的，有权申请补正。如果不予补正，应当记录该申请。

笔录由仲裁员、记录人员、当事人和其他仲裁参加人签名或者盖章。

**第四十一条**　当事人申请劳动争议仲裁后，可以自行和解。达成和解协议的，可以撤回仲裁申请。

**第四十二条**　仲裁庭在作出裁决前，应当先行调解。

调解达成协议的，仲裁庭应当制作调解书。

调解书应当写明仲裁请求和当事人协议的结果。调解书由仲裁员签名，加盖劳动争议仲裁委员会印章，送达双方当事人。调解书经双方当事人签收后，发生法律效力。

调解不成或者调解书送达前，一方当事人反悔的，仲裁庭应当及时作出裁决。

**第四十三条**　仲裁庭裁决劳动争议案件，应当自劳动争议仲裁委员会受理仲裁申请之日起四十五日内结束。案情复杂需要延期的，经劳动争议仲裁委员会主任批准，可以延期并书面通知当事人，但是延长期限不得超过十五日。逾期未作出仲裁裁决的，当事人可以就该劳动争议事项向人民法院提起诉讼。

仲裁庭裁决劳动争议案件时，其中一部分事实已经清楚，可以就该部分先行裁决。

**第四十四条**　仲裁庭对追索劳动报酬、工伤医疗费、经济补偿或者赔偿金的案件，根据当事人的申请，可以裁决先予执行，移送人民法院执行。

仲裁庭裁决先予执行的，应当符合下列条件：

(一)当事人之间权利义务关系明确；

(二)不先予执行将严重影响申请人的生活。

劳动者申请先予执行的，可以不提供担保。

**第四十五条**　裁决应当按照多数仲裁员的意见作出，少数仲裁员的不同意见应当记入笔录。仲裁庭不能形成多数意见时，裁决应当按照首席仲裁员的意见作出。

**第四十六条**　裁决书应当载明仲裁请求、争议事实、裁决理由、裁决结果和裁决日期。裁决书由仲裁员签名，加盖劳动争议仲裁委员会印章。对裁决持不同意见的仲裁员，可以签名，也可以不签名。

**第四十七条**　下列劳动争议，除本法另有规定的外，仲裁裁决为终局裁决，裁决书自作出之日起发生法律效力：

(一)追索劳动报酬、工伤医疗费、经济补偿或者赔偿金，不超过当地月最低工资标准十二个月金额的争议；

（二）因执行国家的劳动标准在工作时间、休息休假、社会保险等方面发生的争议。

**第四十八条** 劳动者对本法第四十七条规定的仲裁裁决不服的，可以自收到仲裁裁决书之日起十五日内向人民法院提起诉讼。

**第四十九条** 用人单位有证据证明本法第四十七条规定的仲裁裁决有下列情形之一，可以自收到仲裁裁决书之日起三十日内向劳动争议仲裁委员会所在地的中级人民法院申请撤销裁决：

（一）适用法律、法规确有错误的；

（二）劳动争议仲裁委员会无管辖权的；

（三）违反法定程序的；

（四）裁决所根据的证据是伪造的；

（五）对方当事人隐瞒了足以影响公正裁决的证据的；

（六）仲裁员在仲裁该案时有索贿受贿、徇私舞弊、枉法裁决行为的。

人民法院经组成合议庭审查核实裁决有前款规定情形之一的，应当裁定撤销。

仲裁裁决被人民法院裁定撤销的，当事人可以自收到裁定书之日起十五日内就该劳动争议事项向人民法院提起诉讼。

**第五十条** 当事人对本法第四十七条规定以外的其他劳动争议案件的仲裁裁决不服的，可以自收到仲裁裁决书之日起十五日内向人民法院提起诉讼；期满不起诉的，裁决书发生法律效力。

**第五十一条** 当事人对发生法律效力的调解书、裁决书，应当依照规定的期限履行。一方当事人逾期不履行的，另一方当事人可以依照民事诉讼法的有关规定向人民法院申请执行。受理申请的人民法院应当依法执行。

## 第四章　附　　则

**第五十二条** 事业单位实行聘用制的工作人员与本单位发生劳动

争议的，依照本法执行；法律、行政法规或者国务院另有规定的，依照其规定。

**第五十三条**　劳动争议仲裁不收费。劳动争议仲裁委员会的经费由财政予以保障。

**第五十四条**　本法自2008年5月1日起施行。

# 中华人民共和国社会保险法

（2010年10月28日第十一届全国人民代表大会常务委员会第十七次会议通过）

## 目　　录



## 第一章　总　　则

**第一条**　为了规范社会保险关系，维护公民参加社会保险和享受社会保险待遇的合法权益，使公民共享发展成果，促进社会和谐稳定，根据宪法，制定本法。

**第二条**　国家建立基本养老保险、基本医疗保险、工伤保险、失业保险、生育保险等社会保险制度，保障公民在年老、疾病、工伤、失业、生育等情况下依法从国家和社会获得物质帮助的权利。

**第三条**　社会保险制度坚持广覆盖、保基本、多层次、可持续的方针，社会保险水平应当与经济社会发展水平相适应。

**第四条** 中华人民共和国境内的用人单位和个人依法缴纳社会保险费，有权查询缴费记录、个人权益记录，要求社会保险经办机构提供社会保险咨询等相关服务。

个人依法享受社会保险待遇，有权监督本单位为其缴费情况。

**第五条** 县级以上人民政府将社会保险事业纳入国民经济和社会发展规划。

国家多渠道筹集社会保险资金。县级以上人民政府对社会保险事业给予必要的经费支持。

国家通过税收优惠政策支持社会保险事业。

**第六条** 国家对社会保险基金实行严格监管。

国务院和省、自治区、直辖市人民政府建立健全社会保险基金监督管理制度，保障社会保险基金安全、有效运行。

县级以上人民政府采取措施，鼓励和支持社会各方面参与社会保险基金的监督。

**第七条** 国务院社会保险行政部门负责全国的社会保险管理工作，国务院其他有关部门在各自的职责范围内负责有关的社会保险工作。

县级以上地方人民政府社会保险行政部门负责本行政区域的社会保险管理工作，县级以上地方人民政府其他有关部门在各自的职责范围内负责有关的社会保险工作。

**第八条** 社会保险经办机构提供社会保险服务，负责社会保险登记、个人权益记录、社会保险待遇支付等工作。

**第九条** 工会依法维护职工的合法权益，有权参与社会保险重大事项的研究，参加社会保险监督委员会，对与职工社会保险权益有关的事项进行监督。

## 第二章 基本养老保险

**第十条** 职工应当参加基本养老保险，由用人单位和职工共同缴纳基本养老保险费。

无雇工的个体工商户、未在用人单位参加基本养老保险的非全日制从业人员以及其他灵活就业人员可以参加基本养老保险，由个人缴纳基本养老保险费。

公务员和参照公务员法管理的工作人员养老保险的办法由国务院规定。

**第十一条** 基本养老保险实行社会统筹与个人账户相结合。

基本养老保险基金由用人单位和个人缴费以及政府补贴等组成。

**第十二条** 用人单位应当按照国家规定的本单位职工工资总额的比例缴纳基本养老保险费，记入基本养老保险统筹基金。

职工应当按照国家规定的本人工资的比例缴纳基本养老保险费，记入个人账户。

无雇工的个体工商户、未在用人单位参加基本养老保险的非全日制从业人员以及其他灵活就业人员参加基本养老保险的，应当按照国家规定缴纳基本养老保险费，分别记入基本养老保险统筹基金和个人账户。

**第十三条** 国有企业、事业单位职工参加基本养老保险前，视同缴费年限期间应当缴纳的基本养老保险费由政府承担。

基本养老保险基金出现支付不足时，政府给予补贴。

**第十四条** 个人账户不得提前支取，记账利率不得低于银行定期存款利率，免征利息税。个人死亡的，个人账户余额可以继承。

**第十五条** 基本养老金由统筹养老金和个人账户养老金组成。

基本养老金根据个人累计缴费年限、缴费工资、当地职工平均工资、个人账户金额、城镇人口平均预期寿命等因素确定。

**第十六条** 参加基本养老保险的个人，达到法定退休年龄时累计缴费满十五年的，按月领取基本养老金。

参加基本养老保险的个人，达到法定退休年龄时累计缴费不足十五年的，可以缴费至满十五年，按月领取基本养老金；也可以转入新型农村社会养老保险或者城镇居民社会养老保险，按照国务院规定享受相应的养老保险待遇。

**第十七条**　参加基本养老保险的个人，因病或者非因工死亡的，其遗属可以领取丧葬补助金和抚恤金；在未达到法定退休年龄时因病或者非因工致残完全丧失劳动能力的，可以领取病残津贴。所需资金从基本养老保险基金中支付。

**第十八条**　国家建立基本养老金正常调整机制。根据职工平均工资增长、物价上涨情况，适时提高基本养老保险待遇水平。

**第十九条**　个人跨统筹地区就业的，其基本养老保险关系随本人转移，缴费年限累计计算。个人达到法定退休年龄时，基本养老金分段计算、统一支付。具体办法由国务院规定。

**第二十条**　国家建立和完善新型农村社会养老保险制度。

新型农村社会养老保险实行个人缴费、集体补助和政府补贴相结合。

**第二十一条**　新型农村社会养老保险待遇由基础养老金和个人账户养老金组成。

参加新型农村社会养老保险的农村居民，符合国家规定条件的，按月领取新型农村社会养老保险待遇。

**第二十二条**　国家建立和完善城镇居民社会养老保险制度。

省、自治区、直辖市人民政府根据实际情况，可以将城镇居民社会养老保险和新型农村社会养老保险合并实施。

## 第三章　基本医疗保险

**第二十三条**　职工应当参加职工基本医疗保险，由用人单位和职工按照国家规定共同缴纳基本医疗保险费。

无雇工的个体工商户、未在用人单位参加职工基本医疗保险的非全日制从业人员以及其他灵活就业人员可以参加职工基本医疗保险，由个人按照国家规定缴纳基本医疗保险费。

**第二十四条**　国家建立和完善新型农村合作医疗制度。

新型农村合作医疗的管理办法，由国务院规定。

**第二十五条**　国家建立和完善城镇居民基本医疗保险制度。

城镇居民基本医疗保险实行个人缴费和政府补贴相结合。

享受最低生活保障的人、丧失劳动能力的残疾人、低收入家庭六十周岁以上的老年人和未成年人等所需个人缴费部分，由政府给予补贴。

**第二十六条** 职工基本医疗保险、新型农村合作医疗和城镇居民基本医疗保险的待遇标准按照国家规定执行。

**第二十七条** 参加职工基本医疗保险的个人，达到法定退休年龄时累计缴费达到国家规定年限的，退休后不再缴纳基本医疗保险费，按照国家规定享受基本医疗保险待遇；未达到国家规定年限的，可以缴费至国家规定年限。

**第二十八条** 符合基本医疗保险药品目录、诊疗项目、医疗服务设施标准以及急诊、抢救的医疗费用，按照国家规定从基本医疗保险基金中支付。

**第二十九条** 参保人员医疗费用中应当由基本医疗保险基金支付的部分，由社会保险经办机构与医疗机构、药品经营单位直接结算。

社会保险行政部门和卫生行政部门应当建立异地就医医疗费用结算制度，方便参保人员享受基本医疗保险待遇。

**第三十条** 下列医疗费用不纳入基本医疗保险基金支付范围：

（一）应当从工伤保险基金中支付的；

（二）应当由第三人负担的；

（三）应当由公共卫生负担的；

（四）在境外就医的。

医疗费用依法应当由第三人负担，第三人不支付或者无法确定第三人的，由基本医疗保险基金先行支付。基本医疗保险基金先行支付后，有权向第三人追偿。

**第三十一条** 社会保险经办机构根据管理服务的需要，可以与医疗机构、药品经营单位签订服务协议，规范医疗服务行为。

医疗机构应当为参保人员提供合理、必要的医疗服务。

**第三十二条** 个人跨统筹地区就业的，其基本医疗保险关系随本人转移，缴费年限累计计算。

# 第四章　工 伤 保 险

**第三十三条**　职工应当参加工伤保险，由用人单位缴纳工伤保险费，职工不缴纳工伤保险费。

**第三十四条**　国家根据不同行业的工伤风险程度确定行业的差别费率，并根据使用工伤保险基金、工伤发生率等情况在每个行业内确定费率档次。行业差别费率和行业内费率档次由国务院社会保险行政部门制定，报国务院批准后公布施行。

社会保险经办机构根据用人单位使用工伤保险基金、工伤发生率和所属行业费率档次等情况，确定用人单位缴费费率。

**第三十五条**　用人单位应当按照本单位职工工资总额，根据社会保险经办机构确定的费率缴纳工伤保险费。

**第三十六条**　职工因工作原因受到事故伤害或者患职业病，且经工伤认定的，享受工伤保险待遇；其中，经劳动能力鉴定丧失劳动能力的，享受伤残待遇。

工伤认定和劳动能力鉴定应当简捷、方便。

**第三十七条**　职工因下列情形之一导致本人在工作中伤亡的，不认定为工伤：

（一）故意犯罪；

（二）醉酒或者吸毒；

（三）自残或者自杀；

（四）法律、行政法规规定的其他情形。

**第三十八条**　因工伤发生的下列费用，按照国家规定从工伤保险基金中支付：

（一）治疗工伤的医疗费用和康复费用；

（二）住院伙食补助费；

（三）到统筹地区以外就医的交通食宿费；

（四）安装配置伤残辅助器具所需费用；

（五）生活不能自理的，经劳动能力鉴定委员会确认的生活护理费；

（六）一次性伤残补助金和一至四级伤残职工按月领取的伤残津贴；

（七）终止或者解除劳动合同时，应当享受的一次性医疗补助金；

（八）因工死亡的，其遗属领取的丧葬补助金、供养亲属抚恤金和因工死亡补助金；

（九）劳动能力鉴定费。

**第三十九条** 因工伤发生的下列费用，按照国家规定由用人单位支付：

（一）治疗工伤期间的工资福利；

（二）五级、六级伤残职工按月领取的伤残津贴；

（三）终止或者解除劳动合同时，应当享受的一次性伤残就业补助金。

**第四十条** 工伤职工符合领取基本养老金条件的，停发伤残津贴，享受基本养老保险待遇。基本养老保险待遇低于伤残津贴的，从工伤保险基金中补足差额。

**第四十一条** 职工所在用人单位未依法缴纳工伤保险费，发生工伤事故的，由用人单位支付工伤保险待遇。用人单位不支付的，从工伤保险基金中先行支付。

从工伤保险基金中先行支付的工伤保险待遇应当由用人单位偿还。用人单位不偿还的，社会保险经办机构可以依照本法第六十三条的规定追偿。

**第四十二条** 由于第三人的原因造成工伤，第三人不支付工伤医疗费用或者无法确定第三人的，由工伤保险基金先行支付。工伤保险基金先行支付后，有权向第三人追偿。

**第四十三条** 工伤职工有下列情形之一的，停止享受工伤保险待遇：

（一）丧失享受待遇条件的；

（二）拒不接受劳动能力鉴定的；

（三）拒绝治疗的。

## 第五章 失业保险

**第四十四条** 职工应当参加失业保险，由用人单位和职工按照国家规定共同缴纳失业保险费。

**第四十五条** 失业人员符合下列条件的，从失业保险基金中领取失业保险金：

（一）失业前用人单位和本人已经缴纳失业保险费满一年的；

（二）非因本人意愿中断就业的；

（三）已经进行失业登记，并有求职要求的。

**第四十六条** 失业人员失业前用人单位和本人累计缴费满一年不足五年的，领取失业保险金的期限最长为十二个月；累计缴费满五年不足十年的，领取失业保险金的期限最长为十八个月；累计缴费十年以上的，领取失业保险金的期限最长为二十四个月。重新就业后，再次失业的，缴费时间重新计算，领取失业保险金的期限与前次失业应当领取而尚未领取的失业保险金的期限合并计算，最长不超过二十四个月。

**第四十七条** 失业保险金的标准，由省、自治区、直辖市人民政府确定，不得低于城市居民最低生活保障标准。

**第四十八条** 失业人员在领取失业保险金期间，参加职工基本医疗保险，享受基本医疗保险待遇。

失业人员应当缴纳的基本医疗保险费从失业保险基金中支付，个人不缴纳基本医疗保险费。

**第四十九条** 失业人员在领取失业保险金期间死亡的，参照当地对在职职工死亡的规定，向其遗属发给一次性丧葬补助金和抚恤金。所需资金从失业保险基金中支付。

个人死亡同时符合领取基本养老保险丧葬补助金、工伤保险丧葬补助金和失业保险丧葬补助金条件的，其遗属只能选择领取其中的一项。

**第五十条** 用人单位应当及时为失业人员出具终止或者解除劳动关系的证明，并将失业人员的名单自终止或者解除劳动关系之日起十五日内告知社会保险经办机构。

失业人员应当持本单位为其出具的终止或者解除劳动关系的证明，及时到指定的公共就业服务机构办理失业登记。

失业人员凭失业登记证明和个人身份证明，到社会保险经办机构办理领取失业保险金的手续。失业保险金领取期限自办理失业登记之日起计算。

**第五十一条** 失业人员在领取失业保险金期间有下列情形之一的，停止领取失业保险金，并同时停止享受其他失业保险待遇：

（一）重新就业的；

（二）应征服兵役的；

（三）移居境外的；

（四）享受基本养老保险待遇的；

（五）无正当理由，拒不接受当地人民政府指定部门或者机构介绍的适当工作或者提供的培训的。

**第五十二条** 职工跨统筹地区就业的，其失业保险关系随本人转移，缴费年限累计计算。

## 第六章 生育保险

**第五十三条** 职工应当参加生育保险，由用人单位按照国家规定缴纳生育保险费，职工不缴纳生育保险费。

**第五十四条** 用人单位已经缴纳生育保险费的，其职工享受生育保险待遇；职工未就业配偶按照国家规定享受生育医疗费用待遇。所需资金从生育保险基金中支付。

生育保险待遇包括生育医疗费用和生育津贴。

**第五十五条** 生育医疗费用包括下列各项：

（一）生育的医疗费用；

（二）计划生育的医疗费用；

（三）法律、法规规定的其他项目费用。

**第五十六条** 职工有下列情形之一的，可以按照国家规定享受生育津贴：

（一）女职工生育享受产假；

（二）享受计划生育手术休假；

（三）法律、法规规定的其他情形。

生育津贴按照职工所在用人单位上年度职工月平均工资计发。

## 第七章　社会保险费征缴

**第五十七条**　用人单位应当自成立之日起三十日内凭营业执照、登记证书或者单位印章，向当地社会保险经办机构申请办理社会保险登记。社会保险经办机构应当自收到申请之日起十五日内予以审核，发给社会保险登记证件。

用人单位的社会保险登记事项发生变更或者用人单位依法终止的，应当自变更或者终止之日起三十日内，到社会保险经办机构办理变更或者注销社会保险登记。

工商行政管理部门、民政部门和机构编制管理机关应当及时向社会保险经办机构通报用人单位的成立、终止情况，公安机关应当及时向社会保险经办机构通报个人的出生、死亡以及户口登记、迁移、注销等情况。

**第五十八条**　用人单位应当自用工之日起三十日内为其职工向社会保险经办机构申请办理社会保险登记。未办理社会保险登记的，由社会保险经办机构核定其应当缴纳的社会保险费。

自愿参加社会保险的无雇工的个体工商户、未在用人单位参加社会保险的非全日制从业人员以及其他灵活就业人员，应当向社会保险经办机构申请办理社会保险登记。

国家建立全国统一的个人社会保障号码。个人社会保障号码为公民身份号码。

**第五十九条**　县级以上人民政府加强社会保险费的征收工作。

社会保险费实行统一征收，实施步骤和具体办法由国务院规定。

**第六十条**　用人单位应当自行申报、按时足额缴纳社会保险费，非因不可抗力等法定事由不得缓缴、减免。职工应当缴纳的社会保险费由用人单位代扣代缴,用人单位应当按月将缴纳社会保险费的明细情况告知本人。

无雇工的个体工商户、未在用人单位参加社会保险的非全日制从业人员以及其他灵活就业人员,可以直接向社会保险费征收机构缴纳社会保险费。

**第六十一条** 社会保险费征收机构应当依法按时足额征收社会保险费,并将缴费情况定期告知用人单位和个人。

**第六十二条** 用人单位未按规定申报应当缴纳的社会保险费数额的,按照该单位上月缴费额的百分之一百一十确定应当缴纳数额;缴费单位补办申报手续后,由社会保险费征收机构按照规定结算。

**第六十三条** 用人单位未按时足额缴纳社会保险费的,由社会保险费征收机构责令其限期缴纳或者补足。

用人单位逾期仍未缴纳或者补足社会保险费的,社会保险费征收机构可以向银行和其他金融机构查询其存款账户;并可以申请县级以上有关行政部门作出划拨社会保险费的决定,书面通知其开户银行或者其他金融机构划拨社会保险费。用人单位账户余额少于应当缴纳的社会保险费的,社会保险费征收机构可以要求该用人单位提供担保,签订延期缴费协议。

用人单位未足额缴纳社会保险费且未提供担保的,社会保险费征收机构可以申请人民法院扣押、查封、拍卖其价值相当于应当缴纳社会保险费的财产,以拍卖所得抵缴社会保险费。

## 第八章 社会保险基金

**第六十四条** 社会保险基金包括基本养老保险基金、基本医疗保险基金、工伤保险基金、失业保险基金和生育保险基金。各项社会保险基金按照社会保险险种分别建账,分账核算,执行国家统一的会计制度。

社会保险基金专款专用,任何组织和个人不得侵占或者挪用。

基本养老保险基金逐步实行全国统筹，其他社会保险基金逐步实行省级统筹，具体时间、步骤由国务院规定。

**第六十五条**　社会保险基金通过预算实现收支平衡。

县级以上人民政府在社会保险基金出现支付不足时，给予补贴。

**第六十六条**　社会保险基金按照统筹层次设立预算。社会保险基金预算按照社会保险项目分别编制。

**第六十七条**　社会保险基金预算、决算草案的编制、审核和批准，依照法律和国务院规定执行。

**第六十八条**　社会保险基金存入财政专户，具体管理办法由国务院规定。

**第六十九条**　社会保险基金在保证安全的前提下，按照国务院规定投资运营实现保值增值。

社会保险基金不得违规投资运营，不得用于平衡其他政府预算，不得用于兴建、改建办公场所和支付人员经费、运行费用、管理费用，或者违反法律、行政法规规定挪作其他用途。

**第七十条**　社会保险经办机构应当定期向社会公布参加社会保险情况以及社会保险基金的收入、支出、结余和收益情况。

**第七十一条**　国家设立全国社会保障基金，由中央财政预算拨款以及国务院批准的其他方式筹集的资金构成，用于社会保障支出的补充、调剂。全国社会保障基金由全国社会保障基金管理运营机构负责管理运营，在保证安全的前提下实现保值增值。

全国社会保障基金应当定期向社会公布收支、管理和投资运营的情况。国务院财政部门、社会保险行政部门、审计机关对全国社会保障基金的收支、管理和投资运营情况实施监督。

## 第九章　社会保险经办

**第七十二条**　统筹地区设立社会保险经办机构。社会保险经办机构根据工作需要，经所在地的社会保险行政部门和机构编制管理机关批准，可以在本统筹地区设立分支机构和服务网点。

社会保险经办机构的人员经费和经办社会保险发生的基本运行费用、管理费用,由同级财政按照国家规定予以保障。

**第七十三条** 社会保险经办机构应当建立健全业务、财务、安全和风险管理制度。

社会保险经办机构应当按时足额支付社会保险待遇。

**第七十四条** 社会保险经办机构通过业务经办、统计、调查获取社会保险工作所需的数据,有关单位和个人应当及时、如实提供。

社会保险经办机构应当及时为用人单位建立档案,完整、准确地记录参加社会保险的人员、缴费等社会保险数据,妥善保管登记、申报的原始凭证和支付结算的会计凭证。

社会保险经办机构应当及时、完整、准确地记录参加社会保险的个人缴费和用人单位为其缴费,以及享受社会保险待遇等个人权益记录,定期将个人权益记录单免费寄送本人。

用人单位和个人可以免费向社会保险经办机构查询、核对其缴费和享受社会保险待遇记录,要求社会保险经办机构提供社会保险咨询等相关服务。

**第七十五条** 全国社会保险信息系统按照国家统一规划,由县级以上人民政府按照分级负责的原则共同建设。

## 第十章 社会保险监督

**第七十六条** 各级人民代表大会常务委员会听取和审议本级人民政府对社会保险基金的收支、管理、投资运营以及监督检查情况的专项工作报告,组织对本法实施情况的执法检查等,依法行使监督职权。

**第七十七条** 县级以上人民政府社会保险行政部门应当加强对用人单位和个人遵守社会保险法律、法规情况的监督检查。

社会保险行政部门实施监督检查时,被检查的用人单位和个人应当如实提供与社会保险有关的资料,不得拒绝检查或者谎报、瞒报。

**第七十八条** 财政部门、审计机关按照各自职责,对社会保险基金的收支、管理和投资运营情况实施监督。

**第七十九条** 社会保险行政部门对社会保险基金的收支、管理和投资运营情况进行监督检查，发现存在问题的，应当提出整改建议，依法作出处理决定或者向有关行政部门提出处理建议。社会保险基金检查结果应当定期向社会公布。

社会保险行政部门对社会保险基金实施监督检查，有权采取下列措施：

（一）查阅、记录、复制与社会保险基金收支、管理和投资运营相关的资料，对可能被转移、隐匿或者灭失的资料予以封存；

（二）询问与调查事项有关的单位和个人，要求其对与调查事项有关的问题作出说明、提供有关证明材料；

（三）对隐匿、转移、侵占、挪用社会保险基金的行为予以制止并责令改正。

**第八十条** 统筹地区人民政府成立由用人单位代表、参保人员代表，以及工会代表、专家等组成的社会保险监督委员会，掌握、分析社会保险基金的收支、管理和投资运营情况，对社会保险工作提出咨询意见和建议，实施社会监督。

社会保险经办机构应当定期向社会保险监督委员会汇报社会保险基金的收支、管理和投资运营情况。社会保险监督委员会可以聘请会计师事务所对社会保险基金的收支、管理和投资运营情况进行年度审计和专项审计。审计结果应当向社会公开。

社会保险监督委员会发现社会保险基金收支、管理和投资运营中存在问题的，有权提出改正建议；对社会保险经办机构及其工作人员的违法行为，有权向有关部门提出依法处理建议。

**第八十一条** 社会保险行政部门和其他有关行政部门、社会保险经办机构、社会保险费征收机构及其工作人员，应当依法为用人单位和个人的信息保密，不得以任何形式泄露。

**第八十二条** 任何组织或者个人有权对违反社会保险法律、法规的行为进行举报、投诉。

社会保险行政部门、卫生行政部门、社会保险经办机构、社会保险费征收机构和财政部门、审计机关对属于本部门、本机构职责范围的举报、投诉，应当依法处理；对不属于本部门、本机构职责范围的，应当书面通知并移交有权处理的部门、机构处理。有权处理的部门、机构应当及时处理，不得推诿。

**第八十三条** 用人单位或者个人认为社会保险费征收机构的行为侵害自己合法权益的，可以依法申请行政复议或者提起行政诉讼。

用人单位或者个人对社会保险经办机构不依法办理社会保险登记、核定社会保险费、支付社会保险待遇、办理社会保险转移接续手续或者侵害其他社会保险权益的行为，可以依法申请行政复议或者提起行政诉讼。

个人与所在用人单位发生社会保险争议的，可以依法申请调解、仲裁，提起诉讼。用人单位侵害个人社会保险权益的，个人也可以要求社会保险行政部门或者社会保险费征收机构依法处理。

## 第十一章 法律责任

**第八十四条** 用人单位不办理社会保险登记的，由社会保险行政部门责令限期改正；逾期不改正的，对用人单位处应缴社会保险费数额一倍以上三倍以下的罚款，对其直接负责的主管人员和其他直接责任人员处五百元以上三千元以下的罚款。

**第八十五条** 用人单位拒不出具终止或者解除劳动关系证明的，依照《中华人民共和国劳动合同法》的规定处理。

**第八十六条** 用人单位未按时足额缴纳社会保险费的，由社会保险费征收机构责令限期缴纳或者补足，并自欠缴之日起，按日加收万分之五的滞纳金；逾期仍不缴纳的，由有关行政部门处欠缴数额一倍以上三倍以下的罚款。

**第八十七条** 社会保险经办机构以及医疗机构、药品经营单位等社会保险服务机构以欺诈、伪造证明材料或者其他手段骗取社会保险基金支出的，由社会保险行政部门责令退回骗取的社会保险金，处骗取金额二倍以上五倍以下的罚款；属于社会保险服务机构的，解除服务协议；直接负责的主管人员和其他直接责任人员有执业资格的，依法吊销其执业资格。

**第八十八条**　以欺诈、伪造证明材料或者其他手段骗取社会保险待遇的，由社会保险行政部门责令退回骗取的社会保险金，处骗取金额二倍以上五倍以下的罚款。

**第八十九条**　社会保险经办机构及其工作人员有下列行为之一的，由社会保险行政部门责令改正；给社会保险基金、用人单位或者个人造成损失的，依法承担赔偿责任；对直接负责的主管人员和其他直接责任人员依法给予处分：

（一）未履行社会保险法定职责的；

（二）未将社会保险基金存入财政专户的；

（三）克扣或者拒不按时支付社会保险待遇的；

（四）丢失或者篡改缴费记录、享受社会保险待遇记录等社会保险数据、个人权益记录的；

（五）有违反社会保险法律、法规的其他行为的。

**第九十条**　社会保险费征收机构擅自更改社会保险费缴费基数、费率，导致少收或者多收社会保险费的，由有关行政部门责令其追缴应当缴纳的社会保险费或者退还不应当缴纳的社会保险费；对直接负责的主管人员和其他直接责任人员依法给予处分。

**第九十一条**　违反本法规定，隐匿、转移、侵占、挪用社会保险基金或者违规投资运营的，由社会保险行政部门、财政部门、审计机关责令追回；有违法所得的，没收违法所得；对直接负责的主管人员和其他直接责任人员依法给予处分。

**第九十二条**　社会保险行政部门和其他有关行政部门、社会保险经办机构、社会保险费征收机构及其工作人员泄露用人单位和个人信息的，对直接负责的主管人员和其他直接责任人员依法给予处分；给用人单位或者个人造成损失的，应当承担赔偿责任。

**第九十三条**　国家工作人员在社会保险管理、监督工作中滥用职权、玩忽职守、徇私舞弊的，依法给予处分。

**第九十四条**　违反本法规定，构成犯罪的，依法追究刑事责任。

## 第十二章　附　　则

**第九十五条**　进城务工的农村居民依照本法规定参加社会保险。

**第九十六条**　征收农村集体所有的土地，应当足额安排被征地农民的社会保险费，按照国务院规定将被征地农民纳入相应的社会保险制度。

**第九十七条**　外国人在中国境内就业的，参照本法规定参加社会保险。

**第九十八条**　本法自 2011 年 7 月 1 日起施行。

# 中华人民共和国劳动合同法实施条例

## 第一章 总 则

**第一条** 为了贯彻实施《中华人民共和国劳动合同法》(以下简称劳动合同法),制定本条例。

**第二条** 各级人民政府和县级以上人民政府劳动行政等有关部门以及工会等组织,应当采取措施,推动劳动合同法的贯彻实施,促进劳动关系的和谐。

**第三条** 依法成立的会计师事务所、律师事务所等合伙组织和基金会,属于劳动合同法规定的用人单位。

## 第二章 劳动合同的订立

**第四条** 劳动合同法规定的用人单位设立的分支机构,依法取得营业执照或者登记证书的,可以作为用人单位与劳动者订立劳动合同;未依法取得营业执照或者登记证书的,受用人单位委托可以与劳动者订立劳动合同。

**第五条** 自用工之日起一个月内,经用人单位书面通知后,劳动者不与用人单位订立书面劳动合同的,用人单位应当书面通知劳动者终止劳动关系,无需向劳动者支付经济补偿,但是应当依法向劳动者支付其实际工作时间的劳动报酬。

**第六条** 用人单位自用工之日起超过一个月不满一年未与劳动者订立书面劳动合同的,应当依照劳动合同法第八十二条的规定向劳动者每月支付两倍的工资,并与劳动者补订书面劳动合同;劳动者不与用人单位订立书面劳动合同的,用人单位应当书面通知劳动者终止劳动关系,并依照劳动合同法第四十七条的规定支付经济补偿。

前款规定的用人单位向劳动者每月支付两倍工资的起算时间为用工之日起满一个月的次日，截止时间为补订书面劳动合同的前一日。

**第七条** 用人单位自用工之日起满一年未与劳动者订立书面劳动合同的，自用工之日起满一个月的次日至满一年的前一日应当依照劳动合同法第八十二条的规定向劳动者每月支付两倍的工资，并视为自用工之日起满一年的当日已经与劳动者订立无固定期限劳动合同，应当立即与劳动者补订书面劳动合同。

**第八条** 劳动合同法第七条规定的职工名册，应当包括劳动者姓名、性别、公民身份号码、户籍地址及现住址、联系方式、用工形式、用工起始时间、劳动合同期限等内容。

**第九条** 劳动合同法第十四条第二款规定的连续工作满 10 年的起始时间，应当自用人单位用工之日起计算，包括劳动合同法施行前的工作年限。

**第十条** 劳动者非因本人原因从原用人单位被安排到新用人单位工作的，劳动者在原用人单位的工作年限合并计算为新用人单位的工作年限。原用人单位已经向劳动者支付经济补偿的，新用人单位在依法解除、终止劳动合同计算支付经济补偿的工作年限时，不再计算劳动者在原用人单位的工作年限。

**第十一条** 除劳动者与用人单位协商一致的情形外，劳动者依照劳动合同法第十四条第二款的规定，提出订立无固定期限劳动合同的，用人单位应当与其订立无固定期限劳动合同。对劳动合同的内容，双方应当按照合法、公平、平等自愿、协商一致、诚实信用的原则协商确定；对协商不一致的内容，依照劳动合同法第十八条的规定执行。

**第十二条** 地方各级人民政府及县级以上地方人民政府有关部门为安置就业困难人员提供的给予岗位补贴和社会保险补贴的公益性岗位，其劳动合同不适用劳动合同法有关无固定期限劳动合同的规定以及支付经济补偿的规定。

**第十三条** 用人单位与劳动者不得在劳动合同法第四十四条规定的劳动合同终止情形之外约定其他的劳动合同终止条件。

**第十四条** 劳动合同履行地与用人单位注册地不一致的，有关劳动者的最低工资标准、劳动保护、劳动条件、职业危害防护和本地区上年度职工月平均工资标准等事项，按照劳动合同履行地的有关规定执行；用人单位注册地的有关标准高于劳动合同履行地的有关标准，且用人单位与劳动者约定按照用人单位注册地的有关规定执行的，从其约定。

**第十五条**　劳动者在试用期的工资不得低于本单位相同岗位最低档工资的 80%或者不得低于劳动合同约定工资的 80%，并不得低于用人单位所在地的最低工资标准。

**第十六条**　劳动合同法第二十二条第二款规定的培训费用，包括用人单位为了对劳动者进行专业技术培训而支付的有凭证的培训费用、培训期间的差旅费用以及因培训产生的用于该劳动者的其他直接费用。

**第十七条**　劳动合同期满，但是用人单位与劳动者依照劳动合同法第二十二条的规定约定的服务期尚未到期的，劳动合同应当续延至服务期满；双方另有约定的，从其约定。

## 第三章　劳动合同的解除和终止

**第十八条**　有下列情形之一的，依照劳动合同法规定的条件、程序，劳动者可以与用人单位解除固定期限劳动合同、无固定期限劳动合同或者以完成一定工作任务为期限的劳动合同：

（一）劳动者与用人单位协商一致的；

（二）劳动者提前 30 日以书面形式通知用人单位的；

（三）劳动者在试用期内提前 3 日通知用人单位的；

（四）用人单位未按照劳动合同约定提供劳动保护或者劳动条件的；

（五）用人单位未及时足额支付劳动报酬的；

（六）用人单位未依法为劳动者缴纳社会保险费的；

（七）用人单位的规章制度违反法律、法规的规定，损害劳动者权益的；

（八）用人单位以欺诈、胁迫的手段或者乘人之危，使劳动者在违背真实意思的情况下订立或者变更劳动合同的；

（九）用人单位在劳动合同中免除自己的法定责任、排除劳动者权利的；

（十）用人单位违反法律、行政法规强制性规定的；

（十一）用人单位以暴力、威胁或者非法限制人身自由的手段强迫劳动者劳动的；

（十二）用人单位违章指挥、强令冒险作业危及劳动者人身安全的；

（十三）法律、行政法规规定劳动者可以解除劳动合同的其他情形。

**第十九条** 有下列情形之一的，依照劳动合同法规定的条件、程序，用人单位可以与劳动者解除固定期限劳动合同、无固定期限劳动合同或者以完成一定工作任务为期限的劳动合同：

（一）用人单位与劳动者协商一致的；

（二）劳动者在试用期间被证明不符合录用条件的；

（三）劳动者严重违反用人单位的规章制度的；

（四）劳动者严重失职，营私舞弊，给用人单位造成重大损害的；

（五）劳动者同时与其他用人单位建立劳动关系，对完成本单位的工作任务造成严重影响，或者经用人单位提出，拒不改正的；

（六）劳动者以欺诈、胁迫的手段或者乘人之危，使用人单位在违背真实意思的情况下订立或者变更劳动合同的；

（七）劳动者被依法追究刑事责任的；

（八）劳动者患病或者非因工负伤，在规定的医疗期满后不能从事原工作，也不能从事由用人单位另行安排的工作的；

（九）劳动者不能胜任工作，经过培训或者调整工作岗位，仍不能胜任工作的；

（十）劳动合同订立时所依据的客观情况发生重大变化，致使劳动合同无法履行，经用人单位与劳动者协商，未能就变更劳动合同内容达成协议的；

（十一）用人单位依照企业破产法规定进行重整的；

（十二）用人单位生产经营发生严重困难的；

（十三）企业转产、重大技术革新或者经营方式调整，经变更劳动合同后，仍需裁减人员的；

（十四）其他因劳动合同订立时所依据的客观经济情况发生重大变化，致使劳动合同无法履行的。

**第二十条**　用人单位依照劳动合同法第四十条的规定，选择额外支付劳动者一个月工资解除劳动合同的，其额外支付的工资应当按照该劳动者上一个月的工资标准确定。

**第二十一条**　劳动者达到法定退休年龄的，劳动合同终止。

**第二十二条**　以完成一定工作任务为期限的劳动合同因任务完成而终止的，用人单位应当依照劳动合同法第四十七条的规定向劳动者支付经济补偿。

**第二十三条**　用人单位依法终止工伤职工的劳动合同的，除依照劳动合同法第四十七条的规定支付经济补偿外，还应当依照国家有关工伤保险的规定支付一次性工伤医疗补助金和伤残就业补助金。

**第二十四条**　用人单位出具的解除、终止劳动合同的证明，应当写明劳动合同期限、解除或者终止劳动合同的日期、工作岗位、在本单位的工作年限。

**第二十五条**　用人单位违反劳动合同法的规定解除或者终止劳动合同，依照劳动合同法第八十七条的规定支付了赔偿金的，不再支付经济补偿。赔偿金的计算年限自用工之日起计算。

**第二十六条**　用人单位与劳动者约定了服务期，劳动者依照劳动合同法第三十八条的规定解除劳动合同的，不属于违反服务期的约定，用人单位不得要求劳动者支付违约金。

有下列情形之一，用人单位与劳动者解除约定服务期的劳动合同的，劳动者应当按照劳动合同的约定向用人单位支付违约金：

（一）劳动者严重违反用人单位的规章制度的；

（二）劳动者严重失职，营私舞弊，给用人单位造成重大损害的；

（三）劳动者同时与其他用人单位建立劳动关系，对完成本单位的工作任务造成严重影响，或者经用人单位提出，拒不改正的；

（四）劳动者以欺诈、胁迫的手段或者乘人之危，使用人单位在违背真实意思的情况下订立或者变更劳动合同的；

（五）劳动者被依法追究刑事责任的。

**第二十七条** 劳动合同法第四十七条规定的经济补偿的月工资按照劳动者应得工资计算，包括计时工资或者计件工资以及奖金、津贴和补贴等货币性收入。劳动者在劳动合同解除或者终止前12个月的平均工资低于当地最低工资标准的，按照当地最低工资标准计算。劳动者工作不满12个月的，按照实际工作的月数计算平均工资。

## 第四章 劳务派遣特别规定

**第二十八条** 用人单位或者其所属单位出资或者合伙设立的劳务派遣单位，向本单位或者所属单位派遣劳动者的，属于劳动合同法第六十七条规定的不得设立的劳务派遣单位。

**第二十九条** 用工单位应当履行劳动合同法第六十二条规定的义务，维护被派遣劳动者的合法权益。

**第三十条** 劳务派遣单位不得以非全日制用工形式招用被派遣劳动者。

**第三十一条** 劳务派遣单位或者被派遣劳动者依法解除、终止劳动合同的经济补偿，依照劳动合同法第四十六条、第四十七条的规定执行。

**第三十二条** 劳务派遣单位违法解除或者终止被派遣劳动者的劳动合同的，依照劳动合同法第四十八条的规定执行。

## 第五章 法律责任

**第三十三条** 用人单位违反劳动合同法有关建立职工名册规定的，由劳动行政部门责令限期改正；逾期不改正的，由劳动行政部门处2 000元以上2万元以下的罚款。

**第三十四条** 用人单位依照劳动合同法的规定应当向劳动者每月支付两倍的工资或者应当向劳动者支付赔偿金而未支付的，劳动行政部门应当责令用人单位支付。

**第三十五条**　用工单位违反劳动合同法和本条例有关劳务派遣规定的，由劳动行政部门和其他有关主管部门责令改正；情节严重的，以每位被派遣劳动者1 000元以上5 000元以下的标准处以罚款；给被派遣劳动者造成损害的，劳务派遣单位和用工单位承担连带赔偿责任。

## 第六章　附　　则

**第三十六条**　对违反劳动合同法和本条例的行为的投诉、举报，县级以上地方人民政府劳动行政部门依照《劳动保障监察条例》的规定处理。

**第三十七条**　劳动者与用人单位因订立、履行、变更、解除或者终止劳动合同发生争议的，依照《中华人民共和国劳动争议调解仲裁法》的规定处理。

**第三十八条**　本条例自公布之日起施行。

# 劳动保障监察条例

## 第一章　总　　则

**第一条**　为了贯彻实施劳动和社会保障(以下称劳动保障)法律、法规和规章,规范劳动保障监察工作,维护劳动者的合法权益,根据劳动法和有关法律,制定本条例。

**第二条**　对企业和个体工商户(以下称用人单位)进行劳动保障监察,适用本条例。

对职业介绍机构、职业技能培训机构和职业技能考核鉴定机构进行劳动保障监察,依照本条例执行。

**第三条**　国务院劳动保障行政部门主管全国的劳动保障监察工作。县级以上地方各级人民政府劳动保障行政部门主管本行政区域内的劳动保障监察工作。

县级以上各级人民政府有关部门根据各自职责,支持、协助劳动保障行政部门的劳动保障监察工作。

**第四条**　县级、设区的市级人民政府劳动保障行政部门可以委托符合监察执法条件的组织实施劳动保障监察。

劳动保障行政部门和受委托实施劳动保障监察的组织中的劳动保障监察员应当经过相应的考核或者考试录用。

劳动保障监察证件由国务院劳动保障行政部门监制。

**第五条**　县级以上地方各级人民政府应当加强劳动保障监察工作。劳动保障监察所需经费列入本级财政预算。

**第六条**　用人单位应当遵守劳动保障法律、法规和规章,接受并配合劳动保障监察。

**第七条**　各级工会依法维护劳动者的合法权益,对用人单位遵守劳动保障法律、法规和规章的情况进行监督。

劳动保障行政部门在劳动保障监察工作中应当注意听取工会组织的意见和建议。

**第八条**　劳动保障监察遵循公正、公开、高效、便民的原则。

实施劳动保障监察，坚持教育与处罚相结合，接受社会监督。

**第九条**　任何组织或者个人对违反劳动保障法律、法规或者规章的行为，有权向劳动保障行政部门举报。

劳动者认为用人单位侵犯其劳动保障合法权益的，有权向劳动保障行政部门投诉。

劳动保障行政部门应当为举报人保密；对举报属实，为查处重大违反劳动保障法律、法规或者规章的行为提供主要线索和证据的举报人，给予奖励。

## 第二章　劳动保障监察职责

**第十条**　劳动保障行政部门实施劳动保障监察，履行下列职责：

（一）宣传劳动保障法律、法规和规章，督促用人单位贯彻执行；

（二）检查用人单位遵守劳动保障法律、法规和规章的情况；

（三）受理对违反劳动保障法律、法规或者规章的行为的举报、投诉；

（四）依法纠正和查处违反劳动保障法律、法规或者规章的行为。

**第十一条**　劳动保障行政部门对下列事项实施劳动保障监察：

（一）用人单位制定内部劳动保障规章制度的情况；

（二）用人单位与劳动者订立劳动合同的情况；

（三）用人单位遵守禁止使用童工规定的情况；

（四）用人单位遵守女职工和未成年工特殊劳动保护规定的情况；

（五）用人单位遵守工作时间和休息休假规定的情况；

（六）用人单位支付劳动者工资和执行最低工资标准的情况；

（七）用人单位参加各项社会保险和缴纳社会保险费的情况；

（八）职业介绍机构、职业技能培训机构和职业技能考核鉴定机构遵守国家有关职业介绍、职业技能培训和职业技能考核鉴定的规定的情况；

（九）法律、法规规定的其他劳动保障监察事项。

**第十二条** 劳动保障监察员依法履行劳动保障监察职责，受法律保护。

劳动保障监察员应当忠于职守，秉公执法，勤政廉洁，保守秘密。

任何组织或者个人对劳动保障监察员的违法违纪行为，有权向劳动保障行政部门或者有关机关检举、控告。

## 第三章 劳动保障监察的实施

**第十三条** 对用人单位的劳动保障监察，由用人单位用工所在地的县级或者设区的市级劳动保障行政部门管辖。

上级劳动保障行政部门根据工作需要，可以调查处理下级劳动保障行政部门管辖的案件。劳动保障行政部门对劳动保障监察管辖发生争议的，报请共同的上一级劳动保障行政部门指定管辖。

省、自治区、直辖市人民政府可以对劳动保障监察的管辖制定具体办法。

**第十四条** 劳动保障监察以日常巡视检查、审查用人单位按照要求报送的书面材料以及接受举报投诉等形式进行。

劳动保障行政部门认为用人单位有违反劳动保障法律、法规或者规章的行为，需要进行调查处理的，应当及时立案。

劳动保障行政部门或者受委托实施劳动保障监察的组织应当设立举报、投诉信箱和电话。

对因违反劳动保障法律、法规或者规章的行为引起的群体性事件，劳动保障行政部门应当根据应急预案，迅速会同有关部门处理。

**第十五条** 劳动保障行政部门实施劳动保障监察，有权采取下列调查、检查措施：

（一）进入用人单位的劳动场所进行检查；

（二）就调查、检查事项询问有关人员；

（三）要求用人单位提供与调查、检查事项相关的文件资料，并作出解释和说明，必要时可以发出调查询问书；

（四）采取记录、录音、录像、照相或者复制等方式收集有关情况和资料；

（五）委托会计师事务所对用人单位工资支付、缴纳社会保险费的情况进行审计；

（六）法律、法规规定可以由劳动保障行政部门采取的其他调查、检查措施。

劳动保障行政部门对事实清楚、证据确凿、可以当场处理的违反劳动保障法律、法规或者规章的行为有权当场予以纠正。

**第十六条**　劳动保障监察员进行调查、检查，不得少于 2 人，并应当佩戴劳动保障监察标志、出示劳动保障监察证件。

劳动保障监察员办理的劳动保障监察事项与本人或者其近亲属有直接利害关系的，应当回避。

**第十七条**　劳动保障行政部门对违反劳动保障法律、法规或者规章的行为的调查，应当自立案之日起 60 个工作日内完成；对情况复杂的，经劳动保障行政部门负责人批准，可以延长 30 个工作日。

**第十八条**　劳动保障行政部门对违反劳动保障法律、法规或者规章的行为，根据调查、检查的结果，作出以下处理：

（一）对依法应当受到行政处罚的，依法作出行政处罚决定；

（二）对应当改正未改正的，依法责令改正或者作出相应的行政处理决定；

（三）对情节轻微且已改正的，撤销立案。

发现违法案件不属于劳动保障监察事项的，应当及时移送有关部门处理；涉嫌犯罪的，应当依法移送司法机关。

**第十九条**　劳动保障行政部门对违反劳动保障法律、法规或者规章的行为作出行政处罚或者行政处理决定前，应当听取用人单位的陈述、申辩；作出行政处罚或者行政处理决定，应当告知用人单位依法享有申请行政复议或者提起行政诉讼的权利。

**第二十条**　违反劳动保障法律、法规或者规章的行为在 2 年内未被劳动保障行政部门发现，也未被举报、投诉的，劳动保障行政部门不再查处。

前款规定的期限，自违反劳动保障法律、法规或者规章的行为发生之日起计算；违反劳动保障法律、法规或者规章的行为有连续或者继续状态的，自行为终了之日起计算。

**第二十一条** 用人单位违反劳动保障法律、法规或者规章，对劳动者造成损害的，依法承担赔偿责任。劳动者与用人单位就赔偿发生争议的，依照国家有关劳动争议处理的规定处理。

对应当通过劳动争议处理程序解决的事项或者已经按照劳动争议处理程序申请调解、仲裁或者已经提起诉讼的事项，劳动保障行政部门应当告知投诉人依照劳动争议处理或者诉讼的程序办理。

**第二十二条** 劳动保障行政部门应当建立用人单位劳动保障守法诚信档案。用人单位有重大违反劳动保障法律、法规或者规章的行为的，由有关的劳动保障行政部门向社会公布。

## 第四章 法律责任

**第二十三条** 用人单位有下列行为之一的，由劳动保障行政部门责令改正，按照受侵害的劳动者每人1 000元以上5 000元以下的标准计算，处以罚款：

（一）安排女职工从事矿山井下劳动、国家规定的第四级体力劳动强度的劳动或者其他禁忌从事的劳动的；

（二）安排女职工在经期从事高处、低温、冷水作业或者国家规定的第三级体力劳动强度的劳动的；

（三）安排女职工在怀孕期间从事国家规定的第三级体力劳动强度的劳动或者孕期禁忌从事的劳动的；

（四）安排怀孕7个月以上的女职工夜班劳动或者延长其工作时间的；

（五）女职工生育享受产假少于90天的；

（六）安排女职工在哺乳未满1周岁的婴儿期间从事国家规定的第三级体力劳动强度的劳动或者哺乳期禁忌从事的其他劳动，以及延长其工作时间或者安排其夜班劳动的；

（七）安排未成年工从事矿山井下、有毒有害、国家规定的第四级体力劳动强度的劳动或者其他禁忌从事的劳动的；

（八）未对未成年工定期进行健康检查的。

**第二十四条**　用人单位与劳动者建立劳动关系不依法订立劳动合同的，由劳动保障行政部门责令改正。

**第二十五条**　用人单位违反劳动保障法律、法规或者规章延长劳动者工作时间的，由劳动保障行政部门给予警告，责令限期改正，并可以按照受侵害的劳动者每人100元以上500元以下的标准计算，处以罚款。

**第二十六条**　用人单位有下列行为之一的，由劳动保障行政部门分别责令限期支付劳动者的工资报酬、劳动者工资低于当地最低工资标准的差额或者解除劳动合同的经济补偿；逾期不支付的，责令用人单位按照应付金额50%以上1倍以下的标准计算，向劳动者加付赔偿金：

（一）克扣或者无故拖欠劳动者工资报酬的；

（二）支付劳动者的工资低于当地最低工资标准的；

（三）解除劳动合同未依法给予劳动者经济补偿的。

**第二十七条**　用人单位向社会保险经办机构申报应缴纳的社会保险费数额时，瞒报工资总额或者职工人数的，由劳动保障行政部门责令改正，并处瞒报工资数额1倍以上3倍以下的罚款。

骗取社会保险待遇或者骗取社会保险基金支出的，由劳动保障行政部门责令退还，并处骗取金额1倍以上3倍以下的罚款；构成犯罪的，依法追究刑事责任。

**第二十八条**　职业介绍机构、职业技能培训机构或者职业技能考核鉴定机构违反国家有关职业介绍、职业技能培训或者职业技能考核鉴定的规定的，由劳动保障行政部门责令改正，没收违法所得，并处1万元以上5万元以下的罚款；情节严重的，吊销许可证。

未经劳动保障行政部门许可，从事职业介绍、职业技能培训或者职业技能考核鉴定的组织或者个人，由劳动保障行政部门、工商行政管理部门依照国家有关无照经营查处取缔的规定查处取缔。

**第二十九条** 用人单位违反《中华人民共和国工会法》，有下列行为之一的，由劳动保障行政部门责令改正：

（一）阻挠劳动者依法参加和组织工会，或者阻挠上级工会帮助、指导劳动者筹建工会的；

（二）无正当理由调动依法履行职责的工会工作人员的工作岗位，进行打击报复的；

（三）劳动者因参加工会活动而被解除劳动合同的；

（四）工会工作人员因依法履行职责被解除劳动合同的。

**第三十条** 有下列行为之一的，由劳动保障行政部门责令改正；对有第（一）项、第（二）项或者第（三）项规定的行为的，处2 000元以上2万元以下的罚款：

（一）无理抗拒、阻挠劳动保障行政部门依照本条例的规定实施劳动保障监察的；

（二）不按照劳动保障行政部门的要求报送书面材料，隐瞒事实真相，出具伪证或者隐匿、毁灭证据的；

（三）经劳动保障行政部门责令改正拒不改正，或者拒不履行劳动保障行政部门的行政处理决定的；

（四）打击报复举报人、投诉人的。

违反前款规定，构成违反治安管理行为的，由公安机关依法给予治安管理处罚；构成犯罪的，依法追究刑事责任。

**第三十一条** 劳动保障监察员滥用职权、玩忽职守、徇私舞弊或者泄露在履行职责过程中知悉的商业秘密的，依法给予行政处分；构成犯罪的，依法追究刑事责任。

劳动保障行政部门和劳动保障监察员违法行使职权，侵犯用人单位或者劳动者的合法权益的，依法承担赔偿责任。

**第三十二条** 属于本条例规定的劳动保障监察事项，法律、其他行政法规对处罚另有规定的，从其规定。

## 第五章　附　　则

**第三十三条**　对无营业执照或者已被依法吊销营业执照，有劳动用工行为的，由劳动保障行政部门依照本条例实施劳动保障监察，并及时通报工商行政管理部门予以查处取缔。

**第三十四条**　国家机关、事业单位、社会团体执行劳动保障法律、法规和规章的情况，由劳动保障行政部门根据其职责，依照本条例实施劳动保障监察。

**第三十五条**　劳动安全卫生的监督检查，由卫生部门、安全生产监督管理部门、特种设备安全监督管理部门等有关部门依照有关法律、行政法规的规定执行。

**第三十六条**　本条例自 2004 年 12 月 1 日起施行。

# 工伤保险条例

（2003 年 4 月 27 日中华人民共和国国务院令第 375 号公布，根据 2010 年 12 月 20 日《国务院关于修改〈工伤保险条例〉的决定》修订）

## 第一章　总　　则

**第一条**　为了保障因工作遭受事故伤害或者患职业病的职工获得医疗救治和经济补偿，促进工伤预防和职业康复，分散用人单位的工伤风险，制定本条例。

**第二条**　中华人民共和国境内的企业、事业单位、社会团体、民办非企业单位、基金会、律师事务所、会计师事务所等组织和有雇工的个体工商户（以下称用人单位）应当依照本条例规定参加工伤保险，为本单位全部职工或者雇工（以下称职工）缴纳工伤保险费。

中华人民共和国境内的企业、事业单位、社会团体、民办非企业单位、基金会、律师事务所、会计师事务所等组织的职工和个体工商户的雇工，均有依照本条例的规定享受工伤保险待遇的权利。

**第三条**　工伤保险费的征缴按照《社会保险费征缴暂行条例》关于基本养老保险费、基本医疗保险费、失业保险费的征缴规定执行。

**第四条**　用人单位应当将参加工伤保险的有关情况在本单位内公示。

用人单位和职工应当遵守有关安全生产和职业病防治的法律法规，执行安全卫生规程和标准，预防工伤事故发生，避免和减少职业病危害。

职工发生工伤时，用人单位应当采取措施使工伤职工得到及时救治。

**第五条**　国务院社会保险行政部门负责全国的工伤保险工作。

县级以上地方各级人民政府社会保险行政部门负责本行政区域内

的工伤保险工作。

社会保险行政部门按照国务院有关规定设立的社会保险经办机构（以下称经办机构）具体承办工伤保险事务。

**第六条**　社会保险行政部门等部门制定工伤保险的政策、标准，应当征求工会组织、用人单位代表的意见。

## 第二章　工伤保险基金

**第七条**　工伤保险基金由用人单位缴纳的工伤保险费、工伤保险基金的利息和依法纳入工伤保险基金的其他资金构成。

**第八条**　工伤保险费根据以支定收、收支平衡的原则，确定费率。

国家根据不同行业的工伤风险程度确定行业的差别费率，并根据工伤保险费使用、工伤发生率等情况在每个行业内确定若干费率档次。行业差别费率及行业内费率档次由国务院社会保险行政部门制定，报国务院批准后公布施行。

统筹地区经办机构根据用人单位工伤保险费使用、工伤发生率等情况，适用所属行业内相应的费率档次确定单位缴费费率。

**第九条**　国务院社会保险行政部门应当定期了解全国各统筹地区工伤保险基金收支情况，及时提出调整行业差别费率及行业内费率档次的方案，报国务院批准后公布施行。

**第十条**　用人单位应当按时缴纳工伤保险费。职工个人不缴纳工伤保险费。

用人单位缴纳工伤保险费的数额为本单位职工工资总额乘以单位缴费费率之积。

对难以按照工资总额缴纳工伤保险费的行业，其缴纳工伤保险费的具体方式，由国务院社会保险行政部门规定。

**第十一条**　工伤保险基金逐步实行省级统筹。

跨地区、生产流动性较大的行业，可以采取相对集中的方式异地参加统筹地区的工伤保险。具体办法由国务院社会保险行政部门会同有关行业的主管部门制定。

**第十二条** 工伤保险基金存入社会保障基金财政专户，用于本条例规定的工伤保险待遇，劳动能力鉴定，工伤预防的宣传、培训等费用，以及法律、法规规定的用于工伤保险的其他费用的支付。

工伤预防费用的提取比例、使用和管理的具体办法，由国务院社会保险行政部门会同国务院财政、卫生行政、安全生产监督管理等部门规定。

任何单位或者个人不得将工伤保险基金用于投资运营、兴建或者改建办公场所、发放奖金，或者挪作其他用途。

**第十三条** 工伤保险基金应当留有一定比例的储备金，用于统筹地区重大事故的工伤保险待遇支付；储备金不足支付的，由统筹地区的人民政府垫付。储备金占基金总额的具体比例和储备金的使用办法，由省、自治区、直辖市人民政府规定。

## 第三章 工伤认定

**第十四条** 职工有下列情形之一的，应当认定为工伤：

（一）在工作时间和工作场所内，因工作原因受到事故伤害的；

（二）工作时间前后在工作场所内，从事与工作有关的预备性或者收尾性工作受到事故伤害的；

（三）在工作时间和工作场所内，因履行工作职责受到暴力等意外伤害的；

（四）患职业病的；

（五）因工外出期间，由于工作原因受到伤害或者发生事故下落不明的；

（六）在上下班途中，受到非本人主要责任的交通事故或者城市轨道交通、客运轮渡、火车事故伤害的；

（七）法律、行政法规规定应当认定为工伤的其他情形。

**第十五条** 职工有下列情形之一的，视同工伤：

（一）在工作时间和工作岗位，突发疾病死亡或者在48小时之内经抢救无效死亡的；

（二）在抢险救灾等维护国家利益、公共利益活动中受到伤害的；

（三）职工原在军队服役，因战、因公负伤致残，已取得革命伤残军人证，到用人单位后旧伤复发的。

职工有前款第（一）项、第（二）项情形的，按照本条例的有关规定享受工伤保险待遇；职工有前款第（三）项情形的，按照本条例的有关规定享受除一次性伤残补助金以外的工伤保险待遇。

**第十六条**　职工符合本条例第十四条、第十五条的规定，但是有下列情形之一的，不得认定为工伤或者视同工伤：

（一）故意犯罪的；

（二）醉酒或者吸毒的；

（三）自残或者自杀的。

**第十七条**　职工发生事故伤害或者按照职业病防治法规定被诊断、鉴定为职业病，所在单位应当自事故伤害发生之日或者被诊断、鉴定为职业病之日起30日内，向统筹地区社会保险行政部门提出工伤认定申请。遇有特殊情况，经报社会保险行政部门同意，申请时限可以适当延长。

用人单位未按前款规定提出工伤认定申请的，工伤职工或者其近亲属、工会组织在事故伤害发生之日或者被诊断、鉴定为职业病之日起1年内，可以直接向用人单位所在地统筹地区社会保险行政部门提出工伤认定申请。

按照本条第一款规定应当由省级社会保险行政部门进行工伤认定的事项，根据属地原则由用人单位所在地的设区的市级社会保险行政部门办理。

用人单位未在本条第一款规定的时限内提交工伤认定申请，在此期间发生符合本条例规定的工伤待遇等有关费用由该用人单位负担。

**第十八条**　提出工伤认定申请应当提交下列材料：

（一）工伤认定申请表；

（二）与用人单位存在劳动关系（包括事实劳动关系）的证明材料；

（三）医疗诊断证明或者职业病诊断证明书（或者职业病诊断鉴定书）。

工伤认定申请表应当包括事故发生的时间、地点、原因以及职工伤害程度等基本情况。

工伤认定申请人提供材料不完整的，社会保险行政部门应当一次性书面告知工伤认定申请人需要补正的全部材料。申请人按照书面告知要求补正材料后，社会保险行政部门应当受理。

**第十九条** 社会保险行政部门受理工伤认定申请后，根据审核需要可以对事故伤害进行调查核实，用人单位、职工、工会组织、医疗机构以及有关部门应当予以协助。职业病诊断和诊断争议的鉴定，依照职业病防治法的有关规定执行。对依法取得职业病诊断证明书或者职业病诊断鉴定书的，社会保险行政部门不再进行调查核实。

职工或者其近亲属认为是工伤，用人单位不认为是工伤的，由用人单位承担举证责任。

**第二十条** 社会保险行政部门应当自受理工伤认定申请之日起60日内作出工伤认定的决定，并书面通知申请工伤认定的职工或者其近亲属和该职工所在单位。

社会保险行政部门对受理的事实清楚、权利义务明确的工伤认定申请，应当在15日内作出工伤认定的决定。

作出工伤认定决定需要以司法机关或者有关行政主管部门的结论为依据的，在司法机关或者有关行政主管部门尚未作出结论期间，作出工伤认定决定的时限中止。

社会保险行政部门工作人员与工伤认定申请人有利害关系的，应当回避。

## 第四章　劳动能力鉴定

**第二十一条** 职工发生工伤，经治疗伤情相对稳定后存在残疾、影响劳动能力的，应当进行劳动能力鉴定。

**第二十二条** 劳动能力鉴定是指劳动功能障碍程度和生活自理障碍程度的等级鉴定。

劳动功能障碍分为十个伤残等级，最重的为一级，最轻的为十级。

生活自理障碍分为三个等级：生活完全不能自理、生活大部分不能自理和生活部分不能自理。

劳动能力鉴定标准由国务院社会保险行政部门会同国务院卫生行政部门等部门制定。

**第二十三条**　劳动能力鉴定由用人单位、工伤职工或者其近亲属向设区的市级劳动能力鉴定委员会提出申请，并提供工伤认定决定和职工工伤医疗的有关资料。

**第二十四条**　省、自治区、直辖市劳动能力鉴定委员会和设区的市级劳动能力鉴定委员会分别由省、自治区、直辖市和设区的市级社会保险行政部门、卫生行政部门、工会组织、经办机构代表以及用人单位代表组成。

劳动能力鉴定委员会建立医疗卫生专家库。列入专家库的医疗卫生专业技术人员应当具备下列条件：

（一）具有医疗卫生高级专业技术职务任职资格；

（二）掌握劳动能力鉴定的相关知识；

（三）具有良好的职业品德。

**第二十五条**　设区的市级劳动能力鉴定委员会收到劳动能力鉴定申请后，应当从其建立的医疗卫生专家库中随机抽取3名或者5名相关专家组成专家组，由专家组提出鉴定意见。设区的市级劳动能力鉴定委员会根据专家组的鉴定意见作出工伤职工劳动能力鉴定结论；必要时，可以委托具备资格的医疗机构协助进行有关的诊断。

设区的市级劳动能力鉴定委员会应当自收到劳动能力鉴定申请之日起60日内作出劳动能力鉴定结论，必要时，作出劳动能力鉴定结论的期限可以延长30日。劳动能力鉴定结论应当及时送达申请鉴定的单位和个人。

**第二十六条**　申请鉴定的单位或者个人对设区的市级劳动能力鉴定委员会作出的鉴定结论不服的，可以在收到该鉴定结论之日起15日内向省、自治区、直辖市劳动能力鉴定委员会提出再次鉴定申请。省、自治区、直辖市劳动能力鉴定委员会作出的劳动能力鉴定结论为最终结论。

**第二十七条** 劳动能力鉴定工作应当客观、公正。劳动能力鉴定委员会组成人员或者参加鉴定的专家与当事人有利害关系的，应当回避。

**第二十八条** 自劳动能力鉴定结论作出之日起1年后，工伤职工或者其近亲属、所在单位或者经办机构认为伤残情况发生变化的，可以申请劳动能力复查鉴定。

**第二十九条** 劳动能力鉴定委员会依照本条例第二十六条和第二十八条的规定进行再次鉴定和复查鉴定的期限，依照本条例第二十五条第二款的规定执行。

## 第五章　工伤保险待遇

**第三十条** 职工因工作遭受事故伤害或者患职业病进行治疗，享受工伤医疗待遇。

职工治疗工伤应当在签订服务协议的医疗机构就医，情况紧急时可以先到就近的医疗机构急救。

治疗工伤所需费用符合工伤保险诊疗项目目录、工伤保险药品目录、工伤保险住院服务标准的，从工伤保险基金支付。工伤保险诊疗项目目录、工伤保险药品目录、工伤保险住院服务标准，由国务院社会保险行政部门会同国务院卫生行政部门、食品药品监督管理部门等部门规定。

职工住院治疗工伤的伙食补助费，以及经医疗机构出具证明，报经办机构同意，工伤职工到统筹地区以外就医所需的交通、食宿费用从工伤保险基金支付，基金支付的具体标准由统筹地区人民政府规定。

工伤职工治疗非工伤引发的疾病，不享受工伤医疗待遇，按照基本医疗保险办法处理。

工伤职工到签订服务协议的医疗机构进行工伤康复的费用，符合规定的，从工伤保险基金支付。

**第三十一条** 社会保险行政部门作出认定为工伤的决定后发生行政复议、行政诉讼的，行政复议和行政诉讼期间不停止支付工伤职工治疗工伤的医疗费用。

**第三十二条**　工伤职工因日常生活或者就业需要，经劳动能力鉴定委员会确认，可以安装假肢、矫形器、假眼、假牙和配置轮椅等辅助器具，所需费用按照国家规定的标准从工伤保险基金支付。

**第三十三条**　职工因工作遭受事故伤害或者患职业病需要暂停工作接受工伤医疗的，在停工留薪期内，原工资福利待遇不变，由所在单位按月支付。

停工留薪期一般不超过12个月。伤情严重或者情况特殊，经设区的市级劳动能力鉴定委员会确认，可以适当延长，但延长不得超过12个月。工伤职工评定伤残等级后，停发原待遇，按照本章的有关规定享受伤残待遇。工伤职工在停工留薪期满后仍需治疗的，继续享受工伤医疗待遇。

生活不能自理的工伤职工在停工留薪期需要护理的，由所在单位负责。

**第三十四条**　工伤职工已经评定伤残等级并经劳动能力鉴定委员会确认需要生活护理的，从工伤保险基金按月支付生活护理费。

生活护理费按照生活完全不能自理、生活大部分不能自理或者生活部分不能自理3个不同等级支付，其标准分别为统筹地区上年度职工月平均工资的50％、40％或者30％。

**第三十五条**　职工因工致残被鉴定为一级至四级伤残的，保留劳动关系，退出工作岗位，享受以下待遇：

（一）从工伤保险基金按伤残等级支付一次性伤残补助金，标准为：一级伤残为27个月的本人工资，二级伤残为25个月的本人工资，三级伤残为23个月的本人工资，四级伤残为21个月的本人工资；

（二）从工伤保险基金按月支付伤残津贴，标准为：一级伤残为本人工资的90％，二级伤残为本人工资的85％，三级伤残为本人工资的80％，四级伤残为本人工资的75％。伤残津贴实际金额低于当地最低工资标准的，由工伤保险基金补足差额；

（三）工伤职工达到退休年龄并办理退休手续后，停发伤残津贴，按照国家有关规定享受基本养老保险待遇。基本养老保险待遇低于伤残津贴的，由工伤保险基金补足差额。

职工因工致残被鉴定为一级至四级伤残的，由用人单位和职工个人以伤残津贴为基数，缴纳基本医疗保险费。

**第三十六条** 职工因工致残被鉴定为五级、六级伤残的，享受以下待遇：

（一）从工伤保险基金按伤残等级支付一次性伤残补助金，标准为：五级伤残为 18 个月的本人工资，六级伤残为 16 个月的本人工资；

（二）保留与用人单位的劳动关系，由用人单位安排适当工作。难以安排工作的，由用人单位按月发给伤残津贴，标准为：五级伤残为本人工资的 70%，六级伤残为本人工资的 60%，并由用人单位按照规定为其缴纳应缴纳的各项社会保险费。伤残津贴实际金额低于当地最低工资标准的，由用人单位补足差额。

经工伤职工本人提出，该职工可以与用人单位解除或者终止劳动关系，由工伤保险基金支付一次性工伤医疗补助金，由用人单位支付一次性伤残就业补助金。一次性工伤医疗补助金和一次性伤残就业补助金的具体标准由省、自治区、直辖市人民政府规定。

**第三十七条** 职工因工致残被鉴定为七级至十级伤残的，享受以下待遇：

（一）从工伤保险基金按伤残等级支付一次性伤残补助金，标准为：七级伤残为 13 个月的本人工资，八级伤残为 11 个月的本人工资，九级伤残为 9 个月的本人工资，十级伤残为 7 个月的本人工资；

（二）劳动、聘用合同期满终止，或者职工本人提出解除劳动、聘用合同的，由工伤保险基金支付一次性工伤医疗补助金，由用人单位支付一次性伤残就业补助金。一次性工伤医疗补助金和一次性伤残就业补助金的具体标准由省、自治区、直辖市人民政府规定。

**第三十八条** 工伤职工工伤复发，确认需要治疗的，享受本条例第三十条、第三十二条和第三十三条规定的工伤待遇。

**第三十九条** 职工因工死亡，其近亲属按照下列规定从工伤保险基金领取丧葬补助金、供养亲属抚恤金和一次性工亡补助金：

（一）丧葬补助金为 6 个月的统筹地区上年度职工月平均工资；

（二）供养亲属抚恤金按照职工本人工资的一定比例发给由因工死亡职工生前提供主要生活来源、无劳动能力的亲属。标准为：配偶每月40%，其他亲属每人每月30%，孤寡老人或者孤儿每人每月在上述标准的基础上增加10%。核定的各供养亲属的抚恤金之和不应高于因工死亡职工生前的工资。供养亲属的具体范围由国务院社会保险行政部门规定；

（三）一次性工亡补助金标准为上一年度全国城镇居民人均可支配收入的20倍。

伤残职工在停工留薪期内因工伤导致死亡的，其近亲属享受本条第一款规定的待遇。

一级至四级伤残职工在停工留薪期满后死亡的，其近亲属可以享受本条第一款第（一）项、第（二）项规定的待遇。

**第四十条** 伤残津贴、供养亲属抚恤金、生活护理费由统筹地区社会保险行政部门根据职工平均工资和生活费用变化等情况适时调整。调整办法由省、自治区、直辖市人民政府规定。

**第四十一条** 职工因工外出期间发生事故或者在抢险救灾中下落不明的，从事故发生当月起3个月内照发工资，从第4个月起停发工资，由工伤保险基金向其供养亲属按月支付供养亲属抚恤金。生活有困难的，可以预支一次性工亡补助金的50%。职工被人民法院宣告死亡的，按照本条例第三十九条职工因工死亡的规定处理。

**第四十二条** 工伤职工有下列情形之一的，停止享受工伤保险待遇：

（一）丧失享受待遇条件的；

（二）拒不接受劳动能力鉴定的。

**第四十三条** 用人单位分立、合并、转让的，承继单位应当承担原用人单位的工伤保险责任；原用人单位已经参加工伤保险的，承继单位应当到当地经办机构办理工伤保险变更登记。

用人单位实行承包经营的，工伤保险责任由职工劳动关系所在单位承担。

职工被借调期间受到工伤事故伤害的，由原用人单位承担工伤保险责任，但原用人单位与借调单位可以约定补偿办法。

企业破产的，在破产清算时依法拨付应当由单位支付的工伤保险待遇费用。

**第四十四条** 职工被派遣出境工作，依据前往国家或者地区的法律应当参加当地工伤保险的，参加当地工伤保险，其国内工伤保险关系中止；不能参加当地工伤保险的，其国内工伤保险关系不中止。

**第四十五条** 职工再次发生工伤，根据规定应当享受伤残津贴的，按照新认定的伤残等级享受伤残津贴待遇。

## 第六章 监督管理

**第四十六条** 经办机构具体承办工伤保险事务，履行下列职责：

（一）根据省、自治区、直辖市人民政府规定，征收工伤保险费；

（二）核查用人单位的工资总额和职工人数，办理工伤保险登记，并负责保存用人单位缴费和职工享受工伤保险待遇情况的记录；

（三）进行工伤保险的调查、统计；

（四）按照规定管理工伤保险基金的支出；

（五）按照规定核定工伤保险待遇；

（六）为工伤职工或者其近亲属免费提供咨询服务。

**第四十七条** 经办机构与医疗机构、辅助器具配置机构在平等协商的基础上签订服务协议，并公布签订服务协议的医疗机构、辅助器具配置机构的名单。具体办法由国务院社会保险行政部门分别会同国务院卫生行政部门、民政部门等部门制定。

**第四十八条** 经办机构按照协议和国家有关目录、标准对工伤职工医疗费用、康复费用、辅助器具费用的使用情况进行核查，并按时足额结算费用。

**第四十九条** 经办机构应当定期公布工伤保险基金的收支情况，及时向社会保险行政部门提出调整费率的建议。

**第五十条** 社会保险行政部门、经办机构应当定期听取工伤职工、医疗机构、辅助器具配置机构以及社会各界对改进工伤保险工作的意见。

**第五十一条** 社会保险行政部门依法对工伤保险费的征缴和工伤保险基金的支付情况进行监督检查。

财政部门和审计机关依法对工伤保险基金的收支、管理情况进行监督。

**第五十二条** 任何组织和个人对有关工伤保险的违法行为，有权举报。社会保险行政部门对举报应当及时调查，按照规定处理，并为举报人保密。

**第五十三条** 工会组织依法维护工伤职工的合法权益，对用人单位的工伤保险工作实行监督。

**第五十四条** 职工与用人单位发生工伤待遇方面的争议，按照处理劳动争议的有关规定处理。

**第五十五条** 有下列情形之一的，有关单位或者个人可以依法申请行政复议，也可以依法向人民法院提起行政诉讼：

（一）申请工伤认定的职工或者其近亲属、该职工所在单位对工伤认定申请不予受理的决定不服的；

（二）申请工伤认定的职工或者其近亲属、该职工所在单位对工伤认定结论不服的；

（三）用人单位对经办机构确定的单位缴费费率不服的；

（四）签订服务协议的医疗机构、辅助器具配置机构认为经办机构未履行有关协议或者规定的；

（五）工伤职工或者其近亲属对经办机构核定的工伤保险待遇有异议的。

## 第七章 法律责任

**第五十六条** 单位或者个人违反本条例第十二条规定挪用工伤保险基金，构成犯罪的，依法追究刑事责任；尚不构成犯罪的，依法给予处分或者纪律处分。被挪用的基金由社会保险行政部门追回，并入工伤保险基金；没收的违法所得依法上缴国库。

**第五十七条** 社会保险行政部门工作人员有下列情形之一的，依法给予处分；情节严重，构成犯罪的，依法追究刑事责任：

（一）无正当理由不受理工伤认定申请，或者弄虚作假将不符合工伤条件的人员认定为工伤职工的；

（二）未妥善保管申请工伤认定的证据材料，致使有关证据灭失的；

（三）收受当事人财物的。

**第五十八条** 经办机构有下列行为之一的，由社会保险行政部门责令改正，对直接负责的主管人员和其他责任人员依法给予纪律处分；情节严重，构成犯罪的，依法追究刑事责任；造成当事人经济损失的，由经办机构依法承担赔偿责任：

（一）未按规定保存用人单位缴费和职工享受工伤保险待遇情况记录的；

（二）不按规定核定工伤保险待遇的；

（三）收受当事人财物的。

**第五十九条** 医疗机构、辅助器具配置机构不按服务协议提供服务的，经办机构可以解除服务协议。

经办机构不按时足额结算费用的，由社会保险行政部门责令改正；医疗机构、辅助器具配置机构可以解除服务协议。

**第六十条** 用人单位、工伤职工或者其近亲属骗取工伤保险待遇，医疗机构、辅助器具配置机构骗取工伤保险基金支出的，由社会保险行政部门责令退还，处骗取金额 2 倍以上 5 倍以下的罚款；情节严重，构成犯罪的，依法追究刑事责任。

**第六十一条** 从事劳动能力鉴定的组织或者个人有下列情形之一的，由社会保险行政部门责令改正，处 2 000 元以上 1 万元以下的罚款；情节严重，构成犯罪的，依法追究刑事责任：

（一）提供虚假鉴定意见的；

（二）提供虚假诊断证明的；

（三）收受当事人财物的。

**第六十二条** 用人单位依照本条例规定应当参加工伤保险而未参加的，由社会保险行政部门责令限期参加，补缴应当缴纳的工伤保险费，并自欠缴之日起，按日加收万分之五的滞纳金；逾期仍不缴纳的，处欠缴数额1倍以上3倍以下的罚款。

依照本条例规定应当参加工伤保险而未参加工伤保险的用人单位职工发生工伤的，由该用人单位按照本条例规定的工伤保险待遇项目和标准支付费用。

用人单位参加工伤保险并补缴应当缴纳的工伤保险费、滞纳金后，由工伤保险基金和用人单位依照本条例的规定支付新发生的费用。

**第六十三条**　用人单位违反本条例第十九条的规定，拒不协助社会保险行政部门对事故进行调查核实的，由社会保险行政部门责令改正，处2 000元以上2万元以下的罚款。

## 第八章　附　　则

**第六十四条**　本条例所称工资总额，是指用人单位直接支付给本单位全部职工的劳动报酬总额。

本条例所称本人工资，是指工伤职工因工作遭受事故伤害或者患职业病前12个月平均月缴费工资。本人工资高于统筹地区职工平均工资300％的，按照统筹地区职工平均工资的300％计算；本人工资低于统筹地区职工平均工资60％的，按照统筹地区职工平均工资的60％计算。

**第六十五条**　公务员和参照公务员法管理的事业单位、社会团体的工作人员因工作遭受事故伤害或者患职业病的，由所在单位支付费用。具体办法由国务院社会保险行政部门会同国务院财政部门规定。

**第六十六条**　无营业执照或者未经依法登记、备案的单位以及被依法吊销营业执照或者撤销登记、备案的单位的职工受到事故伤害或者患职业病的，由该单位向伤残职工或者死亡职工的近亲属给予一次性赔偿，赔偿标准不得低于本条例规定的工伤保险待遇；用人单位不得使用童工，用人单位使用童工造成童工伤残、死亡的，由该单位向童工或者童工的近亲属给予一次性赔偿，赔偿标准不得低于本条例规定的工伤保险待遇。具体办法由国务院社会保险行政部门规定。

前款规定的伤残职工或者死亡职工的近亲属就赔偿数额与单位发生争议的，以及前款规定的童工或者童工的近亲属就赔偿数额与单位发生争议的，按照处理劳动争议的有关规定处理。

**第六十七条** 本条例自 2004 年 1 月 1 日起施行。本条例施行前已受到事故伤害或者患职业病的职工尚未完成工伤认定的，按照本条例的规定执行。

# 失业保险条例

## 第一章　总　　则

**第一条**　为了保障失业人员失业期间的基本生活，促进其再就业，制定本条例。

**第二条**　城镇企业事业单位、城镇企业事业单位职工依照本条例的规定，缴纳失业保险费。

城镇企业事业单位失业人员依照本条例的规定，享受失业保险待遇。

本条所称城镇企业，是指国有企业、城镇集体企业、外商投资企业、城镇私营企业以及其他城镇企业。

**第三条**　国务院劳动保障行政部门主管全国的失业保险工作。县级以上地方各级人民政府劳动保障行政部门主管本行政区域内的失业保险工作。劳动保障行政部门按照国务院规定设立的经办失业保险业务的社会保险经办机构依照本条例的规定，具体承办失业保险工作。

**第四条**　失业保险费按照国家有关规定征缴。

## 第二章　失业保险基金

**第五条**　失业保险基金由下列各项构成：

（一）城镇企业事业单位、城镇企业事业单位职工缴纳的失业保险费；

（二）失业保险基金的利息；

（三）财政补贴；

（四）依法纳入失业保障基金的其他资金。

**第六条**　城镇企业事业单位按照本单位工资总额的百分之二缴纳

失业保险费。城镇企业事业单位职工按照本人工资的百分之一缴纳失业保险费。城镇企业事业单位招用的农民合同制工人本人不缴纳失业保险费。

**第七条** 失业保险基金在直辖市和设区的市实行全市统筹；其他地区的统筹层次由省、自治区人民政府规定。

**第八条** 省、自治区可以建立失业保险调剂金。

失业保险调剂金以统筹地区依法应当征收的失业保险费为基数，按照省、自治区人民政府规定的比例筹集。

统筹地区的失业保险基金不敷使用时，由失业保险调剂金调剂、地方财政补贴。

失业保险调剂金的筹集、调剂使用以及地方财政补贴的具体办法，由省、自治区人民政府规定。

**第九条** 省、自治区、直辖市人民政府根据本行政区域失业人员数量和失业保险基金数额，报经国务院批准，可以适当调整本行政区域失业保险费的费率。

**第十条** 失业保险基金用于下列支出：

（一）失业保险金；

（二）领取失业保险金期间的医疗补助金；

（三）领取失业保险金期间死亡的失业人员的丧葬补助金和其供养的配偶、直系亲属的抚恤金；

（四）领取失业保险金期间接受职业培训、职业介绍的补贴，补贴的办法和标准由省、自治区、直辖市人民政府规定；

（五）国务院规定或者批准的与失业保险有关的其他费用。

**第十一条** 失业保险基金必须存入财政部门在国有商业银行开设的社会保障基金财政专户，实行收支两条线管理，由财政部门依法进行监督。

存入银行和按照国家规定购买国债的失业保险基金，分别按照城乡居民同期存款利率和国债利息计息。失业保险基金的利息并入失业保险基金。

失业保险基金专款专用，不得挪作他用，不得用于平衡财政收支。

**第十二条**　失业保险基金收支的预算、决算，由统筹地区社会保险经办机构编制，经同级劳动保障行政部门复核、同级财政部门审核，报同级人民政府审批。

**第十三条**　失业保险基金的财务制度和会计制度按照国家有关规定执行。

## 第三章　失业保险待遇

**第十四条**　具备下列条件的失业人员，可以领取失业保险金：

（一）按照规定参加失业保险，所在单位和本人已按照规定履行缴费义务满1年的；

（二）非因本人意愿中断就业的；

（三）已办理失业登记，并有求职要求的。

失业人员在领取失业保险金期间，按照规定同时享受其他失业保险待遇。

**第十五条**　失业人员在领取失业保险金期间有下列情形之一的，停止领取失业保险金，并同时停止享受其他失业保险待遇：

（一）重新就业的；

（二）应征服兵役的；

（三）移居境外的；

（四）享受基本养老保险待遇的；

（五）被判刑收监执行或者被劳动教养的；

（六）无正当理由，拒不接受当地人民政府指定的部门或者机构介绍的工作的；

（七）有法律、行政法规规定的其他情形的。

**第十六条**　城镇企业事业单位应当及时为失业人员出具终止或者解除劳动关系的证明，告知其按照规定享受失业保险待遇的权利，并将失业人员的名单自终止或者解除劳动关系之日起7日内报社会保险经办机构备案。

城镇企业事业单位职工失业后，应当持本单位为其出具的终止或者解除劳动关系的证明,及时到指定的社会保险经办机构办理失业登记。失业保险金自办理失业登记之日起计算。

失业保险金由社会保险经办机构按月发放。社会保险经办机构为失业人员开具领取失业保险金的单证,失业人员凭单证到指定银行领取失业保险金。

**第十七条** 失业人员失业前所在单位和本人按照规定累计缴费时间满 1 年不足 5 年的,领取失业保险金的期限最长为 12 个月;累计缴费时间满 5 年不足 10 年的,领取失业保险金的期限最长为 18 个月;累计缴费时间 10 年以上的,领取失业保险金的期限最长为 24 个月。重新就业后,再次失业的,缴费时间重新计算,领取失业保险金的期限可以与前次失业应领取而尚未领取的失业保险金的期限合并计算,但是最长不得超过 24 个月。

**第十八条** 失业保险金的标准,按照低于当地最低工资标准、高于城市居民最低生活保障标准的水平,由省、自治区、直辖市人民政府确定。

**第十九条** 失业人员在领取失业保险金期间患病就医的,可以按照规定向社会保险经办机构申请领取医疗补助金。医疗补助金的标准由省、自治区、直辖市人民政府规定。

**第二十条** 失业人员在领取失业保险金期间死亡的,参照当地对在职职工的规定,对其家属一次性发给丧葬补助金和抚恤金。

**第二十一条** 单位招用的农民合同制工人连续工作满 1 年,本单位并已缴纳失业保险费,劳动合同期满未续订或者提前解除劳动合同的,由社会保险经办机构根据其工作时间长短,对其支付一次性生活补助。补助的办法和标准由省、自治区、直辖市人民政府规定。

**第二十二条** 城镇企业事业单位成建制跨统筹地区转移,失业人员跨统筹地区流动的,失业保险关系随之转迁。

**第二十三条** 失业人员符合城市居民最低生活保障条件的,按照规定享受城市居民最低生活保障待遇。

## 第四章　管理和监督

**第二十四条**　劳动保障行政部门管理失业保险工作，履行下列职责：

（一）贯彻实施失业保险法律、法规；

（二）指导社会保险经办机构的工作；

（三）对失业保险费的征收和失业保险待遇的支付进行监督检查。

**第二十五条**　社会保险经办机构具体承办失业保险工作，履行下列职责：

（一）负责失业人员的登记、调查、统计；

（二）按照规定负责失业保险基金的管理；

（三）按照规定核定失业保险待遇，开具失业人员在指定银行领取失业保险金和其他补助金的单证；

（四）拨付失业人员职业培训、职业介绍补贴费用；

（五）为失业人员提供免费咨询服务；

（六）国家规定由其履行的其他职责。

**第二十六条**　财政部门和审计部门依法对失业保险基金的收支、管理情况进行监督。

**第二十七条**　社会保险经办机构所需经费列入预算，由财政拨付。

## 第五章　罚　　则

**第二十八条**　不符合享受失业保险待遇条件，骗取失业保险金和其他失业保险待遇的，由社会保险经办机构责令退还；情节严重的，由劳动保障行政部门处骗取金额1倍以上3倍以下的罚款。

**第二十九条**　社会保险经办机构工作人员违反规定向失业人员开具领取失业保险金或者享受其他失业保险待遇单证，致使失业保险基金损失的，由劳动保障行政部门责令追回；情节严重的，依法给予行政处分。

**第三十条**　劳动保障行政部门和社会保险经办机构的工作人员滥用职权、徇私舞弊、玩忽职守，造成失业保险基金损失的，由劳动保障行政部门追回损失的失业保险基金；构成犯罪的，依法追究刑事责任；尚不构成犯罪的，依法给予行政处分。

**第三十一条**　任何单位、个人挪用失业保险基金的，追回挪用的失业保险基金；有违法所得的，没收违法所得，并入失业保险基金；构成犯罪的，依法追究刑事责任；尚不构成犯罪的，对直接负责的主管人员和其他直接责任人员依法给予行政处分。

## 第六章　附　　则

**第三十二条**　省、自治区、直辖市人民政府根据当地实际情况，可以决定本条例适用于本行政区域内的社会团体及其专职人员、民办非企业单位及其职工、有雇工的城镇个体工商户及其雇工。

**第三十三条**　本条例自发布之日起施行。1993 年 4 月 12 日国务院发布的《国有企业职工待业保险规定》同时废止。

# 最高人民法院关于审理劳动争议案件适用法律若干问题的解释(一)

(2001年3月22日最高人民法院审判委员会第1165次会议通过)

为正确审理劳动争议案件,根据《中华人民共和国劳动法》(以下简称《劳动法》,和《中华人民共和国民事诉讼法》(以下简称《民事诉讼法》)等相关法律之规定,就适用法律的若干问题,作如下解释。

**第一条** 劳动者与用人单位之间发生的下列纠纷,属于《劳动法》第二条规定的劳动争议,当事人不服劳动争议仲裁委员会作出的裁决,依法向人民法院起诉的,人民法院应当受理:

(一)劳动者与用人单位在履行劳动合同过程中发生的纠纷;

(二)劳动者与用人单位之间没有订立书面劳动合同,但已形成劳动关系后发生的纠纷;

(三)劳动者退休后,与尚未参加社会保险统筹的原用人单位因追索养老金、医疗费、工伤保险待遇和其他社会保险费而发生的纠纷。

**第二条** 劳动争议仲裁委员会以当事人申请仲裁的事项不属于劳动争议为由,作出不予受理的书面裁决、决定或者通知,当事人不服,依法向人民法院起诉的,人民法院应当分别情况予以处理:

(一)属于劳动争议案件的,应当受理;

(二)虽不属于劳动争议案件,但属于人民法院主管的其他案件,应当依法受理。

**第三条** 劳动争议仲裁委员会根据《劳动法》第八十二条之规定,以当事人的仲裁申请超过六十日期限为由,作出不予受理的书面裁决、决定或者通知,当事人不服,依法向人民法院起诉的,人民法院应当受理;对确已超过仲裁申请期限,又无不可抗力或者其他正当理由的,依法驳回其诉讼请求。

**第四条** 劳动争议仲裁委员会以申请仲裁的主体不适格为由，作出不予受理的书面裁决、决定或者通知，当事人不服，依法向人民法院起诉的，经审查，确属主体不适格的，裁定不予受理或者驳回起诉。

**第五条** 劳动争议仲裁委员会为纠正原仲裁裁决错误重新作出裁决，当事人不服，依法向人民法院起诉的，人民法院应当受理。

**第六条** 人民法院受理劳动争议案件后，当事人增加诉讼请求的，如该诉讼请求与讼争的劳动争议具有不可分性，应当合并审理；如属独立的劳动争议，应当告知当事人向劳动争议仲裁委员会申请仲裁。

**第七条** 劳动争议仲裁委员会仲裁的事项不属于人民法院受理的案件范围，当事人不服，依法向人民法院起诉的，裁定不予受理或者驳回起诉。

**第八条** 劳动争议案件由用人单位所在地或者劳动合同履行地的基层人民法院管辖。

劳动合同履行地不明确的，由用人单位所在地的基层人民法院管辖。

**第九条** 当事人双方不服劳动争议仲裁委员会作出的同一仲裁裁决，均向同一人民法院起诉的，先起诉的一方当事人为原告，但对双方的诉讼请求，人民法院应当一并作出裁决。

当事人双方就同一仲裁裁决分别向有管辖权的人民法院起诉的，后受理的人民法院应当将案件移送给先受理的人民法院。

**第十条** 用人单位与其他单位合并的，合并前发生的劳动争议，由合并后的单位为当事人；用人单位分立为若干单位的，其分立前发生的劳动争议，由分立后的实际用人单位为当事人。

用人单位分立为若干单位后，对承受劳动权利义务的单位不明确的，分立后的单位均为当事人。

**第十一条** 用人单位招用尚未解除劳动合同的劳动者，原用人单位与劳动者发生的劳动争议，可以列新的用人单位为第三人。

原用人单位以新的用人单位侵权为由向人民法院起诉的，可以列劳动者为第三人。

原用人单位以新的用人单位和劳动者共同侵权为由向人民法院起

诉的，新的用人单位和劳动者列为共同被告。

**第十二条**　劳动者在用人单位与其他平等主体之间的承包经营期间，与发包方和承包方双方或者一方发生劳动争议，依法向人民法院起诉的，应当将承包方和发包方作为当事人。

**第十三条**　因用人单位作出的开除、除名、辞退、解除劳动合同、减少劳动报酬、计算劳动者工作年限等决定而发生的劳动争议，用人单位负举证责任。

**第十四条**　劳动合同被确认为无效后，用人单位对劳动者付出的劳动，一般可参照本单位同期、同工种、同岗位的工资标准支付劳动报酬。

根据《劳动法》第九十七条之规定，由于用人单位的原因订立的无效合同，给劳动者造成损害的，应当比照违反和解除劳动合同经济补偿金的支付标准，赔偿劳动者因合同无效所造成的经济损失。

**第十五条**　用人单位有下列情形之一，迫使劳动者提出解除劳动合同的，用人单位应当支付劳动者的劳动报酬和经济补偿，并可支付赔偿金：

（一）以暴力、威胁或者非法限制人身自由的手段强迫劳动的；

（二）未按照劳动合同约定支付劳动报酬或者提供劳动条件的；

（三）克扣或者无故拖欠劳动者工资的；

（四）拒不支付劳动者延长工作时间工资报酬的；

（五）低于当地最低工资标准支付劳动者工资的。

**第十六条**　劳动合同期满后，劳动者仍在原用人单位工作，原用人单位未表示异议的，视为双方同意以原条件继续履行劳动合同。一方提出终止劳动关系的，人民法院应当支持。

根据《劳动法》第二十条之规定，用人单位应当与劳动者签订无固定期限劳动合同而未签订的，人民法院可以视为双方之间存在无固定期限劳动合同关系，并以原劳动合同确定双方的权利义务关系。

**第十七条**　劳动争议仲裁委员会作出仲裁裁决后，当事人对裁决中的部分事项不服，依法向人民法院起诉的，劳动争议仲裁裁决不发生法律效力。

**第十八条** 劳动争议仲裁委员会对多个劳动者的劳动争议作出仲裁裁决后,部分劳动者对仲裁裁决不服,依法向人民法院起诉的,仲裁裁决对提出起诉的劳动者不发生法律效力;对未提出起诉的部分劳动者,发生法律效力,如其申请执行的,人民法院应当受理。

**第十九条** 用人单位根据《劳动法》第四条之规定,通过民主程序制定的规章制度,不违反国家法律、行政法规及政策规定,并已向劳动者公示的,可以作为人民法院审理劳动争议案件的依据。

**第二十条** 用人单位对劳动者作出的开除、除名、辞退等处理,或者因其他原因解除劳动合同确有错误的,人民法院可以依法判决予以撤销。

对于追索劳动报酬、养老金、医疗费以及工伤保险待遇、经济补偿金、培训费及其他相关费用等案件,给付数额不当的,人民法院可以予以变更。

**第二十一条** 当事人申请人民法院执行劳动争议仲裁机构作出的发生法律效力的裁决书、调解书,被申请人提出证据证明劳动争议仲裁裁决书、调解书有下列情形之一,并经审查核实的,人民法院可以根据《民事诉讼法》第二百一十七条之规定,裁定不予执行:

(一)裁决的事项不属于劳动争议仲裁范围,或者劳动争议仲裁机构无权仲裁的;

(二)适用法律确有错误的;

(三)仲裁员仲裁该案时,有徇私舞弊、枉法裁决行为的;

(四)人民法院认定执行该劳动争议仲裁裁决违背社会公共利益的。

人民法院在不予执行的裁定书中,应当告知当事人在收到裁定书之次日起三十日内,可以就该劳动争议事项向人民法院起诉。

# 最高人民法院关于审理劳动争议案件适用法律若干问题的解释(二)

(2006年7月10日最高人民法院审判委员会第1393次会议通过)

为正确审理劳动争议案件,根据《中华人民共和国劳动法》、《中华人民共和国民事诉讼法》等相关法律规定,结合民事审判实践,对人民法院审理劳动争议案件适用法律的若干问题补充解释如下:

**第一条** 人民法院审理劳动争议案件,对下列情形,视为劳动法第八十二条规定的"劳动争议发生之日":

(一)在劳动关系存续期间产生的支付工资争议,用人单位能够证明已经书面通知劳动者拒付工资的,书面通知送达之日为劳动争议发生之日。用人单位不能证明的,劳动者主张权利之日为劳动争议发生之日。

(二)因解除或者终止劳动关系产生的争议,用人单位不能证明劳动者收到解除或者终止劳动关系书面通知时间的,劳动者主张权利之日为劳动争议发生之日。

(三)劳动关系解除或者终止后产生的支付工资、经济补偿金、福利待遇等争议,劳动者能够证明用人单位承诺支付的时间为解除或者终止劳动关系后的具体日期的,用人单位承诺支付之日为劳动争议发生之日。劳动者不能证明的,解除或者终止劳动关系之日为劳动争议发生之日。

**第二条** 拖欠工资争议,劳动者申请仲裁时劳动关系仍然存续,用人单位以劳动者申请仲裁超过六十日为由主张不再支付的,人民法院不予支持。但用人单位能够证明劳动者已经收到拒付工资的书面通知的除外。

**第三条** 劳动者以用人单位的工资欠条为证据直接向人民法院起

诉,诉讼请求不涉及劳动关系其他争议的,视为拖欠劳动报酬争议,按照普通民事纠纷受理。

**第四条** 用人单位和劳动者因劳动关系是否已经解除或者终止,以及应否支付解除或终止劳动关系经济补偿金产生的争议,经劳动争议仲裁委员会仲裁后,当事人依法起诉的,人民法院应予受理。

**第五条** 劳动者与用人单位解除或者终止劳动关系后,请求用人单位返还其收取的劳动合同定金、保证金、抵押金、抵押物产生的争议,或者办理劳动者的人事档案、社会保险关系等移转手续产生的争议,经劳动争议仲裁委员会仲裁后,当事人依法起诉的,人民法院应予受理。

**第六条** 劳动者因为工伤、职业病,请求用人单位依法承担给予工伤保险待遇的争议,经劳动争议仲裁委员会仲裁后,当事人依法起诉的,人民法院应予受理。

**第七条** 下列纠纷不属于劳动争议:

(一)劳动者请求社会保险经办机构发放社会保险金的纠纷;

(二)劳动者与用人单位因住房制度改革产生的公有住房转让纠纷;

(三)劳动者对劳动能力鉴定委员会的伤残等级鉴定结论或者对职业病诊断鉴定委员会的职业病诊断鉴定结论的异议纠纷;

(四)家庭或者个人与家政服务人员之间的纠纷;

(五)个体工匠与帮工、学徒之间的纠纷;

(六)农村承包经营户与受雇人之间的纠纷。

**第八条** 当事人不服劳动争议仲裁委员会作出的预先支付劳动者部分工资或者医疗费用的裁决,向人民法院起诉的,人民法院不予受理。

用人单位不履行上述裁决中的给付义务,劳动者依法向人民法院申请强制执行的,人民法院应予受理。

**第九条** 劳动者与起有字号的个体工商户产生的劳动争议诉讼,人民法院应当以营业执照上登记的字号为当事人,但应同时注明该字号业主的自然情况。

**第十条** 劳动者因履行劳动力派遣合同产生劳动争议而起诉,以派遣单位为被告；争议内容涉及接受单位的，以派遣单位和接受单位为共同被告。

**第十一条**　劳动者和用人单位均不服劳动争议仲裁委员会的同一裁决，向同一人民法院起诉的，人民法院应当并案审理，双方当事人互为原告和被告。在诉讼过程中，一方当事人撤诉的，人民法院应当根据另一方当事人的诉讼请求继续审理。

**第十二条**　当事人能够证明在申请仲裁期间内因不可抗力或者其他客观原因无法申请仲裁的，人民法院应当认定申请仲裁期间中止，从中止的原因消灭之次日起，申请仲裁期间连续计算。

**第十三条**　当事人能够证明在申请仲裁期间内具有下列情形之一的，人民法院应当认定申请仲裁期间中断：

（一）向对方当事人主张权利；

（二）向有关部门请求权利救济；

（三）对方当事人同意履行义务。

申请仲裁期间中断的，从对方当事人明确拒绝履行义务，或者有关部门作出处理决定或明确表示不予处理时起，申请仲裁期间重新计算。

**第十四条**　在诉讼过程中，劳动者向人民法院申请采取财产保全措施，人民法院经审查认为申请人经济确有困难，或有证据证明用人单位存在欠薪逃匿可能的，应当减轻或者免除劳动者提供担保的义务，及时采取保全措施。

**第十五条**　人民法院作出的财产保全裁定中，应当告知当事人在劳动仲裁机构的裁决书或者在人民法院的裁判文书生效后三个月内申请强制执行。逾期不申请的，人民法院应当裁定解除保全措施。

**第十六条**　用人单位制定的内部规章制度与集体合同或者劳动合同约定的内容不一致，劳动者请求优先适用合同约定的，人民法院应予支持。

**第十七条**　当事人在劳动争议调解委员会主持下达成的具有劳动权利义务内容的调解协议，具有劳动合同的约束力，可以作为人民法院裁判的根据。

当事人在劳动争议调解委员会主持下仅就劳动报酬争议达成调解

协议,用人单位不履行调解协议确定的给付义务,劳动者直接向人民法院起诉的,人民法院可以按照普通民事纠纷受理。

**第十八条** 本解释自二〇〇六年十月一日起施行。本解释施行前本院颁布的有关司法解释与本解释规定不一致的,以本解释的规定为准。

本解释施行后,人民法院尚未审结的一审、二审案件适用本解释。本解释施行前已经审结的案件,不得适用本解释的规定进行再审。

# 最高人民法院关于审理劳动争议案件适用法律若干问题的解释(三)

（2010年7月12日最高人民法院审判委员会第1489次会议通过）

为正确审理劳动争议案件，根据《中华人民共和国劳动法》、《中华人民共和国劳动合同法》、《中华人民共和国劳动争议调解仲裁法》、《中华人民共和国民事诉讼法》等相关法律规定，结合民事审判实践，特作如下解释。

**第一条** 劳动者以用人单位未为其办理社会保险手续，且社会保险经办机构不能补办导致其无法享受社会保险待遇为由，要求用人单位赔偿损失而发生争议的，人民法院应予受理。

**第二条** 因企业自主进行改制引发的争议，人民法院应予受理。

**第三条** 劳动者依据劳动合同法第八十五条规定，向人民法院提起诉讼，要求用人单位支付加付赔偿金的，人民法院应予受理。

**第四条** 劳动者与未办理营业执照、营业执照被吊销或者营业期限届满仍继续经营的用人单位发生争议的，应当将用人单位或者其出资人列为当事人。

**第五条** 未办理营业执照、营业执照被吊销或者营业期限届满仍继续经营的用人单位，以挂靠等方式借用他人营业执照经营的，应当将用人单位和营业执照出借方列为当事人。

**第六条** 当事人不服劳动人事争议仲裁委员会作出的仲裁裁决，依法向人民法院提起诉讼，人民法院审查认为仲裁裁决遗漏了必须共同参加仲裁的当事人的，应当依法追加遗漏的人为诉讼当事人。

被追加的当事人应当承担责任的，人民法院应当一并处理。

**第七条** 用人单位与其招用的已经依法享受养老保险待遇或领取退休金的人员发生用工争议，向人民法院提起诉讼的，人民法院应当按劳务关系处理。

**第八条** 企业停薪留职人员、未达到法定退休年龄的内退人员、下岗待岗人员以及企业经营性停产放长假人员,因与新的用人单位发生用工争议,依法向人民法院提起诉讼的,人民法院应当按劳动关系处理。

**第九条** 劳动者主张加班费的,应当就加班事实的存在承担举证责任。但劳动者有证据证明用人单位掌握加班事实存在的证据,用人单位不提供的,由用人单位承担不利后果。

**第十条** 劳动者与用人单位就解除或者终止劳动合同办理相关手续、支付工资报酬、加班费、经济补偿或者赔偿金等达成的协议,不违反法律、行政法规的强制性规定,且不存在欺诈、胁迫或者乘人之危情形的,应当认定有效。

前款协议存在重大误解或者显失公平情形,当事人请求撤销的,人民法院应予支持。

**第十一条** 劳动人事争议仲裁委员会作出的调解书已经发生法律效力,一方当事人反悔提起诉讼的,人民法院不予受理;已经受理的,裁定驳回起诉。

**第十二条** 劳动人事争议仲裁委员会逾期未作出受理决定或仲裁裁决,当事人直接提起诉讼的,人民法院应予受理,但申请仲裁的案件存在下列事由的除外:

(一)移送管辖的;

(二)正在送达或送达延误的;

(三)等待另案诉讼结果、评残结论的;

(四)正在等待劳动人事争议仲裁委员会开庭的;

(五)启动鉴定程序或者委托其他部门调查取证的;

(六)其他正当事由。

当事人以劳动人事争议仲裁委员会逾期未作出仲裁裁决为由提起诉讼的,应当提交劳动人事争议仲裁委员会出具的受理通知书或者其他已接受仲裁申请的凭证或证明。

**第十三条**　劳动者依据调解仲裁法第四十七条第(一)项规定，追索劳动报酬、工伤医疗费、经济补偿或者赔偿金，如果仲裁裁决涉及数项，每项确定的数额均不超过当地月最低工资标准十二个月金额的，应当按照终局裁决处理。

**第十四条**　劳动人事争议仲裁委员会作出的同一仲裁裁决同时包含终局裁决事项和非终局裁决事项，当事人不服该仲裁裁决向人民法院提起诉讼的，应当按照非终局裁决处理。

**第十五条**　劳动者依据调解仲裁法第四十八条规定向基层人民法院提起诉讼，用人单位依据调解仲裁法第四十九条规定向劳动人事争议仲裁委员会所在地的中级人民法院申请撤销仲裁裁决的，中级人民法院应不予受理；已经受理的，应当裁定驳回申请。

被人民法院驳回起诉或者劳动者撤诉的，用人单位可以自收到裁定书之日起三十日内，向劳动人事争议仲裁委员会所在地的中级人民法院申请撤销仲裁裁决。

**第十六条**　用人单位依照调解仲裁法第四十九条规定向中级人民法院申请撤销仲裁裁决，中级人民法院作出的驳回申请或者撤销仲裁裁决的裁定为终审裁定。

**第十七条**　劳动者依据劳动合同法第三十条第二款和调解仲裁法第十六条规定向人民法院申请支付令，符合民事诉讼法第十七章督促程序规定的，人民法院应予受理。

依据劳动合同法第三十条第二款规定申请支付令被人民法院裁定终结督促程序后，劳动者就劳动争议事项直接向人民法院起诉的，人民法院应当告知其先向劳动人事争议仲裁委员会申请仲裁。

依据调解仲裁法第十六条规定申请支付令被人民法院裁定终结督促程序后，劳动者依据调解协议直接向人民法院提起诉讼的，人民法院应予受理。

**第十八条**　劳动人事争议仲裁委员会作出终局裁决，劳动者向人民法院申请执行，用人单位向劳动人事争议仲裁委员会所在地的中级人民法院申请撤销的，人民法院应当裁定中止执行。

用人单位撤回撤销终局裁决申请或者其申请被驳回的,人民法院应当裁定恢复执行。仲裁裁决被撤销的,人民法院应当裁定终结执行。

用人单位向人民法院申请撤销仲裁裁决被驳回后,又在执行程序中以相同理由提出不予执行抗辩的,人民法院不予支持。

# 最高人民法院关于审理劳动争议案件适用法律若干问题的解释(四)

(2012年12月31日最高人民法院审判委员会第1556次会议通过)

为正确审理劳动争议案件,根据《中华人民共和国劳动法》《中华人民共和国劳动合同法》《中华人民共和国劳动争议调解仲裁法》《中华人民共和国民事诉讼法》等相关法律规定,结合民事审判实践,就适用法律的若干问题,作如下解释:

**第一条** 劳动人事争议仲裁委员会以无管辖权为由对劳动争议案件不予受理,当事人提起诉讼的,人民法院按照以下情形分别处理:

(一)经审查认为该劳动人事争议仲裁委员会对案件确无管辖权的,应当告知当事人向有管辖权的劳动人事争议仲裁委员会申请仲裁;

(二)经审查认为该劳动人事争议仲裁委员会有管辖权的,应当告知当事人申请仲裁,并将审查意见书面通知该劳动人事争议仲裁委员会,劳动人事争议仲裁委员会仍不受理,当事人就该劳动争议事项提起诉讼的,应予受理。

**第二条** 仲裁裁决的类型以仲裁裁决书确定为准。

仲裁裁决书未载明该裁决为终局裁决或非终局裁决,用人单位不服该仲裁裁决向基层人民法院提起诉讼的,应当按照以下情形分别处理:

(一)经审查认为该仲裁裁决为非终局裁决的,基层人民法院应予受理;

(二)经审查认为该仲裁裁决为终局裁决的,基层人民法院不予受理,但应告知用人单位可以自收到不予受理裁定书之日起三十日内向劳动人事争议仲裁委员会所在地的中级人民法院申请撤销该仲裁裁决;已经受理的,裁定驳回起诉。

**第三条** 中级人民法院审理用人单位申请撤销终局裁决的案件，应当组成合议庭开庭审理。经过阅卷、调查和询问当事人，对没有新的事实、证据或者理由，合议庭认为不需要开庭审理的，可以不开庭审理。

中级人民法院可以组织双方当事人调解。达成调解协议的，可以制作调解书。一方当事人逾期不履行调解协议的，另一方可以申请人民法院强制执行。

**第四条** 当事人在人民调解委员会主持下仅就给付义务达成的调解协议，双方认为有必要的，可以共同向人民调解委员会所在地的基层人民法院申请司法确认。

**第五条** 劳动者非因本人原因从原用人单位被安排到新用人单位工作，原用人单位未支付经济补偿，劳动者依照劳动合同法第三十八条规定与新用人单位解除劳动合同，或者新用人单位向劳动者提出解除、终止劳动合同，在计算支付经济补偿或赔偿金的工作年限时，劳动者请求把在原用人单位的工作年限合并计算为新用人单位工作年限的，人民法院应予支持。

用人单位符合下列情形之一的，应当认定属于“劳动者非因本人原因从原用人单位被安排到新用人单位工作”：

(一)劳动者仍在原工作场所、工作岗位工作，劳动合同主体由原用人单位变更为新用人单位；

(二)用人单位以组织委派或任命形式对劳动者进行工作调动；

(三)因用人单位合并、分立等原因导致劳动者工作调动；

(四)用人单位及其关联企业与劳动者轮流订立劳动合同；

(五)其他合理情形。

**第六条** 当事人在劳动合同或者保密协议中约定了竞业限制，但未约定解除或者终止劳动合同后给予劳动者经济补偿，劳动者履行了竞业限制义务，要求用人单位按照劳动者在劳动合同解除或者终止前十二个月平均工资的30%按月支付经济补偿的，人民法院应予支持。

前款规定的月平均工资的30%低于劳动合同履行地最低工资标准的，按照劳动合同履行地最低工资标准支付。

**第七条** 当事人在劳动合同或者保密协议中约定了竞业限制和经

济补偿,当事人解除劳动合同时,除另有约定外,用人单位要求劳动者履行竞业限制义务,或者劳动者履行了竞业限制义务后要求用人单位支付经济补偿的,人民法院应予支持。

**第八条** 当事人在劳动合同或者保密协议中约定了竞业限制和经济补偿,劳动合同解除或者终止后,因用人单位的原因导致三个月未支付经济补偿,劳动者请求解除竞业限制约定的,人民法院应予支持。

**第九条** 在竞业限制期限内,用人单位请求解除竞业限制协议时,人民法院应予支持。

在解除竞业限制协议时,劳动者请求用人单位额外支付劳动者三个月的竞业限制经济补偿的,人民法院应予支持。

**第十条** 劳动者违反竞业限制约定,向用人单位支付违约金后,用人单位要求劳动者按照约定继续履行竞业限制义务的,人民法院应予支持。

**第十一条** 变更劳动合同未采用书面形式,但已经实际履行了口头变更的劳动合同超过一个月,且变更后的劳动合同内容不违反法律、行政法规、国家政策以及公序良俗,当事人以未采用书面形式为由主张劳动合同变更无效的,人民法院不予支持。

**第十二条** 建立了工会组织的用人单位解除劳动合同符合劳动合同法第三十九条、第四十条规定,但未按照劳动合同法第四十三条规定事先通知工会,劳动者以用人单位违法解除劳动合同为由请求用人单位支付赔偿金的,人民法院应予支持,但起诉前用人单位已经补正有关程序的除外。

**第十三条** 劳动合同法施行后,因用人单位经营期限届满不再继续经营导致劳动合同不能继续履行,劳动者请求用人单位支付经济补偿的,人民法院应予支持。

**第十四条** 外国人、无国籍人未依法取得就业证件即与中国境内的用人单位签订劳动合同,以及香港特别行政区、澳门特别行政区和台湾地区居民未依法取得就业证件即与内地用人单位签订劳动合同,当事人请求确认与用人单位存在劳动关系的,人民法院不予支持。

持有《外国专家证》并取得《外国专家来华工作许可证》的外国人,

与中国境内的用人单位建立用工关系的,可以认定为劳动关系。

**第十五条** 本解释施行前本院颁布的有关司法解释与本解释抵触的,自本解释施行之日起不再适用。

本解释施行后尚未终审的劳动争议纠纷案件,适用本解释;本解释施行前已经终审,当事人申请再审或者按照审判监督程序决定再审的,不适用本解释。

# 最高人民法院关于审理工伤保险行政案件若干问题的规定

（2014年4月21日最高人民法院审判委员会第1613次会议通过）

为正确审理工伤保险行政案件，根据《中华人民共和国社会保险法》《中华人民共和国劳动法》《中华人民共和国行政诉讼法》《工伤保险条例》及其他有关法律、行政法规规定，结合行政审判实际，制定本规定。

**第一条** 人民法院审理工伤认定行政案件，在认定是否存在《工伤保险条例》第十四条第（六）项"本人主要责任"、第十六条第（二）项"醉酒或者吸毒"和第十六条第（三）项"自残或者自杀"等情形时，应当以有权机构出具的事故责任认定书、结论性意见和人民法院生效裁判等法律文书为依据，但有相反证据足以推翻事故责任认定书和结论性意见的除外。

前述法律文书不存在或者内容不明确，社会保险行政部门就前款事实作出认定的，人民法院应当结合其提供的相关证据依法进行审查。

《工伤保险条例》第十六条第（一）项"故意犯罪"的认定，应当以刑事侦查机关、检察机关和审判机关的生效法律文书或者结论性意见为依据。

**第二条** 人民法院受理工伤认定行政案件后，发现原告或者第三人在提起行政诉讼前已经就是否存在劳动关系申请劳动仲裁或者提起民事诉讼的，应当中止行政案件的审理。

**第三条** 社会保险行政部门认定下列单位为承担工伤保险责任单位的，人民法院应予支持：

（一）职工与两个或两个以上单位建立劳动关系，工伤事故发生时，职工为之工作的单位为承担工伤保险责任的单位；

（二）劳务派遣单位派遣的职工在用工单位工作期间因工伤亡的，派遣单位为承担工伤保险责任的单位；

（三）单位指派到其他单位工作的职工因工伤亡的，指派单位为承担工伤保险责任的单位；

（四）用工单位违反法律、法规规定将承包业务转包给不具备用工主体资格的组织或者自然人，该组织或者自然人聘用的职工从事承包业务时因工伤亡的，用工单位为承担工伤保险责任的单位；

（五）个人挂靠其他单位对外经营，其聘用的人员因工伤亡的，被挂靠单位为承担工伤保险责任的单位。

前款第（四）、（五）项明确的承担工伤保险责任的单位承担赔偿责任或者社会保险经办机构从工伤保险基金支付工伤保险待遇后，有权向相关组织、单位和个人追偿。

**第四条** 社会保险行政部门认定下列情形为工伤的，人民法院应予支持：

（一）职工在工作时间和工作场所内受到伤害，用人单位或者社会保险行政部门没有证据证明是非工作原因导致的；

（二）职工参加用人单位组织或者受用人单位指派参加其他单位组织的活动受到伤害的；

（三）在工作时间内，职工来往于多个与其工作职责相关的工作场所之间的合理区域因工受到伤害的；

（四）其他与履行工作职责相关，在工作时间及合理区域内受到伤害的。

**第五条** 社会保险行政部门认定下列情形为“因工外出期间”的，人民法院应予支持：

（一）职工受用人单位指派或者因工作需要在工作场所以外从事与工作职责有关的活动期间；

（二）职工受用人单位指派外出学习或者开会期间；

（三）职工因工作需要的其他外出活动期间。

职工因工外出期间从事与工作或者受用人单位指派外出学习、开会无关的个人活动受到伤害，社会保险行政部门不认定为工伤的，人民法院应予支持。

**第六条**　对社会保险行政部门认定下列情形为“上下班途中”的，人民法院应予支持：

（一）在合理时间内往返于工作地与住所地、经常居住地、单位宿舍的合理路线的上下班途中；

（二）在合理时间内往返于工作地与配偶、父母、子女居住地的合理路线的上下班途中；

（三）从事属于日常工作生活所需要的活动，且在合理时间和合理路线的上下班途中；

（四）在合理时间内其他合理路线的上下班途中。

**第七条**　由于不属于职工或者其近亲属自身原因超过工伤认定申请期限的，被耽误的时间不计算在工伤认定申请期限内。

有下列情形之一耽误申请时间的，应当认定为不属于职工或者其近亲属自身原因：

（一）不可抗力；

（二）人身自由受到限制；

（三）属于用人单位原因；

（四）社会保险行政部门登记制度不完善；

（五）当事人对是否存在劳动关系申请仲裁、提起民事诉讼。

**第八条**　职工因第三人的原因受到伤害，社会保险行政部门以职工或者其近亲属已经对第三人提起民事诉讼或者获得民事赔偿为由，作出不予受理工伤认定申请或者不予认定工伤决定的，人民法院不予支持。

职工因第三人的原因受到伤害，社会保险行政部门已经作出工伤认定，职工或者其近亲属未对第三人提起民事诉讼或者尚未获得民事赔偿，起诉要求社会保险经办机构支付工伤保险待遇的，人民法院应予支持。

职工因第三人的原因导致工伤，社会保险经办机构以职工或者其近亲属已经对第三人提起民事诉讼为由，拒绝支付工伤保险待遇的，人民法院不予支持，但第三人已经支付的医疗费用除外。

**第九条** 因工伤认定申请人或者用人单位隐瞒有关情况或者提供虚假材料，导致工伤认定错误的，社会保险行政部门可以在诉讼中依法予以更正。

工伤认定依法更正后，原告不申请撤诉，社会保险行政部门在作出原工伤认定时有过错的，人民法院应当判决确认违法；社会保险行政部门无过错的，人民法院可以驳回原告诉讼请求。

**第十条** 最高人民法院以前颁布的司法解释与本规定不一致的，以本规定为准。

# 劳务派遣暂行规定

## 第一章　总　　则

**第一条**　为规范劳务派遣，维护劳动者的合法权益，促进劳动关系和谐稳定，依据《中华人民共和国劳动合同法》（以下简称劳动合同法）和《中华人民共和国劳动合同法实施条例》（以下简称劳动合同法实施条例）等法律、行政法规，制定本规定。

**第二条**　劳务派遣单位经营劳务派遣业务，企业（以下称用工单位）使用被派遣劳动者，适用本规定。

依法成立的会计师事务所、律师事务所等合伙组织和基金会以及民办非企业单位等组织使用被派遣劳动者，依照本规定执行。

## 第二章　用工范围和用工比例

**第三条**　用工单位只能在临时性、辅助性或者替代性的工作岗位上使用被派遣劳动者。

前款规定的临时性工作岗位是指存续时间不超过 6 个月的岗位；辅助性工作岗位是指为主营业务岗位提供服务的非主营业务岗位；替代性工作岗位是指用工单位的劳动者因脱产学习、休假等原因无法工作的一定期间内，可以由其他劳动者替代工作的岗位。

用工单位决定使用被派遣劳动者的辅助性岗位，应当经职工代表大会或者全体职工讨论，提出方案和意见，与工会或者职工代表平等协商确定，并在用工单位内公示。

**第四条**　用工单位应当严格控制劳务派遣用工数量，使用的被派遣劳动者数量不得超过其用工总量的 10%。

前款所称用工总量是指用工单位订立劳动合同人数与使用的被派

遣劳动者人数之和。

计算劳务派遣用工比例的用工单位是指依照劳动合同法和劳动合同法实施条例可以与劳动者订立劳动合同的用人单位。

## 第三章　劳动合同、劳务派遣协议的订立和履行

**第五条**　劳务派遣单位应当依法与被派遣劳动者订立 2 年以上的固定期限书面劳动合同。

**第六条**　劳务派遣单位可以依法与被派遣劳动者约定试用期。劳务派遣单位与同一被派遣劳动者只能约定一次试用期。

**第七条**　劳务派遣协议应当载明下列内容：

（一）派遣的工作岗位名称和岗位性质；

（二）工作地点；

（三）派遣人员数量和派遣期限；

（四）按照同工同酬原则确定的劳动报酬数额和支付方式；

（五）社会保险费的数额和支付方式；

（六）工作时间和休息休假事项；

（七）被派遣劳动者工伤、生育或者患病期间的相关待遇；

（八）劳动安全卫生以及培训事项；

（九）经济补偿等费用；

（十）劳务派遣协议期限；

（十一）劳务派遣服务费的支付方式和标准；

（十二）违反劳务派遣协议的责任；

（十三）法律、法规、规章规定应当纳入劳务派遣协议的其他事项。

**第八条**　劳务派遣单位应当对被派遣劳动者履行下列义务：

（一）如实告知被派遣劳动者劳动合同法第八条规定的事项、应遵守的规章制度以及劳务派遣协议的内容；

（二）建立培训制度，对被派遣劳动者进行上岗知识、安全教育培训；

（三）按照国家规定和劳务派遣协议约定，依法支付被派遣劳动者

的劳动报酬和相关待遇；

（四）按照国家规定和劳务派遣协议约定，依法为被派遣劳动者缴纳社会保险费，并办理社会保险相关手续；

（五）督促用工单位依法为被派遣劳动者提供劳动保护和劳动安全卫生条件；

（六）依法出具解除或者终止劳动合同的证明；

（七）协助处理被派遣劳动者与用工单位的纠纷；

（八）法律、法规和规章规定的其他事项。

**第九条**　用工单位应当按照劳动合同法第六十二条规定，向被派遣劳动者提供与工作岗位相关的福利待遇，不得歧视被派遣劳动者。

**第十条**　被派遣劳动者在用工单位因工作遭受事故伤害的，劳务派遣单位应当依法申请工伤认定，用工单位应当协助工伤认定的调查核实工作。劳务派遣单位承担工伤保险责任，但可以与用工单位约定补偿办法。

被派遣劳动者在申请进行职业病诊断、鉴定时，用工单位应当负责处理职业病诊断、鉴定事宜，并如实提供职业病诊断、鉴定所需的劳动者职业史和职业危害接触史、工作场所职业病危害因素检测结果等资料，劳务派遣单位应当提供被派遣劳动者职业病诊断、鉴定所需的其他材料。

**第十一条**　劳务派遣单位行政许可有效期未延续或者《劳务派遣经营许可证》被撤销、吊销的，已经与被派遣劳动者依法订立的劳动合同应当履行至期限届满。双方经协商一致，可以解除劳动合同。

**第十二条**　有下列情形之一的，用工单位可以将被派遣劳动者退回劳务派遣单位：

（一）用工单位有劳动合同法第四十条第三项、第四十一条规定情形的；

（二）用工单位被依法宣告破产、吊销营业执照、责令关闭、撤销、决定提前解散或者经营期限届满不再继续经营的；

（三）劳务派遣协议期满终止的。

被派遣劳动者退回后在无工作期间，劳务派遣单位应当按照不低于所在地人民政府规定的最低工资标准，向其按月支付报酬。

**第十三条** 被派遣劳动者有劳动合同法第四十二条规定情形的，在派遣期限届满前，用工单位不得依据本规定第十二条第一款第一项规定将被派遣劳动者退回劳务派遣单位；派遣期限届满的，应当延续至相应情形消失时方可退回。

## 第四章 劳动合同的解除和终止

**第十四条** 被派遣劳动者提前 30 日以书面形式通知劳务派遣单位，可以解除劳动合同。被派遣劳动者在试用期内提前 3 日通知劳务派遣单位，可以解除劳动合同。劳务派遣单位应当将被派遣劳动者通知解除劳动合同的情况及时告知用工单位。

**第十五条** 被派遣劳动者因本规定第十二条规定被用工单位退回，劳务派遣单位重新派遣时维持或者提高劳动合同约定条件，被派遣劳动者不同意的，劳务派遣单位可以解除劳动合同。

被派遣劳动者因本规定第十二条规定被用工单位退回，劳务派遣单位重新派遣时降低劳动合同约定条件，被派遣劳动者不同意的，劳务派遣单位不得解除劳动合同。但被派遣劳动者提出解除劳动合同的除外。

**第十六条** 劳务派遣单位被依法宣告破产、吊销营业执照、责令关闭、撤销、决定提前解散或者经营期限届满不再继续经营的，劳动合同终止。用工单位应当与劳务派遣单位协商妥善安置被派遣劳动者。

**第十七条** 劳务派遣单位因劳动合同法第四十六条或者本规定第十五条、第十六条规定的情形，与被派遣劳动者解除或者终止劳动合同的，应当依法向被派遣劳动者支付经济补偿。

## 第五章 跨地区劳务派遣的社会保险

**第十八条** 劳务派遣单位跨地区派遣劳动者的，应当在用工单位所在地为被派遣劳动者参加社会保险，按照用工单位所在地的规定缴纳社会保险费，被派遣劳动者按照国家规定享受社会保险待遇。

**第十九条**　劳务派遣单位在用工单位所在地设立分支机构的，由分支机构为被派遣劳动者办理参保手续，缴纳社会保险费。

劳务派遣单位未在用工单位所在地设立分支机构的，由用工单位代劳务派遣单位为被派遣劳动者办理参保手续，缴纳社会保险费。

## 第六章　法律责任

**第二十条**　劳务派遣单位、用工单位违反劳动合同法和劳动合同法实施条例有关劳务派遣规定的，按照劳动合同法第九十二条规定执行。

**第二十一条**　劳务派遣单位违反本规定解除或者终止被派遣劳动者劳动合同的，按照劳动合同法第四十八条、第八十七条规定执行。

**第二十二条**　用工单位违反本规定第三条第三款规定的，由人力资源社会保障行政部门责令改正，给予警告；给被派遣劳动者造成损害的，依法承担赔偿责任。

**第二十三条**　劳务派遣单位违反本规定第六条规定的，按照劳动合同法第八十三条规定执行。

**第二十四条**　用工单位违反本规定退回被派遣劳动者的，按照劳动合同法第九十二条第二款规定执行。

## 第七章　附　　则

**第二十五条**　外国企业常驻代表机构和外国金融机构驻华代表机构等使用被派遣劳动者的，以及船员用人单位以劳务派遣形式使用国际远洋海员的，不受临时性、辅助性、替代性岗位和劳务派遣用工比例的限制。

**第二十六条**　用人单位将本单位劳动者派往境外工作或者派往家庭、自然人处提供劳动的，不属于本规定所称劳务派遣。

**第二十七条**　用人单位以承揽、外包等名义，按劳务派遣用工形式使用劳动者的，按照本规定处理。

**第二十八条** 用工单位在本规定施行前使用被派遣劳动者数量超过其用工总量10％的，应当制定调整用工方案，于本规定施行之日起2年内降至规定比例。但是，《全国人民代表大会常务委员会关于修改〈中华人民共和国劳动合同法〉的决定》公布前已依法订立的劳动合同和劳务派遣协议期限届满日期在本规定施行之日起2年后的，可以依法继续履行至期限届满。

用工单位应当将制定的调整用工方案报当地人力资源社会保障行政部门备案。

用工单位未将本规定施行前使用的被派遣劳动者数量降至符合规定比例之前，不得新用被派遣劳动者。

**第二十九条** 本规定自2014年3月1日起施行。

# 人力资源和社会保障部关于执行《工伤保险条例》若干问题的意见

（人社部发〔2013〕34 号）

各省、自治区、直辖市及新疆生产建设兵团人力资源社会保障厅（局）：

《国务院关于修改〈工伤保险条例〉的决定》（国务院令第 586 号）已经于 2011 年 1 月 1 日实施。为贯彻执行新修订的《工伤保险条例》，妥善解决实际工作中的问题，更好地保障职工和用人单位的合法权益，现提出如下意见。

一、《工伤保险条例》（以下简称《条例》）第十四条第（五）项规定的“因工外出期间”的认定，应当考虑职工外出是否属于用人单位指派的因工作外出，遭受的事故伤害是否因工作原因所致。

二、《条例》第十四条第（六）项规定的“非本人主要责任”的认定，应当以有关机关出具的法律文书或者人民法院的生效裁决为依据。

三、《条例》第十六条第（一）项“故意犯罪”的认定，应当以司法机关的生效法律文书或者结论性意见为依据。

四、《条例》第十六条第（二）项“醉酒或者吸毒”的认定，应当以有关机关出具的法律文书或者人民法院的生效裁决为依据。无法获得上述证据的，可以结合相关证据认定。

五、社会保险行政部门受理工伤认定申请后，发现劳动关系存在争议且无法确认的，应告知当事人可以向劳动人事争议仲裁委员会申请仲裁。在此期间，作出工伤认定决定的时限中止，并书面通知申请工伤认定的当事人。劳动关系依法确认后，当事人应将有关法律文书送交受理工伤认定申请的社会保险行政部门，该部门自收到生效法律文书之日起恢复工伤认定程序。

六、符合《条例》第十五条第（一）项情形的，职工所在用人单位原则上应自职工死亡之日起5个工作日内向用人单位所在统筹地区社会保险行政部门报告。

七、具备用工主体资格的承包单位违反法律、法规规定，将承包业务转包、分包给不具备用工主体资格的组织或者自然人，该组织或者自然人招用的劳动者从事承包业务时因工伤亡的，由该具备用工主体资格的承包单位承担用人单位依法应承担的工伤保险责任。

八、曾经从事接触职业病危害作业、当时没有发现罹患职业病、离开工作岗位后被诊断或鉴定为职业病的符合下列条件的人员，可以自诊断、鉴定为职业病之日起一年内申请工伤认定，社会保险行政部门应当受理：

（一）办理退休手续后，未再从事接触职业病危害作业的退休人员；

（二）劳动或聘用合同期满后或者本人提出而解除劳动或聘用合同后，未再从事接触职业病危害作业的人员。

经工伤认定和劳动能力鉴定，前款第（一）项人员符合领取一次性伤残补助金条件的，按就高原则以本人退休前12个月平均月缴费工资或者确诊职业病前12个月的月平均养老金为基数计发。前款第（二）项人员被鉴定为一级至十级伤残、按《条例》规定应以本人工资作为基数享受相关待遇的，按本人终止或者解除劳动、聘用合同前12个月平均月缴费工资计发。

九、按照本意见第八条规定被认定为工伤的职业病人员，职业病诊断证明书（或职业病诊断鉴定书）中明确的用人单位，在该职工从业期间依法为其缴纳工伤保险费的，按《条例》的规定，分别由工伤保险基金和用人单位支付工伤保险待遇；未依法为该职工缴纳工伤保险费的，由用人单位按照《条例》规定的相关项目和标准支付待遇。

十、职工在同一用人单位连续工作期间多次发生工伤的，符合《条例》第三十六、第三十七条规定领取相关待遇时，按照其在同一用人单位发生工伤的最高伤残级别，计发一次性伤残就业补助金和一次性工伤医疗补助金。

十一、依据《条例》第四十二条的规定停止支付工伤保险待遇的，在停止支付待遇的情形消失后，自下月起恢复工伤保险待遇，停止支付的工伤保险待遇不予补发。

十二、《条例》第六十二条第三款规定的“新发生的费用”，是指用人单位职工参加工伤保险前发生工伤的，在参加工伤保险后新发生的费用。

十三、由工伤保险基金支付的各项待遇应按《条例》相关规定支付，不得采取将长期待遇改为一次性支付的办法。

十四、核定工伤职工工伤保险待遇时，若上一年度相关数据尚未公布，可暂按前一年度的全国城镇居民人均可支配收入、统筹地区职工月平均工资核定和计发，待相关数据公布后再重新核定，社会保险经办机构或者用人单位予以补发差额部分。

本意见自发文之日起执行，此前有关规定与本意见不一致的，按本意见执行。执行中有重大问题，请及时报告我部。

人力资源社会保障部

2013 年 4 月 25 日

# 关于企业实行不定时工作制和综合计算工时工作制的审批办法

（劳部发〔1994〕503号）

**第一条** 根据《中华人民共和国劳动法》第三十九条的规定，制定本办法。

**第二条** 本办法适用于中华人民共和国境内的企业。

**第三条** 企业因生产特点不能实行《中华人民共和国劳动法》第三十六条、第三十八条规定的，可以实行不定时工作制或综合计算工时工作制等其他工作和休息办法。

**第四条** 企业对符合下列条件之一的职工，可以实行不定时工作制。

（一）企业中的高级管理人员、外勤人员、推销人员、部分值班人员和其他因工作无法按标准工作时间衡量的职工；

（二）企业中的长途运输人员、出租汽车司机和铁路、港口、仓库的部分装卸人员以及因工作性质特殊，需机动作业的职工；

（三）其他因生产特点、工作特殊需要或职责范围的关系，适合实行不定时工作制的职工。

**第五条** 企业对符合下列条件之一的职工，可实行综合计算工时工作制，即分别以周、月、季、年等为周期，综合计算工作时间，但其平均日工作时间和平均周工作时间应与法定标准工作时间基本相同。

（一）交通、铁路、邮电、水运、航空、渔业等行业中因工作性质特殊，需连续作业的职工；

（二）地质及资源勘探、建筑、制盐、制糖、旅游等受季节和自然条件限制的行业的部分职工；

（三）其他适合实行综合计算工时工作制的职工。

**第六条**　对于实行不定时工作制和综合计算工时工作制等其他工作和休息办法的职工，企业应根据《中华人民共和国劳动法》第一章、第四章有关规定，在保障职工身体健康并充分听取职工意见的基础上，采用集中工作、集中休息、轮休调休、弹性工作时间等适当方式，确保职工的休息休假权利和生产、工作任务的完成。

**第七条**　中央直属企业实行不定时工作制和综合计算工时工作制等其他工作和休息办法的，经国务院行业主管部门审核，报国务院劳动行政部门批准。

地方企业实行不定时工作制和综合计算工时工作制等其他工作和休息办法的审批办法，由各省、自治区、直辖市人民政府劳动行政部门制定，报国务院劳动行政部门备案。

**第八条**　本办法自一九九五年一月一日起实行。

# 劳动人事争议仲裁办案规则

## 第一章　总　　则

**第一条**　为公正及时处理劳动、人事争议（以下简称争议），规范仲裁办案程序，根据《中华人民共和国劳动争议调解仲裁法》（以下简称调解仲裁法）以及《中华人民共和国公务员法》（以下简称公务员法）、《中国人民解放军文职人员条例》和有关法律法规、国务院有关规定，制定本规则。

**第二条**　本规则适用下列争议的仲裁：

（一）企业、个体经济组织、民办非企业单位等组织与劳动者之间，以及机关、事业单位、社会团体与其建立劳动关系的劳动者之间，因确认劳动关系，订立、履行、变更、解除和终止劳动合同，工作时间、休息休假、社会保险、福利、培训以及劳动保护，劳动报酬、工伤医疗费、经济补偿或者赔偿金等发生的争议；

（二）实施公务员法的机关与聘任制公务员之间、参照公务员法管理的机关（单位）与聘任工作人员之间因履行聘任合同发生的争议；

（三）事业单位与工作人员之间因除名、辞退、离职等解除人事关系以及履行聘用合同发生的争议；

（四）社会团体与工作人员之间因除名、辞退、辞职、离职等解除人事关系以及履行聘用合同发生的争议；

（五）军队文职人员聘用单位与文职人员之间因履行聘用合同发生的争议；

（六）法律、法规规定由仲裁委员会处理的其他争议。

**第三条**　仲裁委员会处理争议案件，应当遵循合法、公正的原则，先行调解，及时裁决。

**第四条**　劳动者一方在十人以上的争议，或者因履行集体合同发生的劳动争议，仲裁委员会可优先立案，优先审理。

仲裁委员会处理因履行集体合同发生的劳动争议，应当按照三方原则组成仲裁庭处理。

## 第二章　一 般 规 定

**第五条**　因履行集体合同发生的劳动争议，经协商解决不成的，工会可以依法申请仲裁；尚未建立工会的，由上级工会指导劳动者推举产生的代表依法申请仲裁。

**第六条**　发生争议的劳动者一方在十人以上，并有共同请求的，劳动者可以推举三至五名代表人参加仲裁活动。

**第七条**　代表人参加仲裁的行为对其所代表的当事人发生效力，但代表人变更、放弃仲裁请求或者承认对方当事人的仲裁请求，进行和解，必须经被代表的当事人同意。

**第八条**　发生争议的用人单位被吊销营业执照、责令关闭、撤销以及用人单位决定提前解散、歇业，不能承担相关责任的，依法将其出资人、开办单位或主管部门作为共同当事人。

**第九条**　劳动者与个人承包经营者发生争议，依法向仲裁委员会申请仲裁的，应当将发包的组织和个人承包经营者作为当事人。

**第十条**　在争议申请仲裁的时效期间内，有下列情形之一的，仲裁时效中断；从中断时起，仲裁时效期间重新计算：

（一）一方当事人通过协商、申请调解等方式向对方当事人主张权利的；

（二）一方当事人通过向有关部门投诉，向仲裁委员会申请仲裁，向人民法院起诉或者申请支付令等方式请求权利救济的；

（三）对方当事人同意履行义务的。

**第十一条**　因不可抗力，或者有无民事行为能力或者限制民事行为能力劳动者的法定代理人未确定等其他正当理由，当事人不能在规定的仲裁时效期间申请仲裁的，仲裁时效中止。从中止时效的原因消除之日起,仲裁时效期间继续计算。

**第十二条** 劳动合同履行地为劳动者实际工作场所地,用人单位所在地为用人单位注册、登记地。用人单位未经注册、登记的,其出资人、开办单位或主管部门所在地为用人单位所在地。

案件受理后,劳动合同履行地和用人单位所在地发生变化的,不改变争议仲裁的管辖。

多个仲裁委员会都有管辖权的,由先受理的仲裁委员会管辖。

**第十三条** 仲裁委员会发现已受理案件不属于其管辖范围的,应当移送至有管辖权的仲裁委员会,并书面通知当事人。

对上述移送案件,受移送的仲裁委员会应依法受理。受移送的仲裁委员会认为受移送的案件依照规定不属于本仲裁委员会管辖,或仲裁委员会之间因管辖争议协商不成的,应当报请共同的上一级仲裁委员会主管部门指定管辖。

**第十四条** 当事人提出管辖异议的,应当在答辩期满前书面提出。当事人逾期提出的,不影响仲裁程序的进行,当事人因此对仲裁裁决不服的,可以依法向人民法院起诉或者申请撤销。

**第十五条** 当事人提出回避申请,应当说明理由,在案件开始审理时提出;回避事由在案件开始审理后知道的,也可以在庭审辩论终结前提出;当事人在庭审辩论终结后提出的,不影响仲裁程序的进行,当事人因此对仲裁裁决不服的,可以依法向人民法院起诉或者申请撤销。

被申请回避的人员在仲裁委员会作出是否回避的决定前,应当暂停参与本案的处理,但因案件需要采取紧急措施的除外。

**第十六条** 仲裁员是否回避,由仲裁委员会主任或其授权的办事机构负责人决定。仲裁委员会主任担任案件仲裁员是否回避,由仲裁委员会决定。

**第十七条** 当事人对自己提出的主张有责任提供证据。与争议事项有关的证据属于用人单位掌握管理的,用人单位应当提供;用人单位不提供的,应当承担不利后果。

**第十八条** 在法律没有具体规定,依本规则第十七条规定无法确定举证责任承担时,仲裁庭可以根据公平原则和诚实信用原则,综合当事人举证能力等因素确定举证责任的承担。

**第十九条** 承担举证责任的当事人应当在仲裁委员会指定的期限内提供有关证据。当事人在指定期限内不提供的,应当承担不利后果。

**第二十条** 当事人因客观原因不能自行收集的证据,仲裁委员会可以根据当事人的申请,参照《中华人民共和国民事诉讼法》有关规定予以收集;仲裁委员会认为有必要的,也可以决定参照《中华人民共和国民事诉讼法》有关规定予以收集。

**第二十一条** 仲裁委员会依法调查取证时,有关组织和个人应当协助配合。

**第二十二条** 争议处理中涉及证据形式、证据提交、证据交换、证据质证、证据认定等事项,本规则未规定的,参照民事诉讼证据规则的有关规定执行。

**第二十三条** 仲裁期间包括法定期间和仲裁委员会指定期间。

仲裁委员会送达仲裁文书必须有送达回证,由受送达人在送达回证上记明收到日期,签名或盖章。受送达人在送达回证上的签收日期为送达日期。

仲裁期间的计算和仲裁文书的送达方式,仲裁委员会可以参照民事诉讼关于期间的计算和送达方式的有关规定执行。

**第二十四条** 案件处理终结后,仲裁委员会应当将处理过程中形成的全部材料立卷归档。

**第二十五条** 仲裁案卷分正卷和副卷装订。

正卷包括:仲裁申请书、受理(不予受理)通知书、答辩书、法定代表人身份证明书、授权委托书、调查证据、勘验笔录、开庭通知、庭审笔录、延期通知书、仲裁建议书、调解书、裁决书、送达回执等。

副卷包括:评议记录、立案审批表、调查提纲、阅卷笔录、会议笔录、底稿、结案审批表等。

**第二十六条**　仲裁委员会应当建立案卷查阅制度。对不需要保密的内容，应当允许当事人及其代理人查阅、复印。

**第二十七条**　仲裁调解和其他方式结案的案卷，保存期不少于五年，仲裁裁决结案的案卷，保存期不少于十年，国家另有规定的从其规定。保存期满后的案卷，应按照国家有关档案管理的规定处理。

**第二十八条**　在仲裁活动中涉及国家秘密和军事秘密的，按照国家和军队有关保密规定执行。

# 第三章　仲裁程序

## 第一节　申请和受理

**第二十九条**　申请人申请仲裁应当提交书面仲裁申请，并按照被申请人人数提交副本。

仲裁申请书应当载明下列事项：

(一)劳动者的姓名、性别、年龄、职业、工作单位、住所、通讯地址和联系电话，用人单位的名称、住所、通讯地址、联系电话和法定代表人或者主要负责人的姓名、职务；

(二)仲裁请求和所根据的事实、理由；

(三)证据和证据来源，证人姓名和住所。

书写仲裁申请确有困难的，可以口头申请，由仲裁委员会记入笔录，经申请人签名或者盖章确认。

申请人的书面仲裁申请材料齐备的，仲裁委员会应当出具收件回执。

对于仲裁申请书不规范或者材料不齐备的，仲裁委员会应当当场或者在五日内一并告知申请人需要补正的全部材料，申请人按要求补正全部材料的，仲裁委员会应当出具收件回执。

**第三十条**　仲裁委员会对符合下列条件的仲裁申请应当予以受理，并在收到仲裁之日起五日内向申请人出具受理通知书：

(一)属于本规则第二条规定的争议范围；

（二）有明确的仲裁请求的事实理由；

（三）在申请仲裁的法定时效期间内；

（四）属于仲裁委员会管辖范围。

**第三十一条**　对不符合第三十条第一、二、三项规定之一的仲裁申请，仲裁委员会不予受理，并在收到仲裁申请之日起五日内向申请人出具不予受理通知书。

对不符合第三十条第四项规定的仲裁申请，仲裁委员会应当在收到仲裁申请之日起五日内，向申请人作出书面说明并告知申请人向有管辖权的仲裁委员会申请仲裁。

对仲裁委员会逾期未作出决定或决定不予受理的，申请人可以就该争议事项向人民法院提起诉讼。

**第三十二条**　仲裁委员会受理案件后，发现不应当受理的，除本规则第十三条规定外，应当撤销案件，并自决定撤销案件后五日内，按照本规则第三十一条的规定书面通知当事人。

**第三十三条**　仲裁委员会在申请人申请仲裁时，可以引导当事人通过协商、调解等方式解决争议，给予必要的法律释明及风险提示。

**第三十四条**　仲裁委员会受理仲裁申请后，应当在五日内将仲裁申请书副本送达被申请人。

被申请人收到仲裁申请书副本后，应当在十日内向仲裁委员会提交答辩书。仲裁委员会收到答辩书后，应当在五日内将答辩书副本送达申请人。被申请人逾期未提交答辩书的，不影响仲裁程序的进行。

**第三十五条**　被申请人可以在答辩期间提出反申请，仲裁委员会应当自收到被申请人反申请之日起五日内决定是否受理并通知被申请人。

决定受理的，仲裁委员会可以将反申请和申请合并处理。

该反申请如果是应当另行申请仲裁的争议，仲裁委员会应当书面告知被申请人另行申请仲裁；该反申请如果是不属于本规则规定应当受理的争议，仲裁委员会应当向被申请人出具不予受理通知书。

被申请人在答辩期满后对申请人提出反申请的，应当另行提出，另案处理。

## 第二节　开庭和裁决

**第三十六条**　仲裁委员会应当在受理仲裁申请之日起五日内组成仲裁庭并将仲裁庭的组成情况书面通知当事人。

**第三十七条**　仲裁庭应当在开庭五日前，将开庭日期、地点书面通知双方当事人。当事人有正当理由的，可以在开庭三日前请求延期开庭。是否延期，由仲裁委员会根据实际情况决定。

**第三十八条**　申请人收到书面通知，无正当理由拒不到庭或者未经仲裁庭同意中途退庭的，可以按撤回仲裁申请处理，申请人重新申请仲裁的，仲裁委员会不予受理。被申请人收到书面通知，无正当理由拒不到庭或者未经仲裁庭同意中途退庭的，可以缺席裁决。

**第三十九条**　开庭审理时，仲裁员应当听取申请人的陈述和被申请人的答辩，主持庭审调查、质证和辩论、征询当事人最后意见，并进行调解。

**第四十条**　仲裁庭应当将开庭情况记入笔录。当事人或者其他仲裁参加人认为对自己陈述的记录有遗漏或者差错的，有权申请补正。仲裁庭认为申请无理由或者无必要的，可以不予补正，但是应当记录该申请。

仲裁员、记录人员、当事人和其他仲裁参加人应当在庭审笔录上签名或者盖章。当事人或者其他仲裁参加人拒绝在庭审笔录上签名或者盖章的，仲裁庭应记明情况附卷。

**第四十一条**　申请人举证期限届满前可以提出增加或者变更仲裁请求；仲裁庭对申请人增加或者变更的仲裁请求审查后认为应当受理的，应当通知被申请人并给予答辩期，被申请人明确表示放弃答辩期的除外。

申请人在举证期限届满后提出增加或变更仲裁请求的，应当另行提出，另案处理。

**第四十二条**　当事人申请仲裁后，可以自行和解。达成和解协议的，可以撤回仲裁申请，也可以请求仲裁庭根据和解协议制作调解书。

**第四十三条**　仲裁调解达成协议的，仲裁庭应当制作调解书。

调解书应当写明仲裁请求和当事人协议的结果。调解书由仲裁员签名，加盖仲裁委员会印章，送达双方当事人。调解书经双方当事人签收后，发生法律效力。

调解不成或者调解书送达前，一方当事人反悔的，仲裁庭应当及时作出裁决。

**第四十四条**　仲裁庭裁决案件，应当自仲裁委员会受理仲裁申请之日起四十五日内结束。案情复杂需要延期的，经仲裁委员会主任批准，可以延期并书面通知当事人，但延长期不得超过十五日。

**第四十五条**　有下列情形的，仲裁期限按照下列规定计算：

（一）申请人需要补正材料的，仲裁委员会收到仲裁申请的时间从材料补正之日起计算；

（二）增加、变更仲裁申请的，仲裁期限从受理增加、变更仲裁申请之日起重新计算；

（三）仲裁申请和反申请合并处理的，仲裁期限从受理反申请之日起重新计算；

（四）案件移送管辖的，仲裁期限从接受移送之日起计算；

（五）中止审理期间不计入仲裁期限内；

（六）有法律、法规规定应当另行计算的其他情形的。

**第四十六条**　因出现案件处理依据不明确而请示有关机构，或者案件处理需要等待工伤认定、伤残等级鉴定、司法鉴定结论，公告送达以及其他需要中止仲裁审理的客观情形，经仲裁委员会主任批准，可以中止案件审理，并书面通知当事人。中止审理的客观情形消除后，仲裁庭应当恢复审理。

**第四十七条**　当事人因仲裁庭逾期未作出仲裁裁决而向人民法院提起诉讼的，仲裁委员会应当裁定该案件终止审理；当事人未就该争议事项向人民法院提起诉讼，并且双方当事人同意继续仲裁的，仲裁委员会可以继续处理并裁决。

**第四十八条** 仲裁庭裁决案件时，其中一部分事实已经清楚，可以就该部分先行裁决，当事人就该部分达成调解协议的，可以先行出具调解书。当事人对先行裁决不服的，可以依照调解仲裁法有关规定处理。

**第四十九条** 仲裁庭裁决案件时，裁决内容同时涉及到终局裁决和非终局裁决的，应分别作出裁决并告知当事人相应的救济权利。

**第五十条** 仲裁庭对追索劳动报酬、工伤医疗费、经济补偿或者赔偿金的案件，根据当事人的申请，可以裁决先予执行，移送人民法院执行。

仲裁庭裁决先予执行的，应当符合下列条件：

（一）当事人之间权利义务关系明确；

（二）不先予执行将严重影响申请人的生活。

劳动者申请先予执行的，可以不提供担保。

**第五十一条** 裁决应当按照多数仲裁员的意见作出，少数仲裁员的不同意见应当记入笔录仲裁庭不能形成多数意见时，仲裁应当按照首席仲裁员的意见作出。

**第五十二条** 裁决书应当裁明仲裁请求、争议事实、裁决理由、裁决结果、当事人权利和裁决日期。裁决书由仲裁员签名，加盖仲裁委员会印章。对裁决持不同意见的仲裁员，可以签名，也可以不签名。

**第五十三条** 对裁决书中的文字、计算错误或者仲裁庭已经裁决但在裁决书中遗漏的事项，仲裁庭应当及时予以补正并送达当事人。

**第五十四条** 对于权利义务明确、事实清楚的简单争议案件或经双方当事人同意的其他争议案件，仲裁委员会可指定一名仲裁员独任处理，并可在庭审程序、案件调查、仲裁文书送达、裁决方式等方面进行简便处理。

**第五十五条** 当事人对裁决不服向人民法院提起诉讼的，依照调解仲裁法的有关规定处理。

## 第四章　附　　则

**第五十六条**　本规则未作规定的人事争议仲裁涉及事项，依照《人事争议处理规定》有关规定执行。

**第五十七条**　本规则规定的“三日”、“五日”，指工作日。

**第五十八条**　本规则自颁布之日起施行。1993 年 10 月 18 日原劳动部颁布的《劳动争议仲裁委员会办案规则》和 1999 年 9 月 6 日原人事部颁布的《人事争议处理办案规则》同时废止。

# 文化拯救

## 近现代名人与教科书

吴小鸥 著

商务印书馆
创于1897 The Commercial Press
2015年·北京

**图书在版编目（CIP）数据**

文化拯救：近现代名人与教科书/吴小鸥著．—北京：商务印书馆，2015

ISBN 978-7-100-11662-6

Ⅰ．①文…　Ⅱ．①吴…　Ⅲ．①教育史—研究—中国—民国　Ⅳ．①G529.6

中国版本图书馆CIP数据核字（2015）第245973号



**文化拯救**

**——近现代名人与教科书**

吴小鸥　著

商　务　印　书　馆　出　版

（北京王府井大街36号　邮政编码100710）

商　务　印　书　馆　发　行

北　京　冠　中　印　刷　厂　印　刷

ISBN 978-7-100-11662-6

2015年11月第1版　　开本 880×1230　1/32

2015年11月北京第1次印刷　　印张 17⅛

定价：49.80元

# 目 录

# 论教科书(代序)

张楚廷

我一直不愿意受命写序,尤其是年轻作者,我总希望他们自己写序。

所谓序,在我看来,就是为一部著述拉开序幕,或者说明一下学作的原委,写作的构思,大致的框架,介绍基本的内容,也许还说到相关的意义和学术价值。

如果自序,这些问题都比较容易说清楚;如果他序,即使仔细阅读过了,也不一定说得到位,很可能不痛不痒,不着边际。这就是我不情愿为他人写序的原因。我努力坚持不写,但有过少数几次失败。这一次,就是吴小鸥了,当她开始提出时,我拒绝了。后来想想,这些年来,她在教科书的研究上,可算是孜孜以求,做了不少的工作。于是,就想赞许一番;又想到,这需要我来赞许吗?所以真的还是很犹豫的。

作序不能喧宾夺主,归根结底,还是靠她的著作本身说话。我仅冒昧在此小议一下教科书及其研究的意义,当然也就认定了吴小鸥工作的意义。

大中小学，乃至研究生阶段，都有教科书的问题。通常，教科书的编制、选用、实施和修订等事项统称为课程建设。这是各级学校的一项基本建设。

课程研究及其建设在教育学研究的整个领域里具有独特的地位。可以作一个比喻，课程研究，在物质世界就相当于基本粒子的研究，在精神世界里就相当于对人的心灵的研究。

古希腊人不一定作了如上的理解，但他们神话般的智慧，让他们在物质世界里就提出了单子的概念，而对此之研究，一直延伸到今日如希格斯这样一些杰出物理学家的研究；而在精神世界，在人的精神方面，则早已有了希腊人关于灵魂学的深刻探求；并且，古希腊人也留下不朽的教科书或课程，至今，亚里士多德的《形而上学》仍是欧美大学生必读的课本，而欧几里得的《几何原本》几乎为全世界学校所采用，版本方面只有形式上的些微差异，基本内容却恒久不变。

我是学数学出身的，又被迫转向教育学和哲学。我先说一下数学。我国的中小学数学教科书是由哪些人主持制定的呢？他们是华罗庚、吴文俊这样一些世界级的数学家直接领导和参与的。

顺便，我想说一下，大中小学教科书制定的不同特点，由此而进一步说明中小学教科书的特殊困难、特殊意义与作用。

大学里的教科书，尤其是专业性的教科书，大都是教授们自己编制和撰著的,自己开设什么,就写什么,教什么。也就是说,很少有国本课程、地方课程,也没有校本课程。

对于大学教科书的主要要求就是尽可能站在学术最前沿。然而,对于中小学教科书的要求就大不一样了。

中小学教科书至少要思考这样一些问题:那个相关课程的知识领域有多宽?哪些知识是该领域里的根?哪些知识是对青少年持久有用的?哪些知识对他们的未来发展是最重要的?哪些知识是他们时下的心理年龄便于接受的?或者,需要经过怎样的编撰和处理才可能是便于习得的?

由此亦知,只有那些能高屋建瓴、居高俯视的大学者才能比较准确和深入地回答这些问题。

这也就是吴小鸥在研究教科书时竟发现有那么多名家的缘故,这就是在这些编撰者中有严复、蔡元培、胡适、任鸿隽、林语堂、朱家骅等名人的缘故。

换句话说,大学是求得枝繁叶茂的问题,而中小学则是求得知根知底的问题。每个学科都有自己的根,为何中小学所涉及的根更值得关注呢?

我们知道,中小学里最重要的课程是语文和数学。这里的语文是母语。所有国家的基础教育阶段都必须学好自己的母语,同时,数学可以说是一种世界语言,其基础部分是世界各国学校都必须通过课程而研习的。

最后还简要地说一下教育科学。

人们更多知晓的是，康德这样大智慧的人物的主要贡献在宇宙学和哲学方面，殊不知，他有一部名著就叫《论教育学》，他对教育学也有杰出的贡献。

如果说到教育哲学，其开篇之作也是一位德国人逻逊克兰兹。在中国，最早的则是范寿康等这样一些名人。教科书必然与名人相连。

在作了这样一些只言片语的叙说之后，想必对于吴小鸥在相关工作上取得的成就多有赞美之辞就很自然了。

二〇一四年元月六日

# 自　序

一百二十年前的甲午战争，给中华民族带来亡国灭种之危机，激发出一代知识分子强烈的拯救欲。他们从西方发达的科技和昌盛的物质文明中，深感自身的贫穷与落后，从西方自由平等思想和民主制度的盛行中，看到千年封建社会的流弊。在暮色四合的清季天空下，1895 年，严复在《直报》上连载《原强》一文，痛言“民智已下矣、民德已衰矣、民力已困矣”，并完整阐释了“开民智、鼓民力、新民德”之说。[1] 同年，康有为联络在北京参加会试的举子们，奋笔疾书一万余言的《上清帝第二书》（即《公车上书》），呼吁“才智之民多则强国，才智之士少则国弱”[2]，后来还提出“欲任天下之事，开中国之新世界，莫亟于教育”[3]的著名论断。1896 年，梁启超愤懑于各

1　王栻主编：《严复集》（第 1 册），北京：中华书局，1986 年，第 5—15 页。

2　康有为：《上清帝第二书》，《康有为政论集》上册，北京：中华书局，1981 年，第 131 页。

3　梁启超：《南海康先生传》，《饮冰室合集》文集之 6，北京：中华书局，1989 年，第 62 页。

地幼学教习"蠢陋野悍、迂缪猥贱"，在《变法通义》之《论幼学》中开篇疾呼："非尽取天下之学究而再教之不可，非尽取天下蒙学之书而再编之不可。"[1]此时，朝廷上下对于育才兴学的呼声也不断高涨，如1897年梁启超在倡导创办女子学堂时说："甲午受创，渐知兴学，学校之议，腾于朝庑。"[2]1898年春，张之洞在《劝学篇》(英译为《中国的一线希望》)中深忧"今日之世变，岂特春秋所未有，抑秦、汉以至元、明所未有也。"[3]他认为"窃惟古来世运之明晦、人才之盛衰，其表在政，其里在学。"[4]并且明确意识到"西国之强，强以学校"，[5]强调坚守"讲西学必先通中学，乃不忘其祖也，"[6]同时呼吁"沧海横流，外侮洊至，不讲新学则势不行。"[7]1901年12月，清廷在《为切实举办

---

1 梁启超:《变法通义·论幼学》，梁启超著;绿林书房辑校《梁启超书话》，杭州:浙江人民出版社，1998年，第169页。

2 梁启超:《倡设女学堂启》，《饮冰室合集》文集之2，北京:中华书局，1989年，第20页。

3 苑书义、孙华峰、李秉新主编:《张之洞全集第11册著述诗文书札附录》，石家庄:河北人民出版社，1998年，第9704页。

4 苑书义、孙华峰、李秉新主编:《张之洞全集第11册著述诗文书札附录》，石家庄:河北人民出版社，1998年，第9704页。

5 苑书义、孙华峰、李秉新主编:《张之洞全集第11册著述诗文书札附录》，石家庄:河北人民出版社，1998年，第9705页。

6 苑书义、孙华峰、李秉新主编:《张之洞全集第11册著述诗文书札附录》，石家庄:河北人民出版社，1998年，第9705页。

7 苑书义、孙华峰、李秉新主编:《张之洞全集第11册著述诗文书札附录》，石家庄:河北人民出版社，1998年，第9726页。

大学堂谕》中开篇指明:“兴学育才,实为当今急务。”[1]且兴办教育“全以教科书为胜败”。[2] 其实,早在戊戌变法前,管学大臣孙家鼐在奏请译书局编纂各书时就提出:“学堂教育人才,首以书籍为要。”[3]1902年正月,另一位管学大臣张百熙在《奏筹办京师大学堂情形疏》中明确强调:“故学堂又以编辑课本为第一要事。”[4]于是,近代历史重大的变革关头,全社会寄希望于教育,教育寄希望于全新的教科书,编写出版教科书成为当时表达危机思想的一个方式,教科书被赋予了救亡图存、复兴民族的刻不容缓的神圣伟大使命。

文化是一个民族与国家的标志,是一个社会制度存在的根基,是人们安身立命、身心和谐的基本。教科书作为教学内容的重要组成部分、现代课程实施的载体、拥有全国最大受众市场的读本,从本质特性上说,是按照一定目的,以文化信息为基本载体,有意识地确立文化标准的文本。[5] 文化的种类有很多划分方式,英国学

---

1 北京大学校史研究室编:《北京大学史料第1卷1898—1911》,北京:北京大学出版社,1993年,第51页。

2 中国第一历史档案馆藏赵尔巽档,胶片号9,拍摄顺序号2,卷54。

3 北京大学校史研究室编:《北京大学史料第1卷1898—1911》,北京:北京大学出版社,1993年,第190页。

4 《光绪二十八年正月初六日(1902.2.13)张百熙奏办京师大学堂疏》,转引自朱有瓛主编:《中国近代学制史料》(第2辑上册),上海:华东师范大学出版社,1987年,第835页。

5 吴小鸥著:《教科书:本质特性特在?——基于百年中国教科书的几点思考》,原载《课程·教材·教法》2012年第2期,第62—68页。转载于《人大报刊复印资料·教育学》,2012年第6期,第111—117页。

者雷蒙德·威廉斯(Raymond Williams)将同一社会内部的文化分为主导文化、残余文化及突生文化。“主导文化代表着在社会发展中的某一时刻,拥有最大权力的阶级或集团的利益和价值。残余文化是指过去形成的经验、意义和价值,在过去通常是作为主导文化而存在着的文化,虽然现在已经不属于主导文化的一部分,但仍然是被体验和实践着。残余文化之所以能够继续存在,主要是因为过去的社会或文化制度依然存在。突生文化是指与主导文化相对立的新的意义和价值,它们构成了文化的未来取向。”[1]一般而言,教科书在过程演变中常常选择主导文化及突生文化为标准,在主动介入中需要利用技术手段处理原初文化信息,在现实情境中通过教学实践理解与创新文化标准。正因为如此,教科书自身便具有了神圣不可侵犯的文化价值规范与模铸人思想、制约人行为的力量。从这个意义上而言,教科书的话语实践本身就是历史文化事件,其对于后世的影响比某些战争更加深远。梁漱溟曾说,“百年前的中国社会,如一般所公认是沿秦汉以来两千年未曾大变过的。我常说它是人于盘旋不进状态,已不可能有本质上之变,因此论‘百年以前’差不多就等于论‘两千年以来’。”[2]这种“未曾大变”显然是与传统封闭社会中由“三、百、千”进而“四书五经”等传

---

1　萧俊明著:《文化转向的由来——关于西方文化概念、文化理论和文化研究的考察》,北京:社会科学文献出版社,2004 年,第 233 页。

2　梁漱溟著:《中国文化要义》,香港:集成图书公司,1963 年,第 11 页。

统教学用书所确立的文化标准相联系。十九世纪末二十世纪初是一个忧思中国现状、叩问中国文化、设计中国未来的时代。各界普遍感受到了民族存亡与文化存亡的关系，认为文化危机是更本质、更深刻的民族危机。于是，在那些伴随着紧迫的民族危机感与焦灼的救亡意识的特殊时空里，传统的启蒙读本已经远远滞后于社会时代发展的步伐而“不宜教科”[1]时，中国近现代知识分子以深沉的历史感和高瞻远瞩的自觉意识，用激情与灵感及我们难以想象的热诚，将自己对历史、对世界、对人生的总体理解和把握熔铸在一本本小小的教科书中，确立新的文化支点和标准。例如，1912年《教育杂志》第四卷第一期刊登了商务印书馆《编辑共和国小学教科书的缘起》一文，阐述了这套教科书的编辑要点，现抄录如下：

一、注重自由、平等之精神，守法合群之德义，以养成共和国民之人格。

一、注重表彰中华固有之国粹特色，以启发国民之爱国心。

一、注重国体政体及一切政法常识，以普及参政之能力。

一、注重汉、满、蒙、回、藏五族平等主义，以巩固统一民国

1 张元济著：《中国历史教科书》，上海：商务印书馆，1903年，序。

之基础。

一、注重博爱主义，推及待外人爱生物等事，以扩充国民之德量。

一、注重体育及军事上之知识，以发挥尚武之精神。

一、注重国民生活上之知识技能，以养成独立自营之能力。

一、联络各科教材，以期获得教授上之统一。

一、各科教材俱先选择分配，再行编辑成书，知识完全，详略得宜。

一、各科均按照学生程度，循序渐进，绝无躐等之弊。

一、关于时令之材料，依阳历编次。

一、各书均编有详备之教授法，以期活用。

一、书中附图及五彩画，使与文字相引证，并以引起学生兴趣而启发其审美之观念。

一、初等科兼收女子材料，以便男女同校之用。[1]

凝重的印记，铭刻了多少天翻地覆的沧桑，传递着遥远而清晰的信息。中国近现代教科书从《国文》到《国语》、《作文》，从《修身》到《社会》、《公民》，从《理科》到《自然》、《常识》，从《体操》到《体

---

1 《编辑共和国小学教科书的缘起》，《教育杂志》第4卷第1期，1912年4月。

育》,从《唱歌》到《音乐》,从《手工》到《公用艺术》,从《图画》到《形象艺术》……《卫生》、《社会问题》、《人生地理》、《人生哲学》、《科学方法》、《公民生物》、《医学常识》、《论理学》、《心理学》……“科学”、“文明”、“自由”、“民主”、“议会”、“法律”、“国家”、“人民”、“电报”、“电话”、“留声机”、“显微镜”、“交易所”、“托拉斯”、“银行”、“证券”、“图书馆”、“博览会”……不论是教科书的名称变化还是名词术语的更新,不论是教科书的内容选择还是编排体例,抑或一幅幅插图、一个个符号,都以别开生面的原创力和果敢精神,在启蒙的地平线上撒播现代文明,进行着文化的传承与创新,构筑从现代人到现代中国生机勃勃的发展空间,拯救危亡中的民族。

任何形式的聚焦,都是为了凸显历史场景中不同社会生活历程、人物的生存状态,勾勒出悠长岁月中民众记忆里的中国社会图景。在对百年中国教科书进行研究的过程中,我常常凝视着教科书版权信息上的一个又一个熟悉的、陌生的名字,想着他们与教科书之间的种种联系,并希望将其呈现给读者,让更多的人知道他们在时代潮流的裹挟中,在人生的悲欢与离合、奋斗与彷徨、幻灭与执着、成功与失败中,艰难而又坚定地进行文化传承与创新的使命担当及人格魅力。他们是一个时代的智者群体,其中很多是二十世纪中国社会的风云人物、学界大师,也有很多因时过境迁、资料缺乏等各种原因,生平资料至今无从查找,甚至在各类研究中均未留下只言片语。我在附录中列举了其中一部分,而无法把他们全部呈现，因为随着一本又一本遗散在民间的教科书的发现，可能会增加更多的名字。他们是岚飘雾绕的苍莽群山，不论是在清季的天空下还是民国的烽火中，伴随着无数个晨钟暮鼓黄卷青灯，以其学养、眼界追随新知，以一种特有的气质与风范，开创先河、引领风骚，创造了令人追慕称羡的辉煌。他们为中国近现代教科书发展默默努力与奉献，每一个人都是令我们回望的山峰。

岁月悠悠、时光浸染。本书选取十六位人们熟知的中国近现代名人，他们中有七十高龄亲自编撰教科书，首次在课文中呈现“体育、德育、智育”思想，以及“科学”概念和学科体系的张之洞；有译述震撼青少年学子，以“物竞天择、适者生存”思想成为中国近现代教科书启蒙精神实质的新式教科书编译、规划、审定者严复；有引领商务印书馆成为中国近现代教科书编撰出版龙头，促进教科书“黄金二十年”发展，第一位将中国教科书带上世界博览会舞台的现代教科书之父张元济；有编译、参阅多种中小学教科书，并以其全新的教育改革思想及国家教育政策引发教科书变革的蔡元培；有编译、编纂、校订过文学、理化、生物、矿物、博物、哲学等诸多学科教科书，成为二十世纪中国教科书史上编辑教科书种类与数目最多的杜亚泉；有中国第一本新式学堂自编教科书的参与者，并以其编写的作品唱响晚清浩荡的学堂乐歌运动的沈心工；有以一人之力，在20—21岁以常人难以想象的速度编撰国学教科书5种19册，在22岁又编撰乡土教科书6种的刘师培；有编撰、校订多种教科书，且以超凡的胆略和气魄创建中华书局、推动教科书编撰出版激烈竞争新局面的陆费逵；有早期编撰地理、英语教科书，并力倡白话文使得教科书文化语境得以转型的陈独秀；有从小接受新式教科书启蒙，积极推动新文化运动、促成 1922 年新学制变革且著述中学教科书的胡适；有中国近现代高中教科书唯一的女性编撰者陈衡哲，及校订小学常识教科书、调查研究中学理科教科书、大胆撰文质疑中小学党化教科书的任鸿隽；有因编撰畅销英语教科书获得丰厚版税，卷入民国教科书第一案的林语堂；有在烽火岁月中将党义课改为公民课，创立国立编译馆编审教科书、并将签有大名的教育部许可证印在各类教科书版权页上的朱家骅；有八年抗战中六年担任南京国民政府教育部长，主编公民及童子军教科书，推出国定本教科书及推动边疆、华侨教科书发展的陈立夫；有从民国到新中国潜心编撰中小学国文、国语、语文教科书，历任教育部副部长兼人民教育出版社社长和总编辑，主持新中国教科书的编审和出版工作，且二十一世纪后其编写的小学教科书影印并脱销的叶圣陶。

虽然时代的不断变迁决定了中心与边缘、强势与弱势，当我们再次与这些近现代名人“邂逅”于教科书时，常常不由自主地踏上他们亦真亦幻的生命旅途，一次又一次感受他们的人生梦想、他们的年少轻狂、他们充满阳光的青春时光，以及他们历经艰难却依旧不肯更改的坚持，这是除了政治、财富力量以外，独立不倚、卓尔不群的品格修养的“我们”存在。所以，希望通过一些平常意味的描述，呈现他们与中小学教科书或密切或偶然的一些联系，以管窥大动荡大变革时代知识分子“会通以求超胜”的文化传承与创新，诚如胡适在《我们必须选择我们的方向》中强调，“用科学成果来增进人生的幸福，用社会化的经济制度来提高人类的生活程度，用民主自由的政治制度来造成自由独立的人格。……我们中国人在今日必须认清世界文化的大趋势，我们必须选定我们自己应该走的方向。”[1]无论岁月的尘埃如何起落飞扬，在晚清民国教科书飘逸的书卷气息中，在文字与插图中跳跃着的温情中，我们至今还可以感受到他们小心守护着一本本小小教科书的价值关怀。穿越岁月的风雨、动荡喧嚣与浮华，小小教科书以相对凝定的视角标示出一个时代智者群体对特定生活世界的文化的深邃反省、思索和忠实记录，发黄的纸张、灵动的文字以及依旧精美的插图，仿佛陈年酒香淡淡地弥漫在文化的空间，释放着一个时代知识分子的文化气质及风雅，也昭示着现代人所需要的清澈宁静的启蒙情怀。

吴小鸥

二〇一三年十二月十六日

宁波大学至善楼

---

1 胡适：《我们必须选择我们的方向》，胡适、余英时等著：《胡适与中西文化》，台北：水牛图书出版事业有限公司，1984 年，第 185 页。

# 张之洞

# 古稀之年的新锐视野

张之洞（1837—1909）

教体育　第一桩　卫生先使民强壮

教德育　先蒙养　人人爱国民善良

孝父母　尊君上　更须公德联四方

教智育　开愚氓　普通知识破天荒

——摘自《张相国新撰唱歌教科书》第1页

张之洞是晚清“四大名臣”之一，人生跨度越咸、同、光、宣诸朝。在那个特殊的时代里，这位“短身巨髯，风仪峻整”[1]的实干家曾被伊藤博文誉为“中国第一能办事之人”。[2] 他不仅在政治上颇有作为，在教育上更具卓识眼光，是推动中国启蒙教育坐标从“科举”到“科学”位移的关键人物。他撰写的《劝学篇》明确提出“中学为体、西学为用”的思想，他积极参与订定的《奏定学堂章程》成为中国历史上第一个正式实施的现代学制。他在湖北创造了中国区域现代教育的典范，在师范教育、方言教育、派遣留日学生等方面都发挥着巨大的作用。最为难得的是，张之洞以其特定的视野与身份，古稀之年披挂上阵，以一代儒臣对皇权与时俱进的忠诚，亲自撰写《张相国新撰唱歌教科书》，不仅第一次在教科书中提倡“体育”、“德育”、“智育”全面发展，而且汇聚了“科学”、“文明”、“中国”、“人民”、“知识”、“读书”、“理想”、“思想”、“自由”、“法律”、“民权”、“革命”，甚至“西装”、“贸易”等大量的现代词汇，这本以官方力量推行的教科书，极富新锐思想与视界，为幽暗时空的中国社会增添了一抹绚丽的色彩，成为唱响在晚清的别样教科书。

---

1 《清史稿·张之洞(卷437)》，转引自王蘧常主编:《中国历代思想家传记汇诠》(下册)，上海:复旦大学出版社，1993年，第761页。

2 徐雁、童强主编;南京大学中国思想家研究中心编:《中国思想史与思想家评传》，北京:中华书局，2002年，第185页。

## 从“科举”到“科学”

1837年8月,张之洞出生于贵州兴义府官宦之家,祖籍是直隶南皮(今属河北)。童年的张之洞非常勤勉,且喜欢晚上学习,九岁时读书就“非获解不辍,篝灯思索,每至夜分,倦则伏案而睡,既醒复思,必得解乃已”[1]。在十一二岁时,在父亲挚友胡林翼和韩超教授下,这位留着长辫子、穿着小马褂,目光里满是懵懂和羞怯的少年在科举路上渐露锋芒,十三岁考取秀才,十五岁中举人第一名,“一时才名噪都下”[2]。消息传到贵州,两位老师为这位得意门生而高兴非常,胡林翼致书张之洞的父亲说:“得令郎领解之讯,与南溪(韩超号)开口而笑者累日。”[3]后胡林翼逝世于湖北巡抚任上,张之洞任湖广总督后多次到“胡祠”凭吊,并写道:“二老当年开口笑,九原今日反身悲,敢云驽钝能为役,差幸心源早得师。”[4]1864年,张之洞参加了会试、殿试,中一甲第三名,考取

---

1 许同莘编:《张文襄公年谱》,上海:商务印书馆,1944年重庆初版·1946年上海初版·1947年上海再版,第2页。

2 《大清畿辅先哲传·张之洞传》,转引自:苑书义、孙华峰、李秉新主编:《张之洞全集》(第12册),石家庄:河北人民出版社,1998年,第10666页。

3 许同莘编:《张文襄公年谱》,上海:商务印书馆,1944年重庆初版·1946年上海初版·1947年上海再版,第4页。

4 《谒胡文忠公祠二首》,《张文襄公全集》卷226,诗集3,第34页。转引自冯天瑜、何晓明著:《张之洞评传》,南京:南京大学出版社,1985年,第5页。

进士，成为了众人瞩目的“探花”郎，授翰林院编修，从此步入政坛。

【资料卡】

胡林翼(1812—1861)，字贶生，号润芝，湖南益阳县泉交河人。1836年中进士，授翰林院编修。他是湘军重要首领，至湖北巡抚，与曾国藩、左宗棠被史学家并称为“中兴三名臣”。曾多次推荐左宗棠、李鸿章、阎敬铭等，为时人所称道。蒋介石特别崇拜胡林翼的军事才能，把曾国藩、胡林翼的治军用兵之道编成《曾胡兵法》，作为黄埔军校学生的必读教材，并签名题词赠给学生。青年时代的毛泽东，阅读了《胡林翼遗集》，也十分钦佩胡林翼的文韬武略和做人为官之道，遂把自己的名字改为毛润之。

【资料卡】

韩超(1799—1878)，字寓中，号南溪，直隶(今河北)昌黎人。1834年的副贡生。沉勇慷慨。胡文忠称为血性奇男子。1842年因在天津办理海防有功，奖叙州判，分发贵州，任独山知州。1851年从胡林翼镇压镇远苗民起义，后累迁署贵州巡抚。

张之洞为官四十余年，先后出任浙江乡试副考官、湖北学政、四川乡试副考官、山西巡抚、两广总督、湖广总督，并两度署理两江总督，晚年入军机处，升任大学士，并主管学部。在这其中，张之洞于1881—1883年任山西巡抚，时间虽然不长，但他认识了英国传教士李提摩太（Timothy Richard），使他对西学知识及西方教育有所认识，文化思想发生了极大的转变。

【资料卡】

李提摩太（1845—1919），英国浸礼会传教士，先后就学于斯旺西师范学校和哈佛福韦斯特学院。1870年来华，在山东、山西等地传教。1886年，李提摩太来到北京，主要进行演讲和写书的工作，发表了《七国新学备要》，介绍西方各国的教育情况，并建议清朝政府每年拿出一百万两白银作为教育改革的经费。1890年，他到天津任《时报》主笔，鼓吹维新变法。1891年，任上海同文书会总干事，后任广学会总干事。他与李鸿章、张之洞来往密切，张之洞曾拨款一千两白银资助广学会。他与康有为、梁启超亦关系甚好，戊戌变法失败后曾协助康有为出走。1901年，他建议用庚子赔款设立山西大学堂。1902年任山西大学堂西学书斋总理。清政府赐他头品顶戴，二等双龙宝星，并诰封三代。

张之洞初到山西时，读到李提摩太曾向曾国荃提出的包含“以工代赈”、开矿、兴实业、办学校在内的“西化”山西计划，眼界大开。当他得知李提摩太还深通汉语，精研孔、道、佛三教经典，又有丰富的西学知识时，便聘请李提摩太为顾问。为此，李提摩太专门从伦敦购置了科学书籍和仪器，并在太原组织了演讲社，从 1881 年到 1884 年按月在太原向山西官绅进行演讲及试演表演，内容包括天文、历史、地理、声学、电学、光学、机械、医学等科学常识，并表演磁石吸铁、氧气助燃、电可发光等简单实验。这些“泰西新学”虽然只是普通的科技常识，但让饱读经史的张之洞对现代科学产生了“仰之弥高”[1]的好感，并对李提摩太的一些思想极为赏识。“他一直在重复我在谈话中提到的一个论点：生存就像博弈，不掌握一定的技巧是无法同掌握了技巧的对手竞争的，看来这在他身上发挥了作用”。并承认，“任何国家要繁荣昌盛都必须进行改革。”[2]受李提摩太的启迪，这位精明的晚清大臣，明确了崇尚现代科学知识与现代教育的新锐视野，同时也深刻认识到外语与外交的重要，他写道：“盖闻经国以自强为本，自强以储才为先，方今万国盟聘，事变日多，洋务最为当务之急。……查中外交涉事宜，以商务为体，

---

1　冯天瑜、何晓明著：《张之洞评传》，南京：南京大学出版社，1985 年，第 48 页。

2　[英]李提摩太著：《亲历晚清四十五年　李提摩太在华回忆录》，李宪堂、侯林莉译，天津：天津人民出版社，2005 年，第 220 页。

以兵战为用，以条约为章程；以周知各国特产、商情、疆域、政令、学术、兵械、公法律例为根抵；以通晓各国语言文字为入门。”[1]在出任山西巡抚期间，张之洞每日“丑正二刻（凌晨两点半）即起，寅初阅（凌晨三点）公犊，辰初（晨七点）见客”。[2] 夙兴夜寐，废寝忘食。

## “当今第一通晓学务之人”

张之洞之名是否出自《庄子·至乐》中的“张之洞庭之野”，我们不得而知。但他在主政洞庭之北的十七年间，广开新学，创造了中国现代区域教育之典范。1889 年冬，张之洞奉命任湖广总督。1890 年 7 月 11 日的《捷报》有这样的文字：“武昌无疑将成为中国极重要的城市之一，因为自从张之洞调任湖广之后，已将他原来打算在广州进行的一些庞大建设计划全部移到了武昌。”1893 年 11 月 29 日，张之洞向光绪帝上奏《设立自强学堂片》，指出“自强之道，以教育人才为先”，[3] 请求创设新学。1893 年，张之洞创办湖北

1 《延访洋务人才启》，转引自吴剑杰编著：《张之洞年谱长编》（上卷），上海：上海交通大学出版社，2009 年，第 96 页。

2 《致函张幼樵拟大举整饬晋省吏治》，转引自吴剑杰编著：《张之洞年谱长编》（上卷），上海：上海交通大学出版社，2009 年，第 71 页。

3 《设立自强学堂片》，转引自苑书义、孙华峰、李秉新主编：《张之洞全集》（第 2 册），石家庄：河北人民出版社，1998 年，第 898 页。

自强学堂(有“武汉大学的前身”一说,但存在争议),一改中国传统书院“学不分专门”的旧习,率先实行分门教学、按斋授课的体制及根据学习成绩发放奖学金制,当时影响极大,“一时湖楚教育之盛,甲于全国。四方求学者,闻风麇集。各省派员调查,以便仿办者,亦络绎于道。”[1]张之洞门生张继煦亦称:“当清季兴学堂令下,各省考察学制者必于鄂,延聘教员者必于鄂,外地学生负笈远来者尤多。”[2]构成了晚清兴学的一道独特的风景。李端棻在《请推广学校折》中写道:“格致制造诸学,非终身执业,聚众讲求,不能致精。今除湖北学堂外,其余诸馆,学业不分斋院,生徒不重专门,其未尽二也”。[3]《清史稿》第一百七卷中亦记载有:“查京外学堂,办有成效者,以湖北自强学堂、上海南洋公学为最”。[4] 张之洞重视教育,基本做到为官一方,办学一方。如1894年,他曾调署两江总督,在南京设储才学堂、铁路学堂、陆军学堂、水师学堂等。

在不断创办新学的过程中,张之洞敏锐地意识到当时教育的最大问题在于人们对新学与旧知取舍之价值判断的紊乱与迷惘。他极为担心伴随着新学的兴起,人们对传统产生叛逆心理,从而导

---

1 《教育杂志》第1卷第10期,第20—21页。

2 张春霆著:《张文襄公治鄂记》,武昌:湖北通志馆,1947年,第17页。

3 朱有瓛主编:《中国近代学制史料》(第1辑下册),上海:华东师范大学出版社,1986年,第484页。

4 赵尔巽等著:《二十五史(全本)清史稿》,乌鲁木齐:新疆青少年出版社,1999年,第726页。

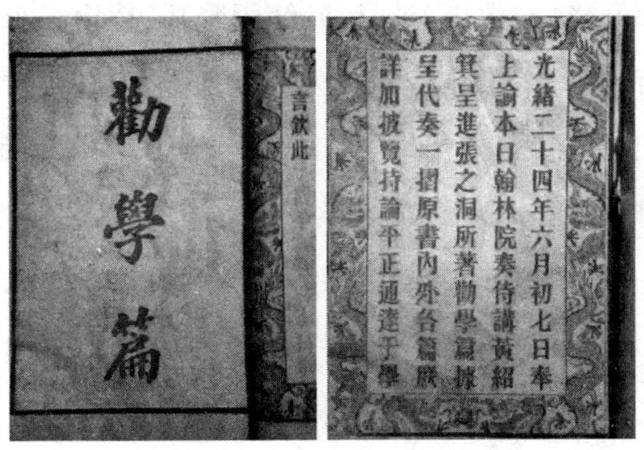


《劝学篇》(1898 年两湖书院刊本)

致国家固有的政体和社会结构、伦常规范崩解。1898 年春，被辜鸿铭誉为“最后一个儒臣”[1]的张之洞开始修撰平生最重要的著作《劝学篇》(英译为《中国的一线希望》)，在《劝学篇外篇 · 会通第十三》中明确提出“中学为内学、西学为外学。中学治身心，西学应世事”[2]的“中学为体、西学为用”著名思想。当时，张之洞对西学的认识已较为全面，认为其包括西史、西艺、西政，其中西艺有算、绘、矿、医、声、光、化、电，西政有学校、地理、度支、赋税、武备、律例、劝工、通商，并在《劝学篇外篇 · 设学第三》中指出“西政之刑狱，立法最善”[3]，这些都显示其高于一般封建官僚的学术视野。翰林院侍

1 冯天瑜、何晓明著:《张之洞评传》，南京:南京大学出版社，1985 年，第 998 页。

2 张之洞著:《劝学篇》，上海:上海书店出版社，2002 年，第 71 页。

3 张之洞著:《劝学篇》，上海:上海书店出版社，2002 年，第 41 页。

读学士黄绍箕将《劝学篇》进呈，光绪帝赞其“持论平正通达，于学术人心大有裨益”[1]，乃下令军机处颁发各省督抚、学政各一部，以“俾得广为刊布，实力劝导，以重名教，而杜卮言”[2]。又谕总理各国事务衙门排印三百部，俨然成为钦定开官智的“教科书”。

张之洞在《劝学篇》中还提出著名的“游学日本说”，他写道：“至于游学之国，西洋不如东洋。一、路近省费，可多遣。一、去华近，易考察。一、东文近于中文，易通晓。一、西书甚繁，凡西学不切要者，东人已删节而酌改之。中、东情势风俗相近，易仿行，事半功倍，无过于此。”[3]1898 年 8 月 2 日，光绪帝谕军机大臣：“东洋路近费省，文字相近，易于通晓，……各部院如有讲求时务愿往游学人员，亦一并咨送，均毋延缓。”[4]清政府把向日本派遣留学生正式作为一种国策确定下来。据《日本留学中国学生题名录》统计，1898 年在日中国留学生为 77 人，1899 年为 143 人，1900 年为 159 人，1901 年为 266 人，1902 年达到了 727 人，1903 年 11 月为 1243

---

1 中国史学会主编：《戊戌变法》(第 2 册)，上海：神州国光社，1953 年，第 43 页。

2 中国史学会主编：《戊戌变法》(第 2 册)，上海：神州国光社，1953 年，第 43 页。

3 张之洞著：《劝学篇》，上海：上海书店出版社，2002 年，第 39 页。

4 《光绪二十四年六月十五日(1898.8.2)上谕》，《清德宗实录》卷 422，转引自朱有瓛主编：《中国近代学制史料》(第 2 辑上册)，上海：华东师范大学出版社，1987 年，第 17 页。

人,1904年11月为2557人,1905年猛增到8000余人。[1] 1905年到1906年,留学日本达到最高潮,不仅东南沿海的学子们出现了"父遣其子,兄勉其弟,航东负笈,络绎不绝"[2]的壮观场面,四川、贵州、云南等边远省份,也有许多人到日本留学。王国维在1906年所撰《教育小言十二则》中描述为:"留学生之数之多,如我中国之今日,实古今中外之所未闻也。"[3]费正清指出:"这可能是到此时为止的世界史上最大规模的学生出洋运动"。[4] 这些在力图避免亡国灭种、救亡图强的征程中漂洋过海的热血青年,秉承着"他日立中国强固之根基,建中国伟大之事业,以光辉于二十世纪之历史者,必我留学生也"[5]之信念,面对国内新式学堂急需大量新式教科书,各以其所学专长编译(撰)教科书,成为一支活跃于中国现代教科书发展舞台的重要力量。以湖北自强学堂留日学生戢翼翚为例,他在日本求学时,与同学唐宝锷合著出版《东语正规》,被日本学者

---

1 丁晓禾主编:《中国百年留学全记录》,珠海:珠海出版社,1998年,第164—165页。

2 《劝同乡父老遣子弟航洋游学书》,《游学译编》,1903年第6期。转引自张枬、王忍之编:《辛亥革命前十年间时论选集》(第1卷上),北京:生活·读书·新知三联书店,1960年,第381页。

3 舒新城编:《中国近代教育史资料》(第3卷),北京:人民教育出版社,1981年,第1001页。

4 费正清编:《剑桥中国晚清史》(下卷),北京:中国社会科学出版社,1994年,第404页。

5 李喜所著:《近代留学生与中外文化》,天津:天津教育出版社,2006年,第137页。

实藤惠秀誉为“空前的”、“划时代的日语教科书”、“中国人第一部科学地研究日语的书”。[1] 1902 年,戢翼翚与日本女子贵族学校校长下田歌子合作创设“作新社”,出版了大量的新式教科书。笔者初步统计晚清留日学生编译的教科书有 241 种。[2] 这些教科书不仅从门类到体系规范了知识构建,而且补充大量的中学政法、数学及音、体、美、卫生、手工等类别教科书。这些教科书还尝试从文言到白话的语境变通、注重认知策略及编排方法、开启现代装帧及版权保护等等,提供了现代教科书编写出版的范例,对中国现代教科书发展产生了深刻影响。

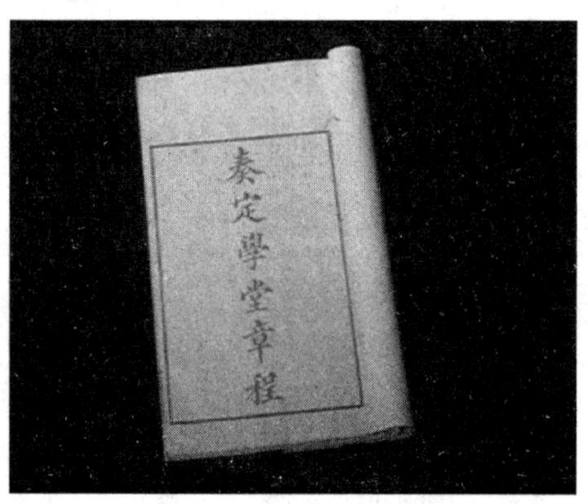


1904 年清政府颁布《奏定学堂章程》

---

1 [日]实藤慧秀著,谭汝谦、林启彦译:《中国人留学日本史》,北京:生活·读书·新知三联书店,1983 年,第 252 页。

2 吴小鸥、石鸥著:《晚清留日学生与中国现代教科书发展》,《高等教育研究》,2011 年第 5 期,第 89—96 页。

1901 年 1 月，慈禧太后颁布实行变法的谕旨，令各大臣条议新政。1901 年 7 月 12 日、19 日、20 日，湖广总督张之洞会同两江总督刘坤一连续上呈三封奏折（即著名的“江楚会奏三疏”），拟议变法。在第一疏《变通政治人才为先遵旨筹议折》中，张之洞等把兴学育才和用人制度的改革作为图治的首要任务，提出了人才培养的“道艺兼通、文武兼通、中西兼通”[1]的原则，设文武学堂、停罢武科、奖励游学等建议，以及教科书官定颁发、通国一律等构想。例如，他将学校分为蒙学、小学、中学、高等学堂与京师大学堂五级，明确规定各级入学年龄、修业年限，中学以前为普通教育，高等学堂起为分科专业教育，三年期满后必须实习一年方可毕业，大学教育则是高等学校分科专业教育的深化提高。鉴于张之洞此时关于新式教育体制的构想已趋完备，管学大臣张百熙在《奏请添派张之洞会商学务折》中称赞张之洞为“当今第一通晓学务之人”。[2]

1903 年，张之洞奉旨入京，与张百熙、荣庆一起修改 1902 年清政府颁布的《钦定学堂章程》。经过数月不分昼夜、困惫已极的磋商修改，《奏定学堂章程》于 1904 年 1 月 13 日由清政府正式颁布并实施。这是中国第一个正式实施的现代学制，纵向分为三段七级，

---

1　朱有瓛主编：《中国近代学制史料》（第 1 辑下册），上海：华东师范大学出版社，1986 年，第 772—776 页。

2　朱寿朋编，张静庐等校点：《光绪朝东华录》（第 5 册），北京：中华书局，1958 年，第 5036 页。

即蒙养院（四年）——初等小学堂（五年）——高等小学堂（四年）——中学堂（五年）——高等学堂或大学预备科（三年）——分科大学堂（三—四年）——通儒院（五年），横向构建了普通教育、实业教育、师范教育三驾并驱的模式。《奏定学堂章程》确立了全新的课程设置、组织管理、行政体制，不仅首次出现“义务教育”[1]字样，还突破性地将教学系统与教育行政系统分离。

1905年9月，袁世凯、张之洞等人奏请停止科举，以兴学校。清廷诏准，自翌年始，所有乡试、会试及各省岁考一律停止，一切士子皆由学堂出身，结束了一千三百多年的科举制度。

随着学制的颁布和科举的废除，全国各地学堂如雨后春笋般大量涌现。据清学部总务司1907年《第一次教育统计图表》、1908年《第二次教育统计图表》、1909年《第三次教育统计图表》显示，这三年国内学堂分别是37672所、47532所、58896所，学生数分别是1013571人、1284965人、1626720人。一位在辛亥革命前夕来到中国的美国学者罗斯（E. A. Ross）目睹了举国上下的兴学热潮，带着兴奋的口吻在1911年英文版《变化中的中国人》中写下这样的文字：“对新式教育的激情像野火一样迅速传开。一个人一个小房间的考试制度被废除了，大学的大教室修建起来了。一

1 《光绪二十九年十一月二十六日（1904.1.13）张百熙、荣庆、张之洞〈学务纲要〉》，转引自：朱有瓛主编：《中国近代学制史料》（第2辑上册），上海：华东师范大学出版社，1987年，第82页。

些学校设立在寺庙里,今天在很高的圆柱屋顶下能看到一些小学生排列地站着,在面目狰狞的战神和慈善和蔼的观世音面前背诵课文……”[1]张之洞以其非凡的智慧,参与构建中国现代学校教育制度,为中国现代意义教科书的产生与蓬勃兴起奠定了基础。

【资料卡】

鸦片战争以前,没有近代的普通学校,只有启蒙教育和准备参加科举考试的私塾和书院,初学《三字经》、《百家姓》,进而读四书五经,不存在现代学校所备的教科书。石鸥教授认为现代意义的教科书应该满足如下条件:第一,产生了现代学制,根据学制,依学年学期而编写出版;第二,有与之配套的教授书(教授法、教学法)或教学参考书,教授书内容要包括分课教学建议,每课有教学时间建议等;第三,依据教学计划规定的学科分门别类的编写和出版。伴随着新式教育的出现,1903 年商务印书馆出版的“最新教科书”是中国第一套现代意义的中小学教科书。

## 别样的《张相国新撰唱歌教科书》

晚清时期,张之洞看到日本明治之后教育的兴盛,对于中小学

---

1 [美]E. A. 罗斯著,公茂虹、张皓译:《变化中的中国人》,北京:中华书局,2006 年,第 188 页。

开设唱歌课颇有兴趣。日本学校唱歌活动是在日本政府的倡导和监督之下从1872年开始进行的，目的在于强调忠君爱国精神的养成。中日甲午战争和日俄战争期间，日本举国战云密布，军歌之声甚嚣尘上。《奏定学堂章程》颁布后，年近古稀的张之洞不辞劳苦，颇富创意的编成《张相国新撰唱歌教科书》。

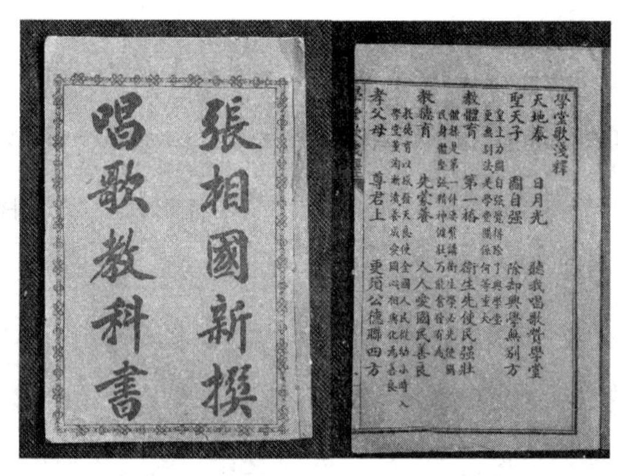


《张相国新撰唱歌教科书》(一)

《张相国新撰唱歌教科书》内容由“学堂歌浅释、中国大地形势歌、军歌”三部分组成。1904年12月《札学务处发学歌、军歌(附学堂歌、军歌)》中指出：“前由本部堂自撰《学堂歌》及《军歌》各一通，饬发各学堂学生、各营兵勇，令其熟读歌唱，以期感发其忠爱之忱，鼓励其自强之志，详加体察各学生、各兵勇于唱歌之际，大足以振奋精神，发皇志气，实属大有裨益，亟应广为刊布，遍发湖北通省各学堂、各军营，一体歌诵，以助训士训兵之用。除军歌另行饬发刊刻外，合行札发，该处即便遵照将发去学堂歌五千份，并附发军歌一百份查收，先行分发省城各学堂，散给各学生，令其熟读歌唱，以资感发，务须人给一纸，不可遗漏。一面仍将《学堂歌》迅速放大字样，工写精刊，用好纸刷印一万本，装订成册，呈解来辕听候酌发省外各学堂，勿稍延缓。”[1] 1904 年 12 月 4 日的上海《时报》，登载有张之洞撰写的《中国大地形势歌》。《张相国新撰唱歌教科书》让我们看到了张之洞放眼世界、励精图治培养新锐人才的努力，又深深感受到其身为朝廷重臣，殚精竭虑、力图维护清王朝的统治的“卫道”忠诚。

教体育　第一桩　卫生先使民强壮
教德育　先蒙养　人人爱国民善良
教智育　开愚氓　普通知识破天荒[2]

张之洞以“圣天子图自强除却兴学无别方”作为《学堂歌浅释》开篇，第一次在中国的中小学教科书“课文”中呈现“体德智”三育之观点。受日本军国民教育影响，张之洞将体操认定是第一紧要的事，并强调讲究卫生是强身健体的基础；提倡全国人民从小养成

---

1　苑书义、孙华峰、李秉新主编：《张之洞全集》（第 6 册），石家庄：河北人民出版社，1998 年，第 4258 页。

2　《张相国新撰唱歌教科书》，无版权页，第 1 页。

爱国心，从孝父母到尊君上，由私德到公德；智育在于学习新知识，摆脱愚昧，由此才能明白事物发展的规律，精通技艺，富国富民。

【资料卡】

教育学中“全面发展”的观念，最先是由古希腊哲学家亚里士多德(公元前384—公元前332)提出来的。他认为人的身体和灵魂不可分离地存在着，灵魂有植物的灵魂、动物的灵魂、理性的灵魂，与这三种灵魂相适应的有体育、德育、智育。教育的目的就在于使体德智和谐发展。1901年，南洋公学的《新订蒙学课本》二编之“编辑大意”写道：“泰西教育之学，其旨万端，而以德育、智育、体育为三大纲。德育者，修身之事也；智育者，致知格物之事也；体育者，卫生之事也。蒙养之道，于斯为备。”第一次在教科书的“编辑大意”中出现“德智体”观点。

尤为值得关注的是，张之洞打破传统经史教育的狭隘内容，认为普通学堂每日上课六点钟，课程从读经开始，涵盖修身学、历史学、地理学、算数学、几何学、博物学、理化学、图画学、政法学、陆军学、体操学。张之洞是第一个在教科书的课文中将所有学科以“科学”冠名，并对“科学”知识进行系统归纳与说明的教科书编撰者。

说科学　须兼长　一日六钟并不忙
读五经　诵勿忘　先讲大义后精详
修身学　重伦常　孝弟爱众尊师长
历史学　知已往　世界变迁弱变强
地理学　先本乡　由近及远分方向
中国外　由列强　勿学井蛙拘坳堂
算数学　简为上　比例代数捷非常
八线表　不用想　能通几何包九章
博物学　穷天壤　卫生益智心开朗
理化学　原质详　配化制造通阴阳
辨炭酸　分硫养　火药全仗硝磺镪
电矿汽　力声光　理化门门有专长
图画学　摹物状　先用毛笔后尺量
政法学　治国方　后生浅学莫躁妄
陆军学　分两堂　战术计划戒鲁莽
沟垒速　地形相　火器测准马善养
体操学　关衰旺　人人胜兵其国昌[1]

中国传统的“四部之学”发端于秦汉，形成于隋唐，完善于明

1　《张相国新撰唱歌教科书》，无版权页，第9—12页。

清，并以《四库全书总目提要》之分类形式得到最后确定。在西学大潮冲击下，四部之学不断解体与分化，逐渐被西方以近代学科分类标准建构起来之“七科之学”（文、理、法、农、工、商、医）新知识系统所替代，“七科”之内的现代意义上自然科学各学术门类（数学、物理学、化学、地理学、地质学、动物学、植物学等）及人文社会科学各学术门类（文艺学、历史学、哲学、政治学、经济学、社会学、法学、伦理学、逻辑学等）相继创立。张之洞在此强调“科学”统领下现代学科门类的划分及论述，体现了他在现代学术转型及学科整合中的认知。

【资料卡】

科学（science）一词源于拉丁语词 scientia，即学问或知识。自 19 世纪以来，科学被定义为一种系统化的知识，将之视为关于自然界、社会和思维的知识体系。在中国，古代虽然有发达的科学技术发明，但是没有“科学”一词。《礼记·大学》中有“致知在格物，格物而后知至”之说。最先用“格致”来指称西方科学技术的是利玛窦。中文第一次出现“科学”一词是康有为译自日文。1903 年，文明书局高举“科学”的大旗出版了“蒙学科学全书”28 种新式教科书，“科学”二字出现在整套教科书的广告中，并未出现在课文里。

为强调科学的重要性，张之洞在《军歌》中打破人们认为军人只要习武的刻板印象，从外国武官学识比文官高，强调作为军人，要懂得算学、物理、化学等科学知识，才能胜任其职责，否则连“枪药炮药白药”都会分不清楚。

莫说武夫学问难通晓　外国武官学比文官高
枪炮线路须知算学妙　应敌安营先将地图描
物理化学亦须略知道　钢铁涨缩拉力细推敲
无烟药净不比炸药暴　枪药炮药白药莫混淆[1]

在各学科知识学习中，张之洞从实用的角度出发，详细介绍了不同外国语言的功能，如学英文可以了解各类商务，学日文便于转译西书，学法文可以多了解条约公牍，学德文在于了解武备化学医学矿学，等等。

小学成　知识亮　改业谋生并无妨
学国文　文理畅　方解经史古文章
学英文　用处广　英国商务遍华洋
学日文　近我邦　转译西书供采访
学法文　各国尚　条约公牍须磋商

1　《张相国新撰唱歌教科书》，无版权页，第 23 页。

学德文　武备详　专门字义皆确当
学俄文　交界长　教习虽难也须讲
蜡丁文　古义藏　随意学习不勉强[1]

张之洞不仅十分强调科学的重要性，还认为在反抗外来压迫和寻求自强独立的过程中需要反省与改造传统，要扫除“鸦片、缠足、风水”等生活陋习，以及民间仇视外国人及传教士的不好习惯，中国才有可能发扬光大。

第一戒　抛灯枪　壮夫志气皆销亡
少行动　多卧床　百岁光阴灯畔荒
第二戒　缠足放　则刑残废也相仿
不耐劳　娇惰养　生下子女定不强
第三戒　风水妄　不敢开山与通江
美富多　五金矿　任地抛弃在山冈
第四戒　惹祸殃　切莫闹教起风浪
胶州澳　属外邦　旅顺广湾都照样
拳匪乱　惊庙堂　赔九百兆本利长
第五戒　鄙外洋　切莫自大学夜郎
顽固见　须扫荡　中国方可望发扬[2]

---

1　《张相国新撰唱歌教科书》，无版权页，第 13—14 页。

2　《张相国新撰唱歌教科书》，无版权页，第 18 页。

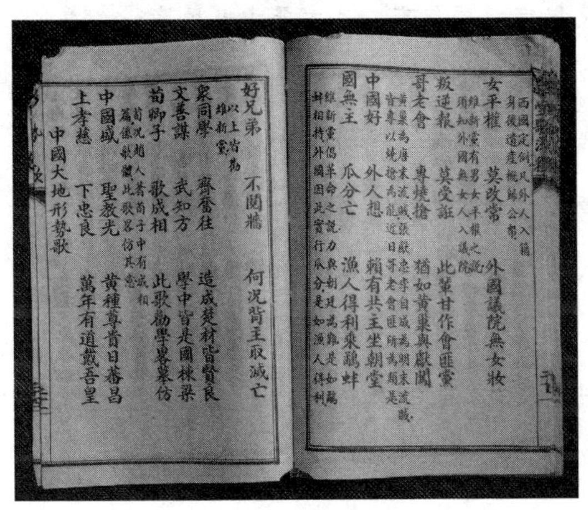
西國定例凡外人入籍身後遺產概歸公帑
女平權　莫改常　外國議院無女妝
維新黨有男女平權之說須知外國無女人入議院
叛逆報　莫受誑　此輩甘作會匪黨
哥老會　專燒搶　猶如黃巢與獻闖
黃巢為唐末流賊張獻忠李自成為明末流賊皆專以燒搶為能近日哥老會匪所為頗是
中國好　外人想　賴有共主坐朝堂
國無主　瓜分亡　漁人得利乘鷸蚌
維新黨倡革命之說力與朝廷為難是如鷸蚌相持外國因其實行瓜分是如漁人得利
好兄弟　不鬩牆　何況背主取滅亡
以上皆為維新黨
衆同學　齊奮往　造成楚材皆賢良
文善謀　武知方　學中皆是國棟梁
荀卿子　歌成相　此歌勸學略摹仿
荀況趙人著荀子中有成相篇係歌體此歌略仿其意
中國盛　聖教光　黃種尊貴日蕃昌
上孝慈　下忠良　萬年有道戴吾皇
中國大地形勢歌

《张相国新撰唱歌教科书》(二)

作为晚清重臣，张之洞展现其殚精竭虑地对皇权的维护。如他以“维新党多躁狂奉劝少年须安详”为开端，两次连用四个“莫”字，旁征博引，期望学生不误听乱言，不要和朝廷作对，等等。他还指出文明自由是法律范围内的自由，而不是借自由二字耸动天下，那其实是一种野蛮的自由，指出法国人卢梭的民约论主张民权，而不是暴乱肇事来获民权，劝诫学生要能够“知本”、“守本”等。他劝诫学生不要随便谈论革命的话题，如果入外国籍，则遗产归公。还指出维新党强调男女平权，但实质上外国的女人是不入议院等观点。

自由字　莫误讲　法律范围各国章

民权字　莫狂妄　法主暴虐乱民张
我伦理　莫踰荡　外国爱亲尊君王
我圣教　莫抛荒　文明国粹保久长
革命话　莫鸱张　悖逆之名不可当
入外籍　莫炎凉　身后遗产归公帑
女平权　莫改常　外国议院无女妆
叛逆报　莫受诳　此辈甘作会匪党[1]

张之洞从小受到了系统而严格的儒学教育，他大力称赞“我伦理　莫踰荡　外国爱亲尊君王”，及“我圣教　莫抛荒　文明国粹保久长”，认为不仅清朝开国以来靠儒家思想维持，中国几千年的文明也是这种思想的延续。“我同学　生此方　切莫辜负好时光”，激发学生的主人翁意识。《中国大地形势歌》以“中国大势如指掌　金汤巩固祝吾皇”为结束语，《军歌》中也明确提出“保国保种必须保孔教”。张之洞千辛万苦的支撑着已经风雨飘摇的大清王朝，始终没有放弃对儒学及其所宣扬的皇道的忠诚，全书以“圣人在上万年长　有道忠孝为本　方是真英豪”为结束语。

《张相国新撰唱歌教科书》是至今为止唯一以官职命名的教科书，且因为官方的推行，在湖北乃至全国的影响都较大。根据颁布

1　《张相国新撰唱歌教科书》，无版权页，第 20 页。

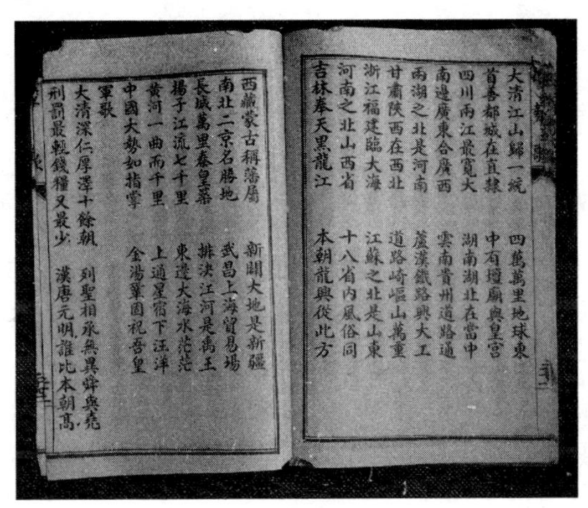

大清江山歸一統 四萬萬里地球東
首善都城在直隸 中有壇廟與皇宮
四川兩江最寬大 湖南湖北在當中
南邊廣東合廣西 雲南貴州道路通
兩湖之北是河南 蘆漢鐵路與大工
甘肅陝西在西北 道路崎嶇山萬重
浙江福建臨大海 江蘇之北是山東
河南之北山西省 十八省內風俗同
吉林奉天黑龍江 本朝龍興從此方

西藏蒙古稱藩屬 新闢大地是新疆
南北二京名勝地 武昌上海貿易場
長城萬里秦皇築 排決江河是禹王
揚子江流七千里 東邊大海水茫茫
黃河一曲而千里 上通星宿下汪洋
中國大勢如指掌 金湯鞏固祝吾皇
軍歌
大清深仁厚澤十餘朝 列聖相承無異舜與堯
刑罰最輕錢糧又最少 漢唐元明誰比本朝高

《张相国新撰唱歌教科书》(三)

《学堂歌》的湖广总督饬令,“散给各学生,令其熟读歌唱,以资感发。”并规定,“凡学生整列入学时,放学时,整列移动时,出队操演时,行步俱以歌为节,上六字缓读,每一字一步,此六字略一停顿,下七字急读,七字共四步”。[1] 冯友兰晚年在回忆录里记录当时的情形,“我们这些小孩也学唱这个歌,其实也无所谓唱,因为本来没有谱子,只要大声念,再把腔拉长一点,就算是唱了。”[2] 民国之后,此书改名为《绘图蒙学唱歌教科书》,其中与清朝皇帝相关的内容均已换成民国后的人与事,但其他内容基本未动。

---

1 苑书义、孙华峰、李秉新主编:《张之洞全集》(第6册),石家庄:河北人民出版社,1998年,第4258页。

2 冯友兰著:《冯友兰学术自传》(第2版),北京:人民出版社,2007年,第9页。

## 题字《音注华英蒙学图说》

鸦片战争之后，由于洋务运动的影响和外交需要，同文馆等官方教育机构视外国语为政治及国防之必须，开设有英文、日文、法文等课程。随着上海、宁波、福州、厦门、广州等五口对外开放，对那些无法进入同文馆等官方语言机构学习的人们来说，外国语同许多其他技能一样，是他们寻找新职业和谋生的一种新手段。由此，借助于汉字来描述和拼读英语读音的“洋泾浜英语”在民间十分盛行。

【资料卡】

清代，在上海县城北郊有一条叫洋泾浜的小河，它是黄浦江的支流，它引黄浦江水向西并入周泾(今西藏南路)，全长不足一公里。1845年中国与英国领事签订《上海租地章程》，规定洋泾浜以北作为英国人的居留地；1849年法国领事敏体尼也从上海道手中取得建立上海法租界的权力，规定洋泾浜南岸到护城河之间的土地为法租界。这样，洋泾浜就成了英租界和法租界的分界河。租界的经济和市政建设发展很快，仅几年后在洋泾浜两岸就出现了许多全新的建筑群，形成了与老城很不协调的生活方式和习惯，于是“洋泾浜”也被上海人作为上海旧城北面租界的代名词。

这种中文注音的英语在最初多以广东方言的发音为准，随着大批宁波商人赴上海经商谋生，宁波籍商人成为上海商界的主流群体，洋泾浜英语逐步以宁波方言发音来注音。虽然洋泾浜英语在发音方面与真正的英语有相当的距离，随着说洋泾浜英语的人越来越多，一般人也开始接受这种中英混合语言。因此，一些以中文读音注音的英文读本开始出现。如1860年宁波商人冯泽夫及宁波籍人士张宝楚、冯对山、尹紫芳、郑久也、姜敦五共同出资出版了《英话注解》，使用的汉字发音为宁波方言。后来，洋泾浜英语逐渐变为英语、上海话、宁波话的混合形式为标准，各种出版物也越来越多，成为当时被广泛使用的中英商业语言。如在当时上海等地比较流行的洋泾浜英语顺口溜："来叫'克姆'(come)去叫'谷'(go)；是叫'也司'(yes)勿讲'拿'(no)；一元洋钿'温得拉'(one dollar)；廿四铜钿'吞的福'(twenty-four)；'翘梯翘梯'喝杯茶(have tea)；'雪堂学堂'请侬坐(sit down)……"[1]

1875年7月25日的《纽约时报》上发表一篇题为《清国人发明的"洋泾浜英语"》的新闻稿写道："'洋泾浜英语'是清国人用来代替'商业英语'的最直接的方法。在大清国，英国商人和买办把这

1　薛理勇著：《旧上海租界史话》，上海：上海社会科学院出版社，2002年，第190页。

种‘洋泾浜英语’应用于处理同当地清国人的业务联系。因此，当我们说‘谈生意’(talk business)时，其实我们就是在说‘洋泾浜英语’了，而在整个业务过程中诸如此类的话全都是‘洋泾浜英语’”。[1]

《音注华英蒙学图说》(1901年苏城华英养正书馆校刊，一)

1901年出版的《音注华英蒙学图说》就是一本洋泾浜英语的启蒙教科书，身为两湖总督的张之洞为这本英文教科书题写书名。书中英文对照及汉字注音，收录了中英文各三百个单词。每个字的内容呈现为三个部分，首先是大写的书写体汉字，下面是图画，再下面就是英文单词和音注。英文单词字母全部为大写，音注则是以上海、宁波一带的方言和发音语音标注，如lct注音为“来脱”、

1 郑曦原编：《帝国的回忆》，北京：生活·读书·新知三联书店，2001年，第94页。

boy 注音为“爬哀”、man 注音为“蜜”、wife 注音为“坏哀夫”、head 注音为“海特夫哀史”。第 1 页“人伦”开篇为“父、母、兄、弟”四个大字，“父，FATHER，法自欧”、“母，MOTHER，末自欧”、“兄，ELDER BROTHER，哀而潭孛而老自欧”、“弟，YOUNGER BROTHER，形掰欧孛而老自欧”。颇为值得一提的是，当时汉语词语阅读顺序为从右向左念，而用以标注英文单词读音的汉字阅读顺序则遵循了英文字母的阅读顺序，改为从左向右念，且文字横排，十分罕见。

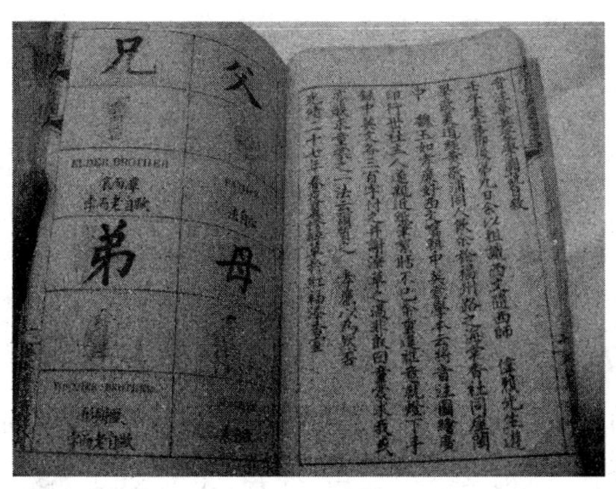


《音注华英蒙学图说》(1901 年苏城华英养正书馆校刊，二)

《音注华英蒙学图说》的作者是唐翼修，名彪，浙江兰溪人，历任会稽、长兴、仁和等地训导官，所撰还有《人生必读书》、《读书作文谱》、《父子善诱法》等。对于为何编写《音注华英蒙学图说》，他在“自序”中写道：

壬午寒露节后第九日，余以粗识西文随西师伟烈先生游学欧美，道经黄歇浦，同人饮余于福州路之海棠香社。同座闽中魏玉如孝廉，好西文，嘱辑中英蒙学本，云将音注图绘，广印行世。世社主人逐亲近纸笔，絮聒不已。余重违雅意，就灯下手录中英文各三百字付之，并谢潦草之过。非敢曰童蒙求我或亦我求童蒙之一法云尔质之。孝廉以为然否。

光绪二十七年春夜翼修醉草于红袖添香室[1]

也就是说，唐翼修撰写《音注华英蒙学图说》是因魏孝廉之托，但他们与张之洞是何种关系，使得张之洞为此书题写书名，还有待进一步探寻。但张之洞一直就很重视外国语言，他不仅从外交层面考虑学习外国语言之重要，还十分强调不学习泰西方言，要探格致与商务之精微便不可能。如张之洞在1891年8月25日《札铁政局修算学、方言、商务各学堂并拟章程》中就指出："至方言、商务，亦为今日自强要图"。[2]《音注华英蒙学图说》的字类目录依次为人伦、天文、形体、地理、宫室、器用、饮食、衣饰、果品、鳞介、走兽、昆虫、飞禽、花木、武备、乐律等，不但初步训练了汉语及英语的读写能力，同时最为重要的是还接受了伦理道德、社会、历史、生活知识

1　唐翼修编撰：《音注华英蒙学图说》，苏城华英养正书馆校刊，1901年，第1页。

2　陈山榜编：《张之洞教育文存》，北京：人民教育出版社，2008年，第97页。

的教育,这些非常契合张之洞的文化标准。而且,当时从民间到朝廷英文学习的热潮高涨,就连光绪皇帝也"屈尊"学习英国语言,"一时间,宫里掀起了一股学英语的热潮,王爷和大臣们都一窝蜂地去寻找英语读本和教员"。[1] 张之洞为一本小小的课本题词也就不足为怪了。

军机大臣张之洞

马克思在《中国革命和欧洲革命》一文中说:"清王朝的声威一遇到不列颠的枪炮就扫地以尽,天朝帝国万世长存的迷信受到了致命的打击,野蛮的、闭关自守的、与文明世界隔绝的状态被打破了。"[2] 张之洞出生于鸦片战争前三年,辞世于辛亥革命前两年,一生基本上

1 [美]丁韪良著,沈弘等译:《花甲忆记——一位美国传教士眼中的晚清帝国》,桂林:广西师范大学出版社,2004 年,第 214 页。

2 中共中央马克思恩格斯列宁斯大林著作编译局编:《马克思恩格斯全集》(第 9 卷),北京:人民出版社,1965 年,第 110 页。

是与中国近代史相始终。《清史稿》对于张之洞一生总结为:“莅官所至,必有兴作,务宏大不问费多寡。爱才好客,名流文士争趋之。任疆寄数十年,及卒,家不增田一亩云。”[1]辞世之后,四川总督赵尔巽在奏请为之设祠的奏折中,特别赞誉他为教育做出的贡献:“其生平精神所寄,尤在振兴教育,储养人才,以备国家缓急之需,而救当世空疏之习。”[2]当年张之洞在四川尊经书院时推荐的第一名学生杨锐是戊戌变法运动被杀的六君子之一,他对此深感痛惜。特别是他一手创办的湖北自强学堂、方言学堂的毕业生中,有三十多人成为辛亥革命志士。清廷史官恽毓鼎认为清朝自导灭亡的原因一是派东洋留学生、二是编练新军、三是推行立宪,而其“罪魁祸首,则在张之洞”。[3] 孙中山认为:“以南皮造成楚才,颠覆满祚,可谓为不言革命之大革命家。”[4]而辜鸿铭更是坦言:“民国成立,系孙中山与张香涛(张之洞,号香涛)的合作”。[5] 一转身,已是百年后。当人们在探寻“一位总督、一座城市、一场革命”之密切关联时,或许还可以从“一篇劝学文章、一次学制改革、一本唱歌教科书”中展开进一步的思考。

---

1 《清史稿·张之洞》卷437,转引自王蘧常主编:《中国历代思想家传记汇诠》(下册),上海:复旦大学出版社,1993年,第761页。

2 冯天瑜、何晓明著:《张之洞评传》,南京:南京大学出版社,1985年,第370页。

3 恽毓鼎著:《恽毓鼎澄斋日记》,杭州:浙江古籍出版社,2004年,第555页。

4 《时报》,1912年4月15日。

5 黄兴涛等编译:《辜鸿铭文集》(下卷),海口:海南出版社,1996年,第586—587页。

# 严　复

## 一代大师的启蒙情怀

严复(1854—1921)

物竞者，物争自存也，以一物以与物物争。或存或亡，而其效则归于天择。天择者，物争为而独存，则其存也，必有其所以存，必其所得于天之分。……天择者择于自然，虽择而莫之择，犹物竞之无所争，而实天下之至争也。斯宾塞尔曰，天择者，存其最宜者也。夫物既争存矣，而天又从其争之后而择之，一争一择，而变化之事出矣。

——摘自《赫胥黎天演论》第3—4页

严复是清末最有影响的启蒙思想家、翻译家和教育家。在风云激荡的中国近代历史上，他放眼世界，寻找智慧，给中国知识界奉献了一笔无法估量的宝贵财富。他因翻译《赫胥黎天演论》（简称《天演论》）而被赞为“中国西学第一人”（康有为语），他的译作被推崇为“可压倒东亚”（吴汝纶语），被认为是那个时代“中学西学为我国第一流”（梁启超语）。不仅如此，他还被称为“思想家”（孙中山语）、“十九世末最敏感的人”（鲁迅语），且“代表了在中国共产党出世以前向西方寻找真理的一派人物”（毛泽东语）。这位曾经担任过马尾船政学堂教习、北洋水师学堂总教习、京师大学堂编译局总办、上海复旦公学校长、安庆高等师范学堂校长、清朝学部名辞馆总编辑、北京大学第一任校长的著名学者，不仅其所翻译的西学著作成为当时影响最为深远的教科书，并以其卓越的启蒙思想，积极致力于中小学教科书的编译及编审，为二十世纪中华民族的救亡图存指明了方向。

## 学习“轮船驾驶”

严复是福建侯官人，父亲医术高明，有一定的国学根底，祖父中过举人，在县里做过训导（学官）。严复七岁开始求师受业，十岁时父亲聘请同邑名儒黄少岩到家中教授“四书五经”，课余还讲述明代东林党掌故等历史故事，培育严复关怀时世的使命感。一年后，黄少岩感染时瘟去世，弥留之际将严复托付给当时已是拔贡的儿子黄增来继续培养。后因严复的父亲在救治时瘟中去世，家境贫苦，严复不得已辍学。

【资料卡】

黄少岩，著有《闽方言》等书。虽未获功名，但为学汉宋并重，既重视清代的考据学，也不废宋明义理之学。

1866 年，福州街头一夜间贴满了船政学堂的招生广告，这是闽浙总督左宗棠奏请福州马尾设厂造船后，为其培养后备人员而创建的洋务学堂。严复看着广告上说学生不要学费、住宿费，每个月还发四个银圆补助，他心动了，以“严宗光”报名应试。虽然船政学堂教授的科目以西学为主，但入学考试仍然按照旧学进行。严复凭借良好的古文训练，出色创作《大孝终生慕父母》一文，以第一名的成绩被录取，学习英文与驭船术。

马尾船政学堂作为洋务学堂，其课程设置与传统的私塾完全不一样。当时，左宗棠认为：“艺局之设，必学英、法两国语言文字，精研算学，乃能依书绘图，深明制造之法，并通船主之学，堪任驾驶。”[1]学法文，是因为当时造船的技术，以法国为最好；学英文，是

1　中国史学会主编，中国科学院近代史研究所史料编辑室、中央档案馆明清档案部编辑组编：《洋务运动》（五），上海：上海人民出版社，1961 年，第 25 页。

因为当时驭船的学问,以英国为最好。法文班称“前学堂”,开设法文、算术、几何、代数、三角、天文、地理、航行等课程。英文班称“后学堂”,开设英文、算术、几何、画图、机械图说、机械操作等课程。此外,还读《圣谕广训》、《孝经》兼策论等。严复在马尾船政学堂接受较为系统的西学启蒙,1871 年以最优等成绩毕业,并到“伏波”、“扬武”、“建威”舰上实习。1875 年 4 月,在“扬武”舰上实习的严复被沈葆桢选派与刘步蟾、林泰曾等赴英法等国游历。11 月,丁日昌提出三点船政改革意见,第二条是“派生徒留洋,习造船驾驶之法”。[1] 1877 年 1 月,李鸿章、沈葆桢、丁日昌、吴赞诚联名上奏清廷,请求批准遣派福州船政学堂的优秀学生出国留学。李鸿章在致总理衙门函中认为:“闽局选派学生赴英法学造船驶船,洵属探本之论”。[2] 1877 年 3 月,二十三岁的严复与刘步蟾、萨镇冰等三十二位船政学堂的毕业生作为第一批官派欧洲留学生,由福州马尾搭“济安”号轮船启程赴英留学。

【资料卡】

幼童赴美留学。1872 年到 1875 年间,由被誉为“中国留

---

1 罗耀九主编:《严复年谱新编》,厦门:鹭江出版社,2004 年,第 34 页。

2 《同治十二年十二月二十二日(1874.2.8)北洋大臣李鸿章致总理各国事务衙门函》,转引自朱有瓛主编:《中国近代学制史料》(第 1 辑上册),上海:华东师范大学出版社,1983 年,第 391 页。

学生之父”的容闳倡议，在曾国藩、李鸿章的支持下，清政府先后派出四批共一百二十名学生赴美国留学。这批学生出洋时的平均年龄只有十二岁，是中国历史上最早的官派留学生。其中第一批幼童于1872年8月11日由上海出发，跨越太平洋，在美国旧金山登陆。他们乘坐刚刚贯通北美大陆的蒸汽火车，到达美国东北部的新英格兰地区，从此开始了长达十五年的留学生涯。据不完全统计，到1880年，共有五十多名幼童进入美国的大学学习，其中二十二名进入耶鲁大学，八名进入麻省理工学院，三名进入哥伦比亚大学，一名进入哈佛大学。

十九世纪末的英国正值维多利亚的黄金时代，举国上下生机勃勃，号称“世界工厂”，轮船制造技术更是领先世界。严复先在英国抱士穆德大学院学习，后被保送到英国格林尼治皇家海军学院学习。他刻苦认真，“考课屡列优等”。[1] 薛福成在日记中曾写道：“水师管驾学生二十人，以刘步蟾、林泰曾、严宗光、蒋超英最为出色，萨镇冰、方伯谦、何心川、叶祖珪次之，林永升、林颖启、江懋祉、黄建勋又次之……严宗光于管驾官应知学问之外，更能探本溯源，

1　《李鸿章等：光绪六年十二月十八日(1881.1.17)奏闽省船厂出洋生徒及华洋各员给奖折》，转引自陈学恂、田正平编：《中国近代教育史资料汇编留学教育》，上海：上海教育出版社，1991年，第247页。

以为传授生徒之资，足胜水师学堂教习之任。”[1]

当时的大英帝国物质财富丰厚，人们的思想也充满活力，特别是资产阶级的政治社会学说影响着各个领域。与其他留学生大部分时间花在军舰实习上不同，严复在英国学习两年多时间，较为系统地研读了达尔文、赫胥黎、斯宾塞等人的著作，还常常一人去听法庭审判，思考着英国的富强和他们的政治、民主、法律之间的关系。史华兹(Benjamin I. Schwartz)认为，“在被送出去学习某专业知识的留学生中，那些最富天才的，很少能始终保持毫不旁骛地研究既定专业的心态。与富强的东道国相比，中国那极不能令人满意的整个现状不可避免地把他们的注意力引向专业之外的普遍问题。……这个问题就是西方富裕的秘密何在?”[2]在当时的清朝留学生中，严复以饱览群书、独立思考以及畅谈闻名。驻英公使郭嵩焘到格林尼治学院参观时，严复动手演示摩擦生电的原理等实验，深受赞赏。后严复多次向郭嵩焘讲述许多自然科学知识，还经常一起探讨中西方政治学术的异同。郭嵩焘在《伦敦与巴黎日记》中记录了严复当时对他提出的观点，“中国切要之义有三：一曰除忌讳，二曰便人情，三曰专趋向。……可谓深切著明，鄙人生平所守，

1 薛福成著，宝海校注：《出使四国日记》，北京：社会科学文献出版社，2007年，第155页。

2 [美]本杰明·史华兹著，叶凤美译：《寻求富强：严复与西方》，南京：江苏人民出版社，1996年，第25—26页。

亦不去此三义，而以是犯一时大忌，朝廷亦加之贱简，谁与知之而谁与言之！……严又陵语西洋学术之精深，而苦穷年莫能殚其业……予极赏其言，属其以所见闻日记之。”[1]虽然年龄相差近四十岁，但两人相谈甚欢，遂为知己。1879年，郭嵩焘离任回国，不久因为清政府船政大臣吴赞诚奏请“调回严宗光（严复）充当教习”，[2]二十七岁的严复与魏翰、刘步蟾、林泰曾等五人东归，改名严复，字几道。

【资料卡】

郭嵩焘（1818—1891），字筠仙，湖南湘阴人。晚清政治家，进士出身，曾任广东巡抚，后罢官回家，在长沙城南书院等地讲学。1875年经军机大臣文祥举荐进入总理衙门，不久作为中国首位驻外使节，曾任驻英国、法国公使。他也是湘军的创建者之一，与曾国藩、左宗棠都是儿女亲家。郭嵩焘不仅敢于考究西方政体，而且敢于肯定其优长之处。

当时，日本也派遣西洋留学生，如伊藤博文、大隈重信等就是在这时被选送赴西洋留学的。林保淳指出：“据说和严复同时就学

---

1　湖南人民出版社校点：《郭嵩焘日记》（第3册），长沙：湖南人民出版社，1982年，第517—518页。

2　王栻著：《严复传》，上海：上海人民出版社，1975年，第10页。

的外国人中，有日本的伊藤博文、大隈重信和德国的俾斯麦等名噪一时的风云人物，而严复每次考试的成绩，都远超过他们。当然，这只是个不实的谣传而已。但是，从这个谣传中，我们却可以发觉到，严复此番负笈英伦，以一个在政治上无足轻重的人，却得以与后来的'铁血宰相'、马关条约的操纵者、著名外相相提并论，其间隐含了多少的尊敬与赞赏。从这里我们已经可以窥探出这次经历对严复的意义了"。[1]

天津水师学堂学生合影

严复回国后初任马尾船政学堂教习，并师从当时桐城大师吴汝纶学古文。1880 年 8 月，李鸿章奏请清廷在天津设立北洋水师

1 林保淳著：《严复——中国近代思想启蒙者》，台北：幼狮文化事业公司，1988 年，第 54—55 页。

学堂，聘请严复为总教习。“返国年廿七八，合肥李文忠公方治海军，设学于天津之东制造局，不佞于其中主督课者前后凡二十年。”[1]严复在天津水师学堂设驾驶和管轮专业，学习期限为五年，开设有英文、舆地、图说、算学、几何、代数、三角、驾驶、测量、推算、化学、格致、重学等课程，同时也学习汉文及训演外国水师操法。学生毕业后分往北洋海军任职，或选送外国留学。1890年，严复为北洋水师学堂总办（校长）。在天津水师学堂任事前后二十年，他还创办刊物、编译西学名著、撰写时政文章，逐渐成为了引领时代进步的卓越启蒙者。

## “鼓民力、开民智、新民德”

让近代中国沉沦深渊的甲午海战持续了七个月，清军死亡三万多人，北洋水师全军覆没。当人们聚焦《马关条约》给中华民族带来的亡国灭种之危机时，我们难以想象严复内心有着怎样的创痛。他是马尾船政学堂的首届学生，海战中战死或自杀的“定远”舰管带刘步蟾、“致远”舰管带邓世昌、“镇远”舰管带林泰曾、“经远”舰管带林永生都曾是当年意气风发的少年同学。他是北洋水师学堂的总教习，海战中北洋水师学堂培养的学生，许多都为国捐

---

1　王栻主编：《严复集》（第2册），北京：中华书局，1986年，第352页。

躯……中国战败于“蕞尔小国”日本,处于危局的屈辱之感特别具有辛辣意味——在旧的体制内寻求自强的梦破产了,这使得严复“大受刺激”。[1] 生命的消失与民族的危亡,激发出严复强烈的拯救感,在是年11月8日(农历十月十一日)给长子严璩的信中说:“时事岌岌,不堪措想”,[2]这位学习驾驶专业的中年人像一名斗士一样跃上战场,将自己对时局的思考,转变成报纸上的文字,提出一系列振聋发聩的思想政治主张,渴望为中华民族的未来探索前行的方向。

长期的游学经历使严复认识到中国贫困落后的内在原因是“人”的问题,而改造国民素质结构是最根本的关键所在。严复是第一个从理论上概括人的“德、智、(力)体”发展的中国人。1895年3月,他在《直报》上连载著名的论文《原强》,痛言“民智已下矣,民德已衰矣,民力已困矣”,并完整地阐释了“开民智、鼓民力、新民德”之说,认为这是中国走向富强的根本所在,并且指出“三者又以民智为最急也”、“盖一国之事,同于人身。今夫人身逸则弱,劳则强,固常理也……今之中国非犹是病夫也耶”[3]等观点,在当时的社会上引起了强烈反响。如1902年蔡锷在《军国民篇》中写道:“严子之《原强》,于国民德育、智育、体育三者之中,尤注重体育一端。

1 王栻主编:《严复集》(第5册),北京:中华书局,1986年,第1548页。

2 王栻主编:《严复集》(第3册),北京:中华书局,1986年,第779页。

3 王栻主编:《严复集》(第1册),北京:中华书局,1986年,第5—15页。

当时读之，不过谓为新议奇章。及进而洋窥宇内大势，静究世界各国盛长强弱之由，身历其文明之地，而后知严子之眼光之异于常人，而独得欧美列强立国之大本也”。[1] 在呼吁开启民智时，严复注意到女子教育的重要性，在 1898 年的《国闻报》上发表《论沪上创兴女学堂事》中指出，“名既为人，不以男女而异也”，呼吁“妇女自强，为国政至深之根本”。[2]

1898 年 8 月，王锡蕃上《奏保人才折》特别推荐严复，称其“通达时务”，朝廷应“量才器用”，[3] 光绪帝因此批准严复来京觐见。9 月，严复到达北京，寓居张元济创办的通艺学堂。9 月 14 日，他到乾清宫觐见了光绪皇帝。9 月 18 日，严复在通艺学堂发表题为《西学门径功用》的演讲，介绍了英国生物学家赫胥黎的著作《化中人位论》（即今译《人类在自然界的位置》），“昔英人赫胥黎著书名《化中人位论》，大意谓：人与猕猴为同类，而人所以能为人者，在能言语。盖能言而后能积智，能积智者，前代阅历，传之后来，继长增高，风气日上，故由初民而野蛮，由野蛮而开化也。”[4] 并将学问的功用分成“专门之用”和“公家之用”两种：“何谓专门之用？如算学则以核数，三角则以测量，化学则以制造，电学则以为电工，植物学则

---

1　曾业英编：《蔡松坡集》，上海：上海人民出版社，1984 年，第 21 页。

2　王栻主编：《严复集》（第 2 册），北京：中华书局，1986 年，第 469 页。

3　杨家骆编：《戊戌变法文献汇编》（第 2 册），台北：鼎文书局，1973 年，第 375 页。

4　王栻主编：《严复集》（第 1 册），北京：中华书局，1986 年，第 92 页。

以栽种之类，此其用已大矣。然而虽大而未大也，公家之用最大。公家之用者，举以炼心制事是也。故为学之道，第一步，则须为玄学。玄者悬也，谓其不落遥际，理该众事者也。”[1]可见，此时严复对于西方文化已经有着较为深刻的认知了。

戊戌政变后严复回到天津。1899年7月，因天津失陷，移居上海。在上海，严复创办“名学(逻辑学)会”并讲演，成为中国逻辑学的中兴者。章士钊在《逻辑指要》的“例言”中称其“为国人开示逻辑途径”的“巨子”。[2] 1900年，严复应蒯光典之请翻译约翰·穆勒的《名学》。同年，亚当·斯密《计学》译稿完成，易名《原富》。1901年之后，严复陆续翻译斯宾塞的《群学肄言》等学术著作。一时间，严译名著风靡全国，其中赫胥黎的《天演论》(1896—1898年)、亚当·斯密的《原富》(即《国富论》，1901年)、斯宾塞的《群学肄言》(1903年)、约翰·穆勒《群己权界论》(1903年)和《穆勒名学》(1903年)、甄克斯的《社会通诠》(1903年)、孟德斯鸠的《法意》(即《论法的精神》，1904—1909年)、耶方斯的《名学浅说》(1909年)成为知识界广为流传的“八大名著”，这些著作像及时雨一样灌溉进学问饥荒中的知识界，当然也作为一些新式学堂的教科书。吴汝纶在其所开《学堂书目》中，将《天演论》列入教科书供学堂使用，张元济在南洋公学要求教师教学生阅读严译《原富》等。在1914年第7版的

1 王栻主编：《严复集》(第1册)，北京：中华书局，1986年，第94页。

2 章士钊著：《逻辑指要》，重庆：时代精神社，1943年，第17页。

《名学浅说》封面上，印有“教育部审定”及“中学堂用”字样。

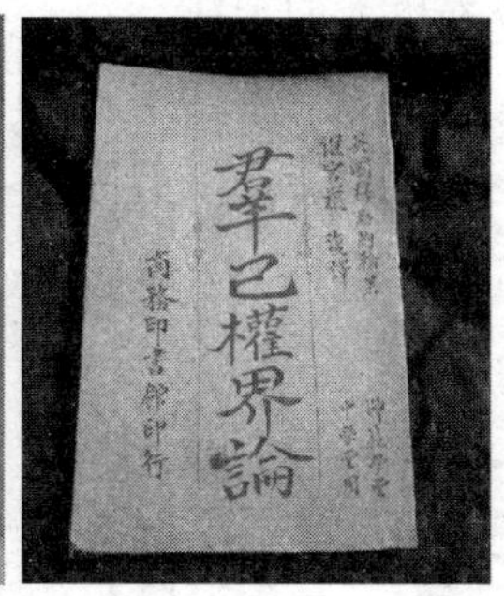


《原富》（南洋公学 1902 年第一次全书出版）
《群己权界论》（商务印书馆 1903 年首版・1906 年 4 版）

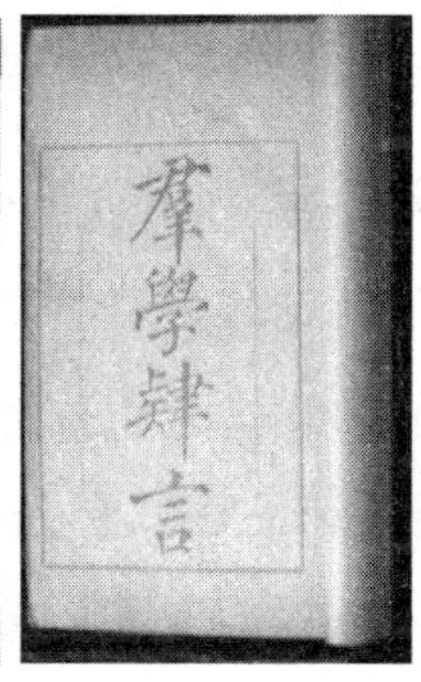


《名学浅说》（商务印书馆 1909 年初版・1914 年 7 版）
《群学肄言》（文明书局 1903 年初版）

## 《天演论》成为震撼中国的教科书

几乎是在李鸿章签下《马关条约》的同时，严复翻译完成《天演论》。1897 年 12 月在天津的《国闻汇编》刊出，1898 年正式出版，迅速受到各界极大的关注。

《赫胥黎天演论》(富文书局石印本，1901 年)

《天演论》(*Evolution and Ethics and other Essays*，英文书名直译应为《进化论与伦理学》)是根据英国学者赫胥黎 1893 年在牛津大学的演讲稿《进化论与伦理学》译述的。虽然赫胥黎将达尔文的进化论演讲得如诗一般，但严复并不在意一只青蛙是如何变异的，他关注的是达尔文进化论在人类社会的运用，并为人类社会的"物竞天择"做了一个词，叫作"天演"。严复没有对原文照搬直译，而是根据需要选择了其中导言的第一部分，将其内容增减并改造，将自己崇拜的斯宾塞的社会学理论移植到赫胥黎的书中。《天演论》近三分之一的篇幅是严复自己撰写的三十多条"按语"，故被称之"'做'了一部《天演论》"(鲁迅语)。

严复是借达尔文进化论去阐明一个中心思想：中国如能顺应

“天演”的规律而实行变法维新，就会由弱变强，否则将要沦于亡国灭种而被淘汰。他在《天演论》的“导言六・人择”中写道：“物各争存，宜者自立。由是而立者强，强者昌；不立者弱，弱乃灭亡。”[1]在《天演论》最后一篇“论十七・进化”中，更是抛开了原文，大声疾呼：“如今欲治道有功，非与天争胜，而不可得，听天由命，任其自然是没有出路的，逃避自然进化法则也只能是空想。吾辈生之当日，徒用示弱，而无益来叶也。固将沉毅用壮，见大丈夫之锋颖，疆立不反，可争可取而不可降……早夜孜孜，合同志之力，谋所以转祸为福，因害为利而已矣。”[2]严复用“物竞天择，适者生存”的理论，向国人敲起国家危亡的警钟。吴汝纶高度评价严复的学识，1896年致严复信称：“尊译《天演论》，名理绎络，笔势足穿九曲，而妙有抽刀断水之致，此海内奇作也。”[3]他不仅

严复53岁照片

---

1　[英]赫胥黎原著，严复述译：《赫胥黎天演论》，上海：富文书局石印，1901年，第22页。

2　[英]赫胥黎原著，严复述译：《赫胥黎天演论》，上海：富文书局石印，1901年，第132—135页。

3　吴汝纶著，宋开玉整理：《吴汝纶日记》(上)，石家庄：河北教育出版社，1999年，第512页。

为严复修改《天演论》提出了许多中肯意见,还为此书作序。

《天演论》随着手稿的流传和正式出版,犹如输入古老神州肌体的新鲜血液,在思想界与知识界引发的震撼,绝不亚于一只蝴蝶扇动翅膀导致的热带风暴。从地理空间来看,北洋水师学堂、莲池书院、时务学堂等教育中心区域,甚至连边缘地区的部分乡村私塾,都受到《天演论》的影响。从时间上看,《天演论》是中国近代生存竞争思想的重要源头,几代知识分子都被其传播的生存竞争学说动员起来,中国近现代社会到处弥漫着"物竞天择、适者生存"的思想。

康有为看到这部译稿后,推崇严复所译《天演论》为中国第一者也,并在《孔子改制考》中吸取了进化论的观点。

梁启超在1897年《与严幼陵先生书》中说:"天下之知我而能教我者,舍父师之外,无如严先生。"[1]他根据严复介绍的进化论,在《时务报》上大做文章,以社会进化论为学理,鼓吹中国实行君主立宪制的可能性和合法性。

王国维在1905年撰写的《论近年之学术界》中称:"近七八年前,侯官严氏(复)所译之赫胥黎《天演论》出,一新世人之耳目……是以后,达尔文、斯宾塞之名腾于众人之口,'物竞天择'之语见于通俗之文。"[2]

---

1　陈书良编:《梁启超文集》,北京:燕山出版社,1997年,第689页。

2　姜东赋、刘顺利选注:《王国维文选》,天津:百花文艺出版社,2006年,第48页。

孙中山也十分推崇进化论,他在《三民主义　民权主义》中认为人类万物是"逐渐进化,才成今日世界",是进化论使得"世界思想为之一变,从此各种学术皆依归于进化矣"。[1]

陈独秀在1915年9月《青年杂志》的创刊号上发表《敬告青年》中说:"以人事之进化言之:笃古不变之族,日就衰亡;日新求进之民,方兴未已:存亡之数,可以逆睹。"[2]

李大钊在1916年9月《新青年》第2卷第1号发表的著名论文《青春》,就以进化论作为其理论依据之一。他写道:"新兴之国族与陈腐之国族遇,陈腐者必败,朝气横溢之生命力与死灰沉滞之生命力遇,死灰沉滞者必败,青春之国民与白首之国民,白首者必败,此殆天演公例,莫或能逃也"。[3]

伧父(杜亚泉)在1916年10月《东方杂志》发表《静的文明与动的文明》中更是深有感触地说:"生存竞争之学说,输入吾国以后,其流行速于置邮传命,十余年来,社会事物之变迁,几无一不受此学说之影响。"[4]

胡适在《四十自述》中生动叙述在上海求学时的感受:"《天演

---

1　孙中山著:《孙中山选集》(第2版),北京:人民出版社,1981年,第155页。

2　青年杂志社编辑:《青年杂志》(第1卷第1期),上海:群益书社,1915年9月,第1页。

3　李大钊著:《李大钊文集》(上),北京:人民出版社,1984年,第199页。

4　杜亚泉著,许纪霖、田建业编:《杜亚泉文存》,上海:上海教育出版社,2003年,第343页。

论》出版之后，不出几年，便风行全国，竟做了中学生的读物了……在中国屡次战败之后，在庚子辛丑大耻辱之后，这个‘优胜劣汰，适者生存’的公式确是一种当头棒喝。”[1]他不但撰写了《生物竞争，适者生存论》的论文，并将自己的名字也改为“适之”。

鲁迅在《朝花夕拾·琐记》中也记载在南京做学生时，“星期日跑到城南去买了来，白纸石印的一厚本……一有闲空，就照例吃侉饼、花生米、辣椒，看《天演论》”。[2]

……

自1898年正式出版以后，短短十多年中，《天演论》就发行过三十多种不同的版本，翻印无数，几乎成为所有渴望新知的青年学子人手一册的必读书。可以说，在那个近代教科书出版刚刚起步，新式读物异常匮乏的年代，严译《天演论》成为了当时发行量最大、影响也最为深远的教科书，并在这片广袤的国土上长久持续着它的深远影响。

## 《论小学教科书亟宜审定》

中国封建时代，各级官学所采用的教学用书，如“四书五经”，

1　胡适著:《四十自述》(第1册)，上海:亚东图书馆，1933年初版·1941年7版，第99页。

2　鲁迅著:《鲁迅选集》(上)，北京:人民文学出版社，1959年，第285页。

以及各朝代颁发的注疏、正义、大全、大诰之类辅助读物,都是由封建统治者亲自选定或亲自组织编纂,以“钦定”的形式颁布,即使是用于启蒙教育的识字用书,也必须是得到了封建统治者的默认才能流行于世。封建统治者对文化的垄断和专制,使古代教学用书的发展在异常规范的轨道上运行。

清末,由西方传入的教科书审查制度有审定制和国定制两种。与中国一水之隔的日本,在明治维新时期是实行审定制,这对于促进日本近代教育的发展起到了积极作用。但后来由于教科书出版单位的推销竞争日益激烈,行贿受贿事件日趋严重,1902 年日本开始转而实施教科书国定制。按清廷的主观愿望,当然是更倾向于国定制,因为国定制与传统的钦定制更为接近,对于巩固封建统治更为有利,他们本能地希望“钦定”一种教科书颁行全国,以便有效地控制新式教育的发展。

【资料卡】

国定制就是国家颁发统一的教科书,这样有利于全国的教科书整齐划一,有利于控制国民的思想和全国的教育。审定制就是允许民间自由编辑教科书,经政府教育部门审查通过后,才能由学校采用的一种教科书制度。从当时世界各国教科书制度来看,大部分西方资本主义国家都实行审定制。

虽然从京师同文馆开始，官方就开始有组织地翻译西学教科书，但主要是中等程度的教学用书，且其规模和数量极为有限。1897年，孙家鼐在奏请开办京师大学堂的奏折中就明确提出，应在上海等地开设编译局，编写新式教科书，但未果。面对民间创办新式学堂兴起，新式教科书的问题被高度关注。在1901年清政府宣布"新政"后，管学大臣张百熙再次奏办京师大学堂，重申设立编译局，希望实施统编教科书。他在《奏筹办京师大学堂情形疏》中写道："故学堂又以编辑课本为第一要事。现在各处学堂，皆亟待国家编定，方有教法。上海南洋公学，江、鄂新设学堂，即自编课本以教生徒，亦不得已之举也。臣维国家所以变法求才，端在一道德而同风俗，诚恐人自为学，家自为教，不特无以收风气开通之效，且转以生学术凌杂之虞。"[1]建议慎选学问淹通，心术纯正之才，从事编辑，假以岁月，俾得成书；书成之后，再请颁发各省学堂应用。政务处采纳后上奏要求："教科各书，前经管学大臣张百熙奏明编译中西各书，用为学堂课本，请敕下该大臣迅速编译颁行各省，俾有遵依。"[2]1902年10月京师大学堂译书局和编书处成立，张百熙聘严复为译书局总办、林纾为副总办，聘李希圣为编书处编辑总纂。严复就职后，制订了《京

---

1 《光绪二十八年正月初六日(1902.2.13)张百熙奏办京师大学堂疏》，转引自朱有瓛主编：《中国近代学制史料》(第2辑上册)，上海：华东师范大学出版社，1987年，第835页。

2 王建军著：《中国近代教科书发展研究》，广州：广东教育出版社，1996年，第161页。

师大学堂译书局章程》,其中前三条就是对教科书进行整体规划。

一、现在所译各书,以教科为当务之急,由总译择取外国通行本,察译者学问所长,分派深浅专科,立限付译。

二、教科书通分二等。一为蒙学,二为小学。其深邃者俟此二等成书后,再行从事。

三、教科分门,一地舆、二西文律令、三布算、四商功、五几何、六代数、七三角、八汉弧、九静力、十动力、十一流质力、十二热力、十三光学、十四声学、十五电磁、十六化学、十七名理、十八天象、十九地气、二十理财、二十一遵生、二十二地质、二十三人身、二十四解剖、二十五人种、二十六植物状、二十七动物状、二十八图测、二十九机器、三十农学、三十一列国史诗、三十二公法、三十三册帖、三十四庶工(如造纸照相时表诸工艺)、三十五德育读本。[1]

1904年春,严复辞去译书局总办之职时,京师大学堂已翻译了一些程度较高的西学教科书。但由于编书处编写人员的素质不论是其知识结构,还是对新教育的认识程度,都不具备条件在短时间内迅速编撰出全国统一的教科书。1903年编书处颁布了《暂定各

1　黎难秋主编:《中国科学翻译史料》,合肥:中国科学技术大学出版社,1996年,第494页。

学堂应用书目》供新式学堂参考,但在这本书目中,连一本由编书处自己编写的教科书都没有。不久,张之洞在《学务纲要》中对短期内编出国定教科书提出了异议:"查京师现设编译局,专司编辑教科书,惟应编各书,浩博繁杂,断非数年所能蒇事,亦断非一局所能独任。"[1]在 1904 年颁布的《奏定中学堂章程》中,晚清政府明确实施教科书审定制度:"凡各科课程,须用官议编译局编纂,经学务大臣奏定之本。其有自编课本者,须呈经学务大臣审定,始准通用。官设编译局未经出书之前,准由教员按照上列科目,择程度相当而语无流弊之书暂时应用,出书之后即行停止。"[2]原则上允许民间参与教科书的编译(撰)和出版。

1905 年,山西学政宝熙请设学部,奏折中建议在统编教科书出版以前,对各学堂、私家、书局等编辑的教科书应"由编译处统加审定,择其善者,分别部居,暂作为各学堂应用之书,俟学部成立后,人才敷用,再行详悉编纂,随时改良"。[3] 同年 11 月,顺天学政陆宝

---

1 《光绪二十九年十一月二十六日(1904.1.13)张百熙、荣庆、张之洞〈学务纲要〉》,转引自朱有瓛主编:《中国近代学制史料》(第 2 辑上册),上海:华东师范大学出版社,1987 年,第 92 页。

2 《光绪二十九年十一月二十六日(1904.1.13)奏定中学堂章程》,转引自朱有瓛主编:《中国近代学制史料》(第 2 辑上册),上海:华东师范大学出版社,1987 年,第 391 页。

3 《光绪三十一年九月十四日(1905.10.12)山西学政宝熙请设学部折》,转引自朱有瓛主编:《中国近代学制史料》(第 2 辑上册),上海:华东师范大学出版社,1987 年,第 141 页。

忠在《条陈学务折》中也建议加强教科书的编审工作，“现在各州县蒙小学堂，需用教科书甚急，近日直隶、湖北，虽有编辑成书，呈学务大臣审定”。[1] 1905 年 12 月清学部正式设立。为了加强教科书的审定工作，学部于总务司下设立审定科，其职责是主管审查教科图书，对编译局已经编辑之图书详加审核颁行。1906 年 3 月 17 日《申报》刊登了《学部咨调教科新书》要求：“该省督抚伤属晓谕官商人等，如有家藏或市肆售卖新编教科等书，一并邮寄本部，俟审定后再行颁发各省，以归画一。”[2]

1906 年 4 月 7 日，严复撰写的《论小学教科书亟宜审定》在《中外日报》刊登，发表了对教科书的编写主旨、编写人才、内容、审查、颁发乃至印刷销售等方面的看法。严复首先强调启蒙教育必须遵循一定的阶段性的规律，“大《易》曰：‘蒙以养正，圣功也。’此言何谓也？以余观之，盖言惟圣哲之人而后知为养蒙之事而已。故斯宾塞有言：‘非真哲家，不能为童稚之教育。’”[3] 接着提出“故教科书者，固非教育家之所拳守也”[4] 的观点，在高等教育中，“吐辞发文，皆教科书也。至于智育之业，人自为教师，各不同。且同一学期，

1　王建军著：《中国近代教科书发展研究》，广州：广东教育出版社，1996 年，第 164 页。

2　关晓红著：《晚清学部研究》，广州：广东教育出版社，2000 年，第 382 页。

3　王栻主编：《严复集》（第 1 册），北京：中华书局，1986 年，第 199 页。

4　王栻主编：《严复集》（第 1 册），北京：中华书局，1986 年，第 200 页。

而相其时地缓急为之，往往有所去取进退。”[1]故不一定有固定的教科书。但严复强调，“虽然，教科书于智育不必有，于德育则不可无。高等之学校不必有，而自中学以下，至于小学，则又不可无”。为何德育必须要有教科书呢？他写道：“德育之事，虽古今用术不同，而其著为科律，所以诏学者，身体而力行者，上下数千年，东西数万里，风尚不齐，举其大经，则一而已。忠信廉贞，公恕正直，本之修己以为及人，秉彝之好，黄白棕黑之民不大异也。不大异，故可著诸简编，以为经常之道耳。夫智育之为教也，贵求其所以然，如几何然。使徒诏学者以半员之内藏角必为矩形，是未足也。必为之原始要终，而能言其所以然之故。否则，虽知犹不知也。若夫德育之事则不然。德育修身诸要道，固未尝无其所以然，第其为言也深，其取义也远，虽言之，非成童者之所能喻也。而其为用又至切，使必待知其所以然，而后守而行之，则其害已众矣。则不如先著其公例，教其由之而所以然之故，俟年识臻焉，而后徐及之之为得也。是故五洲德育之为教，莫不取其种族宗教哲学之公言类纂之，而有教科书之设。今者小学之师资，其程度高者必寡，以其食之不称事，能者不居。能者不居，故未足神明乎规矩，则必有所受之成训，使据之以教人，其能事乃差足以相及。故曰中学以下，不仅德育，即智育亦不可无教科书也。”[2]

---

1 王栻主编：《严复集》（第1册），北京：中华书局，1986年，第200页。

2 王栻主编：《严复集》（第1册），北京：中华书局，1986年，第200页。

严复还进一步用欧洲国家严谨编撰出版小学教科书来说明当时教科书编撰之潦草，所以提出学部“要举纲”、“定其减”，但不主张学部颁定统一之教科书，他写道：“吾闻近者日本法，以学部颁定一切教科之书。是其所为，固亦救正一时之良法，然有数弊可得言者：学业繁多，学部之员，不必皆擅，而乃最浅之教科书法，必得最深其学者为之，而后有合，其难一也。颁审既定，举国奉行，若吾国前者《四书集注》。既为功令之事，何取更求改良，其物转瞬已陈，无日新之自力，其难二也。幅员既广，地利不同，教科书听民自为，则各适其宜，自成馨逸，人之取用，能自得师。至学部为之，则万方一概，适于北者不必宜南，详于山者且略于泽，其难三也。学术进步，星周辄殊，使学部与时偕行，则力不暇给；若历时不变，则禁锢聪明，其难四也。教科之书，施用日广，其价必期至廉，其书必期甚合，欲二者兼得，必听商业竞争，而后有此，学部自为，无此效也，其难五也。审此五难，则知以学部自行颁定教科书，虽有益于一时，必得损于永久矣。”[1]不仅不主张统编教科书，而且他提出教科书在遵循教育宗旨下的宽松审定及选用制度，他举例欧洲国家的教育，非常重视小学教科书，但并没有统编，认为学部于教科书，“莫若除自行编辑颁行外，更取海内前后所出诸种而审定之。”[2]并且说明，“立格不必过严，取亦毋甚隘，但使无大纰缪，而勿与教育宗旨乖

1　王栻主编：《严复集》(第1册)，北京：中华书局，1986年，第201—202页。

2　王栻主编：《严复集》(第1册)，北京：中华书局，1986年，第202页。

戾，有害学童道德脑力者，皆许销售，听凭用者自择，且为之力护版权”。[1]

严复关于教科书审定的观点，一方面推动了教科书编撰的社会广泛参与和有序竞争，为优质教科书的编辑出版提供平等竞争机会，保障了民营出版业迅速崛起；另一方面，也给了教科书的使用者极大的选择权。

1906 年，中国历史上第一次审定初等小学教科书的活动正式实施，显示了清朝统治集团被时代潮流裹胁，向着现代教育制度实施迈进一大步。“本部为全国教育所关，学制不可不一，宗旨不可不正，故注重于教科书。凡本部所编教科书未出以前，均采用各家著述先行审定，以备各学堂之用”。[2] 严复身体力行，直接参与了学堂教科书的审定工作。当时，他是学部丞参，担任编订名词馆总纂。后应学部之请，亦审定过一些教科书。如 1906 年 7 月，严复致函夏曾佑，称其所著《历史教科书》为绝作。8 月，他在《与夏曾佑书》中再次高度评价《历史教科书》一书，并就“古人之史”、“政府之成”、“政制”、“自由”、“爱国者”等问题做了评析：“自得大著《历史教科书》两编，反复观览，将及半月，辄叹此为旷世之作，为各国群籍之所无踵。然世间浅人于史学、政学蒙蒙然，犹未视之鼠狗，必不知重也。独走于此事颇经留心。读足下之书，见提絜立例处，往

1　王栻主编：《严复集》（第 1 册），北京：中华书局，1986 年，第 202 页。

2　《学部第一次审定初等小学暂用书目》，无版权页，第 1 页。

往见极因怪（如云‘中国之教得孔子而立，政得秦皇而行，境得汉武而定’，又云‘使匈奴盛于周时，中国必亡’诸语），此法惟近世西人以天演服藏探内籀之术以治前史者而复能之，乃大著不期而与之合，此滋足贵者也。”[1]又，严复在1909年的日记（宣统元年十月二十一日）中记载有：“看图书公司所编国文教科书。纰缪百出。”[2]

1910年，严复还参与了商务印书馆的《初等小学堂习字帖》编纂，他的草书字帖编入这套教科书的第9册。辛亥革命后，“京师大学堂”改名为“北京大学”，严复任北京大学第一任校长，说明他在思想界和学术界的令人信服的显赫地位。1915年，严复参与袁世凯帝制运动，为筹安会之发起人，名声一落千丈。至1920年回福建避冬，1921年10月27日殁于福建，终年68岁。

哈佛大学教授史华兹在《寻求富强：严复与西方》的第一章中写道：“严复所关注的事是很重大的，他设法解决这些事情的努力颇有意义，他所提出的问题，无论对中国还是对西方都意味深长。”[3]回首近代“中国向何处去”的艰难探寻过程，在严复“物竞天择、适者生存”的感召以及“开民智、鼓民力、新民德”的号角声中，中国近代新式教科书从一开始就无可置疑地将中华民族作为政

---

1　严复著，工宪明编：《严复学术文化随笔》，北京：中国青年出版社，1999年，第307页。

2　王栻主编：《严复集》（第5册），北京：中华书局，1986年，第1499页。

3　［美］本杰明·史华兹著，叶凤美译：《寻求富强：严复与西方》，南京：江苏人民出版社，1996年，第3页。

治、经济、文化的主体而置于至上至尊价值观考虑，为了解决整个民族的生存问题，新式教科书的启蒙激荡着救亡，在某种意义上甚至可以说启蒙实现着救亡。历史就是这样有因缘，这位十二岁时就以第一名的成绩考入马尾船政学堂学习驾驶专业、二十三岁被公派到英国仍然学习驾驶专业的学者，最终用“物竞”、“天择”、“优胜劣败”、“适者生存”等耀眼的词语，点亮了中华民族救亡图存之路的灯塔。

# 张元济

## 中国现代教科书之父

张元济(1867—1959)

教育之重要,稽之往古则如此,鉴之东西又如彼。回故今日我国,四万万人中,入学校,受教育,有普通之知识者,万无一焉。即读书识字,能作书札,记账目者,亦百无一焉。以此不教之民,出与开明强健者角,又安往而不败乎。乌呼,吾国民其亦知自奋矣。

——摘自《最新高等小学国文教科书(第7册)》,第2页作为中国近现代最杰出的学者之一，张元济是唯一见过光绪、孙中山、袁世凯、蒋介石、毛泽东“中国五位第一号人物”[1]的人。他参与、主持和督导商务印书馆近六十年，带领着商务诸君以“吾辈当以扶助教育为己任”，[2]在毫无成例可援的情况下，凭着集体的智慧，筚路蓝缕，1903 年开始推出的“最新教科书”成为中国第一套现代教科书；1912 年开始推出的“共和国教科书”为变革中的国家确立全新的文化标准；1922 年开始推出的“新学制教科书”诠释了民国教育改革巅峰的繁华与美景……张元济以其独特的文化人格谦和独守，不仅引领着商务印书馆从草创初期的简单印刷企业转变为集编辑、印刷、出版发行及其他文化事业为一体的驰名世界的出版社，而且使商务印书馆教科书在竞争中锐意改革并坚守一片净土，抱有一种理性温

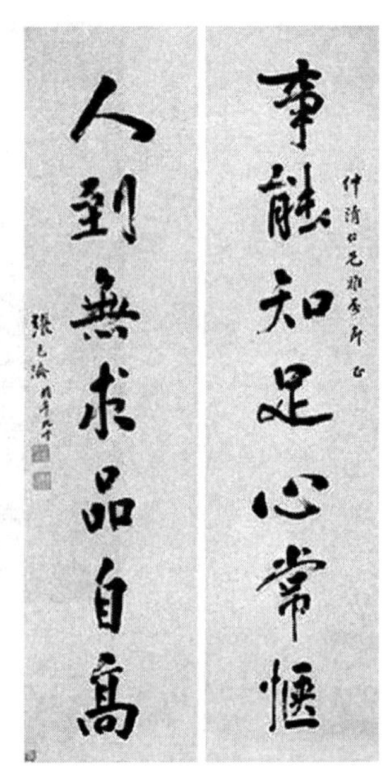


张元济手迹

1　张学继著：《出版巨擘——张元济传》，杭州：浙江人民出版社，2003 年，第 39 页。

2　张元济著，张人凤辑：《中华民族的人格》，沈阳：辽宁教育出版社，2003 年，第 75 页。

和与包容的态度,传递着善良、独立、平等、自由、博爱等普世价值以及各种现代科学技术知识,给启蒙者以内心的镇定与温暖,为开启民智、唤醒民众建立了不朽功勋。

## 西学与西书

张元济,字筱斋,号菊生,原籍浙江海盐,出生于广州,会说粤语。他幼入私塾,并在父亲严格督导下丝毫不敢松懈学业。渐长后,父亲常用肃穆的语气读十一祖张奇龄立下的“张氏家训”——“吾家张氏,世业耕读。愿我子孙,善守勿替。匪学何立,匪书何习。继之以勤,圣贤可及。”[1]对此,张元济不仅铭记心中,身体力行,而且在1914年上海极司菲尔路的新居落成时,亲笔用隶书缮写家训,令人镌刻在柚木板上,悬挂于寓所的厅堂。

【资料卡】

张树年在著作中写道,父亲张元济最为崇敬的祖先有四位。第一位是始祖,曾任南宋丞相的张九成,因主战,为秦桧所排挤,谪居十余年,著书立说,自成理学一派,谥称文忠,著有《张状元孟子传》、《横浦文集》。张元济在两部书的跋文中

1　张树年著:《我的父亲张元济》,天津:百花文艺出版社,2006年,第6页。

对始祖“清明刚正、国家是急”的高尚品行，景仰备至。第二位是十一世祖，号称大白先生的张奇龄。他主持的杭州虎林书院，门下弟子望众，他给后代立下家训。第三位曾冒死上疏奏请皇上亲政的十一祖螺浮公张惟赤。第四位是著书和藏书甚丰的七世祖青在公张宗松。其中，张元济最为推崇的是为张家立下世代家训的十一世祖大白公。

张元济十四岁时随母回浙江海盐，第二年在外服官的父亲病逝，家境渐窘，但书香传继。他十六岁时与长兄拜县城禀生查济忠为师。1884 年 3 月，十七岁的张元济与长兄同赴嘉兴府应考时作《安之朋友信之少者》一文，以第一名的优异成绩高中秀才。不久，他拜回家守孝的海盐籍翰林院编修朱福诜为师，后又从师徐用福、叶廉锷、司开先、吴仰贤等诸位先生，广益求精，学业大进。张元济对于这些老师的学问非常佩服，如他称赞查济忠“天才卓越，于学无所不窥；纵笔为文，不假思索；豪气奔放，殊有濯足万里、振衣千仞之慨”。[1] 1889 年，张元济在杭州参加乡试，（这一年由于光绪大婚、亲政，特开恩科，增加了一次考试，否则张元济应该赶上的是 1891 年辛卯科乡试）中第十名举人，同科登名有后来成为他事业上的同道和挚友的汪康年、蔡元培、吴士鉴、徐珂、汪大燮等。1892

1 张学继著：《出版巨擘——张元济传》，杭州：浙江人民出版社，2003 年，第 7 页。

年，张元济到北京参加会试，主考官为户部尚书翁同龢、工部尚书祁世长等，张元济获得了第二甲第二十四名进士，同科进士有吴士鉴、蔡元培、汤寿潜、叶德辉、唐文治等。二十六岁时，张元济被授为翰林院庶吉士，稳健地走上了仕途。

【资料卡】

查济忠，字荩卿，县廪生（已进学的生员岁科两试成绩优秀，可进入享受廪汽银的名额内，称廪生）。此人怀才不遇，不及四十而卒。

朱福诜，字桂卿，海盐籍翰林院编修，在中国近代史上威望很高。如 1906 年 12 月 16 日，张謇、汤寿潜、郑孝胥得联合江、浙、闽三省商学两界 200 多人在上海成立了预备立宪公会。推朱福诜为会长，张謇、孟昭常为副会长，汤寿潜、雷奋为干事。

甲午战败，张元济写道："大家从睡梦中醒来，觉得不能不改革了。"[1]他叙述当时自己与一部分京官"常常在陶然亭聚会，谈论朝政。参加的一共有数十人。当时并没有会的名称，只是每隔几天

1　中国史学会主编，翦伯赞、刘启戈、段昌同、林树惠、王其榘、金家瑞编：《戊戌变法》（四），上海：上海人民出版社，1957 年，第 323 页。

聚会谈谈而已”。[1] 聚会的人有文廷式、黄绍箕、陈炽、汪大燮、徐世昌、沈曾植、沈曾桐等。1895 年冬，张元济与陈昭常、张荫棠等八人结成“健社”，学习英语与西学。此时，张元济已经有着明显的兴学启蒙意识。他在 1896 年给汪康年的信中写道：“今之自强之道，自以兴学为先，科举不改，转移难望。吾辈不操尺寸，惟有以身先之，逢人说法，能醒悟一人，即能救一人”。[2] 也就是说，虽然张元济幼时居住的广州是通商口岸，早已有外籍传教士办的学校，但张元济一直以科举正途为追求。但在年近三十岁时，他开始努力读英文、读西方法律书籍，购阅日文报纸。1896 年 8 月，张元济以部院司员身份参加了总理衙门考试，考取章京第一名。同批进署的还有唐文治、汪大燮等。因张元济在文牍处理上有创见，深得张荫桓的赏识，被其引见给李鸿章。

在总理衙门供职期间，张元济开私人集资在京师办新学堂之先河。1897 年初，他与陈昭常、张荫棠、何藻翔、曾习经、周汝钧、夏偕复等人联合集资，在北京宣武门创办了“专讲泰西诸种实学”[3]的西学堂。不久，严复为学堂起名为“通艺学堂”，“国子之教，六艺是

1 中国史学会主编，翦伯赞、刘启戈、段昌同、林树惠、王其榘、金家瑞编：《戊戌变法》(四)，上海：上海人民出版社，1957 年，第 323 页。

2 叶宋曼瑛著，张人凤、邹振环译：《从翰林到出版家——张元济的生平与事业》，香港：商务印书馆，1992 年，第 24 页。

3 《光绪二十三年(1897)通艺学堂章程》，转引自朱有瓛主编：《中国近代学制史料》(第 1 辑下册)，上海：华东师范大学出版社，1986 年，第 712 页。

职。艺可从政,渊源圣门,故此学堂,名曰通艺。"[1]并在主办的《国闻报》上进行宣传。严复还应学堂之聘,约定年终赴学堂考订学生功课、讲明学术,同时派侄儿严君潜担任通艺学堂常驻教习。通艺学堂招收学生多系京员及官绅子弟,共四五十名,先习英文及天算舆地,待学生英文精熟以后,再各就性质所近,分门专习兵、农、商、矿、格致、制造等学。总理各国事务衙门官员张荫桓曾写信向各省督抚募捐,张之洞、王文韶等都对通艺学堂有资助。梁启超为表示对张元济的支持和友谊,先后赠给张元济《新学伪经考》、《西学书目表》等书。

由于张元济热心办学并致力于革新教育,通艺学堂在京城取得良好声誉,张元济受到光绪皇帝的召见和赞扬,管学大臣孙家鼐奏请将通艺学堂列入中学堂。总理各国事务衙门据张元济等呈请,奏准俟三年期满,援案可对学堂教习酌加奖叙;其成业学生,准仿照广方言馆学生例,可由同文馆调考录取。1898 年 7 月,光绪诏谕设立京师大学堂,孙家鼐作为第一任管学大臣邀请张元济出任大学堂总办,张元济不愿陷入与官场陋习及人事纠葛的周旋中,力求辞免了此项任命。戊戌变法后,张元济因被光绪帝召见过而"革

1 《光绪二十三年(1897)通艺学堂章程》,转引自朱有瓛主编:《中国近代学制史料》(第 1 辑下册),上海:华东师范大学出版社,1986 年,第 712 页。

职永不叙用”。[1] 他把通艺学堂的全部校产造册移交给京师大学堂，结束了为期六年的京官生活，携家南下上海。

1899 年 3 月，经李鸿章介绍，张元济入南洋公学任译书院主事兼总校。“我平素和李鸿章没有什么渊源，只是长官和下属的关系而已。但他对我似乎是另眼相看。……我到了上海，盛宣怀来找我，说李中堂已来信介绍，现在请你在南洋公学办理译书的事。”[2] 南洋公学译书院的创设是因盛宣怀认为“练兵为急务，故兵学居多，理财商务学校次之”，[3] 故最初翻译以兵书为主。当时，南洋公学译书院还聘请日本人细田谦藏、稻村新六为顾问，聘郑孝柽、孟森、杨志洵为校订，后来公学教师李维格、伍光建、黄国英、陈诸藻参加翻译工作。到 1901 年 6 月，张元济主持译书院已经“译成十三种送军机处，已排印齐全的还有兵政八种、理财一种、商务二种、学校三种、税法一种”。[4]

---

1 上海市出版工作者协会《出版史料》编辑部编:《出版史料第 5 辑》，上海:学林出版社，1986 年，第 31 页。

2 中国史学会主编，翦伯赞、刘启戈、段昌同、林树惠、王其榘、金家瑞编:《戊戌变法》(四)，上海:上海人民出版社，1957 年，第 328 页。

3 《光绪二十七年(1901)六月盛宣怀呈进南洋公学新译各书并拟推广翻辑折》，转引自朱有瓛主编:《中国近代学制史料》(第 1 辑下册)，上海:华东师范大学出版社，1986 年，第 518 页。

4 《光绪二十七年(1901)六月盛宣怀呈进南洋公学新译各书并拟推广翻辑折》，转引自朱有瓛主编:《中国近代学制史料》(第 1 辑下册)，上海:华东师范大学出版社，1986 年，第 518—519 页。

【资料卡】

南洋公学是1896年由盛宣怀创立于上海，经费来自电报、招商两局，设师范院、外院、中院和上院，盛宣怀任督办。1903年起先后改名为上海商务学堂、商务部高等实业学堂、邮传部上海高等实业学堂、交通部上海工业专门学校。1921年与唐山工业专门学校、北京邮电学校、交通传习所合并为交通大学。“南洋”泛指华东沿海一带，清末民初称江苏、浙江、福建、广东等沿海各省为“南洋”，称江苏以北沿海各省为“北洋”。

1901年9月4日，清政府命令各省城书院改成大学堂，各府及直隶州改设中学堂，各县改设小学堂，并多设蒙养学堂。10月5日，张元济致书盛宣怀写道：“国家之政治，全随国民之意想而成。今中国民智过卑，无论如何措施，终难骤臻上理。国民教育之旨，即是尽人皆学，所学亦无须高深，但求能知处今世界不可不知之事，便可立于地球之上。否则岂有不为人奴，不就消灭者也……中国号称四万万人，其受教育者度不过四十万人，是才得千分之一耳。且此四十万人者，亦不过能背诵四书五经，能写几句八股八韵而已，于今世界所应知之事茫然无知也。”[1]于是，南洋公学译书院

1 张树年主编：《张元济年谱》，北京：商务印书馆，1991年，第38页。

秉承“译书尤为兴学之基址。专门之书与普通之书异，小学校、中学校之书与大学校书异，私家著述、教门传习之书与文部所定学校之书又异。且各国风尚不同，习其学者莫不自尊其说，择焉不察，流弊兹多。顾论译书，则天算、制造较政史学为难。论选书，则政治、史学较天算制造为难”。[1] 在1902年10月译书院第一次全本出齐的严复译《原富》的扉页上，刊有南洋公学译书院图书广告，可知当时南洋公学译书院已出版的教科书有《格致读本》四本、《中等格致课本》八本、《小学图画范本》四本、《化学》十一本、《蒙学课本》三本、《大本蒙学课本》一本、《代数设问》七本、《心算教授法》一本、《物算笔算教科书》四本、《习字范本》四本、《几何》三本、《本国中等地理教科书》三本、《万国地理教科书》一本。1902年夏，南洋公学学生雷奋、杨荫杭、杨廷栋留日归来到译书院任职，致力于中小学教科书的编译和编著，如杨荫杭编译《名学教科书》、杨廷栋著《法律学教科书》及编辑《法制理科教科书政治学》、雷奋编著《国家学讲义》和《地方自治讲义》等等。张元济十分注重译书的质量，对于编译要求十分严谨。如他开始尝试对译著中的人名、地名、官职、度量衡等加以统一，亲自为《原富》一书编制英汉对照表等。当时南洋公学译书院的许多学术译著虽然没有以教科书命名，但作为

---

1 《光绪二十八年(1902)工部侍郎盛宣怀奏陈南洋公学翻辑诸书纲要折》，转引自朱有瓛主编:《中国近代学制史料》(第1辑下册)，上海:华东师范大学出版社，1986年，第519页。

公学学生的必读书在校内使用,也在校外发行。如严复译《原富》,经南洋公学译书院出版,立即引起了社会的巨大反响,一时间洛阳纸贵。1903 年,南洋公学译书院转隶北洋,因经费紧缩停办。张元济主持译书院以为成才之助,开启了他贡献中国现代教科书事业的第一乐章。

1901 年初,南洋公学总理何嗣焜突然病故,张元济任公学代总理半年,应清末新政特设的科举制经济科之需求,在南洋公学开设特班。盛宣怀在《南洋公学添设特班系为应经济特科之选》中说明,"系为应经济特科之选,以储国家栋梁之材。故宜专致政学,不必兼涉学艺,尤宜讲求中西贯通希合公理之学,不可偏蹈新奇乖僻混入异端之学"。[1] 张元济为了"以待成材之彦士有志西学",[2] 与盛宣怀一起亲自主持特班招生考试。黄炎培在《我在南洋公学特班学习》中写道,"至今还记得他当时问我:你信宗教没有?信哪种宗教?我答:什么宗教都没有信。他说:好!"[3] 当时特班开设了地理、史学、政治学、经济学、逻辑学等西学高等功课。黄炎培进入南洋公学特班后描述说:"一个受旧文化教育近二十年的青年,像我长日忧国忧民而毫无办法。好!跳出圈子,跨上新文化教育舞台,这

1 盛宣怀:《照会南洋公学添设特班学为应经济特科之选》,上海交大档案,第 508 卷。

2 张树年主编:《张元济年谱》,北京:商务印书馆,1991 年,第 36 页。

3 黄炎培著:《八十年来》,北京:中国文史出版社,1982 年,第 37 页。

是我生第一个很大的转折点。”[1]张元济聘请好友蔡元培为特班总教习。

【资料卡】

张元济与蔡元培两人是历时最久交谊最深风雨同舟的挚友和知己，他们有着“六同”的关系：同庚（同治六年）、同乡（浙江）、同年乡试（光绪十五年中举人）、同年殿试（光绪十八年中进士）、同事（任教于南洋公学）、同创（办《外交报》）。如1901年12月，两人合作筹办《开先报》（后改名《外交报》），张为董理，蔡为撰述。报纸最初由杜亚泉创办之普通学书室发行，第29期后改归商务印书馆发行，是商务印书馆所发行的第一份刊物。1949年，张元济去北京出席全国政协第一届会议时有一段记述：“10月5日，到北大，至议事厅，见悬有蔡鹤卿画像，徘徊之久”。（《赴会日记》手稿）张元济对于他的生平知己寄予了无尽的哀思！

1903年，张元济因厌恶南洋公学中严重的官场习气，辞去译书院院长的职务，进入商务印书馆。王云五在《商务印书馆与新教育年谱》如是描述：“自是厥后，商务印书馆始一改面目，由以印刷业

---

1　黄炎培著：《八十年来》，北京：中国文史出版社，1982年，第37页。

为主者，进而为出版事业。其成为我国历史最长之大出版家，实始于张君之加入。”[1]张元济带领商务印书馆全面开启了中国现代教科书编撰出版的华彩乐章。

## 一流的教科书编纂队伍

1897年，夏瑞芳和鲍咸恩、鲍咸昌兄弟及高凤池等创办商务印书馆（The Commercial Press）。1898年，商务印书馆请谢洪赉翻译教会学校用的英国人为殖民地印度小学生编的课本*Primer*，用中英两种文字排版印刷，定名为《华英初阶》（*English and Chinese Primer*）。出版后大受欢迎，为商务印书馆赢得了第一桶金。于是又将高一级的课本以同样的形式翻译出版，定名为《华英进阶》（*English and Chinese First Reader*）。这两套书是我国最早自编的英语教科书，且不断再版，影响颇大，成为英语学习者的首选课本而畅销多年，后商务印书馆还出版了华英系列英语学习用书。1899年，在南洋公学译书院与商务印书馆往来业务中，张元济与夏瑞芳相识，夏瑞芳虚心向张元济求教编译日文书等事宜，张元济赏识夏瑞芳的胆识、豁达大度、知人善任的性格。1901年，商务印书馆改组为有限公司，夏瑞芳邀请张元济入股，张元济欣然应允。伴

1　方全林主编，周武著：《张元济：书卷人生》，上海：上海教育出版社，1999年，第78页。

随着新教育的兴起，商务印书馆编译所于1902年下半年开始筹建，“君（按：夏瑞芳）以为国民教育，宜先小学，而教科书为尤亟。乃于印刷所外，兼设编译所。”[1] 1903年正月，张元济接受了夏瑞芳的350元月薪（张元济在南洋公学译书院的月薪是100元）的高薪聘请，[2]进入商务印书馆。庄俞写道：“老夏先生独具眼光，遇见一位张菊生先生，就请他主持编译事务。张先生也独具眼光，最初请了几位留学生翻译东西各国科学书，不久新教育发动，就开始编辑教科书。”[3]

张元济与夏瑞芳相约“吾辈当以扶助教育为己任”。[4] 以学制变更为契机，大举编撰出版教科书。他慧眼识英才，将部分为商务印书馆编写过教科书的爱国学社教员蒋维乔、庄俞等请到麾下，又邀请高梦旦、杜亚泉、邝富灼等知名学者进入商务印书馆，亲手为商务印书馆建立起一支国内第一流的教科书编辑队伍。庄俞在《商务印书馆九十年》中写道：“计自光绪二十七年至民国十年止，我馆为了创编教科书，经张菊生先生领导之下，编译人自数人增加

1 张元济著：《涵芬楼烬余书录·序》，《涵芬楼烬余书录》，上海：商务印书馆，1951年，第4页。

2 《商务印书馆编译所人员名册》稿本，现藏于北京商务印书馆，第1页。

3 商务印书馆编：《1897—1987商务印书馆九十年——我和商务印书馆》，北京：商务印书馆，1987年，第62页。

4 张元济著，张人凤辑：《中华民族的人格》，沈阳：辽宁教育出版社，2003年，第75页。

至百数十人,在馆外帮忙的还不计其数,荜路蓝缕,煞费苦心,得成一种辅助教育的新事业。”[1]

【资料卡】

蒋维乔(1873—1958),字竹庄,别号因是子,江苏武进人。1892年中秀才。1894年调入江阴南菁书院,次年又考入常州致用精舍,同时攻读两院课程。1902年加入中国教育会。后被张元济邀请进商务印书馆从事小学教科书编辑工作,前后达十年之久。1905年发起并主持开办商务印书馆的小学师范讲习所,又主持开办尚公小学、商业补习学校、工人业校等。1910年编著《学校管理法》一书。1912年,应蔡元培之邀到南京任临时政府教育部秘书长。协助蔡制定教育部法令,草拟大、中、小学学制,起草《中华民国普通教育暂行办法》,后任教育部参事。不久辞职再入商务印书馆编辑中学及师范学校教科书。曾任爱国学社国文教员、爱国女学义务教员、商务印书馆编译所编辑、江苏省教育厅厅长、东南大学校长、光华大学教授、鸿英图书馆馆长等职。

高梦旦(1870—1936),名凤谦,字梦旦,福建长乐人。少时不登科场,不入仕途,好实用之学。1901年被浙江大学堂聘

1 商务印书馆编:《1897—1987商务印书馆九十年——我和商务印书馆》,北京:商务印书馆,1987年,第64页。

为总教习，次年率留学生赴日，并任留日学生监督。他在日本进行了广泛深入的考察，认识到日本所以兴盛，原因在于教育，而教育的根本在于小学，从而生发了编写适合中国小学生用的教科书的愿望。1903 年冬回国，恰逢商务印书馆办编译所，遂被邀入馆。高梦旦进馆后，即被聘为编译所国文部部长，主持国文教科书的编写工作。高梦旦为张元济出谋划策，为商务印书馆选定了不少切合社会需要的好选题，被张元济倚为左右手，1918 年升任编译所长。五四运动后，高梦旦亲赴北京，邀请时任北大教授的胡适来商务主持编译所，后胡适推荐老师王云五到商务印书馆。高梦旦退而任出版部长，襄助王云五。他一生以事业为重，淡泊名利，在商务印书馆有极高的威望。

张元济将大量的留学生网罗至商务。周越然曾统计有："自光绪二十九年正月起，至民国十九年十一月止，当此二十八年中，商务聘用东西留学归国者七十五人，内法国毕业者二人，美国毕业者十八人，日本毕业者四十九人，国名不详者三人。"[1]张元济也大胆擢用一些名不见经传的青年人。如 1919 年的胡愈之还是个只有初中二年级学历的毛头小伙子，张元济看过他写的几篇文章后，认

1　周越然著：《书与回忆》，沈阳：辽宁教育出版社，1996 年，第 258 页。

为是个可培养之人才，遂招收他进商务编译所为练习生。一年后，又升任他为《东方杂志》编辑助理，不久即任编辑。以后，张元济还资助胡愈之留学法国。胡愈之不负张元济所望，后出任《东方杂志》主编。新中国成立后，胡愈之还担任了国家出版总署第一任署长。茅盾在1916年刚从北大预科班毕业时才二十岁，进入商务印书馆后被张元济分配在英文部批改函授作业。一个月后，张元济收到了茅盾对新出版的《辞源》所提的二百余字改进意见，觉得自己对茅盾"用非其材"，[1]立即批交辞典部编辑人员研阅，并送请编译所所长高梦旦核办。第二天上午就调茅盾与童话专家孙毓修"合作译书"。[2] 在《茅盾回忆录》中，这位年轻人曾感叹说："我真想不到，这么一封平常的信，引起那样大的注意。"[3]进馆才5个月，茅盾即被破格优待加了薪。关于张元济大胆用新人之观点，在《张元济全集·书信》中有这样的记录："五年前之人才未必宜于今日，则十年前之人才更不宜于今日。即今日最适用之人，五年、十年之后，亦必不能适用也。事实如此，无可抗违。此人物之所以有生死，而时代之所以有新旧也。"[4]商务编译所存在的三十

---

1　丁尔纲著：《茅盾：翰墨人生八十秋》，武汉：长江文艺出版社，2000年，第34页。

2　丁尔纲著：《茅盾：翰墨人生八十秋》，武汉：长江文艺出版社，2000年，第34页。

3　茅盾著：《我走过的路》（上），北京：人民文学出版社，1981年，第123页。

4　张元济著：《张元济书札》，北京：商务印书馆，1981年，第184页。

年时，人员流动很大，从现存资料看，其中有案可稽的确切数字有：1908 年 63 人，1921 年已增至 160 人左右，1924 年 240 人，1925 年 286 人。[1]

因张元济在商务印书馆大力提倡用少年人、进有用之人、退无用之人，在 1916 年前后就有关进用新人问题与商务印书馆第三任总经理高凤池有过激烈的争论。高凤池则认为新人不如旧人可靠，裁汰旧人太令人寒心，双方都不愿妥协。1920 年张元济提出辞职，后经多方劝说，改为张元济与高凤池均辞去现职，双双改任监理。对此，张元济在 1920 年 4 月 26 日给梁启超的信中写道："即如用人，弟主张求新，而高君则偏于求旧。隐忍五年，今乃爆发。"[2]张元济认为在教科书编撰中所谓的新人，重要的是年富力强且有新知识。他思想开放，尽最大努力召集了大量可以完成他所不能之事的有识之士，使商务印书馆编辑出版的教科书不仅跟上时代潮流，引领

张元济 1910 年穿西服标准像

1　吴相著：《从印刷作坊到出版重镇》，南宁：广西教育出版社，1999 年，第 85 页。

2　张元济著：《张元济书札》，北京：商务印书馆，1981 年，第 62 页。

了新式出版文化建设的新方向,而且在上海出版业急剧发展而同行竞争加剧之时,游刃有余。据《商务印书馆大事记》记载,1920 年至 1922 年间,陆续进馆的有陈布雷(后任蒋介石的国策顾问)、周建人(生物学家)、王云五(后任商务总经理)、竺可桢(气象、地理学家)、顾颉刚(历史学家)等。1952 年,八十六岁的张元济在《留别商务印书馆同仁》中写道:"昌明教育平生愿,故向书林努力来。此是良田好耕植,有秋收获仗群材。"[1] 给后来者留下他一生的抱负与恋念。

## 中国第一套现代意义教科书

一套成功的教科书不仅是适时、合时之作,还凝聚着编辑主体的价值观、道德观和创造性的思考与劳动。张元济带领着商务印书馆编译所诸君,在毫无成例可援的情况下,采用合议制,依据发展普通教育、教以日用普通文化知识的根本原则,议定按照学期制度,编辑初等小学堂和高等小学堂的修身、国文、算术、历史、地理、格致等教科书,每学期一册,并根据课本另编教授法,全套教科书定名为"最新教科书"。

---

1 张学继著:《出版巨擘——张元济传》,杭州:浙江人民出版社,2003 年,第 297 页。

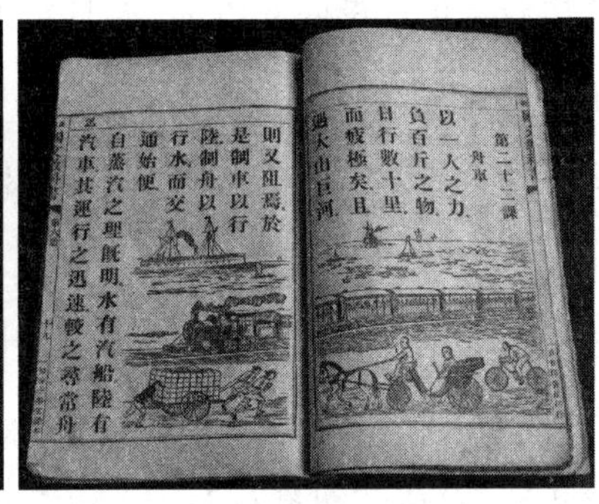

《最新国文教科书(初等小学第 6 册)》(商务印书馆 1904 年初版・1908 年 17 版)

初等小学堂用《最新国文教科书》编写始于 1903 年,蒋维乔在《鹪居日记》手稿原件中有确切日期:“癸卯四月廿七日(按即 1903 年 5 月 23 日),余受商务印书馆编辑蒙小学教科书事。共一千五百六十课,约六月抄竣事。回里后一意从事编辑”。[1] 为了编好该书,张元济、蒋维乔、高梦旦、庄俞等以一丝不苟的治学精神,常常围坐一桌,共同讨论,互相辩论,不厌其详,有时为一问题讨论至半日甚至一日方才结束。据蒋维乔在《编辑小学教科书之回忆(1897—1905)》中描述:“当时之圆桌会议,惟在最新初小国文着手之时讨论最详悉。第一二册几乎每撰一课,皆讨论至无异议方定稿。至二四册以后,则由各人依据原则自行起草,草成之后,再付讨论;亦有由一二人先行讨论者。尔时不乏有趣味之资料,如余编及某课

1 汪家熔选注:《蒋维乔日记选》,《出版史料》1992 年第 2 期,第 61 页。

时，用一‘釜’字，而高梦旦必欲改为‘鼎’字，余曰：‘鼎字太古，不普通，不可用。’高曰：‘鼎字乃日常所用之字，何谓不普通？’余曰：‘鼎字如何是日常所用之字？’高曰：‘鼎字如何不是日常所用之字？’于是二人大争，至于声色俱厉。及后细细分辨，方知闽语呼‘釜’为‘鼎’，而不呼为‘釜’也。相与抚掌大笑。”[1]当时，日本高等师范学院教授长尾槙太郎、日本前文部省图书审查官小谷重作为与商务印书馆合资的日本金港堂方面代表也经常参加集体讨论。在这种水乳交融、毫无成见的讨论中，他们先制定了编写国文教科书的原则。如在内容方面选择关于立身、居家、处世，以至事物浅近之理由与治生之所不可缺者，各册分编六十课，其中理科、历史类约占十五课，地理类占九课，修身实业类各占七课，家事、卫生、政治、杂事类共七课。这套教科书不仅照顾到知识的逻辑顺序，而且摒弃了传统教学用书中一些封建陈腐及不合时代的东西，内容新颖，彰显了现代性启蒙诉求。如在《最新国文教科书》中，与现代科技相关的课文有《电报》、《电话》、《望远镜》、《五带之生物》等，与现代政治文明相关的课文有《法律》、《图书馆》、《博物院》、《慈善事业》等，与现代经济相关的课文有《专利》、《邮政》、《日报》、《公司》等，与现代文明生活相关的课文有《咀嚼作用》、《体操之益》、《竞走》、《拔河》、《缠足之害》、《学堂卫生》、《烟草之害》、《传染病》等，与外国文

1　上海市出版工作者协会《出版史料》编辑部编：《出版史料》(第5辑)，上海：学林出版社，1986年，第95页。

明相关的课文有《中外历法之异同》、《科仑布》、《美利坚》、《侨民》、《德意志》、《俄罗斯》、《华盛顿》等。初等小学堂用《最新国文教科书》第一册初版日期为1904年4月8日(光绪三十年岁次甲辰二月二十三日),一经出版便势不可当,不及两周,便销出五千余册,未及数月,行销十余万册。张元济由此感到十分欣慰,在给好友汪康年的信中说:“弟近为商务印书馆编纂小学教科书,颇自谓可尽我国民义务。平心思之,视浮沉郎署,终日作纸上空谈者,不可谓不高出一层也”。[1]

最新
筆算教科書教授法
浙江海鹽張元濟
校訂
編纂
上海商務印書館印行

《最新笔算教科书教授法(初等小学第2册)》
(商务印书馆1904年首版·1905年5版)

1 张树年主编,柳和成、张人凤、陈梦熊编著:《张元济年谱》,北京:商务印书馆,1991年,第51页。

在张元济的引领下,编译所同仁夙夜辛劳,详定了修身、习字帖等教科书的编写计划。如初等小学修身教科书共十册,第一册全用图画,第二册之后始用格言,第三册则开始引用古代优秀故事,并配有图画。教科书之外另编教授法,并按照书中图画绘制放大成挂图,供教师在课堂上使用。高等小学修身教科书共四册,皆采用历史上可以身体力行的事实,并附现代之伦理。初等小学的习字帖主要配合国文教科书使用,因此,其基本的编写原则是每册所习之字必取教科书中已学过之字等等。1907 年夏,"最新教科书"就已出版初等小学堂用教科书 16 种 54 册,高等小学堂用教科书 19 种 41 册,中学堂用教科书 40 种 54 册。"最新教科书"在当时影响极大,蒋维乔在《编辑小学教科书之回忆(1897—1905)》中写道:"一、此书既出,其他书局之儿童读本,即渐渐不复流行。二、在白话教科书未提倡之前,凡各书局所编之教科书及学部国定之教科书,大率皆模仿此书之体裁,故在彼一时期,能完成教科书之使命,舍《最新》外,固罔有能当之无愧者也。"[1] 陆费逵在《六十年来中国之出版业与印刷业》一文中,评价这套书有三大长处:"各科完备,具备教科书体裁,内容精审。但也存在三大缺陷:程度太深,分量太多,各科欠联络,前后欠衔接。"[2] 尽管不

---

1 陈学恂主编:《中国近代教育史教学参考资料(上册)》,北京:人民教育出版社,1986 年,第 648 页。

2 宋原放主编,陈江辑注:《中国出版史料·现代部分(第 1 卷下)》,济南:山东教育出版社,2001 年,第 419 页。

能尽善尽美，但“最新教科书”开中国学校用书之新纪录及中国教科书编撰出版的新时代，是中国历史上第一套依据现代学制、学年学期、学科分门别类编写和出版的现代意义教科书。同时也是第一套附有彩色插图、第一套每册都印有英文书名、第一套有与之配套的教授书的教科书。“最新教科书”奠定了商务印书馆在中国现代教科书发展进程中的领先与权威地位。

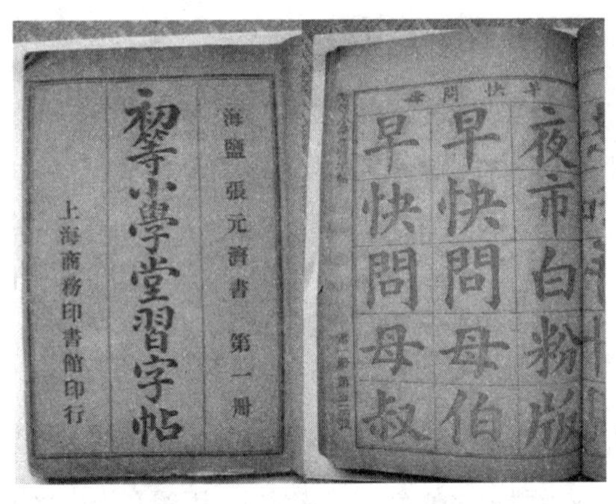


《初等小学堂习字帖(第1册)》(商务印书馆1905年初版·1911年30版)

对于“最新教科书”，张元济一直亲力亲为。他不仅与蒋维乔、高梦旦一起编纂了《最新高等小学国文教科书》八册，还按照康熙字典部首依次编入《初等小学堂习字帖》第1—2册，并在版权页说明：“此范本由简而繁，最便儿童之用。初学者既经习熟，则部首之次序，偏旁之分合，庶了然胸中，异日检字查字典，自然不难，白纸红字，极便描写之用。”[1] 此外，张元济还校订《最新修身教科书（初等小学堂）》（1905 年）、《最新国文教科书（初等小学堂）》（1904 年）、《最新国文教科书教授法（初等小学堂）》（1904 年）、《最新理科教科书（高等小学堂）》（1906 年）、《最新笔算教科书教授法（初等小学堂）》（1904 年）、《最新笔算教科书（初等小学堂）》（1904 年）、《最新地理教科书（高等小学堂）》（1905 年）、《最新中国历史教科书（高等小学堂）》（1906 年）等等。

《最新地理教科书（第 4 册）》（商务印书馆，出版时间不详）

## 书卷就这样展开

叶圣陶在《商务印书馆》一文中评价：“张先生把商务看成是他的终生事业”。[2] 商务印书馆编译所在张元济的领导下，不断扩大编纂范围。除小学教科书外，又依据形势需要陆续出版了中学、师

---

1 张元济书：《初等小学堂习字帖（第 1 册）》，上海：商务印书馆，1905 年初版·1911 年 30 版，第 1 页。

2 徐百柯著：《民国风度〈民国那些人〉修订版·典藏版》，北京：九州出版社，2011 年，第 177 页。

范、女子学校等教科书，占据着晚清民国中小学教科书的半壁江山。在1906年清学部公布《第一次审定的初等小学暂用书目》46种102册(学生用书是19种55册，教员用书是27种47册)中，商务印书馆52册、文明书局33册、直隶学务处11册、南洋公学2册、蒋黼著本1册、时中书局1册、苏州化固学堂1册、武昌图书馆1册。

或许是从小受到父亲的影响，张元济给人的印象过于严肃且严于律己。包天笑在《钏影楼回忆录》中就曾记载1912年前后张元济在编译所工作的情形，并称其像一个学校里的课堂："这个编译所规模可大了，一大间屋子，可能有四五十人吧？远不同我从前所游历过的那些编译所。每人一张写字台，总编辑的那张写字台特别大，有一个供参考用的书库。既不像叶浩吾那个'启秀编译所'的杂乱无章，又不同蒋观云那个'珠树园译书处'的闭户著书的型式。虽然这个大厦聚集许多人，却是鸦雀无声，大有肃穆的气象……张菊老似一位老师，端坐在那里，披阅文稿，也难得开口；编译员似许多学生，埋头写作，寂静无哗，真比了课堂，还要严肃"。[1] 在繁忙的工作中，张元济校订了很多教科书，如《简明国文教科书(初等小学)》(1912年)、《简明中国历史教科书》(1927年订正33版)、《共和国教科书新国文(初等小学)》(1912年，甲

1 包天笑著:《钏影楼回忆录(第2辑·5)》，台北:龙文出版社股份有限公司，1990年，第469页。

乙两种）、《共和国教科书新国文（高等小学）》（1912年）、《共和国教科书新历史（高等小学）》（1912年）、《小学教科书历史课本（高年级）》4册（1923年）、《女子新国文》（1912年）、《简明中国地理教科书》、《中国历史教科书（本朝史讲义）》3编（1909年）、《（订正）女子国文教科书》8册（1912年）、《共和国教科书修身要义（中学用）》上下卷（1913年）、《共和国教科书国文读本（中学校用）》4册（1913年）等。

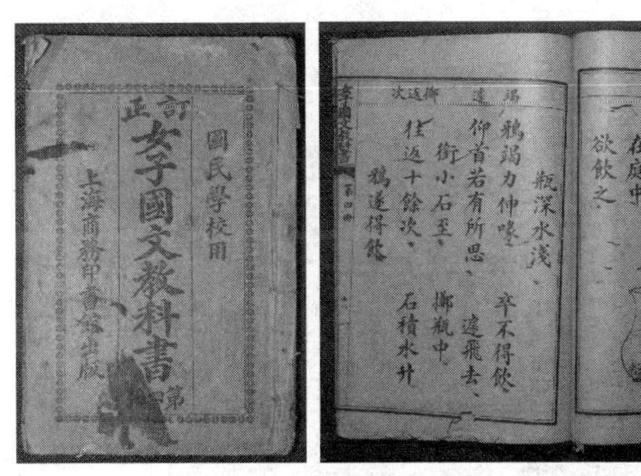


《（订正）女子国文教科书（国民学校用第4册）》（商务印书馆1907年初版·1924年65版）

二十世纪初的中国风云突变，政权更迭频繁，时代变化迅速，常常是教科书本身尚未成型固定，而时代却变了。这就迫使张元济必须不断适应变化，抓住教育改革的新动向。庄俞在《谈谈我馆编辑教科书的变迁》中写道："学制修改一次，教材跟着变更一次，往往一部还未出全，又要赶编第二部，我馆对于此点向来是很注意很敏捷的。”[1] 1912 年初，新成立的中华民国临时政府下令禁用清学部颁行的教科书。在革故鼎新的重大历史转折时期，商务印书馆最初虽然略显被动，但迅速凭借雄厚的势力推出全新的“共和国教科书”，不仅为现代教科书及现代社会发展奠定了一个全新的基础，也夺回了教科书市场的大半壁江山。

《共和国教科书》(商务印书馆 1912 年初版)

“共和国教科书”是商务印书馆继“最新教科书”之后，第二部最完善的教科书，据《共和国教科书新国文(春季始业)》第 7 册和《实用国文教科书》(国民学校用)第 7 册广告，到 1916 年 4 月，商务

1　商务印书馆编:《1897—1987 商务印书馆九十年——我和商务印书馆》，北京:商务印书馆，1987 年，第 66 页。

印书馆已出版适用于初等小学和国民学校用的“共和国教科书及教授书”有 20 种 140 册（含挂图 24 幅）。又据《共和国教科书新修身（春季始业）》第 8 册广告，到 1915 年 4 月，商务印书馆已出版适用于高等小学的“共和国教科书及教授书”有 25 种 118 册；再据《新撰世界史》广告，到 1925 年 7 月，商务印书馆已出版中等教育适用“共和国教科书及参考书”共计 36 种 55 册。涵盖《修身要义》、《国文读本》、《国文读本评注》、《文字源流》及参考书、《文法要略》、《中国文学史》及参考书、《算术》、《代数学》、《平面几何》、《立体几何》、《平三角大要》及问题详解、《本国史》及参考书、《东亚各国史》及参考书、《西洋史》、《本国地理》及参考书、《外国地理》、《自然地理》、《人文地理》、《植物学》、《动物学》、《矿物学》、《生理学》、《物理学》、《化学》、《法制概要》、《经济大要》、《用器画解说》、《用器画图式》、《普通体操》、《兵式教练》。1912 年 9 月，教育部公布新学制，将春季始业改为秋季始业，为了既适应新学制秋季始业的规定，又照顾老学校一时难以放弃旧学制春季始业的做法，商务印书馆将修身、国文、算术、图画、唱歌、体操六种教科书都分编为春季始业用和秋季始业用两种。此外，为了遵照教育部三个学期安排，高等小学国文、修身、理科还分印有两个学期用“甲种本”和三个学期用“乙种本”，书中有时间分配，但内容没有变。

“共和国教科书”具有巨大的思想解放意义，这套教科书正式实现了“格致”到“科学”的转变，全新界定了“人”的基本属性，强调

《共和国教科书新国文(国民学校春季始业第 1 册)》(商务印书馆 1912 年初版·1917 年 821 版)

“公民”作为现代人的身份意识,积极展现了“共和国”的乌托邦憧憬,诠释出知识分子的政治关怀。同时,“共和国教科书”创造中国百年历史上版次最多的出版神话。如《共和国教科书新国文(初等小学春季始业)》第 1 册 1922 年 2 月 1931 版、第 2 册 1926 年 7 月 2358 版,《共和国教科书公民须知(国民学校修身科学生用)》于 1917 年 1 月初版,到同年 10 月就已经 45 版了。承载着新思想新学说的书本只有成为海量读物或被海量传阅之后,其巨大的影响力才能迸发出来。虽然在中国近代史上,《新青年》(最初名《青年杂志》)以其影响巨大而闻名,但这份杂志 1915 年 9 月 15 日在上海创刊后,共发行十一年。其发行量由创刊时的一千份到最高峰时也只是增至一万五千多份,且其间休刊数次,最长一次休刊半年。也就是说,一般儿童的启蒙思想主要是通过教科书得来的。我们发现，从“最新教科书”初版的1903年到1911年，从“共和国教科书”初版的1912年到1919年，正是儿童接受新式教科书启蒙影响的八年，他们从童年走向青年的过程中，商务印书馆全新的教科书给了他们极大的启蒙。恰如《共和国教科书新修身（初等小学春季始业）》第8册第10课《教育》写道：“国家基础，在少年教育。”[1]

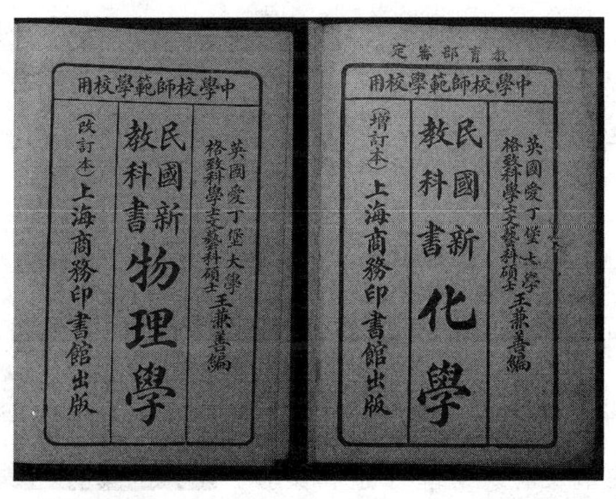


《民国新教科书物理学》（商务印书馆1913年初版・1924年21版）
《民国新教科书化学》（商务印书馆1913年初版・1924年23版）

1913年，商务印书馆还专门出版了一套中学理科教科书——“民国新教科书”。这套教科书的编撰者主要为从欧美留学回来的知识分子，学历都比较高，如王兼善是英国爱丁堡大学格致科学士文艺科硕士，丁文江是格拉斯哥大学动物学及地质学双学士

1　沈颐、戴克敦编纂：《共和国教科书新修身（初等小学春季始业）》（第8册），上海：商务印书馆，1912年初版・1913年59版，第6页。

等……教科书对于实验相当重视，设计也比较简单可行，当时许多学校都乐于采用。

随着民国初年杜威的进步教育学说在中国广泛传播，以实用主义为代表的新教育思潮从政府到民间，风行一时。同时，为了解决国民普及教育实践中出现的问题，以自学辅导主义为代表的新教学方法席卷全国，成为时尚，加之袁世凯政府颁布教育纲要对此也充分强调与肯定，中小学教学发生了变化。如国文科大量采用新文学作品或翻译作品，侧重人生问题或社会问题的讨论。英文科则注重常用语言的训练。社会科学课程奖励学生自学，自然科学课程则注重实验。这些探索和实验未必完美，但它对传统的教育模式起到了冲击的作用。为顺应这股潮流，商务印书馆从 1915 年 12 月开始推出“实用教科书”，据国民学校用《普通教科书新手工》封底广告，到 1915 年 12 月，商务印书馆已出版春季始业用小学“实用教科书”9 种及“实用教授书”9 种，共计 120 册。1915 年，商务还出版了一套“普通教科书”，所见有新国文、新地理、新历史、新手工。此外，商务印书馆在民国初年还编撰出版有一套“实用主义教科书”。

《实用主义动物学教科书(中学校用)》(商务印书馆 1918 年初版・1923 年 3 版)

在新文化运动的影响和普及教育呼声的直接推动下，商务印书馆将国语运动的成果以教科书的形式凝结。1919 年 8 月，商务印书馆出版由庄适编纂、黎锦熙等校订的《新体国语教科书》8 册，并逐步推出各科“新体教科书”，这是第一套系统的白话教科书，由“国文”改为“国语”自这套教科书始。1921 年 5 月商务印书馆的《新法国语教科书》6 册开始出版，所有生字旁注国音字母，采用新式标点。“这一套教科书是本馆特聘国内新教育家，切合本国教育新趋势而编辑的。全书用新方法、新标点，采纳新教材，除国文一种偏重文体外，其余通用语体编纂，精神面目焕然一新，曾经教育部审定，洵为初期小学最良好的教科书”。[1] 据《新学制国文教科书（初等小学）》第 2 册封 3 上的广告，到 1923 年 3 月，商务印书馆共出版“新法教科书”（国民学校用、新学制前期小学用）12 种教科书 93 册，并配有教授书。又据《新学制国语教科书（高级小学）》第 2 册封底广告，到 1924 年 3 月，商务印书馆共出版后期小学用“新法教科书”（后期小学用）教科书 9 种 30 册，教授书 9 种 30 册。

在五四运动开创的勃勃生机中，教育界积极酝酿新的变革。1922 年新学制以儿童身心发展为依据，采用“六三三”分段标准。商务印书馆汇集九十余人的编撰与校订队伍，他们中有教育部特

---

1　庄适、吴研因、沈圻编纂：《新学制国语教科书（初等小学第 2 册）》，上海：商务印书馆，1923 年初版・1913 年 15 版，封 3。

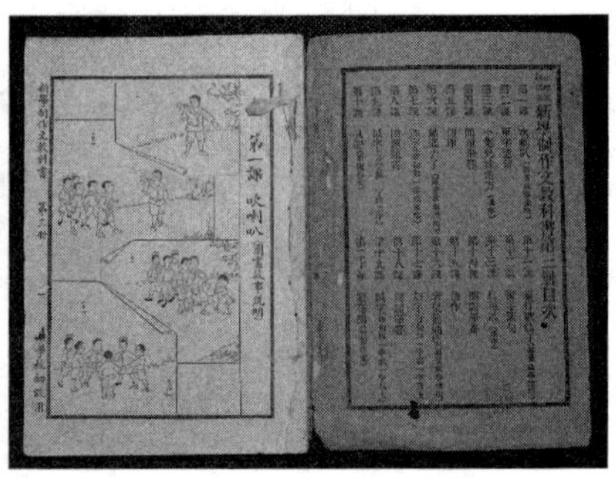

《(订正)新学制作文教科书(小学校初级用第3册)》
(商务印书馆1924年初版·1928年40版)

聘教授(如常道直、张其昀、何鲁等)、中央研究院院士(冯友兰、胡适、竺可桢、周鲠生、顾颉刚等),留学欧美的博士(胡适、冯友兰、竺可桢、张慰慈、周鲠生、郭任远、萧友梅、陆志韦、瞿世英、严济慈、周传儒等)和硕士(常道直、段育华、任鸿隽、陈衡哲、汪奠基、朱经农、何鲁、赵修乾等),更有功勋彪炳的科学家杜亚泉、史学四大家之一的吕思勉、中国人文地理学的开山大师张其昀、中国政治学的开拓者张慰慈、《共产党宣言》翻译者李泽彰、参加"火烧赵家楼"的周予同……商务印书馆汇推出了新学制教科书共计三大类166种527册:第一大类别是依据《新学制课程标准纲要》编撰的"新学制适用教科书",其中小学部分既有初(高)级小学用教科书,也包含有新法后期小学用教科书,初中部分既有"混合编辑"教科书,也有"分科编辑"的"现代教科书"。第二大类是用"文言文"编辑的"新撰教科书"。第三大类是"适合新学制中等教育段课程,取材至现代为止”的“新著教科书”。这套教科书被商务印书馆称为“最完备的教科书”，达到了二十世纪中国现代教科书编撰出版的最高峰。此后，伴随着党化教育的确立与实施，1927 年开始推出以“三民主义”为宗旨的“新时代教科书”，1931 年开始推出“基本教科书”。在 1932 年 1 月 29 日遭遇日本轰炸之后，上海本部在战火中成为废墟，商务印书馆激愤中喊出“为国难而牺牲，为文化而奋斗”[1]的口号，利用劫后余存的旧纸型，推出“复兴教科书”。在抗日战争全面爆发后，国立编译馆开始推出国定本教科书，但商务印书馆一方面不断修订其他学科教科书，一方面在国定本教科书发行中一直处于第一的位置。

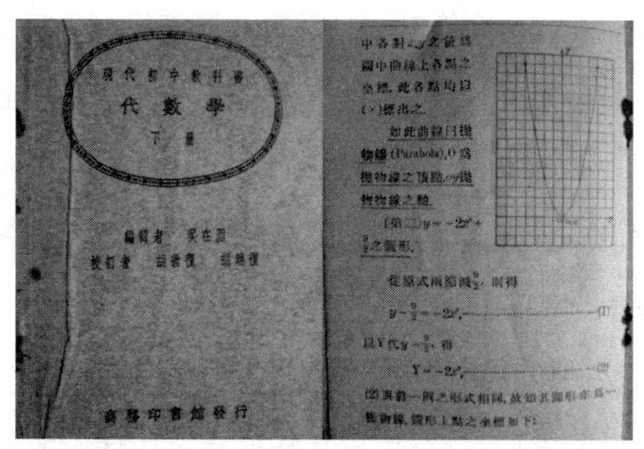


现代初中教科书《代数学(下册)》(商务印书馆 1924 年初版・1933 年 33 版)

---

1　郭太风著:《王云五评传》,上海:上海书店出版社,1999 年,第 189 页。

就中国现代教科书的整体发展而言，张元济不仅带领着商务印书馆凭借优良的各种现代教科书在激烈的竞争市场中脱颖而出并处于龙头地位，而且在商务印书馆的强势引领下，民间书坊教科书编撰出版争先恐后、百花齐放。尤为值得关注的是，当时仅次于商务印书馆的几个民间书坊的创办者都是出自商务印书馆，如中华书局创办者陆费逵、世界书局的创办者沈知方、开明书店的创办者章锡琛等等，他们不仅早期都在商务印书馆工作，而且他们创办的书坊中许多编辑也是出自商务印书馆。或许他们与张元济在编撰出版的理念上有着一定的差异，但都深受张元济严谨的工作态度以及独立的文化人格影响。特别而又重要的是，商务印书馆教科书的种类、形式、内容等对这些后来者抑或是同期竞争者都有着极大的影响与参照性。于是，各大书坊带着对教育的全新价值预设以及具有历史进步方向性的洞察力，积极地在时代问题的思考下竞相编撰出版，使得现代教科书发展的热潮一浪高过一浪，呈现出一个十分罕见的“黄金二十年”。

从1903年商务印书馆第一套现代教科书编撰出版到1922年新学制教科书的多样发展，中国现代教科书在各大书坊的勤力耕耘中不断走向成熟与完善，从普通教育到女子教育以及社会教育，教科书迅速普及与推广；从分别学科到综合编制，教科书的门类构建尝试着调整与更新；从黑白到彩色、从静止到连续动作插图，从课前或课后设问到单元出现及专门复习内容安排，教科书注重儿童认知发展的基本特点;从学科知识到生活主题,教科书更注重科学的编排与设计;从文言到白话以及外国语,从新式标点到注音符号,教科书的文化语境不断丰富……中国现代教科书在不断走向成熟与完善中,点燃了轰轰烈烈的、自觉的、有理念的,而且有相当程度组织力的、旨在实现现代意义的社会总动员大众启蒙运动。中国现代教科书不断映射出风雨如晦的岁月中编撰出版群体有为的思想样貌,一代知识分子对全新生活的召唤,这在中国政局陷入混乱之时,成功地为民国教育确立起不拔的根基,并在更长远的时间内产生了重大的影响。

作为中国历史的一部分,商务印书馆的教科书不仅复活了古老的文化,而且回响着时代的声音。她浓缩了整个世界文明史,寄托着人类一直苦苦追求的全部梦想。据冰心老人在《我和商务印书馆》中回忆说:"我启蒙的第一本书,就是商务印书馆出版的线装的《国文教科书》第一册。一直读了下去,每一册每一课,都有中外历史人物故事,还有与国事、家事、天下事有关的课文,我觉得每天读着,都在增长着学问与知识"。[1] 这些全新的教科书在启蒙的地平线上撒播现代文明,如静水深流、润物无声,不断浸润着中华大地,激荡着古老的神州。

茅盾认为,"在中国新式出版事业中,张菊生确实是开辟草莱

---

1　卓如编:《冰心全集(8)》,福州:海峡文艺出版社,1999 年,第 52 页。

的人。他不但是最有远见、最有魄力的企业家，同时又是一个学贯中西、博古通今的人。”[1]他是第一位也是至今唯一的一位带领着中国现代教科书走上世界大舞台的人。商务印书馆从1911年开始多次参加世界博览会，每次送去的展品中都一定有教科书，如1915年在美国巴拿马太平洋博览会上展示过的教科书就有商务印书馆1906年的出版的《中国历史教科书》和1907年出版的《经训教科书教授法》等。张元济是中国现代教科书发展史上举足轻重的丰碑式人物，是中国现代教科书之父。叶圣陶指出：“可以说，凡是在解放前进过学校的人没有不曾受到商务的影响，没有不曾读过商务的书刊的。”[2]茅以升更直截了当地说：“只要是一个中国人，他们都和商务有过接触，读过它出版的各种读物。”[3]胡适明确指出商务印书馆是“一个支配几千万儿童的知识思想的机关，当然比北京大学重要多了”。[4] 1948年4月，已是八十一岁的张元济经民主推选为首批中研院院士，足见其在知识界的分量与地位。从翰林出身到中央研究院院士，张元济不仅点点滴滴彰显着书香儒家醇厚的大

---

1 上海市出版工作者协会《出版史料》编辑部编：《出版史料》(第5辑)，上海：学林出版社，1986年，第38页。

2 徐冰著：《中国近代教科书与日本》，《日本学刊》，1998年第5期，第106—113页。

3 徐冰著：《中国近代教科书与日本》，《日本学刊》，1998年第5期，第106—113页。

4 胡适之著：《高梦旦先生小传》，载于《1897—1987商务印书馆九十年——我和商务印书馆》，北京：商务印书馆，1987年，第51页。

家风范，而且以其稳健的进取精神，引领中国现代教科书在编撰出版中展现出文化自信与创新。这位在宠辱皆以淡泊处之，历经了九十年历史风雨的老人，在繁华喧闹的上海滩坚守着自己独立的生活及文化空间，平实抱素中体现出的一种精神超越，一如商务印书馆教科书本身的韵致与情境。

# 蔡元培

# 凝重与深厚的奠基者

蔡元培(1868—1940)

本书悉本我国古圣贤道德之原理，旁及东西伦理学大家之学说，斟酌取舍，以求适合于今日之社会，立说务期可行，行文务期明亮，区区苦心，尚期鉴之。

——摘自《(中学堂用)修身教科书(第1册)》第2页

蔡元培是现代中国知识界的卓越前驱,作为中国教育史上一位里程碑式的杰出人物,他终生致力于教育理论研究和教育改革,涉及基础教育、大学教育、社会教育、职业教育、女子教育等各个领域,并以其“学界泰斗,人世楷模”(毛泽东语)的人格风范教育和影响了各界学人。在联合国教科文组织评出的“影响世界历史百人名单”中,蔡元培排在孔子、孟子、孙中山、毛泽东之后,是中国第五人。[1] 蔡元培不仅积极策划与亲自编撰中小学现代教科书,还针对大动荡、大变革时代中国社会的现实问题,以其特殊的身份地位,确立全新的资产阶级教育方针,强调养成共和国民健全之人格,是中国现代教科书史上凝重与深厚的奠基者。

## 年轻翰林浩然弃官归里

蔡元培是浙江绍兴人,字鹤卿,又字仲申、民友、孑民,曾化名蔡振、周子余。他六岁入家塾,后在叔父蔡铭恩的培养和熏陶下学习。蔡元培一生对叔父都怀有深深的敬爱之心,曾说:“孑民有叔父,名铭恩,字茗珊,以廪膳生乡试中式(光绪甲午科中式第十二名举人)。工制艺、门下颇盛,亦治古诗文辞,藏书亦不少。孑民十余岁,即翻阅《史记》、《汉书》、《困学记闻》、《文史通义》、《说文通测定

1　洛秦编著:《海上回音叙事》,上海:上海音乐学院出版社,2010 年,第 158 页。

音》诸书，皆得余叔父之指导焉。”[1]蔡铭恩对于蔡元培也寄予很高的厚望，他给蔡元培取字“鹤卿”，希望他日后能出类拔萃，还要蔡元培到绍兴八股名家王子庄（名懋修）那里去学习。王子庄博览明、清八股文，其八股制艺别具一格。当年蔡元培以“怪八股”闻名士林，推其根源或许肇源于此。尽管蔡元培跟王先生学八股文，味同嚼蜡，但在1937年撰写的《我在教育界的经验》中认为，“由简而繁，确是一种学文的方法。”[2]1884年，十七岁的蔡元培考取秀才，考官在他的试卷上写下的评语是：“笔轻而灵，意曲而达”，“论尤精当，与众不同”。[3] 蔡元培中秀才后，一边做私塾教师，一边研攻小学与经学。因家境贫寒，他从叔父家中借阅《仪礼》、《周礼》、《春秋公羊传》、《谷梁传》、《大戴礼记》等儒家经典，还阅读大量的考据词章的书籍，甚至也浏览医学、算学等方面的书籍。在《我的读书经验》中，蔡元培回忆道：“以一物不知为耻，种种书都读，并且算学书也读，医学书也读”。[4] 为了进一步帮助蔡元培的生活与学习，蔡铭恩还把蔡元培荐介给绍兴著名藏书家徐树兰家的铸学斋做校订工

---

1 王云五著：《革新时代教学思想》，台北：台湾商务印书馆，1971年，第280页。

2 蔡元培著，高平叔编：《蔡元培教育论集》，长沙：湖南教育出版社，1987年，第612页。

3 李兴华著：《人世楷模蔡元培》，上海：上海人民出版社，1988年，第9页。

4 蔡元培著，高平叔编：《蔡元培教育论集》，长沙：湖南教育出版社，1987年，第569页。

作,使得蔡元培博览群书、学乃大进。1889 年,二十二岁的蔡元培中举人,第二年中进士,被点为翰林院庶吉士,后授职翰林院编修,成为“声闻当代,朝野争相结纳”[1]的年轻才俊。

【资料卡】

据蔡元培的家谱记载,蔡铭恩是蔡氏族中第一个中举的人。他的学识渊博,为人诚恳、耿直,秉性清高,对于明末清初的思想家刘宗周、章学诚推崇备至。他尤其敬佩刘宗周不阿权贵、敢于弹劾祸国殃民的大阉魏忠贤。当时,蔡铭恩的寓所与刘宗周讲学的蕺山书院相距很近,他不仅常去书院,而且对刘宗周的“慎独”功夫领悟至深。蔡铭恩感到清王朝的趋于没落与明末相似,所以,他不愿再去攀登科举之顶峰,而宁愿安贫守志,开馆办塾,后以塾师而终其一生。

中日甲午战争的惨败、丧权辱国的《马关条约》签订使蔡元培这位年轻的翰林“痛哭流涕长太息”。[2] 他开始阅读大量的西学译著,潜心研究西方各国的政治、经济、文化教育和设施。“自甲午以

1 罗家伦著:《逝者如斯集》,台北:传记文学出版社,1981 年,第 80 页。

2 《中国现代教育家传》编委会编:《中国现代教育家传(第 1 卷)》,长沙:湖南教育出版社,1986 年,第 2 页。

后，朝士竞言西学。孑民始涉猎译本书。”[1]于是，蔡元培在翰林院生活几乎是“惟有读书声”（蔡元培光绪二十三年七月二十一日日记手稿）。他不仅读了严复的《天演论》、顾厚焜的《日本新政考》、陈家麟的《东槎闻见录》、魏源的《海国图志》、李圭的《环游地球新录》、冈本监甫的《日本史略》、沈敦和的《日本师船考》、缪佑孙的《俄游汇编》十二卷、郑观应的《盛世危言》、梁启超的《西学书目表》和《读西学书法》、汤寿潜的《危言》、陈炽的《庸书》、马建忠的《适可斋记言》、宋育仁的《采风记》以及《外国史略》、《列国海战记》等，还专研了《几何原本》、《算草丛存》、《电学源流》、《电学纲目》、《电学入门》、《电学问答》、《化学启蒙初阶》、《量光力器图说》、《声学》、《星学辨正图注》、《农学新法》等数、理、化、天文、农业技术等领域的书籍，甚至连《井矿工程》、《开煤要法》之类的专门技术书籍都有涉及。对于变革社会寄于重大希望的蔡元培，目睹戊戌变法失败，明确意识到国民素质在社会变革中的重要作用，指出“由于不先培养革新之人才，而欲以少数人弋取政权，排斥顽旧，不能不情见势绌。”[2]于是决心“志以教育，挽彼沦胥”。[3] 1898年秋，蔡元培抛弃了世俗所称羡的功名前程，“浩然弃官归里，主持教育，以启发

1 高平叔编:《蔡元培全集(第3卷)》,北京:中华书局,1984年,第320页。

2 黄世辉编:《蔡孑民先生言行录(上)》,上海:新潮社,1920年,第5页。

3 高平叔编:《蔡元培全集(第1卷)》,北京:中华书局,1984年,第126页。

民智。”[1]

蔡元培回到家乡开始任绍兴中西学堂监督。当时,学堂中以蔡元培为代表的新派教师笃信进化论,提倡民权女权思想,经常批评尊君、卑民、重男轻女的旧观念,这些遭到旧派教师的忌恨,他们怂恿堂董妄加干预教师的言行与思想,蔡元培愤而辞职。1901 年,蔡元培应上海澄衷蒙学堂总理刘树屏的邀请“代理一月”。[2] 当时,蔡元培苦于自己对西方教育了解的不足,搜集国内外教育参考资料,对各级学校的课程进行了细致的研究,在 1900—1901 年间撰写《学堂教科论》,以自己的经历,针砭了科举教育的弊端。“少酖举业,长溺文词,经诂史法,亦窥藩篱,生三十年,始知不足。迷途回车,奚翅炳烛。悲彼来者,覆辙相寻,誓墓不出,愿为松阴。”[3] 文字间充满了对自己青少年时代学习生活的惋惜之情。

1901 年,蔡元培的好友张元济作为南洋公学代总理(第二任校长),在南洋公学开设特班,聘请蔡元培为总教习。南洋公学特班学生有黄炎培、邵力子、李叔同、胡仁源等学生四十二人,功课分为前后两期,前期为初级功课,有英文(写、诵、文法、章句)、算学(数学、代数、几何、平三角)、格致化学(手演);后期为高等功课,有格

---

1 蒋维乔著:《民国教育总长蔡元培》,《教育杂志》第 3 年,第 10 期,1912 年 1 月。

2 王云五著:《革新时代教学思想》,台北:台湾商务印书馆,1971 年,第 282 页。

3 高平叔编:《蔡元培全集(第 1 卷)》,北京:中华书局,1984 年,第 139 页。

致化学(阐理)、地志、史学、政治学、理财学、名学,各限三年卒业。此时,蔡元培敏锐地认识到教科书是创办新式教育中极为重要与关键的问题,且认为译本不是很适用,需重新编订教科书。1902年4月,他与叶瀚(字浩吾)、蒋智由(字观云)等倡议组织中国教育会。是年冬,中国教育会正式成立,选蔡元培为会长。"以教育中国国民,高其人格,以为恢复国权之基础为目的",[1]设立了教育、出版、实业三个部,拟集合力量,专门编订教科书。

1902年冬,蔡元培因为"墨水瓶事件"同情并支持学生,辞职离开南洋公学。当天,蔡元培把学生带到中国教育会请求帮助。中国教育会在召开特别会议后决定建立共和学校(后定名为爱国学社),蔡元培任学校总理,吴敬恒(字稚晖)为学监,章太炎、黄炎培、蒋智由、蒋维乔等为义务教员。爱国学社规定学生分寻常、高等两级,两年毕业。寻常学级的教科有修身、算学、理科、国文、地理、历史、英文、体操;高等学级的教科有伦理、算学、物理、化学、国文、心理、论理(逻辑学)、社会、国家、经济、政治、法理、日文、英文、体操。爱国学社提倡民主思想,自由空气浓厚,每逢周末还组织集会,公开宣传爱国和革命的道理,"隐然成为东南各省学界之革命大本营"。[2] 如1903年南京陆师学堂的风潮发生以后,退学学生代表章

---

1 林增平、肖致治、冯祖贻、刘望龄主编:《辛亥革命史(上册)》,北京:人民出版社,1980年,第394页。

2 冯自由著:《革命逸史(第2集)》,北京:中华书局,1981年,第72页。

士钊等到上海与中国教育会联系,俞子夷在《记中国教育会与爱国学社》中叙述有蔡元培代表该会“竭诚欢迎,他们全体加入学社”[1]。“墨水瓶风潮”激怒了整个学界,东南各省纷起响应。在短短的时间里,“而浔溪公学退学,而南京陆师学堂退校,而浙江大学堂退校,而蕙兰书院退校,而毓元学堂退校”[2],酿成从来未有之退学大风潮。1903 年 6 月“苏报案”发,爱国学社亦受到牵连,被迫解散。

【资料卡】

“墨水瓶事件”是指 1902 年 11 月 16 日上海南洋公学 200 余名学生为反抗学校当局的专制而集体退学风潮。1902 年 11 月 5 日下午,南洋公学中院五班教师郭镇瀛上课前看见一个洗得很干净的墨水瓶放在他坐的椅子上,大发雷霆。一位杨姓同学谎称是伍正钧放的。郭镇瀛于是要求学校开除伍正钧,其他同学也因为所谓知情不报而受到“记大过”处分。11 月 14 日,五班全体同学到学校总办汪凤藻处申述事实真相,要求撤销处分,但遭到拒绝。当晚,他们决定次日全班集体退

---

1 《俞子夷记中国教育会与爱国学社》,转引自朱有瓛主编:《中国近代学制史料(第 2 辑上册)》,上海:华东师范大学出版社,1987 年,第 700 页。

2 林增平、肖致治、冯祖贻、刘望龄主编:《辛亥革命史(上册)》,北京:人民出版社,1980 年,第 396 页。

学，以示抗议，并到各班作告别演说。11 月 15 日早晨，汪凤藻以“学生私自聚众演说，大干例禁”的罪名，宣布开除五班全体同学，全校哗然。特班总教习蔡元培为学生免于被开除而积极斡旋，他曾要求面见公学督办盛宣怀。遭盛拒绝后，他愤然辞去特班总教习之职。11 月 16 日上午，蔡元培与中院 6 个班级的同学，集体离开南洋公学，以抗议校方的错误决定。“墨水瓶事件”被认为是中国近代教育史上时间最早、规模最大的一次学生风潮，也被称为中国学运史上“一声霹雷”。

1902 年，蔡元培还与蒋智由、黄宗仰、林少泉、陈梦坡等发起成立爱国女校，其办校方针是“其时并不取贤妻良母主义，乃欲造成虚无党一派之女子”。[1] 蒋智由任经理，不久由蔡元培继任。蔡元培《在爱国女学校之演说》中主张“革命精神所在，无论其为另为女，均应提倡而以教育为根本”[2]。该校作为革命活动联络机关，为辛亥革命培养了不少革命战士。可见，正途科举出身的蔡元培已经转变为一个革命积极分子，并强调革命只有二途：一是暴动，一是暗杀。

---

1　郑鲁编著：《中国国民党史稿(第 4 篇)》，上海：商务印书馆，1938 年第 1 版 · 1944 年重庆增订第 1 版 · 1947 年上海增订第 1 版，第 1633 页。

2　高平叔编：《蔡元培全集(第 3 卷)》，北京：中华书局，1984 年，第 7 页。

## 编译修身、伦理学、妖怪学教科书

1903年,商务印书馆在张元济的带领下推出的“最新教科书”是中国第一套现代意义教科书,蔡元培也是这套教科书的积极策划者与参与者。1902年,商务印书馆经理夏瑞芳苦于购买质量低劣的译稿的惨痛教训求助于张元济,张元济得知好友蔡元培创办中国教育会的初旨在编辑新式教科书,于是向夏瑞芳推荐蔡元培,开启了蔡元培与商务印书馆的不解情缘。此后,蔡元培一直称商务印书馆为“本馆”。

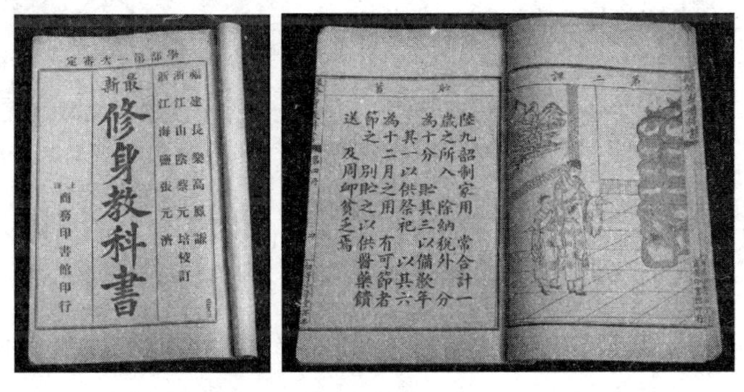


初等小学堂用《最新修身教科书(第4册)》(商务印书馆1905年初版·1907年8版)

蔡元培认为兴办学校是大势所趋,编辑新式教科书实为急需,建议商务印书馆由编译转为自编新式教科书,并建议由爱国学社教师编写小学教科书,既能解决商务印书馆书稿来源,又能解决部分教员经济来源(当时爱国学社经费无着,所有教员均自谋生活来源),而且能完成中国教育会的夙愿。为此,蔡元培先定国文、历史、地理三种教科书之编纂体例,用包办方法,在爱国学社教员中选择数人,分任编辑国文、历史、地理等教科书。后因《苏报》案发,蔡元培离沪赴青岛。张元济进入商务印书馆,并将蒋维乔等爱国学社教师聘入商务印书馆,成功推出中国第一套现代意义教科书——“最新教科书”。

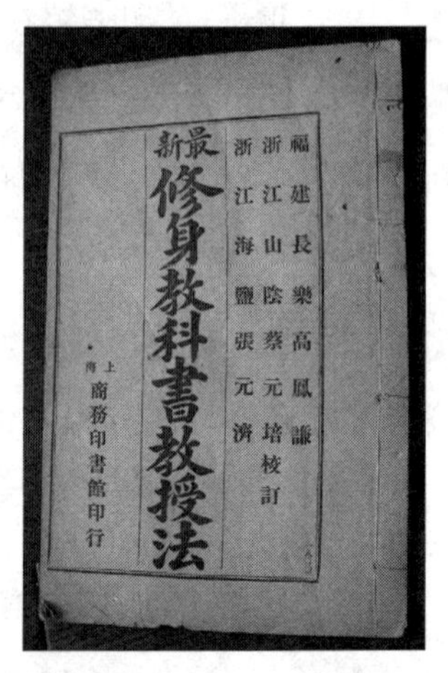

《最新修身教科书教授法(初等小学堂第 1 册)》(商务印书馆 1904 年初版 · 1906 年 11 版)

在“最新教科书”中,高凤谦、蔡元培、张元济校订了《最新初等小学修身教科书》10 册、《修身教科书教授法》10 册及《修身教科书第一册挂图》20 幅。其中,初等小学堂用《最新修身教科书》最大的特点就是打破了我国早已形成的一套以“三纲五常”为经、以“修齐治平”为纬的个体伦理观念,字里行间彰显了女子独立、平等的先进思想。如 1904 年《最新修身教科书(初等小学堂用第 3 册)》有《女子宜求学》一课写道:

> 我国旧俗,重男轻女,凡为女子者,幽居深闺,不事学问,非特古今大事未之闻知,即作书信、理账目,亦多倚赖他人。

> 今女学渐兴,旧俗渐改,少年女子宜求学,以图自立,庶不为人轻视也。[1]

而且,教科书在注重个体伦理的基础上,尝试建立起从个体自我道德到社会公共道德的启蒙路径。如《最新修身教科书(初等小学堂)》第4册依次编排有《节俭》、《贮蓄》、《廉洁》、《坚忍》、《自奋》、《知耻》、《节操》、《贞孝》、《信义》、《勇敢》、《礼让》、《威仪》、《循序》、《宗族》、《乡党》、《公德》、《兴益》、《慈善》、《合群》、《爱国》等课文,强调从私德到公德、从个人到国家的伦理架构形成。

1906年,在青岛学习了德语的蔡元培得知翰林院有"公派"出国留学的机会,他在《为自费游学德国请学部给予咨文呈》中表达自己赴德留学、学习研究西方教育理论,并回国襄助中国教育的想法。当时孙宝琦出任驻德国的公使,蔡元培请张元济向孙宝琦表示:愿在公使馆兼充一名职员,半工半读。孙宝琦答应每月助银30两,而不要求去使馆担任何种

蔡元培在德留学

1 商务印书馆编译所编纂:《最新修身教科书(初等小学堂第3册)》,上海:商务印书馆,1904年初版·1908年14版,第57页。

服役。于是，蔡元培便在1907年5月随孙宝琦前往柏林。由于蔡元培夫人及三个子女在家中需要抚养，张元济就代向商务印书馆洽定，特约蔡元培在德国为商务印书馆编书，每月致酬100元，其中一部分汇德补充学费，一部分留供家用。高平叔在《蔡元培与张元济》中写道："以1910年为例，商务印书馆汇给蔡元培1621马克，合国币900元，付给黄仲玉夫人国币250元，代付购寄书报等费国币46元，连同历年余额尚结存200元。"[1] 1907年12月，上海商务印书馆出版蔡元培编写的中学堂用《修身教科书》，署名为蔡振，共5册，其中第4、5册就是他在德国期间编成的。

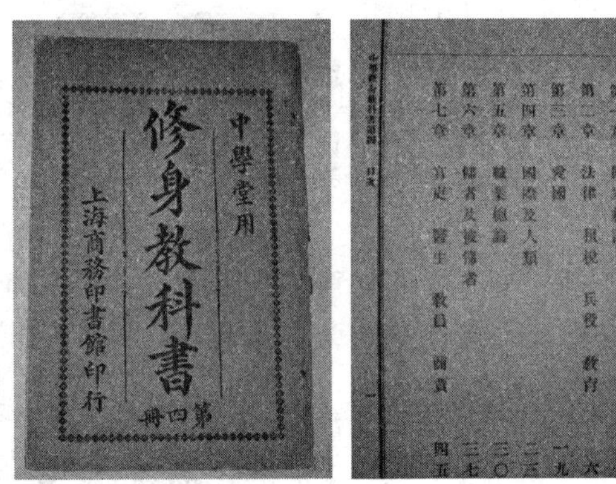

中學堂用
修身教科書
第四册
上海商務印書館印行

中學修身教科書第四

第一章 國家總論 一
第二章 法律 租稅 兵役 教育 六
第三章 愛國 一九
第四章 國際及人類 二六
第五章 職業總論 三〇
第六章 僱者及被傭者 三七
第七章 官吏 醫生 教員 商賈 四五

《修身教科书(中学堂用第4册)》(商务印书馆1907年初版·1910年3版)

1 商务印书馆编:《1897—1992商务印书馆九十五年——我和商务印书馆》，北京:商务印书馆，1992年，第568页。

中学堂用《修身教科书》是蔡元培编撰现代教科书的标志性著作,约七万字,分为上、下两篇,上篇为实践伦理学,下篇是理论伦理学,采用最新的"章节"体例编排,现抄录如下:

第1册共7章:修己总论、体育、朋友习惯勤勉、自制、勇敢、修学、修德

第2册共8章:家族总论、子女、父母、夫妇、兄弟姊妹、族戚及主仆、交友、从师

第3册共6章:社会总论、生命、财产、名誉、博爱及公益、礼让及威仪

第4册共7章:国家总论、法律租税兵役教育、爱国、国际及人类、职业总论、佣者及被佣者、官吏医生教员商贾

第5册共6章:绪论、良心论、理想论、本务论、德论、结论

【资料卡】

章节体是19世纪末在西方教科书等著作体裁基础上形成的一种结构设置形式,章节体结构严密,层次清晰,篇章节目层层统辖,便于反映事物的系统结构状态。章节体在中国的兴起始自介译近代西方和日本人编写的教科书。如近代以梁启超为首的新史学流派开始推翻中国历史传统的一些观念,引进西方的历史观,章节体开始在中国史学界流行起来

的，改变中国史学著作常用纲目体、编年体、纪传体等传统结构形式。

这套教科书开创性地构建了现代伦理学知识体系，力求为中学生提供一种全面、可行、积极、上进、能体现时代和社会发展要求的修身标准。教科书前 4 册讲述实践伦理学的各个专题，即“修己、家族、社会、国家”，第 5 册讲述理论伦理学，有“良心论、理想论、本务论、德论”等章节，强调人对于家族之德、社会之德、国家之德。教科书糅进了西方一些进步的思想伦理观念，如以体育卫生为本的修身观，本无差等的权利观，非一人之国家观，无高下之职业观等，主张以自由、平等、博爱的原则统率人际关系等等。这些观点和思想出现在清朝统治尚未结束的教科书中，不仅影响了一代人的智识水平和思想意识，而且为进一步的教育改革奠定了精神基础。

民国成立后，蔡元培修订《中学修身教科书》，改 5 册为上下两篇，内容构架无大变动。商务印书馆 1912 年刊登广告云：“本书为山阴蔡先生留学德国时所著，原本我国古圣贤道德之要旨，参取东西伦理大家最新之学说，熔中外为一冶，说理精透，行文简亮，出版后大受学界欢迎。原书分订五册，今重行修正，合订一册。”[1]修正

1 《民立报》，1912 年 6 月 22 日。

本《例言》说明“本书分上、下二篇,上篇注重实践,下篇注重理论。修身以实践为要,故上篇较详”。[1] 这本书到1921年9月,出至16版。

1909年9月商务印书馆还出版了蔡元培翻译德国著名伦理学家泡尔生(F. Paulsen)的《伦理学原理》,此书曾被一些学校用作教科书。如杨昌济在湖南第一师范学校教书时就用此书为伦理学教科书。当时毛泽东极爱读这本书,曾在这本共约十万字的书上,写下了一万二千一百多字的批注,其中有“道德哲学在开放之时代尤要”,“道德非必待人而有,待人而有者客观之道德律,独立所有者主观之道德律。吾人欲自尽其性,自完其心,自有最可宝贵之道德律”,“个人有无上之价值,百般之价值依个人而存,使无个人(或个体)则无宇宙,故谓个人之价值之大于宇宙之价值可也。故凡有压抑个人、违背个性者,罪莫大焉。故吾国之三纲,在所必去,而教会、资本家、君

《妖怪学讲义录》(商务印书馆1906年初版·1918年6版)

1 蔡元培编纂:《(订正)中学修身教科书》,上海:商务印书馆,1912年订正初版·1914年5版,第1页。

主、国家四者同为天下之恶魔也”[1]等等。毛泽东还根据《伦理学原理》一书中的某些观点，加以发挥和批判，写了一篇《心之力》的文章，杨昌济先生看后大加称赞，给他打了一百分。

此外，蔡元培在1906年还译述了日本人井上圆了著《妖怪学讲义录》。“妖怪学”即试图从多方面、多角度，分析论述“妖怪”现象产生与发展的心理、哲学、生物学等因素，解说产生这种迷误的原因。此书是井上圆了在哲学馆教授的讲义，全书主要以物理、化学、光学、天文、地质、生物等科学来研究自然界等各种怪异现象。蔡元培指出迷信是一种落后的文化，要反对迷信，既需要有建立健全的道德，更需要有健全的知识。此书译出总论后，就引起了学者们的极大兴趣。杜亚泉在《初印总论序》中写道：“此书煌煌巨册，其精思名论，令余钦佩崇拜，不可名状。且余读是书时，学问上之智识已略进，稍知心理学及生物学之门径，自觉宇宙间之名理，汇集胸次，使余心汪洋于其间，而发见一不可思议之真怪，觉哲学上之所谓元，心理学之所为实体，宗教家之所谓天地神佛、真如法性，清谈家、性理家之所称为无名、为无极，无一非此真怪之记号。即物理学之所谓质力，生理学之所谓生命，心理学之所谓心灵，亦无非真怪之一方面之一支脉。而一切所谓物理、生理、心理等之理云

1 中共中央文献研究室、中共湖南省委《毛泽东早期文稿》编辑组编：《毛泽东早期文稿》，长沙：湖南人民出版社，2008年，第123—125页。

者,乃皆此真怪之产物”。[1]

## 校阅官话识字、国语、党义教科书

晚清时期,用通俗文字来开启民智便成为一种现代性诉求。有识之士希望借助白话文的平民性和大众性,以形成国民文化之普及,塑造国民全新的世界观、价值观。1901年,蔡元培在《学堂教科论》中表达了对“言文画一”的期待。

> 凡人类之进化系乎思想,而思想之进步系乎语言。思想如传热,无语言以护之则热度不高;思想如流水,无语言以障之则水平如故。是故语言者,接续思想之记号也,犹不足以垂久远,于是有文字则又语言之记号也。思想如算理,语言如数学,文字则代数也究算理者。不能越数学而径习代数传思想者,岂能越语言而径凭文字乎。秦汉以来,治文字不治语言,文字画一而语言不画一,于是语言与文字离,于是识字之人少而无以促思想之进步。迩者有识之士,为切音断字,为白话报,为白话经解思有以沟通之……[2]

---

1 高平叔编:《蔡元培全集(第1卷)》,北京:中华书局,1984年,第246页。

2 高平叔编:《蔡元培全集(第1卷)》,北京:中华书局,1984年,第149页。

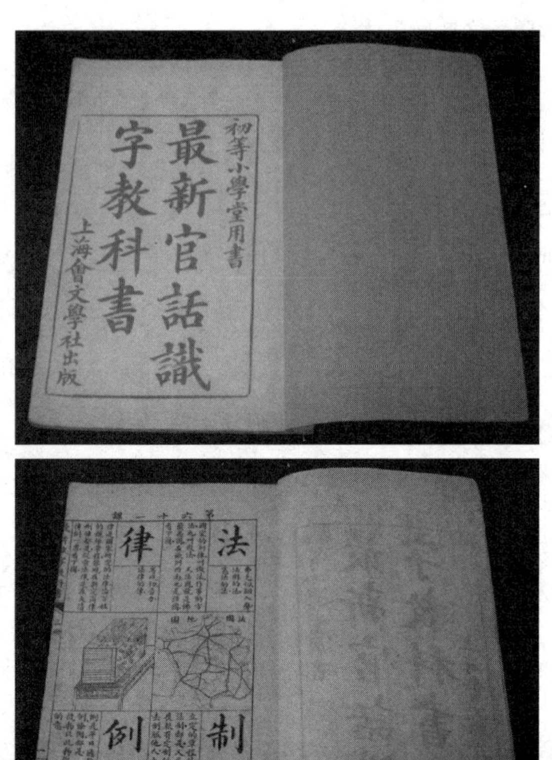


《最新官话识字教科书(第 2 集第 3 册)》(会文学社 1907 年出版)

在蔡元培的理解中,言文合一是教育普及的基础,而教育普及又直接影响了思想的发达。他不仅对白话文体表现关注,还在后来创办报刊、宣传革命的启蒙活动中进行了白话写作。1903—1904 年,蔡元培参与《俄事警闻》及《警钟》编辑时,“每日载两篇,一文言,一白话”。[1] 大量尝试用白话文体来写作,“但那时候作白话文的缘故,是专为通俗易理解,可以普及常识,并非取文言而代之”。[2]

1906 年 6 月,上海会文学社出版了寿潜庐编辑,蔡元培、寿孝天参阅的《最新官话识字教科书》二集共 16 册,每册 30 课,供初等小学堂第一二年用(每一学年 8 册)。这套教科书影响十分广泛并多次再版,民国后改名为《国民字课图说》,目前已知有 1932 年版本。

民国成立以后,担任南京临时政府教育总长的蔡元培在《全国临时教育会议开幕词》中指出新教育发展所面临的一个大问题就是国语统一问题,并肯定采用国语的必要。在新文化运动中,他一直积极支持和倡导白话文,赞成文学革命,反对封建复古主义。当时蔡元培等认为帝制之所以能够得以复辟,是因为民智落后于国体,尤其是大多数人不能充分运用语言文字这个工具。1916 年 10 月,他与吴敬恒、张一麟、黎锦熙等人在北京发起成立“国语研究会”,《发起国语研究会请立案呈》开篇指出:“窃谓吾国今日欲图教育之普及,必自改良教科书始。欲改良教科书,必自改革今日教科书之文体,而专用寻常语言入文始。”[3] 并特别强调“夫教育不普及,

---

1 高平叔编:《蔡元培全集(第 3 卷)》,北京:中华书局,1984 年,第 324 页。

2 周天度著:《蔡元培传》,北京:人民出版社,1984 年,第 130 页。

3 高平叔编:《蔡元培全集(第 3 卷)》,北京:中华书局,1984 年,第 255—256 页。

语言不统一，实吾国今日之大患”。[1] 1917年，蔡元培在国语研究会第一次大会上当选为会长。

1917年，蔡元培和北大教授李石曾、沈尹默、马幼渔、马叔平等在北京创办新型的孔德学校，并在1918年设立新教育研究会，召集胡适、徐悲鸿、钱玄同等及孔德学校部分教员讨论修改教科书问题。大家在讨论中集中提出了两个问题：一是教育之根本问题。教育对社会进步起一个什么作用，教科书应向受教育者宣扬什么主张，这是大家普遍认为教科书的根本不足。二是教科书之形式问题，其中尤其是教科书的言文不一致问题。大家普遍认为采用白话文编写教科书已经到了非解决不可的地步。于是，会议决定由孔德学校自行编写白话文教科书，先取油印本。顾石君甚至提出：“今日所译之教科书，决非专为孔德学校，而为全国各学校计。”[2] 1918年，沈尹默、马幼渔、钱玄同、陈大齐等以“新教育研究会”的名义编出了孔德小学一年级学生用的国语课本，内容有短语、儿歌、故事等，每个字都有注音，还配有插图，插图是徐悲鸿画的。小学一年级国语课本中先教注音字母，这在当时是一种新的试验。钱玄同在《新青年》六卷六号中提到：“去年蔡孑民先生在北京办了个孔德学校，先把那国民学校第一年级改用国语教授，由我们几个人编了一本《国语读本》第一册；据教的人说比用坊间出版

---

1 高平叔编：《蔡元培全集(第3卷)》，北京：中华书局，1984年，第256页。

2 高平叔编：《蔡元培全集(第3卷)》，北京：中华书局，1984年，第166页。

的国文教科书,学生要容易领会得多了。"[1]一年后的暑假,孔德小学接着编辑各年级国语课本,还是由陈大齐、钱玄同等编写。他们以商务印书馆出版的课本为蓝本,从中挑选课文,加以审订,并用白话重写,加标点注音,然后油印成活页讲义发给学生用。1920 年 10 月,周作人又向学校建议,让小学生读有文学趣味的白话作品。此后孔德学校的小学中学国文教材就由周、钱、沈主持,从新出版的书报杂志中选择,有童话、故事、小说、散文、短剧、论述文等。教科书是活页,每年都有变更,不断增添新文章。孔德学校不用书局出版的国语教科书有将近二十年的历史,直到 1937 年"七七事变"后,才用书局出版的教科书。

1919 年 11 月,蔡元培在北京女子高等师范学校发表了《国文之将来》的演说,他指出:"国文的问题,最重要的就是白话和文言的竞争。我想将来白话派一定占优胜的。白话是用今人的话传达今人的意思,是直接的。文言是用古人的话来传达今人的意思,是间接的。间接的传达,写的人与读的人都要费一番翻译的功夫,这是何苦来?"[2]并指出白话文明白晓畅,能节约大量的时间,并且如果全国各地大家公用一种普通话,还有利于国家的统一。1920 年

---

1 钱基博编著:《语体文范》,无锡:锡成印刷公司印刷,无锡县公署三科发行,1920 年,第 25 页。

2 陈子展撰:《中国近代文学之变迁》,上海:上海书店出版社,1931 年,第 170 页。

1月8日,以蔡元培任会长的国语研究会致函教育部,说他们搜集国语书籍已有几十种。1920年1月12日,北洋政府教育部明令改"国文"为"国语",并通令全国的国民学校先将一、二年级的"国文"改为语体文。同年4月,教育部又通令全国各地,从1922年以后,凡国民小学各种教科书一律改为白话文,标志着中国教科书发展进入到一个新的阶段。

蔡元培一直关注中小学教科书的发展,1928年校订了胡怀琛、陈宾龢、汤彬华编撰的《新时代国语教科书(初级中学用)》(商务印书馆出版),1930年校订了陶百川编的《初中党义教本》(大东书局出版)、张弓编著的《初中国文教本》(大东书局出版),1932年校订了周颐甫编的《基本教科书国文教本(初级中学用)》(商务印书馆出版)等。

## 志同道合的编撰出版群体

在中国近现代教科书史上,一批又一批知名的人才构成了教科书编撰出版团队,他们具有较为鲜明的群体特征,如绝大部分为江浙人士,都有着一定的新式学堂教学实践经验及出国留学背景等。蔡元培在直接参与教科书的编译、编撰、校订等工作中,与张元济、陆费逵、王云五等教科书出版名士志同道合,与杜亚泉、蒋维乔、李叔同等编撰群体惺惺相惜,与许多编撰者都有着一定的联系。近代中国社会政治、经济、文化的急剧而深刻的变化,为他们的思想和实践添上了共同的时代色彩;而不同的个体背景,又使得他们从各自不同的角度把握着时代的脉搏,为教科书的发展贡献各自力量。

商务印书馆与中华书局是中国现代教科书的两大领军者,蔡元培与其主要负责人关系十分密切。张元济与蔡元培关系密切,互相支持,真挚的友情促成了伟大的事业,而伟大的事业升华了真挚的友情。从 1902 年到 1932 年这三十年,商务印书馆实质上是按照二人达成的共识去发展的。1912 年 1 月,中华书局的创办人陆费逵在《教育杂志》发表《敬告国民教育总长》一文,建议迅速宣布教育方针、颁布普通学校暂行简章、组织高等教育会议、规定行政权限等。蔡元培曾亲自赴上海拜访陆费逵,诚恳邀请陆费逵与蒋维乔共同起草《普通教育暂行办法》。[1] 此后陆费逵曾多

北京大学校长蔡元培及其朋友(中间坐者为蔡元培)

---

1 李兴华主编:《民国教育史》,上海:上海教育出版社,1997 年,第 418 页。

次著文献议，也多次得到蔡元培与教育部的采纳而得以施行。王云五早年久闻蔡元培的大名，在 1912 年入京任职以前，把自己多年任教过程中积累的对教育政策的意见写成建议，寄给了蔡元培。半个月后接到蔡元培的亲笔信，邀请他到教育部“相助为理”。[1] 在蔡元培执掌教育部的几个月内，王云五起草了《大学令》、《专门学校令》，协助接收京师大学堂。1921 年，王云五担任商务印书馆编译所所长，此后的几年里，王云五每有出版方面的规划，就多在事前向蔡元培请教。蔡元培号召开展“国化教科书”运动，得到了时任商务印书馆总经理王云五的热情响应，不久便推出了《大学丛书》。

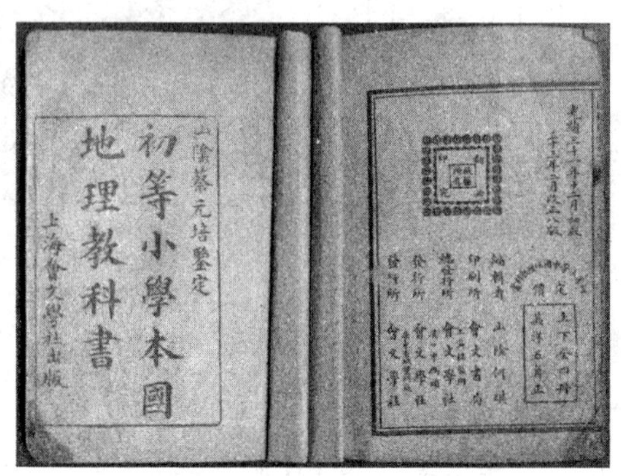

《初等小学本国地理教科书》(会文学社，1905 年初版 · 1907 年改正 8 版)

1　王建辉著：《名流随笔》，沈阳：辽宁教育出版社，1999 年，第 173 页。

蔡元培与杜亚泉、寿孝天、蒋智由、骆师曾、周作人、陶百川等为同乡，都是绍兴人。1898年，蔡元培任绍兴中西学堂监督，邀请杜亚泉、寿孝天任算学教员。据蔡元培回忆，杜亚泉在中西学堂任职时，常在用膳时与别的教职员讨论国家大事。他们提倡民权、女权，提倡物竞争存的进化论，与一些旧学精深但倾向保守的教员进行过多次辩论，终因龃龉之积累，两人均离校。1900年，蔡元培研究日本各级各类学校学制及课程安排，完成《学堂教科论》，就是由杜亚泉的普通学书室出版发行。蒋智由则是1902年与蔡元培等在上海建立号称"第一革命团体"的中国教育会，后参加蔡元培建立的光复会，任爱国女校经理、爱国学社义务教员。1906年5月蒋智由编撰著名的小学修身教科书《蒋著修身教科书》三卷在当时影响极大。骆师曾是蔡元培在绍郡中西学堂的学生之一，后进入商务印书馆，参与过大量的教科书的编写与校订。周作人比蔡元培小十七岁，1916年蔡元培就任北京大学校长之前回乡省亲，身为绍兴教育会长的周作人屡次拜访，并陪同其演说。自1917年至1923年初，蔡元培和周作人同在北京大学任职，无论是工作方面，还是在五四新文化运动中，二人都有比较多的交往。1930年，蔡元培校订了陶百川主编的《初中党义教本》。

蔡元培与吴敬恒、蒋维乔、陈懋治、张相文、范源廉、黎锦熙等的关系也颇为密切。吴敬恒早年在无锡崇安寺创办无锡三等公学堂，参与影响很大的《蒙学读本全书》编撰。1901年，吴、蔡两人相

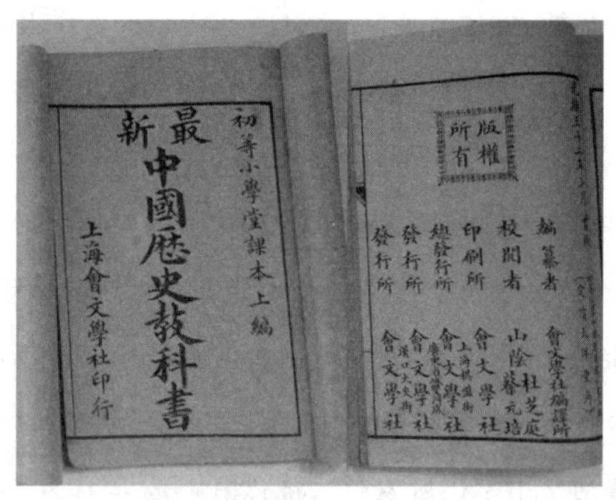


《最新中国历史教科书》(会文学社 1906 年首版)

遇相识于南洋公学。1902 年蔡元培在日本护送吴敬恒回国,两人开始走到一起。不久南洋公学闹退学风潮,蔡元培任爱国学社总理,吴敬恒为学监。1903 年与蔡元培等七人每日轮流为《苏报》撰写评论,鼓吹革命。1905 年冬加入中国同盟会。辛亥革命后,蔡元培与吴敬恒一同关注国语读音统一。

蒋维乔是 1903 年应蔡元培请赴沪任爱国学社教员。同时抱着"救国之本还在教育"[1]的宗旨,进商务印书馆编译所,与张元济、高凤谦、庄俞等合作编成初等小学国文、历史教科书多种,行销全国。1912 年,应蔡元培之邀到南京任临时政府教育部秘书长,协助

1 《哲学大辞典·中国哲学史卷》编辑委员会编:《哲学大辞典·中国哲学史卷》,上海:上海辞书出版社,1985 年,第 624 页。

蔡元培制定教育部法令,草拟大、中、小学学制,起草《中华民国普通教育暂行办法》。南北和议达成后,随蔡元培北上,任教育部参事。1913 年,熊希龄内阁组成后辞职南归,再入商务印书馆编辑中学及师范学校教科书。

陈懋治是南洋公学首届师范生,与同学杜嗣程、沈叔逵一起为南洋公学外院合编《蒙学课本》,为中国第一本自编新式教科书。1902 年,他还编译有《高等小学中国历史教科书》上下册。1916 年 10 月,与黎锦熙等在北京发起组织中国国语研究会,并在《中华教育界》五卷八期发表《国民学校改设国语科意见书》,建议改小学"国文科"为"国语科"。1928 年蔡元培等人筹建"国语统一筹备会",陈懋治等七人被推为常委。

张相文 1899 年进入南洋公学师范院读书,同时兼教中院、外班地理等课。在南洋公学时,张相文与特班教习蔡元培结为挚友,经蔡元培介绍加入"同盟会",积极从事民主革命活动。1919 年,其子张星烺曾应蔡元培之聘为北京大学化学系教授,同时与父亲张相文一起兼任该校国史编纂处特别纂辑员,并被派往日本调查民国史料。1901 年,张相文编写的《初等地理教科书》和《中等本国地理教科书》为中国地理课本之开端,出版后多次印刷,销行量达二百万册以上。

民国初年,蔡元培能摒弃党派之见,把立宪派范源濂请来担任教育部次长,不仅使教育部的改革得到立宪派的支持,而且使这些改革举措在蔡元培辞职期间，甚至在“二次革命”失败之后，仍然能贯彻实行。1916 年 8 月，当时教育总长范源濂致电驻法使馆，请“师表群伦”、“咸深景仰”[1]的蔡元培出山任北京大学校长。1921 年冬，蔡元培与范源濂同为中华教育改进社董事。范源濂编撰校订过大量中华书局的教科书。

1916 年，黎锦熙与蔡元培一起倡导组织了国语研究会，宣传言文一致，提倡国语统一，积极从事选定标准语的运动。1918 年任国语统一筹备会会员。同年，注音字母公布后，他创制了注音符号草体，主持和参与了注音符号的修订，国音新标准的制定和《国音常用字汇》的审定等工作。

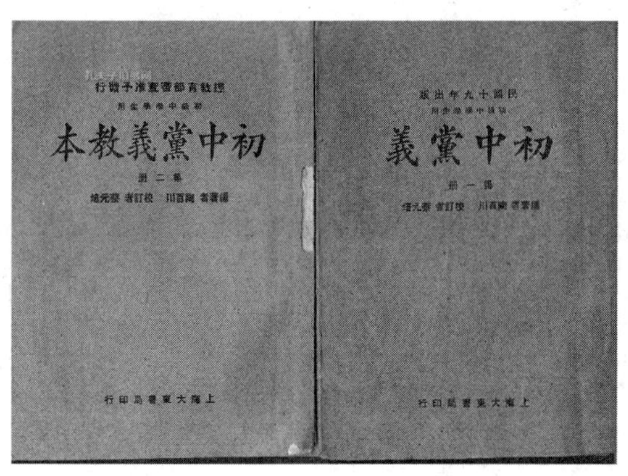


蔡元培校订《初级中学学生用党义教本》（大东书局 1930 年初版）

1　高平叔编著：《蔡元培年谱》，北京：中华书局，1980 年，第 35 页。

蔡元培与李叔同、胡适、萧友梅、林语堂、任鸿隽等关系也非同一般。李叔同1901年入南洋公学，受业于蔡元培。1905年东渡日本，是中国近代学堂乐歌的先驱者之一。他所创作的学堂乐歌富有特色，《春游》为中国人自作曲作词的第一首多声部合唱，被认为“代表了学堂乐歌创作的最高水平”。[1] 1927年底，丰子恺、裘梦痕二人将李叔同名曲《朝阳》、《忆儿时》、《送别》、《悲秋》等二十多首，选入《中文名歌五十曲》，为国内各级学校音乐教科书。

蔡元培与胡适二人没有直接的师生关系（胡适1905年进入澄衷学堂学习时，蔡元培已离开），但从1917年到1937年，蔡元培与胡适交往甚深，相互合作，出现了后人所论及的“蔡元培、胡适联结现象”。1917年，蔡元培聘请胡适任北京大学教授，对胡适颇为赏识并大力提携，二人多方面配合默契，共同推进北京大学的教育改革。

萧友梅编辑过大量的音乐教科书。他赴德留学时，蔡元培已经在德国多年，正所谓志同道合而后熟识。1920年3月，留学德国专攻音乐的萧友梅学成归国，到了北京，不过几天，蔡元培就送给他一本刚出版的《音乐杂志》，向他约稿。1923年4月，在蔡元培的支持下，由萧友梅组建了我国近代第一个管弦乐队。1927年11月，蔡元培又与萧友梅一起，在上海创办了我国近代第一所独立的专业高等音乐学校——国立音乐院等。

---

1 马建强著：《追寻近代中国的教育大师》，北京：教育科学出版社，2008年，第104页。

林语堂最早与蔡元培相识是1917年，那时他在清华大学任教，写出了《汉字索引制说明》，此文在《新青年》上发表前，林语堂到北京大学请蔡元培为之作序。对他的请求蔡先生慨然应允。蔡元培担任中央研究院院长时，聘林语堂为研究院的英文总编辑。1932年底，由宋庆龄和蔡元培发起的中国民权保障同盟会成立，宋庆龄任主席，蔡元培任副主席，林语堂任宣传主任。

任鸿隽曾入同盟会，1920年应北京大学校长蔡元培之聘，到北京大学任化学系教授。在抗日战争的艰难岁月中，他努力配合蔡元培领导中央研究院及所属各所开展工作。同时，其夫人陈衡哲亦学成归国，被聘为北京大学历史系教授。

1928年4月，国民政府特任蔡元培为中央研究院院长。图为中研院初期各所领导人。前排左起：汪敬熙、不详、蔡元培、丁燮林、周仁、王家楫；中排左起：赵元任、不详、吴定良、傅斯年；后排左起：陈寅恪、竺可桢、王毅侯、不详、李济、陶孟和、不详

此外,在中国现代教科书的编撰团队中,还有许多是同盟会的成员,在1922年新学制教科书的编撰中,北京大学的许多教授都直接参与其中,他们与蔡元培都有着一定的联系。

中国现代教科书发展史上的许多关键事件都与蔡元培的倾力投入是分不开的。从拟定商务印书馆出版现代教科书的基本方向到积极参与编译教科书,从出掌南京临时政府教育总长积极制定全新的教育方针引发民初民主共和教科书的繁荣,再到积极推动国语运动使白话教科书最终取代文言教科书等,无一不与蔡元培密切相关。蔡元培崇尚新生活,一如1923年初版的《新学制初级中学教科书国语(第1册)》中选用蔡元培的《我的新生活观》中所言:

> ……什么叫新生活?是丰富的、进步的。……新生活是每一个人,每日有一定的工作,又有一定的时候要求学,……而且有一种学问,虽然与工作没有直接的联系,但是学了以后,眼光一日一日地远大起来,心地一日一日地平和起来,生活上无形中增进许多幸福。这还不是日日进步的吗?要是有一个人,肯日日做工,日日求学,便是一个新生活的人;有一个团里的人,都是日日做工,日日求学,便是一个新生活的团体。全世界的人都是日日做工,日日求学,那就是新生活的世界了。[1] 唯愿新时代的教科书引领新的生活,越来越好。

---

1 吴研因、范善祥、周予同编辑:《新学制教科书国语(初级中学第1册)》,上海:商务印书馆,1923年初版·1926第92版,第6—7页。

# 杜亚泉

## 卓越的科学启蒙

杜亚泉(1873—1933)

吾辈人入学堂读书，第一须能自己看书，明白书中之义。第二须思将来立世为人之法，若随班习课，心无所得，则徒费光阴耳。时不再来，吾辈宜刻刻用心也。

——摘自《绘图文学初阶(卷4)》第32页

杜亚泉是中国近现代史上传播科学、普及科学知识的标志性人物,一位百科全书式的学者,蔡元培称其“脑力特锐,所攻之学,无坚不破,所发之论,无奥不宣。他有时独行,举步甚缓,或谛视一景,伫立移时,望而知其无时无处无思索也”。[1] 他早年创办亚泉学馆是“后来私立大学的滥觞”[2],创刊《亚泉杂志》是中国最早的科学刊物,主编《植物学大辞典》、《动物学大辞典》成为该学科的第一部大辞典且“尤为科学界空前巨著”,[3] 主编《东方杂志》是中国杂志中“创刊最早而又养积最久之刊物”[4]。杜亚泉从1898年开始投身教育教学实践,北大校长蒋梦麟、近代出版家章锡琛、《申报》主编张梓生都曾是他的学生。他从1901年开始,在普通学书室出版“普通”系列,是中国第一套中学堂新式教科书。1902—1903年,在亚泉学馆编辑的《(绘图)文学初阶》是中国第一套按“字、词、句、段、篇”编排的语文教科书。1904—1924年,在商务印书馆编撰校订百余种中小学理科教科书。1924—1929年,在新中华学院授课编成《人生哲学》。杜亚泉是二十世纪中国教科书史上编辑教科书种类

---

1 许纪霖、田建业编:《一溪集:杜亚泉的生平与思想》,北京:生活·读书·新知三联书店,1999年,第3页。

2 袁翰青著:《袁翰青文集》,北京:科学技术文献出版社,1995年,第221页。

3 《东方杂志》编辑部:《追悼杜亚泉先生》,《东方杂志》,1934年第1卷,第303—304页。

4 肖伊绯著:《孤云独去闲民国闲人那些事》,杭州:浙江大学出版社,2012年,第167页。

与数目最多的人。

## 幡然改志

杜亚泉原名炜孙，字秋帆，号亚泉，还署名伧父、高劳等，出生于绍兴伧塘的一个商人家中。十六岁中秀才，十八岁时乡试落榜，觉得“帖括非所学”，[1]转而研习训诂学，致力攻读许氏《说文解字》。张梓生在《悼杜亚泉先生》一文中提及杜亚泉刻苦学习，“夏季苦热，则以夜代昼，治业每达天明。书室北向，冬遇风雪，则闭其窗户，露一线光，仅能辨字，铅其中，终日不出，仆辈咸笑其痴。”[2]1894年，杜亚泉赴杭州求学，第二年参加岁试，在经学考试中获全郡第一。但科举考试的短暂欢愉即刻被甲午战败所震惊，他开始反思传统科举教育并明确否定之。他在1901年6月9日《亚泉杂志》第十册（光绪二十七年四月二十三日）发表《定性分析》一文写道：

> 甲午之秋，中日战耗传至内地，予心知我国兵制之不足恃，而外患之将日益亟也。蹙然忧之，时方秋试将竣，见热心

1 许纪霖、田建业编：《杜亚泉文存》，上海：上海教育出版社，2003年，第485页。

2 许纪霖、田建业编：《一溪集：杜亚泉的生平与思想》，北京：生活·读书·新知三联书店，1999年，第19页。

科名之士,辄忧喜狂遽,置国事若罔闻知,于是叹考据词章之汩人心性,而科举之误人身世也。[1]

在这篇文章中,杜亚泉决定绝意仕进而转向"以谓天下万物之原理在是矣"[2]的西学,他日夜研读李善兰、华蘅芳的译书,由中法而西法,数学造诣尤为精邃。1898年底,杜亚泉应绍兴中西学堂监督蔡元培之邀,任算术及理科教员。他为打下坚实的科学知识基础,以超凡的自学能力,几乎读遍上海江南制造总局傅兰雅、徐寿所译西学书籍,涉及物理、化学及矿植物等,并购置大量仪器,躬自实验。蔡元培回忆说:"虽无师,能自觅门径,得理、化学之要领",[3]并说杜亚泉此间研读日文文法,"亦不久能直译东籍而无阻"。[4] 杜亚泉阅读大量日文报刊书籍,会通中外,形成自己对世界及人生的新认识,并积极宣扬。蔡元培在《书杜亚泉先生遗事》中写道:"先生虽专攻数理,头脑较冷,而讨寻哲理针砭社会之热诚,激不可遏。平时各有任务,恒于午膳晚餐时为对于各种问题之讨论。是时教

1 丁守和主编:《辛亥何明时期期刊介绍(第1集)》,北京:人民出版社,1982年,第83页。

2 丁守和主编:《辛亥何明时期期刊介绍(第1集)》,北京:人民出版社,1982年,第83页。

3 许纪霖、田建业编:《一溪集:杜亚泉的生平与思想》,北京:生活·读书·新知三联书店,1999年,第1页。

4 许纪霖、田建业编:《一溪集:杜亚泉的生平与思想》,北京:生活·读书·新知三联书店,1999年,第1页。

职员与学生同一膳厅，每一桌，恒指定学生六人教职员一人；其余教职员，则集合于中间之一桌。先生与余皆在焉。每提出一问题，先生与余往往偏于革新方面。”[1] 1900 年，杜亚泉在蔡元培辞去绍兴中西学堂监督职务时也离开。

这年秋，杜亚泉来到上海，自号为亚泉，并对蔡元培解释其意：“亚泉者，氩线之省写；氩为空气中最冷淡之元素，线（繁体“綫”）则在几何学上为无面无体之形式；我以此自名，表示我为冷淡而不体面之人而已。”[2] 杜亚泉希望通过激发民众对科学的兴趣，普及科学技术知识，明白科学与政治的关系，实现救国的理想。他很快创建了亚泉学馆，招收学生学习理化、博物方面的知识，袁翰青认为亚泉学馆事实上是后来私立大学的滥觞。他还创办《亚泉杂志》（半月刊，1900.11—1901.5，共出十期），并在《亚泉杂志》的“序”中写道：

> 政治与艺术（艺术即科学技术）之关系，自其内部言之，则政治之发达，全根于理想，而理想之真际，非艺术不能发现。自其外部观之，则艺术固握政治之枢纽矣。航海之术兴，则内政外交之政一变；军械之学兴，而兵政一变；蒸气电力之机兴，而工商之

---

1　许纪霖、田建业编：《一溪集：杜亚泉的生平与思想》，北京：生活·读书·新知三联书店，1999 年，第 6 页。

2　许纪霖、田建业编：《一溪集：杜亚泉的生平与思想》，北京：生活·读书·新知三联书店，1999 年，第 6 页。

政一变;铅字石印之法兴,士风日辟,而学政亦不得不变。[1]

《亚泉杂志》内容几乎涉及数学、物理、化学、生物、地学等领域的最新成果,如被称为是导致二十世纪物理学革命的世纪之交三大发现之一的放射性现象,1898年7月、12月,居里夫妇向法国科学院报告了钋、镭两种新元素的发现,在1900年12月29日出版的《亚泉杂志》便介绍了这两种放射性元素的一些化学性质,最早向国内报导了化学领域的新成就。他还首次向国人介绍了由俄国化学家门捷列夫发现、被人们称为化学领域中的航行图的"化学元素周期律",在我们今天使用的"元素周期表"中的化学元素"氩、铍、镨、钆、铥、镱"的中译名就是杜亚泉定名的。《亚泉杂志》在当时的中国实属凤毛麟角,极大地开阔了国人的眼界,尽管出版不到一年就停刊,但在中国近代科技史上占有一个显著的位置,是科学界公认的由国人自办的最早科学杂志。

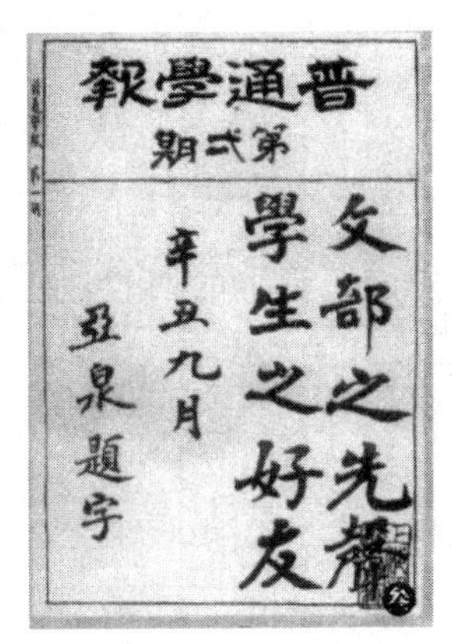

《普通学报》

1901年,杜亚泉在父亲资助下在上海棋盘街创设了普通学书

1 吴熙敬主编:《中国近现代技术史(下卷)》,北京:科学出版社,2000年,第1485页。

室，先后刊行《普通学报》、《中外算报》、《外交报》等报纸杂志，影响很大。如《普通学报》虽然先后只有五期，但开设自然科学、经学（包括哲学、法律、心理、伦理、宗教等）、史学、文学、外国语学等栏目，撰稿人有蔡元培、林纾等，发行范围也增至苏州、扬州、杭州、绍兴、嘉兴、宁波、无锡、南京、南浔及广东、江西等地。1902 年刊行的《中外算报》是我国第一份数学专业期刊。蔡元培、张元济、杜亚泉等私人集资创刊于 1902 年 1 月（光绪二十八年十一月）的《外交报》是中国第一份以研究国际问题为主的期刊，总发行所是普通学书室。

《普通新历史》（普通学书室 1902 年版）

1901 年，清政府命令各省城书院改成大学堂，各府及直隶州改设中学堂，各县改设小学堂，并多设蒙养学堂。杜亚泉延聘翻译和精通西学自然科学方面的人才，“陆续编译《普通数学》、《普通化学》、《普通质学》、《普通矿物学》、《普通植物学》、《普通动物学》、《普通生物学》、《普通英文典》、《普通新历史》等中等学堂教科书”。[1] 当时，京师大学堂、南洋公学译书院及留日学生开始编译中等程度教科书，

1　叶再生主编：《出版史研究（第 2 辑）》，北京：中国书籍出版社，1994 年，第 231 页。

但较为零散，并未统一冠名。这套落款多为亚泉学馆编译、普通学书室出版的“普通”系列成为第一套专为中学堂编译的新式教科书。

《普通矿物学》是由亚泉学馆编译。正文二卷，附录一卷，共十章，1901 年 6 月普通学书室发行。此书以日本富山房编《矿物学新书》和柴田承泽、熊泽善庵所著《普通金石学》二书为底本，傍采江南制造局、京师同文馆、广学会诸译本及亚泉学馆编辑的《亚泉杂志》中的有关文章编译而成。全书首为总论，第一卷矿物通论，分矿物形学(即结晶学)、矿物质学(物理学)、矿物化学三章；第二卷矿物各论，分非金属与轻金属、重金属二章；附录一卷汇集所精选多种有关矿物、岩石和地质译著中的章节，分办矿法、验矿法、岩石纪要、地质构造和地质历史五章。

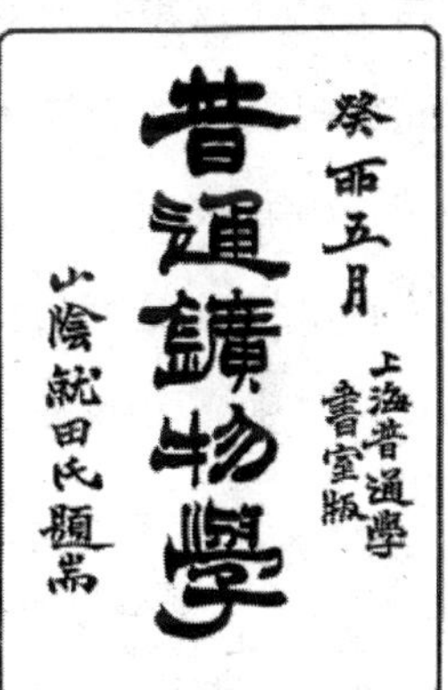

《普通矿物学》

由于“普通”教科书出版比较匆忙，原印本间有讹字等，后随着普通学书室并入商务印书馆，转为由商务印书馆发行。如 1901 年 6 月，普通学书室初版发行亚泉学馆编译的《普通矿物学》，后增补为商务印书馆的《最新中学教科书矿物学》，“编译大意”写有“此书第一编成于辛丑六月，取旧译之金石矿物诸书，与日本之矿物学书参考而成。其中采辑以日本柴田、熊泽之普通金石学及富山房发行之矿物学”[1]。个别“普通”教科书因其内容较好地反映了当时学科的最新水平，在多次补充与完善后，一直使用至民国。如《普通新历史》初版发行一个月后出版《校正普通新历史》，对初版进行了订正和删改。1902年普通学书室又出版了《增补普通新历史》，增补了近年事实，并且此后再版择要随时增修。1913年商务印书馆又增订出版《普通新历史》，1917年8月已至28版。现将《普通新历史》的“凡例”抄录如下：

一、是编以日本中等学科教授法研究会所著东洋历史为蓝本，取其序次，明晰记录，简要足备教科之用也。原书虽称东洋史为亚细亚东半洲诸国人民盛衰兴亡之历史，实则全以我一国为枢纽，其余皆参附耳。今就原书增删取舍，以合于我国教科之用。

一、近世全球交通之会，我国民渐渐与世界相见，优胜劣败即在此一二百年之间，诚千载一时也。我国民之眼界断不可仅注于内国数十朝之兴替沿革中，须考察种族势力之强弱文明之高下，能力之大小，以为大众警醒振拔之标准。譬如，人当幼稺时，不过留心家庭之事务，及中年成立，势必留心于

1　杜亚泉编译：《最新中学教科书矿物学》，上海：商务印书馆，1906年初版·1910年7版，第1页。

乡里城镇之风俗,事业以为支持门户之计。日本教育家多以发达青年之志气为主,于是编亦可窥见一斑,尚望当世教育家之注意焉。[1]

此外,普通学书室还发行有出洋学生编译所编著《世界大事年表》等作为学堂教学参考书。

## 创新的《(绘图)文学初阶》

1902 年夏,浙江南浔庞氏浔溪公学发生学潮,杜亚泉应邀赴浔溪公学任校长。为实现其教育理想,1903 年又与绍兴文化教育界人士王子余、寿孝天、宗能述等创办越郡公学。此间,他还任绍兴七县同乡会议长,办了三所小学。这些办学活动,多因经费不济等原因而未能持久,有的存在时间很短。但作为新式教育的积极实践者与改革者,杜亚泉认为:"蒙学一事,不但为学生一身德行知识之基础,实为全国人民盛衰文野之根源,所关甚钜。近年来,有识之士见我国训蒙之法未臻妥善,亟思整顿。编辑蒙学之书者已若干家,体段粗具。是编凭借诸家之蓝本,冀为初学之津逮,更增图画,俾蒙童披览,不致厌倦乏味,亦可识物之真形。惟智虑

1 周鹏校校:《普通新历史》,上海:普通学术室,1902 年,第 1 页。

短浅、体例错杂，匡予不逮，是所望于同志耳”。[1] 他博采众家、潜心钻研，极富创新地编撰了融学科教学及教育心理学规律为一体的《(绘图)文学初阶》六册，供蒙学堂三年读完。这套教科书被汪家熔认为是“新式教育提倡多年，课本建设摸索多年，至此才大致走上正道”。[2]

《(绘图)文学初阶》主要在于培养识字、造句、写作等“应世”语文能力，而不是现代“文学教育”所指的培养一种文学兴味，一种审美情趣，一种诗意情怀等。关于这套教科书的出版时间，《民国时期总书目(1911—1949)中小学教材》的记录为“1902 年 6 月—1905 年出版”[3]，汪家熔也有“初版于 1902 年”[4]之说，但笔者所见《绘图文学初阶》卷一的“叙言”上落款为“光绪二十八年荷月亚泉学馆编辑”，版权页上则为“光绪二十九年岁次癸卯十月第一版、光绪三十二年岁次丙午年四月十五版”，也就是说《(绘图)文学初阶》是 1902 年 6 月编辑，正式出版发行在 1903 年 10 月。

---

1 杜亚泉编纂:《(绘图)文学初阶(卷 1)》，上海:商务印书馆，1903 年第 1 版·1906 年第 15 版，第 1 页。

2 汪家熔著:《商务印书馆史及其他——汪家熔出版史研究文集》，北京:中国书籍出版社，1998 年，第 339 页。

3 北京图书馆、人民教育出版社图书馆合编:《民国时期总书目(1911—1949)中小学教材》，北京:书目文献出版社，1985 年，第 325 页。

4 汪家熔著:《商务印书馆史及其他——汪家熔出版史研究文集》，北京:中国书籍出版社，1998 年，第 202 页。

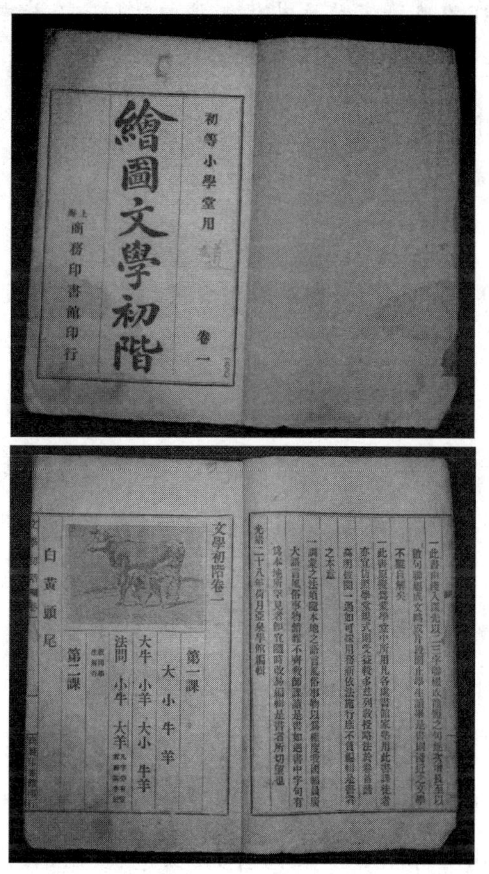


《(绘图)文学初阶(卷1)》(商务印书馆1906年15版)

【资料卡】

《(绘图)文学初阶》的"文学"一词,与现在略有差异。在中国的春秋时代,"文学"作为一个语词即出现在《论语》之中。在孔子施教的内容中,文学与德行、言语、政事,并称为四科,

“文学”即为典籍文献及礼仪制度的学问。在先秦两汉时期，文化、文献、典籍、学术都能以“文学”相称，文学与经学浑然于一。在宋代理学思想、唐代古代运动的影响下，“文学”成为一个包括文章在内的泛化概念。

《(绘图)文学初阶》是中国第一套按“字、词、句、段、篇”编排的语文教科书。卷一、卷二为“字”与“词”的学习，每课生字2—6个不等，先排生字，再相应编排词语，最后是“法问”。如卷一第一课为“大、小、牛、羊”及“大牛、小羊、大小、牛羊”。[1] 为遵循语言文字教学的规律，杜亚泉注重“生字重复”，卷一第一百二十课，共有课文1224字，其中生字549个，生字重复率为2.23次，利于儿童巩固复习。而且卷一在第九十课以前不出现虚词，作者大量编排的是实词，全部用儿童身边常见的浅近事物做认字课文和内容。“法问”形式新颖，有填空、比较、问答等，如卷一第一百零六课内容为“高于山、快于马、疾于电、贤于我”，其“法问”为“明于○、红于○、○于冰”。[2] 卷一第五十一课内容为“买进、卖出、收进、付出”，其

1 杜亚泉编纂:《(绘图)文学初阶(卷1)》,上海:商务印书馆,1903年第1版·1906年第15版,第1页。

2 杜亚泉编纂:《(绘图)文学初阶(卷1)》,上海:商务印书馆,1903年第1版·1906年第15版,第28页。

“法问”为“买与卖何别?”[1]巧妙地运用了迁移、类比等学习心理规律。此外,“法问”部分还有指导教师如何教学的方法,还有的是问题与答案同时呈现,甚至还编排了一点白话文内容,如卷一第一百一十九课为“花开矣,月出矣。他来矣,吾往矣”。其“法问”为“花开矣,三字俗语如何说法?答,花开了”。[2]

第五十五課

李姓家富冬日夜長 父母子女 同集一室 父母爲子女講故事 子女皆靜心聽之 及時鐘十下 乃各就寢

法問

第五十六課

一間房子 牆角置一大籠 中藏果物 以嚇老鼠 籠口有門 以竹爲之 鼠若食其果物 門即關矣

法問

第五十七課

有一物 名曰留聲機器 能發人之笑語聲 啼哭聲 歌鼓簫笛聲 皆與眞無異 童子聞之 詫爲異事

法問

文學初階 卷四 十七

《(绘图)文学初阶(卷 4)》(1903 年初版·1906 年 11 版,商务印书馆)

《(绘图)文学初阶》卷三、卷四为“句”的学习,每课从五、六句到十三、十四句不等。先排句子,虽然联为一篇短文,但句子之间

1 杜亚泉编纂:《(绘图)文学初阶(卷 1)》,上海:商务印书馆,1903 年第 1 版·1906 年第 15 版,第 14 页。

2 杜亚泉编纂:《(绘图)文学初阶(卷 1)》,上海:商务印书馆,1903 年第 1 版·1906 年第 15 版,第 31 页。

用空格隔开。每课排有“法问”,形式有问答、论证、续写等。如为了提高学生的阅读理解能力,杜亚泉十分注重突出中心,引导学生进一步思考。如卷四第三课内容为:“一株大树,有红花开于其上,花落之后,能结桃子,吾等可采而食之。”其“法问”为:“汝等知桃子如何结成?有开红花而不结桃子者乎?”[1]卷四第五十八课内容为:“一童子放纸鸢,二女抛线球,纸鸢之线,忽挂在树枝上,不能牵动,其一女孩,为之取竿拔下。”其“法问”为:“课末试再须一二句。”[2]杜亚泉在“法问”中“试”字的大量使用,给学生大胆想象一种很好的鼓励。此外,杜亚泉还编有总结性的课文,如卷四第一百课的课文为:“文学初阶第四卷,今已读毕矣。此书中之意义浅近,文字简明,欲学生之易解也。学生如于此书中之文字意义,略有未解处,即须请教于先生,切勿自欺。以负汝先生教汝之苦心,及汝尊长望汝之热心也。”其“法问”为:“此书何处未解?令生在自己书中记出。”[3]

《绘图文学初阶》卷五、卷六为短“篇”的学习,各篇的字数从八十字到二百余字。课次出现标题,课文无生字,句中出现简单实心点,课后无“法问”。课文内容丰富,除了有基本的书信例文,还大

1 杜亚泉编纂:《(绘图)文学初阶(卷4)》,上海:商务印书馆,1903年第1版·1906年第11版,第2页。

2 杜亚泉编纂:《(绘图)文学初阶(卷4)》,上海:商务印书馆,1903年第1版·1906年第11版,第18页。

3 杜亚泉编纂:《(绘图)文学初阶(卷4)》,上海:商务印书馆,1903年第1版·1906年第11版,第33页。

量渗透着现代性启蒙诉求。如《绘图文学初阶》卷五有《学问》、《读书》、《进化》、《农业》、《商业》、《工业》、《世界》、《中国》、《车》、《船》、《邮政局》、《货币》、《竞争》等课文，其中《进化》一课写道：

> 人生世界之中，所一日不可无者，即衣食居三者是也，故谓之三要。但古者缀叶为衣，而今则夏葛而冬裘矣。古者茹毛饮血，今则朝饔而夕飧矣。古者茅茨土阶，今则上栋而下宇矣。古朴陋而今华美，古拙笨而今便利，此皆进化之理。无如风俗政教，吾国数千年中有退而无进，可不尤欤。[1]

肉及蔬菜爲之、吾人飲食、宜有常度、若惟貪口腹之欲、而不加謹慎、則疾病叢生、豈不危哉、

第三課　屋宇

鳥能構巢、獸能營窟、吾人在世、亦安可無巢窟以安其身乎、吾人之巢窟、即屋宇是也、曰平房、曰樓房、屋宇之製不一、而皆以磚瓦木料構成、有門戶以通出入、有牆垣以蔽內外、自有屋宇、而人得免雨淋日炙之憂矣、

第四課　進化

人生世界之中、所一日不可無者、即衣食居三者是也、故謂之三要、但古者綴葉爲衣、而今則夏葛而冬裘矣、古者茹毛飲血、今則朝饔而夕飧矣、古者茅茨土階、今則上棟而下宇矣、古樸陋而今華美、古拙笨而今便利、此皆進化之理、無如風俗政教、吾國數千年中有退而無進、可不憂歟、

第五課　讀書

居今日而欲知古人之事、處一室而欲知千里之外、是在能讀書而已、人能讀書、則智識日進、而編譯日

文學初階　卷五　二

《（绘图）文学初阶（卷5）》（1906年8版，商务印书馆）

1　杜亚泉编纂：《（绘图）文学初阶（卷5）》，上海：商务印书馆，1906年第8版，第2页。

杜亚泉在《(绘图)文学初阶》卷六更是以引导学生人生为目的，反对封建迷信等落后文化，强调科学、进化、竞争、平等的启蒙立场与观点，课文目录有《知耻》、《力》、《五官》、《从师》、《钱币》、《露》、《华盛顿》、《勤俭》、《中国夷狄》、《风水》、《火山》、《艺能》、《事亲》、《好胜与妒忌》、《爱人》、《书味》、《合群》、《女学》、《学问》、《城邑》、《待人》、《沐浴》、《热》、《衣服》、《桑》、《犬》、《定流气三质》、《中国位置》、《爱物》、《空气》、《盐》、《呼吸》、《天》、《地势》、《忍耐》、《胃》、《星宿》、《有恒》、《植物呼吸》、《牙齿》、《体操》、《潮汐》、《戒贪》、《人分五族》、《鸦片》、《酒》、《纸笔》、《云》、《善恶》、《地球》、《戒诳》、《通商》、《雷电》、《雪雹》、《质点》、《日本学塾》、《烟酒》、《中国情形》、《戒惰》、《地震》、《脑气筋》、《神怪》、《蚕》、《虹》、《乡村》、《外侮》、《鱼》、《蜂》、《浮屠》、《茶》、《目力》、《学贵循序》、《爱国》、《择友》、《轮船》、《择业》、《猪肉》、《政治法律》、《学术》、《自来水》、《中日之战》。如第三十八课《风水》写道：

术者择地谓风水之所向，能为人之祸福，然其说亦不同。故同择一地或以为吉，或以为凶，实皆无据之妄言也。而愚者信之，于是下葬定宅，必问风水之利与否，而停棺不葬，争地构讼诸害，即由此生。甚至铁路、电线有益于民之事，而愚人以为有害于风水，岂不大谬。愿我年幼之人，勿信风水之说，如有谈风水者，担心知其非，不可为所惑也。[1]

《(绘图)文学初阶》不仅注意了语文教学的阶段性与连续性，严格地、扎实地进行了字词句段篇的训练，而且突出各年级的不同训练重点，做到了教学有序，讲求实效，体现了语文基本功训练的系统性和渐进性。经过多次练习之后，学生可以纯熟地掌握词类和造句规律，并且用之于写作。杜亚泉在编撰中尽可能使学生将“探究”作为一种思考的方式和态度予以足够的重视，《(绘图)文学初阶》由传统的玄妙笼统的教化型渐渐转向讲究科学系列的能力型，为其后的现代教科书的编写提供了一种全新的范式。

## 百余种新式理科教科书

中国是享誉世界的文明古国，在科学技术上曾创造过令西方世界望尘莫及的辉煌成就，一度成为世界科技的中心。公元十六世纪前，中国在科学技术方面一直处于世界领先地位，然而到了近代却一落千丈，被西方远远地甩在了后面。对此，英国皇家科学院院士、著名生物化学家、科学史专家李约瑟(Joseph Needham)博士

1　杜亚泉编纂：《(绘图)文学初阶(卷6)》，上海：商务印书馆，1904年第1版，第17页。

于1954年在其巨著《中国科学技术史》第一卷序言中正式提出“为什么近代科学革命没有发生在中国?”[1]的问题。1976年美国经济学家肯尼思·博尔丁将此命名为“李约瑟难题”,引发了中外学者探索的兴趣,且有社会科学领域哥德巴赫猜想之称。中国近代科技之落后于西方,除政治、经济、文化等多种原因外,教学内容的落后是一个重要的因素。最早的蒙学读本《史籀篇》是周宣王时用来教学童识字的。秦代李斯的《仓颉篇》、汉代史游的《急就篇》、魏晋南北朝周兴嗣的《千字文》,宋代以后的《三字经》、《百家姓》等,都是流传最久远而广泛的启蒙读本。在科举考试的影响下,儿童从初学《三字经》、《百家姓》,进而读四书五经,教学内容的一个显著特点就是重视人文知识,轻视科技知识。如有研究指出,“《论语》中有关自然科学的材料共五十六条,其中涉及天文、物理、化学、动植物、农业、手工业等自然科学知识,但都是利用自然科学知识说明政治、道德主张,而不是以研究自然为目的。……的确,在孔子的人文主义教育思想体系中,自然科学知识的教学是处于次要的、从属的地位。”[2]对此,杜威也有相关论述,“中国古代的学问,多偏向于人生哲学一方面,对于生物天然地体等自然科学,不甚注意,

---

1　[英]李约瑟著,《中国科学技术史》翻译小组译:《中国科学技术史(第1卷第1分册)》,北京:科学出版社,1975年,第3—4页。

2　刘兴邦著:《儒家人文教育的价值审视》,《湖南大学学报》,1996年第4期,第20页。

所以科学程度较浅,还够不上与政治、宗教、社会、人生发生联贯的关系”。[1]

1904 年,杜亚泉为了实现理想,应邀进入商务印书馆任编译所理化部主任。他在《记鲍咸昌先生》一文中阐述了那个时代知识分子从事出版的一段话,后广为引用:“时张菊生、蔡鹤卿诸先生,及其他维新同志,皆以编译书报为开发中国急务,而海上各印刷业皆滥恶相沿,无可与谋者,于是咸踵于商务印书馆,扩大其事业,为国家谋文化上之建设。”[2]杜亚泉的“谋文化上之建设”与张元济的“以扶助教育为己任”[3]的宏愿一致,于是大力协助张元济组织编译人才、置备图书、拟定出版规划,迅速成为商务印书馆挑大梁的中坚力量(张元济致力于文学方面的编纂,杜亚泉负责理化部门),在商务印书馆培育的第一个自然科学教科书的编辑群体,“理化部是

《最新中学教科书植物学》(商务印书馆 1903 年初版 · 1907 年 5 版)

---

1 [美]杜威著,张恒编:《杜威的五大演讲》,北京:金城出版社,2010 年,第 95 页。

2 许纪霖、田建业编:《一溪集:杜亚泉的生平与思想》,北京:生活 · 读书 · 新知三联书店,1999 年,第 87 页。

3 张元济著:《中华民族的人格》,张人凤辑,沈阳:辽宁教育出版社,2003 年,第 75 页。

绍兴帮，除校对之类也许不是绍兴人”。[1] 当时，绍兴人谢洪赉不仅编译有商务印书馆第一本教科书，而且是商务印书馆的股东，陆续编辑有最新中文教科书瀛寰全志，物理学、生物学、代数学、平面几何学、立体几何学等杜亚泉在编辑人员之间作了大致的分工，他自己从事植物矿物编辑，引进杜就田负责动物学，寿孝天、骆师曾负责编辑数学，章锡琛等负责搜集资料编辑教科书。章锡琛后来成为开明书店创始人，他清楚记得进入商务印书馆的第一件事是杜亚泉让他翻译一篇日文的科技资料。

杜亚泉进入商务印书馆之后迅速编写了《最新格致教科书》、《最新笔算教科书》、《最新中学教科书植物学》等“最新教科书”。此后，他编译与编撰的教科书范围从初小到高中以及师范学校，涵盖动物、植物、矿物、数学、物理、化学、生理及农业等门类。初步统计，他编纂、编译、校订的教科书有 87 种 225 册之多。（见附录 2）胡愈之以《东方杂志》编辑部之名发表的《追悼杜亚泉先生》指出，“先生平生治学，极为广

《化学新教科书》（商务印书馆 1905 年初版）

1　茅盾著，叶子铭校注：《茅盾全集（34）：回忆录一集》，北京：人民文学出版社，1997 年，第 121 页。

博，无论文理社会科学，无不有先生的著作。早年专攻理科，商务印书馆初期所出理科教科书及科学书籍，大半出于先生手笔。”[1] 王云五在杜亚泉著《小学自然科词书》序中称，杜氏“三四十年来编著关于自然科学的书百数十种”。[2] 章锡琛在《杜亚泉传略》中指出：“馆中出版博物理化教科参考图籍，什九皆出君手。”[3]

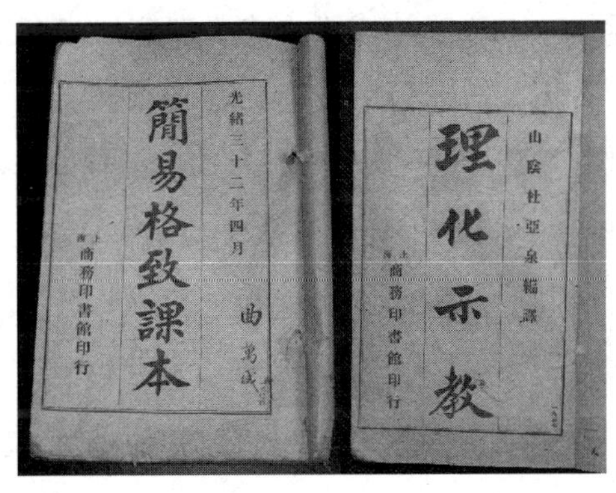


《简易格致课本》(商务印书馆 1906 年初版·1906 年 3 版)
《理化示教》(商务印书馆 1906 年改正初版)

在孜孜以求于科学理性启蒙的过程中，杜亚泉以其高远的志向和文化担当编撰教科书，“窃谓今日学者，欲将世界之学，消化之而为我国之学，则其责任有二，一曰输入，一曰精制。输入者，求新

---

1 《东方杂志》编辑部著：《追悼杜亚泉先生》，《东方杂志》，1934 年第 1 期，第 303—304 页。

2 高力克著：《调适的智慧：杜亚泉思想研究》，杭州：浙江人民出版社，1998 年，第 209 页。

3 许纪霖、田建业编：《一溪集：杜亚泉的生平与思想》，北京：生活·读书·新知三联书店，1999 年，第 16 页。

知识于他国以为材料。精致者,取外国之新理新法而考订之。于是为教科以普及之于国民,又搜罗本国之材料以充实之。至于使斯学中有所新发明,以贡献于世界,而后斯学乃为吾国之学。"[1]"近世全球交通之会,我国民渐渐与世界相见。优胜劣败即在此一二百年之间,诚千载一时也。我国民之眼界断不可仅注于内国数十朝之兴替沿革中,须考察种族势力之强弱文明之高下,能力之大小,以为大众警醒振拔之标准。"[2]他以匡时济世自期,希望使灾难深重的国家摆脱贫困、能让迷信盲从的国民摆脱愚昧,并形成中国自己的新文化,以达到他进入商务印书馆编译所时立下的"为国家谋文化上之建设"之教科书编纂旨趣。

杜亚泉深受经世致用思想的影响,强调知识的实际应用,同时深知科学知识是对已存在的客观事物的属性、结构及其规律性的反映,所以极为关注教科书内容选择、材料编排、方法运用等具体问题,他指出,"普通学者,如经学、史学、文学、算学、格致之类,五伦将来欲习何业,皆有用处。"[3]多次强调教科书的取材要注重实用,如"本书的取材,处处注重实用"。[4] 强调教科书取材"总以毕业

---

1 杜亚泉纂译:《中学化学新教科书》,上海:商务印书馆,1905 年 9 月初版・1906 年 7 月 4 版,第 1—2 页。

2 周鹏校校:《普通新历史》,上海:普通学书室,1902 年,第 1 页。

3 杜亚泉编纂:《绘图文学初阶(卷 5)》,上海:商务印书馆,1903 年第 1 版,第 75 页。

4 凌昌焕、杜亚泉编纂:《(新学制小学后期用)新法理科教科书(第 1 册)》,上海:商务印书馆,1922 年初版・1923 年 21 版,第 1 页。

后可供实际应用的为主”。[1] 立足于实用,他强调知识选择要简明、并与学生现实生活密切关联。“此书非为习医者计,乃供生徒研究之用,一切力求简明,切近凡奥衍难记,艰深无用者一概不及,所以省脑,力求实用也。此书论生理处,旁及卫生之大意,庶学者可略知治疗感冒等症之梗概,以为日用所必需。卷末更附食物分析表,以供参考之用。”[2] 他主张将知识最新应用材料选入教科书,使学生了解日益更新的科技变化。“理化一方面,依现时之趋势,加入新颖之教材;例如蒸汽涡轮、爆发机关之类。”[3]“本书教材,较之旧时中学教科书,间有略加扩充之处,以应实势的要求。如本册中关于电学的教材,约增十之二三。以现时都市中电气事业日益兴盛;机械日益新颖。中等学校学生,对于电学的知识,不能不随同进步。”[4] 他还强调教科书编排“前后次序,尤不可不注意”,[5] 教科书教

1 杜亚泉编辑:《(新学制初级中学教科书)自然科学(第1册)》,上海:商务印书馆,1923年初版·1932年国难后第1版·1932年国难后第3版,第1页。

2 杜亚泉、杜就田编译:《中学生理学教科书》,上海:商务印书馆,1907年初版·1922年17版,第1页。

3 杜亚泉编纂:《(小学校高级用书)新撰自然科教科书(第1册)》,上海:商务印书馆,1924年初版,第1页。

4 杜亚泉编辑:《(新学制初级中学教科书)自然科学(第4册)》,上海:商务印书馆,1926年初版·1926年10版,第2页。

5 杜亚泉、杜就田编纂:《共和国教科书高等小学新理科(第1册)》,上海:商务印书馆,1912年初版·1912年4版,第1页。

授事项“不在记忆其文字而在洞澈其事理”，[1]教科书参考资料“殆不可少”，[2]等等。如他在1915年初版的《普通教科书新理科（高等小学春季始业第1册）》“编辑大意”中写道：

> 教授理科，首在选择教材，选择教材之条件，一、为对于人生之关系较为重要者。二、为在科学上可以为模范者。三、当注重于生态一方面。必其生活之理法。易于明显者。四、为易于採得实物者。兹编材料，颇注意于上列之条件。选择教材之后，其次当注意者，为教材只排列。一，必从时节之顺序。二、科学上之关系及生态上之关系。前后次序，不可凌越，是为兹编排列教材之意趣……教授理科，不在记忆其文字，而在洞澈其事理。教授时宜先指示实物，按教授法之次序讲演。名词之指点，要项之提揭，随时示文字图画于黑板，讲演毕，然后授以教科书之文字。[3]

1924年，杜亚泉在初级中学用《新学制自然教科书（第1册）》

---

1　杜亚泉、杜就田编纂：《共和国教科书高等小学新理科（第1册）》，上海：商务印书馆，1912年初版·1912年4版，第1页。

2　徐善祥、杜亚泉、杜就田编纂：《共和国教科书动物学》，上海：商务印书馆，1915年初版·1923年3月15版，第1—2页。

3　杜亚泉、杜就田编纂：《普通教科书新理科（高等小学春季始业第1册）》，上海：商务印书馆，1915年初版，第1页。

的“编辑大意”中也写道:

> 本书主课为力、热、音、光诸现象;辅课为气象和生物的重要生态。……教学事项,仍提要列表,示归纳的方法;实验事项,仍另行提出,以便和讲演的时间分开。……本书述物理学现象,文义务求明瞭,俾学生得于授课以前,预先自习,解释务取严密,使学生得正确的概念,至关于物理的各种计算,间用算式表示,并于问题中加入计算问题,使学生经过演算后,对于提示的现象和结论,所得较为确实,但是项算式或计算问题,用数学或代数一次方程的方法,概能瞭解,不涉艰深。[1]

教科书是一种赋予教学意义的结构化存在,教科书编排要发挥最优化的组合,必须有科学的编排、组成合理的结构序列。为了遵循人类认知形成从直观到抽象、从简单到复杂逐渐建构的规律,“本书前三册教授事项,多系具体的、现实的、比较简单的;至抽象的、理论的、繁杂的事项,概入第四册中。”[2]杜亚泉还特别明确不同层次教科书的编排存在差异。“小学教科之教材,逐课提示,随时

1 杜亚泉编辑:《新学制自然教科书(第1册)》,上海:商务印书馆,1923年初版·1923年4版,第1页。

2 杜亚泉编辑:《新学制自然教科书(第1册)》,上海:商务印书馆,1923年初版·1932年国难后第1版·1932年国难后第3版,第2页。

联络。而中学教材,不可不为系统的叙述。盖系统明瞭,则学者易于汇通,便于记忆。”[1] 杜亚泉认为从内在的知识结构上体现为教科书编排需要由浅入深、由易到难,逐步深化提高,才能遵循知识本身的规律及学生心理发展的规律。

《普通教科书新理科(高等小学春季始业第一册)》(商务印书馆 1915 年初版)
《新学制自然教科书(初级中学第一册)》(商务印书馆 1924 初版)

杜亚泉在进行教科书编辑时,只要有机会就继续实地教学,这样更了解师生的需求和教学的发展变化。如 1905 年,他在蔡元培所办的爱国女学讲授理科课程,与寿孝天、王子余等人为不支薪俸教员。[2] 同年 8 月任商务印书馆设速成小学师范讲习所教师。也

1 杜亚泉编纂:《(增订)共和国教科书植物学(中学校用)》,上海:商务印书馆,1913 年初版 · 1921 年 27 版,第 1 页.

2 陈镱文、姚远著:《杜亚泉先生年谱(1873—1912)》,《西北大学学报(自然科学版)》,2008 年第 5 期,第 845—850 页。

是这一年,浙江省第一次派遣留学生赴美(其中有竺可桢,后竺可桢一直尊称杜亚泉为"师长"[1]),杜亚泉出理化试题并主考。在爬梳于故纸、求大义于微言的经学之风尚未根除时,杜亚泉带领着商务印书馆理化部"绍兴帮"编撰出版大量的现代理科教科书,使得一大群本来在故纸堆里"子曰诗云"的青年学子开始系统地接受科学的概念、原理、论证……。当胡适说道:"这三十年来,有一个名词在国内几乎做到了无上尊严的地位;无论懂与不懂的人,无论守旧和维新的人,都不敢公然对它表示轻视或戏侮的态度。那个名词就是'科学'。……我们至少可以说,自从中国讲变法维新以来,没有一个自命为新人物的人敢公然毁谤'科学'的。"[2]这其中杜亚泉的贡献是极为巨大的。

## 文化论战及《人生哲学》

杜亚泉是一个十分重视理性思维的人,一直力图揭示各种矛盾缠绕的中国近现代历史的困境。他好辩善辩,经常旁博引证、声若洪钟,坚持自己经过认真思考后得出的观点。周建人曾回忆道:

---

1 宋应离、袁喜生、刘小敏编:《20世纪中国著名编辑出版家研究资料汇辑(第1辑)》,开封:河南大学出版社,2005年,第361页。

2 胡适著:《科学与人生观·序》,张君劢、丁文江等著:《科学与人生观》,济南:山东人民出版社,1997年,第10页。

“杜很爱讲话，讲起来总是兴致勃勃，精神十足，嗓音很高；每次交谈，常涉及各种问题，科学的、社会的；他的意见常和别人不同，争辩起来，总是他的声音盖过别人，与他那苍老的外貌反差很大……在与人争论时，他总是一面点着头，将说毕时还带着笑，这笑透进对方的心里，会使人觉得自己的判断不正确起来”。[1] 杜亚泉这种好辩的习惯从绍兴中西学堂就明确展露，在商务印书馆主编《东方杂志》后，更是极为关注大变革时代社会发展的方向是否正确，因而与其他学者围绕中心文化展开了多次大论战。

杜亚泉在任商务印书馆编译所理化部主任的同时，于 1911 年至 1920 年期间出任《东方杂志》主编。他大胆改革，专门开设“科学杂俎”栏目，并从东西文报刊选译最新的政治、经济、社会、学术思潮，尤其对国际时事的论述力求详备。据《商务印书馆四十年大事记》中记载，《东方杂志》每期的销量可达一万五千份，“为其时各杂志之冠”[2]，并用笔名“伧父”和“高劳”，撰写论文、杂感和译著约三百余篇，内容涉及哲学、政治、经济、法律、外交、文化、伦理、教育，其思考的广度与深度实在令人佩服。杜亚泉在疾风骤雨的时代中冷静反思，发表有《迷乱之现代人心》、《今日中国之政治问

1　许纪霖、田建业编:《一溪集:杜亚泉的生平与思想》,北京:生活·读书·新知三联书店,1999 年,第 13 页。

2　商务印书馆编:《1897—1992 商务印书馆九十五年——我和商务印书馆》,北京:商务印书馆,1992 年,第 678 页。

题》、《何谓新思想》等文章,卷入与人的笔墨论战。如1918年与陈独秀关于东西文化问题的论争,以后是1919年底与蒋梦麟的关于何谓新思想的论争,1920年与余云岫关于中西医学的论争,1927年初与李石岑的关于新旧伦理观的论争,以及1927年10月与朱光潜的关于情与理的论争等。如他于1918年4月在《东方杂志》十五卷第四号发表《迷乱之现代人心》一文,杜亚泉一方面反对保守不进的文化立场,一方面尖锐地指出输入西学后引起的精神世界的混乱,就好像本有祖宗产业却被置换成他人的证券,忽然之间证券不名一文,而祖宗的产业也不能恢复。"破产之后,吾人之精神的生活,既无所凭依,仅余此块然之躯体、蠢然之生命,以求物质生活,故除竞争之权利、寻求奢侈以外,无复有生活的意义。"[1]他希望用中华文化之精神以统整紊乱无序的思想界。后来杜亚泉发表《中西文明之评判》等文章,陈独秀发表文章与之论战。随着论战的扩大,商务印书馆所办杂志的读者都被《新青年》、《新潮》等鼓吹新文化的杂志吸引去了,特别是《东方杂志》销量大减。迫于各界的压力,杜亚泉辞去《东方杂志》主编,但他在1919年9月的《东方杂志》第16卷9号仍坚持发《新旧思想之折中》以表露心迹:"现时代之新思想,对于固有文明乃主张科学的刷新,并不主张顽固的保守;对于西洋文明,亦主张相当的吸收,惟不主张完全

1 杜亚泉著,许纪霖、田建业编:《杜亚泉文存》,上海:上海教育出版社,2003年,第363页。

的仿效而已”。[1]

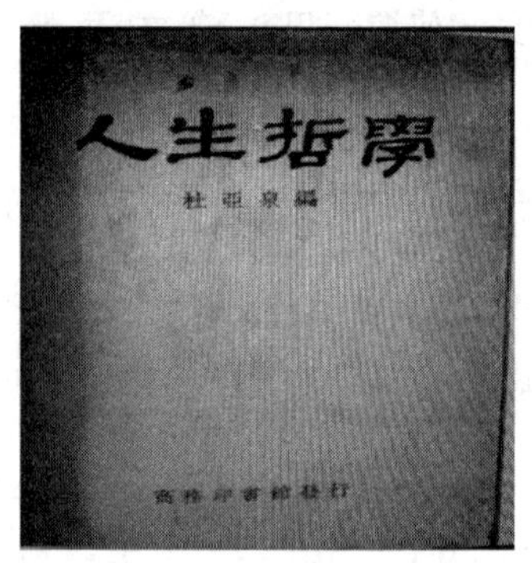

《人生哲学》(商务印书馆 1929 年初版)

离开《东方杂志》时，杜亚泉已进入老年，但他丝毫没有松懈奋斗的意志。除了做好日常的理化部主任的工作外，集中精力在办教育和著书。1924 年，杜亚泉在上海自费创办了新中华学院，他在学生中开设了人生哲学课，根据讲课内容，又搜取生物学、心理学、社会学、伦理学等学科中新颖警切的理论，加以扩充整理，历时六七年，编成《人生哲学》一书，作为高级中学教科书，1929 年 8 月由商务印书馆出版。全书综合了中西诸家学说，并运用心理学、伦理学、社会学等理论，以人生的发展为主线，对人生进行了周详的剖析。蔡元培评价《人生哲学》时说:“全书以科学方法探求哲理，对于各种学说，往往执两端而取其中，如唯物主义与唯心主义，个人与社会，欧化与国粹，国粹中之汉学与宋学，动机论与功利论，乐天观与厌世观，种种相对之主张，无不以折中之方法，兼取其长而调和。”[2] 章锡琛评论说，“《人生哲学》尤

---

1 杜亚泉著，许纪霖、田建业编:《杜亚泉文存》，上海:上海教育出版社，2003 年，第 402 页。

2 田建业、姚铭尧、任元彪选编:《杜亚泉文选》，上海:华东师范大学出版社，1993 年，第 448 页。

为君精力之所萃云。"[1]现将其目录抄录如下：

绪　言　人生哲学概论（哲学的概念、哲学与人生、人生哲学的意义）

第一章　人类的机体生活（机体的构成、个体的生活机能、种族生活的继续、生物间相互的生活、生物的进化）

第二章　人类的精神生活（精神的作用、知识的发达、感情的类别、意志和行为、本能和人性、自我和人格）

第三章　人类的社会生活（社会的构造、社会的法则、社会的文化、社会问题与社会主义、三民主义与民生哲学）

第四章　人生的目的和价值（人生的究极目的、行为和品性的价值、伦理学的诸主义、人生的本务和德）

结　论　人生问题和人生观（人生问题及其答案、对于厌世观的评论、对于乐天观的评论、对于改善观的评论）

1932年淞沪战役中，杜亚泉的寓所与商务印书馆俱被焚毁。因商务印书馆停业并解雇职工，两鬓白发、步履蹒跚的杜亚泉率全家避难回乡。他拖着老迈的身体，在不断粗粗的喘气声中，在乡间自费创办出版社，这位全力投入科学启蒙的老人继续从事科学编

1　许纪霖、田建业编：《一溪集：杜亚泉的生平与思想》，北京：生活·读书·新知三联书店，1999年，第17页。

《小学自然科词书》(商务印书馆 1934 年初版)

著工作。他将商务印书馆发的遣散费四百余元购买参考书,编撰出七十余万字的《小学自然科词书》,收录小学自然科学教科书所必需的词语二千余条,包括天文、气象、物理、化学、矿物、医学、动物、植物、化工、农业、建筑、食品等二十三类。在乡间编词书的同时,他还每隔一周乘船去绍兴,为稽山中学义务讲课。

【资料卡】

为了推动我国的科学教育,杜亚泉还在编译出版教科书和大型书的同时,重视科学实验仪器和设备的制造。在他的倡议下,商务印书馆开办了标本仪器传习班,招收学徒,授以技术,培养自制仪器、标本、模型的人才;他本人也曾亲自在传习班中讲课。此外,他还发动并资助自己的子侄辈开工厂,从事仪器文具的生产。例如他支持表侄周榕仙在上海开了一家中国仪器厂（现地质部所属上海地质仪器厂的前身）；支持堂弟杜春帆在上海开了一家墨水制造厂“天然墨水厂”（1949 年后与其他厂合并为上海墨水厂）。

杜亚泉是继晚清华蘅芳、李善兰、徐寿等人以来，进行科学启蒙和科学传播的先行者之一。与其他人不同的是，他在早期是独立承担这一重任，并以编撰出版大量的理科教科书贡献于科学事业而终其一生。1933 年 12 月，杜亚泉在家乡病逝，下葬时家里穷到借人棺材入殓，令人不禁为之扼腕。张元济闻杜亚泉离世，以“愚弟”自称，悲痛作《杜亚泉先生诔辞》，先述“盖先生与商馆共安乐共患难，有始有卒，积三十年”。后缀词感怀：“鹤语岁寒，传来薤唱。闻我杜君，负痾属纩。与君同舟，汪汪在望。缉柳编蒲，学术相饷。功系人文，卅年以上。奄忽告殂，身随道丧。赴书远来，惨闻清况。妻老子孤，室无盖藏。感念人琴，能无凄怆？遥想阶前，芝兰茁壮。培养成林，大宗足亢。渺渺予怀，临风怅恨。乌乎！”[1]蔡元培在所撰《杜亚泉君传》中详述了他的一生，最后写道：“人有以科学家称君者，君答曰非也，特科学家的介绍者耳。去夏六月，君赴龙山诗巢雅集，有和友人六如韵诗，末二句云‘鞠躬尽瘁寻常事，动植犹然而况人’嗟乎，人师几人，斯人憔悴，人琴叹逝，笔述斯

1 许纪霖、田建业编：《一溪集：杜亚泉的生平与思想》，北京：生活·读书·新知三联书店，1999 年，第 5 页。

人，我国人览此传文，尚亦肃然而恻然欤！”[1]胡愈之在《东方杂志》第31卷1号上以编辑部名义撰文《追悼杜亚泉先生》：“中国科学界的先驱，不但在其早年生活中对于自然科学的介绍，尽了当时最大的任务，此外在政治学、社会学、语言学、哲学方面，先生亦致力于科学思想的灌输。……先生始终没有放弃科学的立场，其对于人生观和社会观，始终以理智支配欲望为最高的理想，以使西方科学与东方传统文化结合为最后的目标。所以从思想方面说，先生实不失为中国启蒙时期的一个典型学者。”[2]杜亚泉倾其一生探寻沉沦中的国家最缺乏什么、最需要什么，他从未曾处在“舞台”中心，也不曾为叱咤风云之人物，但却以其对理性精神、人格力量和文化使命的承当，在当时中西文化论战的风口浪尖勇于坚持自己的立场，执着、坚守甚至在极为清贫的生活中编辑百余种教科书，力求文化上之建设，恰如他自己所言，“是故吾人之天职，在实现吾人之理想生活，即以科学的手段，实现吾人经济的目的；以力行的精神，实现吾人理性的道德。”[3]杜亚泉留给后人默默努力的身影，至今格外令人萦思系念！

---

1　许纪霖、田建业编：《一溪集：杜亚泉的生平与思想》，北京：生活·读书·新知三联书店，1999年，第4页。

2　许纪霖、田建业编：《一溪集：杜亚泉的生平与思想》，北京：生活·读书·新知三联书店，1999年，第11页。

3　田建业、姚铭尧、任元彪选编：《杜亚泉文选》，上海：华东师范大学出版社，1993年，第271页。

# 沈心工

## 学堂乐歌的筚路蓝缕者

沈心工(1870—1947)

男儿第一志气高,年纪不妨小。哥哥弟弟手相招,来做兵队操。兵官拿着指挥刀,小兵放枪炮。龙旗一面飘飘,铜鼓咚咚咚咚敲。一操再操日日操,操到身体好。将来打仗立功劳,男儿志气高。

——摘自《男儿第一志气高》

沈心工是中国历史上第一届师范生，1897 年在南洋公学学习期间参与编撰《蒙学课本》是中国人第一套自编新式教科书，为中国现代教科书发展奠定极为重要的基础。他被李叔同称为“吾国乐界开幕第一人”，[1]从 1903 年在学校创立唱歌课，开创中国近现代学校音乐教育先河。他以歌作戈，被称之为“学堂乐歌之父”，[2]创作乐歌一百八十余首，点燃晚清声势浩大的学堂乐歌运动。这种朝气蓬勃、热情向上的学校唱歌，对积贫积弱、民心涣散的中国人来说，不啻为一剂救世良方，奏响了中华民族自强与振兴时代乐章，其中大量经典之作，标志着中国近代音乐的最高成就，也成为中国近现代音乐教科书之嚆矢。

## 中国首届师范生

沈心工是上海人，名庆鸿，字叔逵，笔名心工，蕴含“穷心力而夺天工”之意。虽然祖辈是靠帆船航运发迹的名门望族，但他出生时，沈氏家业已处于濒临崩溃之际，父亲为生计终日奔波。沈心工接受母亲的启蒙教育，之后跟随已中秀才的大哥学习中国传统文

---

1　李叔同著，张耀南编：《李叔同谈艺录》，长沙：湖南大学出版社，2011 年，第 77 页。

2　沈洽编：《学堂乐歌之父——沈心工之生平与作品》，台北：中华民国作曲家协会出版，无时间，第 1 页。

化经典,并在二十岁时中秀才。后来,大哥因病去世,沈心工就到了上海,接替大哥成为一官宦人家的私塾先生。1891 年,他参加乡试未中。1894 年聘用他的私塾主人也去世了,沈心工结束旧式教书生涯。

在做私塾先生时,沈心工曾到中国教育史上第一座专门研习"格致"之学的格致书院旁听数学和西学,对书院教唱的"赞美诗"产生了兴趣。1895 年,经友人推荐,沈心工到上海圣约翰书院教授三、四年级"中国书",课余向外国牧师学英语,并另习昆曲。

【资料卡】

格致书院创建于 1874 年,由英国驻沪领事麦华佗发起,上海买办唐廷枢、英国传教士傅兰雅、著名数学家徐寿等人共同发起创办。书院的学习内容是讲授西方各门科学技术及中西历史文化与社会民情之比较,学习方式是专家讲座、参观实验,其创办经费由中外商官捐助。1876 年 6 月,格致书院正式开学,书院内设书房、知新堂、博物馆等场所,置备中西文格致书籍和格致器具,诸如地球仪、风雨表、各种化学实验等器具,书院名称横匾由李鸿章题写。书院开学以后,日常事务多由徐寿负责。徐寿逝世后,王韬从 1884 至 1897 年为监院。书院从 1877 年开始举办讲座,1879 年开始招收学生,1886 年开始举行一年四季的考课等。考试命题一般也都由洋务派官员和早期改良思想家如李鸿章、刘坤一、盛宣怀、薛福成、郑观应等人来命名。后来王韬将历次课艺题目、命题人姓名、部分优秀考卷、以及评阅人的评语、眉批，逐年汇集成十五册的《格致书院课艺》。格致书院是中国近代第一所研究和传播西方近代科学技术的新型书院，创办了中国最早的自然科学期刊——《格致汇编》。

圣约翰书院是 1879 年是由美国圣公会上海主教施约瑟 Bishop Samuel Schereschewsky 将原来的两所圣公会学校培雅书院和度恩书院合并而成。办学初期设西学、国学和神学三门，用国语和上海方言授课，1881 年学校的英语老师卜舫济 F. L. Hawks Pott 牧师开始完全用英语授课，这是中国首个全英语授课的学校。1886 年卜舫济出任校长，时间长达五十二年，对圣约翰的发展起到了很大的影响。1892 年起学校正式开设大学课程，并且将英语作为最重要的学科教授。1896 年学校形成文理科、医科、神学科及预科的教学格局，为沪上唯一高等学府，顾维钧、宋子文、荣毅仁、林语堂、贝聿铭等均毕业于圣约翰大学。

中日甲午之耻后，创办现代的新式教育，以培养强国的人才，成为挽救国家的一个希望。1896 年 10 月 31 日，晚清洋务运动巨擘盛宣怀上奏《条陈自强大计折》与《请设学堂片》，陈述陈兵、理财、育才三大政，提出创办南洋公学的设想。年轻的光绪皇帝自然

1906 年以前南洋公学校门

支持,谕令如下:“育才为当今务急,节经谕令各直省,添设学堂,实力举办。”[1]盛宣怀亲自担任南洋公学督办,设师范院、外院、中院和上院,且首立师范院。他在《筹集商捐开办南洋公学情形折》中提出“惟师道立则善人多,故西国学堂必探源于师范;蒙养正则圣功始,故西国学堂必植基于小学。”[2]南洋公学师范院是中国第一所正规高等师范学堂,亲自聘请学术湛深的同乡好友何嗣焜担任总理(校长),又力邀时任南京汇文书院(后改为金陵大学)院长、著名的美国传教士福开森(John Calvin Ferguson)博士担任公学的监院兼西文总教习,上海教育界名流张焕纶为中文总教习,此外还聘了颇

1 王炜编校:《〈清实录〉科举史料汇编》,武汉:武汉大学出版社,2009 年,第 1042—1043 页。

2 朱有瓛主编:《中国近代学制史料(第 1 辑下册)》,上海:华东师范大学出版社,1986 年,第 511 页。

负盛名的翻译家伍光建、李维格以及薛来西 C. M. Lacy Sites、乐提摩 David Lattimore 等外籍教师作为中西教习。如此规模的师资队伍，足见盛宣怀对南洋公学师范院的重视程度以及培养中西贯通新式人才的急切之心。

1897 年 3 月 2 日，为了向传统学塾书院竞争人才，盛宣怀在《申报》上刊登招考师范生的告示(至 3 月 12 日，此招生广告连登十一天)，对于愿意入学的新生“不取脩膳”、“咨送出洋”、“择优奖赏”、“优予出身”等众多优惠条件，同时申明“秉公考试，举凡亲友子弟不得滥竽其间”。[1] 沈心工闻讯毅然报名投考。当时师范院的招生考试分四次录取，每次考试包括初试和复试两场。沈心工参加的是 3 月 5 日举行的第一次考试，地点在格致书院。当时共有七十人报名，实到六十五人，选取汪钟霖、黄庆澜、蒋礽琮、姚曾豫、宣增儒、朱联杰、沈庆鸿等十二人进入复试。14 日，盛宣怀在六马路(今北海路)格致书院对这十二名学生进行复试，并对续报学生进行初试。南洋公学师范院首届共录取“高才生”四十名，大多是举人廪贡监生，年龄多为二十至三十岁。特别值得一提的是，在首届师范生中，约三分之一的人后来成为中小学新式教科书的重要编撰者，如朱树人、沈心工、陈懋治、陈懋功、王植善、雷奋、董瑞椿、傅运森、侯鸿鉴、汪有龄、白作霖、章宗元、章宗祥等。

---

1　上海交通大学校史编纂委员会编:《上海交通大学纪事 1896—2005(上册)》，上海:上海交通大学出版社，2006 年，第 5 页。

1897年4月8日,南洋公学师范院开学,对考入的师范生试业两月,颁发"南洋公学师范学堂试业证",[1]沈心工的试业证样式如下:

**南洋公学师范学堂试业证(木版印刷　白色)**

今查投考师范生沈庆鸿,系江苏省松江府上海县文生,历试两场,已合第一层课格"学有门径,材堪造就"两项,应先给予试业据,准其入堂试业,俟试满一月换给第一层实据,即作为师范生,如试满二月尚未换据者,听令回家再候传考、续补,须知据者。

光绪二十三年二月三十日给

总理何(嗣焜)

总教习张(焕纶)

《南洋公学章程》规定师范院在学生的管理上实行"五层分格"制,递进递给,优秀者额外奖励,不及格者淘汰。从一格到五格依次为蓝据、绿据、黄据、紫据、红据,执红据者准予充当教习。开学二个月后,师范班公布第一次考试结果,获得蓝据者有沈心工(当时名沈庆鸿)等,张一鹏获绿据,陈懋治获红据,淘汰回家者二人。

---

1 《南洋公学师范学堂试业证(木板印刷,白色)》,《南洋旬刊》第2卷第2期,1926年2月。

南洋公学给沈心工颁发“南洋公学师范生据”，[1]样式如下：

**南洋公学师范生据（木版印刷　蓝色）**

查得试业师范生沈庆鸿，系江苏省松江府上海县附生，试业师范学堂，于本年三月初七日给过试业据，并查质地已合第一层课格，应再换第一层实据，予第一层膏火，自给之后，勉益加勉，刿解前修，须至据者。

光绪二十三年五月初七日发给

总理何（嗣焜）

总教习张（焕纶）

1897年秋，南洋公学仿照日本师范学校设附属小学之例，创设外院（即小学）。既解决了师范生教学实践问题，又可直接为中院输送生源。在1898年6月12日《大理寺少卿盛宣怀折》中记载：“复仿日本师范学校，有附属小学之法，别选年十岁内外至十七八岁止，聪颖幼童一百二十名，设一外院学堂，令师范生分班教之。比及一年，师范诸生且学且诲，颇得知行并进之益。”[2]外院课程定

1　《南洋公学师范学堂试业证（木板印刷，白色）》，《南洋旬刊》第2卷第2期，1926年2月。

2　舒新城编：《中国近代教育史资料（上册）》，北京：人民教育出版社，1981年，第150页。

国、数学两种，选拔沈心工、陈懋治、朱树人等优秀师范生兼课，并每月另给津贴四十两白银(当时南洋公学校长的津贴是每月一百两)。据张元济回忆，师范生兼课的有十人。这一年，南洋公学总教习张焕纶为师范院作《警醒歌》一首为院歌，由师范生张惕铭、姚立人、沈庆鸿同谱宫调。

警！警！警！/黑种奴，红种烬，/黄种酣眠鼾未竟。/毋依冰作山，/勿饮鸩如酝，/焚屋漏舟乐未央，/八百兆人，/瞥眼同一阱。/醒！醒！醒！/

警！警！警！/胚羲轩，乳孔孟，/神明摇落今何剩？/碧眼红髯，/仿佛流风韵；/不耻为之奴，/转耻相师证，/漫漫万古如长瞑。/醒！醒！醒！/

警！警！警！/野吞声，朝饮恨，/百年养士期何称。/毋谓藐藐躬，/只手擎天臂一振；/毋谓藐藐童，桃李成荫眼一瞬，/自觉觉人、不任将谁任？/醒！醒！醒！/

警！警！警！/水东流，日西轫，/朱颜弹指成霜鬓。/策驽马，追八骏，/九逵之衢苦不迅。/矧乃缒藤凿迁径，/玩物惕时，/买椟珠谁问？/醒！醒！醒！/[1]

---

1　潘敏、李建强主编:《思源致远　百年神韵:上海交通大学文化研究》,北京:高等教育出版社,2011年,第92页。

沈心工在南洋公学不仅成绩优异，同时还十分注重课外学习。当时南洋公学总办张元济十分支持严复讲座，要求师范及特班同学愿意听讲者，向其领取听课证。沈心工坚持不懈的听取严复的“名学”等讲座。对此，他曾自述：“傍晚徒步到青年会听讲。听讲毕后徒步返校。当时校中自设电灯，十时即息。余等回室就寝，常在黑夜。每夜必去听讲，风雨无阻”。[1]

## 参编《蒙学课本》

南洋公学外院的小学生们是幸运的，当同龄孩童在摇头晃脑的读着“人之初、性本善、性相近、习相远……”“赵钱孙李、周吴郑王……”之时，他们已经手捧南洋公学师范生自编《蒙学课本》，映入他们眼帘的是“火柴、火车、轮船、电灯、显微镜、眼镜、肥皂、新闻纸、城市、法律、政治、国家、律师……”等直接反映现代社会文明成果的新名词以及“进化、实验、试验、动物、植物、生物、化学、光学、天文学……”等集中凝聚现代学科知识的新术语，他们是第一批接受全新国民常识教育的新式学生。《中国第一次教育年鉴》戊编“教科书之发刊情况”记载为：“光绪二十三年南洋公学外院成立，课程分国文、算学、舆地、史学、体育六种，由师范生陈懋治、杜嗣

1　沈洽编：《学堂乐歌之父——沈心工之生平与作品》，台北：中华民国作曲家协会出版，无时间，第 91 页。

程、沈叔逵等自编《蒙学课本》三编。”[1]

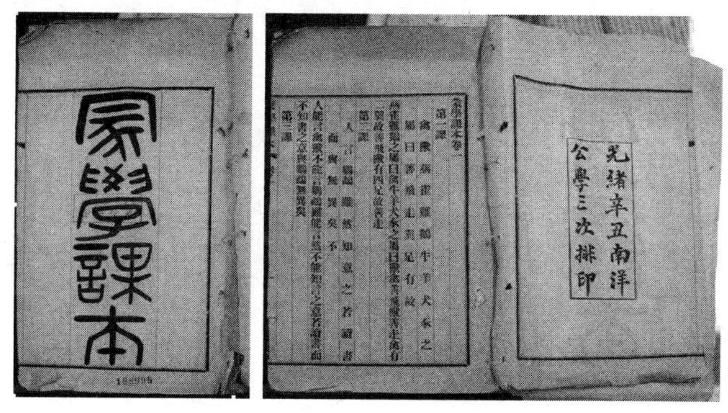


《蒙学课本(卷 1)》(1901 年南洋公学第 3 次排印)

在中国生死存亡的时刻，面对着即将成长起来的新一代中国人，南洋公学师范生用尽苦心，在小小的《蒙学课本》中首次呈现了德智体发展的教育理念，首次将国民素质与国家的兴盛联系起来，首次介绍了严复的天演论，首次选编有西方寓言及故事……于是，十九世纪末的上海徐家汇上空传来了一声声稚嫩的琅琅童声：

> 《第二课》：人能言，禽兽不能言。鹦鹉虽能言，然不能知言之意。若读书而不知书之意，与鹦鹉无异矣。[2]
>
> 《第七课》：童子在塾中，如蚕之缚于茧中也，不亦苦乎。

---

1 中华民国教育部编：《第一次中国教育年鉴(戊编·教育杂录)》，上海：开明书店，1934 年，第 115 页。

2 《蒙学课本(卷 1)》，上海：南洋公学，1899 年第 2 次排印，第 1 页。

然蚕不缚于茧不能称蛾。童子不入塾不能成人。[1]

《第五十一课》:凡有教化之国,其民必读书识字,教化愈胜,则读书识字之人愈多,而国愈强。今日英法德美诸国,其国中读书识字之人较我国多数倍,故诸国强而我国弱,此读书之所以为要事也。不独男子宜读书,即妇女亦读书,然后能以所知教其儿女。不独士宜读书,即农工商亦必读书,然后能用新法以兴其业也。[2]

《第一百二十四课》:……甚矣,国之不可无政治法律也。即阿非利加之野番,新金山之土人,尚各有首领以治其众,而无赖之民私立党羽,亦必设立章程约束同党,否则其党不久即散况。一国之中,民之良莠不齐,文教虽兴,亦必有强悍之徒,抢夺人物,诈骗人财。若无政治法律,何以享太平之福乎。既有政治法律,则必有执掌之人,代众人治理国内大小各事,此国之所以有君与百官也。有时,或国政治法律之未善,或因执掌之非人,百姓反受其害。然此弊究不常有,且较之无政治法律,法者,其害犹轻。故凡为民者,皆宜谨守国家法律,断不可犯上作乱,作奸犯科,以自害其身家也。[3]

《第一百三十课》:今日已译之书,以天演学为最新。地学

1 《蒙学课本(卷1)》,上海:南洋公学,1899年第2次排印,第2页。

2 《蒙学课本(卷1)》,上海:南洋公学,1899年第2次排印,第15页。

3 《蒙学课本(卷1)》,上海:南洋公学,1899年第2次排印,第47页。

家谓地球初成,其始所生,皆属简体。迨后由简入繁,而植物而动物而人,又出动物而为之长。自古迄今,种类之变,日多一日,皆可实验。天演学者,即本此事发明世人进化之理者也。草木鸟兽之属,有古有而今无者,于人也亦若是矣。我华若古之防风氏,若长狄若春秋诸戎,今皆无有焉。今之治种类学者,分全地人为五种,各以其肤色名之,曰白曰黄曰棕曰黑曰红,红种居美洲,其人愚蠢不学,已渐衰少。棕种亚洲印度较多,其人拘泥旧学,受制白人。黑种居非洲,智少愚多。白种居欧美两洲,其人尊今薄古,深思好学。今为最强。黄种居亚洲,我华亦黄种也,开化最先而进化较迟。然欧洲进化亦近百年中耳,日本师之三十年遂兴。黄种善学,不让白人凡我华民亦可以兴矣。[1]

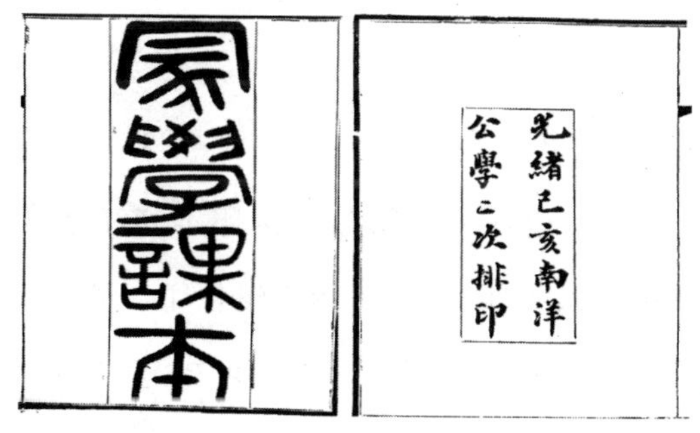


《蒙学课本(卷1)》(1899年南洋公学第2排印)

1 《蒙学课本(卷1)》,上海:南洋公学,1899年第2次排印,第51页。

《蒙学课本》开风气之先，不断强调“入塾”、“读书”、“识字”、“教化”、“救愚”、“智者”、“勤学”之重要，不断普及“日蚀”、“月蚀”等地球常识，“制作面包”、“蔗糖”、“葡萄酒”等农产品加工常识，“五官”、“呼吸”、“种牛痘”等生理及卫生常识，还将“华盛顿”引入中国学童的视线，让我们知晓了那个著名的“华盛顿砍樱桃树”故事。

> 《第六十九课》：华盛顿，米利坚开国之主也，各国之人鲜不知其名者。少时，或授以一小斧为玩具，顿戏斫庭前樱桃树，削其皮。父见而大怒，然未知顿斫之也。顿初犹豫不敢言，卒乃自白曰，此实儿所为也。父喜其诚实，抱而语之曰，樱桃千株能及诚实之可贵耶。礼记曰，幼子常视父母诳言，年幼之人须常教之以勿妄语也，如顿之父，可谓善教矣。[1]

目前，南洋公学第一次排印的《蒙学课本》难以寻找，所见有光绪己亥年（1899年）南洋公学第二次排印本和光绪辛丑年（1901年）南洋公学第三次排印本，商务印书馆代印。从1899年南洋公学第二次排印本《蒙学课本》卷一与卷二可知，全书文言体编写，无图画，铅印。《蒙学课本》带有开创之物粗糙及不完善的特点，如对

---

1　《蒙学课本(卷1)》，上海：南洋公学，1899年第2次排印，第22页。

蒙學課本 卷一　二十二

煎必煎三四次雜質盡去然後緩火煎熬水消而鹽成矣

第六十九課

米利堅(花旗國) 開國 主 名 或 授 斧 所 庭

櫻桃 削 皮 猶豫(疑不能決) 初 卒(終也) 白(作動字)

誠實 抱 株 及(此也) 教 勿 善 戲

華盛頓米利堅開國之主也各國之人鮮不知其名者少時或授以一小斧爲玩具頓戲斫庭前櫻桃樹削其皮父見而大怒然未知頓斫之也頓初猶豫不敢言卒乃自白曰此實兒所爲也父喜其誠實抱而語之曰櫻桃千株能及誠實之可貴耶禮記曰幼子常視毋誑言年幼之人須常教之以勿妄語也如頓之父可謂善教矣

第七十課

《蒙学课本(卷 1)》(1899 年南洋公学第 2 排印)

于幼学启蒙,每课生字较多、内容较深,并未遵循循序渐进的教科书编排要求等,但作为中国人第一次编撰的新式教科书,起到强烈的示范作用,具有时代的独创精神和气魄。商务印书馆著名的小学语文教科书编撰者蒋维乔在《编辑小学教科书之回忆》中也称"由师范生陈懋治、杜嗣程、沈庆鸿等编纂《蒙学课本》共三编,是为我国人自编教科书之始。然其体裁,略仿外国课本,如第一编第一课,'燕、雀、鸡、鹅之属曰禽。牛羊犬豕之属曰兽。禽善飞,兽善走。禽有两翼,故善飞。兽有四足,故善走。'……印刷则用铅字,又无图画，然在草创之时，殆无足怪。”[1]

## 学堂里飘出的歌声

1901 年，因南洋公学外院生按质量高低陆续升入中院后即停办。为了选取优秀中院生，南洋公学校长何嗣焜建议设立附属小学。劳乃宣担任南洋公学总理后正式开办了附属小学，定名为“南洋公学附属小学堂”，师范生陈懋治担任总教（即校长），此乃中国公立小学之始。

1902 年 4 月，沈心工自费东渡日本，与鲁迅同期就读于东京弘文学院，开始致力于学堂乐歌研究。1902 年 11 月，他在日本江户留学生会馆发起举办“音乐讲习会”，请日本音乐教育家铃木米次郎（1868—1940）赴会为大家授课，在其指导下，沈心工系统研习西洋音乐，并开始了乐歌的创作。1902 年的学堂乐歌开篇作——《男儿志气高》就是沈心工留学日本东京时借鉴日本歌曲《手戏》曲调填词创作的处女作。1904 年出版后不胫而走，传遍全国，风靡一时。

1903 年 2 月，因成城学校入学风潮，沈心工和许多同学都毅然退学回国。1903 年 3 月，沈心工应聘到南洋公学附属小学任教并

1 张静庐辑注：《中国近代出版史料补编 · 插页》，北京：中华书局，1957 年，第 139 页。

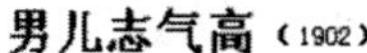

开设唱歌课。据民国政府教育部《第一次中国教育年鉴》记载，这是我国小学最早的"唱歌"课。之后，沈心工陆续在上海龙门师范学校、上海务本女塾、上海南洋中学等处任教音乐，教授乐歌课，率领整个中国中小学教育界开展了一场声势浩荡的学堂乐歌运动。

【资料卡】

当时，赴日游学者包括官费生和自费生，清政府规定官费生和自费生若就读于日本官立学校必须由驻日公使咨送。1902 年夏，来自江苏、江西、浙江三省自费生钮瑗等 9 人要求进入成城学校，遭驻日公使蔡钧拒咨送。吴稚晖代九人请求公使，并恳请吴汝纶向公使允准，但均未果。1902 年 6 月，吴稚晖、孙揆均带领留日学生26名前往使馆与蔡钧交涉并发生冲突。7月2日，日本内务省下令遣送二人回国，引起留日学生愤慨。7月3日，日警遣送二人出境时吴稚晖投水自沉，欲"以尸为谏"。在留日生看来，该事件已由最初的入学之争上升为清日的国权之争，由此形成了退学风潮。此种情形，据时赴日不久的鲁迅在日记中记载，吴稚晖、孙揆均被遣送归国后，"留学生会馆为此事召开大会，决定各校一律停止上课以待交涉。弘文学院的自费生为此事也不断申请退学，院方决定停课一周以俟缓和"。[1]

当时，《奏定学堂章程》刚刚颁布实施，但新章程里没有开设"唱歌"课。师范出身沈心工明确的知道，要想推广学堂乐歌，必须要有自编乐歌教科书以及相应的师资。他不辞辛劳，开设速成乐歌讲习会，以培养能教授乐歌的音乐师资。1904年4月12日，"速成乐歌讲习会"在《中外日报》刊登如下启事：

**速成乐歌讲习会**

目的　养成小学唱歌教员

讲员　上海沈先生叔逵

1　鲁迅博物馆、鲁迅研究室编：《鲁迅年谱(第1卷)》，北京：人民文学出版社，1981年，第93页。

> 教材　新编学校用歌及风琴手法
>
> 会所　暂假城西务本女塾
>
> 讲期　每周礼拜日午前开讲,即十四次讲毕。
>
> 取阅章程及介绍处文明小学堂南洋公学小学民立中学
>
> 育才小学二十二铺小学城东女学补余学塾[1]

对于这一新生事物,《警钟日报》随后就在 4 月 19 日对于速成乐歌讲习会授课之情形进行了专门报道,现摘录如下:

> 前日,为城内速成乐歌讲习会第一次开会之期,假务本女塾讲堂为会所。当时到者为五十人,上午九点钟开会,由讲员沈叔逵宣讲风琴,并列中西二种音韵于各门之下,至十点钟,暂息五分钟,复由讲员指授唱歌之法,各人随声附和者,约历半小时。又讲歌中段落,停顿各法,至十一点钟毕。[2]

沈心工对此亦自述:"吾国兴学之初,各校课程皆缺唱歌一门。自余东游得东京师范学校唱歌教授铃木米次郎先生之指教,略知

---

1　陈静野著:《李叔同与沈心工——兼议李叔同〈送别〉研究中的若干问题》,《人民音乐评论》2007 年第 5 期,第 30 页。

2　孙继南编著:《中国近现代音乐教育史纪年:1840—2000》,济南:山东教育出版社,2004 年,第 22 页。

乐歌门径。癸卯归国，即在南洋公学附属小学当教员，于是歌舞开始矣。首先请余兼课者，为务本女塾。而南洋中学亦请余兼课。凡在各校上课时，辄见窗门之外，人影群集，盖听课之人也。畹九欲谋乐歌之普及，乃在务本校舍设‘乐歌讲习会’，延余主任其事。会员四五十人，皆成年之士。歌声雄壮，逸兴横飞”。[1]

伴随着学堂乐歌的兴盛，1907年晚清学部颁布的《女子小学堂章程》中首次开设“音乐”，列为初、高等小学的“随意”科目。1912年民国教育部颁布的《普通教育暂行课程标准》中，“音乐”（小学为“唱歌”）已经是十二门中小学必须开设的科目之一。这种变化无疑和沈心工率先在小学中开设唱歌课并积极推动学堂乐歌有着密不可分的关系。1915年黄炎培为《重编学校唱歌集》作“序”时写道：“吾国十余年前，学校课唱歌者尚少。沈君心工雅意提倡，自制歌词任教授，一时从而和之如响。斯应论蓝筚开山之功，沈君足于其间占一席焉。”[2]

1904年，沈心工编辑《学校唱歌集（初集）》由文明书局出版。他在“凡例”中写道：“修身养经诸科，尤为沉闷，不得不籍此而振励之。”[3]编辑此书乃“务求鼓舞其兴会，开展其胸襟，卑不致有萎靡不

---

1 沈洽编：《学堂乐歌之父——沈心工之生平与作品》，台北：中华民国作曲家协会出版，无时间，第90页。

2 沈洽编：《学堂乐歌之父——沈心工之生平与作品》，台北：中华民国作曲家协会出版，无时间，第44页。

3 沈心工编辑：《学校唱歌集（初集）》，上海：文明书局，1904年，第1页。

振之志",且"此本人所实地经验者也"。[1] 有着师范教育背景的沈心工在初集中为部分乐歌编配了游戏规则,以求益于儿童歌唱、记忆,并将图示附于书的末尾。但在教学中,沈心工意识到这种排版不便于教师、儿童翻看使用,故在排版时将图示附于每首乐歌之后。1906 年,《学校唱歌集(二集)》也由文明书局出版,乐歌词意浅显易懂、形式活泼。曾与沈心工一起编撰《蒙学课本》的南洋公学附属小学校长陈懋治在《学校唱歌集(二集)》"序"中写道:"学校歌词不难于协雅,而难于协俗……求所谓质直如话而又神味隽永者,自沈君叔逵所著外,盖不数见也。"[2] 称道作者"志在改良社会"教育儿童"修身"养性,精神可嘉。不久,《学校唱歌集》后第三集也相继出版。《学校唱歌集》是我国第一套音乐教科书,出版后影响很大,有效的推进了学堂乐歌运动的开展,其中大量歌曲广为流传。如《男儿第一志气高》这首歌,钱仁康在《学堂乐歌考源》中写道:

沈心工

---

1 沈心工编辑:《学校唱歌集(初集)》,上海:文明书局,1904 年,第 1 页。

2 沈心工编辑:《学校唱歌集(二集)》,上海:文明书局,1906 年,第 1 页。

> 光绪三十年(1904)沈心工把此歌收入他所编的《学校唱歌集》第一集出版后,此歌不胫而走,传遍全国,大有家喻户晓之概。李叔同在光绪三十二年(1906)出版的《音乐小杂志》的《昨非小录》(按:应为《昨非录》),作者注文中说:"学唱歌者音阶半通,即高唱'男儿第一志气高'之歌;学风琴者手法未谙,即手挥'5566553'之曲。"当时《体操》一歌广泛传唱的盛况,于此可见一斑……其后数十年中依然广泛传唱,流行不衰。[1]

1911年出版的《二十世纪女界文明灯弹词》中还专门描写了女学生在集会上用风琴伴唱沈心工《女学歌》时的生动场面,乐歌之风靡可见一斑。

《心工唱歌集》(生活书店1937年初版)

沈心工编写学堂乐歌,主要集中在1902年至1927年间,达一百八十多首。从1904年起,沈心工先后编辑出版了《学校唱歌集(初集)》(1904年)、《学校唱歌集(二集)》(1906年)、《学校唱歌集(三集)》(1907年),《重编学校唱歌集》一至六集(1911年),

1　钱仁康著:《学堂乐歌考源》,上海:上海音乐出版社,2001年,第1—2页。

《民国唱歌集》一至四集(1912 年)。他还翻译出版了《小学唱歌教授法》(1905 年)。1937 年,他精选八十三首歌曲,汇编出版了《心工唱歌集》。沈心工所编的乐歌也大量被选入他人编撰的中小学音乐教科书中,如孙振麒在 1904 年首版、翌年再版的《小学新唱歌》中就采纳了不少沈心工所编写的乐歌。

沈心工早年的乐歌多以选曲填词为主,初期多用日本的学校歌曲。1911 年 2 月,沈心工任南洋公学附属小学"主事"(即校长),5 月编辑《重编学校唱歌集》一至六集交上海文明书局付印。在《重编学校唱歌集》六集的歌曲中,已经有不少德、法、英、美民歌的曲

调，这大大扩充了学校歌曲的容量，也成就了最早的西方音乐“引渡”。同时，沈心工注重儿童身心发展之规律，提出了针对性的教学策略等等，这些都是十分可贵的。如黄炎培写道：“沈君之所以足为我教育界良导师者，不惟以其得风气先，尤以其所制小学用歌词，大注意儿童心理，其所取材与其文字程度，能通俗而不俚，其味隽而浅。虽至今日作者如林，绝不因此减其价值，且与岁月同增进焉。”[1]

1913年2月，沈心工编撰的《民国唱歌集》四册由商务印书馆出版。这套教科书基本上延续了《学校唱歌集》的谱曲方法与特点，乐歌中也有出现一曲多词的搭配。在题材方面，虽描绘大自然和鼓励儿童勤奋好学的儿歌居多，却也有意识地选取了部分地理、物理、历史、数学等与它科联系的乐歌，如有《文房四友》、《十八省》、《八大行星》、《磁石》、《数学游戏》等。

沈心工编写的歌曲，贯穿着比较浓厚的鼓吹“富国强兵”的爱国精神和积极宣扬民主主义的新思想与发展新文化的基本内容。他希望学童们以昂扬的斗志、奋发图强。为此，他创作有表现爱国主义精神的《黄河》、《从军歌》、《爱国》等，有鼓吹国民革命、歌颂共和新政的《革命军》、《美哉中华》等，有提倡男女平权、重视科学的《女学歌》、《电报》、《纺织》等震撼时代的学堂乐歌。后来，他在两

---

1　沈洽编：《学堂乐歌之父——沈心工之生平与作品》，台北：中华民国作曲家协会出版，无时间，第44页。

次国内革命战争和抗日战争期间，用乐歌曲调填词的革命歌曲，更为世人所熟知。如著名的《工农兵联合歌》是用《中国男儿》的曲调。第二次国内革命战争时期的《劳动童子团歌》和东北抗日联军的《冲锋歌》，都是用沈心工所编《民国唱歌集》中的《蝶与燕》和《剪辫》的曲调填词的。

在沈心工的乐歌作品中，《黄河》表达了中华儿女在屡受列强侵凌下誓死抗敌的意志，展现出宏大气魄和强烈激情，特别是后半部声调铿锵有力，生动地传递出中华爱国青年面对祖国山河破碎，立志投笔从戎、为国捐躯的慨然之情。黄自在《心工唱歌集》"序"中写道："其中我最爱《黄河》一首，这个调子非常的雄沉慷慨，恰切歌词的精神，国人自制学校歌曲有此气魄，实不多观。"[1] 1992 年 11 月 16 日，在中国民族文化促进会举办的"二十世纪华人音乐经典"评选活动中，经艺术委员会通过，《黄河》入选为"二十世纪华人音乐经典"的第一首歌曲。

1934 年 5 月，沈心工与萧友梅、黄自等十二人应聘为教育部音乐教育委员会委员，赴南京参加全国音乐教材编审会议，并协同该会编成中小学音乐教科书。1937 年出版《心工唱歌集》。他在"序言"里说明了为何二十多年没有新教科书出版的原因："在十年前，出了一种香艳的歌，一经比较，觉得我的歌陈旧了，迂腐了，我也知

1　沈洽编：《学堂乐歌之父——沈心工之生平与作品》，台北：中华民国作曲家协会出版，无时间，第 47 页。

道我的歌不合时宜，甘心淘汰，停止发行。”[1]经过二十年教学经验的积累，“好像已冷的开水再热起来，既要出版，总想比以前好一点，于是删改增订了一番，改名叫心工唱歌集。”[2]该集中的作品在词曲结合方面更加顺畅，收录乐歌有大家熟知的《男儿第一志气高》、《黄河》、《竹马》等。

1911—1927年，沈心工担任南洋公学附属小学校长。他对儿

1　沈洽编：《学堂乐歌之父——沈心工之生平与作品》，台北：中华民国作曲家协会出版，无时间，第47页。

2　沈洽编：《学堂乐歌之父——沈心工之生平与作品》，台北：中华民国作曲家协会出版，无时间，第47页。

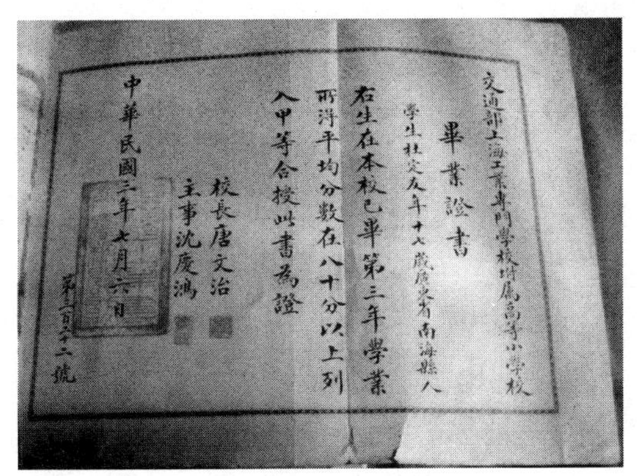
交通部上海工業專門學校附屬高等小學校
畢業證書
學生杜定友年十八歲廣東省南海縣人
右生在本校已畢第三年學業
所得平均分數在八十分以上列
入甲等合授此書為證
校長唐文治
主事沈慶鴻
中華民國三年七月六日
第三百二十二號

沈心工签发的毕业证书

童的心理特点和唱歌要求有较深入的观察与了解,善于描写儿童生活中所接触到的一些事物,使儿童感到亲切。汪毓和在《中国近现代音乐史》中评价沈心工是"最先有意识地针对中小学生及学前儿童的特点来编写乐歌教科书的一位作者。"[1]

如《竹马》的歌词:

> 小小儿童志气高,要想马上立功劳。两腿夹着一竿竹,洋洋得意跳也跳。[2]

---

1　汪毓和编著:《中国近现代音乐史》,北京:人民音乐出版社,1984年,第19页。

2　汪毓和编著:《中国近现代音乐史》,北京:人民音乐出版社,2006年,第66页。

又如《春游》的歌词：

云淡风轻，微雨初晴，假期恰遇良辰。既栉我发，复整我襟，出游以写幽情。绿荫为盖，芳草为茵，此间空气清新。歌声履声，一程半程，与子偕行，偕行。[1]

作为第一个把简谱从日本引进我国的音乐教育家，沈心工在教授简谱过程中，为了让孩子们记住"刀、来、米、法、索、拉、习"七个唱名，他就用近似上海方言的谐音，编成"独览梅花扫腊雪"的诗句，对照唱名进行教学，孩子们很感兴趣，很快就记住了。沈心工不仅自己编写乐歌教科书，也将日本的乐歌翻译到中国，让国人了解并借鉴日本的教育方法和体制。1905年翻译出版的《小学唱歌教授法》原为日本石原重雄所著，共分为七章，分别从"唱歌科之地位"、"唱歌课之目的"、"教材之选择"、"儿童之声音"、"教授之方法"、"教案例"、"教授上之注意"几个方面进行阐述。他指出音乐的社会功能会因人因地因时而异，"以翼小儿之通达者，智育之事也；唤小儿之美情，而敏锐其感受性者，美育之事也。"[2]这是中国近代教育史上首次倡导美育教育，"欲感动一时之人情者，必制一时

1　钱仁康著：《学堂乐歌考源》，上海：上海音乐出版社，2001年，第276页。

2　张静蔚编选校点：《中国近代音乐史料汇编：1840—1919》，北京：人民音乐出版社，1998年，第219页。

适宜之音乐,此自然之势也。”[1]陈懋治为《小学唱歌教授法》作“序”中提到“今日学校音乐阙如,不得不取益于外。君故通音律,盍往学之,以为我国他日乐界改良之初祖乎。”[2]

1936年冬,黄自为《心工唱歌集》作序较为详细的描述了沈心工对他的影响,“记得二三岁时,父亲买了几本唱歌书回来,母亲常抱着我唱那书里的‘摇摇摇,团团要睡了’及‘小小船,小小船,今朝聚会赛一赛’等歌。不久我也学会了好几首。七岁我进上海初级小学读书,记得上第一课唱歌,先生教的是《卖花歌》,什么‘清早起,清早起,到园里,採几朵花来做生意。’我在小学共五年,这时期中所学会的歌不下五六十首。因为我自小就很爱唱歌,所以一首首都唱得很熟,就是到现在大致都还能记忆。……先生的歌集,风行最早。……所谓‘盛极南北’确系事实而不是过誉。所以现在的青年教师及歌曲作者多少皆受先生的影响,这一点贡献,也就了不起了”。[3] 丰子恺在《回忆儿时的唱歌》一文中,曾有一段生动的描述:“我所谓儿时,是指前清宣统二年至民国二年(1910—1913)的期间。这时候科举已废,学堂初兴。我在故乡浙江石门湾新办的

1 张静蔚编选校点:《中国近代音乐史料汇编:1840—1919》,北京:人民音乐出版社,1998年,第219页。

2 沈洽编:《学堂乐歌之父——沈心工之生平与作品》,台北:中华民国作曲家协会出版,无时间,第43页。

3 沈洽编:《学堂乐歌之父——沈心工之生平与作品》,台北:中华民国作曲家协会出版,无时间,第46页。

小学堂里所唱的歌，大都是沈心工编的《学校唱歌集》里的歌曲。学校从嘉兴请来一位唱歌（兼体操）教师，叫作金可铸先生（平湖人），他弹着一架三组风琴，教我们一班十三四岁的学生唱歌。这是我们最初正式学习唱歌，滋味特别新鲜；所唱的歌曲也特别不容易忘记。直到五十年后的今天，我还能背诵好几首可爱的歌曲。"[1]晚年的丰子恺还能回忆默写《扬子江》、《女子体操》、《好朋友》等沈心工作词的歌曲。茅盾在《我的学生时代》一文中写道："对于音乐，我是喜欢的，音乐用的是沈心工编的课本。"[2]直到晚年，茅盾还能诵唱。

沈心工毕生献于教育，献于音乐。曾是南洋公学附属小学学生的邹韬奋，有如下一段回忆："沈叔逵先生，他是一位很精明干练的教育家，全副精神都用在这个小学里面，所以把学校办得很好。"[3]黄炎培在《大公报》发表《音乐教育家沈心工先生传》，赞誉其全部创作的精神"是美的，天真的，生动的，奋发的，沉著的。他的中心思想，是博爱，是自由，是平等，先生三十年中教学生，尽量发挥他们的思想和才能，而引导到一条理想的光明大道上……"[4]

---

1　丰子恺著、丰一吟编：《缘缘堂随笔集》，杭州：浙江文艺出版社，1983 年，第 386 页。

2　茅盾著：《我走过的路（上）》，北京：人民文学出版社，1981 年，第 76 页。

3　周韬奋著：《韬奋自述》，上海：学林出版社，2000 年，第 17 页。

4　史文著：《蓝筚开山功未泯——近代上海学校教育的前驱沈叔逵》，《上海教育（中学版）》，1992 年第 9 期，第 43 页。

沈叔逵(字心工)向諸親友同學告永别

沈叔逵先生(蓀埼蔭昌蔭中蔭安之父親)於民國卅六年九月五日下午七時五十分魂歸天國享年七十有八謹遵遺命於九月七日在靜安寺公墓內依照基督教儀式舉行殮禮隨即火化並於事後登報與諸親友同學告別茲擇於九月二十八日(星期日)下午二時在西藏路慕爾堂舉行追思禮拜禮畢將遺灰舉行海葬謹此報

聞 恕不另訃

(敬辭花圈聯輓等一切弔禮)

沈永思堂謹啓

心工沈叔逵先生追思禮拜

日期 九月二十八日(星期日)下午二時正

地點 西藏路慕爾堂

(敬辭聯輓花圈等一切弔禮)

籌集「心工音樂年獎」基金啓

沈心工先生夙從事教育自製歌曲對於國家社會貢獻實多比年息影家園醉心著殿閒逸遽返道山同深悼惜文治等或誼切師生或交深車笠歎哲人之云亡期風徽之永樹爰體先生提倡音樂之素心徵得其嗣君等同意發起「心工音樂年獎」以提高我國作曲製歌之水準而資紀念先生於不朽倘蒙先生親戚故舊所贊同即請將擬送弔奠儀物概折現鈔俾作基金並希逕交上海江西路新華銀行代收是所企幸

唐文治 黃炎培 顧樹森 趙曾珏 沈維楨

葉恭綽 章宗元 趙錫恩 李熙謀 王志華 同啓

1947 年 9 月《大公报》

# 刘师培

# 独树一帜

刘师培(1884—1919)

经学派别不同,大抵两汉为一派,三国至隋唐为一派,宋元明为一派,近儒别为一派。今所编各课,亦分经学为四期,而每期之中,于经学之派别必分析详明,以备参考。

——摘自《经学教科书(第1册)》第1页

刘师培是中国学术思想史上一位泰山北斗式的大师。他出身名门,因其国学造诣深厚,时人曾以之与章太炎并称为"二叔"(章太炎字枚叔,刘师培字申叔)。他的一生充满传奇色彩,不到二十岁时,就以国学巨子投入反清革命洪流,反对满族统治,在思想和行动上都成为革命派的骁将,自称为"激烈派第一人",[1]因出版《中国民约精义》等著作获得"东亚卢梭"[2]的美誉。这位才华横溢的风云人物,虽然在政治方面有一些曲折经历,但他在极短时间内集中编撰的国学及乡土教科书,在中国现代教科书独树一帜,格调高古又清静幽深,展现了他的绝代风华。

## 革命党中的风云人物

刘师培字申叔,号左庵,出生于江苏仪征一个书香世家,曾祖刘文淇、祖父刘毓崧、伯父刘寿曾都是乾嘉汉学传统的知名学者,他们相续共注《春秋左氏传》,被章太炎称为祖孙三代"世治左氏"。[3] 刘师培自幼墨守书斋、潜心研读典籍。他在《甲辰年自述

---

1 李妙根编:《刘师培论学论政》,上海:复旦大学出版社,1990年,第337页。

2 隗瀛涛、吴雁南主编:《辛亥革命史(中册)》,北京:人民出版社,1980年,第198页。

3 杨晋龙主编:《清代扬州学术(下册)》,台北:中央研究院中国文哲研究所,2005年,第882页。

诗》中写道："童蒙学《易》始卦变，爻象昭垂非子虚"，[1]八岁时掌握《周易》卦变法，十二岁读完四书五经，并学习试帖试，有《水仙花赋》、《凤仙花诗一百首》等，十三岁开始研究《晏子春秋》，十七岁时应试得中秀才，第二年又高中举人。蔡元培在《刘君申叔事略》中叙说他"博闻强记，出语恒惊其长老。"[2]1904 年春，刘师培参加开封会试，临行前作《留别扬州人士书》，呼吁创办新式学堂、鼓励出洋留学。虽然会试落第，但他在上海意外地结识了享誉学界的古文经学大师章太炎，成为其生命的重大转折点。章太炎推崇刘师培家传的古文经学，而刘师培亦仰慕章太炎之学富五车，两人意气相投，引为知己。受章太炎等鼓吹排满革命的影响，刘师培绝意科场，投身革命，并改名"光汉"。钱玄同回忆说："刘君之更名'光汉'，实有重大之意义，在用此名之时期，刘君识见之新颖，与夫思想之超卓，不独为其个人之历史中最宜表彰之一事，即在民国纪元以前二十余年间有新思想之国学诸彦亦有甚高之地位。"[3]

1 刘帅培撰，程千帆、曹虹导读：《中国中古文学史讲义》，上海：上海古籍出版社，2000 年，第 165 页。

2 方光华著：《刘师培评传》，南昌：百花洲文艺出版社，2010 年，第 12 页。

3 郭院林著：《清代仪征刘氏左传家学研究》，北京：中华书局，2008 年，第 141 页。

【资料卡】

章太炎,名炳麟(1869—1936)初名学乘,字枚叔。后改名绛,号太炎。浙江余杭人。清末民初民主革命家、思想家、著名学者,研究范围涉及小学、历史、哲学、政治等等,著述甚丰。章太炎1897年任《时务报》撰述,因参加维新运动被通缉,流亡日本。1900年剪辫立志革命。1903年因发表《驳康有为论革命书》并为邹容《革命军》作序,被捕入狱。1904年与蔡元培等发起光复会。1906年出狱后,孙中山迎其至日本,参加同盟会,主编同盟会机关报《民报》,与改良派展开论战。1911年上海光复后回国,主编《大共和日报》,并任孙中山总统府枢密顾问。曾参加张謇统一党,散布"革命军兴,革命党消"言论。1913年宋教仁被刺后参加讨袁,被禁锢,袁世凯死后被释放。1917年脱离孙中山改组的国民党,在苏州设章氏国学讲习会,以讲学为业。1935年在苏州主持章氏国学讲习会,主编《制言》杂志。晚年曾赞助抗日救亡运动。

1904年3月6日,刘师培在《中国白话报》上发表《论激烈的好处》指出,"天下的事情,没有破坏,就没有建设。这平和党的人各事都要保全,这激烈派的人各事都要破坏。我明晓得这破坏的人断断不能建设,但是中国到了现在,国里头的政府既坏得不堪,十八省的河山都被异族人占了去,中国的人民不实行革命,断断不能立国，就是破坏两字，也是断断不能免的了”。[1] 回到扬州之后，刘师培还创办师范学会并协助扬州乡人出洋留学，发表《论留学生之非叛逆》支持学生运动，又作《黄帝纪年论》，提出以黄帝纪年取代封建帝王纪年等。刘师培还加入中国教育学会、光复会、同盟会、国学保存会等组织，参与万福华行刺王之春行动，从一介书生成为一名激进的革命党人。

1905年，刘师培因参与编辑的《警钟日报》揭露了德国侵略者侵取山东的密谋，遭到租界当局查封而逃亡嘉兴。1906年春至芜湖，先后任教于安徽公学、皖江中学，同时秘密从事革命活动。当时，陈独秀、章士钊等也在安徽公学任教，并组织了反清革命团体岳王会，宣传革命，培养专门从事暗杀的人才。刘师培的夫人何震也是一位激进的女权主义者，如她在后来创办的《天义报》第二期发表《女子宣布书》中提出“以初婚之男配初婚之女，男子再娶只能娶再婚之女，女子再嫁只能嫁再婚之男。废尽天下娼寮，去尽天下娼女”[2]的口号。1907年春节，应章太炎等邀请，刘师培夫妇东渡日本，结识孙中山、黄兴等革命党人，参加同盟会东京本部的工作，但他逐渐与孙中山产生了路线分歧。

在日本，刘师培狂热追捧无政府主义，并认为其高于社会主

1 陈奇著：《刘师培年谱长编》，贵阳：贵州人民出版社，2007年，第67页。

2 丁守和主编：《辛亥革命时期期刊介绍（第3集）》，北京：人民出版社，1983年，第355页。

义,成为二十世纪初中国知识分子中宣扬无政府主义的第一人。1907 年,他发表《无政府主义之平等观》中写道"(社会主义)既行之后,支配之权,仍操其上,则人人失其平等之权,一切之资财,悉受国家之支配,则人人又失其自由权……此社会主义所由劣于无政府主义也。"[1] 同年 6 月,刘师培夫妇发起成立"女子复权会"和"社会主义讲习会",创办《天义报》和《衡报》,宣传无政府主义,提倡废除等级制度,实现人权平等。刘师培在社会主义讲习会召开的第一次会议上明确说明:"吾辈之宗旨,不仅以实行社会主义为止,乃以无政府为目的者也。"[2] 刘师培非常重视发动农民革命,并坚定地认为救济农民之唯一办法就是号召他们起来革命,其动力则在于土地。1907 年 7 月,刘师培在《民报》第 15 号发表著名的《悲佃篇》,响亮提出"尽破贵贱之级,没豪富之田,以土地为国民所共有"[3] 等口号。他还组织成立农民疾苦调查会,组织翻译《共产党宣言》和克鲁鲍特金《面包掠夺》、《总同盟罢工》等。1908 年 3 月 15 日,刘师培(署名申叔)在《天义报》发表了《〈共产党宣言〉序》。由于日本政府开始禁绝社会主义活动,查禁《民报》、《天义报》等报刊,刘师培夫妇生活困难,在与章太炎关系破裂后于 1908 年 11 月

1 丁守和主编:《辛亥革命时期期刊介绍(第 3 集)》,北京:人民出版社,1983 年,第 341 页。

2 路哲著:《中国无政府主义史稿》,福州:福建人民出版社,1990 年,第 49 页。

3 路哲著:《中国无政府主义史稿》,福州:福建人民出版社,1990 年,第 59 页。

回国。此后，刘师培的人生态度发生了极大的转变。他移居南京入两江总督端方幕府之人物，成为两江督署文案兼三江师范教习。后端方调任直隶总督，刘师培随任直隶督辕文案、学部谘议官等职。1911 年随端方南下四川，镇压保路运动，在资州被革命军拘捕。

1908 年刘师培(右四)、何震(右二)与柳亚子、苏曼殊等在上海合影

1912 年初，身为南京临时政府教育总长的蔡元培在不知刘师培音信的情形下与章太炎联名在《大共和日报》上刊登《求刘申叔通信》，“刘申叔学问渊深，通知今古，前为宵人所误，陷入范笼。今者，民国维新，所望国学深湛之士提倡素风，任持绝学。而申叔消息杳然，死生难测。如身在地方，尚望先一通信于国粹学报馆，以慰同人眷念。”[1]在得知刘师培下落后，蔡元培又以教育部名义致电

1 高平叔编:《蔡元培全集(第 2 卷)》，北京:中华书局，1984 年，第 128 页。

四川,要求将刘护送来部,"以崇硕学"。[1] 同时,身为安徽都督府秘书长的陈独秀也与人共同致电临时大总统孙中山,希望对刘师培能"矜全曲为宽宥","延读书种子之传,俾光汉得以课生著书赎罪"。[2] 孙中山于是发电文敦请开释其人,不得苛待之,由此恢复了刘师培的自由身。不久,刘师培在友人谢无量介绍下先在四川国学院讲课,后任成都国学院副院长兼四川国学学校课,讲授《左传》、《说文解字》等,并与谢无量等共同发起成立四川国学会。1913年,因夫人何震在东京认识的好友阎锡山处充当家庭教师,刘师培也被聘为都督府顾问,不久被阎锡山推荐任袁世凯的参政。1915年8月,刘师培与杨度、严复等发起成立筹安会,作《君政复古论》、《联邦驳议》,鼓吹袁世凯称帝,成为"筹安会六君子"之一,洪宪帝制失败后,刘师培流落天津。

1917年初,陈独秀向蔡元培推荐避居天津的刘师培到北京大学任教,出任中国文学门(1919年改为中国文学系)教授,兼任文科研究所的指导教师,并为国史编纂处纂辑员。刘师培讲授中古文学、"三礼"、《尚书》和训诂学,编写《中国中古文学史讲义》。冯友兰在《三松堂自序》中曾写道:"当时觉得他的水平确实高,像个老教授的样子,虽然他当时还是中年。他上课既不带书,也不带卡

---

1 高平叔、王世儒编注:《蔡元培书信集》,杭州:浙江教育出版社,2000年,第118页。

2 《临时政府公报(第2号)》,1912年,第11页。

片，随便谈起来，就头头是道。援引资料，都是随口背诵。当时学生都很佩服。”[1]蔡元培在《刘君申叔事略》中亦说：“君是时病瘵已深，不能高声讲演，然所编讲义，元元本本，甚为学生所欢迎。”[2]此时正处在新文化运动的高潮中，在这一时代大潮的裹挟之下，刘师培坚定自己的文化立场，1919 年 1 月，与黄侃、朱希祖、马叙伦、梁漱溟等成立“国故月刊社”，主编《国故月刊》，以“保存国故”与宣传新文学的《新青年》相抗衡。

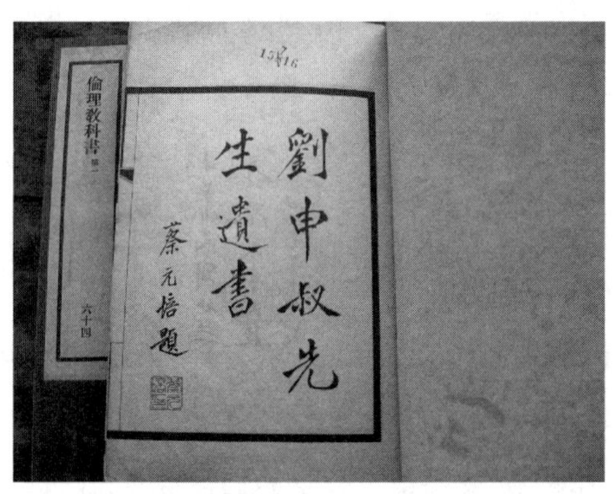


《刘申叔先生遗书》(1934 年宁武南氏校，1936 年印)

1919 年 11 月 20 日，年仅三十六岁的刘师培因肺结核病逝于北京，丧事由陈独秀主持。据说，刘师培咽气前清泪涟涟说：“我一

---

1 冯友兰著：《三松堂自序》，北京：人民出版社，1998 年，第 310 页。

2 刘师培撰，程千帆、曹虹导读：《中国中古文学史讲义》，上海：上海古籍出版社，2000 年，第 164 页。

生应当论学而不问政,只因早年一念之差,误了先人清德,而今悔之已晚矣”。[1] 刘师培浸染家学,在学术界大放光芒,但英年早逝,其主要著作由南桂馨、钱玄同等搜集整理为《刘申叔先生遗书》七十四种,1936 年出版,蔡元培题写书名。

## 国学保存会及国学教科书

甲午一役,惊醒了中国人四千年的迷梦。伴随着新学的兴起,清廷官员认识到人们对传统产生叛逆心理,将导致国家固有的政体和社会结构、伦常规范崩解。1896 年李端棻在《奏请推广学校折》中指出府州县学之“学中课程,诵《四书》、《五经》、《小学》”等书,省学之“学中课程,诵经史子及国朝掌故诸书”等。[2] 张之洞在《劝学篇》明确提出“中学为内学、西学为外学。中学治身心,西学应世事”[3]的著名思想。1904 年,张之洞与张百熙、荣庆一起修订的《学务纲要》亦指出,“若学堂不读经书,则是尧舜禹汤文武周公孔子之道,所谓三纲五常者尽行废绝,中国必不能立国矣。”[4]同时

1 陶菊隐著:《筹安会“六君子”传》,北京:中华书局,1981 年,第 129 页。

2 朱有瓛主编:《中国近代学制史料(第 1 辑下册)》,上海:华东师范大学出版社,1986 年,第 485 页。

3 张之洞著:《劝学篇》,上海:上海书店出版社,2002 年,第 71 页。

4 朱有瓛主编:《中国近代学制史料(第 2 辑上册)》,上海:华东师范大学出版社,1987 年,第 83 页。

强调“中国各种文体，历代相承，实为五大洲文化之精华。且必能为中国各种文辞，然后能通解经史古书，传述圣贤精理。文学既废，则经籍无人能读矣。外国学堂最重保存国粹，此即保存国粹之一大端。”[1] 1904 年 1 月颁布的《奏定学堂章程》规定初等小学堂课程为修身、读经讲经、中国文字、算术、历史、地理、格致、体操；高等小学堂课程为修身、读经讲经、中国文字、算术、中国历史、地理、格致、图画、体操；中学堂课程为修身、读经讲经、中国文学、外国语、历史、地理、算学、博物、物理及化学、法制及理财、图画、体操。可见，“读经讲经”在新教育迅速生长时，是具有不可动摇及不可替代的根基性地位。对此，张百熙等在《重订学堂章程折》中指出：“至于立学宗旨，勿论何等学堂，均以忠孝为本，以中国经史之学为基。俾使学生心术壹归于纯正，而后以西学瀹其智识，练其艺能，务期他日成材，各造实用，以仰副国家造就之通才、慎及流弊之意”。[2]如初等小学堂“读经讲经”的内容要求如下：

第一年，读《孝经》《论语》每日约四十字，兼讲其浅近之义；

1 朱有瓛主编：《中国近代学制史料(第 2 辑上册)》，上海：华东师范大学出版社，1987 年，第 84 页。

2 陈景磐编著：《中国近代教育史》，北京：人民教育出版社，1983 年，第 166—167 页。

第二年，读《论语》《学》《庸》，每日约六十字，兼讲其浅近之义；

第三年，读《孟子》，每日约一百字，兼讲其浅近之义；

第四年，读《孟子》及《礼记》节本，每日约读一百字，兼讲其浅近之义；

第五年，读《礼记》节本，每日约一百二十字兼讲其浅近之义。[1]

由《孝经》、《论语》到《孟子》、《礼记》，经学教育不仅目标明确、内容具体、方法明晰，而且有充分的课时保障。“自初等小学第一年，日读约四十字起，至中学堂日读约二百字止。大率小学堂每日以一点钟读经，以一点钟挑背浅解（挑背者，随意择资质较钝数人，每个指令背诵数语，以省日力。浅解者，止讲浅显切用大义），共合为两点钟，计每星期治经十二点钟。中学堂每星期以六点钟读经，以三点钟挑背讲解，计每日读经一点钟，间日挑背讲解一点钟，每星期治经九点钟。至温经一项，小学中学皆每日半点钟，归入自习时督课，不占讲堂时刻”。[2]

---

1 舒新城编：《中国近代教育史资料（中册）》，北京：人民教育出版社，1961年，第415页。

2 朱有瓛主编：《中国近代学制史料（第2辑上册）》，上海：华东师范大学出版社，1987年，第83页。

十九世纪末二十世纪初，面对西学汹汹东来，中学岌岌可危的情势下，日本流行的国粹主义受到学界部分人士的关注。和国学相比，“国粹”偏重于特性，指中国文化中特有的成分，即中国的语言文字和历史。[1] 1901年梁启超在《中国史叙论》一文中提到“国粹”一词。1902年秋，他给黄遵宪的信中也写道，“谓养成国民，当以保国粹为主义，取旧学磨洗而光大之。”[2] 1902年，黄节发表《国粹保存主义》一文，介绍日本的国粹主义，首次强调“国粹者，国家特别之精神也”。① 1903年6月出版的《浙江潮》刊出《国魂篇》也明确提倡国粹主义，“一国国政之进运也，恒不外两大主义之冲突调和而后成，所谓两大主义者何？曰：世界主义、国粹主义而已。”② 一些硕学鸿儒以他们对中国传统学术的热爱和信心，大力呼吁复兴国学。1903年末，邓实、黄节、马叙伦等人在上海倡议成立国粹学社，并准备出版《国学报》。1904年3月，黄节在《政艺通报》第1号上发表《国粹学社发起辞》为国粹学社招募会员，但国粹学社因多方面原因，并未成立。这一期间，邓实先后在《政艺通报》上发表《国粹保存主义》和《国学保存论》，提出“保学”是“保种”、“保国”的前提。1905年1月，邓实、黄节、刘师培、陈去病、马叙伦、柳亚子、

1　孟琢著：《章太炎的国学概念及其品格与精神》，《暨南学报（哲学社会科学版）》，2012年第6期，第147—153页。

2　丁文江、赵丰田著：《梁启超年谱长编》，上海：上海人民出版社，1983年，第278页。

马君武等人在上海发起国学保存会。2 月创办会刊《国粹学报》。国学保存会以“研求国学，保存国粹”[1]为宗旨，是清末第一个以保存国学作为主要宗旨的知识社团。国学保存会以文化为立国精神，以国家与学术为一有机整体，“立乎地寰而名一国，则必有其立国之精神焉，虽震撼搀杂而不可以灭之也，灭之则必灭其种族而后可；灭其种族，则必灭其国学而后可。……学亡则亡国，国亡则亡族。”[2]为了保存国学，国学保存会立下五项宏愿：“本会志愿宏远，其所欲办之事有五：一曰创刊《国粹学报》；一曰开设藏书楼；一曰刊刻古籍为国粹丛书；一曰编辑国学教科书；一曰开国粹学堂。”[④]

刘师培从 1905 年担任国学保存会开设的国学讲习会正讲师后，先后讲授过伦理学、经学、文学、历史等四科，后又开设了中国地理一科。[3] 后来他还任教于安徽皖江中学等。于是在 1905—1906 年间，刚过二十岁的刘师培以我们难以想象的时间与速度编写《经学教科书》二册（刘师培编著，1905 年）、《中国历史教科书》三册（刘师培编著，1905 年）、《中国地理教科书》二册（刘师培编著，1905 年）、《伦理教科书（中学用）》二册（刘师培编，邓实参校，1906 年）、《中国文学教科书》十册（刘师培编，1906 年），共计五种十八册

---

1　吴雁南、冯祖贻、苏中立、郭汉民主编：《中国近代社会思潮 1840—1949（第 1 卷）》，长沙：湖南教育出版社，1998 年，第 657 页。

2　黄节著：《国粹学报叙》，《国粹学报》第 1 年第 1 号，1905 年 2 月。

3　郭军著：《近代国学教育之困》，华东师范大学博士学位论文，2010 年，第 85 页。

国学教科书，由上海国学保存会首版印行，国粹学报馆发行。这些国学教科书供高等小学、中学教授之用，也在国学讲习会使用。1934 年山西省宁武县南桂馨等整理、1936 年校印的《刘申叔先生遗书》分册收录了这套国学教科书，但误将《中国历史教科书》分为三册，"右历史教科书第二册繁三十六课，第二十课始为下册，手民排比时误作第三册，故附正于此。甲戌十二月下澣桂林郑裕孚。"[1]

这套国学教科书在首版印刷时封面一致，右上竖排为"国学教科书之一"（小字），中间竖排为"××教科书"（大字），左下竖排为"国学保存会编辑印行"（小字），这是至今为止唯一在封面上印有"国学教科书"字样的中小学教科书。各册教科书开篇有"序例"、"弁言"或"凡例"，但各册均无目录（在 1936 年的《刘申叔先生遗书》编排时，其中《中国文学教科书》出现有目录）、无插图、无习题，教科书的基本要素不全。这套国学教科书各科各册的课文均编为三十六课，全部为文字编辑，其文体纯用国文风格，务求渊懿精实，其中穿插有很多用小字编排的注释，约占课文文字的而且四分之一，既包括引注，也包括自注。国学保存会在《编辑国学教科书出版广告》中写道："本会同人，既以保存国学为任，安能任五千余年光明俊伟之学术听其废弃。然祖国典籍浩如烟海，学人苦无门径，每兴望洋之叹。非提要钩玄，重行编辑，不能合学堂教科之用。同

1　刘师培撰：《中国历史教科书（第 3 册）》，《刘申叔先生遗书（第 71 册）》，宁武南氏校印，1936 年，第 53 页。

人热心发愤,举以自任,将我国五千年之学术其精要重大者,皆融会于五种教科书之中。……本会所编教科书皆就国学之一面着手,盖以吾国学术历五千年,浩瀚渊博,典籍浩如烟海,学人苦无门径,每兴望洋之叹。非荟萃群籍,提要钩元,折衷至当,重行编辑,不足以发扬国学之精粹,而合学堂教学之用。”[1] 1907 年 1 月学部特别下批文勉励这套国学教科书,赞曰:“教科书宗旨纯正,文理明通,诚如该举人所云。该举人学会著书尤宜勉益,加勉此案。”[2]

《经学教科书(第 2 册)》(国学保存会 1906 年首版发行)

《经学教科书》共 2 册,1905 年上海国学保存会初印。刘师培认为六经浩瀚博大,其中蕴藏极深的学问,“虽不合于教科,然观于嘉言懿行,有助于修身。考究政治典章,有资于读史。治文学者,可以审文体之变迁。治地理者,可以识方舆之沿革。是经学所该

1 《编辑国学教科书广告》,《国粹学报》,第 1 年第 8 号,1905 年 9 月。

2 《学部大臣批据禀》,《国粹学报》,第 3 年第 1 号,1907 年 3 月。

甚广，岂可废乎。”[1]于是，他高屋建瓴，为了教科“择而用之”，[2]将经学划分为两汉、三国至隋唐、宋元明、近儒四个时期，在每期之中“首《易经》，次《书经》，次《诗经》，次《春秋经》、次《礼经》，次《论语》、《孟子》、《学庸》附焉，次《孝经》、《尔雅》附焉。”[3]基本做到举要籍、明源流、辨得失、重考证，呈现了经学史的全貌。刘师培治学严谨，认为要在弄清楚经学发展的基本脉络与事实的基础上，才能对其意义加以阐释，“经学源流不明，则不能得治经之途辙，故前册首述源流，后册当诠大义。”[4]

《经学教科书》第一册详论经学的产生、发展及其流变过程，首先叙述了孔子之前的经学，说明六经由来已久，非孔子所作。刘师培细致地考察了经书的逐渐形成过程，认为《六经》之名始于三代，起源则更古。《乐》发端于葛天氏时代的乐舞，伏羲神农时代的乐名，皇帝时代发明的六律五音之用，《易》至少可以追溯到伏羲八卦，《礼》发端于唐虞，《诗》至少可追溯到虞夏的采诗之官。而上古之君，设左右二史，左史记言，右史记动，言为《尚书》，动为《春秋》，

---

1　刘师培撰：《经学教科书（第1册）》，《刘申叔先生遗书（第66册）》，宁武南氏校印，1936年，第1页。

2　刘师培撰：《经学教科书（第1册）》，《刘申叔先生遗书（第66册）》，宁武南氏校印，1936年，第1页。

3　刘师培撰：《经学教科书（第1册）》，《刘申叔先生遗书（第66册）》，宁武南氏校印，1936年，第2页。

4　刘师培撰：《经学教科书（第1册）》，《刘申叔先生遗书（第66册）》，宁武南氏校印，1936年，第1页。

是为《书经》、《春秋经》之始。经过历代的增益,到西周已经比较成型。这就比较严密地验证了章学诚"六经皆史"其说不诬,而孔子只是将"淆乱无序"的上古六经加以整理,推陈出新,使之成为儒门教科书(分别侧重哲理、国文、修身、近世史、歌咏、体操)而已。对于孔子之后的经学,刘师培按时代先后析为两汉、三国至隋唐、宋元明、清代等四期(后周予同在注释皮锡瑞《经学历史》的序言中称其为"强以时代分派")。

刘师培深谙传统学术文化,又曾系统研读过外人所作《西人学术沿革史》、《社会学》、《社会学原理》、《哲学大纲》、《哲学要领》、《历史哲学》、《支那文明史》等著作。他力图把先秦诸子分别归入哲学、逻辑学、伦理学、政法学、宗教学、经济学和自然科学等西方学科体系之中,并进行衡量和讨论。在《经学教科书》第二册中,刘师培首次将中国传统经学与现代科学相结合进行论述,以阐明中国传统经学之博大精深,他从第二十二课到第三十三课,气势磅礴的论述了《易经》与各学科之间的关系,由此揭示《易经》的现代意义与价值,课文标题依次为《论易经与文字之关系》、《论易学与数学之关系》、《论易学与科学之关系》、《论易学与史学之关系》、《论易学与政治学之关系》、《论易学与社会学之关系》、《论易学与伦理学之关系》、《论易经与哲学之关系(一)》、《论易经与哲学之关系(二)》、《论易经与哲学之关系(三)》、《论易经与礼典之关系(上)》、《论易经与礼典之关系(下)》。刘师培推崇《易经》中蕴含"至高至尚之哲理也。”[1]特别指出其中蕴含着进化论思想，如在《论易经与哲学之关系（三）》中论述了《易经》在言进化而不言退化等等观点，显示其在中西文化的大碰撞、大融合的洪流之中对传统学术的文化自信。刘师培也极为关注现代科学，并开创性的深入探究易学与科学的密切联系。如他在《论易学与科学之关系》一课中指出《易经》有裨于化学与博物，其关于《易经》与化学之关系阐述如下：

有裨于化学者，盖以地气水火为四行，即化学所谓原素。昔印度以地风水火为四大，希腊以地气水火为四行，中国上古之教，亦四行而非五行。伏羲作《易》，首重八卦，故八卦之中，有正位之卦，有孳生之卦，乾坤离坎，卦之列于本位者也。震巽兑艮卦之出于孳生者也。山传于地泽，附于水雷，生于火，若天之与风，又皆空气所积也。由是言之，则八卦出于四行，有明徵矣。易繫辞言，两仪生四象，四象生八卦，四象殆即四行与。及轩辕御宇，创为五行，于四行之中屏气弗列，以金之可以耀武也。于是乎贵金，以木之可以备物也。于是乎贵木，

1 刘师培撰：《经学教科书（第2册）》，上海：国学保存会，1906年首版发行，第47页。

由是五行之名成,四行之名灭,而周易之学亦失其传矣。[1]

《经学教科书》出版后便在学界流行甚为广泛,与皮锡瑞的《经学历史》同享盛名,并一直为后来研究中国经学史的学者所重视。1912年1月19日,民国教育部公布的《普通教育暂行办法通令》中废止了小学读经科,同日公布的《普通教育暂行课程标准》,初等小学校、高等小学校、中学校课程均无"读经讲经"一科,经学教育在教育制度层面宣告结束。刘师培编著的《经学教科书》成为二十世纪中国第一本以"经学"命名的教科书。(伪满时期,奉天省公署1934年印刷有文教部著作与发行的初级中学《经学教科书》)

《中国文学教科书》共十册,1906年初版。刘师培认为不通小学不能读古书,不读古书不能工文。所以"编辑国文教科书,首明小学,以为析字之基。庶古代六书之教,普及于国民,此则区区保存国学之意也"[2]他将小学分为字

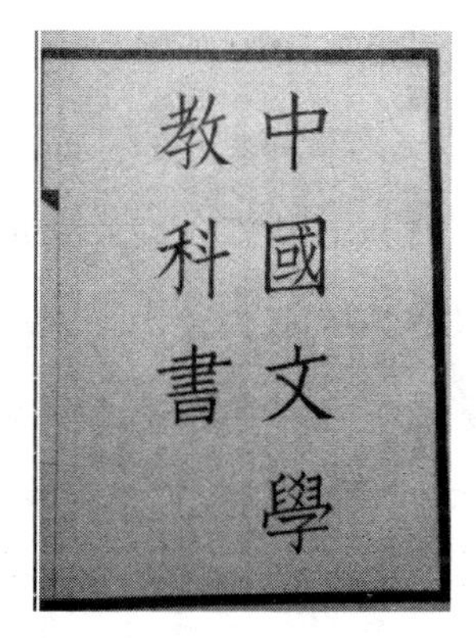

《中国文学教科书》(1906年)

1 刘师培撰:《经学教科书(第2册)》,上海:国学保存会,1906年首版发行,第38页。

2 刘师培撰:《中国文学教科书(第1册)》,《刘申叔先生遗书(第67册)》,宁武南氏校印,1936年,第1页。

形、字音、字义三类，“辨析文字之源流……能深明字学之作用……此编于古今音读训诂之学，各分条例。有为近儒所已言者，又为近儒所未言者。非惟为国文入手之阶梯，且为读周汉古书者之门径。”[1]故《中国文学教科书》内容先明小学之大纲，次分析字类，讨论句法、章法、篇法，及至总论古今文体，尔后编列选文。全书以古文的字词及章法知识作为教科书组织的线索与骨架，显示出“中国文学”教科书与传统文学选本的根本不同。如《中国文学教科书》中指出“自周代以六书垂教，而中国文字，悉该于六书。惟六书之例浩瀚，故此编于第五课以下，即诠明六书之例，而出以简约之词，正例变例辨析尤严。剌旧说者十之七，参臆说者十之三。”[2]由于“自篆文易为隶书，然后字失其形。故此编于字形之迁变，记载特详。”[3]《中国文学教科书》第一册第一课是《论解字为作文之基》，由解字说起，接着是字音、字义、字形的起源问题，从文学之外再入文学之内，颇合中国文学自身的特点。课文以“《左传》有言”、“韩愈亦曰”开篇，辅以王安石的观点，说明文字源于情感、出于言语。之后对于刘氏《文心雕龙》、许慎《说文解字》中的文字起源观点进行

---

1　刘师培撰：《中国文学教科书（第1册）》，《刘申叔先生遗书（第67册）》，宁武南氏校印，1936年，第3页。

2　刘师培撰：《中国文学教科书（第1册）》，《刘申叔先生遗书（第67册）》，宁武南氏校印，1936年，第2页。

3　刘师培撰：《中国文学教科书（第1册）》，《刘申叔先生遗书（第67册）》，宁武南氏校印，1936年，第2页。

评述,在说明“结绳”之起源时用《尚书》作为注释,在课文论述中提及郑氏《周易》中“结绳记事”之说、《孝经》中“书契”之说。然后引用《荀子》、《吕氏春秋》中“仓颉造字”的观点为注释,论述了“非谓仓颉以前无文字也。古代之时,合体之字为文,分体之字为字。或就字音言之,则称曰名,或就字形言之,则称曰书。”[1]并阐明《说文解字》及《荀子·正名篇》之观点。课文最后依次列举了《说文解字》、《声类》、《广雅》、《玉篇》、《切韵》、《广韵》、《韵海镜原》、《字汇》、《正字通》、《康熙字典》中的字数。这篇一千多字的课文中涉及的知识点不仅对于学生而言较多,就是一般的教师要上好这样的课也需要丰富的知识底蕴,否则难以胜任。而国学教科书中的课文大多如此,故整体而言偏深偏难。

《伦理教科书》共二册,1905年初版,是国学讲习会教材,并供作高等小学堂及中学堂的课本。第一册为伦理学大纲及对于己身之伦理,第二册为家族伦理及社会伦理,每册36课。刘师培对针对传统伦理教育的弊端,借鉴西方伦理学的观念和方法对伦理释义、伦理起源、中国伦理学派别等伦理学基本问题进行了总结和论述。刘师培为振国民之精神以使之奋发兴起,在《伦理学教科书》中建构了以伦理的起源、权利与义务、个人伦理、家族伦理、社会伦理、国家伦理、伦理修养、伦理行为以及一系列伦理规范、观念为内

1　刘师培撰:《中国文学教科书(第1册)》,《刘申叔先生遗书(第67册)》,宁武南氏校印,1936年,第4页。

容的伦理学体系。他在《伦理教科书》“序例”中明确指出：

> 宋儒之学，兼言心理，旁及政治、教育，非专属于伦理学也。故学无范围，有学而无律，且详于实践之伦理，而伦理起原言之颇简，不适于教科。夫伦理虽以实行为主，然必先知而后行。若昧于伦理之原理，徒以克己断私之说强人民以必从，殆《大学》所谓拂人之性者矣。今东西各国学校之中，伦理一科，视为至要，盖欲人人先知而后行也。中国人民当总发之时，即诵《孝经》及四子书，然躬行实践之人曾不一睹，则以教育之失其法也。故汇集前儒之说，萃为一编，以供学校教授之用。[1]

刘师培明确提出了心理学是伦理学之基础，与伦理学的关系最为密切，“不明心理之作用，不能知伦理之起源”。[2] 刘师培从人的身心关系和个人与社会的关系入手对个人伦理、家庭伦理、社会伦理的一系列规范和观念作了比较全面的论述。同时，刘师培也敏锐地看到了伦理教育在时代变革中的重要性，他在《伦理教科

1 刘师培撰：《伦理教科书（第1册）》，《刘申叔先生遗书（第64册）》，宁武南氏校印，1936年，第1页。

2 刘师培撰：《伦理教科书（第1册）》，《刘申叔先生遗书（第64册）》，宁武南氏校印，1936年，第1页。

书》第一册第一课《释伦理之义》中指出伦理“以己身为主体，以家族、社会、国家为客体，故伦理一科首重修身，”[1]个人品格是社会伦理的基础。在课文中不断出现“权利”、“义务”、“人民”、“文明”等现代意蕴的词汇，而且也有德智体等现代教育观点。如刘师培在《伦理教科书》第一册第三十三课《说尚武》中强调一国之民有保卫国家之责任后，推崇清初思想家、教育家、颜李学派创始人颜元，并由此提出德智体具备才是完全之人格的观点。“惟颜习斋先生学尚实行所定学规，有理学斋，所以重德育也，有武备斋，所以重体育也，复设文事、经史二斋，所以重智育也。故德育智育体育俱备。然后智仁勇三德既全，乃合完全之人格”。[2] 刘师培在《伦理教科书》中还主张改造国人的奴隶性与依赖性，培养国民的公德心。“社会者由个人而集合者也，故个人之苦乐，悉援社会之苦乐而分，未有社会皆乐而个人独苦者，亦未有社会皆苦而个人独乐者，保全社会正所以保全一身，身在社会之中，未有社会不得保全而能保全一身之理。”[3]他强调甚至必要时，“牺牲一己之生命，而为社会图公

1　刘师培撰：《伦理教科书(第1册)》，《刘申叔先生遗书(第64册)》，宁武南氏校印，1936年，第2页。

2　刘师培撰：《伦理教科书(第1册)》，《刘申叔先生遗书(第64册)》，宁武南氏校印，1936年，第37页。

3　刘师培撰：《伦理教科书(第2册)》，《刘申叔先生遗书(第65册)》，宁武南氏校印，1936年，第23页。

益，"[1]并且主张"国为重，而家为轻。"[2]《伦理教科书》不仅对二十世纪初中国伦理教科书体系的规范化，而且对伦理教育的近代化都有开创性的意义。唐凯霖和王泽应认为刘师培的《伦理教科书》"标志着独立化的中国伦理学科的正式产生和形成"。[3] 刘师培在编《伦理教科书》第一册后，还为此书配有《古诗歌读本》，每课一首，共三十六首，提供学生课外阅读。[4]

1902年，梁启超发表《新史学》一文，猛烈抨击封建的旧史学，倡导史学革命，要求建立适应形势发展的新史学。在新学制和新史学思潮的影响和推动下，一些学者开始着手重新编写中国历史的工作。刘师培在《中国历史教科书(第1册)》"凡例"中认为，"读中国史书有二难，上古之史多荒谬而记事互相歧，后世之史咸浩繁而记事多相

《中国历史教科书(第1册)》(国学保存会1905年)

1 刘师培撰:《伦理教科书(第2册)》,《刘申叔先生遗书(第65册)》,宁武南氏校印,1936年,第5页。

2 刘师培撰:《伦理教科书(第2册)》,《刘申叔先生遗书(第65册)》,宁武南氏校印,1936年,第5页。

3 湖南师范大学伦理研究所编:《伦理文化的当代求索逻辑·历史·现实(中)》,长沙:湖南师范大学出版,2001年,第891页。

4 刘师培撰:《中国地理教科书(第2册)》,《刘申叔先生遗书(第73册)》,宁武南氏校印,1936年,第11页。

袭。中国二十四史既不合于教科,通鉴通典通考亦卷帙繁多,而近日所出各教科书,复简略而不适于用。欲治中史,非编一繁简适当之中国历史莫由。"[1]由此编著《中国历史教科书》三册作为国学教科书之一种。他借鉴西方史书"多区分时代而所作文明史,复多分析事类"写道"今所编各课,咸以时代区先后,即偶涉制度文物于分类之中,亦隐寓分时之意,庶观者易于瞭然。"[2]同时,针对中国史书之叙事详于君臣而略于人民、详于事迹而略于典制、详于后代而略于古代的弊端,在编著《中国历史教科书》时强调"历代政体之异同、种族分合之始末、制度改革之大纲、社会进化之阶级、学术进退之大势。"[3]全书采用章节体编排,注意整体、种族、制度、阶级、学术等方面的内容。所编各课有详细的注释出处,涉及上百种史书,对于古代地理亦注以今名。此外书中还附有刘师培自己注释的一些观点。教科书的各课之后,附有年表及帝王世系表,历代大事表,还有一些职官地理各表及封建井田学校等图。

1905年,刘师培还编著有《中国地理教科书》二册,作为高等小学及中学第一年使用的教科书。在《中国地理教科书》第一册"序"

1 刘师培撰:《中国历史教科书(第1册)》,上海:国学保存会,1905年首版发行,第1页。

2 刘师培撰:《中国历史教科书(第1册)》,上海:国学保存会,1905年首版发行,第1页。

3 刘师培撰:《中国历史教科书(第1册)》,上海:国学保存会,1905年首版发行,第1页。

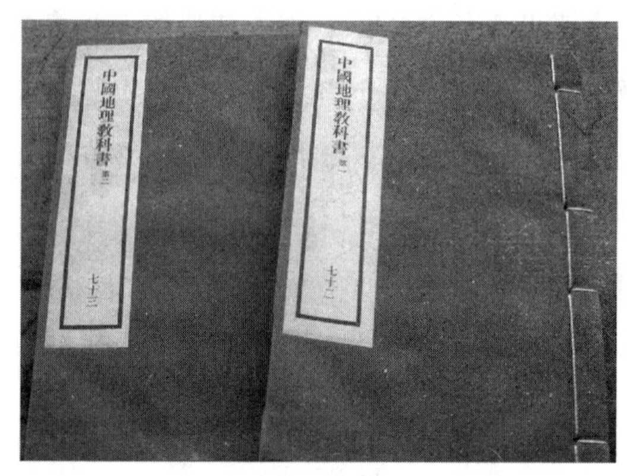


《中国地理教科书》(南武宁氏校印)

中,他提出近世以来治地学者析为天文地理、地文地理、人文地理三种,但“近世巨儒精研地学,详于考古,略于知今。以考证标其帜,一城一邑辩及千言。故地理之书日增而地理之学日晦。夫人民之所栖诧者,大地之上也。今也于海陆之区分,山川之流峙邦国之建设,物产之盛衰,民风文化之变迁,不自知其所以然。犹之冥行而欲索途也。吾为此惧,编中国地理教科书,浅明简直,以便初学使治地学者可以由浅而入深。”[1]因为天文地理、地文地理、人文地理已详于蒙学教授之年,所以对此从略。《中国地理教科书》的编写宗旨在于考古与知今并重,因为知今才能考古,所以在《凡例》中说明第一册主要是详细的“现今之地理”,第二册则以“考古

1 刘师培撰:《中国地理教科书(第1册)》,《刘申叔先生遗书(第72册)》,宁武南氏校印,1936年,第1页。

为重矣”。[1] 在内容编排中,刘师培对于山脉河流记录详细,且悉数各地沿革、物产。如《中国地理教科书》第一册以省为纲,“先详沿革,贵考古也;继言区划,贵知今也,继详商埠物产重实用也。”[2] 他还特别注重编排了各省的驻防,使学童知地理之重要,国势之险峻。“缘营兵制既附见于各省中,故不复列表,惟各省驻防及长江水师,则书中未及详载,故列表以详之”。[3] 刘师培不仅通古,还知今,将现实生活中最新的变化也详细说明,以让学生明了当时中国之现状与危机。如第二册第一课《黄河流域各行省总论》之“交通”中介绍有铁路、电线、驿路、商埠、邮政,其中“电线”说明为“北京之线,一南由天津至山东德州、济宁,又由天津分一支线,沿海达烟台胶州,又由胶州分一支线,西达济南开封。一西由保定至太原、西安、兰州,其西直达于伊犁。”[4] 在第七课《直隶省总论下》中认为“直隶一省交通机关最备。”其中“铁路”的介绍较为翔实,他写道“卢汉铁路从顺天卢沟桥西南行,由保定(此一节又名津保铁路)达广平入河南界(又有支路达周家店),系比法二国资本所营。京津铁

---

1 刘师培撰:《中国地理教科书(第1册)》,《刘申叔先生遗书(第72册)》,宁武南氏校印,1936年,第1页。

2 刘师培撰:《中国地理教科书(第1册)》,《刘申叔先生遗书(第72册)》,宁武南氏校印,1936年,第1页。

3 刘师培撰:《中国地理教科书(第1册)》,《刘申叔先生遗书(第72册)》,宁武南氏校印,1936年,第1页。

4 刘师培撰:《中国地理教科书(第2册)》,《刘申叔先生遗书(第73册)》,宁武南氏校印,1936年,第1页。

路从顺天东南达天津,系中英所合办(别有支路由顺天至通州)。京榆铁路由天津东至塘沽,又东北绕唐山开平达山海关,系英国资本所经营。正太铁路由正定西入山西,系俄法所经营。别有京张铁路由顺天西北达张家口,现已告成。津浦铁路由天津达山东,尚未兴工(英德两国所营)。"[1]为了使学生明白晓畅,教科书中古代地理名旁边均注当时之地名,同时编有较多简要浅明的列表以辅助文字说明。"各省之后,附列各道表,以每道所辖之地,其区画之制,多沿古昔,凡土地同属一道者,其人情、风俗、物产必多相同,阅者极宜注意"。[2] 这套教科书同时有精美图册与之配套。

对于中华民族这个拥有几千年文化底蕴的国家来说,国学就是这个民族屹立长生的血液与魂魄。"伦理、经学二科,为吾国国粹至重要者。五千年立国以来,先圣名贤所发明者,以此为至精。故学堂课程首列二科,诚重之也,乃吾国于二科之教科书,未闻有编辑成书者。坊本间有一二,则不完不备,草率特甚。致学者,欲稍窥国学,亦苦无门径。本会苦心编辑,先成此二书,诚以为国学之津筏,使学者得此,实不啻入学堂而受最高等国学之教育,事半

---

1 刘师培撰:《中国地理教科书(第 2 册)》,《刘申叔先生遗书(第 73 册)》,宁武南氏校印,1936 年,第 11 页。

2 刘师培撰:《中国地理教科书(第 1 册)》,《刘申叔先生遗书(第 72 册)》,宁武南氏校印,1936 年,第 2 页。

功倍,其便于少日失学之人,实非浅鲜,以千爱国好学之士幸毋忽之。"[1]刘师培利用丰厚的学术功底,以一己之力,迅速集中编著出版如此众多的国学教科书,实为难得。国学教科书的编撰出版并非单纯保存中国传统学术,其文化意蕴旨在尝试从纯正的传统内部更新传统,开辟现代性与中国传统学术结合起来的新范式,是国学自我更新的尝试,展示了国学的生命力,成为国学从传统到现代转型的标志,具有文化传承和文化推展的作用。虽然国学教科书文字古奥且论说方式书斋化,在客观上脱离了社会大众的语言表达方式,有时也出现有"简单的附会"[2]等不足,但国学教科书为国学教育与研究开辟了一块新的天地,为继来者完成使命奠定了基础。这套书推出后影响非常大,如《中国文学教科书》在当时引起学习古文的热潮,刘师培被人列为国学的巨擘。

## 集中编撰乡土教科书

二十世纪初,清政府仿照西方与日本,尝试在初等小学校开展乡土教育,希望通过乡土历史、乡土地理、乡土格致教育,以培养忠

1 《〈经学教科书〉、〈伦理教科书〉成书广告》,《国粹学报》,第1年第9号,1905年10月。

2 陈奇著:《西学与刘师培的国粹研究》,《贵州师范大学学报(社会科学版)》,2005年第5期,第77—80页。

君爱国思想。基于历史、地理、格致三科均以乡土知识编课讲授的要求，1905年，张百熙奏请各郡县撰辑乡土志，用作中小学乡土教科书。同年，又发《学务大臣奏据编书局监督编成乡土志例目拟通饬编辑片》(简称《乡土志例目》)，指出："初等小学堂学科，于历史则讲乡土之大端故事及古地古先名人之事实；于地理则讲乡土之道理、建置及本地先贤之祠庙、遗迹等类。……然必由府、厅、州、县各撰乡土志，然后可以授课。……把乡土志基本内容设置为历史、政迹录、兵事录、耆旧录、人类、户口、氏族、宗教、地理、山、水、道路、物产、商务工十五门，每门的内容都作详细要求。恐海内甚广，守令至多，言人人殊虑或庞杂用，是拟撰例目以为程式，守令虽事繁，但能征本地读书能文者二三人，按月考查，依例编撰，不过数月，即可成书。待各处乡土志辑稿送到时，便由局员删润画一，呈请学务大臣审定，通行各省小学堂授课"。[1]

《乡土志例目》由学部下发各省学务处，并命令下发各属县遵照执行。此后，全国各地掀起了编纂乡土史地志书、教科书的高潮。国学保存会拟议编订十八行省乡土史地教科书并面向全社会征集各省志书以供参考。刘师培作为国学保存会的骨干，他在《国粹学报》第二年第九号发表了长达一万五千字的《编辑乡土志序例》，认为"志乘以外不得不另编乡土志，广于征材，严于立例，非惟

1 《东方杂志》第2年第9期，1905年，上海：商务印书馆，第217—218页。

备国史之采也,且以供本邑教民之用。……若一郡一邑均编乡土志,则总角之童垂髫之彦,均从事根柢之学以激发其爱土之心”。[1]

国学保存会从1906年开始推出了一套也是百年中国教科书史上唯一的系统编撰出版的乡土教科书,由“上海乡土教科书总发行所”发行。初步统计有《安徽乡土历史教科书》(刘师培编著,1906年)、《安徽乡土地理教科书》(刘师培编著,1906年)、《江苏乡土历史教科书》(刘师培编著,1906年)、《江苏乡土地理教科书》(刘师培编著,1906年)、《江宁乡土历史教科书》(刘师培编著,1906年)、《江宁乡土地理教科书》(刘师培编著,1906年)、《广东乡土历史教科书》(黄晦闻编,1907年)、《广东乡土地理教科书》(黄晦闻编,1907年)、《江西乡土地理教科书》5册(陈庆林编著,1907年)、《湖北乡土历史教科书》(陈庆林编著,1907年)、《直隶乡土地理教科书》5册(陈庆林编著,1907年)、《直隶乡土历史教科书》(陈庆林编著,1907年)、《江西乡土历史教科书》(陈庆林编著,1907年)等。

刘师培编著的乡土教科书,每册十八课。他立足于深厚的中华文化,注重考据,不仅将各地的历史沿革与地理变迁脉络清晰呈现,而且兼及人文等丰富的内容。如《江宁乡土地理教科书》内容包括江宁省沿革、总论、区画、海岸、山脉、河流、人文地理、交通,并分述江宁府、扬州府、淮安府、徐州府、海州、通州、海门厅,并附全

1 陈奇著:《刘师培年谱长篇》,贵阳:贵州人民出版社,2007年,第167页。

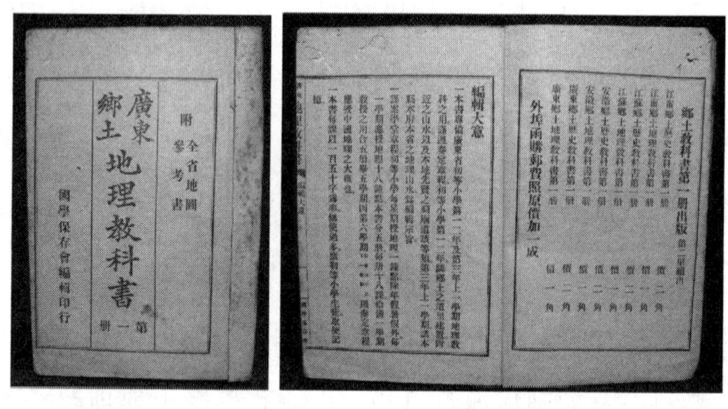


《广东乡土地理教科书(第1册)》(国学保存会编辑印行 1907 年首版)

省地图。刘师培还开拓性的针对不同地方之特色、时弊,重点切入分析,显示其作为学者的鲜明观点,这在同一时期乃至现代乡土教科书中都是唯一的。如他在《安徽乡土地理教科书》之“叙”中写道:

> 平原之民与山国之民不同,若皖省之地,则皖北多属平原,皖南多属山国。皖北虽多大川,然睢卞诸水,均成细流。芍陂艾塘,遗迹久湮。平原旷莽,沙土漂轻。多与徐预相同。故民生其间,鲜营实业,习为强悍之风,近于古代之游侠。皖南多山。溪涧潆洞,水流漂急。沟浍之间,盈涸不时。农民终岁勤砺而限于地利,不克自给其身家。由是舍农而商,逐什一之利,散居东南各省。故至于今日,皖北之民,宜于服兵。皖南之民,宜于经商。而实业教育于皖南为宜,军国民教育又以

皖北为宜。推其原因,则以皖南地势殊于皖北。地势既殊,则民风习尚亦随之而殊。试观六安诸地,与宁省之淮阳同居于江北,何以小民生计有贫富之殊。则以淮阳处水道交通之地,而六安则处群山之中也。徽歙之地,与苏常杭绍同居于江南,何以先儒学术有尚虚尚实之殊,则以苏常为泽国而徽歙则为山国也。略举二端,余可类求。嗟夫!皖省之民,其特质有三:一曰尚朴,二曰好义,三曰贵勤。此皆所处之地使然。今则风稍衰矣,编辑此书,不禁为之浩叹也。[1]

又刘师培编写《江苏乡土历史教科书》的目的在于记述江苏省之武功文化。他首先明确江苏省有人民富裕、水利交通便利、田赋甲于天下、人民多从事文词等历史文化之特色,然后提出当时流行的江苏人"怯弱"一说是因为不懂江苏之历史。于是从周、秦到西汉,引经据典,对此说进行了批驳,并分析其产生的原因:

夫周时吴由梅里都姑苏,卒能南征,强越北剪郯徐以与楚人争江淮西克郢都,威震齐鲁,称霸中原,其所用之卒,孰非吴中之产乎。秦末,项梁项羽起兵,率吴中子弟八千人渡江而西,卒能破景驹,降章邯,救齐赵之危,西京函古,无坚不摧。

1 《刘申叔先生遗书》之《左盦外集(卷17)》,宁武南氏校印,1936年,第64—65页。

其所用之卒，又孰非吴中之产乎。又观《公羊传》言，吴之为君者，皆好勇轻生。《左氏传》亦曰，吴王勇而轻。而吴越春秋越绝书所纪载，若要离干将之伦，均尚义气矜，然诺有侠士风。西汉之时，吴民尤以慓悍闻，故汉伐闽越，多用会稽之师。夫同一吴民，何以昔强而今弱，则以民富，士文有以易之也。夫民富则习于奢侈，士文则习于虚浮。奢侈则日趋于淫，虚浮则日趋于薄民俗。既薄，则好义之心衰，而奢侈之风又足以趋一境之民，悉以乐天为宗旨，心有所乐，则趋义之心不能敌其恋生之心。此吴民所由怯弱也。吾观阖闾之治，吴食不重味，居不重席，未尝以奢侈导民也，子游受礼于孔门。季札闻乐于上国，未尝以虚浮为学也。故欲矫苏省之积弊，必先革奢侈虚浮之习。[1]

刘师培是一位才气极高、视域极广、志趣极宏的学者，他在《群经大义相通论》中有一句名言“仅通一经，确守家法者，小儒之学也；旁通诸经，兼取今文者，通儒之学也。”[2]他博采众说又独辟蹊径，集中编撰国学及乡土教科书，承载着他书生意气、挥斥方遒的理想和希望，意气风发、雄姿英发的强烈进取精神与文化复兴的民

1 《刘申叔先生遗书》之《左盦外集(卷17)》，宁武南氏校印，1936年，第58—59页。

2 吴雁南主编：《清代经学史通论》，昆明：云南大学出版社，2001年，第247页。

族情感。刘师培在中西文化交错的急促时空中,充分、认真地审视中国传统学术文化及其特质,并强调某些传统文化要素对于现代社会的实现具有正面的功能,体现了主体性的文化自觉及自信。这些教科书会通中西并融入现代精神,展示了刘师培对于中西文化的理解、萃炼和发挥,不仅考证翔实、引经据典,而且大胆论证,开创性的提出诸多鲜明的观点,并以极为严谨之态度、极为自信之学识,将教科书启蒙与中华传统文化密切相连,教科书中每一个字句、观点、思想,都是他在传统与现代的交汇中发出自己清幽之声音。他一生不停地追求人生灿烂的极致,然而命运弄人,书里书外悲欢离合,一个天才、风华绝代的国学大师留下太多的遗憾撒手人寰。今天,虽然经学从教育领域的正式退出已经百年,但中华传统国学的精致与魅力依然存在。现代教科书如何找到与传统国学的对接点,使之作为中华民族的文化瑰宝在创新中实现积极的嬗变,让一代又一代学童享受到其中的曼妙情致,值得深思!

# 陆费逵

# 应时而上的教科书革命

陆费逵(1886—1941)

主国根本在乎教育,教育根本实在教科书。教育不革命,国基终无由巩固。教科书不革命,教育目的终不能达也。

——摘自《中华书局宣言书》1912年2月23日《申报》第3版

陆费逵是中华书局的缔造者,人多称"伯鸿先生",因一生只付过十二元的学费,"俞庆棠女士在申报月刊二卷一期谈话,将我和爱迪生、高尔基、叶澄衷、杨斯盛举出,认为自己挣扎的模范。"[1]他以超凡的胆略和气魄开创了中小学教科书的新天地,在民国教育界和出版界享有盛誉,被誉为"智察千里而外,虑用百年之远"[2]带领中华书局成为民国时期中国第二大教科书出版机构。

## 出版业奇才

陆费逵的原籍是浙江桐乡,他的曾祖陆费墀为清朝翰林院编修,历任《四库全书》总校官、副总裁等,可以说是一位编辑大家。陆费逵出生在汉中,长在南昌。少年陆费逵不仅对曾祖父所从事的事业十分向往,还有着更为高远的理想。他在《我之童子时代》中写道:"十三四岁时,好为高远之理想。忽欲为商,则以大富豪自命。忽欲研究文学,则以大文章家自命。突欲为美术家。突欲为教育家。"[3]陆费逵的母亲吴幼堂是李鸿章的侄女(也是张爱玲奶奶

1 陆费逵著:《我的青年时代》,《新中华杂志》第 2 卷第 6 期,1934 年,第 45 页。

2 高信成著:《中国图书发行史》,上海:复旦大学出版社,2005 年,第 327 页。

3 俞筱尧、刘彦捷编:《陆费逵与中华书局》,北京:中华书局,2002 年,第 495 页。

的堂姐妹，所以按辈分张爱玲得喊陆费逵一声表舅)，自幼熟诵诗书、思想新派。陆费逵在母亲教导下启蒙五年，父亲教导一年，师教一年半。他在1934年发表的《我的青年时代》中写道："我一生只付过十二元的学费。"[1]由于学习勤勉，十三岁时就已经读过《四书》、《诗经》、《书经》、《易经》、《左传》、《唐诗三百首》。因这年正是戊戌年，他看了《时务报》等宣传新思想的报刊，观念发生了较大变化，偶尔与父亲的传统思想冲突，却得到母亲的支持。于是他当绝大多数读书人都还沉浸在读经书、习八股的科举教育中时，陆费逵没有按照老式读书程序进行，而是在母亲的教导下，学习珠算、科学还有下棋游戏，并自己研究古文、地理、算学并读格致书。"那时随侍在南昌，有一个阅书报社开办，我隔日去一次，午前九时去，午后五时出来。带一点大饼馒头作午餐。初时尚有阅者二三十人，后来常常只剩我一人。管理员也熟了，他便将钥匙交给我，五大间的藏书，好像是我的了。这三年中，把当时新出的书籍杂志，差不多完全看过，旧书也看了许多。"[2]陆费逵还到熊氏英文学塾附设的日文专修科学习日文，受到日文教师吕烈煌(1896年中国首批十三位留日学生之一)的赏识。

1902年，陆费逵与朋友在南昌合办正蒙学堂，自任堂长并兼教员，因经济无以为继，八个月后停办。后来吕烈煌赴武昌任中学教

1 陆费逵著:《我的青年时代》,《新中华杂志》第2卷第6期,1934年,第45页。
2 陆费逵著:《我的青年时代》,《新中华杂志》第2卷第6期,1934年,第45页。

陆费逵与工人、专家等在中华书局印刷设备前合影。

员,陆费逵应邀至武昌。临行前母亲鼓励他说:“蓬矢四方,男儿之志,身体名誉,幸自保持”。[1] 1903 年,陆费逵到武昌吕烈煌家任塾师,教其三个弟弟国文、算术,吕烈煌则教他日文并供膳宿。在武昌的三年中,陆费逵几乎把当时新出的书籍杂志都看了,旧书也看了很多。舒新城对陆费逵的自学精神极为钦佩,在《陆费伯鸿先生生平略述》中写道:“未受正式教育而能作主笔,且任《教育杂志》首任编辑,于教育及文化多所贡献,完全得力于少年时代的刻苦自修”。[2]

1　俞筱尧、刘彦捷编:《陆费逵与中华书局》,北京:中华书局,2002 年,第 496 页。

2　俞筱尧、刘彦捷编:《陆费逵与中华书局》,北京:中华书局,2002 年,第 347 页。

当时武昌革命思想大盛，陆费逵开始与革命党人交往，他敏锐意识到传播新思想的报刊书籍有着极大的市场，1904年与友人集股一千五百元创办新学界书店，自任经理，销售《警世钟》、《猛回头》、《革命军》等进步书籍，一年之后盈余一千元，开始显示出一个出版人所需的眼光和胆量。1905年，陆费逵和刘静庵等发起组织日知会，任评议会评议员，起草章程，开始从事革命活动。这年夏，陆费逵与日知会会员张汉杰、冯特民等接办《楚报》并任主笔，撰有《本报改良祝词》、《论群蠹》、《论亡国罪魁》、《论改革当从社会始》、《日俄和议告成感书》等时评，纵论国内外政治，持论颇激昂，常为其他报纸所转载。如他在《楚报》发表社论《论改革当从社会始》中写道："治国者……必先谋夫教也，生计教育得道，则人心必变而善，人心而善，则社会之风俗习惯良，而国家而立矣。"[1]后《楚报》因揭露和反对粤汉铁路借款密约被查封，张汉杰被捕后，陆费逵避走上海。

到上海后，陆费逵想去日本留学，因经费问题未能成行。于是应昌明公司之请，任该公司上海支店经理兼编辑员。当时教科书是一个完全开放的市场，销量大、利润高，上海的大小书店都各显其能，争先恐后出版教科书，昌明公司联系很多留日学生，编译有《普通应用物理教科书》(1905年)等中学教科书。陆费逵进入昌明

---

1 吕达主编:《陆费逵教育论著选》,北京:人民教育出版社,2000年,第2页。

公司后积极关注中小学教科书的编撰出版,并于1906年8月编纂《本国地理教科书》,昌明公司出版。在此期间,他还发起成立了上海新书业商会,发表《著作家之宗旨》、《中国书业发达预算表》、《同业注意》等文章,不断强调在社会进步中出版者的重大责任以及教科书独立编撰出版的重要性,从他的笔端流出的新锐思想引起了文明书局俞复的关注,他虽长陆费逵三十岁,但两人多次相谈甚欢,遂结成忘年交。

陆费逵年轻照

1906年冬,陆费逵应俞复之邀改就文明书局,襄助经理办事并兼编辑员,同时任文明小学校长。他还主编上海书业商会所办《图书月报》,并任该会主办的"学徒补习所"教务长。在文明书局任职的一年多时间里,陆费逵"编辑、印刷、发行件件都管。……每日工作常至十余小时,增加经验不少。"[1] 1907年冬,他与俞复、丁福宝等一起编纂有初等小学国文、算术、修身教科书和教授书,但因文明书局资本不足,未能出齐。1908年还编纂有《算术新教科书(中学校

1 陆费逵著:《我的青年时代》,《新中华杂志》第2卷第6期,1934年,第46页。

及师范用书)》上下卷。

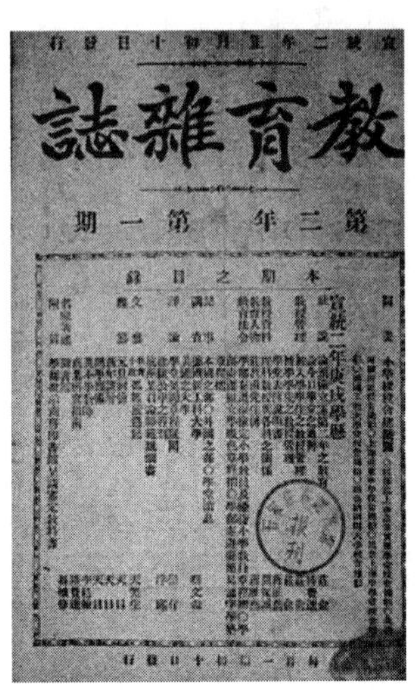
宣統二年正月初十日發行

教育雜誌

第二年第一期

本期之目錄

《教育杂志》第二年第一期

陆费逵对于出版、印刷、编辑样样精通的出众才华得到商务印书馆高梦旦的关注,他向张元济推荐这位勤勉智慧的年轻人。1908 年秋,商务印书馆厚金邀请陆费逵入馆。在短短一年中,陆费逵先在国文部任编辑,第二年春就担任了出版部部长、交通部部长、《教育杂志》主编和“商务印书馆师范函授学社”讲义部主任等职。陆费逵在商务印书馆大胆革新,同时也进一步加深了对中国教育问题的认识。如他主持的《教育杂志》以“研究教,改良学务”为宗旨,陆续设有言论、实验、图画、学术、教授管理、教授资料、史传、教育人物、教育法令、章程、文牍、文艺、谈话、杂纂、质疑问答、介绍批评、名家著述、调查等栏目,自己还陆续发表《缩短在学年限》、《普通教育当利用俗体字》、《减少授课时间》、《小学堂章程改正私议》、《论今日学堂之通弊》、《商业指南》、《改用阳历》、《采用全日二部教授》、《男女共学问题》等文章,阐发自己的教育观点。如他在 1909 年《教育杂志》第一期发表《缩短在学年限》中明确提出了普及“义务教育”的设想,在 1910 年 2 月 19 日发表的《论今日学堂之通弊》中进一步指出:“教育得道,则其国强胜，教育不得道，则其国衰弱而灭亡，此一定之理也。盖教育得道，则民智开，民德进，民体强，而国势盛矣。教育不得道，则民智塞，民德退，民体弱，而国势衰亡矣。然则欲救危亡而期强盛无他，亦求教育得道而已。"[1]注重教育改革与社会变革的密切关联。1911 年夏天，陆费逵与张元济、汪美臣、陈叔通等赴京参加学部召开的中国教育会，他在会议期间被推选为编辑股长，起草中国教育会章程并通过。会后他曾在天津参观访问北洋女子师范学堂、高等女子学堂、高等工业学堂、南开中学堂、师范学堂、模范小学堂、督署小学堂、民立第一第二小学堂、官立第九女子小学堂等，进一步坚定教育改革在社会变革中的重大意义。

对于在商务印书馆的日子，陆费逵写道："在商务印书馆办事三年半，前半年任编辑员，后三年任出版部长兼交通部长，《教育杂志》主任，师范讲义主任。总之我不怕多办事，职务尽管加重，我还是悠然自得的，知我者恭维我喜调度，不知者，说我不做事，自己看报谈天指挥助手，像煞有介事"。[2] 陆费逵在商务印书馆任职期间，编纂有《最新商业教科书（高等小学堂）》（1908 年）、《简明修身教科书（初等小学堂）》（1909 年）等中小学教科书以及《最新商业修身讲义》、《伦理学讲义》、《学校管理法讲义》等专为师范讲习社编撰的

1　吕达主编：《陆费逵教育论著选》，北京：人民教育出版社，2000 年，第 46 页。

2　晋阳学刊编辑部编：《中国现代社会科学家传略（第 4 辑）》，太原：山西人民出版社，1983 年，第 366 页。

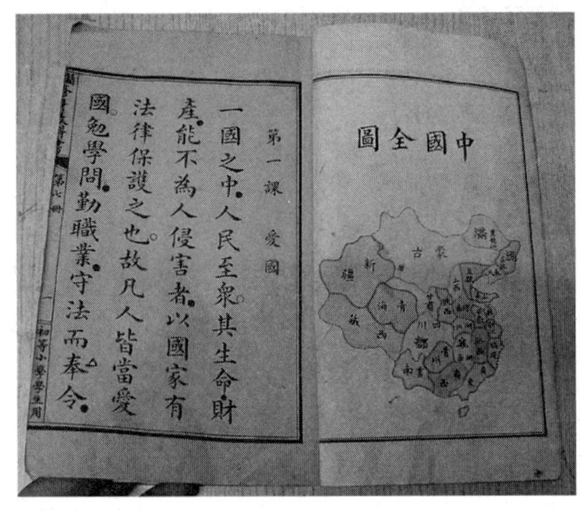
第七冊

第一課　愛國

一國之中。人民至衆。其生命。財產。能不為人侵害者。以國家有法律保護之也。故凡人皆當愛國。勉學問。勤職業。守法而奉令。

初等小學學生用

中國全圖



《简明修身教科书(初等小学堂第 7 册)》(商务印书馆 1909 初版)

讲义。当时,他所编著的《最新商业教科书(高等小学堂)》出版后风行全国,不到一年即再版多次,其封三印有学部审定批语:“是书大致显明,可作为高等小学堂加授商科及初等商业学堂商事要项科教科之用。”[1]

陆费逵刻苦研习,从一个普通的编辑迅速成长为思想成熟眼光独特的出版全才,写道:

> 那时订阅中外日报,有时看《申报》、《沪报》,报上遇着地名,便去查地图,所以我对于地理一科格外有兴趣。照这样做

---

1　晋阳学刊编辑部编:《中国现代社会科学家传略(第 4 辑)》,太原:山西人民出版社,1983 年,第 367 页。

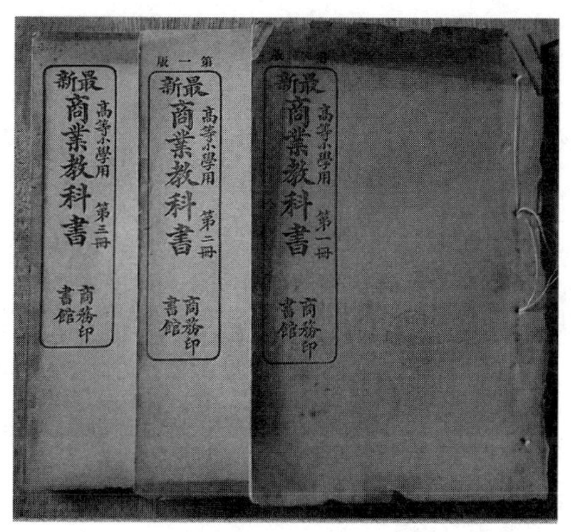


《最新商业教科书(高等小学)》封面(商务印书馆1908年初版)

了三年,学问渐渐进步,文理渐渐通顺,常识渐渐丰富,十七岁——实在未满十六岁——便教书。从十七岁到二十六岁,每日早六时至八时,一定自修,晚间也差不多总是自修或编着:十九岁著《岳武穆传》——未刊,至今存箧中——《恨海花》小说、《正则东语》教科书,二十岁为汉口《楚报》撰论文小说,二十一岁著《本国地理》,为《申报》、《南方报》作论说。后来编教科书,主持《教育杂志》和《师范讲义》;自己编著的有:文明的《修身》、《国文》、《算术》;商务的《简明修身》、《最新商业修身讲义》、《伦理学讲义》、《学校管理法讲义》等;二十七岁以后,职务繁忙,不能从事编书,但计划编辑,校阅稿件和作论文，却永不间断。[1]

民国成立，陆费逵在1912年1月10日的《教育杂志》发表《敬告民国教育总长》，建议"速宣布教育方针；颁普通学校暂行简章；组织高等教育会议；规定行政权限"[2]等，蔡元培请陆费逵及蒋维乔协商教育，陆费逵与蒋维乔代教育部拟定了《普通教育暂行办法通令》十四条，于1月19日由教育部通令公布。通令中关于初小男女同校，小学废止读经，注重手工教育，中学师范改为四年及废止旧时奖励出身等内容部分地体现了陆费逵的教育主张。"暂行办法是父亲研究三年的成果，也是中国教育史上一个重大改革。"[3]不久，陆费逵又发表《民国普通教育制议》、《民国教育方针当采实利主义》、《新学制之要求》、《新学制之批评》等文，对于民初的新教育略述其个人意见。

## 民国第一套教科书

1912年1月1日，中华民国临时政府在南京宣告成立，由陆费

1 陆费逵著：《我的青年时代》，《新中华杂志》第2卷第6期，1934年，第46页。

2 璩鑫圭、唐良炎编：《中国近代教育史资料汇编：学制演变》，上海：上海教育出版社，1991年，618—619页。

3 陈远撰：《在不美的年代里》，重庆：重庆出版社，2011年，第21页。

逵、戴克敦、陈寅筹备的“中华书局”也选择这一天在上海宣告成立。中华书局创办人之一的陈寅在《中华教育界》1913 年第一期上发表《中华书局一年之回顾》,开篇回忆中华书局成立时写道:“客岁革命起义,全国响应,阴历九月十三日,上海光复,而苏杭粤相继下。余于九月十六日,与同志辈共议组织中华书局。良以政体改革,旧日教科书胥不适用,战争扰攘之际,未遑文事,势所必然,若以光复而令子弟失教,殊非民国前途之福也。协商数日,遂定议,一面编辑稿本,一面经营印刷发行事宜。其时困苦万端,余等皆出以坚忍。汉阳失守,群起沮之,余等不为动也。民国元年一月一日,临时政府成立,吾局适于是时规画粗定,余等遂确定以是时为吾局成立之期,将来遇民国成立纪念,即吾局成立之纪念也。”[1]

1912 年 1 月 19 日,南京临时政府教育部颁发《普通教育暂行办法》十四条,其中涉及教科书的规定有:“凡各种教科书,务合乎共和国民宗旨。清学部颁行之教科书,一律禁用”,“凡民间通行之教科书,其中如有尊崇清朝廷及旧时官制、军制等课程,并避讳、抬头字样,应由各书局自行修改,呈送样本于本部及本省民政司、教育总会存查。”[2]这些规定,本是出自陆费逵之手笔,他非常知晓规

---

1 陈寅:《中华书局一年之回顾》,《中华教育界》1913 年 1 月号,《中华书局局报》第 1 页。

2 《1912 年 1 月 19 日教育部公布普通教育暂行办法通令》,转引自朱有瓛主编:《中国近代学制史料(第 3 辑上册)》,上海:华东师范大学出版社,1990 年,第 1 页。

定一出，中华书局从1911年底秘密编撰的“中华教科书”将得以乘势出击。于是，这位头脑敏锐、一往无前的年轻人以其超越凡俗的眼光与魄力紧紧地抓住了历史的机遇，出手不凡，带领着中华书局跻身竞争激烈的教科书，并成功改变了教科书市场格局。在各大书坊还在修订清末的教科书时，于1912年1月就横空推出了“中华教科书”，成为民国第一套教科书。

从中华书局成立之日起，陆费逵就沿着教科书——教育——立国的思路上发展，始终将教科书的创新作为中华书局向前发展的基石。中华书局开始营业时，“连编辑带办事人员共十余人。”[1]因为事先有一定的准备，发展得十分顺利。1912年2月23日，中华书局在《申报》刊登《中华书局宣言书》，提出“教科书革命”和“完全华商自办”，以极为鲜明的立场步步为营，主动出击。

1912年2月26日，中华书局又在《申报》上刊登《教科书革命》一文，呼吁“清帝退位，民国统一，政治革命，功已成矣。今日是急者则教育革命也。本局自客秋以来，努力进行，小学用书今已出版。本最新之学说，遵教育部通令，以独立、自尊、自由、平等之精神，采人道、实业、政治、军国民之主义。程度适合，内容完善，期养

1　钱炳寰：《中华书局大事纪要：1912—1954》，北京：中华书局，2002年，第3页。

中華書局宣言書

立國根本在乎教育教育根本實在教科書教育不革命國基終
無由鞏固教科書不革命教育目的終不能達也往者異族當國
政體專制束縛抑壓不遺餘力教科圖書鈐制彌甚自由真理共
和大義莫由灌輸即國家界說亦不得明最近史事亦忌直書哀
我未來之國民究有何辜而受此精神上之慘虐也
同人默察時局睠懷宗國隱痛在心莫敢輕發幸逢武漢起義各
省響應知人心思漢吾道不孤民國成立即在目前非有適宜之
教科書則革命最後之勝利仍不可得爰集同志從事編輯半載
以來稍有成就小學用書業已蒇事中學師範正在進行從此民
約之說彌漫昌明自由之花矞皇燦爛俾禹域日進於文明華胄
永蒙其幸福是則同人所馨香禱祝者也茲將本局宗旨四大綱
列左
一養成中華共和國國民
二並采人道主義政治主義軍國民主義
三注重實際教育
四融和國粹歐化

《中华书局宣言书》(1912 年 2 月 23 日《申报》第 3 版)

成完全共和国民以植我国基础。”[1] 同时，还第一次刊登教科书广告，有“国文八册，国文教授书八册，算术八册，算术教授书八册，中华共和国民读本二册，中华高等小学修身四册、国文八册、算术四册、算术教授书四册、历史四册、地理四册、理科四册、理科教授书四册、英文四册”。[2]

同时，中华书局在自己创办的《中华教育界》1912 年 2 月第一号，大肆刊登“中华教科书”的编辑大意，以展现教科书与南京临时

---

1 吕达主编：《陆费逵教育论著选》，北京：人民教育出版社，2000 年，第 100 页。

2 吕达主编：《陆费逵教育论著选》，北京：人民教育出版社，2000 年，第 100 页。

政府教育改革的一致的特色与优势，现将部分抄录如下：

《中华初等小学修身教科书编辑大意》："本书以养成中华共和国完全国民为宗旨，以独立、自尊、自由、平等为经，以公德、私德、国民科为纬。本书用圆周法，每一年为一周。前三周注重学校、家庭、兼及社会、国家。第四周德目全备，尤注重共和国民教育。……"[1]

《中华初等小学国文教科书编辑大意》："本书以养成中华共和国完全国民为宗旨，以独立、自尊、自由、平等为经，以生活上必需之知识为纬。本书第一、二册，自单字、单句进于短文，以儿童日常习见之材料为主。第三、四年选用极浅易之故事、知识，渐以增进其程度。后四册则用各科知识。人事则注重立身处世之道及辟迷信等。历史则注重古今大事、文明进化及君权、民权之消长。地理则注重物产、都会、名山大川及世界大势。理科则注重日常所见之材料。国民科则注重政体及国民之权利、义务。……"[2]

《中华初等小学算术教科书编辑大意》："本书之目的，在授儿童以基本算法，及日用生活之计算知识。本书用循环教授，每学年为一周。第一、二年注重心算，第三、四年注重笔

---

1　吕达主编：《陆费逵教育论著选》，北京：人民教育出版社，2000 年，第 93 页。

2　吕达主编：《陆费逵教育论著选》，北京：人民教育出版社，2000 年，第 94 页。

算,授至普通四则止。……”[1]

《中华高等小学修身教科书编辑大意》:“本书以养成中华共和国高等国民为宗旨,以独立、自尊、自由、平等为经,以公德、私德、国民科为纬。本书用圆周法,前二年为一周,后二年为一周。前周多用事实,间用训词,以示之范。后周纯用训词,以明其理。……”[2]

《中华高等小学国文教科书编辑大意》:“本书以养成中华共和国高等国民为宗旨,以独立、自尊、自由、平等为经,以实业思想、军事思想为纬。本书继初等教科,前数册文字以浅显明白为主,俾可与初等衔接。后数册则渐高其程度。……”[3]

《中华高等小学历史教科书编辑大意》:“本书之目的,在令儿童知吾国历代之兴亡,文化之进退,国势之盛衰,君权民权之消长。本书用圆周法,每二年为一周。第一周用史谈体,以代表一时代之人物、事实为题,注重趣味。第二周用开化史体,注重系统及文化……”[4]

《中华高等小学地理教科书编辑大意》:“本书之目的,在令儿童知本国及世界大势,并自然地理之大要。本书分二周。

1 吕达主编:《陆费逵教育论著选》,北京:人民教育出版社,2000 年,第 95 页。
2 吕达主编:《陆费逵教育论著选》,北京:人民教育出版社,2000 年,第 96 页。
3 吕达主编:《陆费逵教育论著选》,北京:人民教育出版社,2000 年,第 96 页。
4 吕达主编:《陆费逵教育论著选》,北京:人民教育出版社,2000 年,第 97 页。

前三年为一周，第一、二年本国志，第三年外国志。第四年为一周，补习中外天文、地文、人文、地理。……”[1]

《中华高等小学算术教科书编辑大意》：“本书继初等小学之后，自四则渐进至百分比例，略备算术全体，俾可继习代数。……”[2]

《中华高等小学理科教科书编辑大意》：“本书之目的，在令儿童知本国动、植、矿物之大要，及物理、化学之理，自然界之现象。……”[3]

《中华高等小学英文教科书编辑大意》：“本书之目的，在令儿童熟应用英语，并略知英美之人情风俗，以为社交及谋生之助。……”[4]

“中华教科书”从内容到形式紧贴社会变革的步伐，如《中华初等小学国文教科书》第一册第一课不仅开篇大写“人”、“手”，[5]在第二册第二十五课课文中有：“我国旗，分五色，红黄蓝白黑，我等爱

---

1　吕达主编：《陆费逵教育论著选》，北京：人民教育出版社，2000年，第97页。

2　吕达主编：《陆费逵教育论著选》，北京：人民教育出版社，2000年，第98页。

3　吕达主编：《陆费逵教育论著选》，北京：人民教育出版社，2000年，第98页。

4　吕达主编：《陆费逵教育论著选》，北京：人民教育出版社，2000年，第99页。

5　华鸿年、何振武编辑：《中华初等小学国文教科书（第1册）》，上海：中华书局，1912年2月初版·1912年3月再版，第1页。

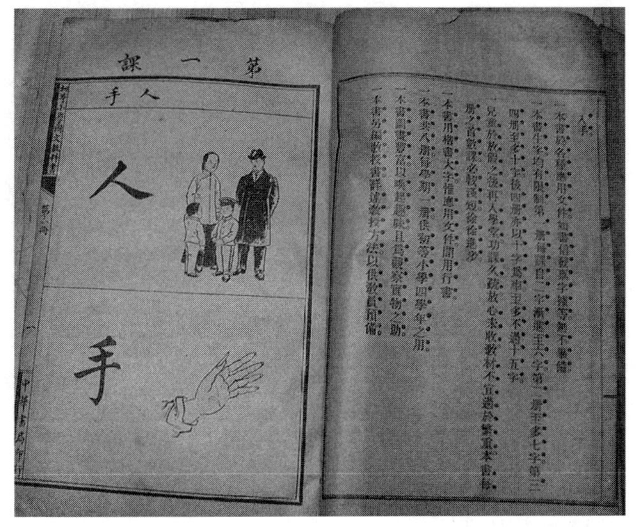


《中华初等小学国文教科书(第 1 册)》(中华书局 1912 年 2 月初版)

中华,即当敬国旗”[1]等时代特色鲜明的内容。教科书的插图也是新式装扮,如学生装、西服等。“中华教科书”推出后大受欢迎,几乎独占了 1912 年春季全国的教科书市场。笔者所见《中华初等小学国文教科书》第二册 1912 年元月初版,1913 年元月已经六十二版了,可见非常畅销。

据 1913 年 5 月《中华初等小学国文教科书》第四册封二广告,“中华教科书”统计出版有小学教科书十八种,计七十四册;小学教授书十种四十七册。此外,中华中学教科书有修身、国文、英文、英

1　华鸿年、何振武编辑:《中华初等小学国文教科书(第 2 册)》,上海:中华书局,1912 年初版·1913 年 62 版,第 13 页。

文会话、历史、地理、算术、代数、物理、化学、动物、植物、生理、经济、法制等十五种。陆费逵在《中华书局二十年之回顾》中写道："草创之时，以少数资本，少数人力，冒昧经营，初未计及其将来如何。开业之后，各省函电纷驰，门前顾客坐索，供不应求，左支右绌，应付之难，机会之失，殆非语言所能形容。"[1]当然，商务印书馆的决策偏差也是历史赐予中华书局的重要机缘。

第十八課 救國

壁間懸孫文像 先生曰 此吾國前總統也 熱誠堅忍 以救祖國 殊可敬也

《中华初等小学修身教科书(第4册)》(中华书局1912年初版·1913年48版)

【资料卡】

商务印书馆1911年8月以前的一次业务会上，就曾讨论过第二年是仍印《大清国民读本》还是另行编写新课本的问题，最后权衡利弊，还是决定重印旧课本。据蒋维乔在《民元前后见闻录》记录有："商务同人有远见者，均劝菊生，应预备一套通用于革命后之教科书。菊生向来精明强干，一切措施，周不中肯。但圣人千虑，必有一失，彼本有保皇党臭味，提及革命，总是摇首，遂肯定的下断语，以为革命必不能成功，教科

1　陆费逵著：《中华书局二十年之回顾》，中华书局编辑部编：《回忆中华书局(上编)》，北京，中华书局，1987年，第225页。

书不必改”。由此,商务印书馆丢失了整整一个学期的教科书市场。待1912年6月商务印书馆成功推出“共和教科书”时,中华书局已稳了脚跟,并和商务印书馆展开了长期的激烈竞争。

## 开创教科书新天地

中华书局自诞生之日起,就与商务印书馆形成竞争之势。为了取得竞争优势,中华书局教科书努力做到别具匠心,开创新意。在陆费逵的感召下,范源濂、戴克敦、沈颐、李步青、张相、黎锦晖等人才汇聚到中华书局旗下,一时之间中华书局群英荟萃,新风蔚然。如1912年9月,民国教育部公布新学制,初小四年,高小三年,中学、师范各四年。又将春季始业改为秋季始业,一学年分为三学期。中华书局迅速扩大编辑部,聘请曾积极参与和推动了南京临时政府的教育改革,先后担任过教育部次长、总长的范源濂为编辑部长。1912年12月,中华书局就推出了适应三学期的“新制中华教科书”。《中华教育界》1913年1月号发表《编辑新制中华小学教科书缘起》,现抄录如下:

民国肇造,教育更新。同人不揣谫陋,为应时势之要求,有中华小学教科书之作。发行以来,流播日远。辱蒙海内教育家不弃，称许指正，时锡箴言，此不独同人之幸。教育前途，实受其赐。迩者民国学制已完全颁布，以新历八月为学年开始，分每年为三学期，并缩短高等小学毕业期限为三年，此皆与旧制迥殊者也。语云，工欲善事，必先利器，将欲收甄陶学子之功，其不能无所籍也明矣。然挟旧制之教科书，用诸改行新制之学校，何异方柄而圆其鉴乎。同人爰举其平日所经验，参证今兹之时势，更编适于新制之中华小学教科书，尽民国二年春间一律出版，以便改办三学期之用。其于善事利器之旨，或有合欤编纂旨趣，胪举于下，大雅宏达，倘有以乐观阙成，而锡之教诲者，尤同人所祷祀以求者也。

甲　遵守教育部所定教育宗旨，注重道德教育，以实利教育、军国民教育辅之，更以美感教育完成其道德。

乙　阐发共和及自由平等之真义，以端儿童之趣响。

丙　提倡国粹，以启发国民之爱国心。

丁　兼采欧化，以灌输国民之世界知识。

戊　注意国民常识，以立国民参政之基础。

己　表章汉满蒙回藏之特色，以示五族平等。

庚　所选材料，关于时令者，悉按阳历编次，以引起儿童直观之感觉。

辛　各科彼此联络，期收教授统一之功，并兼采女子材料,以便男女同校。

壬 初高两等各种教科书,俱按照学期之数,每学年分编三册,并找学期之长短分配,课数无过。[1]

"新制中华教科书"是百年中国教科书史上唯一的一套按照三学期编制的教科书。1913 年 3 月小学校用"新制中华教科书"出版三十种二百四十八册,1922 年中学校用"新制中学教本"出版二十八种五十一册。在《新制中华高等小学修身教科书》第一册封二印有:"教育部新令以八月一日为学期开始,分每年为三学期,本局前编各书系供春季始业者用之,今更遵照部令另编新制小学教科书全套以供八月始业者之用并格外廉价五折发售,以期教育普及之助。"[2]为了抢占教科书市场,中华书局更多的考虑各地学校和孩子的需求,在教科书质量优良的同时,还利用发行、价格等手段,与商务印书馆等展开激烈的竞争。

1912 年 3 月,陆费逵在《中华教育界》刊登了一篇名为《新学制之要求》的文章,其中专门就女子教育提出了自己的看法,他说"至女子教育,当采主义有三。一曰家庭主义,即养成主妇,以改良家

1 《编辑新制中华小学教科书缘起》,《中华教育界》1913 年 1 月号,《中华书局局报》第 3—4 页。

2 戴克敦、沈颐、陆费逵编:《新制中华高等小学修身教科书(第 1 册)》,上海:中华书局,1913 年初版·1913 年 5 版,封 2。

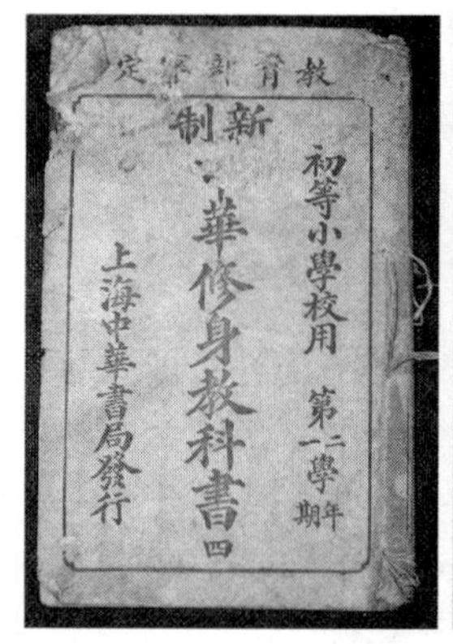


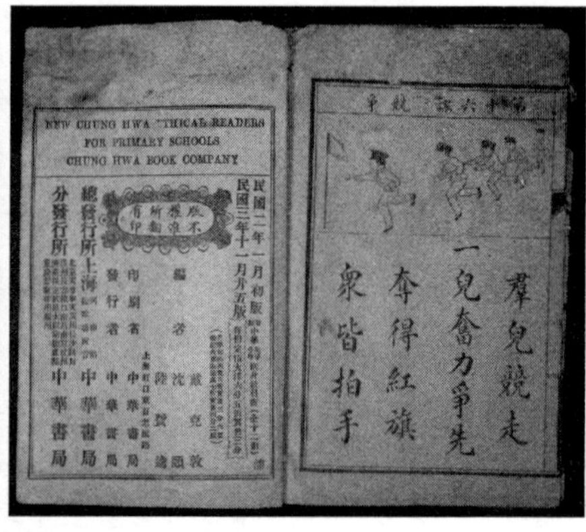


《新制中华修身教科书(初等小学校用第 4 册)》
(中华书局 1913 年初版・1914 年 25 版)

庭者也。二曰教育主义,即养成师范,以教育未来国民者也。三曰职业主义,即授以谋生之能力,而为自立设计者也。”[1] 当时初等小学男女同校,高等小学女子教育也蔚然成风。深受母亲新思想影响的陆费逵大力启动了高等小学女子教科书编撰与出版计划。

【资料卡】

女子教育自古就有,但一般是在家庭教育中实施,社会上没有专门为女性开设的学校。十六至十七世纪,欧洲一些国家开始出现女子初级小学。十七世纪末至十八世纪初,德国

1 吕达主编:《陆费逵教育论著选》,北京:人民教育出版社,2000 年,第 131 页。

和法国出现女子中等学校。十八世纪,英、美、法等国的妇女在女权运动中,认识到教育对选举权的重要性,兴起妇女教育运动,为争取平等权利奠定了基础。据《中国第一次教育年鉴》之《教科书之发刊概况(1868—1918)》记载,文明书局在1902年出版杨千里编《女子新读本》,这是资料中最早出现"女子"命名的教学用书。但笔者见到1906年5月7版的《女子新读本》(杨千里编著,文明书局)的版权页上印刷的是"光绪三十年七月初版",即1904年初版。初步考证,中国最早冠以"教科书"之名的女子教科书是1903年5月印刷发行的《(改良再版)家事教科书》上下册,原著为日本人后闲菊野、佐方镇子,张相文、韩澄翻译。该书"序"中说明是适用于中等及高等女子学校。教科书版权页显示总发行所是上海文明书局、发行者是科学书局、印刷所是作新社印刷局,是由留日学生引进的。

1913年,中华书局推出"中华女子高等小学教科书",分编有修身、国文、算术、家事。这是百年中国教科书史上最为有名的一套女子教科书,时任教育部长的范源濂也参与了这套教科书的编撰。教科书倡导女子在接受新式教科书启蒙后独立自主、科学生育、促进家庭和睦、参与社会进步等等。如李步青编的《中华女子高等小学修身教科书》的"编辑大意"说明:"二三册是关于法制教材，多就兴趣之事物，推阐本义，使受教育者于不知不觉中，增进共和国民之精神。”[1]教科书引导女子广泛了解并参与社会公共生活，积极关注女子作为“国民”的身份认同，期望增加女子参与现代公共事务的能力，进而贡献于民族国家。如沈颐、范源濂、杨喆编《中华女子高等小学国文教科书》第二册第四十课《罗兰夫人》写道：

罗兰者，法人也。法国革命，罗兰有功焉。其妻尤敏慧，实左右之。而即以是役死，至今法人言革命时事，无不称罗兰夫人者，尽惜之也。

法国暴君相继苛政亟行，民不能堪。群起言革命，激而过甚。主急进者，思一切破坏，以快其私。罗兰夫妇不谓然也，遂招急进者之忌，凭借势力，中以法而杀之。夫人临终叹曰，自由自由，几多罪恶，假汝以行，人争诵之，以为名言。

推夫人之意，盖不肯借自由以行罪恶者。故虽言改革，而必出于和平，以为非如是不足以救国也。身殉而言传，自由真理，因以显著，夫人为不朽矣。[2]

---

1 李步青编：《中华女子高等小学修身教科书（第1册）》，上海：中华书局，1914年初版·1915年2版，第1页。

2 沈颐、范源濂、杨喆编：《中华女子高等小学国文教科书（第2册）》，上海：中华书局，1914年初版·1915年2版，第31页。

“女子教育之在中国,乃是被视为一种特殊的教育。”[1]当时,中华书局及其他书坊的女子教科书的编撰者均为男性,他们较为关注女性存在于新时代的社会功能,竭力想象与建构出符合男子社会文化标准的“理想”的良妻贤母,表现为一种他者赋权,并在赋权女性的同时也进行着温驯。如《中华女子高等小学国文教科书》第五册第六课《良妻》写道:

良妻者何,善相其夫,而不必以名著者也。譬诸医,无卓卓之誉,而治病于垂危。譬诸将,无赫赫之功,而屈人于不战。盖惟安常处顺,不以奇行表彰,乃愈觉难能而可贵。

女子之嫁也,亲结其褵,九十其仪,父母宾朋,殆无不以良妻祷祝之。然有家而后,果何以慰此期望乎。夫而为乐羊子也,则当勖之力学。夫而为陶渊明也,则当助之养高。夫而为卡尼奇也,则当以筹策佐其进行。夫而为俾斯麦也,则当以情爱慰其劳瘁。遭逢各异,则所以处之者亦不同。甚矣,良妻之未易为也。

世之谨守旧习者,辄曰女子从人者也。吾何能为,若知识开通,则又骛于高处远。欲别择一途以自见,其亦知良妻之

---

1　程谪凡编:《中国现代女子教育史》,上海:中华书局,1936年印刷.1936年发行,自序第1页。

说，而举以自勉欤。[1]

虽然女子教科书不是立足于女性生命本体的自我赋权，亦不必苛求前人，因为当时西方男女平等思想才传入中国不久，中国先进男性能从天赋人权的角度认识到社会对女子的不公，体谅她们的无助与痛苦，通过编撰出版女子教科书，积极赋权女性，即使只是对眼前的社会性别利益的支持，对几千年来毫无人权、孤立无援的妇女仍是莫大的帮助。更何况女子教科书摒弃女子无才便是德等陈腐观念，大力倡导女子求学进步，提供治家育儿的知识技能，宣扬自立、平等、自由、博爱思想，竭力构建女子全新人生范式以及全新的"国民之母"及"女国民"身份认同，引领者一个时代女性的发展。但颇为耐人寻味的是，倡导新女性教育的陆费逵却让自己的孩子——陆费铭琇姐弟三人在家中接受教育而没有上新式小学。

1913年后，中华书局在北京、天津、广州、汉口、南京等地设立了分局，陆费逵还亲自前往日本考察出版、印刷业务，回国后大力加强出版，改进营业。由于民国时期政治风云的突转、文化气候的变迁、教育改革的实施，教科书也频繁出版与修改。对此，陆费逵以审慎不苟之作风，每一次从开始策划到最后定稿，必亲自过问，

1　沈颐、范源濂、杨喆编：《中华女子高等小学国文教科书(第5册)》，上海：中华书局，1914年初版·1915年2版，第5页。

《女子国文教科书(高等小学第1册)》广告页
(中华书局1914年初版·1915年2版)

务求编写质量、印刷装订等尽善尽美。中华书局老员工吴铁声曾在《我所知道的中华人》一文中回忆这段时光:“为了抢占市场,时间至关紧要,编辑人员往往夜以继日赶编课本,陆费逵也不时打电话向张先生(即张相,主管教科书部。笔者注)询问,知道某书尚未完成，陆费逵就哈哈大笑，挂上电话。”[1]陆费逵对公司同人，不论公私信件，致人均称某先生或某兄或某弟，自称弟或兄；同人致彼亦只称伯鸿先生而不称总经理，甚至因他头大，戏称他“大头先生。”[2]

为了顺应民国初年教育改革潮流，1915年第十期的《中华教育界》刊登有《中华书局新式小学教科书出版预告》，说明其编辑宗旨：“近人盛倡实用主义，自学辅导主义。本书认清是旨，务贯彻国民教育之真正目的。”[3]1915年12月起，中华书局开始推出“新式教科书”。1916年1月，《中华教育界》第五卷第二期刊登了《新式教科书编纂总案》，特别突出了“各科教授书皆采最新之方式”这一原则。“自动主义，今世教育界公认为最进步之教育方法。本书各科教授书，注意此点。特聘现在师范小学教员或现任小学教员担任编辑。所创各例，皆根据最近研究所得，于初学年采练习主义，期以培植儿童自力研究之基础。于高学年采自学辅导主义，期以养成儿童自力研究之习惯”。[4] “新式教科书”注意贯彻实用主义，其修身教科书强调躬行实践，国文教科书按有系统的组织法排列，算

---

1 吴铁声著：《我所知道的中华人》，中华书局编辑部编：《回忆中华书局(上编)》，北京，中华书局，1987年，第28页。

2 吴铁声著：《我所知道的中华人》，中华书局编辑部编：《回忆中华书局(上编)》，北京，中华书局，1987年，第24页。

3 王建军著：《中国近代教科书发展研究》，广州：广东教育出版社，1996年，第237页。

4 王建军著：《中国近代教科书发展研究》，广州：广东教育出版社，1996年，第238页。

术教科书扩充了数法,历史、地理教科书均以国民教育为本位,理科教科书注意生活所必需之知识和工业科学之基础。

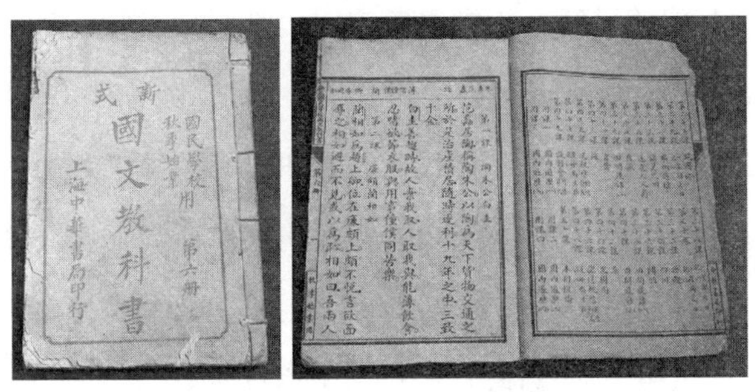


《新式国文教科书(国民学校秋季始业用第 6 册)》
(中华书局 1918 年印刷发行)

陆费逵很早就关注语言的变革,清末民初曾参与推动国语统一运动。1913 年,他受教育部委托赴北京主持"读音统一会"的工作。1915 年,中华书局出版的《新式国文教科书》每册的最后都附有四课白话课文,标为"附课",以此有别于前面的文言课文。1916 年的《中华教育界》第五卷第一期刊登了教育部的批词:"查该书最新颖处,在每册后各附四课,其附课系用官话演呈,间有与本册各课相对者。将来学校添设国语,此可为其先导,开通风气,于教育前途殊有裨益。至各册所用文句,其次序大致均与口语相同。令教员易于讲授,儿童易于领悟。在最近教科书中洵推善本。"[1] 1920

1 王建军著:《中国近代教科书发展研究》,广州:广东教育出版社,1996 年,第 249 页。

年3月中华书局开始出版黎均荃和陆依言编辑、黎锦熙阅订的国民学校用《新教材教科书国语读本》8册及《新教材国语读本说明书》8册。1921年前后，陆费逵参加国语推行会，创办国语专修学校，印行国音课本，制造国语留声片等。1921年，中华书局于开始编辑出版“新教育教科书”，国民学校用书全用语体文编写，高等小学用书则是语体和文言互用。国语读本有注音字母，至1922年出齐。这套教科书强调儿童养成高尚的情操、健康的情感、务实的精神和现代的思想。如《新教育教科书国语读本》注意常识及世界大势，并略予以介绍新发明新思潮之精神，算术教科书注重生活上必需之知识及计算，注重心算及理解，养成精密之思考力；历史教科书注重国家的社会发明的材料，以启发儿童进化之思想；地理教科书则注重世界大势的应用教材，以启发儿童进取之思想。理科教科书注重人生生活必需教材，于应用观察以期易于了解，兼养成职业之应用企业之思想。1923年，中华书局按照新学制出版了“新小(中)学教科书”。

《新小学教科书国语读本(初级小学)》共八册，黎锦晖、陆费逵编辑，黎锦熙计划，戴克敦、刘传厚、邓庆澜、张相、李廷翰、陆衣言校阅，国语专修学校及附小同人、各学校校长教员、中华书局国语部同人撰述。该教科书不仅内容新颖，语言活泼，并且在编排中加入了游戏、谜语、表演等，如《新小学教科书国语读本》第3册有《孔融让梨》、《司马光打破水缸》、《文彦博取球》等传统课文，也编辑有

《老虎叫门》等形式活泼的新课文，深受师生的喜爱，广为流传，如《老虎叫门》一课写道：

(老虎唱)小孩子乖乖，把门儿开开。快点儿开开，我要进来。

(小孩唱)不开，不开，不能开。母亲不回来，谁也不能开。

(老虎唱)小兔子乖乖，把门儿开开。快点儿开开，我要进来。

(小兔唱)不开，不开，不能开。母亲不回来，谁也不能开。

(老虎唱)小羊儿乖乖，把门儿开开。快点儿开开，我要进来。

(小羊唱)不开，不开，不能开。母亲不回来，谁也不能开。

(老虎唱)小螃蟹乖乖，把门儿开开。快点儿开开，我要进来。

(小螃蟹唱)就开，就开，我就开。

(小孩唱)可怜的小螃蟹，从此不回来。[1]

中华书局编写出版的教科书学科门类广、层次多，1935 年还出版了一套"小学各科副课本"，就各科教科书有关知识做进一步分析介绍，对教学工作进行辅导。这套副课本分初级、中级和高级三

1　黎锦晖、陆费逵编辑：《新小学教科书国语读本(初级小学第 3 册)》，上海：中华书局，1923 年发行·1924 年 24 版，第 2—5 页。

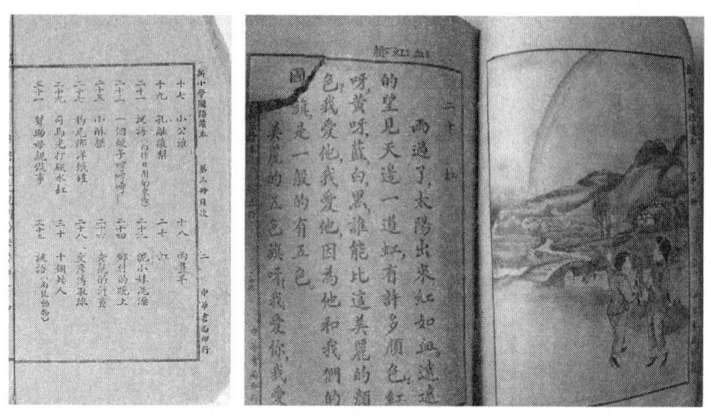

二十 虹

雨過了，太陽出來紅如血，遠遠的望見天邊一道虹，有許多顏色，紅呀，黃呀，藍，白，黑，誰能比這美麗的顏色，我愛他，我愛他，因為他和我們的國旗是一般的有五色。美麗的五色旗呀，我愛你，我愛

《新小学国语读本(初级第 3 册)》(中华书局 1923 年发行)

种，包括九方面的内容，各一百册，共三百册，在 1936 年全部出齐，对提高教学质量很有帮助，所以受到教育界的称道。

作为中华书局的第一掌门人，陆费逵参与编写有很多教科书，初步统计有：《新制中华国文教科书(初等小学校用)》(1912 年)、《修身讲义(师范讲习社和师范讲习科用)》(1912 年)、《新制中华修身教科书(初等小学校用)》(1913 年)、《新制中华修身教科书(高等小学校用)》(1913 年)、《新编中华修身教科书(高等小学校用)》(1913 年)、《新小学教科书国语读本(小学初级用)》(1923 年)、《南洋华侨国语读本(小学高级用)》(1932 年)，等等。

陆费逵还参与阅(校)了大量的教科书，初步统计如下：《中华修身教科书(初等小学用)》(1912 年)、《中华高等小学地理教授书》(1912 年)、《中华论理学教科书(供师范学校教学参考用)》(1912 年)、《新制中华国文教授书(初等小学用)》(1913 年)、《新制中华国文教科书(高等小学校用)》(1913年)、《新制中华算术教科书(高等小学校用)》(1913年)、《新制中华历史教科书(高等小学校用)》(1913年)、《新制中华理科教科书(高等小学校用)》(1913年)、《新制中华修身教授书(高等小学用)》(1913年)、《新制中华国文教授书(高等小学用)》(1913年)、《新制中华历史教授书(高等小学用)》(1913年)、《新制中华理科教授书(高等小学用)》(1913年)、《新制中华农业教科书(高等小学校用)》(1913年)、《(讲习适用)世界地理教科书》(1913年)、《(讲习适用)算术教科书》(1914年)、《新制中华商业教科书(高等小学校用)》(1915年)、《公民读本(国民学校用)》(1917年)、《新教育教科书国文教案(高等小学校用)》(1921年)、《新小学公民课本(小学高年级用)》(1923年)、《新小学教科书公民课本教授书(小学校初级用)》(1923年)、《新中学教科书公民读本》(1923年)、《新小学教科书历史课本(高年级用)》(1923年)、《新小学教科书地理课本(小学高年级用)》(1923年)、《新小学教科书自然课本(初级小学)》(1923年)、《新小学教科书理科课本(高级小学)》

《新小学教科书国语文学读本(初级第1册)》(中华书局1925年发行)

(1923年)、《新小学教科书常识课本(初级小学校用)》(1923年)、《新中学教科书公民课本》(1923年)、《新中学教科书本国地理》(1923年)、《新小学教科书自然课本(初等小学用)》(1923年)、《新小学教科书理科课本(高等小学适用)》(1923年)、《新小学教科书自然课本教授书(初级小学校用)》(1924年)、《新小学教科书社会课本(初级小学校用)》(1924年)、《新小学教科书社会课本教授书(初级小学校用)》(1924年)、《新小学教科书国文读本(高年级用)》(1924年)、《新小学教科书国语文学读本教授书(高年级用)》(1924年)、《新小学教科书卫生课本(高级小学校用)》(1924年)、《新中学教科书人生哲学》(1924年,并作序)、《新中学教科书初级世界地理》(1924年)、《新小学教科书卫生课本教授书(高级小学校用)》(1925年)、《新小学教科书国语文学读本(初级适用)》(1925年)、《小学国语读本(小学校初级用)》(1933年)、《初中国文读本》(1933年)、《初中国文读本(普及本)》(1933年)、《《新课程标准小学国语读本(供南洋华侨初级小学国语科教学用)》(1934年)、《新标准教科书常识课本(南洋华侨初级小学)》(1934年)、《新课程标准小学国语读本(南洋华侨学校高年级用)》(1934年)、《初中国文读本(增注本)》(1935年),《新编高小国语读本(小学高年级用)》(1937年),等等。

陆费逵平时工作很忙,孩子们不能打搅,所以在女儿陆费铭琇的印象中,小时候很难见到父亲,甚至觉得父亲一直都很严肃。她记得当时因为姐姐提出的一个问题,父亲专门给教科书的主编写

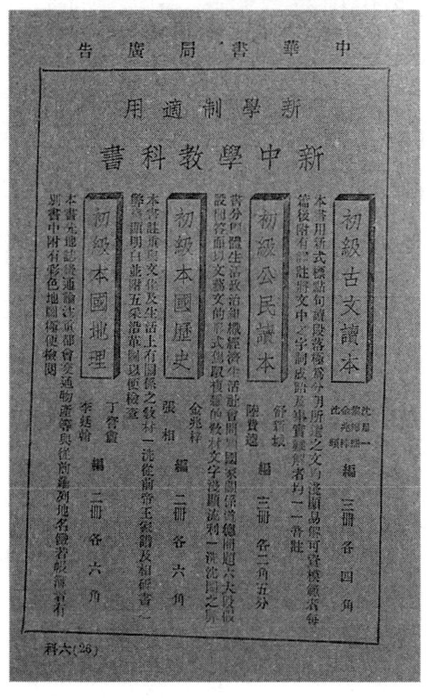


《新中学教科书矿物学》广告（中华书局1923年发行·1923年再版）

了一封长信。1937年11月，日本侵略者在上海图谋杀害著名爱国人士，陆费逵获悉，即离开上海去了香港。他在香港主持中华书局香港分局工作多年，积极赶印书籍，供应抗战后方，直至1941年7月9日在九龙寓所病逝，终年五十六岁。

## 反对教科书"国定制"

在关注新式教育的发展及新式教科书的编撰出版过程中，陆费逵放眼世界、立足中国教育实际，陆续阐明自己的教科书思想，其中反对教科书“国定制”就是陆费逵教科书思想的重要内容。

1905年，晚清学部成立后，对民间方兴未艾的教科书编纂，试图纳入统一管理的轨道。1906年，在昌明公司任职的陆费逵就针对学部统编教科书在《图书月报》第三期上发表《同业注意》指出：“学部编辑之教科书，将次出版矣。今虽未知其详细，然其将来销数必有可观也。”[1]同期，他还发表《论国定教科书》，首先他强调了教科书之重要性：“教科书之于教育，犹锄犁之于耕。无炮械不可言战，无教科书不可言教育，此人人之所知也。我国教育之不振，由于教科书之未完善，又人人之所知也”。[2] 接着指出“近闻学部有编纂教科书之举，且将颁行国定教科书之举。吾始闻而喜，继而疑，终乃戚然大惧，惧以此阻我全国教育之进步耳。……天演公理，有竞争而后有进步。教科书果为国定，绝人销售。又谁肯虚掷财力心力以经营之？以全国四万万人之教育而委之学部数十人之手，一成不变，其必无良果可想而知。”[3]表明了反对教科书由官方垄断的态度。

1907年，学部编撰的初等小学国文、修身教科书开始出版发行，并准许翻印。这种状况，意味着民间出版机构编辑教科书的业

1　吕达主编：《陆费逵教育论著选》，北京：人民教育出版社，2000年，第14页。

2　吕达主编：《陆费逵教育论著选》，北京：人民教育出版社，2000年，第18页。

3　吕达主编：《陆费逵教育论著选》，北京：人民教育出版社，2000年，第18页。

务，既会受到多种掣肘和压抑又面临着经济利益的巨大损失。陆费逵奋笔疾书，在1907年5月的《南方报》第六百一十号发表《论学部编纂之教科书》，指出学部编纂教科书中存在的种种问题，而且引用课文实例加以证明自己观点。如他说学部教科书虽然“例言”中说明“本册择用之教材，期合儿童心理发达之程度，其德育以家庭伦理及学校规则为要。使得切深实践，其智育以日用器物及天然动植物为要，使得实验。”[1]指出学部编辑的初等小学修身教科书第一册第五十三课《一唱忠君，再唱爱国》，以一个六岁儿童来看，“其能解此而实践之乎”。[2] 陆费逵坚决反对学部教科书“国定制”的思想，既代表了民营出版业的利益，更多地是为教育事业及社会进步而设想。

【资料卡】

陆费逵指出学部编纂的国文教科书有八点不足：(一)教材多不合儿童心理；(二)词句多不合论理；(三)间有局于一隅之处，不合普及之意；(四)图画恶劣，图与文词，且间有不合之处；(五)数字与算术不相联络；(六)时令节气不相应；(七)抄袭近出各书，有碍私家编著；(八)教授书失之高深，教员生徒皆受困苦。

---

1 陆费逵著：《论学部编纂之教科书》，《出版史料》2010年第3期，第125页。

2 陆费逵著：《论学部编纂之教科书》，《出版史料》2010年第3期，第125页。

1910年，陆费逵还撰写《论各国教科书制度》一文，介绍并分析了英吉利、法兰西、德意志、奥地利、日本等诸国的教科书制度之利弊，层层剖析，以其使国人择善而从。他说："吾国自变法以来，每举一事，动曰外国如何；而所谓外国者，大率皆指日本，一若外国仅一日本者。又若欧美诸国，皆与日本相同者，何其陋也。"[1]现摘录其文中对于法兰西之教科书制度之文字如下：

其二 法兰西。三十年前，法国行审定制度，一书之出也，学部审定之，地方教育会审查之。然出版者竞争运动，弊窦丛生，提议改良，非惟一日。千八百八十年，决议采用公众审查制。其意以为国定固束缚压制，阻教育之进步；而审定制度，审定少数之书，束缚教育者之自由，亦非国家振兴教育之本意也。今决用自由选择制，教科书采用之责，概由校长、教员负之。盖校长、教员，人数众多，书肆运动，事难而效微。且校长、教员之于教科书，关系较切，亦未必为微利而枉从也，特虑其学识之不足耳，故校长、教员之选择教科书也，由会议定之。各乡镇有公设之教育会，取新旧教科书研究比较，多数决议，乃报告于府县教育会。再开会议，以视学官为议长，师范学校校长、地方视学等为会员，研究比较，亦以多数决之。既决议，

---

1 吕达主编：《陆费逵教育论著选》，北京：人民教育出版社，2000年，第58页。

乃取本会书目,加入新采用者,去其旧者。又提出于所属地方之大学总监督,受最后之判定。盖法国八十余府县,分隶十七大学区,各区各有一大学。而大学总监督,皆深通教育学、教授法之人,监理各该区之学务,小学、中学、高等学堂之教育事务皆属焉。凡事取决于少数,则误谬不免,运动极易。若取决于多数,则集思益广,收效至大。且人数众多,虽欲运动贿赂而无所施其技。故法国行此制之后,书肆竞争虽烈,惟分送样本,说明编纂趣意及其优点,以求舆论之赞成而已,此外毫无他法。诚可谓弊绝风清,公平美满之教科书制度矣。

法国行此制度,其成绩如何乎?(一)竞争激烈,书籍进步极速。(二)监督完美,稍次之书,即不能得舆论之赞成,而劣书自归消灭。(三)本区之人,会议采用本区之书,无虑不合地方情况。惟编辑推销为费至巨,定价因之不得不昂。然国民既享良书之利益,则稍出昂价以报酬之,亦为事理所当然。若使国家为之,恐即费此巨金,仍不能得此良果。况少数金钱之关于国家,固不如教科书良楛关系之大也。[1]

历经长期的教科书编撰出版实践后,1925 年 12 月,陆费逵在《论中国教科书史》(回复舒新城的信)一文中提到新式教科书的历

1　吕达主编:《陆费逵教育论著选》,北京:人民教育出版社,2000 年,第 59—60 页。

史时说“十之八九是我经过的。”[1]他认为1901年朱树人编、南洋公学出版三本《蒙学课本》是第一部教科书(南洋公学师范生编写有初级与高级两套《蒙学课本》,其中朱树人编撰的为初级,笔者注),并谈及文明书局的《蒙学读本》七编、商务印书馆的“最新教科书”、中国图书公司的高等小学历史和地理教科书等等,也提及集成图书公司、学部之书。他认为在民国成立前,最占势力者“为商务之最新教科书,学部之教科书两种”。[2] 对于民国成立初期几年的回顾中,不仅“文体教科书至今犹以共和及新式为巨擘”,而且“小书肆经营教科书者,均忽兴忽灭,现存者如新学会社、会文堂,改方针偏重老书,在教科书上毫无势力”[3]在这篇文章中,陆费逵还专门提及自己对学部教科书的看法,“学部组织图书局,所出教科书,大半仿商务、文明体例,且加入许多不合儿童心理的古董材料,外间很有批评,《南方报》曾登一篇专论学部国文的,是我的大作。”[4]

陆费逵出生于陕西汉中,成长于沿江城市江西南昌,起步于革命的发祥地湖北武昌,而最终成就于教科书出版重镇上海。或许

1 李桂林、戚名琇、钱曼倩编:《中国近代教育史资料汇编 普通教育》,上海:上海教育出版社,1995年,第189页。

2 李桂林、戚名琇、钱曼倩编:《中国近代教育史资料汇编 普通教育》,上海:上海教育出版社,1995年,第189页。

3 李桂林、戚名琇、钱曼倩编:《中国近代教育史资料汇编 普通教育》,上海:上海教育出版社,1995年,第189页。

4 李桂林、戚名琇、钱曼倩编:《中国近代教育史资料汇编 普通教育》,上海:上海教育出版社,1995年,第188页。

是北方彪悍的民风和灼热的黄土，让这个有着江南血脉的男人，在日后的生意场上，骁勇善战，一往无前。他一生关注教育目的、教育作用、教育方针、学制改革、职业教育、女子教育、语言文字教育……这些都体现在中华书局教科书的编撰出版中。他在1924年的《上海市书业商会二十周年纪念册》之“序”中说：“我们希望国家社会进步，不能不希望教育进步；我们希望教育进步，不能不希望书业进步。我们书业虽然是较小的行业，但是与国家社会的关系却比任何行业为大。”[1]正是基于对这种关系的深刻理解，使陆费逵感到出版人文化责任之重大。在他的领导下，中华书局不仅创造了自身生存和发展所需的物质财富，更重要的是，它促进了教科书的进步以及优秀文化的传播。民国时期中华书局“共计编辑出版各科各级教科书四百余种”。[2] 中华书局原总编辑李侃在《陆费逵创办中华书局概况》写道：“现在，这些教科书早已陈旧过时，成为图书馆和博物馆的藏品了，但是在当时却是广大青少年学生的‘启蒙’之书。现在五六十岁以上的知识分子，他们之中的很多人就是在中、小学时代，从中华书局出版的各种教科书中，得到文化

1 俞筱尧、刘彦捷编：《陆费逵与中华书局》，北京：中华书局，2002年，第440页。

2 肖东发、于文著：《中外出版史》，北京：中国人民大学出版社，2010年，第124页。

科学基础知识的。”[1]来新夏在《我与中华书局的人和事》中回忆：“我从三十年代入中学，直到读完大学，一直有中华的书相伴。”[2]陆费逵带领中华书局创造了中小学教科书史上少有的奇迹与辉煌。

1　上海市出版工作者协会《出版史料》编辑组编：《出版史料（第1辑）》，上海：学林出版社，1982年，第80页。

2　来新夏著：《出枥集：来新夏自选集》，北京：新世界出版社，2002年，第136页。

# 陈独秀

## 造就新青年

陈独秀(1879—1942)

全地各国政体,分为三种。一曰君主专制政体。一国之政,由国君专擅,人民不得参与。二曰君主立宪政体。议政院立定宪法,君民共守,凡国之政,人民皆得参与。三曰民主共和政体。一国之政,均由人民主持,君位由众民公选,数年一易。

——摘自《小学万国地理新编(卷上)》第4页

说起陈独秀，人人都知道他是中国共产党主要发起者、早期领导人之一，曾被毛泽东尊为“思想界的明星”[1]和“五四运动时期的总司令”。[2] 他以开放多元的思想、热情执著的气质，高举科学与民主的大旗，从思想上、文化上启蒙了整整一代青年知识分子。陈独秀也是著名的教育家，有着留学日本学习师范教育的背景，他先后在安徽公学、安徽速成师范学堂、徽州公学、芜湖皖江中学、浙江陆军小学堂任教，创办过安徽高等学堂，出任过北京大学文科学长、广东省教育行政委员会委员长等职。从晚清到民国，陈独秀不仅撰写大量教育论文，发表教育演讲，也曾参与中小学教科书编撰，并且因其大力倡导新文化运动，白话文教科书得以正式进入中小学教科书体系。

## “抡才大典”的刺激

安徽的安庆，曾是中国近代化的开端之地。1861 年，湘军攻占安庆后，曾国藩即着手建安庆军械所，由此拉开了洋务运动的序幕。1879 年 10 月 9 日，陈独秀出生于安庆府怀宁县。祖父陈章旭是禀生，陈独秀出世几个月父亲去世，六到八岁由祖父教其读书。

---

1 贾兴权著：《陈独秀传》，济南：山东人民出版社，1998 年，第 119 页。

2 蒋建农主编：《毛泽东全书（第 1 卷 横空出世）》，石家庄：河北人民出版社，1998 年，第 320 页。

母亲没有受过任何教育,希望自己的孩子通过科举考试获得功名。后来,陈独秀的大哥考取秀才,便开始辅导他学习。大哥知道陈独秀不喜欢八股文章,除温习经书外,还教他读了《昭明文选》等书籍,蕴涵其中的思想情感使陈独秀获得一些心灵上的启迪。如《昭明文选》"序"有:"《易》曰:'观乎天文,以察时变;观乎人文,以化成天下。'文之时义,远矣哉。"[1] 陈独秀曾回忆说:"初读文选时,我也有点头痛,渐渐读出味道来了,从此更加看不起八股文"。[2]

甲午战败,举国震惊。陈独秀在《说国家》一文中写道:"我十年以前,在家里读书的时候,天天只知道吃饭睡觉。就是发奋有为,也不过是念念文章,想骗几层功名,光耀门楣罢了。哪知道国家是什么东西,和我有什么关系呢?到了甲午年,才听见人说有个什么日本国,把我们中国打败了。"[3] 他开始关注中国社会的现实状况,了解经史子集之外的新思潮与学说。1896 年,十七岁的陈独秀参加县考、府考,但名次都考得很低。到了院试,宗师出的题目是"鱼鳖不可胜食也材木",竟意外考取了第一名。陈独秀对此曾这样描述:"我对于这样不通的题目,也就用不通的文章来对付。把《文选》上所有鸟兽草木的难字和《康熙字典》上荒谬的古

---

1 张岱年主编:《中华思想大辞典》,长春:吉林人民出版社,1991 年,第 366 页。

2 陈独秀著:《实庵自传》,上海:亚东图书馆,1947 年 5 版,第 16 页。

3 陈独秀著,任建树、张统模、吴信忠编:《陈独秀著作选(第 1 卷)》,上海:上海人民出版社,1984 年,第 55 页。

文，不管三七二十一，牛头不对马嘴、上文不接下文的填满了一篇皇皇大文，正在收拾考具要交卷，那位山东大个儿的李宗师亲自走过来收取我的卷子(那时我和别的几个人，因为是幼童和县、府试录取第一名，或是经古考取了提堂，在宗师案前面试，所以他很便当的亲自收取卷子，我并不是考幼童，县、府试也非第一名，一入场看见卷面上印了提堂字样，知道经古已经考取了，不用说这也是昭明太子帮的忙)，他翻开我的卷子大约看了两三行，便说：'站住，别慌走！'我听了着实一吓，不知闯下了什么大祸。他略略看完了通篇，睁开大眼睛对我从头到脚看了一遍，问我十几岁，为啥不考幼童？我说童生今年十七岁了。他点点头说道：'年纪还轻，回家好好用功，好好用功'。"[1]意外中秀才，使得陈独秀的母亲"乐得几乎掉下眼泪。"[2]为了母亲的心愿，陈独秀虽然对举人、进士、状元郎的举子业没有太大的兴趣，但还是准备继续向着科举仕途迈进。

1897 年 8 月，陈独秀到南京乡试。9 月 3 日，他"背了考篮、书籍、文具、食粮、烧饭的锅炉和油布"[3]开始了三场九天的大考。考试期间，他印象最深的是看见一位徐州大胖子考生，一条大辫子盘在头顶上，全身一丝不挂，脚踏一双破鞋，手里捧着试卷，在如火的

---

1　陈独秀著：《实庵自传》，上海：亚东图书馆，1947 年 5 版，第 18—19 页。

2　陈独秀著：《实庵自传》，上海：亚东图书馆，1947 年 5 版，第 19 页。

3　陈独秀著：《实庵自传》，上海：亚东图书馆，1947 年 5 版，第 31 页。

长巷中走来走去，拖长着怪声念他那得意的文章，大呼“今科必中”。陈独秀叙述为:“这位‘今科必中’的先生，使我看呆了一两个钟头。在这一两个钟头当中，我并非尽看他，乃是由他联想到所有考生的怪现状;由那些怪现状联想到这班动物得了志，国家和人民要如何遭殃;因此又联想到所谓抡才大典，简直是隔几年把这班猴子、狗熊搬出来开一次动物展览会;因此又联想到国家一切制度，恐怕都有如此这般的毛病;因此最后感觉到梁启超那班人们在《时务报》上说的话是有些道理呀！这便是我由选学妖孽转变到康、梁派之最大动机。一两个钟头的冥想，决定了我个人往后十几年的行动。我此次乡试，本来很勉强，不料其结果却对于我意外有益!”[1]可见，梁启超于1896年创办鼓吹维新的《时务报》对陈独秀影响较大。

受了“抡才大典”的刺激，这位土生土长的江淮青年，因其萌芽状态的叛逆心理，终于义无反顾地接受了维新思想。这从他后来的有关著述言论中可以获得印证。如1916年《新青年》第二卷第二号(1916年12月1日)发表的《驳康有为致总统总理书》写有:“吾辈少时，读八股，讲旧学，每疾视士大夫习欧文谈新学者，以为皆洋奴，名教所不容也;前读康先生及其徒梁任公之文章，始恍然于域外之政教学术，粲然可观，茅塞顿开，觉昨非而今是。吾辈今

1　陈独秀著:《实庵自传》，上海:亚东图书馆，1947年5版，第34页。

日得稍有世界知识，其源泉乃康、梁二先生之赐。”[1] 1897年，陈独秀信仰康梁的改良主义，以石印本形式出版过《扬子江形势论略》，“略述沿江形势，举办诸端，是引领于我国政府也”，[2]开始显露出他气势恢宏的人生理想。

## 编辑《小学万国地理新编》

据说，1898年陈独秀曾入安徽求是学堂（后改名为安徽大学堂）学习，但对此说至今并没有相关的史料证明。1899年前后，陈独秀与大哥去了东北。1900年发生了八国联军攻占北京的“庚子事变”。身在东北的陈独秀受到极大刺激，他在《吾人之最后觉悟》中提及戊戌之变后，“沉梦复酣，暗云满布，守旧之见，趋于极端，遂积成庚子之役。虽国几不国，而旧势力顿失凭依，新思想渐拓领土，遂由行政制度问题一折而入政治根本问题，”[3]表明他开始由接受康梁维新思想转向寻求更新的思想与解决方案。1901年，陈独秀就与江苏省苏州市出版《励学译编》的杂志社有密切联系，负责在安庆代售该杂志。他认识到“国民性”落后是中国危亡和历次救

---

1 陈独秀著：《独秀文存（卷1）》，上海：亚东图书馆，1922年，第95页。

2 陈独秀著，三联书店编辑：《陈独秀文章选编（上）》，北京：生活·读书·新知三联书店，1984年，第10页。

3 陈独秀著：《独秀文存（卷1）》，上海：亚东图书馆，1922年，第51页。

亡运动失败的原因,在《亡国篇》中写道:“一国的兴亡,都是随着国民性质的好歹转移。”[1]

在举国上下的留学日本大潮中,陈独秀决定赴日留学。他在1904年6月14日的《安徽俗话报》第5期发表《说国家》一文,署名“三爱”,其中提及为何出国留学,“到了庚子年……八国的联合军,把中国打败了。此时我才晓得,世界上的人,原来是分做一国一国的,此疆彼界,各不相下。我们中国,也是世界万国中之一国,我也是中国之一人。一国的盛衰荣辱,全国的人都是一样消受,我一个人如何能逃脱得出呢。……我越思越想,悲从中来。我们中国何以不如外国,要被外国欺负,此中必有缘故。我便去到各国,查看一番”。[2]

陈独秀一生中五次到日本留学。据《清国留学生会馆第一次报告书》记录他第一次东渡日本是1901年10月(即在丧权辱国的《辛丑条约》签订的第二个月),先在入东京专门学校(早稻田大学前身)进修日语,随即就读于高等师范学校。在日本,他参加以“联络感情,策励志节”[3]为宗旨的“励志会”。由于国难频频,该会经常

---

1 袁洪亮著:《人的现代化:中国近代国民性改造思想研究》,北京:人民出版社,2005年,第70页。

2 陈独秀著,秦淮红编:《陈独秀文化随笔》,北京:中国青年出版社,1999年,第262页。

3 冯自由著:《中华民国开国前革命史(上)》,上海:上海书店出版社,1990年,第47页。

讨论中国衰弱的原因和变革图强的出路。“陈独秀的思想开始由‘改良’转向‘革命’，由‘康党’转为‘乱党’。”[1] 1902 年 3 月，陈独秀回到安庆，模仿东京留学生的做法，组织青年励志社，创办《爱国新报》，“其宗旨在探讨本国至弱之源，及对外国争强之道，依时立论，务求唤起同胞爱国之精神”。[2] 不久遭到清政府的通缉。1902 年 9 月，他与潘赞化一起第二次赴日留学，进入当时中国留学生学军事的热门学校——成城学校。在这里，他结识了章太炎、邹容、蒋百里、苏曼殊、刘季平、汤尔和等一批激进人士。当时，清政府委派管理中国湖北留学生的学监姚煜协助驻日使馆官员损害留学生的政治利益和要求，1903 年 3 月陈独秀等闯入姚宅，对其割发，被日本政府强行遣送回国。

陈独秀与其他留日学生一样，对于中国的新式教育寄予很高的期望，因为对于地理与国家的关系认识较深，他开始编撰小学地理教科书。1902—1904 年，商务印书馆初版《小学万国地理新编》上下卷，署名为“皖怀宁陈乾生重辅编辑”。在《小学万国地理新编》的书末，附有《上海商务印书馆书目》和广告，“今见国家布行新政，百务更张，而复叠次诏立大中小各学堂，汲汲以振兴实学，作育人才为首务。现各省学堂渐设，惟苦无专书，不足以资课读，爰又

1　唐宝林、林茂生著：《陈独秀年谱 1879—1942》，上海：上海人民出版社，1988 年，第 18—19 页。

2　任建树著：《陈独秀传（上）》，上海：上海人民出版社，1989 年，第 45 页。

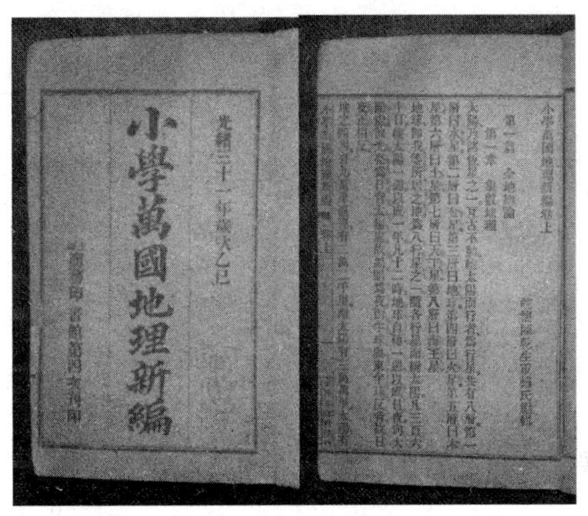


《小学万国地理新编（卷上）》（商务印书馆 1902 年初版 · 1905 年 6 版）

新辑各种实学有用诸要书，或由西文或由日文均译以华文印行。初学、专家均得裨益，洵为各学堂必备之书。”[1]

【资料卡】

陈独秀最早使用“独秀”一名是 1914 年 11 月 10 日章士钊主编的《甲寅杂志》上发表的两篇文章：一曰《双枰山绪》，署名“独秀山民”；一曰《爱国心与自觉心》，署名“独秀”。

《小学万国地理新编》共六篇，卷上三编，卷下三编。第一编

1　陈乾生著：《小学万国地理新编（卷上）》，上海：商务印书馆，1902 年，广告页。

“全地总论”有“象数地理、形质地理、政事地理”三章。第一章“象数地理”讲述宇宙空间的常识，课文开篇第一至二段写道：

> 太阳，乃诸恒星之一，亘古不动。绕太阳而行者，为行星，共有八层。第一层曰水星，第二层曰金星，第三层曰地球，第四层曰火星，第五层曰木星，第六层曰土星，第七层曰天王星，第八层曰海王星。
>
> 地球，即我等所居之地，为八行星之一，随各行星而绕太阳。凡三百六十日，绕太阳一周，以成一年。凡十二时，地球自转一周，以成日夜，向太阳处，故光亮为日，背太阳处，故黑暗为夜。西半球与东半球反背，故日夜正相反。[1]

第二章“形质地理”讲述地球的地形分布的常识，课文开篇第一至二段写道：

> 地之形状，圆如一球，故曰地球。地球之面，有陆地、有水洋。陆地占全地四分之一，水洋占全地四分之三。
>
> 陆地者，地球之干面也。大者曰洲，小者曰岛。水洋者，地球之湿面也。大者曰洋，小者曰海。[2]

---

1 陈乾生著：《小学万国地理新编（卷上）》，上海：商务印书馆，1902年，第1页。

2 陈乾生著：《小学万国地理新编（卷上）》，上海：商务印书馆，1902年，第2页。

第三章“政事地理”讲述人种分布、政治制度、宗教、风俗、物产等常识,课文开篇第一至二段写道:

> 全地之上,万物蕃生,日月所临,几无不有。动物植物之定名者,均有二十余万种。此外目不能见之微动物,尚有多种。用显微镜始能见之。
>
> 地上生物,先有水土,继有植物,后有动物。人亦动物之一,惟其种最灵,其生最后,才力战胜于他物而驱逐之。独有地上居住衣食之权利。变迁既久,日益兴盛。创文字,考事理,建城邑,设政治,人类文明,日高出于万物矣。[1]

《小学万国地理新编》从第二编起,略述五大洲各国的地理,各编标题依次是“亚洲各国、欧洲各国、非洲各国、澳洲各国、美洲各国”。各洲的内容编排先总后分,如第二编“亚洲各国”先是第一章“亚洲总论”,介绍地理位置、地势分布、政治经济等,然后各章依次为“中华帝国、日本帝国、高丽王国、暹罗王国、波斯王国、亚喇伯、阿富汗、俾路芝、印度、缅甸、安南、西伯利亚、西域”。商务印书馆在1904年《东方杂志》第一期刊登《小学万国地理新编》的出版广告上称:“凡疆域、气候、政教、风俗、民情、物产,记载明晰,纲举目

1 陈乾生著:《小学万国地理新编(卷上)》,上海:商务印书馆,1902年,第3页。

张,文词雅饬,浅显易解。选用地名皆沿旧称,绝无近日日译本新奇骇怪之敝,以供小学教授最为合宜。”[1]如《小学万国地理新编》卷上第三编“欧洲各国”第三章《瑞士民主国》,用短短三百多字,就把瑞士的地理位置、政治文化、风土人情、物产等介绍得清清楚楚。

瑞士,大陆各国间之一小国也。西界法,北界德,东界奥,南界意。纵四百余里,横六百里。人口有二百九十万,东部系鸠督尼苦种,西部系拉丁种。全国地势高爽,万山丛叠,皆循阿尔魄山脉。欧洲河源,多发于此。溪涧分流,湖泊迴环,风景清幽,甲于欧土。远客来游者,遍于境内。国政系民主共和,二十二州,各举代议士,至京都伯尔尼,会议国政,地方皆乡官自治,久无战事,为全欧第一乐土焉。

宗教听人自由,新旧两教,从者各半。教育兴起,居民不一,风俗互殊,北方多德人,务织布绢。西方多法人,精制钟表。极西与法交界,有及内瓦城。每年造时辰表有数十万之多。中央多意大利人,勤力耕种。全地人性宽和,娴于义理,家给人足,终身悦乐焉。

气候冬和夏凉,称为欧洲避暑场。人民多操畜牧制造之业。山地饶确,农业仅供内用。无有输出,故商业不起也。

---

1 邹振环著:《晚清西方地理学在中国——以1815至1911年西方地理学译著的传播与影响为中心》,上海:上海古籍出版社,2000年,第288页。

物产有葡萄、牛、羊、绢、布、钟、表。[1]

在西学东渐的过程中，地理学科对于中国起着某种意义上的先行学科的作用，如林则徐的《四洲志》、魏源的《海国图志》、徐继畬的《瀛寰志略》，这些经典的世界地理著作都曾作为洋务学堂的教科书使用，并在社会上广为流传。如 1890 年，梁启超说自己入京参加会试之后，归途经由上海，"从坊间购得《瀛寰志略》读之，始知有五大洲各国"。[2] 古代中国一直有着"天朝"和"中央"的空间观，"天朝大国"是古时中国以世界中心自居。唐代中国在各个方面都是世界前列，成为世界的经济文化中心，是一个令西方人十分向往的东方大国。自明朝以后，中国开始禁海，闭关锁国，同外界接触少。到了清代，统治者更是认为中国地大物博，没必要与外界有贸易，于是中国是世界的中心这一观念便根深蒂固。鸦片战争爆发时，朝野上下都不知道敌手英吉利是何方土地，后来才晓得是七万里以外一个面积只相当于台湾、海南二岛的蕞尔小夷。随着坚船利炮与商贸往来，在传教士及其象征的西洋文明面前，中国人才深刻的意识到，原来外面的世界中有很多文明，那些文明也是一

1 陈乾生著：《小学万国地理新编（卷上）》，上海：商务印书馆，1902 年，第 20 页。

2 梁启超著：《自由心影录 梁启超散文精品》，成都：四川文艺出版社，1998 年，第 357 页。

个历史悠久、而且有体有用，甚至在某种意义上已经超越过了自己的系统。于是，中华文明所设定的“天下”观念逐渐瓦解，受到“世界”的冲击，中国正由笼罩“天下”的“中心”变成了“万国”中的“一国”。陈独秀编辑的《小学万国地理新编》是中国最早出版的地理课本之一。出版后不断再版，笔者所见《小学万国地理新编》卷下1904年正月初版到1911年正月已经是第十版了。从天下到万国，教科书启蒙儿童知道中国外面还各种文化与文明，引导他们打破了传统的中国与四夷的天下秩序的旧观念，接受万国并存的世界意识。

而对于中国各地的情况，陈独秀认为中国是个大国，教学与教科书都要注意联系实际，顾及地方性，补充些乡土教科书，讲些乡土历史、地理、文学，自然科学也要有乡土教科书作补充。1921年1月2日，陈独秀在广州高等师范学校发表《新教育是什么》演讲中提到：“小学生不要教他的历史，教他一些好故事还要强些，历史一科在小学校应该废去，就是教历史，也只可以教最小范围的乡土史，不应该教国史。”[1]小学校只能教乡土地理，而乡土地理第一课，就应该从本校讲堂教起。理科也要注重乡土教材，“各省的物产不同，各省小学的教材便不能一样”。[2] 此外，据实藤惠秀《中译日文书目录》称，陈独秀曾翻译过日本斋藤鹿三郎的《地理教

1 陈独秀著：《独秀文存（卷1）》，上海：亚东图书馆，1922年，第578页。

2 陈独秀著：《独秀文存（卷1）》，上海：亚东图书馆，1922年，第578页。

授法》一书。[1]

## 夭折的《新体英文教科书》

1901 年,陈独秀在南京认识南京陆师学堂读书的安徽人汪希颜,两人常在一起畅谈"训蒙"、"德、智、体"等救国救民的思想,遂为知己。后来,汪希颜介绍弟弟汪孟邹与"皖城名士陈仲甫"相识,[2]虽然 1902 年汪希颜不幸病逝,但汪孟邹成为了陈独秀坎坷一生中互相扶助、感情至深的好友。

【资料卡】

汪孟邹(1878—1953),安徽绩溪人,二十岁中秀才。二十三岁进南京江南陆师学堂。在维新思想影响下,二十五岁在芜湖创立科学图书社,任经理。销售上海出版的新书新刊,兼营文具仪器。翌年,支持陈独秀出版的《安徽俗话报》半月刊,出二十三期。1913 年到上海,独资创立亚东图书馆,任经理,十年后设立编辑所。由于他和陈独秀、胡适、章士钊私交很深,在他们帮助下,出版《尝试集》、《三叶集》、《孙文学说》、《胡

1 沈寂著:《陈独秀与商务印书馆》,转引自商务印书馆编:《商务印书馆一百年(1897—1997)》,北京:商务印书馆,1998 年,第 399 页。

2 汪原放著:《回忆亚东图书馆》,上海:学林出版社,1983 年,第 6 页。

适文存》、《独秀文存》、《吴虞文录》、《红楼梦辨》、《少年漂泊者》,还出版由胡适、陈独秀作序,汪原放点校的新式标点和分段的《水浒》、《儒林外史》、《红楼梦》等十几种古典小说,风行一时。先后出版《建设杂志》、《少年中国》、《少年世界》、《甲寅》等十种期刊,重排北京大学出版的《新潮》第一卷,还代销《每周评论》、《向导》、北京大学的出版物。亚东图书馆成为“五四”时期传播新文化、新思想的很有影响的出版社,1934 年国内外有一百八十多处代售处。1952 年,亚东图书馆由于“出版托派书籍”而被上海市军管会勒令停业,所有陈独秀及托派书籍一律被没收销毁。不久,汪孟邹也在上海寂寞谢世。

1905 年,陈独秀在芜湖安徽公学任国文教员。1906 年 3 月,他与徽州旅芜同乡会共创“徽州公学”(即徽州初级师范学堂),任该校监学并兼任教育、地理、东语等课程的教员。这年夏天,他又与章士钊、苏曼殊同在皖江中学任教。1907 年春,陈独秀第三次留学日本,入东京正则英语学校学习,后入早稻田大学学习法国等西欧文化。1908 年陈独秀从日本回国,在浙江陆军小学堂任国文及史地教习。安徽光复后,他卸任都督府秘书长后创办安徽高等学堂,任教务主任,后因被守旧派学生排斥而辞职。

1911 年武昌起义,各省纷纷响应。1912 年,柏文蔚任安徽都督,聘陈独秀任都督府秘书长。这期间,汪孟邹往安庆看望陈独秀。陈独秀打消汪孟邹为官从政的念头,坚决主张他到上海开书店,并请柏文蔚设法帮助。

【资料卡】

柏文蔚(1876—1947),字烈武,安徽省凤阳府寿州人,中国民主革命家、清末民初军事将领、政治家,被称为辛亥革命"四杰"(孙中山、黄兴、李烈钧、柏文蔚)之一。1896 年中秀才,后入安徽大学堂。1902 年,与陈独秀等在安庆组织励志学社等。1904 年任安徽公学教员。1905 年陈独秀组织岳王会,他任南京分会分会长。1906 年加入中国同盟会。因刺杀两江总督端方逃到东北。1910 年任奉天督练公所参谋。武昌起义爆发,柏文蔚参加攻打南京。1912 年被任命为安徽都督。1913 年举兵反袁,后流亡日本并加入中华革命党。1916 年归国。1918 年支持孙文发动护法战争。1921 年任总统府顾问。1924 年任北伐讨贼军第二军军长,当选中国国民党中央执行委员。1927 年反对蒋介石清党。宁汉合流后,他被罢免第三十三军军长,改任国民政府委员。1928 年加入反蒋介石的中国国民党改组同志会被中国国民党除名。1931 年恢复国民党党籍,和冯玉祥主张国共合作对日抗战。

1913 年春,汪孟邹在上海创办亚东图书馆。陈独秀则因"二次革命”失败后亡命上海。此时他穷困潦倒，常到亚东图书馆闷坐。为了养家糊口，他替亚东图书馆编了一套供中学用的《新体英文教科书》，署名CC生，拟为四册。“这本《新体英文教科书》是在作新社排的”。[1]《甲寅》第一卷第七号有对《新体英文教科书》的介绍：

> 欧美人之习他国文，皆于读本文典外，另制一种LESSON书，糅合会话、文法、翻译而为之，且释之以国文；盖习外国文异趣必如是，始能速解而曲喻也。吾国英文教科书，若斯之类，有《英文法程及译本》、《正则英文教科书》二种，顾《法程》解释文法过略，《正则》书又失之繁琐破碎。兹据《正则》最近改编之本，就吾国教学英文之习惯而损益之。按中学程度由浅入深，由简而繁，计分四册，以应中学四年之用。英文词句务为雅驯，汉文解释力求显达，不独学校可按程教授，以补读本、文法之不及，即稍通英文门径者，亦可循序自习，以日进精深，诚善本也。第一、二册业已出版。[2]

由于当时上海“人无读书兴趣，且复多所顾忌”、“书刊销路不及去年十分之一”，因此出了第一、二册之后，“搁笔静待饿死”，[3]没

1 汪原放著：《回忆亚东图书馆》，上海：学林出版社，1983年，第27页。

2 沈寂主编：《陈独秀研究（第1辑）》，北京：东方出版社，1999年，第377页。

3 沈寂主编：《陈独秀研究（第1辑）》，北京：东方出版社，1999年，第377页。

有再编下去。不久,章士钊得知陈独秀的近况,立刻致信函招陈独秀赴日佐章编辑《甲寅》,并说"《甲寅》杂志当与国运同其长短,己身无所谓命运也。"[1]于是,陈独秀于1914年秋应邀再去日本,除帮助编辑《甲寅》外,还在雅典娜法语学院学习法语,接受法兰西文明的洗礼。而在国内,汪孟邹虽生意清淡至极,却按时将《新体英文教科书》的稿费付给陈独秀,并且为陈独秀的儿子陈延年、陈乔年每月代为支付学费。对此,汪孟邹也有相关的论述:"1913(民国二年、癸丑)袁世凯打倒四都督,仲甫又亡命到上海来。他替我编了一本《英文教科书》,生意不好,不曾编全。他没有事,常要到我们店里来,他想出一本杂志,说是只要十年、八年的功夫,一定会发生很大影响,叫我认真想法。我实在没有力量做,后来才介绍他给群益陈子佩(即陈子沛——笔者注)、子寿兄弟。他们竟同意接受,议定每月的编辑费和稿费二百元,月出一本,就是《新青年》

《新青年》杂志

1　沈寂主编:《陈独秀研究(第1辑)》,北京:东方出版社,1999年,第378页。

(先叫做《青年杂志》,后来才改做《新青年》的)”。[1]

陈独秀认为政治革命如需成功,首先要“革中国人思想的命”。[2] 1915 年夏,陈独秀从日本回国,决定办一个专事“思想革命”的刊物。在汪孟邹的牵线搭桥下,陈独秀与群益书社合作,于 9 月创刊了“学术史和思想史上划一个时代”[3] 的《青年杂志》(后改名为《新青年》),发表《敬告青年》一文,高举民主、科学大旗,号召青年们从消极、保守、退缩、闭塞的思想束缚下解放出来,树立起积极、进取、求实、科学的精神,向腐朽的封建意识进行斗争。1915 年 10 月,经汪孟邹中介,陈独秀、胡适开始通信联系,随后两人共同掀起了新文化运动的狂飙。

## 语言文字改革及教科书

白话是指以汉语口语为基础,经过加工的书面语。它是唐宋以来在口语的基础上形成的,起初只用于通俗文学作品,如唐代的变文,宋、元、明、清的话本、小说等,及宋元以后的部分学术著作和官方文书。晚清,有识之士认为文言已经成为国民愚弱的根源,开

---

1 汪原放著:《回忆亚东图书馆》,上海:学林出版社,1983 年,第 32 页。

2 任建树著:《陈独秀传(上)》,上海:上海人民出版社,1989 年,第 97 页。

3 汪原放著:《回忆亚东图书馆》,上海:学林出版社,1983 年,第 183—185 页。

启民智的首要任务是要进行工具的变革——兴白话。对白话文抱有直接性和明确性的期待，希望借助白话文的平民性和大众性，使其成为传播现代性思想的有效载体。

1903 年，汪孟邹在安徽芜湖创办科学图书社，代售上海出版的新书报，兼营仪器文具。1903 年冬，章士钊等人在上海创办了《国民日日报》，陈独秀也参与该报的编辑工作，后因办报意见不一致，他与章士钊、苏曼殊等分手，离开上海回安庆。这时陈独秀对于报纸的宣传新思想的作用已深信不疑。当时，陈独秀“觉得安徽的风气闭塞，较沿江的其他各省更甚”，[1] 受上海、杭州、苏州等地创办白话报的启发，认为以办白话报刊的形式来鼓吹革命和宣传启蒙知识是很有意义的，于是 1904 年春，陈独秀前往芜湖，与汪孟邹联手办起安徽省第一份白话报刊 《安徽俗话报》。他在《开办安徽俗话报的缘故》一文中写

《安徽俗话报》

1　张宝明、刘云飞著：《飞扬与落寞——陈独秀的旷代悲情》，北京：东方出版社，2007 年，第 27 页。

道："人生在世，糊里糊涂地过去，一项学问也不懂得，一样事体也不知道，岂不可耻吗……因为想学点学问，通些时事，个个人都是要上学攻书？这岂不是一椿难事么？但有一样巧妙的法子就是买几种报纸来家看看，也可以学点学问，通些时事，这就算事半功倍了。但是现在各种日报旬报，虽然出得不少，却都是深文奥意，满纸的之、乎、也、者、矣、焉、哉字眼，没有多读书的人，那里能够看得懂呢？这样说起来，只有用最浅近最好懂的俗话，写在纸上，做成一种俗话报，才算是顶好的法子……我开办这报，是有两个主义，第一是要把各处的事体，说给安徽人听听，免得大家躲在鼓里；第二是要把各项浅近的学问，用通行纳俗话演出来，好教我们安徽人无钱多读书的，看了这俗话报，也可以长点见识。"[1]

1904年，陈独秀在《安徽俗话报》上发表《整顿蒙学堂的法子》指出，有人认为当前最要紧的学问是武备或农工商业，以抗敌或争利权。而他却提出当前最要紧的是教育，特别是蒙学。因为没有知识，一切都无从谈起。他认为外国不上十岁的小孩子就懂得天文学，地文学、地质学、国家学、教育学、算学等。而我们二三十岁的人，从前只学时文试帖，这几年才接触到这些。他在《安徽俗话报》上，辟有"教育"专栏，写《国语教育》、《西洋各国小学堂的情形》等文章。如1904年5月15日在《安徽俗话报》第三期以"三爱"的

1 陈独秀著，三联书店编辑：《陈独秀文章选编(上)》，北京：生活·读书·新知三联书店，1984年，第16页。

署名发表《国语教育》一文,明确指出:“古今事体,和些人情物理,用本国通用是俗话,编成课本,给他们读。”[1]主张改革课程内容,认为“顶要紧的课”就是“国语教育”一科,因为“小孩子不懂得深文奥义,只有把古今事体,和些人情物理,用本国通用的俗话,变成课本,给他们读。等他们的知识渐渐的开了,再读有文理的书。”[2]陈独秀后来在为科学图书社二十周年纪念册题词中回忆说:“我那时也是二十几岁的少年,为革新感情所驱使,寄居在科学图书社楼上,做《安徽俗话报》,日夜梦想革新大业。”[3]

在新文化运动时期,提倡白话文成为陈独秀文学革命主张中的重要内容。1916 年底,在美国留学的胡适,将其《文学改良刍议》的文稿寄给了陈独秀主编的《新青年》,陈独秀读后拍案叫绝,立即签发,并称之为“今日中国文界之雷音”。[4] 1917 年 1 月 1 日的《新青年》第二卷五号刊发了《文学改良刍议》,陈独秀专门撰写了一篇跋文,称“白话文学将为中国文学之正宗,余亦笃信而渴望之。吾生当亲见其成,则大幸也。”[5]他在接下来的《新青年》第二

---

1 陈独秀著,三联书店编辑:《陈独秀文章选编(上)》,北京:生活·读书·新知三联书店,1984 年,第 37 页。

2 陈独秀著,三联书店编辑:《陈独秀文章选编(上)》,北京:生活·读书·新知三联书店,1984 年,第 37 页。

3 沈寂主编:《陈独秀研究(第 1 辑)》,北京:东方出版社,1999 年,第 373 页。

4 胡明著:《胡适传论(上)》,北京:人民文学出版社,1996 年,第 343 页。

5 胡明著:《胡适传论(上)》,北京:人民文学出版社,1996 年,第 343 页。

卷第六号中刊出了自己撰写的《文学革命论》进行声援，自称“愿拖四十二生的大炮为之前驱。”[1] 1917年4月9日，胡适给陈独秀写了一封长信，探讨关于白话文改革。陈独秀在1917年5月1日《新青年》第三卷第三号中发表《陈独秀答胡适》一文中指出：“改良文学之声已起于国中，赞成反对者各居其半。鄙意容纳异议，自由讨论，固为学术发达之原则；独至改良中国文学，当以白话为文学正宗之说，其是非甚明，必不容反对者有讨论之余地，必以吾辈的主张以为绝对之是，而不容他人之匡正也。其何故哉？盖以吾国文化，倘已至此文言一致地步，则以国语为文，达意状物，岂非天经地义，尚有何种疑义必待讨论乎？其必欲摈弃国语文学，而悍然以古文为文学正宗者，犹之清初历家排斥西法，乾嘉畴人非难地球绕日之说，吾辈实无余闲之作无谓之讨论也。”[2]表达了提倡白话文的决心和信心。于是，文学革命的“气运”经由这样一位有社会影响的坚强的革命活动家做宣传者、推行者，很快编汇合成一个声势蓬勃的大运动了。白话文取代文言文，已成为不可逆转的事实，提倡言文一致，在教育界逐渐汇成一股强大的时代潮流。

1919年8月，由庄适编纂的《新体国语教科书》8册由商务印

---

1　胡明著：《胡适传论（上）》，北京：人民文学出版社，1996年，第343页。

2　陈独秀著，游冠辉编：《陈独秀箴言录》，北京：中国文联出版公司，1998年，第104页。

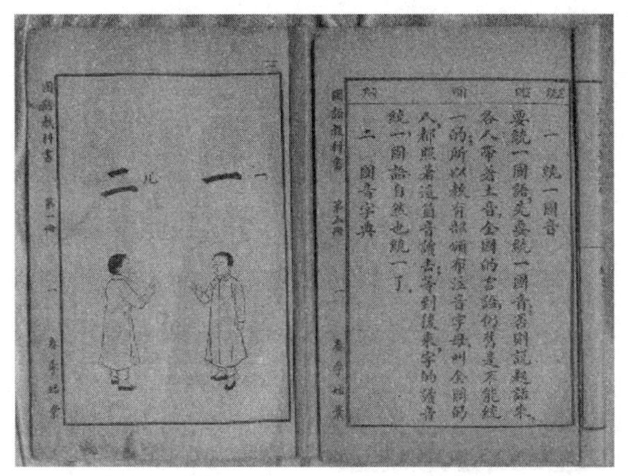


《新体国语教科书(第 1 册)》(商务印书馆 1919 年初版 · 1921 年 42 版)

书馆正式出版发行。这是中国第一套系统的带有注音字母的小学白话文教科书，校订者有庄俞、范祥善、黎锦熙、陈宝泉、蒋维乔、王璞。各家出版的教科书开始大量选择新产生的白话小说、白话诗歌、白话戏剧、白话散文及一些用白话写成的议论文与学术文以容纳更为丰富而广阔的生活内容。这些蕴含着现代新思想、新情感，采用新手法、新形式的教科书，对于现代人的人格塑造、思维发展、情感陶冶、个性形成都有着极其重要的作用。

中国传统教育历来重视识字，《奏定学堂章程》中初等小学堂及高等小学堂课程设置中均有“中国文字”一科。钱玄同曾说“一八九四年(甲午)，中国给日本打了一次败仗，于是国中有识之士，知道非改革政治，普及教育，不足以自存于世界，但是提到普及教

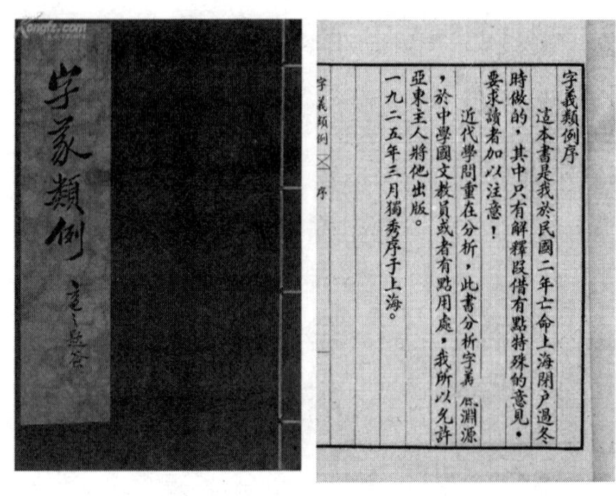
字義類例

字義類例序

這本書是我於民國二年亡命上海閉户過冬時做的，其中只有解釋叚借有點特殊的意見，要求讀者加以注意！

近代學問重在分析，此書分析字義的淵源，於中學國文教員或者有點用處，我所以允許亞東主人將他出版。

一九二五年三月獨秀序于上海。

字義類例 序

《字义类例》(1925 年亚东图书馆初版)

育，即有一个问题发生，则汉字形体之难识，难写是也”。[1] 早在1909 年，陈独秀在浙江陆军小学堂任教时，从好友谢无量处得到一部刘鹗辑著的《铁云藏龟》，于是开始结合东汉许慎《说文解字》探求古文字的字义渊源。1910 年 7 月至 8 月，陈独秀在《国粹学报》第六十八、六十九期发表《说文引申义考》，开始探求古文字。1913 年，他在上海撰写《字义类例》，介绍了中国汉字形成的十条途径，着重分析字义的渊源，1925 年该书由亚东图书馆出版。《字义类例》把字类分成假借、通用、引申、反训、增益、辨伪、异同、正俗、类似十类。其中对“假借”则独具匠心。习惯上均把假借、

1　钱玄同著:《钱玄同文集(第 3 卷) 汉字改革与国语运动 》，北京：中国人民大学出版社，1999 年，第 17 页。

通用为同实异名，而古文称为“通假”。陈独秀则把它分为造字的假借与用字的假借。前者是传统“六书”的专名，后者则属通用。陈独秀在《字义类例》的“序”中写道:“这本书是我于民国二年亡命上海闭户过冬时做的，其中只有解释假借有点特殊的意见。要求读者加以注意”。

在五四新文化运动中，探寻中国文字的改革也已形成高潮，如钱玄同、傅斯年、胡适、朱经农等都是主张废除汉字的。陈独秀也认为废除汉字诚不足惜。值得欣慰的是，陈独秀同时指出，文字不只是一种交流的符号，也是一种文化的载体。针对社会上认为废除汉字后，传统文化会随之流失的担心，陈独秀专门解释说，使用拼音文字不等于完全废除汉字，不仅古书要保留，在某些领域也要保存使用汉字，保存传统文化。他主张文字改革要循序渐进，尤其是在从汉字到拼音文字的过渡时期内，要改良汉字。这一点在当时也是文字改革先驱们的共识。如钱玄同、胡适等人提倡整理使用简体字，用以改变汉字繁难的状况；吴稚晖等人赞成用拼音“帮忙”文字，亦即用注音字母来作拼音，帮助识字；戴季陶则主张限定常用字数，将汉字常用字减少至一千字以内。陈独秀认为汉字难学在很大程度上是由于不适当的教学方法造成的，他希望从教育的源头——识字教学寻求改变汉字繁难的状况，以寻求文字改良的有效捷径。

1932 年 10 月，陈独秀遭国民党政府逮捕，被指控犯有“以文字为叛国之宣传罪”，[1]判处有期徒刑十三年，关押进南京老虎桥江苏第一监狱。直至1937年抗战爆发，由胡适、张伯苓、陈中凡等人联名保释出狱，历时六年。友人引明代格言“读书闭户第一，闭门狱中第一”[2]鼓励他著书立说。章士钊、胡适等人也劝他“幽居著书，似犹得所”。[3] 于是，陈独秀在南京监狱时，他开始撰写《识字初阶》。他在致陈钟凡的信件中批评了以往汉字教学中的谬误，他写道：“形、声、义合一，此中国文字之特征也。各大学文字学科，往往形、声、义三人分教，是为大谬。欲通中国文字，必去六书之说，所谓指事、会意、形声，皆合体象形，声皆有义，又托于形，形、声、义不可分也。六书中说，形声最为荒谬，人旁、鸟旁、草木旁、水火旁、牛旁、口旁、金石旁等等，其字均甚多；但右旁之声，谓之谐声而无义，则将何以别之？例如牡字说，文从牛土声；牝字说，文从牛匕声，是皆牛也，而牡牝无别矣。岂非笑话？”[4]并阐明自己著书的重点所在，即“吾书三千字，字字形义并释，不取某声以了之，明知此事至难，然非此无由通中国之文字也。”[5]1939年，国民党教育部所属国

---

1 沈寂主编：《陈独秀研究（第1辑）》，北京：东方出版社，1999年，第188页。

2 沈寂主编：《陈独秀研究（第1辑）》，北京：东方出版社，1999年，第198页。

3 沈寂主编，安徽省陈独秀研究会、安徽大学陈独秀研究中心编：《陈独秀研究（第2辑）》，合肥：安徽大学出版社，2003年，第297页。

4 沈寂主编，安徽省陈独秀研究会、安徽大学陈独秀研究中心编：《陈独秀研究（第2辑）》，合肥：安徽大学出版社，2003年，第215页。

5 沈寂主编，安徽省陈独秀研究会、安徽大学陈独秀研究中心编：《陈独秀研究（第2辑）》，合肥：安徽大学出版社，2003年，第215页。

立编译馆得知陈独秀在从事文字学研究工作后，就约请他编一部教师用的《中国文字说明》，并预支给他五千元稿费。陈独秀将《识字初阶》修改补充，并更名为《小学识字教本（上编）》，交给编译馆，嘱先行出版。他在《小学识字教本》的"自叙"中写道：

> 借之塾师课童，授读而不释义，盲诵如习符咒，学童苦之。今之学校诵书释义矣，而识字仍如习符咒，且盲记漫无统纪之符咒至二三千字。其戕贼学童之脑力为何如耶！即中学初级生，犹以记字之繁难，累及学习国文，多耗日力，其他科目，咸受其损，此中小学习国文识国字之法急待改良，不可一日缓矣。……本书取习用之字三千余，综以字根及半字根凡五百余，是为一切字之基本形义。熟习此五百数十字，其余三千字乃至数万字，皆可迎刃而解，以一切字皆字根所结合而孳乳者也。[1]

《小学识字教本》全书分为上下篇，1939 年春完成上篇，1942 年去世时下篇未完成。上篇释字根及半字根，下篇释字根孳乳之字；上篇释五百四十五字，下篇释四百六十四字，总计一千零九字，由孳乳而连及解释的在三千字以上。每字必释其形与义，明其然进而究其所以然，由字而推进到词，组成一个有条理的体系，从而为识字打

1　陈独秀著：《小学识字教本》，油印本，第 1 页。

开了方便之门。陈独秀从汉字本位的立场出发，找出并遵循汉字系统结构的内在规律，强调："中国在拼音文字未行以前，识文字善教育之道，舍此无他途。"[1] 他期望将《小学识字教本》作为中小学语文教师的进修教材而予以出版，故在原稿特别注明"教师用"三字。

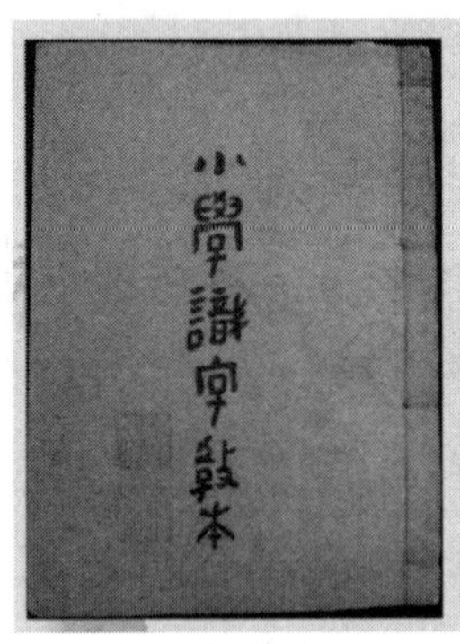


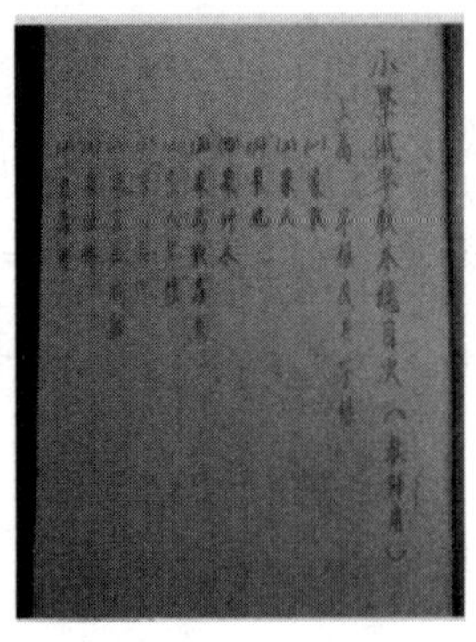

《小学识字教本》(油印本)

"小学"是"文字学"的古称，后来又广义为"语言文字学"。无疑，陈独秀想将国人心目中传统的"小学"进一步突破历来拘泥于东汉许慎的《说文解字》、清代段玉裁的《说文解字注》的框框，以历史唯物论的观点，探索一条中国文字学的新路，给文字学以科学化。但是，当时就书名问题，陈独秀与国民党教育部长陈立夫发生了争执。陈立夫在审查书稿后批复："内容无大碍，'小学'两字不妥，容易和'小学校'混淆"。[2] 而陈独秀毫不留情反驳说："陈立夫

1 陈独秀著:《小学识字教本》，油印本，第 1 页。

2 朱洪著:《陈独秀传》，合肥:安徽人民出版社，1998 年，第 378 页。

懂得什么?'小学'指声音训诂、说文考据,古来有之,两个字一个也不能改。"[1]二陈互不相让,国立编译馆左右为难,书不敢印。1940年12月30日,陈独秀曾致函台静农,询问该书出版之事,表示"鄙意想请陈馆长发稿后特给王云五一信,问其可否提前即时排印,倘回答是个否字,仍望由馆中油印二三百份,分散各省,以免川乱将原稿散失。拙稿虽未臻完善,而弟颇自矜贵也"[2]直到陈独秀逝世,该书还未出版。后来为缓和矛盾,国立编译馆在1942年将书稿油印五十份分送学者和文化机关。对此书之评价,收藏有该书油印本的梁实秋说,"此稿对中国文字有独到之研究,有很多新的诠释,发前人之所未发",[3]于1971年首次将《小学识字教本》隐去陈独秀署名,并改以《文字新诠》的书名在台湾影印出版。梁实秋在"序"中评论该书的特点为:"一、用科学方法将中国文字重新分类。二、对若干文字的解说,采用新的观点。三、内容简明扼要,易于了解"[4]。1995年5月,巴蜀书社公开正式出版《小学识字教本》。2009年,上海人民出版社根据梁实秋的影印本将《小学识字

---

1 朱洪著:《陈独秀传》,合肥:安徽人民出版社,1998年,第378页。

2 沈寂主编,安徽省陈独秀研究会、安徽大学陈独秀研究中心编:《陈独秀研究(第2辑)》,合肥:安徽大学出版社,2003年,第168页。

3 沈寂主编,安徽省陈独秀研究会、安徽大学陈独秀研究中心编:《陈独秀研究(第2辑)》,合肥:安徽大学出版社,2003年,第216页。

4 沈寂主编,安徽省陈独秀研究会、安徽大学陈独秀研究中心编:《陈独秀研究(第2辑)》,合肥:安徽大学出版社,2003年,第184页。

教本》收入《陈独秀著作选编》第六卷出版。

陈独秀在中国历史上放过异彩，一生经历坎坷、跌宕起伏、曲折离奇。他早年便被誉为“皖城名士”（汪希颜语），在“眼见得几千年故国将亡，四万万同胞坐困”[1]的关切中，本想到各国查看一番，结果五次都去了同一国家——日本，“一生差不多是消耗在政治生涯中”，[2]他自己认为“我是一个迷信教育的人，……因为人们不受教育，好像是原料，不是制品”，[3]不断强调推动社会进化的“根本”是教育与实业，而不在政治。他在《整顿蒙学堂的法子》中明确提出“有识见的人，大半以学堂的多少，定他国家的强弱。”[4]1915年，他外览列强之大势、内鉴国势之要求，撰写《今日教育之方针》，并断断续续从教十余年，还编撰教科书。陈独秀对于杜威等进步教育思想极为推崇，也希望中国教育不断造就新青年，如他在《新教育的精神》中提出采用“新方法新精神，就一定可以得新教育、造就新人才。”[5]并且崇尚教育独立自主的探索与发展，于是在《教育缺点》中大胆提出“我有一种感

---

1　陈独秀著，安庆市陈独秀学术研究会编注：《陈独秀诗存》，合肥：安徽教育出版社，2003年，第8页。

2　陈独秀著：《实庵自传》，上海：亚东图书馆，1947年5版，第2页。

3　晋阳学刊编辑部编：《中国现代社会科学家传略（第10辑）》，太原：山西人民出版社，1987年，第145页。

4　晋阳学刊编辑部编：《中国现代社会科学家传略（第10辑）》，太原：山西人民出版社，1987年，第146页。

5　陈独秀著，戚谢美、邵祖德编：《陈独秀教育论著选》，北京：人民教育出版社，1995年，第231页。

想,要使教育发达,先应该废除教育部。”[1]

【资料卡】

美国教育家杜威来华讲学时,时为广东省教育委员会委员长兼大学预科校长的陈独秀于1921年夏陪同杜威赴广东访问和讲演,还是其讲学活动的主持人。针对杜威的演讲,他在《新青年》上发表《实行民治的基础》、《新教育是什么》等文章,对其进一步宣传与阐释。

陈独秀一生追逐科学与民主,践行教育启蒙大众。他在出狱后曾给美术教育家、上海美专校长刘海粟自撰一联:“行无愧怍心常坦,身处艰难气若虹。”[2]反映他心胸中的愤慨与抱负。1942年5月,当陈独秀编写《小学识字教本》诠释到“抛”字时,搁笔长逝了。是他“抛”世而去,抑或人世“抛”了他?陈独秀为国为民的拳拳之心和各种努力,感人至深,纵使时光流逝,也不能减其光辉,一如蔡元培赞其“近代学者人格之美,莫如陈独秀”。[3]

---

1 陈独秀著,三联书店编辑:《陈独秀文章选编(上)》,北京:生活·读书·新知三联书店,1984年,第509页。

2 沈寂主编,安徽省陈独秀研究会、安徽大学陈独秀研究中心编:《陈独秀研究(第2辑)》,合肥:安徽大学出版社,2003年,第314页。

3 张宝明、刘云飞著:《陈独秀的最后十年》,郑州:河南人民出版社,2000年,第19页。

# 胡　适

# 何妨为书而生

胡适(1891—1962)

我深信,凡是文学的选本都应该表现选家个人的见解。今年朱疆邨先生选了一部《宋词三百首》,那就代表朱先生个人的见解;我这三百多首的五代宋词,就代表我个人的见解。我是一个有历史癖的人,所以我的词选就代表我对于词的历史的见解。

——摘自《(新学制高级中学国语科用)词选》第2页

胡适是中国现代著名学者、诗人、历史学家、文学家、哲学家，在文学、哲学、史学、考据学、教育学、伦理学、红学等诸多领域都有深入的研究，他1927年获得美国哥伦比亚大学哲学博士学位后，先后获得哈佛大学、普林斯顿大学、香港大学等三十三个荣誉文学、人文学、法律、民法博士学位，[1]并于1939年获得诺贝尔文学奖的提名。[2] 他从古老徽州走向世界，从小受新式课本启蒙，以重估一切价值的批判精神及吸收东西文化后气象恢弘的创新精神，以一生才情开启了中华文化的一个全新时代，成为二十世纪中国社会最具生命力、影响力的人物之一。唐德刚说"'胡适'这两个字，在近六十年来的中国，可说是一切'新'的、'洋'的事物底同义词"。[3] 作为近代中国特定社会环境下孕育的一位文化巨人，胡

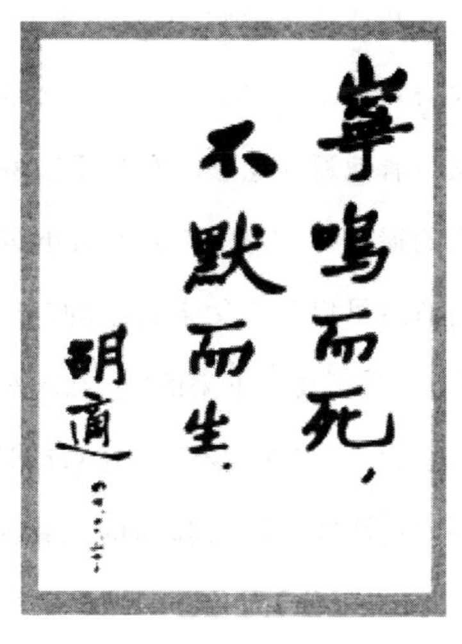


胡适笔墨

1　周质平著:《关于胡适学位的几件新材料》，载《万象》总83期，第91页，2006年7月。

2　罗皓菱著:《诺贝尔文学奖解密50年前评奖档案 胡适曾获提名》，《兰台世界(上旬)》，2013年，第2期，第105页。

3　[美]唐德刚著:《胡适杂忆(增订本)》，上海:华东师范大学出版社，1999年，第179页。

适不仅大力提倡白话文，而且致力于1922年新学制改革，促使中国近现代教科书的价值取向、学科名称、编写体例、文化语境等发生了重要的转变。

## 新式课本的启蒙

胡适原名洪骍，安徽绩溪上庄村人，出生仅三个月父亲胡传便往台湾供职。1893年春，母亲带着胡适到台湾，甲午海战爆发后，又带着他返回老家。在胡适三岁时，父亲病死厦门，临终前给他母亲的遗嘱是："穈儿（胡适的小名）天资颇聪明，应该令他读书"。[1]胡适最早启蒙于父亲自编的《学为人诗》，开篇第一句"为人之道，在率其性"及接下来的"子弟臣友，循理之正；谨乎庸言，勉乎庸行；以学为人，以期作圣"，[2]这对胡适一生影响极大。1904年春，母亲要胡适跟随去医治肺病的三哥到上海求学，"我就这样出门去了，向那不可知的人海里去寻求我自己的教育和生活——孤零零的一个小孩子，所有的防身之具只是一个慈母的爱，一点点用功的习

1　胡适著：《四十自述（第1册）》，上海：亚东图书馆，1933年初版·1941年7版，第34页。

2　胡适著：《四十自述（第1册）》，上海：亚东图书馆，1933年初版·1941年7版，第36页。

惯，和一点点怀疑的倾向”。[1]

在中西文化的交会点上海，胡适开始了他新奇的学校生活。最初，他进入父亲友人张焕纶创办的梅溪学堂，被编入“差不多是最低的”[2]第五班。因不会说上海话，又不曾“开笔”作文，穿着还极为土气，“许多同学围拢来看我这乡下人”。[3] 然而在到梅溪学堂的第四十二天，“我的机会来了”。[4] 因指出教《蒙学读本》先生讲课中的错误，先生试着让他作文，一出手让先生大吃一惊，结果就将他从五班的教室领到了二班的教室，“我才知道我一天之中升了四班，居然做第二班的学生了”。[5] 故差不多三十年之后，胡适还清楚地记得此次在梅溪学堂初露峥嵘的日子。虽然梅溪学堂只有国文、算学、英文三项，但“班上读的是文明书局的《蒙学读本》，英文班上用《华英初阶》，算学班上用《笔算数学》”。[6] 新式教科书

---

1　胡适著：《四十自述（第1册）》，上海：亚东图书馆，1933年初版·1941年7版，第86页。

2　胡适著：《四十自述（第1册）》，上海：亚东图书馆，1933年初版·1941年7版，第88页。

3　胡适著：《四十自述（第1册）》，上海：亚东图书馆，1933年初版·1941年7版，第88页。

4　胡适著：《四十自述（第1册）》，上海：亚东图书馆，1933年初版·1941年7版，第89页。

5　胡适著：《四十自述（第1册）》，上海：亚东图书馆，1933年初版·1941年7版，第90页。

6　胡适著：《四十自述（第1册）》，上海：亚东图书馆，1933年初版·1941年7版，第88页。

让这位原本乖觉茫然的少年对外面世界充满了强烈的好奇，他在课余还看了《明治维新三十年史》、《革命军》、《新民丛报汇编》等新书。

【资料卡】

张焕纶(1846—1904)，字经甫，号经堂。上海人。青年时入龙门书院。他不拘于迂腐空疏的义理考据，而是关心与国计民生有关的经世之学，对地理学、军事学都有深入研究。在龙门书院就在新建的求志书院主讲舆地学，开始从教生涯。1878年，邀集好友筹资兴办“正蒙学院”。学校的办学体制、课程设置、教学内容以及组织管理都参照西方学校的方法。1882年改名“梅溪书院”，增设英文、法文课，还注重体育和军事训练。1902年改为官立梅溪小学。1897年，盛宣怀聘张焕纶为南洋公学首任总教习，主持学校教务。

1905年，胡适进入澄衷蒙学堂(1898年宁波商人叶澄衷创办，1900年学校发展为从小学到高中的规模)。澄衷蒙学堂虽然还没有按近代学制编制班次，然而“学科比较完全多了，国文、英文、算学之外，还有物理、化学、博物、图画诸科。”[1]按胡适当年理解，该学

1 胡适著:《四十自述(第1册)》，上海:亚东图书馆，1933年初版·1941年7版，第96页。

堂重视西学，异于沪上其他学堂的一个特点就是学生分班依照各科的平均成绩，“但英文、算学程度过低的都不能入高班。”[1]胡适最初因为经文算学太低被编在东三斋（第五班），下半年升入东二斋（第三班），1906 年又升入了西一斋（第二班）。胡适的《丙午自治日记》为我们提供了当时他在澄衷蒙学堂学习的课程表。

**上海澄衷蒙学堂课程表（1906）**[2]

<table>
<tr><th>六</th><th>五</th><th>四</th><th>三</th><th>二</th><th>一</th><th>星期<br>时</th><th rowspan="4">月日来复</th></tr>
<tr><td>算术</td><td>算术</td><td>算术</td><td>算术</td><td>算术</td><td>算术</td><td>第一</td></tr>
<tr><td>读文</td><td>体操</td><td>作文</td><td>体操</td><td>读文</td><td>体操</td><td>第二</td></tr>
<tr><td>物理</td><td>地理</td><td>作文</td><td>物理</td><td>地理</td><td>伦理</td><td>第三</td></tr>
<tr><td>历史</td><td>历史</td><td>历史</td><td>习字</td><td>历史</td><td>历史</td><td>第四</td><td rowspan="4">月日来复</td></tr>
<tr><td>英文 历史</td><td>英文 读本</td><td>英文 文法</td><td>唱歌</td><td>英文 读本</td><td>英文 读本</td><td>第五</td></tr>
<tr><td>英文 作文</td><td>英文 地理</td><td>英文 默书</td><td>英文 历史</td><td>英文 地理</td><td>英文 文法</td><td>第六</td></tr>
<tr><td>英文 作文</td><td>英文 演说</td><td>图画</td><td>英文 作句</td><td>英文 默书</td><td>图画</td><td>第七</td></tr>
</table>

胡适在澄衷蒙学堂学习时，澄衷蒙学堂自编有著名的新式教科书《字课图说》四卷八册，选三千生字，以类相聚，配有精美插图，分详略解字义，以满足初高级不同层次学生需求，且匠心独运首次出现以图引字的编排。如在《字课图说》卷一第四十页右边排有“义、瑞”两个字，中下部则为一副以意大利为中心、周边有瑞士的

1　胡适著：《四十自述（第 1 册）》，上海：亚东图书馆，1933 年初版·1941 年 7 版，第 96 页。

2　胡洪骍手稿本，学界用丙午年自治日记，独 1 页[Z]. 丙午年（1906）三月四日，藏于北京大学图书馆。

地图。左页排有两个字“荷、比”，中下部则为一副以荷兰、比利时为中心的地图。据1905年冬印的《澄衷蒙学堂字课图说》后附广告，当时澄衷蒙学堂新出教科书目有：《大版字课图说》、《缩印字课图说》、《小学本国史教科书》、《小学格致读本》、《小学联字法》、《习字图说》、《辑览史论合编》、《普通国文读本》、《中学溥通国文读本》、《高等小学国文读本》、《中学本国史》、《小学本国史教授用本》、《中学东洋史》、《中学西洋史》、《高等小学本国地理》、《亚洲地理教科书》、《欧洲地理》、《非洲地理》、《美洲地理》、《大洋洲地理》、《高等东/西洋历史》等等。这些新式课本，少年胡适或许不一定全都学过，但从他在澄衷蒙学堂学习的时间及使用的课表上可以推断，他肯定是学过一些的。在新式教科书的启蒙光芒中，胡适从一开始就超越了传统文化符号的束缚，直接用一种新的语言、概念和思维方式来认识社会。

特别指出的是，胡适在国文教员杨千里（天骥）的指导下，阅读了严复的《天演论》、《群己权界论》等西学名著并深受影响，他回忆道：“有一次，他教我们班上买吴汝纶删节的严复译本《天演论》来做读本，这是我第一次读《天演论》，高兴得很。”[1]震撼于“优胜劣败、适者生存”，当时很多人用“天演”、“物竞”、“天择”等作为自己的名字，“陈炯明不是号竞存吗？我有两个同学，一个叫作孙竞存，

---

1　胡适著：《四十自述（第1册）》，上海：亚东图书馆，1933年初版·1941年7版，第98页。

一个叫作杨天择。我自己的名字也是在这种风气底下的纪念品。我在学堂里的名字是胡洪骍。有一天的早晨,我请我二哥代我想一个表字,二哥一面洗脸,一面说:'就用物竞天择适者生存'的'适'字,好不好?我很高兴。"[1]到了留美考试时,正式启用"胡适"之名。

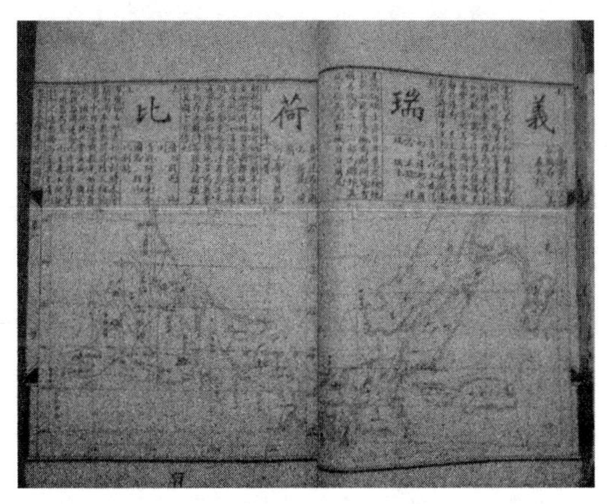


《字课图说(卷一)》(澄衷蒙学堂 1903 年第 7 次石印)

【资料卡】

杨千里,名天骥,粹卿子,江苏吴县人。1880 出生,家学渊源,精习书法。1899 年,杨千里进入上海南洋公学读书,1902 年推为壬寅科优贡。"苏报案"时,参与营救章太炎等人,并声

1　胡适著:《四十自述(第 1 册)》,上海:亚东图书馆,1933 年初版·1941 年 7 版,第 99—100 页。

援苏报，积极倡言舆论自由。历任龙门师范学堂、中国公学及复旦公学教员，暨行政院交通部秘书、教育部视学、监察院秘书、无锡、吴江等县县长。清末民初，吴江县同里镇的文化名人中有“杨柳松柏”四杰。著名社会学家费孝通说过，柳是柳亚子（柳本是黎里人，早年到同里读书，师从金松岑松）；松，金松岑；柏，陈去病，去病字伯儒，取其谐音柏；杨就是费孝通的舅舅杨天骥。

虽然在澄衷蒙学堂只读了一年半，但胡适认为自己的英文和算学的基础都是在这里打下的。如在澄衷蒙学堂的第二年，胡适读了英文的《格致读本》（*The Science Readers*），自认为懂得了一点点最浅近的科学知识，并大胆地应用于自治会演说。同时，胡适极为钦佩梁启超，认为其文章明白晓畅，还带着浪漫的热情，“使读的人不能不跟着他走”。[1] 他觉得自己受梁启超的影响主要有两个方面，“第一是他的《新民说》，第二是他的《中国学术思想变迁之大势》。梁先生自号‘中国之新民’，有号‘新民子’，他的杂志也叫作《新民丛报》，可见他的全副心思贯注在这一点。‘新民’的意义是要改造中国的民族，要把这老大的病夫民族改造成一个新鲜活泼

1 胡适著：《四十自述（第 1 册）》，上海：亚东图书馆，1933 年初版・1941 年 7 版，第 100 页。

的民族。”[1]

1906 年夏,胡适考入刚成立中国公学。马君武亲自看了胡适的入学考卷,并拿去给其他老师传阅,“都说是为公学得了一个好学生”。[2] 当时,中国公学主要以留日学生为主,非常激进,很多人不仅自己剪了辫子,还强迫别人也剪辫子。“但我在公学三年多,始终没有人强迫我剪辫,也没有人劝我加入同盟会”,[3]因为“大家都认我将来可以做学问,他们要爱护我,所以不劝我参加革命的事”。[4] 中国公学初期的《高等代数》、《解析几何》、《博物学》等是请日本人教授、中国学生翻译,胡适所在的甲班同学朱经农就曾担任过翻译。胡适受到留日学生推崇白话文的影响,此时开始创作白话文学作品,在《竞业旬报》发表。

【资料卡】

1905 年 11 月,留日学生因为反对日本文部省颁布的《取缔清国留日学生规则》在东京举行罢课抗议。1906 年 2 月参

---

1 胡适著:《四十自述(第 1 册)》,上海:亚东图书馆,1933 年初版・1941 年 7 版,第 101 页。

2 胡适著:《四十自述(第 1 册)》,上海:亚东图书馆,1933 年初版・1941 年 7 版,第 113 页。

3 胡适著:《四十自述(第 1 册)》,上海:亚东图书馆,1933 年初版・1941 年 7 版,第 115 页。

4 胡适著:《四十自述(第 1 册)》,上海:亚东图书馆,1933 年初版・1941 年 7 版,第 115 页。

加抗议的八千余名中国留学生中有三千余名被退学回国，因大批留日生返抵上海，没有着落，留学生中的姚洪业、孙镜清等各方奔走，募集经费，在上海筹办中国公学，后迁至吴淞。1906年4月10日，中国公学在上海正式开学。分大学班、中学班、师范速成班、理化专修班。两江总督端方每月拨银一千两，派四品京堂郑孝胥为监督。于右任、马君武、陈伯平、李登辉等任中国公学教员，胡适、冯友兰、吴晗、何其芳、吴健雄等为中国公学的学生。1928年4月至1933年胡适任中国公学校长。

在上海读书六年是胡适"一生的第二个段落"。[1] 从第一次穿洋袜到接触革命党人办杂志等等，他接触了许多在安徽绩溪上庄不曾见过的新事物。在这里，他们不必每日习练八股、背诵经典，而多了英文、理化等西学课程。视界被打开后的胡适，为进一步探求新知，1910年考取"庚子赔款"第二期官费生赴美国留学，一个更加天海辽阔的未

胡适1914年照

1　胡适著:《四十自述(第1册)》,上海:亚东图书馆,1933年初版・1941年7版,第86页。

来呈现在胡适面前。

1910年8月16日，胡适等第二批庚款留美生共七十人登上"中国号"的轮船，从上海出发，同船的还有赵元任、竺可桢、张彭春、胡明复等。美国给他带来的新奇感遍布在从自然风光到社会生活的各种角落。几乎是刚踏上美国这片土地，胡适就在给乡友的一封信里写道："美国风俗极佳。此间夜不闭户，道不拾遗，民无游荡，即一切游戏之事，亦莫不泱泱有大国之风。对此，真令人羡煞"。[1] 胡适在康奈尔大学先读农科，后改读文科。1915年入哥伦比亚大学研究院，师从著名的哲学家、教育家杜威，接受了杜威(John Dewey)的实用主义哲学，并一生服膺。余英时指出，胡适在美国留学的七年"是他一生思想和志业的定型时期"。[2]

## 倡导"文学革命"与"新式标点"

胡适深谙语言和社会变革的紧密联系，他认为新国民的塑造所做的第一件大事就是改造中国的语言，使得书写和交流变得通俗化和口语化。在美国，他发表《如何使吾国文言易于教授》一文，指出古文是已死的或半死的文字，绝不能造出活文学来，认为文学

1　章飚、汪福琪、洪树林、章伟编：《胡适家书手迹》，北京：东方出版社，1997年，第39页。

2　章清著：《胡适评传》，南昌：百花洲文艺出版社，1992年，第39页。

革命的目标就是要用白话文学代替古文文学的正宗地位。1916 年底，他将《文学改良刍议》寄给陈独秀主编的《新青年》发表，观点鲜明的提倡文学革命。“吾主张今日作文作诗，宜采用俗语俗字。与其用三千年前之死字，不如用二十世纪之活字。与其作不能行远不能普及之秦汉六朝文字，不如作家喻户晓之《水浒》、《西游》文字也”。[1] 而文学革命决不仅仅是文言到白话的改变，必须创作出足够数量的白话文作品。关于建设新文学，胡适提出了“须言之有物、不摹仿古人、须讲求文法、不作无病之呻吟、务去烂调套语、不用典、不讲对仗、不避俗字俗语”的八项主张。[2] 胡适不仅从理论上提倡白话新文学，而且以自己的创作实践来努力做新文学的拓荒者。1917 年胡适担任《留美学生季报》的主编，开始将自己写的白话诗发表出来，后来结集出版，取名《尝试集》。

除了大力提倡白话文之外，胡适对于我们今天所使用的新式标点符号的引进、创新、推广和运用也有着密不可分的关系。在清朝末叶的切音字运动时期(即 1891 至 1910 年)所制定并在全国范围内使用的新式标点符号，共有二十多种形式，但均未广泛推广。1914 至 1916 年期间，胡适在美国康奈尔大学读书时就开始了对新式标点符号的研究和宣传，在当时所写的许多日记中记载了对新式标点符号的设想和看法。1916 年初，胡适撰写的《论句读及文字

---

1 胡适著:《胡适文集(3)》,北京:人民文学出版社,1998 年,第 28 页。

2 胡适著:《胡适文集(3)》,北京:人民文学出版社,1998 年,第 17 页。

符号》在《科学》杂志第二卷第一期上发表,把标点符号的改革问题同普及国民教育联系起来,较系统地论述了标点符号的涵义、性质、作用及其与文法的关系,设计了一套新式标点符号方案(共十二种):[1]

| 句号 | 逗号 | 分号 | 冒号 | 问号 | 诧号 | 引号 | 重引号 | 不尽号 | 线本号名号 | 双线号 | 破折号 |
|---|---|---|---|---|---|---|---|---|---|---|---|
| ·<br>。 | ,<br>、 | ;<br>△ | : | ? | ! | ‘ ’<br>「」 | “ ”<br>『』 | ……<br>⋮ | ——<br>\| | ==<br>‖ | —— |

1917年1月,胡适正在杜威门下写毕业论文时,他提倡的“文学革命”已在国内引起了激烈的反响。一天,他接到北大文科学长陈独秀来信,邀请他回国担任北京大学教授,信中说:“蔡孑民先生已接北京总长之任,力约弟为文科学长,弟荐足下以代,此时无人,弟暂充乏。孑民先生盼足下早日回国,即不愿任学长,校中哲学、文学教授俱乏上选,足下来此可担任。”[2]1917年4月27日,胡适写完了博士论文《中国古代哲学方法之进化史》,5月4日缴卷,5月22日参加博士学位的最后考试。[3] 这年夏天,胡适结束了七年的留学生涯回国。1918年,胡适在北京大学任教时撰写的我国第一

1 胡适著,姜义华主编:《胡适学术文集·语言文字研究》,北京:中华书局,1993年,第334—336页。

2 朱洪著:《胡适大传》,合肥:安徽人民出版社,2000年,第175页。

3 章清著:《胡适评传》,南昌:百花洲文艺出版社,1992年,第75页。

部哲学史专著——《中国哲学史大纲》中已使用了十二种新式标点符号。1919 年 4 月，由胡适亲笔起草并由胡适与钱玄同、周作人、刘复、马裕藻、朱希祖共同签名的《请颁行新式标点符号议案》，提请国语统一筹备会第一次大会决议通过。1920 年 2 月，北洋政府教育部发布训令，批准这一议案，这是我国历史上由中央政府机关批准、通过行政手段在全国颁行的新式标点符号方案。《请颁行新式标点符号议案》赋予新式标点符号完整的定义，并详细讲解了十二种新式标点符号的使用方法。[1]

| 句号 | 分号 | 冒号 | 点号 | 问号 | 惊叹号 | 引号 | 破折号 | 删节号 | 夹注号 | 私名号 | 书名号 |
|---|---|---|---|---|---|---|---|---|---|---|---|
| 。<br>· | ； | ： | ，<br>、 | ？ | ！ | 「」<br>『』 | —— | …… | （）<br>【】 | \| | \| |

1919 年，商务印书馆的“新体国语教科书”是第一套使用新式标点符号的教科书。此后，新式标点符号在教科书中广为使用。由于教科书本身采用竖行书写，实践新式标点符号，采用大部分标点符号放在竖行右侧、小部分嵌入句子中的形式。中小学教科书对新式标点符号的推广，为整个社会新兴知识分子阶层熟练掌握新式标点符号提供基础教育。

---

1　胡适著：《文学改良刍议 胡适文存 第 1 集第 1 卷》，台北：远流出版事业股份有限公司，1986 年，第 124 页。

## 尊重儿童个性的新学制改革

民国初期政治上的倒行逆施与封建复辟,使中国人逐渐认识到,社会变革不仅是政治制度的革新,更必须进行深层的文化改造。1917年7月,胡适在归国途中听到张勋复辟的消息,到上海后看到出版界的孤陋、教育界的沉寂,“我方才打定二十年不谈政治的决心,要想在思想文艺上替中国政治建筑一个革新的基础”。[1] 1919年他在《新思潮的意义》一文中提出“研究问题,输入学理,整理国故,再造文明”[2]的口号。1919年6月,应少年中国学会之邀,五十二岁的章太炎做了题为《今日青年之弱点》的演讲。当这位大师演讲完毕后,二十八岁的胡适登上了演讲台,发表《少年中国之精神》,他一开始就提出太炎先生所说的“都是消极的忠告,我现在且从积极的方面提出几个观念”。[3] 胡适在讲完他的积极观念后,用英文念了一句荷马史诗为演讲作结:“You shall see the difference now that we are back again!”(请看吧,我们已经回来,未来的世界应该从此不同了!)宣告新回来的“我们”与故旧的“你

---

1　胡适著,李燕珍编:《胡适自叙》,北京:团结出版社,1996年,第224页。

2　朱剑芒编辑:《朱氏初中国文(第5册)》,上海:世界书局,1934年印刷·1934年出版,第9—14页。

3　胡适著,洪治纲主编:《胡适经典文存》,上海:上海大学出版社,2004年,第282页。

们"的区别。区别何在？胡适认为关键是独立之人格。他在《我的儿子》这首诗的最后写道："我要你做堂堂的人，不要你做我的孝顺儿子。"[1] 1918 年 6 月，在《新青年》杂志上发表了被称为个性解放的宣言的《易卜生主义》一文指出："要发展个人的个性，须要有两个条件。第一须使个人有自由意志。第二须使个人担干系，负责任。"[2]强调自由独立人格、独立评判、不迷信权威。又在《我的信仰》中进一步指出："人生最神圣的责任是努力思想得好（to think well)。"[3]这里所谓"思想得好"，就是要有独立反思的精神，也就是文明国家国民所拥有的理性精神，不依傍、不盲从。

26 岁胡适初任北京大学教授（1917 年）

五四运动前夕，胡适、陶行知、蒋梦麟三人代表北京大学、南京高等师范学校、新体育社等团体，邀请杜威来华讲学。自 1919 年 4 月 30 日到 1921 年 7 月 11 日，杜威在中国住了两年多，足迹遍及十四个

1　闻纪宁、胡晓选编：《胡适：人生坦言》，合肥：安徽人民出版社，1995 年，第 195 页。

2　胡适著，姚鹏、范桥编：《胡适散文（第 1 集）》，北京：中国广播电视出版社，1992 年，第 25 页。

3　胡明编选：《胡适选集》，天津：天津人民出版社，1991 年，第 29 页。

省市,大小演讲二百多次。1921年,美国教育家孟禄(Paul Monroe)随杜威之后受邀来到中国,为了迎接他的到来,京、津两地教育界专门成立了一个"实地教育调查社",全程跟随他考察调查。1921年9月5日至1922年1月7日,他前后在中国待了四个多月,演讲六十六次,历经九省二十七个城市及许多乡村。这些大师的中国之行激励了沐浴海洋文化的年轻学人们,在开创新文化运动的勃勃生机中,更积极酝酿教育界新的变革。

1922年9月,教育部召开学制会议,胡适应邀出席,他在会前就谈道:"我们对于这个会议,有两个希望。第一,我们希望到会的教育专家不要太注重学制的改革。学制从硬性的变成弹性的,固是一大解放。但教育的精神究竟在内容而不在学制的系统……第二,我们对于新学制的中学部分,认为是最重部分。我们希望学制会议对于这一部分中的高级中学特别慎重。现在办不好四年中学的人,也绝办不好六年的中学"。[1] 1922年10月11日,全国教育会联合会在济南召开第八届年会,胡适作为代表出席了会议。教育部特派员陈容、胡家风带来了9月份学制会议的议决案和教育总长提交学制会议的原案各一百本,分发给与会代表。但教育部所提原案中有意回避提及广州会议上通过的《学制系统草案》,这引起了许多与会代表的不满,双方发生了激烈争吵,影响了会议的顺

---

1　胡适著:《胡适文存二集》,合肥:黄山书社,1996年,第399页。

利进行和新学制的制定。胡适在其中努力调解,并草拟了一份学制草案,在每条下皆注明采用或参考的原案,称为审查底案,提交审查会讨论。多次讨论后,方才最后通过。最后出台的新学制系统采纳了胡适提出的四项标准,即谋个性之发展、适应社会进化之需要、发挥平民精神、注重生活教育。胡适本人在日记中有如下记载"小学大段,大致依我的草案,""讨论师范教育,仍用我的草案作底子,略有增改,但不多,""讨论高等教育,完全用我的底子。"[1]可见,胡适在新学制改革中扮演的重要角色。

【资料卡】

1923 年,教育部公布了《新学制课程标准纲要》,对小学、初中、高中的课程设置作了规定:小学设立国语、算术、卫生、公民、地理、历史(公民、地理、历史三科初小合称"社会")、自然、园艺、工用艺术、形象艺术、音乐、体育。初中必修的课程有:公民、历史、地理、国语、外国语、算学、自然、图画、手工、音乐、体育。从初中开始实行学分制,中学一律采用选课制,分为社会科、语言文学科、算学科、自然科、艺术科、体育科六科,并实行学分制。高中实行分科制,分普通、农、工、商、师范、家事等科。公共必修课包括:国语、外国语、人生哲学、社会问

1　中国社会科学院近代史研究所中华民国史研究室编:《胡适的日记》,北京:中华书局,1985 年,第 484—487 页。

题、文化史、科学概论、体育,这是不管哪一科都要修的课目。分科专修课反映不同的科目特色,第一组科目为特设国文、心理学初步、论理学初步、自然科或数学一种。第二组科目为三角、高中几何、高中代数、解析几何大意,以及物理、化学、生物选习两种。纯选修课反映各人不同的兴趣爱好。

1922年新学制明显反映了五四时期人文学术科学化思潮对学校课程的影响,其中以欧美留学生为代表的民间知识分子群体扮演了教育改革的主角,他们以全国教育联合会为舞台,凝聚成一个强力集团,上演了一出有声有色的中国教育变革的历史剧,最终确立现代教育价值和教育制度。于是,中国的学制系统从几乎完全抄自日本的壬寅学制(1902年)、癸卯学制(1904年)、壬子癸丑学制(1912—1913年)到取法欧美,发生了重大的转变,并影响至今。从1923年开始,商务印书馆、中华书局、世界书局等陆续推出了凝聚全新视域与寄托的教科书新学制教科书盛宴。

1930年的胡适

## 著述、选注、校订中学教科书

胡适不仅通过促进新学制改革引发中国现代教科书编撰全面转型,他还亲自著述、选注、校订商务印书馆的新学制中学教科书。1927 年,商务印书馆出版了胡适选注的《(高级中学国语科教科书)词选》与《(高级中学国语科教科书)诗选》。《(高级中学国语科教科书)词选》是胡适在 1923 年至 1926 年陆续完成的。此书的前面有他 1926 年 9 月 30 日作于伦敦的序。

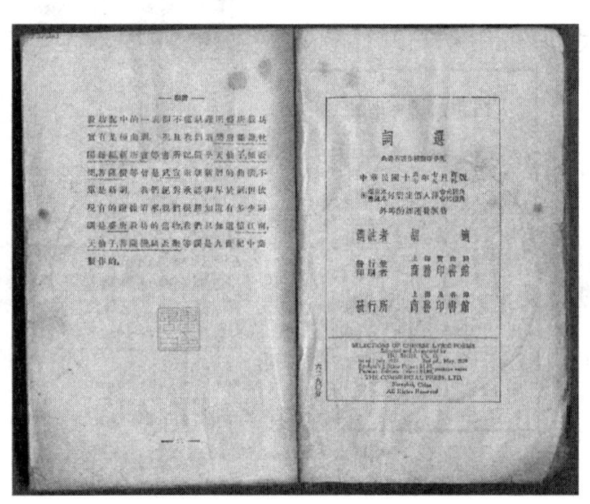

《(新学制高级中学国语科用)词选》(商务印书馆 1927 年初版 · 1928 年再版)

在现当代诸多词选文本中,胡适选注的《(高级中学国语科教科书)词选》颇具特色。在"序"中,胡适用"词乃诗之进化"向人们明确地表达了自己的词学观点。他认为词是古代的白话文学,《词选》是其宣扬的"活文学"。胡适将词的历史分为三大时期:晚唐到元初(850—1250)为词的自然演变时期,即词的"本身"的历史;元到明清之际(1250—1650)为曲子时期,即词的"替身"的历史;清初到今日(1620—1909),为模仿填词的时期,即词的"鬼"的历史。胡适将词的发展历史全新划分,而且对此进行评述,充分表达了自己的观点。如他将第一个大时期分作歌者的词、诗人的词、词匠的词三个阶段。他称苏东坡以前,是教坊乐工与娼家妓女歌唱的词,此为"歌者的词"。东坡到稼轩、后村,其谓"诗人的词",姜夔以后直到宋末元初,则称其为"词匠的词"。胡适热情褒扬"诗人的词",说这是在用一种新的诗体作"新体诗","无论什么题目,无论何种内容,都可以入词","悲壮,苍凉,哀艳,闲逸,放荡,颓废,讥弹,钟爱,游戏,诙谐……这种种风格都呈现在各人的词里"。[1] 如此"诗人的词"起于荆公、东坡,至稼轩而大成,他们被称为"绝顶的天才"。

《(高级中学国语科教科书)词选》最后附录有胡适写的《词的起原》,他认为"长短句的词起于中唐,至早不得过西历第八世纪是晚年。旧说相传,都以为李白是长短句的创始者。那是不可靠的

1　胡适选注:《(新学制高级中学国语科用)词选》,上海:商务印书馆,1927年初版·1928年再版,第8页。

传说”。[1] 并对于长短句的词体是怎样起来的，整齐的五言、六言、七言诗如何会渐渐变成不整齐的长短句，等等进行了论述，并在最后说明初稿曾送呈王国维指正，王国维对于“长短句不起于盛唐”一说有疑义，于是他再次考证后回复，而王国维虽然在第二次来信承认长短句的词起源于中唐以后，但主张《望江南》、《菩萨蛮》等曲调乃教坊旧有之调。对此，胡适强调说，“此说与我的主张固然没有抵触；然而《教坊记》中的一表却不能就证明盛唐教坊实有某种曲调。况且我们看《乐府杂录》、《杜阳杂编》、《新唐书》等书所记，似乎《天仙子》、《倾杯乐》、《菩萨蛮》等皆是武宣两朝新制的曲调，不单是新词。我们决不承认调早于词；但依现有的证据看来，我们很难知道有多少词调是盛唐教坊的旧物，我们只知道《忆江南》、《天仙子》、《菩萨蛮》、《倾杯乐》等调是九世纪中

《(新学制高级中学国语科用)戴东原的哲学》(商务印书馆 1927 年初版·1932 年国难后第 2 版)

1 胡适选注:《(新学制高级中学国语科用)词选》，上海:商务印书馆，1927 年初版·1928 年再版，《词的起原》第 1 页。

叶制作的。”[1]胡适不仅将自己的观点呈现在教科书中,并且敢于对争鸣的地方也一一披露,直接呈现在教科书的最后,这让我们看到了那一代知识分子对于学术的严谨与执著,以及编撰教科书时坦然与开放的态度。

1927 年 10 月,胡适著《(新学制高级中学国语科用)戴东原的哲学》由商务印书馆初版,在 1932 年 8 月国难后第一版,9 月国难后第二版。

【资料卡】

戴震(1724—1777),清代著名语言文字学家、自然科学家、哲学家、思想家。字东原,一字慎修,号杲溪,汉族,休宁隆阜(今安徽黄山屯溪区)人,乾隆二十七年举人,乾隆三十八年被召为《四库全书》纂修官。乾隆四十年第六次会试下第,因学术成就显著,特命参加殿试,赐同进士出身。戴震治学广博,音韵、文字、历算、地理无不精通,又进而阐明义理,对理学家“去人欲,存天理”之说有所抨击。其视个体为真实、批判程朱理学的思想,对晚清以来的学术思潮产生了深远影响。

胡适是在 1922 年末接触戴震哲学后感觉如逢故知。他在这

1　胡适选注:《(新学制高级中学国语科用)词选》,上海:商务印书馆,1927 年初版·1928 年再版,《词的起原》第 21—22 页。

一年3月26日的日记写道:"访刘叔雅,借得戴震《孟子字义疏证》,路上在一家小饭馆吃饭,就把此书看了一卷。此书真厉害。"[1]不到一个月,在4月17日的《日记》上,写道:"想将来做一部戴震学案。"[2]胡适和梁启超联合发起的纪念戴东原诞辰二百周年纪念活动于1924年元月在京举办,他们分别撰写了《戴东原在哲学史上的地位》及《戴东原先生传》等纪念文章。1925年8月,胡适著《戴东原的哲学》"改削无数次,凡历二十个月方才脱稿",[3]原载1925年12月北京大学《国学季刊》,1927年上海商务印书馆作为高级中学教科书出版单行本。

《戴东原的哲学》是第一部专门研讨戴震哲学的长篇专著,也是胡适清代思想史研究中最为详尽、最为系统的一部著述。胡适将戴震视为继朱熹、王阳明之后,中国近代思想史上第一大思想家,对戴氏哲学给予了很高评价。胡适在1924年1月6日《读书》杂志发表《戴东原在哲学史上的地位》一文写道:"人都知道戴东原是清代经学的大师,音韵的大师,清代考核之学的第一大师。但很少人知道他是朱子以后第一个大思想家,大哲学家。他在经学考据的方面,虽有开山之功,但他的弟子王念孙、段玉裁等人的成绩

1 中国社会科学研究院近代史研究所中华民国史研究室编:《胡适的日记(上)》,北京:中华书局,1985年,第297页。

2 胡适著:《胡适日记全编3 1919—1922》,合肥:安徽教育出版社,2001年,第600页。

3 胡适著:《戴东原的哲学》,长沙:岳麓书社,2010年,第117页。

早已超过他了。他在哲学的方面,二百年来,只有一个焦循了解得一部分;但论思想的透辟,气魄的伟大,二百年来,戴东原真成独霸了!”[1]十四年后,胡适在给魏建功的信中,重申并发展了这一看法,他说:“东原是绝顶聪敏人,其治学成绩确有甚可佩服之处,其思想之透辟一也是三百年中数一数二的巨人。”[2]

《戴东原的哲学》分为“戴东原的哲学、戴东原哲学所产生的反响、戴东原在中国哲学史上的位置”三部分。胡适在对戴东原哲学的探讨与阐述中有许多引人注目的精辟见解,如他在分析了戴东原的自然观、认识论和人性论之后,特别指出“戴氏的论理,最可以代表那个时代的科学精神。”[3]他认为戴震用当时学者考证的方法,历史的眼光,重新估定五百年的理学的价值,所以“戴震的哲学,从历史上来看,可说是宋、明理学的根本革命,也可说新理学的建设、哲学的中兴”。[4] 而且,“这件‘中兴哲学’的大事业,这件‘建设新哲学’的大事业,颜元、李塨失败之后,直到戴震出来,方才有第二次尝试。”[5]他还在《几个反理学的思想家》一文中指出,“戴震是一个

1　胡适著,林乐齐选编:《胡适散文》,杭州:浙江文艺出版社,2001年,第302页。

2　胡适著、耿云志、欧阳哲生整理:《胡适全集(第24卷)书信(1929—1943)》,合肥:安徽教育出版社,2003年,第315页。

3　胡适著:《戴东原的哲学》,长沙:岳麓书社,2010年,第39页。

4　胡适著:《戴东原的哲学》,长沙:岳麓书社,2010年,第50页。

5　胡适著:《戴东原的哲学》,长沙:岳麓书社,2010年,第12页。

科学家,他长于算学,精于考据,他的理学方法最精密,故能用这个时代的科学精神到哲学上去,教人处处用心知之明去剖析事物,寻求事情的分理条则。他的哲学是科学精神的哲学。"[1]胡适从理论方面对戴东原哲学作知识论阐释,强调知识的客观性,且"重行必先重知"是"戴学的要义",[2]并予以了独到的分析和支持,如他提出"'理'论是东原在哲学史上的最大贡献"[3],这是中国新哲学建设的基础,并对戴震哲学基础作了"人的问题"的实用主义点化,等等。

胡适在科玄论战之后的1925年著《戴东原的哲学》,当时不仅具有历史意义,更包含了拒斥新形而上学(玄学)的现实内容。他从不同于杜威思想论的传统知识论(理智主义)阐发戴氏重知主义,也是对梁启超、张君劢等人的科学破产论的批判。《戴东原的哲学》出版后多次重印。如1968年台湾商务印书馆重印;1986年7月,台湾远流出版公司收入《胡适作品集》第三十二集;1991年12月,北京中华书局收入"中国近代人物文集"丛书;1999年、2006年安徽教育出版社重印,2010年岳麓书社重印,等等。

由于新学制初级中学的精神,在各科混合教授,当时,商务印书馆编撰的新学制初级中学教科书就是完全依照新学制课程纲

---

1 胡适著:《胡适文存(三集)》,合肥:黄山书社,1996年,第74页。

2 胡适著:《戴东原的哲学》,长沙:岳麓书社,2010年,第95页。

3 胡适著:《戴东原的哲学》,长沙:岳麓书社,2010年,第31页。

要,采用混合法编辑的。1923 年,胡适参与校订了《新学制国语教科书(初级中学用)》6 册,其中第 1、2 册酌采语文对译方法以便语文过渡,选有大量中外名家名著。据《民国时期总书目(中小学教材)》记载,胡适还著有《初级中学国文读本》。1923 年,胡适还参与校订了傅运森编辑的《新学制历史教科书(初级中学)》上下册,这套教科书不仅用白话体和新标点,还"打破朝代的国界的旧习,专从人类文化上演述变迁的情形;这里有两种道理:一,使学生可以知现在的人类世界是怎样成功的;二,文化上应当研究的问题,都有个大始末,供学生自己探索。"[1]

以胡适为代表的欧美留学生在对海洋文化强烈的生活感受及向往中,痛彻地意识到了自身语言文化传统中的某种匮乏,并以其在社会生活场域获得广泛的身份优势,对时代问题的自觉作出思考。这种思考引领了 1922 年的教育变革,并成为促使中国现代教科书成型的决定力量。透过教科书,我们

胡适

1　傅运森编辑:《新学制历史教科书(初级中学上册)》,上海:商务印书馆,1923 年初版 · 1926 年 90 版,第 1 页。

不但看到了儿童被热烈的重视，而且可以感知到身处那个时代的人们对思想革命、真理寻求、社会情绪表达的诉求……教科书承载着的文化使命，诠释了一个理想主义者的时代，一度也曾经是理性保持乐观的年代。新学制教科书是百年教科书史上的一次盛宴，但却是一场寂寞的盛宴。在随后实施的党化教育中，一个时代在精彩纷呈处告别谢幕，教科书无人热语相送。最初满怀时代的希望撒下的种子，却因大众失去兴趣而变得无人料理，终至渐渐抛荒，这果实，而与当时种下的希望迥异。但她作为一个象征，则具备更深远的意义。如今，人们追怀老清华、老北大以及西南联大，追怀上世纪三四十年代中国高等教育的“黄金时代”时，或许要知道，这都是与当时优良的中小学教科书的启蒙分不开的，新学制教科书再次为“国家基础在少年教育”的“规律性”做出了注解。

# 任鸿隽与陈衡哲

# 一同走过

任鸿隽(1886—1961)与陈衡哲(1890—1976)

它的至少的意义,是证明我们这十几年来,尽管大吹大擂的提倡科学,而学校里面这一点最小限度的科学教育工具,还不曾有相当的努力。它是证明我们在大学高中教课的先生们,对于课材,只知展转负贩,坐享成功,绝不曾自己打定主意,做几本适合国情的教科书,为各种科学树一个独立的基础。

——摘自任鸿隽《一个关于理科教科书的调查》

他们是中国近现代史上著名的学者夫妇。一位从小生长在巴山蜀水，留学日本与美国，曾任北京大学教授、东南大学校长、四川大学校长、中央研究院总干事兼化学研究所所长，是中国杰出的科学事业的组织领导者，一生致力于探寻科学与国家、社会进步的深远关系，为促进中国现代科学技术的发展做出了重要贡献。一位出生在江南水乡，是中国第一位女教授。胡适是他们婚礼的赞礼，蔡元培为证婚人。这对大学教授夫妇，都曾被商务印书馆聘为编辑，编撰与校订了极有特色的中小学教科书，还反对党化教科书的推行及外国原版教科书的泛滥，彰显出独特的学人品性及文化自觉。

## 相遇在大洋彼岸

任鸿隽祖籍浙江归安，出生在四川垫江。1904 年，他在四川巴县参加中国最后一次科举考试，中秀才。1905 年毕业于重庆府中学堂速成师范班，先后在重庆开智小学和私立重庆中学任教员。1907 年，任鸿隽到上海，考入刚成立的中国公学高等预科学习，与胡适、朱经农等同学。进入中国公学后，任鸿隽后立刻剪发易服以示革命。1908 年，他考入东京高等工业学校专攻应用化学。期间，加入同盟会，担任四川分会会长。任鸿隽之所以选择化学专业，是因为看到革命者们为了推翻清朝政府往往采取暗杀方式，而暗杀需要炸弹。在目睹了好友喻培伦、黄复生因制造炸弹而受伤的惨状后，他才做出这一选择。在《五十自述》中，任鸿隽写道："吾此时之思想行事，一切为革命二字所支配，其入校而有所学习，不能谓其于学术者所企图，即谓其意在兴工业，图近利，仍无当也。"[1]对这种功利主义的专业选择进行反省。

任鸿隽

1912年，任鸿隽任孙中山临时总统府秘书，起草过《告前方将士文》、《咨参议会文》等重要文书，后任北京政府秘书。但因厌恶官场，遂拒绝蔡元培、胡汉民等政要的挽留，1912年底，经孙中山批准，任鸿隽作为对辛亥革命有贡献的首批"稽勋生"赴美留学。1913年，他考入康奈尔大学文理学院，主修化学和物理学，积极探寻西方学术之本源及东西方文化的主要差别，得出"西方有科学，东方无科学

1　任鸿隽著，樊洪业、张久春选编：《科学救国之梦——任鸿隽文存》，上海：上海科技教育出版社、上海科学技术出版社，2002年，第679页。

而已”[1]的结论，并认为“所谓科学者，非指化学物理学生物学，而为西方近三百年来用归纳方法研究天然与人为现象而得结果之总和。……欲效法西方而撷取其精华，莫如介绍整个科学。”[2] 1915年1月，他与赵元任、胡明复等以《Nature》为楷模创办《科学》。同年10月他们以英国皇家学会为楷模创办中国科学社。1916年，任鸿隽从康奈尔大学获学士学位后考进哥伦比亚大学攻读化学工程专业硕士学位，1918年毕业回国。

陈衡哲祖籍湖南衡山，生于江苏武进一个书香家庭，十三岁随舅父庄思缄到广州读书。舅父是一个思想极为先进的人，他的教诲深深影响着陈衡哲。在《我幼时求学的经过》中，陈衡哲这样描述：“世上的人对于命运有三种态度，其一是安命，其二是怨命，其三是造命。他希望我造命，他也相信我能造命，他也相信我能与恶劣的命运奋

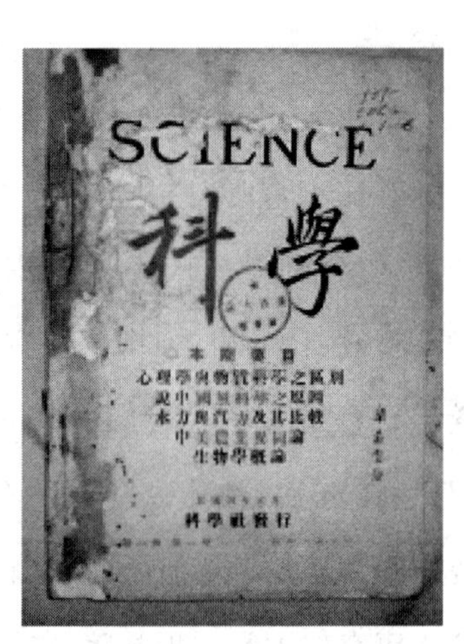


《科学》月刊

1　任鸿隽著，樊洪业、张久春选编：《科学救国之梦——任鸿隽文存》，上海：上海科技教育出版社、上海科学技术出版社，2002年，第683页。

2　任鸿隽著，樊洪业、张久春选编：《科学救国之梦——任鸿隽文存》，上海：上海科技教育出版社、上海科学技术出版社，2002年，第683页。

斗。……你是一个有志气的女孩子，你应该努力的去学习西洋的独立女子。……这类的话，在当时真可以说是思想革命，它在我心灵上所产生的影响该是怎样的深刻！”[1] 1911年冬，陈衡哲到上海，入蔡元培创办的爱国女校学习。“进学校的一件事，在三十年前——正是前清的末年——是一个破天荒，尤其是在那时女孩子的生命上。我是家中第一个进学校的人，故所需要的努力更是特别的大。”[2] 1914年，清华大学在上海招收留美学生，陈衡哲顺利考取。她进入纽约瓦沙女子大学、芝加哥大学攻读西洋史、西洋文学，对西方的科学和文化、民主和自由有了切身的感受和体验。在美国，陈衡哲给自己取了一个洋名——“莎菲·陈衡哲”，先后获学士、硕士学位。

陈衡哲

1 陈衡哲著，朱维之编：《陈衡哲散文选集》，天津：百花文艺出版社，1991年，第72—73页。

2 陈衡哲著，朱维之编：《陈衡哲散文选集》，天津：百花文艺出版社，1991年，第71页。

在美国留学期间，陈衡哲大量接触并深入研究西方思想文化，成为很有见地、思想犀利、风格卓异的著名女学者，并与任鸿隽、胡适、杨杏佛、梅光迪、赵元任、朱经农、胡先骕、唐钺……几乎所有的中国早期的留美生都建立了密切的联系。

1915 年任鸿隽与陈衡哲
（中国科学社合影）

1916 年，任鸿隽在担任《留美学生季报》主编时，收到了陈衡哲寄来的两首五绝：[1]

月

初月曳轻云，
笑隐寒林里；
不知好容光，
已映清溪水。

风

夜间闻敲窗，
起视月如水；
万叶正乱飞，
鸣飙落松子。

任鸿隽觉得自己在新大陆发现了新诗人，就把诗抄寄给胡适，

1　阎纯德著：《中国现代女作家》，哈尔滨：黑龙江人民出版社，1981 年，第 318 页。

要他猜是何人所作。胡适回信说："两诗绝妙！《风》诗吾三人(任、杨及我)若用力气尚能为之；《月》诗绝非我辈寻常蹊径……足下有此情思，无此聪明；杏佛有此聪明，无此细腻……以适之逻辑度之，此新诗人其陈女士乎？"[1]任鸿隽与胡适对于陈衡哲出众的才华均极为欣赏。

任鸿隽、陈衡哲订婚日与胡适合影(1920年8月22日于东南大学)

1917年，陈衡哲在《留美学生季报》第四卷第二期发表的白话短篇小说《一日》是中国现代文学最早的历史记录。后来，胡适与梅光迪、任鸿隽等人就文学革命问题展开激烈笔战的时候，陈衡哲支持胡适文学革命的主张。为此，胡适在为陈衡哲创作的《小雨点》撰写的"序言"里写道："民国五年七八月间，我同梅、任诸君讨论文学问题最多，又最激烈。莎菲那时在绮色佳过夏，故知道我们的辩论文字。她虽然没有加入讨论，她的同情却在我的主张的一方面……她不曾积极地加入这个笔战；但她对于我的主张的同情，

1 胡适著：《胡适留学日记(下)》，合肥：安徽教育出版社，1999年，第435页。

给了我不少的安慰与鼓舞。她是我的一个最早的同志。”[1]在以后的漫长岁月中,任鸿隽、陈衡哲、胡适三人或相聚笑谈,或书信往来,谱写了动人的友谊新篇章。胡适在《我们三个朋友》之作,文章最后写道:“又是一种山川了,——依旧我们三个朋友。此景无双,此日最难忘,——让我的新诗祝你们长寿!”[2]任鸿隽亦作减字木兰词以答之,被传为文坛的一段佳话。

1924年9月于浙江杭州。左起依次为:徐志摩、朱经农、曹诚英、胡适、汪精卫、陶行知、马君武。右一为陈衡哲。

1　胡适著:《胡适文集(2)传记 游记 散文》,北京:人民文学出版社,1998年,第124页。

2　胡适著:《尝试集》,北京:中国文联出版公司,1998年,第50页。

陈衡哲的成长与成就都得益于舅父的“造命”观，这种自己给自己造命、不信宿命安排的人生观，使得陈衡哲在十八岁时拒绝了家庭指定的婚姻，后来也谢绝了诸多人物的追求，曾决心不结婚。1919 年，任鸿隽第二次到美国，面对其三万里求婚的诚意，陈衡哲终被感动。1920 年北京大学校长蔡元培开放大学女禁。夏天，陈衡哲与任鸿隽双双回国，成为中国历史上第一位女教授。1920 年 9 月 16 日，陈衡哲、任鸿隽举行了结婚典礼，胡适做赞礼，蔡元培为证婚人。

## 撰写与校订新学制教科书

1922 年新学制改革，任鸿隽、陈衡哲被上海商务印书馆聘为编辑。当时商务印书馆编辑所所长王云五希望她能编辑一套高级中学用的西洋史教科书。陈衡哲觉得教科书体裁固定，且搜集材料就需要三四年，还要按期出版，故最初没有答应。后来商务印书馆答应她在写作范围及格式上可以通融，她也感受到教科书在教育上的重要性，于是著《(新学制高级中学教科书)西洋史》上下册，1924 年由商务印书馆出版。陈衡哲在《(新学制高级中学教科书)西洋史》的“序”中，明确了自己的两个动机：

> 我的编辑西洋史，有两个动机。其一，是因为近年来读史

的结果,深悟到战争是一件反文化的事,但同时,我又信战争是一件可以避免的事。避免的方法虽不止一端,然揭穿武人政客的黑幕,揭穿他们愚弄人民的黑幕,却是重要方法中的一个。运用这个方法的工具,当以历史为最有功效了。我们研究西洋历史的人,对于这一件事业,尤觉得负有重大的责任;因为我们至少应该使人们知道,国际的混乱状态,不但不是西洋文明的精神,并且是他的一个大缺点。但是把这个状态当做西洋文明的要素的,正大有人在。我们眼见西洋历史受这个委屈,真不能袖手不管了。真不能不起来尽一点解释的责任了。第二个动机,是我三年前在北京大学教授西洋史时所得到的。我是最反对注入式教育的一个人。在史学界中,这个方法尤为无益有害。所以我曾特别注意学生的自己搜求材料,作为辅证或是反驳我的演讲之用。但这个努力的结果,不过使我感到中文参考书籍的缺乏。于是我便决意辞去教职,专门编书。我的入手的方法,是先用独力编一部西洋史大纲,作为基础;然后再藉教书及自己研究的机会,去续编以下几种书——有的独力可成,有的非合作不行——西洋文明史,西洋近代史,欧亚交通史,及白种人势力扩张史。[1]

1 陈衡哲著:《(新学制高级中学教科书)西洋史(上册)》,上海:商务印书馆,1924年初版·1926年5版,第1—2页。

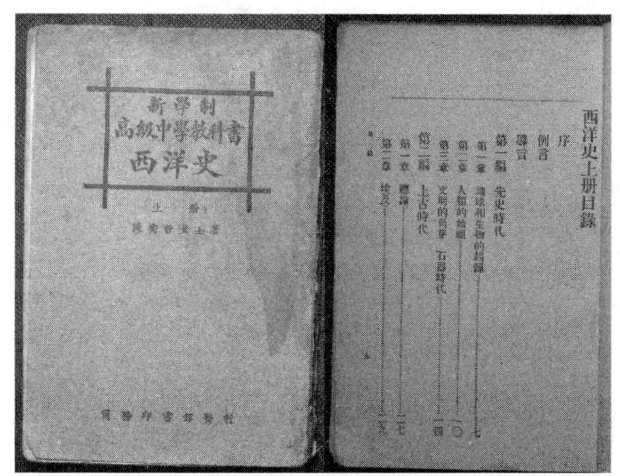


《(新学制高级中学教科书)西洋史(上册)》
(商务印书馆1924年初版·1926年5版)

《(新学制高级中学教科书)西洋史》上册分“先史时代、上古时代、中古时代”三篇，下册分“近古时代、近世时代”两篇。全书取材范围以文化的欧洲及纯粹欧化的美洲为限。陈衡哲对于这套教科书的启蒙诉求及内容选择均有鲜明的立场与观点，她在“例言”中写道：

> 本书所注重的，一为说明各种史迹的背景，一为史迹的因果，及彼此的相互影响，以求培养读者分析现代社会上各种现象的能力。若不求因果，但缕述某国某人，于某年征服某地，或其他类此的事实，那有什么意思呢？因此，凡是账目式的胪举事实，或是献典式的颂扬战绩，本书一概屏弃。即于人名、

地名，本书亦力求少用，俾免枉费学者的脑力。

……

凡与世界无大关系的史迹，即在欧洲历史上曾占到重要的位置，如宗教革命等，本书亦当以世界人的眼光，从简述之。反之，如近古欧洲的海外殖民事业，乃与世界的大势有绝大的关系者，本书便须详为论述。

……

我编辑此书时，有一个重要的标鹄，便是要使真理与兴趣，同时实现于读者的心中。我既不敢将活的历史，灰埋尘封起来，把他变为死物，复不敢让幻想之神，将历史引诱到他的域内，去做他的恭顺奴隶。或者因此之故，我将不能见好于许多的专门历史家及专门文学家，但我若能藉此引起少年姊妹兄弟们对于历史的一点兴味，若能帮助他们了解一点历史的真意义，那我的目的也就达到了。[1]

由于教科书的读者是中国的中学生，考虑到他们对于西洋历史的基本智识的缺乏。她在书中往往少及理论，而多及事实。比如书中古时建立大学的篇幅，远不及论十字军之多。若作纯粹的文明史，此二者至少当有平等的地位。同时，陈衡哲认为“教科书

1 陈衡哲著:《(新学制高级中学教科书)西洋史(上册)》，上海:商务印书馆，1924年初版·1926年5版，第1—2页。

减去了教师便是一本白纸黑字的死书”，[1]她关注教师在教授中的巨大责任，“尤希望他们能帮助青年们，去发达他们的国际观念，俾人类误解的机会可以减少人类的谅解和同情，也可以日增一日”。[2]虽为高级中学教科书，但陈衡哲的目的还兼将西洋历史的常识，给一般人士阅读。

作为在西洋史研究方面有着专业造诣的学者，陈衡哲著《(新学制高级中学教科书)西洋史》有着雄厚史学基础且个性鲜明。如《(新学制高级中学教科书)西洋史》上册第三篇第八章在叙述近世文化，对中古人民在宗教统治下付出的代价时描述为：

> 但是，看呵！中古人民买到这个安慰的代价，是什么呵！这代价便是自由，是一个不折不扣的自由。在教会一尊威权之下，中古的人民，不但没有信教自由，思想自由，并且没有生活自由。他们自堕地以至老死，一切日常的生活，和日间所思，夜间所梦，都须受教会的节制。我们但看中古教士的权力，便可以明白中古人民的精神上的械锁了。……中古的人

---

1　陈衡哲著：《(新学制高级中学教科书)西洋史(上册)》，上海：商务印书馆，1924年初版·1926年5版，第4页。

2　陈衡哲著：《(新学制高级中学教科书)西洋史(上册)》，上海：商务印书馆，1924年初版·1926年5版，第4页。

民,这样的惴惴然生活于恐惧之下。[1]

《高级中学教科书西洋史》下册第四章,在对欧洲宗教革命时描述为:

所以宗教革命的意义,不啻便是这个拆城毁壁的事业。国王欲取回本来属于他们的城砖屋瓦,人民要摔走那般如狼似虎的守卒,信徒又要看一看那光华久藏的明珠。于是一声高呼,群众立集,虽各怀各的目的,但他们的摩拳擦掌,却是一致的。他们的共同目的,乃是在拆毁这个巨堡。因此之故,宗教革命的范围便如是其广大,位置便如是其重要,影响便如是其深远了。[2]

最为重要的是,陈衡哲在教科书中将智识、能力、人格与妇女的自身解放紧密联系起来,反映了她思考问题的睿智和深度,也是其人生经历的深刻总结与真实反映。如在叙述文艺复兴运动的历

1 陈衡哲著:《(新学制高级中学教科书)西洋史(上册)》,上海:商务印书馆,1924年初版·1926年5版,第235页。

2 陈衡哲著:《(新学制高级中学教科书)西洋史(下册)》,上海:商务印书馆,1926年初版·1927年3版,第89页。

史影响时，提到了五点，其中一点就是“女学者的兴起”。[1] 她指出，威尼司的佳姗特拉和佛罗稜司的亚历山特拉，是十五六世纪时女学者的两个女子代表。她们颇能与男子自由交际，自由讲学，但同时又都是品洁行高，为一般人士所景仰的。这些女学者实是近代女子解放的先锋，尤可贵的，是她们的解放方法。她们的解放，是由内而外的，是以解放自己的理智为起点的，她们并不以解放的责任推到男子的身上去。在论述工业革命这一节内容时，陈衡哲就教科书中的妇女问题做了进一步的延伸与探讨，论述了她关于妇女解放问题的主张。

胡适在《现代评论》1926 年 9 月两次刊出的《介绍几部新出的史学书》短文中，对陈衡哲著的《西洋史》高度评价，认为叙述夹议论的文字，使得《西洋史》身上每一个细胞都充满着文艺气息，很可以给我们开一个新方向，并指出“陈衡哲女士的《西洋史》是一部带有创作的野心的著作。在史料的方面她不能不依赖西洋史家的供给。但在叙述与解释的方面，她确实做了一番精心结构的工夫。这部书可以说是中国治西史的学者给中国读者精心著述的第一部《西洋史》。在这一方面，此书也是一部开山的作品”。[2]

---

1　陈衡哲著：《（新学制高级中学教科书）西洋史（下册）》，上海：商务印书馆，1926 年初版 · 1927 年 3 版，第 17 页。

2　胡适著，季维龙整理：《胡适全集（第 13 卷）史学 · 论集》，合肥：安徽教育出版社，2003 年，第 62 页。

《新学制常识教科书(小学校初级用第 1 册)》(商务印书馆 1923 年 7 月初版 · 1923 年 7 月 10 版)

1904 年,清政府颁布实施的《奏定学堂章程》中,规定全国各初等小学堂及高等小学堂设“格致”为必修课程,中等学堂设博物、物理及化学为必修课程。1912—1913 年民国教育部颁布的“壬子癸丑学制”中,“格致”不再出现,小学部分只有高级小学开设理科,中学则仍旧开设博物、物理、化学。1922 年新学制颁布,初级小学、高级小学、初级中学均设有自然科,“自然”由此成为小学科学课程的通用名称。当时规定,“乡村学校无力单独设科的,可将社会、自然合并为常识科”,“常识”由此成为由“社会”与“自然”综合而成的一门新课的名称。1923 年 7 月,商务印书馆开始出版初级小学用《新学制常识教科书》八册,这套教科书是由范祥善编纂,王云五、任鸿隽校订。《新学制常识教科书(小学校初级）》的“编辑缘起”中写道：

新学制小学课程甚繁，内地各校骤然改组，困难多端。本馆因将社会自然两科合并一科，编成本书，名为常识，既便于教学上的联络，又可以免去多用书本的麻烦；内容分量，比照新定的社会自然课程纲要，只有加多，没有减少，这是最合于内地各校应用的课本。[1]

商务印书馆对于这套初级小学常识教科书的广告词为：

这书系将初级小学社会自然两科合并编辑，有融会贯通的效果，而无缺漏偏颇的弊病。乡村小学校为减省书籍起见，采用此书去代替社会自然两种教科书，最为合宜。[2]

《新学制常识教科书（小学校初级）》的内容包含有卫生、公民、地理、历史、自然、园艺等项，所收材料较为适合于儿童生活的需要，特别强调以研究问题为中心，注重观察、调查、试验、表演、实

1　范祥善编纂：《新学制常识教科书（小学校初级第1册）》，上海：商务印书馆，1923年初版·1923年10版，封2。

2　范祥善编纂：《新学制常识教科书（小学校初级第7册）》，上海：商务印书馆，1924年初版，封2。

习、讨论……等科学方法的训练。“务使儿童直接所得的经验，和间接所得的知识，联为一气，以养成实用的智德。”[1]如《新学制常识教科书（小学校初级）》第五册第五十课《早起的好处》一课写道：

### 早起的好处

【问题】(1)我们在早上甚么时候起身？(2)早上屋外的空气怎样？(3)早起有甚么好处？

屋外的空气，早上最好。我们每日在太阳初出的时候，起身往外边去。那时的空气，格外清爽。我们在草地边走走，树底下歇歇，心里快活得很，精神也十分充足。[2]

这套教科书出版后和商务印书馆其他的新学制教科书一样，受到教师与学生的欢迎，在极短的时间内再版重印，如第一册1923年7月初版，当月就有十版；第五册1924年初版，1928年就有三百二十五版。

1922年新学制课程标准起草委员会拟定了初中课程纲要有一显著改进，即初中课程采用混合法讲授，如算学以代数、几何为主，

1 范祥善编纂：《新学制常识教科书（小学校初级第1册）》，上海：商务印书馆，1923年初版·1923年10版，封2。

2 范祥善编纂：《新学制常识教科书（小学校初级第5册）》，上海：商务印书馆，1924年初版·1926年135版，第61页。

算术、三角为辅，合一炉而冶。但因师资难得，不少学校对混合讲授持有异议，坚持分科讲授。为此商务印书馆同时出版一套新学制适用“现代初中教科书”。1923年，商务印书馆出版了《现代初中教科书矿物学》，由杜若城编辑，翁文灏、任鸿隽校订。教科书分为四章四十节，第一章叙述造岩的矿物，第二章讲岩石的预备，第三章述应用中药的矿物，第四章叙述矿物的分类和各种鉴定矿物的试验方法。

## 《一个关于理科教科书的调查》

二十世纪二十年代以后，关于科学本土化问题并取得了一定的成就，但远未完成。1931年，蔡元培在《国化教科书问题》中指出，各高校科学教育大多使用外文原版书，所举证明学理的实例都取材于国外，用来教中国学生，不仅“隔膜惝恍”，而且学生“将来出而应世，也不能充分应用”。[1] 1933年，任鸿隽完成中华教育文化基金社资助课题《一个关于理科教科书的调查》，发表在《独立评论》第六十一号（1933年7月30日）。

任鸿隽认为，当时的理科教育尚在萌芽，程度稍高的课程，便非依靠外国教本不可。因为用外国教本的原故，教者也就自然而

1　蔡元培著：《国化教科书问题》，见《申报》，1931年4月27日，大东书局特刊。

然地用外国语来讲授,以图清楚与省事。但是这样的教法,对于中国的科学教育前途有极大的障碍。于是,任鸿隽对于理科教科书的基本情况进行了一次调查,期望了解大学一年级和高中二三年级(等于从前的大学预科)理科课程中,究竟有多少科目是用中国课本讲授。当时,全国公私立大学的理学院已经具有一定规模的约三十处,他们调查中得到回复的有二十处。全国立案的高中,约有二百处,他们调查中得到回复的为一百零九处。教育部颁布的高中普通科课程标准,规定属于理科的学科有化学、物理学、生物学及算学(包括代数、几何、三角及解析几何)。因为大学一年级的普通理科,也以这四课最为重要,所以他们就选择了这四科为学科调查范围。任鸿隽等人调查的目的是想了解“目下的中国理科教育情形,是不是比十五年前有了相当的进步。”[1]而在任鸿隽的认知中,“理科课程的中国化,非先有理科的中国教本不为功。”[2]但此次调查下来的情形却不甚美妙。

照第一表,大学第一年级的物理、化学、算学几乎完全是用的外国教本。照第二表,高中的八种学科之中,除了生物学

---

1 任鸿隽著:《一个关于理科教科书的调查》,《独立评论》,第61号,1933年7月30日。

2 任鸿隽著:《一个关于理科教科书的调查》,《独立评论》,第61号,1933年7月30日。

一科以外,无有一科外国教本不占百分之五十以外。这个现象,不能说是偶然的,是无关宏旨的。它的至少的意义,是证明我们这十几年来,尽管大吹大擂的提倡科学,而学校里面这一点最小限度的科学教育工具,还不曾有相当的努力。它是证明我们在大学高中教课的先生们,对于课材,只知展转负贩,坐享成功,绝不曾自己打定主意,做几本适合国情的教科书,为各种科学树一个独立的基础。它是证明我们学校组织的不完善,使我们的许多科学家,把他们所有的时间精力,都消磨在课堂教室口讲指画之中,绝不让有多余的时间来从事著述的工作。它是证明我们多少的教育家,宁愿把他们的闲暇时间,消磨在麻将电影里面,绝不会把科学教学的工作,当作一件重大的教育事业。无论它的原因是哪一样,可是事实总是在这里的。我们除非有法子改变事实,再也想不出一个方法来替原因辩护。[1]

任鸿隽指出,外文教材程度比较深,而中文教材不能满足需求。但使用外国教材含有崇洋心理。通过这次调查,他还发现关于西文教科书都是美国出版品,绝无欧洲各国出版的教科书掺杂其中。"这在有些国,如像德、法,因为文字的关系。他们的教科书

---

1　任鸿隽著:《一个关于理科教科书的调查》,《独立评论》,第 61 号,1933 年 7 月 30 日。

不易受我们的光顾也罢了，至于英国出版的各种理科教本，未必就无一本比美国出版的好些，可供我们的采用”。[1] 任鸿隽进一步以生物教科书为例，说明因为中国的生物科学比较其他的物质科学稍为发达一点，中文的生物教科书在大学与高中里面，比任何科学所占的百分数比都高。

1939 年任鸿隽、陈衡哲全家照

时下国内高校中，翻印外文教材，规定外语讲课，也在“与国际接轨”的口号下，有蔚然成风之势。这中间当然不乏对二十世纪后半期中国教育方式的矫枉过正的因素，但是否有任鸿隽所说的“崇

1　任鸿隽著:《一个关于理科教科书的调查》,《独立评论》,第 61 号,1933 年 7 月 30 日。

洋心理”、学术上的惰性和学术水平的差距呢？大学教材如何有效确立文化标准进而引领文化创新呢？这是高等教育必须关注的重要课题。

## 大胆质疑党化教育及其教科书

党化教育的思想倾向最早可追溯到五四时期孙中山对学生运动的评论。国民党一大前后，孙中山使之变成了一种常规的宣传政策，并落实到学校教育。1926 年广东国民革命政府成立教育行政委员会，明确的规定：“一切教育措施皆依三民主义之精神，对于各级教育尽量灌输以党义，称之为‘党化教育’。”[1] 1926 年 5 月，广东全省第六次教育大会通过了《党化教育决议案》，该案关于党化教育的办法有：

> 确定教育宗旨为平民化与革命化之教育；学校增设政治训育部，施行政治训育，使学生有明确的政治观念，全省中上学校全由中国国民党党部介绍训育人员；组织中国国民党童子军；举行总理纪念周与政治报告；规定三民主义为必修课，每周时数至少要占 50 分钟，高级小学以上学校加授政治教

1 陈进金著：《抗战前教育政策之研究（1928—1937）》，台北：近代中国出版社，1997 年，第 116 页。

> 育、社会科学及三民主义，每星期共须150分钟以上；并提出请教育行政委员会即行审查各校现行教科书，有悖于中国国民党的党义及政策者，应令抽出，不准讲授。此后新编教科书，应以中国国民党的党义和政策为中心。[1]

1926年7月9日，蒋介石在《国民革命军总司令就职宣言》中强调，"教育为立国之本，为了使全国国民对于立国精神和建国方针，有着一个正确的认识和努力的方向，国父在遗训中，曾训勉国人，'余致力国民革命，凡四十年，其目的在求中国自由平等。积四十年之经验，深知欲达到此目的，必须唤起民众。'"[2]通过革命和北伐而建立起来的南京国民政府为维护其执政党的正统地位，确立"一个领袖、一个政党、一个主义"[3]的主流意识形态，1927年8月制订了《学校实行党化教育草案》。1928年2月18日，大学院颁布《小学暂行条例》，以总理遗教急待灌输，于公民科之外，增设三民主义科。1928年8月6日，中华民国国民政府训令第四二〇号发布《各级学校增加党义课程暂行通则》第一条明确规定："为使本党

---

1 《全省教育大会通过党化教育决议案》，《广州民国日报》，1926—05—10。

2 陈光辉著：《我国公民教育的演进》，林子勋主编：《中华学术与现代文化丛书第十一册 教育学论集》，台北：中国文化大学出版部，1980年第1版·1983年再版，第645—646页。

3 李延辉著：《蒋介石的纵横人生》，长春市：吉林文史出版社，1995年，第269页。

主义普及全国，并促进青年正确认识起见，各级学校，除在各种内容融会党义精神外，须一律按本通则之规定，增加党义课程。”[1] 1929 年 8 月，《小学暂行课程标准》与《中学暂行课程标准》颁布，中小学公民课程被党义课程取代。

国民党向各级学校的党义灌输很快遭到以任鸿隽为代表的教育界人士的质疑。任鸿隽旗帜鲜明地表明自己反对实行党化教育及编撰出版党化教科书，并强烈要求取消“党化教育”这个名词。在他看来，“党化”和“教育”是一对矛盾的名词，有了“党化”就没了“教育”，反之，要“教育”，也一定要去掉“党化”，“党化教育”是不能成立的。他在《党化教育是可能的吗？》一文中指出：

> 教育的目的与党的目的完全不同。大概说来，教育的目的，在一个全人的发展，党的目的，则在信徒的造成。教育是以人为本位的，党是以组织为本位的。在党的场合，设如人与组织的利益有冲突的时候，自然要牺牲人的利益以顾全组织的利益。我们只看国民政府的教育部，对于发展教育，改良教育的计划，一点没有注意，但小学的党义教科书，却非有不可。教科书与党义有不合的地方，非严密审查不可。老实说来，教八九岁的小孩们，去念那些什么“帝国主义”“不平等条约”“关

1　河南省教育厅编：《河南教育特刊》，郑州：河南省教育厅印，1929 年，第 56 页。

税自主”的教科文字，不但不能得他们的理解，简直于小孩们心灵的发展有重大的妨害。但这是党化教育所不能免的结果。

……

我们暂且离开小学教育，就一般的教育来说。一个理想中有教育的人，在智慧方面，至少的限度，必须对于事理有正确圆满的了解，对于行事有独立自信的精神。要养成这样的人格，第一的需要，是智识上的好奇心。有了智识上的好奇心，方能对于各种的问题或事务，加以独立的研究。研究所得的结果，才是我们信仰的根据。这种教育的方法，在党的立场看来，是最危险的。他们的信仰，是早经确定的了；他们的问题，是怎样地拥护这个信仰。因为要拥护信仰，所以不能有自由的讨论与研究；因为不能有自由的讨论与研究，所以不能有智识上的好奇心。这个情形，恰恰与十七世纪初年，欧洲宗教的专制思想相类。当时的教会，不愿意一般人有自由思想，于是乎不恤用教会的法庭来压制葛理略，逼着他发誓承认地球绕日的学说，是和圣经抵触的，是不对的。他们这种办法，不但是要压服葛理略，使他不再妖言惑众，并且要惩一儆百，使同时的人不敢有新出的思想。但是他们所得的效果是怎样？葛理略在签名悔罪书之后，口中即喃喃地说道，“地球是动的”；而地球绕日的真理，也不因葛理略的受压迫而遂至湮灭。

自近世文艺复兴以来,专制思想与自由思想冲突的结果,总是专制思想失败,党化教育也不能独成例外。[1]

党化教育及教科书通过政治权力强力实行意识形态控制,任鸿隽认为这在特殊的情形下,比如国民党通过党务学校、中央政治学校等特别组织来宣传党义未尝不可,但不幸的是:

我们现在要党化的学校,不是这样的一类,而是全国一般的由小中以至大学程度的学校。在这些学校里面去宣传党义,便立刻有许多问题发生。……我们以为宣传党义的最好方法,是把党义放在一个自生自活的地位,而不要把它放在特殊阶级之上,使它失去了自由竞争的机会。因为一放在特殊阶级之上,它既不用与人竞争,便渐渐地失去向上改进的本能;同时在课室中或教科中强迫输入的党义,也未必能得到生徒衷心的信仰。这岂不是南辕北辙,爱之适以害之吗!近年以来,国人对于国民党的信仰,一落千丈,固然是因为政府的种种失政,使人失望,但是所谓党化教育,于党义的传播,并无

1 叔永著:《党化教育是可能的吗》,《独立评论》第3号,1932年6月5日,第12页。

一点好处,也可以概见了。[1]

《党化教育是可能的吗?》一文发表后,因为来自南京的一封读者来信,提出一些不同看法,1932 年 7 月,任鸿隽在《独立评论》第八号发表《再论党化教育——答范云龙先生》,指出许多朋友看见《党化教育是可能的吗?》这篇文字,都向他说:"你真大胆,这样的问题岂是可以随便讨论的?"[2]但是大多数人还是认为它体现了一个"科学家爱真理的精神"。[3] 任鸿隽在该文中再次阐发对教育的见解:"在我们看来,教育只是一个社会里面,老成人们加于少年人们的一种训练。这种训练,自然是以老成人们要形成少年人们的理想为标准。人在少年时代,受教育感化的力量很大,所以施教者的理想,最能影响受教者的思想行为。……我们认为根本问题,而有讨论价值的,是教育的个人价值和社会价值。"他明确指出,"在危机存亡的国家,希望借教育的力量,来唤起人心,发生效用,那么,社会目的的宣传,自然比个人目的重要。不过我们不要忘记,一个社会,是由个人的分子组成的。有了健全的分子,不怕没有健全的社会。"[4]

---

1 叔永著:《党化教育是可能的吗》,《独立评论》第 3 号,1932 年 6 月 5 日,第 13 页。

2 叔永著:《再论党化教育》,《独立评论》第 8 号,1932 年 7 月 10 日,第 10 页。

3 叔永著:《再论党化教育》,《独立评论》第 8 号,1932 年 7 月 10 日,第 10 页。

4 叔永著:《再论党化教育》,《独立评论》第 8 号,1932 年 7 月 10 日,第 10 页。

在以党治国的历史背景下，党化教育及其教科书将“三民主义”设定为一种终极价值，强力引导儿童在心理和行为上明确指向“党”，激发他们的意义信仰，以期形成一种低限度的政治生存伦理，即为作为未来公民的政治主体意识的消解及依附权威的政治人格形成，其实质是封建专制的臣民政治心理延伸与发展，最终给现代中国的建设造成了极大的危害。

就在党化教育盛行时，1932 年国民政府派任鸿隽为中央大学校长，然任鸿隽坚辞不就，表明自己在教育与政治上的基本立场。任鸿隽以其独立之思考，大胆质疑党化教育及教科书，再一次让我们目睹了其独有的人格魅力及独立知识分子的“范儿”。

任鸿隽与陈衡哲，这对中国近现代史上熠熠生辉的知识分子伉俪，在他们关于中小学教科书的著作及言论中，用与其人格理念配合的话语，清楚明白、务实可感地阐明自己的观点，述说着一代知识分子的文化人格和公共关怀。

# 林语堂

## 最有名的维权官司

林语堂(1895—1976)

英文时须学全句,勿专念单字。学时须把全句语法、语音及腔调整个学来。学时不可以以识字为足。识之必须兼能用之。……

读英文时须耳目口手并到。耳闻、目见、口讲、手抄,缺一不可。四者备,字句自然容易记得。

——摘自《(初级中学学生用)开明第三英文读本》第15页

林语堂是一位从容与淡定的知识分子,是集语言学家、哲学家、文学家于一身的著名学者。他的人生睿智洒脱,展现出幽默谐趣的生活态度。他早期主要用中文写作,中期主要用英文写作,晚年又回复中文写作。他对外国人讲中国文化,对中国人讲外国文化。他从中西文化差异中捕捉到中国文化的独特之美,曾虚白认为林语堂在"把渊深的中国文化通俗化了介绍给世界"[1]方面贡献甚大。他在美国用英文写《吾国与吾民》、《风声鹤唳》、《孔子的智慧》、《生活的艺术》,在法国写《京华烟云》等文化著作和长篇小说,使其在国际文坛上影响极大。1975 年 4 月,林语堂曾当选为国际笔会第四十届大会副会长,被提名参评诺贝尔奖。他是美国文化界列为"二十世纪智慧人物"之一。[2] 有美国记者在 1965 年 7 月 28 日《联合报》大陆社纽约航讯说:"全世界大多数的外国人只知道中国有两大文人:一位是德配天地的孔夫子,一位是学贯中西的林语堂"。[3] 在中国现代教科书史上,林语堂编撰出版的英文教科书不仅使其获得极为丰厚的稿酬,而且由此还引发一场著名的教科书维权官司,使开明书店险过难关。

---

1 林语堂著:《八十自述》,北京:宝文堂书店,1990 年,第 118 页。

2 施建伟著:《林语堂研究综述》,《福建论坛:文史哲版》,1990 年第 5 期,第 46 页。

3 林语堂著:《谁最会享受人生》,武汉:湖北人民出版社,1989 年,第 1 页。

## 腹有诗书气自华

林语堂出生于福建龙溪（今漳州）一个基督教家庭，父亲是牧师。1905 年，林语堂和哥哥从漳州来到厦门鼓浪屿，插班进入教会办的养元小学，后升入寻源中学。1911 年，他考入上海圣约翰大学，阅读《社会学》、《伦理学》、《宇宙之谜》、《十九世纪的基础》等书籍对西方文化产生了浓厚的兴趣。因为圣约翰大学校长和大部分教授都是外国人，他们的生活方式、处世态度、思想情趣，对林语堂产生了极大的影响。

大学毕业后，林语堂在清华大学任教。1919 年 1 月 9 日，林语堂与圣约翰大学同学的妹妹廖翠凤结婚，并带着妻子赴美国哈佛大学文学系求学，1922 年获文学硕士学位。同年，转赴德国入莱比锡大学专攻语言学。1923 年获博士学位后回国，任北京大学教授、北京女子师范大学教务长和英文系主任。

林语堂

1924 年后，林语堂成为《语丝》主要撰稿人之一。1926 年 3 月 18 日，林语堂接到他的学生刘和珍打来的电话，以学生自治会的名义请准停课一日。“三·一八惨案”后，时任北京师范大学教授兼教务长的林语堂，因支持学生爱国行动也在北洋政府当局通缉之列，5月到厦门大学任文学院长。1927年3月，他应武汉国民政府外交部长陈友仁招，到那里任秘书。不久发生了“4·12”事件，宁汉合流。在做了六个月之后，林语堂尝到了做官的滋味，发誓再也不从政了。1927年，南京国民政府仿行法国大学院制以代替教育部职能，蔡元培任大学院长，中央研究院同时成立，亦蔡任院长。聘请林语堂为英文编辑，月俸三百元。[1] 1933年，应《东方杂志》之约，撰《新年之梦——中国之梦》一文，从这篇文章可以看出他对时局的感慨。

1919年林语堂与夫人廖翠凤结婚照

我不梦见周公，也很久了。大概因为思想日益激烈，生活日益稳健，总鼓不起勇气，热心教育，热心党国。不知是教育

1 章克标著：《林语堂在上海》，摘自林语堂著：《八十自述》，北京：中国戏剧出版社，1990年，第161页。

> 党国等事不叫人热心，还是我自己不是，现在也不必去管他。从前，的确也曾投身武汉国民政府，也曾亲眼看见一个不贪污，不爱钱，不骗人，不说空话的政府，登时，即刻，几乎就要实现。到如今，南柯一梦，仍是南柯一梦。其后，人家又一次革命，我又一次热心，又在做梦，不过此时的梦，大概做得不很长，正在酣蜜之时，自会清醒过来。到了革命成功，连梦遂也不敢做了，此时我已梦影烟消，消镜对月，每夜总是睡得一寐到天亮。这大概是因为自己的年纪的缘故，人越老，梦越少。人生总是由理想主义走向写实主义之路。[1]

林语堂离开武汉来到上海，他和一群留学归国精英交往，如"比英国人还像英国人"[2]的吴经熊、风流才子邵洵美等，并组织了一个"星期一晚间俱乐部"，[3]先生们围炉聊天，太太们在一边交流舞蹈和美容。1932年，林语堂主编《论语》半月刊。1934年创办《人间世》，提倡"以自我为中心，以闲适为格调"[4]的小品文，成为论语派主要人物。

1918年，林语堂在《新青年》第四卷第二期上发表处女作《汉字

1　林太乙著：《林语堂传》，北京：中国戏剧出版社，1994年，第104页。

2　林太乙著：《林语堂传》，北京：中国戏剧出版社，1994年，第130页。

3　王璞著：《项美丽在上海》，北京：人民文学出版社，2005年，第97页。

4　傅子玖主编：《中国新文学（上册）》，上海：华东师范大学出版社，1993年，第733页。

索引制说明》,开始走上了文学创作的道路。他一生著作等身,吉士云在《林语堂研究概述》中统计其近六十年的文学生涯,可以分为四个时期:一是《语丝》时期,主要是1923年到三十年代,发表论著七十余篇(部);二、《论语》时期,从1932年《论语》创刊前后到1936年出国前后,发表论著二百篇(部);三、侨居海外时期,从1936年侨居美国到1966年定居台湾,出版论著近三十部;四、晚年写作时期,从1966年到1976年逝世。[1]

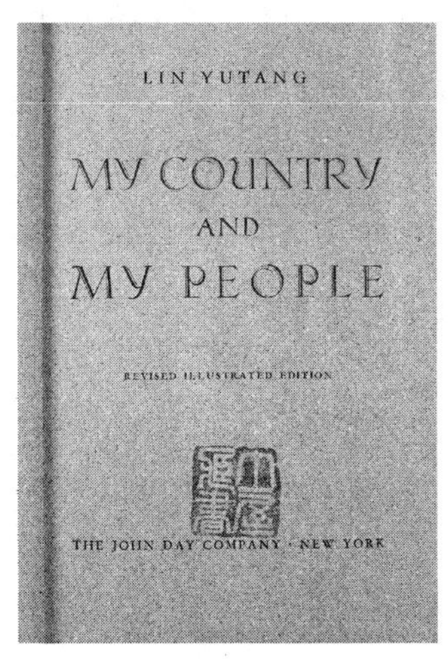


(英文)《吾国与吾民》1935年纽约 The John Day Company 出版

1930年起,林语堂采用英文改写或英文创作的方式来对外译介中国文化,成为第一位以英文书写扬名海外的中国作家。他还

---

1　吉士云著:《林语堂研究概述》,《文教资料》1995年第3期,第69页。

出版译著三十多部，很多作品成为东西方文学界、文化界所推崇的经典名著。如《吾国与吾民》(英文书名为“My Country and My People”)是1934年林语堂应美国作家赛珍珠(Pearl S. Buck)之约介绍和阐述中国社会和中国文化的一本名著，1935年，英文版《吾国与吾民》由赛珍珠丈夫沃尔什(R. Walsh)的美国纽约约翰·黛公司(John Day Company)9月出版，到十二月已再版了七版，登上畅销书排行榜，其后被译成多种欧洲文字。赛珍珠在《吾国与吾民》的“序”中认为这本书是“历来有关中国的著作中最忠实、最巨丽、最完备、最重要底成绩。”[1]美国当时的重要报刊如《纽约时报·星期日书评副刊》、《星期六文学评论周刊》第一次大张旗鼓地推荐一本中国作家的原创作品。林语堂的这本书让西方人知道了何谓“中国文明”，他在自序里写道：

> 写了这本书，我将冒犯许多阐述中国的著作家，也是显而易见的，尤其是祖国的同胞和一般大爱国家。此辈大爱国家——鄙人与之实互不干涉，因为他们的偶像，不是我的偶像，他们的爱国思想也不是我的爱国思想。说不定我也同样爱我的国家，可是我常小心翼翼在他们面前隐藏起来。
>
> ……

1　林语堂著，郑陀译:《吾国与吾民》，上海:世界新闻出版社，1938年初版，第8页。

> 我堪能坦白地直陈一切,因为我心目中的祖国,内省而不疚,无愧于人。我堪能暴呈她的一切困恼纷扰,因为我未尝放弃我的希望。中国乃伟大过于她的微渺的国家,无需乎他们的粉饰。……我这本书是写给淳朴而忠恕的一般人的,忠恕之道为古代中国之特长,今则已成绝响。[1]

《吾国与吾民》出版后,赛珍珠邀请林语堂去美国专事写作。1936年8月1日,林语堂带着太太和三个孩子,以及二十箱中国古籍,登上了胡佛总统号豪华客轮离沪赴美。定居美国后,他开始写《生活的艺术》。这是林语堂从《吾国与吾民》的一个同名章节中延伸出来的,在这一章节中,他以"倘若不知道人民日常的娱乐方法,便不能认识一个民族"[2]开始,激情四溢地写中国人在吃住行玩乐上的闲情逸趣,告诉西方一个他们只能望其项背的世界——古代中国的无与伦比的审美能力,他希望西方能通过这个视角认识到中国的精神世界,也希望国人通过这个视角来重新审视自己。1937年,《生活的艺术》由赛珍珠夫妇的约翰·黛公司出版。这次引起的轰动比《吾国与吾民》更大,不断重印,多达四十版以上。

---

1 林语堂著,郑陀译:《吾国与吾民》,上海:世界新闻出版社,1938年初版,第9—10页。

2 林语堂著、张振玉等译、寇晓伟编:《林语堂文集(第8卷)吾国吾民 八十自述》,北京:作家出版社,1995年,第299页。

英、法、德、丹麦、瑞典、西班牙、葡萄牙、荷兰等国的十八个版本也同样畅销。1983年还被西德 Europe Bildungagem 读书会选为特别推荐书。

1938年，赛珍珠荣获诺贝尔文学奖，激励起林语堂转向长篇小说创作。1939年，他出版了七十万字的长篇小说《京华烟云》，被译成多种文字出版，仅抗战期间《京华烟云》在美国就销了二十五万部。此后，他创作的长篇小说有1941年的《风声鹤唳》、1953年的《朱门》。他在美国住了三十年，用英文写了近三十部书，仅由约翰·黛公司出版的就还有《啼笑皆非》(1943年)、传记文学《苏东坡传》(1947版)、《美国的智慧》(1950版)、《寡妇妾歌妓》(1951年)等。

林语堂夫妇和三个女儿

1944年，林语堂一度回国到重庆讲学。1945年，赴新加坡筹建南洋大学并任校长。1947年任联合国教科文组织美术与文学主任。1952年在美国与人创办《天风》杂志。1966年定居台湾。1967年受聘为香港中文大学研究教授。1975年5月,美国图书馆学家安德森(Arthur James Anderson)编纂的《林语堂精摘》出版。林语堂为此书作《序》时写下:“我的笔写出我胸中的话。我的话说完了。我就要告辞了。”[1]林语堂在《论语》时代的合伙人、挚友徐讦认为林语堂在文学史中是“最不容易写的一章”。[2] 他自己则认为“我只是一团矛盾而已”。[3]

## 编英文教科书畅销全国

自1898年商务印书馆出版了《华英初阶》始,我国自编英文教科书的时代开启了。民国时期的自编初中英文教科书发展非常迅速,教科书的版本各样、种类繁多。1927年,林语堂从武汉来到上海后,发现中小学教科书是图书出版业销量巨大、利润丰厚的最重要品种,且不少个人因为编撰教科书获得丰厚的版税。如周越然编撰《模范英文读本》就从商务印书馆拿到数十万元的版税。林语堂认为自己在教会中学、教会大学以及美国哈佛大学的学习经历,有着当时国内很少有人具备的英文方面优越的语言与文化基础。

1 林太乙著:《林语堂传》,长春:东北师范大学出版社,1994年,第307页。
2 王稼句选编:《印象林语堂》,合肥:安徽文艺出版社,2010年,第112页。
3 林语堂著:《林语堂自传》,南京:江苏文艺出版社,1995年,第43页。

在研究盛行的几种英文教科书之后，发现这些教科书不论是在编写理念还是内容选择、呈现形式都存在诸多的问题，于是打算编写全新的英文教科书。他在北京大学教书期间的友人孙伏园与出版界很熟，林语堂就托请其出面与出版社接洽。孙伏园最初与北新书局接洽，因林语堂要求签约后每月先预支三百元版税，北新书局感到风险太大，没答应。孙伏园又与成立不久的开明书店联系。开明书店创办人章锡琛出自商务印书馆，正在筹备编写出版一套有特色的中学教科书来赢得教科书市场的竞争，于是毫不犹豫地答应了林语堂的要求。

《开明第三英文读本》(开明书店1929年9月初版发行·1933年6月10版发行)

1928年8月，林语堂著的《开明英文读本》第一册出版，第二、第三册于1929年7月、9月分别推出。这套教科书由外国文学故事、学生生活会话和习惯性词语与句式的系统练习三部分组成，内容丰富多彩，而且林语堂还专门撰写“学习英文要诀”放在教科书的前面，让学生在学习英语时有着正确的方法与技巧，现抄录如下：

## 学习英文要诀

一、学英文时须学全句,勿专念单字。学时须把全句语法、语音及腔调整个学来。

二、学时不可以识字为足。识之必须兼能用之。凡遇新字,必至少学得该字之一种正确用法。以后见有多种用法,便多记住。

三、识字不可强记。得其句中用法,自然容易记得。

四、读英文时须耳目口手并到。耳闻、目见、口讲、手抄,缺一不可。四者备,字句自然容易记得。

五、“四到”中以口到为主要。英语便是英国话,如果不肯开口,如何学得说话?

六、口讲必须重叠练习,凡习一字一句,必须反复习诵十数次至数十次,到口音纯熟为止。学外国语与学古文同一道理,须以背诵为入门捷径。每课中取一二句背诵之,日久必有大进。

七、口讲练习有二忌。(一)忌怕羞。学者在课堂上怕羞,则他处更无练习机会。(二)忌想分数。一想到分数,便怕说错;怕说错,便开口不得。最后的胜利者,还是不怕羞、不怕错、充分练习的学生。若得教员随时指正,自然可由多错而少错,由少错而纯正,由纯正而流利,甚至由流利而精通。此是先苦后甘之法。

八、读书要精。读音拼写，皆须注意。马马虎虎，糊涂了事，不但英文学不好，任何学问亦学不好。

林语堂[1]

林语堂在编撰《开明英文读本》时，课文选材范围非常广，教授内容丰富多彩。一方面，林语堂选了很多中、西方经典的押韵诗、儿歌、童谣、童话、民间故事等等。如第一册书中的第二十七课编排了英国儿歌“BAA! BAA! BLACK SHEEP”(《黑绵羊咩咩叫》)，第四十九课编入了儿歌“LITTLE STAR”(《小星星》)。第二册书中的第二、三课编入英国民间故事“THE WISE MEN OF GOTHAM”(《愚人村的智者》)，第三十三、三十四课选取了希腊神话“CEYX AND HALCYONE”(《克宇克斯与海尔赛妮》)，第四十三至四十六课编入神话故事“PANDORA”(《潘多拉》)，第五十七、五十八课编有中国古代“CONFUCIUS AND YANG HO”(《孔子与阳货》)的故事，第六十八至七十一课编有童话“THE UGLY DUCKING”(《丑小鸭》)。第三册书中的第十六至十八课收入了希腊神话“APOLLO AND CORONIS”(《阿波罗和可罗妮丝》)，第五十五至五十八课收入安徒生童话“THE EMPEROR'S NEW CLOTHES”(《皇帝的新衣》)，第六十二、六十三课改编了中国古代

1　林语堂著:《开明第三英文读本(初级中学)》，上海:开明书店，1937 年修正初版·1946 年 9 版，第 15 页。

《绎史》中的“孔子与女孩们”的故事“CONFUCIUS AND THE GIRLS”。林语堂将中西文化经典有选择的引入到初中英语教科书,极大开阔了学生的视野。另一方面,林语堂在教科书中选择了一些与学校生活密切相关的内容。如第一册中的第一百零八课至一百二十课的内容主题是“School Conversations”(《校园会话》),都是围绕学校生活、学生运用前面所学可以模仿和练习的对话。第二册中第二十九课“NIGHT AT SCHOOL”(《晚上在学校》),是关于学生在学校住宿过夜的一则有趣小对话,第四十八课SHOPPING(《购物》),是以购物为话题展开的一则会话。第三册第二十六课编有“A FOOTBALL GAME”(《一场足球赛》),是以一场即将开赛的足球比赛为话题展开的对话,第四十九课“FOREIGN DRESS”(《外国服饰》),是关于穿着外国服饰是否崇洋媚外及舶来品是否更好的价值判断的讨论。另外少数几课还有关于日记,作文的练习指导。

《开明英文读本》成为开明书店“开教本的新纪元”推出的具有特色的中学三大教本之一。在1930年12月第4版的《开明算学教本三角》最后有“开明三大教本”的广告:

中等教育最重要的教科,首推国文英文算学。这三科的教本,出版的虽已不少,但都不免有缺点。故教育界对于善良教本,仍十分需要。本店出版的活页文选,自由美备,用者莫

> 不称便。英文读本及算学教本，编者系有经验的当代专家，更开教本的新纪元，是称第一善本。[1]

当时，开明书店还特意请丰子恺配画插图增加活力，林语堂特允许从自己百分之十的版税中拿出百分之二作为丰子恺的报酬。《开明英文读本》一经推出，便在全国中学产生极大的影响，并独领风骚。编辑家、语言学家陈原在《开明书店和我》中回忆他学英语的经历时写道："我学过《开明英文读本》，也教过这部书——这部书的编者是林语堂，如果把林氏的后半生的活动暂不论列，那么，这部课本的确给人带来了新鲜的气息。我幼时在家读过商务版《华英初阶》，是带着哭声死啃的。少年时在初一读商务版《模范英语》，也引不起学外语的兴趣。唯有后来（大约从初二起）读开明的课本，这才诱发了我学外语的'潜'意识。要问这部课本'突破'了什么？我想大约有两点：一点是内容多彩，不呆板；另一点是插图美，编排新，注音用宽式国际音标，使人不觉得要哭。应当说，这部课本的编辑是同传统的翻译教学法决裂的。"[2]上海外国语大学教授章振邦对《开明英文读本》记忆犹新，他说："我的英语学习在初

---

1　周为群、刘薰宇、章克标、仲光然编著：《开明算学教本三角》，上海：开明书店，1929年初版·1930年4版，广告页。

2　陈原著：《书和人和我》，北京：生活·读书·新知三联书店，1994年，第277页。

中阶段取得很大的进步。当时用的是林语堂编写的《开明英文读本》。这部教材我认为是当时编得最好的，也是我从中得益最大的中学英语读本，它有以下几个优点给我印象最深：一是语言材料丰富，每篇课文能保证一定的长度，语言地道、生动活泼，有个读头，也有个教头，不像现在有些中学课本，语言材料单薄，写得不生动，干巴巴的，课文像豆腐干似的，读来乏味。二是课文内容贴近生活，容易读，容易懂，容易上口，学了就能用。三是趣味性，书中编入了一些脍炙人口的神话故事，这些故事多为英国文学中常见的典故来源，经林先生用生动的当代英语一改写便栩栩如生，跃然纸上，读来兴味油然。四是科学性，林语堂编写这部中学英语读本注意了由浅入深，循序渐进，对课文中语言点的处理比较细致，虽没有系统地讲语法，但对一些重要的语法现象还是结合着课文点到了。……这些语法知识对我日后提高阅读和写作能力帮助

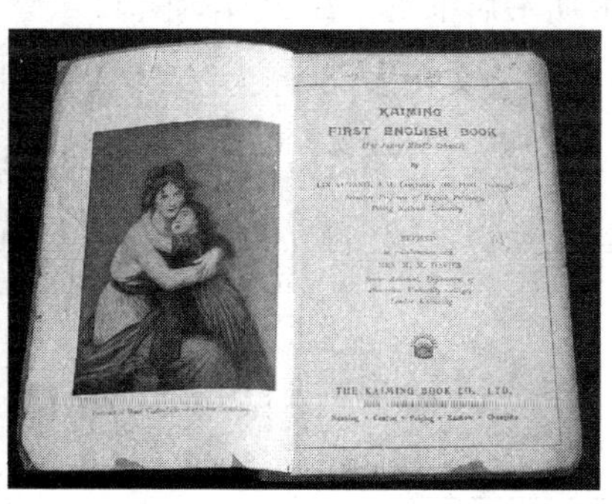


《开明第三英文读本(初级中学)》(开明书店1937年修正初版·1946年9版)

很大。”[1]

1937 年 7 月,根据教育部颁发的修正课程标准,林语堂将《开明第一英文读本》、《开明第二英文读本》、《开明第三英文读本》修正出版。因这套教科书品质优异,使用时间较长,如第一册在 1948 年 11 月还有修正本第四十五版,成为民国中后期最为有名的中学英文教科书。

《开明英文文法(上册)》(开明书店 1930 年 8 月初版·1932 年 4 版发行)

当时英文语法书几乎为翻译本《纳氏文法》所垄断,林语堂决定将新的文法理论应用到中国的英文法教学上面,于是用英文创作高中学生用的《开明英文文法》,1930 年由开明书店推出。1940 年,张沛霖将《开明英文文法》翻译为汉语,由开明书店出版。在《汉译开明英文文法(高级中学教科适用)》前,有林语堂在 1930 年的“序”,说明了写这套教科书的目的及立场,他写道:

《开明英文文法》是把一种新的文法理论应用到中国的英

1　章振邦著:《也谈我国外语教改问题》,《外国语》,2003 年,第 4 期,第 1—6 页。

> 文法教学上面。它把一切文法形式和结构只当作表达意念的工具,把文法本身当作一种表现法的科学。它不是从外表讲到涵义,却是从涵义讲到外表,即从意念讲到意念的表现法。因此,它所讨论的不是词形和形式变化的界说和分析,却更深一层研究说者的心理,问一问说者心底里有什么意念要表达,以及用什么文法工具把它们表达出来。[1]

林语堂立足于"一切文法都是表现法的科学",[2]在《开明英文文法》中首次将中英文意念范畴及各种表达意念的工具的比较。教科书中所列出的内容,性质完全是实用的而非理论的,目的在于帮助中国学生克服某些心理上的困难。林语堂让学生时时刻刻问自己:如果有了某种现成的观念,用英文应该怎样把它表达出来?他认为教文法唯一有效的办法。由于设计反复而有系统的练习,可以养成学生将思想法和表现法互相融合的习惯,这样许多的文法错误,是很容易用这种心理方法矫正,并且也只有用这种方法才能矫正,所以要训练学生用这种方法。同时,他还指出文法错误的原因之一是由于人们怕破坏了文法的规则而拼命要求正确,由此

---

1 林语堂著,张沛霖汉译:《汉译开明英文文法(高级中学教科适用)》,上海:开明书店,1940 年初版·1946 年 8 版,第 5 页。

2 林语堂著,张沛霖汉译:《汉译开明英文文法(高级中学教科适用)》,上海:开明书店,1940 年初版·1946 年 8 版,第 5 页。

学了文法之后，非但没有增加学生表现的能力，反而成为遏止一切自然表现力的恶魔。林语堂极为推崇语言学家爱德华·萨丕尔(Edward Sapir)提出的“一切文法规则都有漏洞”[1]观点，自称《开明英文文法》是“一本没有规则的文法书”，[2]他指出文法既作为表现法的科学，就应该灵活而不生硬，所付应该是说者的意向而非规则赫然界说，它应该比较具体，而不该在拉丁字源的术语圈子里打滚。“本书著者的努力在于以观察现代惯用法代替这种分门别类的规则”。[3] 他强调“英文是一件活的东西，应付它只有这个才是妥当办法”。[4] 陈原在回忆中也提及《开明英文文法》，他说“后来我又读了英文本《开明英文文法》，也是林语堂编的——那时这部文法也是‘新’的，处理的是活的(living)英语，而且着重在约定俗成的表现法——我少时虽然死背了古老的纳氏(Nesfield)文法三、四两卷，但得到实际效果的还在于开明这部文法加上开明版加注的英语读物(如萧伯纳的《茶花女》(Pygmalion))。”[5]《开明英文文法》到

---

1　林语堂著，张沛霖汉译:《汉译开明英文文法(高级中学教科适用)》，上海:开明书店，1940年初版·1946年8版，第7页。

2　林语堂著，张沛霖汉译:《汉译开明英文文法(高级中学教科适用)》，上海:开明书店，1940年初版·1946年8版，第7页。

3　林语堂著，张沛霖汉译:《汉译开明英文文法(高级中学教科适用)》，上海:开明书店，1940年初版·1946年8版，第7页。

4　林语堂著，张沛霖汉译:《汉译开明英文文法(高级中学教科适用)》，上海:开明书店，1940年初版·1946年8版，第7页。

5　陈原著:《书和人和我》，北京:生活·读书·新知三联书店，1994年，第277页。

1948年出了十一版。

二十世纪三十年代,开明书店不断推出林语堂编写的各类英文教科书,如《英文文学读本》上下册、《开明英文讲义》三册,以及《新国民实用英语》、开明英语正音片全套四张,共八课(正音片课本由林语堂编写)。林语堂以其自身的英文学习经历以及广域视野,在编撰出版的教科书中极为重视学习的方法与技巧,希望为学习者指引方向。为此,开明书店在1930年专门出版了林语堂、夏丏尊合的《中学各科学习法》,以便于中学生掌握正确的学习方法,提高学习的效率。在1931年开明书店初版发行葛传槼著《开明英文文法精义》的广告页上,笔者见有周庭桢编著、林语堂校订的中学补充读本《新国民实用英语》,该书经教育部审定,审定词为"不同于一般教本,注意实用常识。内容精审,注释详明,生字生句,尤特注意,教学自修,皆合用"。[1]

《英文文学读本(上册)》(开明书店1930年初版·1931年版)

1935年,林语堂与林幽合编《开明英文讲义》作为开明函授学

1 葛传槼著:《开明英文文法精义》,上海:开明书店,1931年初版,广告页。

校的“开明中学讲义”出版。林语堂在《开明英文讲义(开明中学讲义)》第一册中有“告读者”,说明了这套教科书的目标、程度、内容、学习语言的基本原理、语言要素、语汇、语音、语法、中英文构造的不同、课程的分配、每课的组织、课文的学习法、单字的学习法等内容。关于讲义的目标,他指出:“在于使读者有学习现代通行活用的英语的机会,而听、讲、写、读四者并重;但是为切合实用以及便于学习起见,第一册比较注重听与讲,所以会话特别多;至于写作在第二、第三两册中也同时顾及。”[1]因为读者大多是已经失学或就业的人,所以为适合读者的需要,林语堂在编写时与普通初中的课本略有不同,例如文法就比初中课本讲得深切,因为自修的人不比在校的学生,有师长可以质疑,所以对于文法非有比普通初中学生更详密的认识不可。讲义的内容包括会话(尤其注重商业上和社交上的会话)、请帖、商业信札、童歌、欧美

林语堂、林幽合编《开明英文讲义(开明中学讲义)》(开明函授学校1935年初版·1948年12版)

1　林语堂、林幽编著:《开明英文讲义(开明中学讲义第1册)》,上海:开明书店,1935年初版·1948年12版,第1页。

神话、寓言、故事、典故、科学常识等，以及书法和发音练习。因为文法贵在练习，所以林语堂在讲义中编排的练习特别多。此外，又考虑到讲义的读者多是工商界人士，他还选了英国文学史的大量内容。讲义注意各字在句中前后音的连读及相互的影响，所以在前六十课中，每课的课文逐字逐句注音，使读者易于养成正确的发音习惯。而讲义的注音符号是根据著名的《牛津通用英语词典口袋本》(Pocket Oxford Dictionary of Current English)所用的音符加以改良的，与《开明英文读本》中的音标是一样的。

林语堂在讲义中仍旧十分强调学习的方法，他写道："英文要学得好，须先学整句，然后再去分别地认识句中的各字。倘先认识了生字，再一字一字凑成全句，那英文一定学不好的。这是一般语言教学者许多年的经验所得来的教训，请读者切勿忽略。"[1] 他强调最好是背诵全句，这样不但可以记得生字，而且对于会话也有极大的帮助。对于单字的学习，林语堂强调要记住拼法、读音、字义、用法。

## 民国第一教科书案

民国时期，中小学教科书市场激烈竞争，商务印书馆与中华书局雄踞一二，1917 年创办的世界书局位居第二。世界书局总经理

---

1 林语堂、林幽编著：《开明英文讲义(开明中学讲义第 1 册)》，上海：开明书店，1935 年初版・1948 年 12 版，第 5 页。

沈知方原来在商务印书馆工作，后任中华书局的副总经理，熟知中小学教科书编撰出版的丰厚利润。见林语堂的《开明英文读本》如此畅销全国，世界书局就让英文部年轻编辑林汉达也迅速编一套中学英语教科书。林汉达 1924 年毕业于杭州之江大学（今浙江大学），曾在宁波四明中学任教，有一定的教学实践经验。1930 年 2 月，林汉达所编《标准英语读本》由世界书局推出，世界书局在多家大报大肆宣传。

林语堂得知世界书局推出全新的英文教科书之后，仔细将其与自己编撰的《开明英文读本》对比，认定林汉达所编《标准英语读本》有抄袭嫌疑。于是，开明书店函告世界书局，希望停止出版《标准英文读本》，并将书中抄袭、雷同处一并附上，要求其对有问题地方进行改编，但世界书局对于开明书店来函置之不理。于是，开明书店聘请法律顾问袁希濂写信给世界书局，抗议侵犯了著作权，要求其立即停止侵权行为，停止发行《标准英语读本》，并赔偿损失。世界书局的老板沈知方接到抗议信之后认为著作侵权问题只是两本书作者之间的事，要林汉达个人去解决。年轻的林汉达不知如何应付此事，他的同事范云六因为曾与章锡琛共事过，有一定的交情，就建议林汉达带着他的介绍信直接去找开明书店的老板章锡琛谈谈。林汉达于是拜会章锡琛，当章锡琛看见信中写有两书有雷同之说（这一点日后也成为世界书局被迫承认抄袭事实的有力证据之一）大为高兴，但要林汉达去找林语堂，说如果林语堂同意和解就行。于是林汉达又去拜访林语堂,一连去了三次,前两次没见着,只好留下一张名片,并在名片后面写下了几句话,表示"两次拜访,均未得晤面,甚为遗憾;那个课本,你认为哪几处应该修改,请告诉我,鄙人愿意接受并完全遵照执行。"[1]林语堂收到名片后即刻送给章锡琛(这也成为世界书局理亏的另一个证据)。当林语堂接见林汉达时,林汉达说自己对编教科书毫无经验,难免会出纰漏,如有什么不妥当的地方,请他指正等等。就在会面之后,开明书店迅速将范云六的信与林汉达的留言以及林汉达与章锡琛、林语堂的谈话内容制作成照相锌板,以《世界书局标准英语读本抄袭冒效开明英文读本之铁证》作为标题,在 1930 年 8 月 28 日的上海《申报》、《新闻报》等报纸上发表。

这个突然袭击,沈知方又惊又怒。1930 年 8 月 29 日,世界书局登报警告开明书店。8 月 31 日,开明书店再登一题为"开明书店再告各界并答世界书局代表律师"的广告文。9 月 1 日,世界书局又刊登了"世界书局驳复开明书店再告各界启事"。其后,双方反复刊登批驳对方的同类广告十多则。为了掌握主动,沈知方不惜以三千两银子的天价,重金聘请当时著名女律师郑毓秀博士,以开明书店在上海各大报纸上刊登的那幅广告为证据,提出了诽谤罪的刑事自诉。转瞬之间,世界书局一下子由被告变成了原告。

---

1　张建安、金人主编:《民国名人诉讼案》,北京:群众出版社,2004 年,第 105 页。

【资料卡】

郑毓秀(1891—1959),别名苏梅,女,广东省广州府新安县(今属深圳市)人,清末、中华民国革命家、政治家、法官、律师。幼年学习儒学,研读四书五经,后来到天津教会崇实女子学校念书。1905年(光绪三十一年),她到日本留学,其间经廖仲恺介绍加入中国同盟会。1912年到法国勤工俭学,1917年得到巴黎大学法学硕士学位,1925年获得巴黎大学法学博士学位,成为中国历史上第一位女性法学博士。归国后,在上海公共租界合作开设律师事务所,成为中国历史上第一位女性律师。1927年4月任江苏省政务委员会委员,年末成为上海临时法院院长,但未就任。她还兼上海法政大学校长。1928年,任国民政府驻欧特使。同年归国,11月任立法院立法委员。抗日战争爆发后,她兼教育部次长。1942年,其夫魏道明任驻美国大使,她随行赴美国。战后回国,再任立法委员。1948年移居巴西,后又到美国。是中国历史第一位省级女性政务官,第一位地方法院女性院长与审检两厅厅长。

面对风云突变的维权官司,章锡琛意识到如果败诉,不仅要判开明书店犯有诽谤罪,开明书店有可能赔得破产。他想此时只有越过上海司法当局,向审定教科书的南京国民政府教育部求助,才有可能摆脱困境。于是,林语堂逐条列出林汉达抄袭、剽窃之处,请求给予著作权保护。由于林语堂当时在社会上颇有影响,又曾是蔡元培的亲信和下属,还在外交部当过秘书,时任教育部长的蒋梦麟频繁召开专门会议,反复讨论处理办法与方案。教育部编审处认真仔细地对比了两套教科书,根据最后的投票表决,蒋梦麟亲发批词,断定《标准英语读本》确有抄袭、冒效《开明英文读本》的地方,不予审定,并禁止发行。

【资料卡】

林语堂 1917 年在清华大学任教,写《汉字索引制说明》一文在《新青年》上发表前,请蔡元培为之作序。第二年,林语堂又写了《分类成语辞书编纂法》发表在《清华学报》上,也产生不少影响。教育部的“国语统一筹备会”在北京成立时的三十八位会员中就有蔡元培和林语堂。1928 年蔡元培任中央研究院首任院长后,聘林语堂为研究院的英文总编辑。因为两人同住愚园路,林语堂每日上班得以与蔡元培同车。1932 年底,由宋庆龄和蔡元培发起的中国民权保障同盟会成立,宋庆龄任主席,蔡元培任副主席,林语堂任宣传主任。施建伟在《林语堂传》中指出,此时的林语堂“实际上是蔡的私人秘书”,“是仅次于宋庆龄、蔡元培、杨铨的第四号‘当权派’。”

当教育部的批词寄到开明书店时，正是上海租界法院开庭宣判的前一天。当晚，开明书店马上将“世界书局英文教科书被教育部禁止发行”的教育部批文连夜制成照相锌版，做成大幅广告，迅速送各大报刊登出。第二天，当法官在开庭前忽然看到了开明书店登出的广告时，大吃一惊。上海法庭不便和南京中央教育部公然对抗，但因为此案在审理之初就已定下基调，并一直照此运作，加上其他种种原因，又不能让郑毓秀代理的世界书局在上海输了官司。上海方面的法庭也只好变通一下，仍然判决开明书店对世界书局诽谤罪成立，但予以从轻处罚，让开明书店交出罚金三十元。对于世界书局《标准英语读本》抄袭《开明英文读本》的问题，只是在判决书中作为附带问题一笔带过。

开明书店对判决不服，当即向法院声明要提起上诉，并继续以教育部批文为后盾，进一步又在报纸上刊登了题为“《开明英文读本》何以被抄袭冒妄”的大幅广告文字。这年的双十节过后，开明书店又将两书的雷同之处，用红笔圈点批注出来，悬挂在当街门首。不久，世界书局提出双方重新调解，并从南京请到民国教育部次长刘大白从中斡旋。最终，世界书局同意开明书店的要求，交出《标准英语读本》的纸型给开明书店负责销毁，轰动上海滩的这场版权纠纷官司才算以世界书局的不败而败、开明书店的不胜而胜而告结束。

在 1930 年 7 月 4 版的《开明算学教本算术（下册）》的广告页上，印有蒋梦麟《题林编开明英文读本》手书，现抄录如下：

近今以来,各书局编印之英文读本多矣。惟完善者殊鲜。盖借用国外所编辑者,既多不谙国情,而依文法为入手者又复失之呆板,虽直接教学法,可以多得练习之机会,然取材不当,亦每易使学者感乏兴趣。林语堂先生,为英语语言学专家,既已熟知各家利弊所在,因参酌国情,编纂《开明英文读本》,以应教育学者之需要。此书都为三册,另编《文学读本》及《现代文法》,以为补充。使兴趣与实用,读书能力与会话能力,兼可顾到。吾知出版之后,其裨益于教育读者,必非浅鲜也。[1]

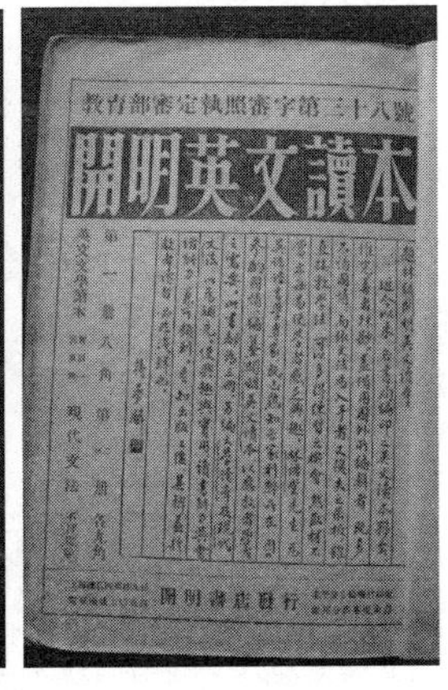


《开明算学教本·算术(初级中学学生用下册)》
(开明书店 1929 年 7 月初版·1930 年 7 月 4 版)

---

1　周为群、刘薰宇、章克标、仲光然编著:《开明算学教本算术(初级中学学生用)》下册,1929 年初版·1930 年 4 版,广告页。

林语堂早年新锐活泼，晚年又幽静淡远。他在世俗的喧嚣中，评说家事、国事、天下事并享受自己宁静天地的独立见解。他编撰出版的英文教科书独抒性灵、特色鲜明，将西方英语学科研究的最新理论与中国实际情况融会贯通，实为百年中国英文教科书编撰之翘楚。

# 朱家骅

## 提高国民知识水准

朱家骅(1893—1963)

他曾说:“一件出版品代表一个国家的时代文化。”

——摘自《中国现代化先驱——朱家骅传》第112页

朱家骅被誉为中国教育界、学术界的泰斗、外交界的耆宿，中国近代地质学的奠基人、中国现代化的先驱。他曾是少年革命党，是武昌起义最积极的参与者之一，真枪真刀冲锋在前。他也是北京大学最年轻的教授之一，不仅拥有德国博士学位，而且与李大钊一起反对北洋政府。他还是中央研究院创建者之一，是继蔡元培之后第二任院长，至1948年他已在中央研究院中建立了十四个研究所，组织了数理、生物和人文三个院士组，一共推选出八十一位院士，并由其中产生了三十二位院士评议员。特别值得称道的是，朱家骅建立起了现代科学的基础——原子能研究所。朱家骅身兼国民党党务与学术界要职，四次出任教育部长，任职期间将党义课改为公民课，创设国立编译馆编审教科书，影响民国中后期中小学教科书发展甚巨。

## 青春在革命中燃烧

朱家骅是浙江吴兴(今湖州)人，出生于一个商人兼地主家庭。五岁入邻舍私塾发蒙，十岁时改入县城马军巷沈氏家塾。父母在他十一、二岁时相继离世，依靠胞兄抚养。兄长与革命党人周柏年关系甚好，介绍朱家骅改入张静江的长兄张增熙创办的南浔正蒙学堂学习，老师有沈士远、沈尹默和曹砺金等。十四岁时，朱家骅考入南浔公学。因胞兄在张静江创设的两江盐务公司当账房，张静江很早就认识这个少时便敢学革命党剪去自己的小辫子的小革命党。

【资料卡】

张静江(1876—1950),浙江湖州南浔镇人,出身江南丝商巨贾之家。他的一生充满传奇色彩,1900年在认识李鸿藻的儿子李石曾后与其一同去法国。他热衷于贸易,先后在巴黎、伦敦、纽约设立了分公司,获利巨大。后与吴敬恒、李石曾被称为旅法华人中的“三剑客”。1906年底,他们和蔡元培在巴黎创建了世界社,1907年又出版《新世纪》周刊和《世界画报》内容主要是暴露满清政府的腐败,宣传革命。在结识孙中山先生后便开始对孙中山先生给予经济上的支持,孙中山称他为“革命圣人”。后来张静江又把蒋中正介绍给孙中山,蒋中正加入中华革命党时,张为监誓人。孙中山去世后张静江成为扶持蒋中正掌控权力的重要支柱。蒋介石称他为“革命导师”。张静江是国民党重要人物,被称为“国民党四大元老”之一。曾任中国国民党中央执行委员会主席。先后任职中央执行委员,中央监察委员、浙江省政府主席等。

1908年,朱家骅到曹砺金任校长的程安高等小学堂任教。同年6月,赴上海考取德国人创办的同济德文医学堂自费生,习德文、史地、动植物、理化等课。1910 年，朱家骅加入同盟会并赴南京谋刺两江总督张人骏。第二年，他又和同学组织了中国敢死队，并招募同志四百人。武昌起义爆发，朱家骅带领中国敢死队向武汉进军。他拿出哥哥让他代收的交通银行的股息、红利费三百六十多两白银，使中国敢死队得以在汉口为伤兵服务了三个月。此举深受戴季陶赏识，认为其“素有大志，少年可为！”[1]

【资料卡】

戴季陶(1891—1949)，籍贯浙江吴兴，生于四川广汉。中国政治家、中国国民党元老之一，也是中国马克思主义最早的研究者之一。1905 年留日攻读法科，1911 年加入同盟会，1912 年 9 月被孙中山任为随从秘书，直到 1925 年孙中山逝世。他参加二次革命和护法战争，在 1924 年国民党一大上当选为中央执行委员，任中央宣传部长，后任黄埔军校政治部长等职。1926 年被任命为中山大学校长。1928 年被提升为国民党宣传部长，同年 10 月当上国府委员和考试院长。1929 年任中央常委兼中央训练部部长。戴季陶长期充当蒋介石的谋士，是中华民国国旗歌的歌词作者。曾与张静江、蒋介石等共同经营交易所的生意。

---

1　杨帆著:《国民党去台高官 大结局》，北京:华文出版社，2010 年，第 246 页。

1914 年,朱家骅在张静江的资助下自费赴德国留学。他先在鲁尔矿区工作,后进柏林大学修地质学,1917 年回到北京大学教书。1918 年,朱家骅与刘复、邓萃英、杨荫榆等七人成为北洋政府教育部选拔的第一批公派赴欧美留学的中国教授再次出国留学。朱家骅抵美后不久即转赴瑞士伯尔尼大学和苏黎世大学,后再赴德国柏林大学与工科大学深造。1924 年,朱家骅获地质学博士学位,回北京大学任地质系教授兼德语系主任。据傅斯年回忆,他在北京大学读书时,北京大学一共二十八位教授,朱家骅是当时最年轻的教授。朱家骅性格耿直、思想左倾(曾加盟国民党的“翠花胡同派”),与李大钊并肩战斗,反对北洋政府。1925 年 6 月 3 日,朱家骅领导北京学生为上海“五·卅”惨案天安门示威大游行,11 月 28 日和 29 日领导了反对北洋政府的天安门国民革命运动,即著名的“首都革命”。1926 年 1 月 14 日领导天安门大示威,3 月 18 日又参加天安门集会,段祺瑞制造了“三·一八”惨案,第二天朱家骅遭北洋政府通缉,潜行出京,暂回原籍隐匿。

朱家骅

朱家骅回浙江留居数月后,因张静江、戴季陶在广东的北伐工作需人手，便去广东任事。他年轻气盛，曾被蒋介石撤职扣押，后因才华横溢受到戴季陶保释。戴季陶对他十分爱惜，觉得他还是在大学做教师好一些，于是朱家骅在 1926 年出任广东大学地质学教授兼系主任。同年 10 月，广东国民政府为纪念孙中山，改组广东大学为中山大学，任命戴季陶为中山大学委员长，顾孟余为副委员长，徐谦、丁惟汾、朱家骅为委员。由于其他四人都不在校管事，朱家骅代理校务委员长，实掌校务，并在厉行改革中显露了过人的才华。朱家骅以快刀斩乱麻的作风整理中山大学校务，如让学生重新考试入学，教师也全辞了重聘，并高薪聘请了鲁迅、许德珩、傅斯年、顾颉刚等名流。在短短四个多月中，中山大学就焕然一新，使戴季陶非常欣慰，于是戴季陶到处讲："中国只有一个半人才，半个是易培基，另一个完才是朱家骅！"[1] 1927 年 8 月，广东省政府再度改组，朱家骅任省教育厅长兼中山大学副校长。

1927 年 11 月，朱家骅调任浙江省民政厅厅长，他提出"用新人，行新政"[2] 口号，成为浙江政坛上的一颗明星。1929 年 3 月，朱家骅参加了国民党第三次全国代表大会，当选为中央执行委员和中央政治会议委员，从此参加国民党统治的中枢活动。但不久受到排挤，在 1930 年 9 月辞去了在浙江的全部职务回到中山大学当

---

1　李海生、张敏著：《民国两兄弟 陈果夫与陈立夫》，上海：上海人民出版社，2000 年，第 289 页。

2　王维礼主编：《蒋介石的文臣武将》，郑州：河南人民出版社，1998 年，第 115 页。

校长。在中山大学仅仅三个月后,朱家骅得到戴季陶提携,调任中央大学校长。1931 年“九一八”事变爆发后,9 月 28 日,中大学生也开始举行游行示威。学生们到中央党部之后由中常委丁惟汾接见,因见朱家骅在内开会,学生们便簇拥着他游行至外交部,时任部长王正廷不予接见。学生们冲入王办公室,将其打伤。事后,朱家骅“愤而辞职,不再到校”。[1]

## “党义课”改为“公民课”

1931 年 12 月,朱家骅被提升为教育部长,此后他“四任”教育部长,虽然载沉载浮,却大力提倡教育建设实行法制化,给予教育发展以一定的保障,为烽火岁月中的中国教育做出了极大的贡献:

第一次是 1931.12.29—1932.10.26

第二次是 1932.11.9—1933.4.20(交通部长兼摄教育部长)

第三次是 1944.11.20—1945.7.30(再任教育部长)

第四次是 1945.7.30—1948.5.31(连任教育部长)

对于南京国民政府大力提倡的党化教育,朱家骅任教育部长

1 何明编著:《民国名人全纪录 民国名人的最后岁月纪实 8 第 4 部 曲终人散》,北京:华文出版社,2010 年,第 3824 页。

教育部长朱家骅(1945 年 10 月上海)

之前较为推崇,他认为"三民主义教育,不但是本党对于教育既定的政策,而且是保障完成本党所领导的国民革命一个必要的方法……所以,我们要把我们的党义,溶化在教育的核心里,因为教育是能管教人生,指导人生,帮助人生生活唯一的利器,倘若我们把我们的党义,和这个惟一利器的教育,并合为一个东西,那末我们的党义,一定是不胫而走,不推自行了"。[1] 但由于国民党向各级学校推行党化教育并开设党义课程,很快遭到各界人士的大力质疑。朱家骅在接任教育部长后把孙中山先生的"把世界文化迎头赶上去"、"把中国民族从根救起来"[2]两句话作为中国教育的总纲,

1 王聿均、孙斌编:《朱家骅先生言论集》,台北:中央研究院近代史研究所出版,1977 年,第 121—122 页。

2 《九个月来教育部整理全国教育之说明》,《安徽教育行政旬刊》1933 年第 4 期,第 1 页。

在时局极为动荡不安时期,再次展现了其“坐而言、起而行”的任事精神和行政效率。

朱家骅曾列举1932年教育部已经完成实施和筹划实施的十七个大项目,其中有推行义务教育、整理中学教育、注重师范教育、整理大学教育、推行蒙回藏教育和华侨教育、推行青年及成年补习教育、厉行国民体育、推行电影和播音教育、增设并充实各地图书馆、筹设中央教育馆、改良课程、充实教学设备、注重训育、厉行考试、厘定《小学法》、《中学法》、《职业教育法》、《专科教育法》、《师范教育法》等。其中的课程改良,强调要进行部编印短期小学课本和教学法,特别是要修订小学课程标准、中学课程标准和大学课程标准,将党化教育中已经取消的公民课程恢复。

【资料卡】

1932—1933年,教育部陆续颁布了《小学课程标准》、《中学课程标准》、《小学法》、《小学规程》、《中学法》、《中学规程》。小学被规定为实施国民教育的场所,分为市立、县立、区立、坊立、乡镇立、联立、私立等类型,种类包括修业年限为六年的完全小学、修业年限为四年的初级小学、简易小学和短期小学。《小学课程标准》规定小学教学科目和教学标准由教育部规定,小学课程为公民训练、卫生、体育、自然、算术、劳作、美术、音乐等十门。中学的设置改变了二十年代美国式的普通教育、职业教育、师范教育并置的“综合中学”体制，改为欧洲式的单科中学制，分别设立普通、职业和师范教育，并取消学分制和选修制，实行严格的毕业会考制度，以提高中学教育质量。《中学课程标准》规定初中课程为公民、国文、英语、历史、地理、算学、物理、化学、动物、植物、体育、卫生、童子军训练、劳作、图画、音乐等，周学时 34—35 小时；高中课程为公民、国文、英语、中国历史、外国历史、中国地理、外国地理、算学、物理、化学、生物、体育、卫生、军事训练（女生为军事看护）、论理学、图画、音乐等，实行学时制，周学时 31—34 小时。各级学校不得擅自增减课程。

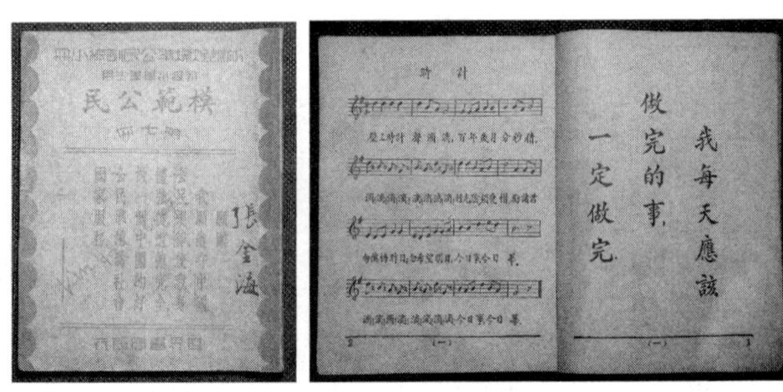


《（初级小学学生用）公民训练小册模范公民（第 7 册）》
（世界书局 1933 年 7 月初版 · 1933 年 10 月 16 版）

在 1932 年《中小学课程标准》颁布后，以“三民主义”和“党义”命名的中小学教科书不再编撰出版，各书局又开始编撰出版以“公民”及“公民训练”的教科书。但此后中小学教科书的出版格局再次发生变化,除了商务印书馆、中华书局、世界书局、开明书店、大东书局等民间书坊编撰出版各种类型的“新课程标准教科书”,国民党编审教科书学术机构国立编译馆及正中书局相继成立,中小学教科书开始进入“部编教科书”及“国定教科书”时代。

## 创设国立编译馆编审教科书

1931 年,朱家骅在国民党中央全会提议设立国立编译馆,虽获得通过,但没有建立起来。1932 年“一·二八”事变发生以后,中央政府曾规定全国政费暂发三成。朱家骅与财政部长宋子文协商,教育经费从 3 月份起改发五成,而其他各机关经费直到 6 月份还在发三成。到 7 月份起,教育经费又率先发足十成。在朱家骅的努力下,当时中国教育的经费得到较大的保障,并有效地实施着改革。

【资料卡】

原编审处的预算,每月不过 5000 元,“一·二八事变”后三成发给,只剩不到 1500 元。在行政院院会席上,行政院院长汪精卫曾说“1500 元,怎么办事?”朱家骅说:“没办法,只好先成立了再说。”当时,铁道部长顾孟余没有参会,派次长曾仲鸣代表。汪精卫问曾仲鸣,“铁道部能够多少帮助点吗?”曾仲鸣说:“勉强可以帮助 5000 元。”本意指一次性帮助 5000 元。

但朱家骅知道铁道部比较富裕，自己与部长顾孟余颇有教育学术渊源（他们曾是北京大学、中山大学同事）。于是他亲自拜访铁道部长顾孟余，说“我们教书匠今天参加中枢政治，至少要为文教方面做点事。这不是我今天主持教育才说这种话。希望铁道部把这5000元改为按月的补足”。顾部长也很感动，就爽快的答应了。

1932年6月14日，国立编译馆成立，设编审、总务两处，其编审处为教科书的审查机构，又分设人文、自然两组，“各设主任一人，由专任编译兼任，主理各该组编译及审查事宜。各设专任编审，特约编审及编审员若干人，分任编译及审查事宜；各设干事一人，书记若干人，分理各该组庶务及缮写等事务”。[1] 1932年6月15日，国立编译馆聘童冠贤、陈可忠、翁之龙、刘英士、周其勋、王恭睦、郑贞文、李贻燕、郑鹤声、孙俍工、周邦道为专任编审，石声汉、许炳汉、章绍烈、王曾善、鄢远猷、黄守中、汪宗湜、胡颜立、丁致聘、何健民、王镜清、庄先识为编审员并全部备案。1932年7月20日，聘童冠贤兼编审处人文组主任、陈可忠兼编审处自然组主任。

国立编译馆设立初期，教科书审定任务最为繁忙。当时，所定审查注意事项为：适合部颁课程标准、适合国情、适合时代性、理论

1　国立编译馆编：《国立编译馆一览》，南京：国立编译馆，1934年，第25页。

正确、文字通顺、适合教科之用。国立编译馆教科书审定经过初审、复审、终审后召开会议,做出总评,分为不予审定和准予审定两大类。准予审定者再分别为准予审定者、修改后准予审定者、修改后再送复核者、改编后再送审查者等类。对其缺点过多,修改不易者退还,不予审定。据统计,抗战前审查各书局所送中小学及师范学校、职业学校、民众学校各科教科书、教授书、补充教材及参考书、本国及世界地图等,约在三千种以上。

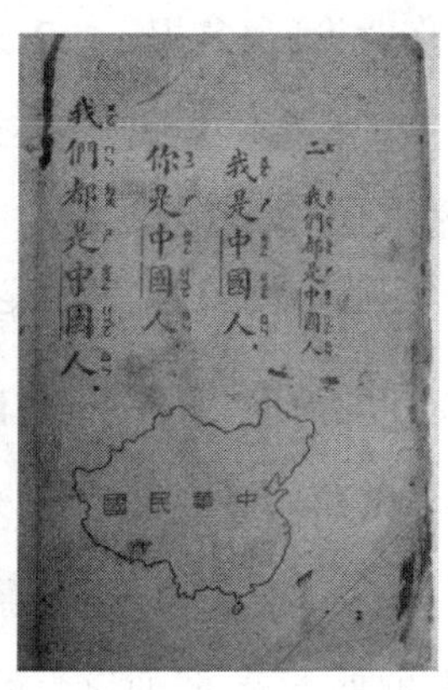


《短期小学课本(第 1 册)》(国立编译馆 1935 年 8 月订正初版·1935 年 8 月订正 33 版)

国立编译馆编撰出版的中小学教科书,涵盖了普通教育、社会教育、少数民族教育等。其中最为突出的是朱家骅任教育部长时开始提倡,陈立夫任教育部长时具体实施的“国定本教科书”(注:此内容在“陈立夫”一节中详述)。从 1932 年开始编撰出版的《短期小学课本》等特定用途的教科书,在中国教科书史上也是比较独特。

1932年9月，国立编译馆（编译由胡颜立、王晋鑫担任）与教育部合编《短期小学课本》，共四册，每册七十课。由教育部付印，先后颁行各省市短期学校採用，内容包含三民主义、国民道德、历史、地理、自然、卫生、农业等材料。各册教科书配有十副以上课文插图，文字通俗，内容简洁。如第一册第二课《我们都是中国人》中写道："我是中国人 你是中国人 我们都是中国人。"[1]下面有中华民国的轮廓图。第六十八课《学兵操》写道："小朋友，年纪小，大家同来学兵操。你背枪，我拿刀，一二三四，往前跑。今天操，明天操，大家操得身体好。"[2]第六十九课《好国民》写道："我愿做个好国民，读书用功，做事认真。我愿做个好国民，爱国爱群，爱己爱人。"[3]《短期小学课本》第四册第一课《中华民族》写道："我们中华民族，在上古时，是从西北高原，沿着黄河，渐渐的向东繁殖的。后来，又向长江粤江一带繁殖，并且移植到海外南洋等地去。我们的民族，本来是最文明、最强大、最统一的，最近一百多年以来，在世界上的地位，却渐渐的低下去，我们应当赶快同心合力，复兴我们的民族"。[4]

---

1 国立编译馆编纂：《短期小学课本（第1册）》，南京：国立编译馆，1935年订正初版·1937年订正314版，第2页。

2 国立编译馆编纂：《短期小学课本（第1册）》，南京：国立编译馆，1935年订正初版·1937年订正314版，第68页。

3 国立编译馆编纂：《短期小学课本（第1册）》，南京：国立编译馆，1935年订正初版·1937年订正314版，第69页。

4 国立编译馆编纂：《短期小学课本（第4册）》，南京：国立编译馆，1936年初版·1937年293版，第1页。

《短期小学课本》第四册上有谱曲的"中国国民党党歌"。

这是中国近现代教科书史上唯一的一套短期小学教科书,出版后不断订正,如第一册 1935 年 8 月订正初版,8 月订正三十三版,1935 年 9 月订正四十五版,1937 年 6 月订正三百一十九版。这套教科书后来又进行了改订,仅第二册的改订本一版时间为 1938 年 9 月,一个月之后,即 1938 年 10 月,改订本就有二十七版了,足见这套教科书的发行量是巨大的。在 1937 年商务印书馆出版的吴守谦和皇甫钧编纂的《短期小学的行政和教学》中说到这套教科书:"每学期用二册,学生每人均须由学校赠送一份。各地商务印书馆、中华书局、世界书局及正中书局均有出售。"[1] 并且说明:"这套课本供教学国语科之用,其内容包括常识及音乐教材,短期小学学生除应用这套课本之外,可以不另备他书。"[2] 因为短期小学"学生不需备算术课本",[3] 国立编译馆编辑了《短期小学算术教学法》上下册。由于学生也不需要备公民训练课本,国立编译馆编辑了《短期小学公民训练标准》一册,供教师实施短期小学公民训练之用。国立编译馆还编辑了《短期小学课间操教材》一册,供教师教

1 吴守谦、皇甫钧编纂:《短期小学的行政和教学》,上海:商务印书馆,1937 年初版,第 16 页。

2 吴守谦、皇甫钧编纂:《短期小学的行政和教学》,上海:商务印书馆,1937 年初版,第 16 页。

3 吴守谦、皇甫钧编纂:《短期小学的行政和教学》,上海:商务印书馆,1937 年初版,第 16 页。

学短期小学课间操之用。

教育部编审处编辑、中国国民党中央执行委员会训练部审查的《三民主义千字课暂行本乙种(第3册)》(京华印书馆1931年6月初版)

《三民主义千字课》系由中央党部委托教育部编审处编辑，完成甲乙两种，国立编译馆成立后，由编译胡颜立、王晋鑫继续编成丙种，供乡村民众学校用，内容包含三民主义、国民道德、历史、地理、自然、卫生、农业等材料，共四册，每册二十五课，于1932年8月完成，1933年3月由教育部付印出版。在1931年6月初版，教育部编审处编辑，中国国民党中央执行委员会训练部审查，京华印书馆仿印的暂行本的版权页上，我们首次见到印有“蒋中正”签署的教育部批(字第三八〇号)。这套教科书也是非常通俗易懂，如《三民主义千字课暂行本乙种》第三册第一课《首都》写道：

南京地方有山，有水，有广阔的平地，世界上的大都市，很少有这样好的形势。南京有铁路东到上海，北通天津北平，有汽船每天在长江里来往，还有飞机可以通行全国，交通也非常便利。民国十六年，国民革命军北伐胜利，得到南京以后，国民政府就迁到南京,遵照中山先生的意思,定南京为首都。中山墓也就在南京的城外。[1]

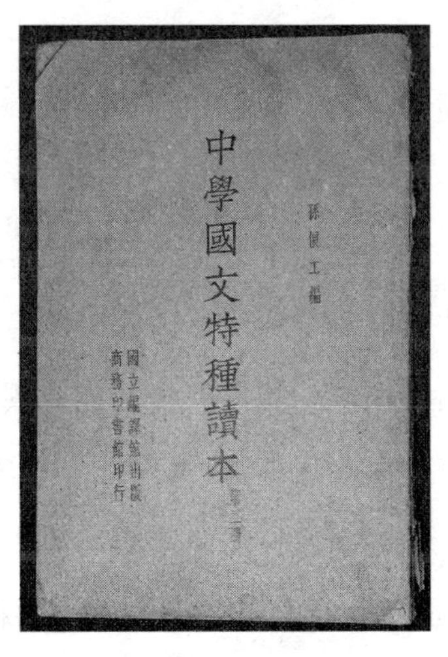


《中学国文特种读本(第 2 册)》
(国立编译馆 1933 年初版)

国立编译馆在不断加强对教科书的审查力度的同时,为特定的政治目的而专门编撰出版有“特种”国语(文)教科书。通过编撰出版的教科书启蒙学生信奉孙中山的三民主义。《小学特种国语读本》系中央党部函教育部委托国立馆编辑,专供收复共产党统治区小学之用。教科书每册四十课,由编译赵瑞生、王晋鑫、胡颜立合编,1934 年完成,呈送教育部转送中央颁用。《中学国文特种读本》由专任编译孙俍工编辑,分初中高中用各 1 册,内容以唤醒我国固有民族精神为主旨,选材标准有“(1)对于我民族发展上有关系的先民著述及传记。(2)含有抵抗外侮,不屈不挠的精神的论著,及抒情文。(3)当代革命先辈之论

---

1　教育部编审处编辑:《三民主义千字课暂行本乙种(第 3 册)》,南京:京华印书馆,1931 年初版,第 1 页。

著及诗歌。(4)国外富于爱国思想之文艺作品。"[1] 1933年2月编成出版。

国立编译馆是民国时期存在时间最长的编审教科书学术机构。1932年6月成立,1937年7月奉令迁庐山、长沙,1938年复移重庆,1939年再迁江津白沙,1942年改组扩大,并于8月再迁至巴县北碚,1946年8月返回南京,1949年4月撤至台湾,国立编译馆在中国大陆十七年。民国时期国立编译馆教科书见证了烽火岁月中极其艰苦环境下国家对教育控制所做出的努力,是百年中国教科书波澜壮阔发展中不能忽视的一段,其不可避免地具有较强的特定时代气息,但也因此较为完整地呈现了对战争的亲历性与体验性。在教科书的平实文字中,充溢着的中华民族丰厚的精神气质,深藏着作者的学术智慧和深厚的知识功底,当然也烙刻着国家政治介入教科书的深深印迹。

## 大名赫然印在课本上

1945年7月,朱家骅又任教育部长,面对大量的在战时受到打击和破坏的教育机构和学校,面对成千上万家破人亡辗转沟壑的教职员工和广大学生,先是紧急应变,接着是复原重建。此前在

---

1　孙俍工编纂:《中学国文特种读本(第1册)》,上海:国立编译馆,1933年初版,第1页。

1945 年 7 月 9 日的第四届国民参政会第一次大会的讲话中说道:“自本年一月至五月底,教育部招致的战区学生,已有三万七千多人。六月份统计未齐,估计最少也有五千人。这些学生都要为他们分发学校,或设进修班,或收容到训导所。目前建筑设备都很困难,战区青年突然涌到,有时候不免措办不及,使青年多受痛苦,本人心理甚为难受。”[1] 1945 年 8 月,在日本投降后第四天,教育部长朱家骅对全国教育界有过一篇亲切感人的广播讲演,其中有一段说:

> “……这几年来,大后方教育学术界和文化界同仁的艰苦情形,已为举世周知的事实,我们自己抱着传统观念,以为士皆应寒。只有苦菜根才是嚼得出香味来的。我们并不十分感觉营养不足是怎样了不起的生命威胁。更不在乎皮破毛穿。靠了我们的以身作则,才能维持大后方最需要的治安,而支撑了整整八年的抗战,我们从未偶发怨言,从未表示不满。屋漏无钱修补,确实有人在室内撑着破伞。破皮鞋是奢侈品了,还有人穿草鞋呢!不,连草鞋都是破的,这样艰苦,当然算得卓越……我们一面固然很惭愧,中国过去的教育,未能造成一批能够发明原子弹的人;但在另一方面,我们到了今天,也可以

---

1 万仁元、方庆秋主编,中国第二历史档案馆整编:《中华民国史史料长编 民国 34 年(2)》,南京:南京大学出版社,1993 年,第 482 页。

老实不客气的宣言，甲午以后的中国教育，也不是毫无成就。”[1]

1945年8月，教育部颁布《收复区教育复员教育部颁发经济办法》，以尽可能解决收复区的教科书供应问题，其中规定“各级学校教科书，应与各大书店印刷所接洽印行国定本，并可采用战前审定本。对于收复区学生予以正确思想之训练，并销毁敌伪教科书及一切宣传品。”[2]

抗战时期，随着国立编译馆教科书由审定到国定，在教育部的介入之下，形成由正中书局、商务印书馆、中华书局、世界书局、大东书局、开明书局、文通书局七家书局联合组织“国定中小学教科书七家联合供应处”（简称“七联处”）统一印刷发行。根据教育部与“七联处”达成的协议，所有小学各科及中学公民、国文、历史、地理各科之教科书，均由七联处负责供应，其余各科由各校自行选用审定本。七家书局因资金有厚薄，分局有多少，可能负责供应的区域数量也各有不同。在教育部的协调之下，最终核定七家书局分配承销的比例分别是：正中书局、商务印书馆、中华书局各占23%，

---

1　严如平主编：《民国著名人物传（第2卷）》，北京：中国青年出版社，1997年，第464—465页。

2　李国均、王炳照总主编，于述胜著：《中国教育制度通史（第7卷）民国时期（公元1912—1949年）》，济南：山东教育出版社，2000年，第82页。

世界书局占12%,大东书局占8%,开明书店占7%,文通书局占4%。日本宣布投降之时恰在秋季开学之期,收复区国定教科书的需要数量大增,后方书局一时无法将大量印刷设备全数运到各收复区,各地教科书的准备出现严重不足。魏冰心在《国定教科书之供应问题》中指出"以致收复地区的中小学仍有用伪教科书为教材,即如京沪一带也不免有此现象"[1]。为杜绝伪教科书在收复区的蔓延,教育部要求各地教育厅局对于收复区倘有仍旧秘密抛售伪教科书者,应封闭发行书局;中小学倘有仍旧采用伪教科书者,也应严予惩处。并通令各省市主管教育行政机关严密调查,以期肃清伪教科书奴化教育的遗毒。1946年教育部要求"七联处"改变过去的供应体制,采用联销办法,不仅效果不佳而且大量的翻版教科书出现(在各地的教科书翻版案件中,尤以湖南省的翻版现象最为严重)。1946年秋季以后在"七联处"七家书局之外,另外增加了儿童书局、中国文化服务社、独立出版社、胜利出版社四家书局参与部编教科书的发行。张元济在1946年11月致商务印书馆总经理朱经农的信中提到:"此次春销必然大减,我馆应任百分之二十,书若印成,积滞不售,归款无着,必致不堪设想"。[2] 1946年8月4

---

1 魏冰心著:《国定教科书之供应问题》,《教育通讯》,1946年,第13期,第14页。

2 张人凤、柳和城编著:《张元济年谱长编(下)》,上海:上海交通大学出版社,2011年,第1255页。

日《申报》刊登《国定教科书战后修正本联印联销大量供应，教部严饬各省市禁绝伪课本》中强调，“凡印贩书业及采用学校，一律封闭，严惩不贷。”[1]然而，各地翻版的实际情形并未得到多少改观。

《高级小学地理课本(第1次修订本第3册)》
(独立出版社1948年6月沪1版)

教育部与“七联处”订立的合约1947年到期，因此1947年2月1日教育部颁布了《印行国定本教科书暂行办法》，规定自1947年7月1日起，各公私印刷机构均可申请印行国定本教科书。具体办法由公私印刷机关依照本办法印行国定本教科书，应先将样本三份呈送教育部审核，发给许可执照后方得印行。公私印刷机关印

1 《国定教科书战后修正本联印联销大量供应，教部严饬各省市禁绝伪课本》，《申报》1946年8月4日，第7版。

行国定本教科书时,应将各该书之许可执照用照相版印于底封面。对于不遵守前项规定者,各级学校不得采用,各地主管机关并应严予取缔。此后教育部又颁布了《印行国定本教科书暂行办法施行细则》。根据此施行细则,国定本教科书的供应首先由各公私印刷机关在申请前可先向部领取国定本教科书的稿本,经印刷全部送审经审核合格后,每组合发许可执照一张(所有执照由各印刷机构在印行国定本教科书时影印于各册之里底封面),许可执照有效期间以三年为限。在各家书局印行的国定本教科书中,可以看到由朱家骅签署的教育部颁发"许可执照"。

1948 年 9 月,第一次院士会议合影(右四为朱家骅),摄于南京北极阁总办事处门口。

朱家骅一直以学者自居,穿着考究,从留学回国到去世,永远是西装笔挺而且打扮入时。他认为整洁的习惯和正大的风度,是任何一个现代公民所必须具备的。他十分希望有一个安定的学习环境，让学生们能安心读书，不要发生事端。可是蒋介石下令坚决镇压学潮，学校大批开除学生，特务追捕学生。1948年冬，蒋介石召开中常委扩大会议，以镇压学潮不力的罪名把朱家骅赶下台。严在宽在《朱家骅和教育事业》中作了这样的评价："他有事业心，也有较强的权势欲，但书生气很重，做不了射雕英雄，也斗不过工于心计的权术家。在朱家骅身边围绕着一大群高层知识分子，大家对他很尊重，称他为朱先生。他对他们也优礼相待。从来不摆架子。彼此之间还时相过从，结为深交，隐然成为一种势力。蒋介石之所以重用他，就是想通过他取得高层知识分子的好感，为自己多美言几句，借以粉饰太平。"[1]朱家骅一生政教两栖，在宦海中度过，期间载沉载浮，但颇有建树，孰高孰低，孰是孰非，或许我们可以通过教科书以相对凝定的视角，标示出具有纪实色彩的时空感悟和反思。

---

1 浙江省政协文史资料委员会编：《浙江文史资料选辑（第45辑）浙江近代著名学校和教育家》，杭州：浙江人民出版社，1991年，第401页。

# 陈立夫

## 教育不可一日中断

陈立夫(1900—2001)

教育为建国之根本大业,各级及各种学校之设立,实各有其对国家应付之使命。亡人国者必图亡其教育文化,以绝其复兴之凭籍。……教育之任务,为在智德体各方面培养健全之公民,使其分负建国之艰巨责任,故青年之入校修业,自国家立场观之,读书实为其应尽之义务,使青年而有废学之现象,实即国家衰亡之危机。

——摘自1938年3月教育部长陈立夫的《告全国学生书》

## 抗战时期教育部长

在现代中国史上，陈立夫是一位显赫一时的人物，他与长兄陈果夫进入国民党权力中枢，掌握人事和组织，成为民国时期最有名的一对兄弟，素有“蒋家天下陈家党”[1]的说法。他1929年出任民国党中央党部秘书长，以后历任组织部长、教育部长、立法院副部长、《中央日报》首任董事长、中央评议委员会主席等一系列要职。周总理生前曾说陈立夫是一位“值得被尊敬的敌人”。[2] 1984年，陈立夫写了一篇《回忆抗战期间的教育》，追思往事，无不得意地总结道：“我整整担任了六年十一个月的教育部长，主持战时教育行政。在这几年中，抚辑流亡学生，重振后方弦歌，扩展各级教育，改革并创建教育制度，厘定课程标准，收回‘文化租界’，创设训育规范、发扬民族文化，发起建教合作制度征调及训练十万学生为青年军直接参加抗战工作，确实做了不少的事。”[3]很显然，他认为这是最值得一提的人生经历。

---

1 张珊珍著：《陈立夫生平与思想评传》，北京：中共中央党校出版社，2006年，第37页。

2 陈立夫、陈秀惠著：《复兴中国文化：陈立夫访谈录》，北京：新华出版社，2007年，第155页。

3 陈立夫著：《回忆抗战期间的教育》，（台湾）《中央日报》1985年8月7日。

1900年,陈立夫出生在浙江省吴兴(现湖州市),名祖燕,号立夫。陈家以前经商,在湖州也算是地方士绅。陈立夫的父亲陈其业有兄弟三人,陈其业自己先后担任南京国民政府的国民参议员、第一届国民大会代表、全国商联会常务理事等职。陈立夫的二叔陈其美青年时期曾经留学日本,是著名的民国开国元勋之一,与蒋介石有金兰之好。三叔陈其采1902年以第一名的优异成绩毕业于日本士官学校,回国后曾创办湖南武备学堂,1912年被任命为临时总统府咨议,也是民国政府重要领袖之一。陈立夫七岁入塾,先后读《幼学琼林》、四书五经等儒学经典。1911年因二叔陈其美任沪军都督,陈立夫随全家迁居上海,接受新式教育。他从小"立志以工业建国为己任",[1] 1913—1917年在上海南洋路矿学堂学习,毕业时以上海第五名的成绩考入天津北洋大学矿冶系,大学毕业后赴美留学。1924年夏,他以《中国煤矿业的机械化与电气

美国匹兹堡大学硕士毕业时的陈立夫(1924年)

1　陈立夫著:《陈立夫回忆录:成败之鉴》,台北:正中书局,1994年,第2页。

化》一文获得美国匹兹堡大学硕士学位后，用两个多月游历了美国的费城、芝加哥、波士顿、大西洋城、纽约、华盛顿等城市，陈立夫在日后回忆这一次兴致勃勃的旅行时写道："我们日行夜宿，大部分时日在野地里露营，自饮自食，难得住旅馆，真是悠哉乐哉，在这两个多月的夏季之旅，确实使我增加了不少见闻和阅历"。[1]

陈立夫先在匹兹堡煤矿公司工作，不久转入史克兰敦的麦文矿业公司。1925 年，陈立夫怀着成为一名优秀的工程师来促进中国工业发展的决心回国，准备接受中兴煤矿公司聘请、任采矿工程师。此时，陈果夫转来了蒋介石的两份电报，邀请陈立夫到广州协助工作。

1947 年 5 月 26 日，陈立夫登上美国《时代》周刊封面

1925 年 9 月，陈立夫担任黄埔陆军军官校校长办公厅机要秘书，随侍蒋介石左右，始用"陈立夫"之名。1928 年任国民党中央组织部调查科主任。1929 年出任国民党中央党部秘书长，是国民党历史上最年轻的秘书长。1931 年任国民党中组部部长、1938 年任教育部长等。1947 年，陈立夫登上美国《时

1　陈立夫著：《陈立夫回忆录：成败之鉴》，台北：正中书局，1994 年，第 34 页。

代》周刊的封面人物，成为世界知名的国民党政治明星。

1937年抗战全面爆发后，短短的几个月间，平、津、京、沪相继失守，华北、华东大片国土沦陷。《第二次中国教育年鉴》记载“各地之机关学校，均以变起仓卒，不及准备。……损失之重，实难数计”。[1] 在此紧急关头，初迁武汉的国民政府，决定重振旗鼓，委任陈立夫出任教育部部长。1938年1月，陈立夫出任教育部长，至1944年11月。他在《战时教育行政回忆》中写道：

> 我个人虽然主持全局，仍赖上下左右的领导与合作，始能有所成就。我个人若有一点贡献，既是我的革命精神。我负了党国付托之重，本着革命精神，认为应该做的工作，即集中精神，不畏艰难，不避险阻，奋斗牺牲，说到做到。有钱也做，无钱也做。该做的即做，做了再说。先求其有，再求其好。我凭此精神，根据我对于教育的整套主张，按部就班的做去，孜孜兀兀，锲而不舍。[2]

当时，在如何办好“战时”教育的问题上出现了严重的分歧。

1 教育部教育年鉴编纂委员会编：《第二次中共教育年鉴（第1编）》，上海：商务印书馆，1948年，概述第8页。

2 陈立夫著，王云五主编：《战时教育行政回忆》，台北：台湾商务印书馆股份有限公司，1973年，第62页。

"我初接任部务时,面临亟待解决的有两大问题:第一是战区逐渐扩大,学校员生不能在原地进行教学,纷纷内迁,流亡在途;除紧急救济外,此等学校,究应继续办理,拟紧缩归并?此为'量'的问题;第二是关于'质'的问题,在抗战前夕,即有人高唱'实施国难教育',完全改变了平时教育的性质,一切课程及训练,均以适应军事的需要为前提。因此,亟待在平常教育与战时教育两者之间作一抉择。这是'质'的问题。"[1]他聘张道藩为常务次长、张廷休为简任秘书、顾毓琇为政务次长、章益为总务次长、吴俊升为高等教育司长。

> 我选任他们,因为他们过去对于教育的言论和成绩,以及在教育界的声望,可以帮助我执行国家的教育政策。同时又因为当时国内教育以北方、南方和上海为重心,我选任这三位(指顾毓琇、章益、吴俊升),还注意到区域分配。顾次长与北方教育界有渊源,章次长熟悉上海教育界情形,又代表私立大学;吴司长则因出身东南大学而执教北方与南北两方大学都有关系。所以他们具有南北公私立学校的代表性。[2]

陈立夫认为教育作为百年大计,只应对于战时需要做若干临

---

1 陈立夫著:《陈立夫回忆录:成败之鉴》,台北:正中书局,1994 年,第 242 页。

2 陈立夫著:《陈立夫回忆录:成败之鉴》,台北:正中书局,1994 年,第 238—239 页。

时适应的措施,不应全盘改弦更张,使正规教育中断。“我当时根据抗战与建国双管齐下的国策,认为建国需要人才,教育不可中断。……遂决定学校数量不仅不应减缩,并且依据需要,还需相当扩展。此为对于量之问题之解答。其次关于质的问题。我认为正常教育仍应维持,为建国预储人才,但为适应军事需要,应加特殊训练以备随时征召。”[1]

陈立夫上任当月(1938 年 1 月)即宣布设立“战时教育问题研究会”,[2]由顾毓琇任主任委员,聘请朱家骅、谷正纲、陈布雷、陶希圣、陶百川等政界、教育界著名人士二十三人为委员。陈立夫坚决主张“国难期内所需要的教育,不应只是在原有教育外,另加一部分的特殊教育,而应该是全部贯彻救国目的的教育,也不应只是应付一时非常局面的教育,而应是应付来日大难的教育”。[3] 1938 年 3 月,陈立夫以教育部长的身份发表《告全国学生书》,向全国学生阐述了他的教育思想,这使当时众说纷纭的主张中,有了一个主导性的政策。1938 年 4 月,国民党召开临时全国代表大会,根据陈立夫的提议,大会通过的《中国国民党抗战建国纲领》,其中关于战时教育的四项纲领:

---

1 陈立夫著:《陈立夫回忆录:成败之鉴》,台北:正中书局,1994 年,第 242 第 243 页。

2 《陈部长谈今后教育方针》,《教育通讯》,1938 年创刊号,2 教育消息。

3 陈立夫著:《陈立夫回忆录:成败之鉴》,台北:正中书局,1994 年,第 238—239 页。

……

(二十九)改订教育制度及教材,推行战时教程,注重于国民道德之修养,提高科学的研究与扩充其设备。

(三十)训练各种专门技术人员,予以适当之分配,以应抗战需要。

(三十一)训练青年,俾能服务于战区及农村。

(三十二)训练妇女,俾能服务于社会事业,以增强抗战力量。[1]

据此,陈立夫又主持拟定了《战时各级教育实施方案》,具体规定了学制、学校迁移与设置、师资训练、课程教程、训育、军训、地方教育行政机构、教育经费、留学政策、最高学术审议机构、边疆与华侨教育、社会教育与家庭教育等。

1941 年 2 月时任教育部长的陈立夫在重庆

国民政府曾于 1935 年通令全国实施义务教育,但举步维艰。陈立夫到教育部后,为配合国民政府

1　荣孟源主编:《中国国民党历次代表大会及中央全会资料(下册)》,北京:光明日报出版社,1985 年,第 424 页。

实施的“新县制”,制定并颁布《国民教育实施纲领》,令各省于1940年6月起试行。《纲要》规定推行“新县制”的县市,“乡镇”设六年制中心国民学校,“保”设四年制国民学校,各校均设儿童教育与失学民众补习教育两部,将6—12岁儿童的义务教育与16—45岁成人(包括妇女)的补习教育齐头并进。1943年,《国民教育法》经立法院通过正式实施,取代原有的《小学校法》。据1935—1936年统计,全国入学儿童数占学龄儿童总数的30%,到1944年,这一比率上升到76%(统计来自当时已实施国民教育的19省)。同时,以扫除文盲为主的成人教育也取得了相当的成效。他回忆中写道:

> 以三十三学年度(即1944年)为例,此年度实施国民教育的有后方十九省市。其乡镇数共为26414。其保数为303792,已设国民学校(包括中心国民学校)共计254377所。平均各省市已超过每保有二校之规定,距第三期终了后每保应有一校之规定,已经不远。再以学龄儿童的入学率而论:卅三年(即1944年)度后方十九省市共有学龄儿童3411万余名。入学儿童数计有1722万余名,连同已受义务教育而不在校之学龄儿童,合计学龄儿童已入学者约共有2500万余名。入学儿童总数约占学龄儿童总数百分之七十强。比较战前之百分之

五十三，大有增进。[1]

据教育部1944年统计，“后方十九省市共收教成人数为8672115名。加以历年扫除文盲数为47316541名，共扫除文盲55988655名。此虽距清除文盲之目标尚远，但已尽相当之努力，而获有可观之成效。”[2]

1945年陈立夫全家摄于公馆

按照民国政府体制，教育部不直接主办中等教育和国民教育，只是决定政策方针、制定法规，监督地方教育行政机构办理中等教育和国民教育。1937年冬开始，教育部为收容流亡师生以救一时

1　陈立夫著：《陈立夫回忆录：成败之鉴》，台北：正中书局，1994年，第265—266页。

2　陈立夫著：《陈立夫回忆录：成败之鉴》，台北：正中书局，1994年，第272页。

之急，在后方各地设立临时中学。陈立夫上任后指示教育部制定《国立中学暂行规程》，取消“临时”二字，通令各省依照省内人口、交通、经济、文化发达情形，分别划定三类中等学校（即中学、师范、职业）校区，分区设置各类学校。

> 创办了国立中学31所，国立华侨中学3所，国立师范学校13所，华侨师范学校2所，国立职业学校13所，共有62所之多。计收容学生约五万余人，安置战区中等学校教师亦有数千。此等国立中等学校，不仅可以供给战区教员及青年以就业就学的机会，还因为各校教员大多来自沿海沿江比较成绩优良的学校，由他们办理中等学校，对于后方省市还有示范作用，对于改进一般中等学校素质，亦有贡献。[1]

陈立夫主政教育部期间，相应的教育政策考虑为抗战服务、为将来抗战胜利后的建国服务。比如，除了在中等教育中添设战时特种教科书和实施后方服务训练外，1940年教育部修订和公布了高初级中学教学科目及时数表，修订“三三制”中学课程，并将初中分甲乙两组：甲组作就业准备，乙组作升学准备。高中也分甲乙两组，甲组侧重理科，乙组侧重文科。又在高中第三年设简易职业科

1 陈立夫著：《陈立夫回忆录：成败之鉴》，台北：正中书局，1994年，第259页。

目;供高中学生有意就业者选修。这些政策,直接影响到教科书的改革与变化。

## "国定本"的强力推出

在战火纷飞的烽火岁月中,由于教科书出版重镇上海沦陷,各书局因限于物力,所印中小学教科书,版本缩小,纸张低劣,印刷模糊,甚至一度出现教科书荒。直到 1943 年,冯玉祥在给陈立夫的信函中还指出,后方教科书"纸张印刷多不清晰,且易磨损,儿童目力实多伤害",[1]要求教育部饬令印刷书店多加改善。对于如何既能改变教科书供应短缺的局面,又能将战时教育方针贯彻下去,教育部亟图设法解决,想到了战前曾经尝试推行部编教科书的做法。1939 年,《修正教育部教科用书编辑委员会章程》第四条规定:"一、拟订及审核教科用书及有关读物之编辑方针。二、计划中小学及民众学校教科用书之编辑事项。"[2]第五条规定:"本会设编辑员若干人,分别担任左列各事项,由部长聘任或派充之。"并要求"一、编辑小学初级国语、常识等,及小学高级国语、史地等教科用

1　中国第二历史档案馆著:《冯玉祥关于改善小学教科书现状与陈立夫往来函》,《民国档案》2002 年第 3 期,第 5 页。

2　《修正教育部教科用书编辑委员会章程》(教育部第 10285 号部令公布),教育部编:《教育法令汇编(第 5 辑)》,1932 年,第 3 页。

书。二、编辑初级中学及高级中学公民、国文、史地等教科用书。三、编辑民众学校各种课本及民众通俗读物。四、编辑中小学补充读物及其他青年读物。”[1]

1942 年 1 月，教科用书编委会并入国立编译馆，成为教科用书组，负责编辑中小学教科书。1942 年 5 月蒋介石致函教育部长陈立夫的信函中建议：“以后凡中小学教科书应一律限期由部自编，并禁止各书局自由编订。”[2] 虽然国定本教科书的实施已是题中之意，但民间书坊仍然存在不同之意见。1942 年 12 月，商务印书馆王云五提出：“为慎重起见，似宜先从示范制下手，即一方面由国家编辑印行，他方面暂准出版家在若干时期之内仍得编印，但须经过严格的审定，如此则行之有效，固可永久滞留于示范制，即达统一施教之目

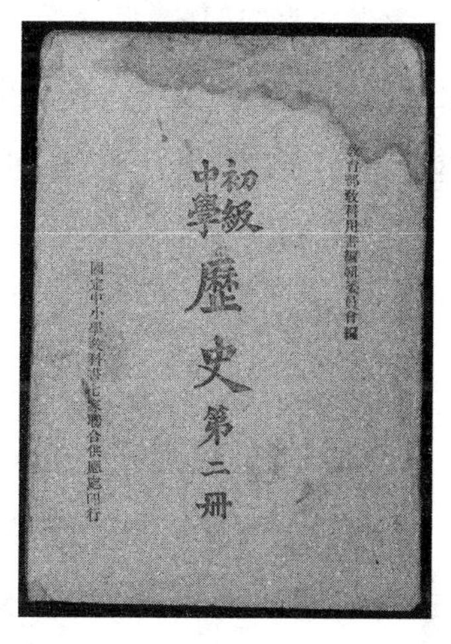


《初级中学历史（第 2 册）》（国定中小学教科书七家联合供应处 1943 年成都嘉乐纸本第 1 版·1944 年成都嘉乐纸本第 4 版）

1 《修正教育部教科用书编辑委员会章程》（教育部第 10285 号部令公布），教育部编：《教育法令汇编（第 5 辑）》，1932 年，第 3 页。

2 中国第二历史档案馆编：《中华民国史档案资料汇编（第 5 辑第 2 编教育 1）》，南京：江苏古籍出版社，1997 年，第 458 页。

的，又得供应无缺之便利；行之无效，再改为纯粹之国定制，则时间充裕，国家所编之教科书，一方面可与民间同时所编者比较，他方面可徐图改进，不致因操切而难免缺憾也。”[1]

为了编写国定本教科书，国立编译馆成立各科教科书编审委员会，聘定主任委员及编审委员，委员的组成包括编译馆的编审人员、学者专家、现任教师等等。编审会议由主任委员主持，推选各册教科书的实际执笔人，负责教科书的撰写，人数多少视实际需要而定，教科书的实际执笔人依据课程标准拟定章节纲目，经编审会议讨论通过后，再进行章节内容的编写。

【资料卡】

国定教科书分三部分：一为自编，由国立编译馆专任编审担负；一为约编，有若干科目，由该馆特约国内有名学者编纂；一为征编，即另有若干科目，由私人编辑，经教育部征选。

自1942年年底开始，教育部将部编初小国语常识课本暂行本八册及教学参考书交给正中书局出版供应。但随着陆续编定的稿本越来越多，正中书局不能独任供应之责。1943年4月19日“国定中小学教科书七家联合供应处”正式组成，由正中书局组织起来

1 王云五著：《岫庐论教育》，台北：台湾商务印书馆股份有限公司，1965年，第178页。

共同参与国定本中小学教科书的印销，所印课本上均有“教育部审定”字样。教育部命令各省市，小学各科及中学国文、公民、历史、地理四科必须采用部编课本，不得歧异，各出版家已将原有同科旧本的纸型封存、销毁，不再印售。而其余各科教科书由各校自行选用审定本。

1943年7月，国定本教科书开始出版，教育部限令自1943年秋起各级学校开始采用国定本统一教本，以保证教科书质量。国立编译馆推出的国定本教科书共十一种，其中初级小学二种，高级小学五种，初级中学四种，分别是：《初级小学国语常识》8册、《初级小学算术课本》8册、《高级小学公民课本》4册、《高级小学国语课本》4册、《高级小学历史课本》4册、《高级小学地理课本》4册、《高级小学自然课本》4册、《初级中学公民》3册、《初级中学国文》6册、

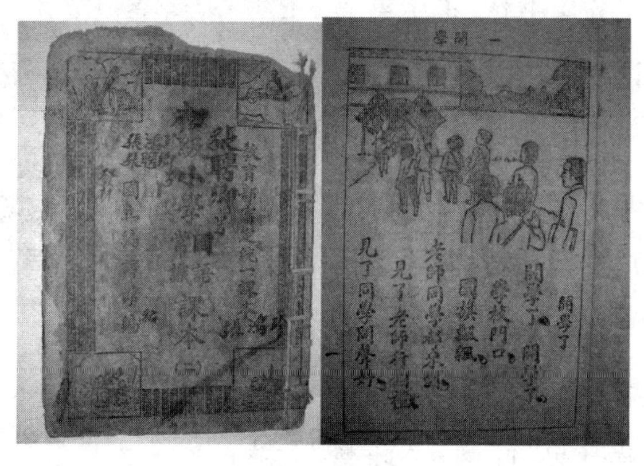


《初级小学国语常识(第2册)》(国立编译馆1943年重庆米色报纸本第1版·1944年7月成都嘉乐纸本27版)

《初级中学历史》6 册、《初级中学地理》6 册。当时，由于条件艰苦，国定本教科书的印刷纸张并不统一，笔者所见有上海白报纸本、重庆白报纸本、北平片艳纸本、成都嘉乐纸本等，其中以上海白报纸本为最多。国定教科书在战后 1946 年 7 月开始修订时，全部落款为国立编译馆主编。

为了有效地保证教科书的质量，国立编译馆不但严格审查，在其国定本教科书的推行中更是实施严格的审阅制，如笔者所见 1946 年教育部征选、教科用书编辑委员会、商务印书馆、正中书局应选的《初级中学国文(甲编第 2 册)》的版权页上落款为“教育部征选，教育部教科用书编辑委员会、商务印书馆、正中书局应选，校订者为国立编译馆，而旁边的参阅者众多，有尹石公、王云五、朱家骅、朱锦江、吴大钧、吴俊升、吴铁城、余井塘、沈其达、侯堮、陈可忠、陈布雷、陈仲子、陈果夫、梁实秋、常道直、许心武、黄觉民、叶溯中、叶楚伧、赵荣光、潘公展、庐前、钱少

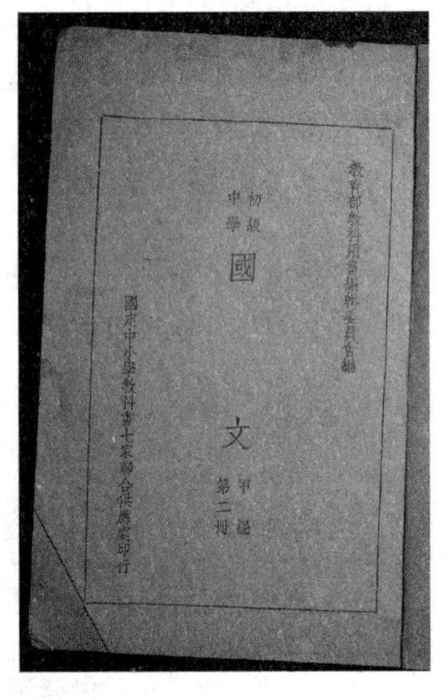


《初级中学国文(甲编第 2 册)》(国定中小学教科书七家联合供应处 1945 年上海白报纸本第 1 版・1946 年上海白报纸本第 100 版)

华、顾毓琇”，[1]参阅者一一署名，共计二十五人，这里面既有政界要员，也有学科专家，足见国定本教科书在推行中的高度关注。其他学科也是如此，如《初级中学历史课本》参阅者有二十人、《高级小学历史课本》参阅者十九人、《高级小学地理课本》参阅者有十七人。笔者所见版权页上落款最多的是《初级小学国语常识课本（第7册）》，校阅者有丁晓先等五十六人，这一现象堪称百年教科书史上之特例。

## 主编《公民》与《童子军》

1931年，陈立夫在南京创立正中书局。1933年，他将正中书局的全部资产捐献给国民党，国民党中央在其基础上进行扩充，陈立夫为董事长、叶楚伧为出版委员长、吴秉常为总经理、吴敬恒等为监事。在政府的大力支持下，正中书局发展迅速，很快在当时的出版界站稳脚跟，被称为全国六大书局之一。1949年迁往台湾。正中书局成立初期以编辑中学教科书和课外读物为主，后来逐渐扩大到学术专著、民众读物、儿童读物、字典等。

---

1　教育部教科用书编辑委员会编：《初级中学国文（甲编第2册）》，上海：国定中小学教科书七家联合供应处印行，1945年上海白报纸本第1版·1946年上海白报纸本第100版，封3。

在1932年《中学新课程标准》颁布之后，正中书局组织了国内一批著名的学者，从1934年7月开始推出“依照新课程标准编辑”的中学教科书一套。到1935年，已出版初中教科书十六种四十六册、高中教科书八种二十二册，具体如下：

初级中学教科书：

《公民》五册，主编者叶楚伧、陈立夫，编著者钱安毅、刘悉规、林树艺、赵祥麟，校订者汪懋祖、寿勉成。

《国文》六册，主编者叶楚伧，校订者孟宪成，校选者汪懋祖，选注者汪定奕、张圣瑜、沈荣龄、许梦因、周佚于。

《卫生》三册，陈雨苍编，薛德焴校。

《英语》六册，陆步青编。

《算术》二册，余信符、汪桂荣编，任诚校。

《代数学》二册，黄泰、戴维清编，任诚校。

《实验几何学》一册，汪桂荣编，任诚校。

《几何学》二册，万颐祥编、任诚校。

《数值三角法》一册，汪桂荣编，任诚校。

《植物学》二册，王守成、方锡琛编。

《动物学》二册，薛德焴编。

《化学》二册，王义珏编。

《物理学》二册，陈杰夫编。

《本国地理》四册，王益厓、周立三编。

《音乐》四册，吴梦非编。

《外国历史》二册，陈祖源编。

高级中学教科书：

《公民》六册，主编者叶楚伧、陈立夫，分编者孙本文、萨孟武、寿勉成、阮毅成、黄建中。

《卫生学》一册，陈雨苍编，薛德焴校。

《军事看护学》一册，余德荪编。

《国文》六册，主编者叶楚伧，选注者许梦因、胡怀琛、穆济波，校订者汪懋祖、叶溯中。

《生物学》六册，郑勉编，薛德焴校。

《本国历史》三册，罗香林编。

《外国地理》二册，王益厓编。

《自然地理》一册，王益厓编。

正中书局的成立及正中书局教科书的出版，是继党化教科书编撰出版后，政治权力强势介入教科书的又一典型的代表，而陈立夫亲自参与主编初（高）级中学教科书《公民》，更是说明了官方对于意识形态的高度重视与控制。如《（初级中学）公民（公民生活与公民道德）》的“编辑大意”明确指出，“本书各册根据三民主义，阐明总理遗教,期以党义渗透公民生活”。[1] 全套初中公民教科书分编五册,分别是《公民生活与公民道德(第一学期)》、《公民与政治生活(第二学期)》、《地方自治(第三学期)》、《法律大意(第四学期)》、《公民与经济生活(第五、六学期)》。内容“注重实际,由近及远,期与学生自治训练相呼应”。[2] 这套教科书第二册以后各册,均以道德为基础,一方面阐明中华文化固有美德,另一方面阐明新生活之意义,最后强调“以人格救国”。[3] 全书体系较为完整,并能根据时事加以重点突出,如在经济部分不仅说明帝国主义侵略之情形及生产、国货、节约运动、劳资协调等问题,且“以总理实业计划为归宿”。[4] 这套教科书在每节之末,附有注释及问题,以便于讨论。高级中学教科书《公民》分编六册,分别是《社会问题(第一学期)》、《政治概要(第二学期)》、《经济概要(第三、四学期)》二册、《法律大意(第五学期)》、《伦理大意(第六学期)》。在《高级中学公民(社会问题)》第1册之“例言”强调有“本书讨论各种问题之解决

---

1 叶楚伧、陈立夫主编,刘悉规编著:《(初级中学)公民(公民生活与公民道德)第1册》,南京:正中书局,1935年78版,第1页。

2 叶楚伧、陈立夫主编,刘悉规编著:《(初级中学)公民(公民生活与公民道德)第1册》,南京:正中书局,1935年78版,第1页。

3 叶楚伧、陈立夫主编,刘悉规编著:《(初级中学)公民(公民生活与公民道德)第1册》,南京:正中书局,1935年78版,第1页。

4 叶楚伧、陈立夫主编,刘悉规编著:《(初级中学)公民(公民生活与公民道德)第1册》,南京:正中书局,1935年78版,第1页。

途径，一以三民主义为依归。”[1]

抗战时期由于采取“抗战建国”方针，中学数量增长较快；中等教育在战时也获得极大的发展，经战争初期的损失、破坏和恢复、建设，至1940年已接近或超过战前水平。1940年2月，教育部颁发修订的《中学课程标准》。至1945年，中等教育进一步发展，抗战胜利后，全国中学数量达到最高点。中等教育的发展情况详见下表：

**南京政府时期中等教育的发展简表**[2]

| 年份 | 1928 | 1936 | 1937 | 1946 |
| --- | --- | --- | --- | --- |
| 学校数(所) | 1339 | 3264 | 1896 | 4226 |
| 学生数(人) | 234811 | 627246 | 389948 | 1495847 |

1936年，正中书局根据《修正中学课程标准》，推出“建国教科书”一套，将已经编撰出版的教科书重新规整并新编一些学科的教科书。由叶楚伧、陈立夫主编的《建国教科书高中公民》分编《社会问题、政治概要（第一学期）》、《经济概要（第二学期）》、《法律大意（第三、四学期用）》、《伦理大意（第五学期）》四册从1936年6月开始初版，不仅册数与编著者较之以前有所变化，更强调意识形态的强力控制，如《建国教科书高级中学公民（社会问题 政治要概）》第

1 叶楚伧、陈立夫主编，孙本文编著：《高级中学公民（社会问题）第1册》，南京：正中书局，1935年出版，第1页。

2 汪志国主编：《中国历史与文化（下册）》，合肥：合肥工业大学出版社，2005年，第344页。

一册的“编辑大意”说明，“本书恪遵党义，随处发挥。务使学生认识中国国民党主义、政纲、政策，为建国及解决社会问题之惟一途径。”[1]同时注重建国对人才理论素质的要求，突出强调“本书学理与实际问题并重，务使学生习得社会生活必需之知识，为奠定深造之基础，与服务社会之准备。”[2]

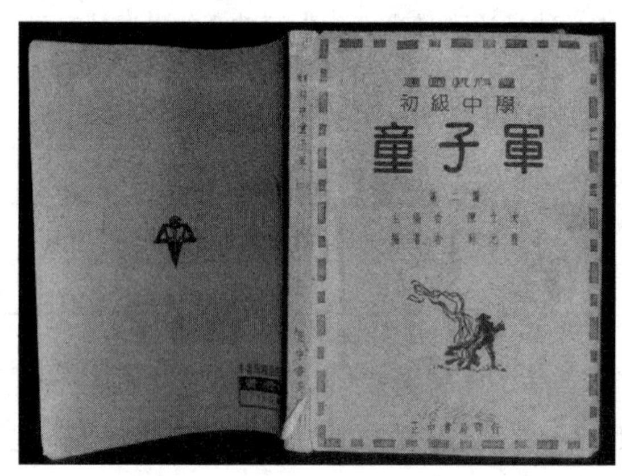


《建国教科书初级中学童子军(第 2 册)》(正中书局，1936 年初版・1936 年 40 版)

在正中书局出版的“建国教科书”中，有陈立夫主编的《建国教科书初级中学童子军》六册，是遵照中国童子军总会所颁课程训练

1　叶楚伧、陈立夫主编，应成一、萨孟武编著：《建国教科书高级中学公民(社会问题 政治要概)第 1 册》，南京：正中书局，1936 年初版・1948 年平 1 版，第 2 页。

2　叶楚伧、陈立夫主编，应成一、萨孟武编著：《建国教科书高级中学公民(社会问题 政治要概)第 1 册》，(无地址)：正中书局，1936 年初版・1948 年平 1 版，第 1—2 页。

标准编辑。这套书的“编辑大意”说明“每周教材分为Ⅰ、Ⅱ、Ⅲ三部,自成一小单元,Ⅰ、Ⅱ两部分为课内应用教材,注意学习之旨趣及方法之指导;其第三部分多属课外活动实习,注重兴趣与实用,适合教育部公布修正初级中学教学时间表内童子军课内二小时另于课外训练一小时之规定。”[1]教科书将专科训练中有关时代需要之部分择要编入,以期适应国难期间特殊训练。为了达到训练的效果,教科书文字浅显,注重精神、体格、技能三方面内容之融合,力求“教学做”打成一片。在每周内容后附有复习题。各册最后附有关于本册之种种法规标准,以供童子军之信守遵行。为引发初中学生的兴趣,这套教科书在形式上较为活泼,插图极为丰富,如第一册有插图二百幅左右,二至六册均有插图一百幅左右,或示一种动作之程序,或引外国童军之范例。这套教科书当时发行很是惊人,如第一册1936年8月初版,仅仅一个月之后,到1936年9月就四十版了。

## 推动边疆与华侨教科书

在抗日战争这一决定中华民族生死存亡的特殊背景下,陈立夫在发展国立中学、国民教育的同时,也关注边疆教育和华侨教育

---

1　陈立夫主编、薛元龙编著:《建国教科书初级中学童子军(第1册)》,南京:正中书局,1936年初版·1936年40版,第1页。

的问题，他确立边疆教育的宗旨为："遵照中华民国教育宗旨，切实推进边地教育，彻底培养国族意识以求全国文化之统一，并根据边地人民各别之特殊环境，切实谋其知识之增高，生产技能之增进，生活之改善，体育卫生及国防教育之严格训练"。[1] 1939 年全国教育会议通过教育部提议的《推进边疆教育方案》，教育部直接接管原有的边疆学校，同时大量增设各级边疆学校。"截至三十二学年度为止，为了直接教育边地学龄儿童，并实验示范起见，设有国立边疆小学十七所。战时不仅有国立中等学校，还有国立小学，这是为适应需要特殊设施。为培养边地师资并贯彻边教政策起见，我们接办并创设了国立边疆师范十二所，内有师范附小十四所，国立

《南侨常识教科书初小》第 4 册(南洋书局 1941 年印行)

1 陈立夫著:《陈立夫回忆录:成败之鉴》，台北:正中书局，1994 年，第 273 页。

边疆中学三所,国立边疆职业学校九所。教育部直接主管的边疆学校共计四十三所校,学生达五千八百五十八人。"[1]由此,边疆教育发展逐步系统化与规范化。

抗战期间,华侨出钱出力,贡献良多。但海外侨民教育却因战争扩大而深受影响,尤其是在太平洋战争爆发后,各地侨校毁于炮火,许多华侨学生被迫辍学。陈立夫认为教育部有承担设置侨校、安顿侨校员工的责任。他在国民党七中全会上提议《侨民教育推进方案》并获得通过。根据这个方案,陈立夫又拟订了《侨民教育实施纲要》,1943 年由行政院颁发实行。在整个抗战期间,教育部拨款资助从香港及越缅内迁的学校二十余所,救济侨生 14286 人,资助侨校教职员,力求无一人流离失所。除了妥善安置回归祖国的华侨师生外,教育部还在海外增设侨民小学五所。1940 年起,又陆续在云南、广西设立华侨学校五所,并向广东省内学校拨款,增开五十个班收容侨生。由于边地语文特殊,内地所印教材读物不能适用,而边地学校又无力自行编印,遂形成了书荒。陈立夫指出"边疆地方,无论学校教材、民众读物,均极缺乏"。[2] 于是"教育部于民国三十二年置办简陋边文印制机件,译印初级小学国语常识课本蒙藏回文(与国文对照)各一套(回文本未出全),分发采用。

1 陈立夫著:《陈立夫回忆录:成败之鉴》,台北:正中书局,1994 年,第 273 页。

2 陈立夫著:《陈立夫回忆录:成败之鉴》,台北:正中书局,1994 年,第 274 页。

边地儿童始有适当教科书可读。”[1]在陈立夫的积竭力推行下，教育部积极编撰华侨教科书，“侨校教科书系由教育部编辑交书局印行，备各侨校采用。二十八年至三十年间，已将小学各科教科书及教授书全面编辑完成，印发各侨校采用。中学教本自三十年起编辑，至三十一年已编就初中公民、历史、地理、算术、博物等科教科书供给使用。海外侨校采用部编教科书者达百分之八十以上。此等教科书注重民族精神及祖国实况，足以激发侨胞之爱国情绪。”[2]

当时，星加坡南洋书局有限公司为华侨唯一在海峡殖民地注册编印侨校课本之出版机构，他们邀请著名的专家学者等遵照国民政府颁布修正小学课程标准，暨抗战建国纲领所规定之教育宗旨，编成南侨小学教科书全套，满足荷英属侨校需要。南侨小学教科书编审委员会的名单印在每一本教科书的封二，具体为“吕思勉、何炳松、杜佐周、李长傅、周予同、林文庆、林中杏、秉志、胡先骕、孙贵定、夏丏尊、陈育崧、黄素封、雷通群、刘咸、蒋维乔、薛德炯、顾均正。”[3] 1940 年，南洋书局印行了蒋维乔、杜佐周、陈育崧、苏知新编校的《南侨公民教科书》，秉志、胡先骕、黄素封、林洁娇编校的《南侨常识教科书》。

---

1　陈立夫著：《陈立夫回忆录：成败之鉴》，台北：正中书局，1994 年，第 274 页。

2　陈立夫著：《陈立夫回忆录：成败之鉴》，台北：正中书局，1994 年，第 276 页。

3　蒋维乔、杜佐周、陈育崧、苏知新编校：《南侨公民教科书（初小第 1 册）》，新加坡：南洋书局，1941 年初版，第 1 页。

侨民初级中学教科书分国文、公民、史地、博物教科书,遵照教育部颁发修订之初中各科课程标准且顾及侨民特殊需要,所有编辑体例,及各项取材、行文、立词之标准,在编辑时有所依据。清悚在《侨民初中教科书编辑标准说明》中对于各科教科书的编辑要点、主要内容、编辑原则记载为:“侨民学校之课本,昔皆用坊间所出版之普通中小学课本。商务印书馆曾印行南洋课本若干种,已成往迹,不合时需。侨务委员会最近二年特编学校教科书多种,已陆续脱稿。在小学方面可以解决教本之缺乏问题。但如中学仍付阙如,近教育部与侨务委员会始有编初中教科书之议。而委托教育部教科用书委员会主编之。余适为该委员会主持编辑中小学教科书之实际责任者。因得参其末议。订立编辑标准,实行工作,大致采与国内初中教本大部分相同。小部分适应侨民特殊需要之原则。”[1]

陈立夫与夫人孙禄卿

陈立夫平生博学,涉猎颇广,是一位饱学之士。1940年12月1日,时任南京国民政府教育部长陈立夫致函李约瑟博士,表示欢迎他

1　清悚著:《侨民初中教科书编辑标准说明》,《侨民教育》1941年第2期,第58页。

来中国从事科学研究活动。当李约瑟“去看望当时任教育部长的陈立夫，向他陈述研究中国古代科学的计划，拟在自己最感兴趣的中国古代科技成就、科学思想及其在人类文化史上的价值，做深刻的研究与比较，并编著成书出版。陈立夫‘以其所志正获吾心’之意，当即表示十分赞赏，勉励有加，并为他介绍了有关人士及机构，给予必要的援助。陈立夫还赠他一部《汉书》。此事在他们阔别四十二年之后，李约瑟访台时还未忘记向陈立夫再次道谢”。[1] 1984年9月16日，李约瑟应台湾“中华文化复兴运动推行委员会”之邀访问台湾，为此，作为老友的陈立夫专门撰写了“李约瑟博士与《中国之科学与文明》”一文，介绍了他与李约瑟相识的经过，高度评价该书“所讨论的范围极广，不仅涵盖了中国古代自然科学，且兼及中国古代人文社会科学，并将中西科技的成就互相比较，综合了中西文化的精华，实在是近代历史学、比较文化学划时代的杰作，”[2] 并总结出该书的优点为计划精密、取材丰富、见解公正和写作谨严。10月1日晚，陈立夫夫妇在其天母寓所设宴为李约瑟饯行，并将夫人亲绘的三幅国画经自己亲自题跋后赠送李约瑟博士。临行前，陈立夫代表台湾“中华文化复兴运动推行委员会”向李约瑟捐赠了近七万美金以资助他继续对中国文化的深入研究。

---

1　王国忠著：《李约瑟与中国》，上海：上海科学普及出版社，1992年，第92页。

2　陈立夫著：《从根救起》，台北：三民书局，1970年初版·1972年再版·1976年3版，第81页。

1954 年，李约瑟的鸿篇巨著《中国之科学与文明》(*Science and Civilization In China*，大陆译为《中国科学技术史》)英文版第 1 卷出版。1969 年初，陈立夫收到了台湾中央图书馆馆长屈万里送给他的《*Science and Civilization In China*》前两册，他看后觉得此书对弘扬中国传统文化大有裨益，随产生翻译此书的想法。机缘巧合，1969 年 9 月，台湾“中华文化复兴运动推行委员会”成立了“李约瑟氏《中国之科学与文明》编译委员会”，刚刚返台不久、被任命为“中华文化复兴运动推行委员会”副会长的陈立夫被推请主持其事，主译李约瑟的《中国的科学与文明》。

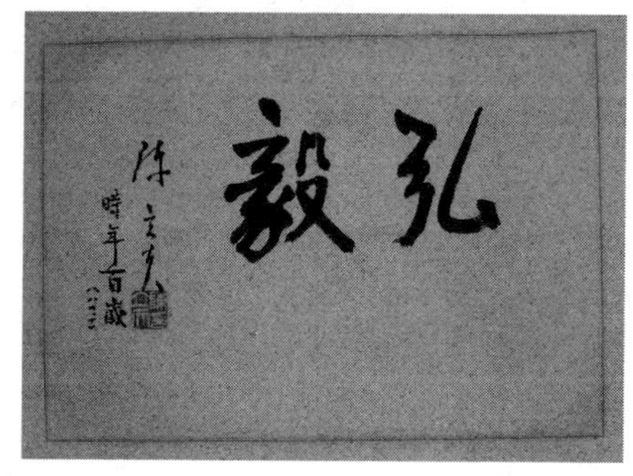


陈立夫百岁墨迹

陈立夫在耄耋之年，还为祖国的统一大业做出积极的贡献。1988 年，他向国民党中常会提出“以中国文化统一中国，建立共信”[1] 的提案，指出“中华文化为建立共信的最佳条件，是实现祖国

---

1　张学继、张雅蕙著：《陈立夫大传》，北京：团结出版社，2004 年，第 672 页。

统一的思想基础。”[1]《人民日报》1988年9月7日发表题为《两岸互信合作促进祖国统一——评国民党中评委陈立夫等人的提案》的评论员文章，认为陈立夫等提出的“中国文化统一论”，“顺应了两岸人民强烈要求和平统一、振兴中华的历史潮流”，“是谋求祖国统一的积极态度，令人感佩”。[2] 2001年2月8日，这位民国时期叱咤风云的政治家、建功卓著的教育家，走完人生的最后一程，终年一百零二岁。

---

1 张学继、张雅蕙著：《陈立夫大传》，北京：团结出版社，2004年，第676页。

2 《两岸互信合作促进祖国统一——评国民党中评委陈立夫等人的提案》，《人民日报》1988年9月7日，第1版。

# 叶圣陶

## 养成儿童正确精神

叶圣陶(1894—1988)

“语文”一名，始用于1949年华北人民政府教科书编审委员会选用中小学课本之时。前此中学称“国文”，小学称“国语”，至是乃统而一之。彼时同人之意，以为口头为“语”，书面为“文”，文本于语，不可偏指，故合言之。亦见此学科“听”、“说”、“读”、“写”宜并重。诵习课本，练习作文，故为读写之事，而苟忽于听说，不注意训练，则读写之成效亦将减损。

——摘自《叶圣陶教育文集(3)》第506页

叶圣陶是著名作家、教育家、编辑家、文学出版家和社会活动家。从民国到新中国，他不仅潜心编撰中小学国语、国文、语文教科书，还在担任出版总署副署长、人民教育出版社社长、教育部副部长等重要职务中，主持新中国教科书事业发展，成为新中国教科书之父。2005 年，上海科学技术文献出版社将叶圣陶编撰、丰子恺插图的《开明国语课本》影印出版，被众人争相抢购、直至脱销，并引发了"民国课本"热潮。

## 近二十年的"粉笔生涯"

叶圣陶原名叶绍钧，出生在江苏省苏州市吴县。他六岁入塾，十三岁到草桥中学(即后来的苏州公立第一中学堂)就读。在这所学校，叶圣陶开始接触文艺新潮，并与先后考入草桥中学的王伯祥、顾颉刚一起作诗填词、嵌字联对。顾颉刚曾回忆这段生活时说："他(叶圣陶)喜欢作诗。当时同学里差不多没有一个会作诗的。他屡屡教导我们，于是中学里就结合了一个诗会，叫做'放社'。取名'放社'，是受白居易《放言》诗的启发，意在放言高歌，抒发自己的志向和政治见解"。[1] 因家庭经济困难，叶圣陶中学毕业后未能升学。1912 年到苏州干将坊言子庙初等小学校任二年级国

---

1　徐登明著:《编辑出版家叶圣陶》，北京:中国书籍出版社，1994 年，第 9 页。

文教员,从此开始了他近二十年教学实践的"粉笔生涯"。1914 年,他被排挤出苏州干将坊言子庙初等小学校。1916 年进入上海商务印书馆附设尚公学校执教。1917 年春任教吴县县立第五高等小学校。在教学实践中,叶圣陶非常注重加强教育理论的学习,广泛地接触和吸取了罗素(Bertrand Russell)、杜威、孟禄等人的哲学观点和教育理论。当时,杜威夫妇到苏州作过多次讲演,叶圣陶特地从吴县赶到城里听讲。他在《过去随谈》中所说:"职业的兴趣是越到后来越好,这因为后来的几年中听到一些外来的教育理论与方法,自家也零星悟到一点,就拿来施行。"[1] 从 1921 年起,他先后"在五处中学、三处大学作教,教的都是国文"。[2] 他在上海吴淞中国公学时,应朱自清之约,同去位于杭州的浙江第一师范工作。又应谢六逸、郭绍虞、蔡元培、杨贤江等友人的邀约,在北京大学、复旦大学、神州女学、福州协和大学、上海大学、立达学园等学校任教。由于自低到高各个学段的国文课程都教过,他对语文教学的全过程获得了较为全面也比较深刻的体验和认识,深知教育教学实践中儿童的需要和教师的渴求。

在教学中,叶圣陶结识了一批才华出众、志趣相投的青年学者,其中许多人成了他后来从事编撰工作的热心赞助者和合作者。

---

1 刘增人、冯光廉编:《叶圣陶研究资料》,北京:北京十月文艺出版社,1988 年,第 114 页。

2 顾黄初著:《语文教育论稿》,北京:人民教育出版社,1995 年,第 452 页。

1911 年，中学毕业的叶圣陶（中）与同学王伯祥（右）、顾颉刚（左）合影

如吴县县立第五高等小学校时期的王伯祥，上海中国公学时期的朱自清、周予同、刘延陵，浙江第一师范时期的夏丏尊、陈望道、丰子恺，以及顾颉刚、郭绍虞等等。由于性情和志趣的投合，他们后来在语文教育的研究和编著工作中相互切磋，共同合作，为五四以后直到中华人民共和国建立这整整三十年中的文化教育事业做出了重要贡献。

1919 年，叶圣陶加入北京大学学生组织的“新潮社”，开始发表小说、新诗、文学评论和话剧剧本。1921 年与周作人、沈雁冰、郑振铎等人发起成立“文学研究会”，共同举起“为人生”的现实主义文学旗帜。“五卅”运动时期，与胡愈之等人创办《公理日报》，进行反帝爱国宣传，后又主编中国济难会的《光明》半月刊。1923 年，被商务印书馆邀请担任编辑《小说月报》和《妇女杂志》等达八年之久。在《我和商务印书馆》一文中,他对商务印书馆在中国出版文化上的贡献多有褒扬,对在商务编辑生活也心存感谢,特别是在商务印书馆学习到"有关编辑工作的责任感以及若干必不可少的知识和技能"。[1]

## 《开明国语课本》深受欢迎

1930年底,在开明书店的章锡琛和夏丏尊的邀请下,叶圣陶离开商务印书馆,进入开明书店。叶圣陶认为优良的教科书既要体现时代精神又要符合儿童的心理特征和学习规律。为了培养儿童的阅读能力和写作能力,他决定利用自己文学创作的功底,亲自为小学生编撰一套全新的国语教科书。从1931年到1932年夏,他每天除了看稿、校排样以外,就是创作教科书所需的大量儿童文学作品,语言生动活泼,情趣盎然。对此,叶圣陶回忆说:

> 在1932年,我花了整整一年时间,编写了一部《开明小学国语课本》,初小八册,高小四册,一共十二册,四百来篇课文。这四百来篇课文,形式和内容都很庞杂,大约有一半可以说是

---

1 徐登明著:《编辑出版家叶圣陶》,北京:中国书籍出版社,1994年,第16页。

创作，另外一半是有所依据的再创作，总之没有一篇是现成的，是抄来的。[1]

《开明国语课本(第1册)》(开明书店1932年6月初版发行·1932年7月再版发行)

《开明国语课本》词、句、语调力求与儿童切近，同时又和标准国语相吻合，以便适合于儿童诵读或吟咏。如《柳条长》一课写道：

摇摇摇，柳树条。柳条绿，柳条长，满地菜花黄。菜花黄，谁都爱。蜜蜂也飞来，蝴蝶也飞来。他们都为爱花来，飞进花丛不飞开。[2]

---

1 刘增人、冯光廉编：《叶圣陶研究资料》，北京：北京十月文艺出版社，1988年，第220页。

2 叶绍钧编纂：《开明国语课本(小学初级学生用第2册)》，上海：开明书店，1932年初版·1932年再版，第22页。

《十只猪过桥》一课写道:

十只猪过一座桥,母猪跑在前面,小猪跟在后面,过了桥,母猪回过身来,指着小猪说:“一、二、三、四、五、六、七、八、九,我们共有十只,怎么少了一只呢?”[1]

《中华中华》一课写道:

中华,中华,我们大众的家!高大的山岭连延南北,广阔的江河滚滚东下,良好的田地到处都是,年年生产米、麦、桑、麻。富足的矿山指说不尽,多量采用那怕缺乏。中华,中华,我们爱护它!谁来犯它,我们抵抗他!中华,中华,我们大众的家![2]

《初春的风》一课写道:

扑面吹来初春的风,虽然还冷却并不凶。在田野里我们

1 叶圣陶编:《开明国语课本(上册)》,上海:上海科学技术文献出版社,2005年,第38页。

2 叶绍钧编纂:《开明国语课本(小学初级学生用第6册)》,上海:开明书店,1932年初版·1935年29版,第1—2页。

奔跑，一股暖气爬上背胸。扑面吹来初春的风，群山睡着还像去冬。却有一些绿的意思，山腰绝淡山顶较浓。扑面吹来初春的风，桃枝柳条谁加了工？细的颗粒点缀遍了，不久就将叶绿花红。[1]

《上海来的信(一)》一课写道：

表弟：

我到上海了，看见听见的太多，弄得我头脑昏乱，不知道写了那一样好。

今天上午，父亲带我到黄浦滩，现在就把看见的告诉你吧。

黄浦里停着许多汽船，告诉你也许你不信，我们的楼房还齐不到它的腰。起重机伸出它的独臂，从汽船上提起大箱大捆的货品，卸到驳船里。有的汽船旁边开着门，像一张嘴劳苦的工人从哪里扛出货品来，也卸到驳船里，父亲说："这大批的外国货品，都是等着我们出钱去买的。"

黄浦里又有许多外国的军舰，长长的礮前面后面都是，甲板上还停着飞机。听说轰炸闸北，江湾，吴淞的飞机就是从军

1　叶绍钧编纂：《开明国语课本(小学初级学生用第6册)》，上海：开明书店，1932年初版·1935年29版，第12—13页。

舰上飞起来的。我问父亲："外国军舰停在我国的河道里，是应该的吗？"父亲摇摇头，看他的脸色很不高兴。

我们将要喫晚饭，不写了。这封信请你带给各位同学看。

表兄张新华

二十一年四月十二日[1]

《开明国语课本》所选的四百多篇课文，完全由叶圣陶亲自创作和改编，课本配以丰子恺简洁明快的插图，活泼清新。这套教科书另配有"教学法"八册，包含"国语科学概论"及各单元的实际教学方案并对教材加以补充、阐发，如课本中没有标明生字的注音，在《教学法》中则列有。叶圣陶在《随便谈谈我的写小说》中写道：

我最近一年写了一部《初级小学国语课本》，销行起来，数量一定比小说集子多；这倒是担责任的事，如果有什么荒谬的东西包含在里边，贻害儿童实非浅鲜。[2]

1　叶绍钧编纂：《开明国语课本（小学初级学生用第6册）》，上海：开明书店，1932年初版·1935年29版，第35—36页。

2　刘增人、冯光廉编：《叶圣陶研究资料》，北京：北京十月文艺出版社，1988年，第221页。

《开明国语课本》出版以后，深受师生欢迎，十余年内印了四十多版次。著名的语言学家黎锦熙认为，“此书价值，可谓‘珠联璧合’，盖叶先生之文格与丰先生之画品，竟能使儿童化，而表现于此课本中，实小学教育前途之异彩。”[1]著名文史学家宋云彬更将这套教科书誉为“双绝”，“开明为了提高它在教科书竞销市场中的低位，于1932年出版过几种小学教科书，其中语文课本，叶圣陶写课文，丰子恺画插图，可称双绝。”[2]著名教育学家郑晓沧则认为“《国语课本》得叶绍钧先生为之编辑，配以丰子恺先生的图画，优美的情趣，随处可见。”[3]1947年，开明书店将叶圣陶编纂的高级小学校用《开明国语课本》改编为《少年国语读本》(四册)重新出版，先后连续印了三次。1948年8月，又将高级小学校用《开明国语课本》改编为《儿童国语读本》(四册)重新出版。之后又将初级小学校用《开明国语课本》改编为《幼童国语读本》(四册)重新出版。

---

1 商金林撰著:《叶圣陶年谱长编(第一卷)》，北京:人民教育出版社，2004年，第475页。

2 宋云彬著:《开明书店旧事——我所知道的开明书店》，《文史资料选辑(第31辑)》，北京:文史资料出版社，1962年，第6页。

3 商金林撰著:《叶圣陶年谱长编(第一卷)》，北京:人民教育出版社，2004年，第475页。

## “国文”、“国语”到“语文”

1904年,《奏定学堂章程》颁布和实施,初等小学堂设读经讲经、中国文字,高等小学堂设读经讲经、中国文学,中学堂设读经讲经、中国文学,这些课程的设置,标志着语文独立设科。辛亥革命前,蔡元培、梁启超等人就认为“中国文字”、“中国文学”所要学的并不限于文字和文学,提议将这一学科定名为“国文”。1912年,南京临时政府规定中小学一律开设“国文”课,这是我国教育史上语文学科从古代传统教育的综合性社会学科中独立出来后的第一个正式名称。《中学校令施行规则》规定“国文要旨在通解语言文字,能自由发表思想,并使略解高深文字,涵养文学之兴趣,兼以启发智德。”[1]这是把“文”的教育(语言教育)放到了首要地位,把文学教育作为语言教育的高深阶段——语言艺术,而最后达到发展智力和完善人格的目的。

而关于国语,其历史可以上溯到一千多年前春秋战国时期的“雅言”、汉代的“通语”,都是指通行各地的共同语言。元明清定都北京,在北方话的基础上形成了“官话”。钱玄同在《〈儒林外史〉新序》中写道:“到了元朝,蒙古人在中国的北方做了中国的皇帝,就

1 朱绍禹、张文颖编著:《初中语文教科书指要》,北京:高等教育出版社,1997年,第294页。

用当时北方的方言作为一种‘官话’。因为政治上的关系，这种方言很占势力。明清以来，经过几次的淘汰，去掉许多很特别的话，加入其他各处较通行的方言，就渐渐成为近四五百年中的普通话。这种普通话，就是俗称为‘官话’的，我们因为他有通行全国的能力，所以称他为‘国语’”。[1] 1892 年，汉语拼音文字首倡者卢戆章制成了一套罗马字式的字母拉开了国语运动的序幕。1902 年，京师大学堂总教习吴汝纶到日本考察学政，对日本人通过重视国语统一进而加强国家认同的思想极为重视。1904 年颁布的《奏定学务纲要》中规定在国文一科内附入官话一门，理由是“各国言语，全国皆归一致，故同国之人，其情易洽，实由小学堂教字母拼音始。”[2]可见晚清开始，国语教育是受到各界的关注与重视的。

1920 年 1 月，教育部通令全国小学开设“国语”，主要教白话文，中学开设“国文”，仍然教文言文。在中国教育史上，这是现代文第一次进入语文教科书，在语文教学中取得了合法地位。黎锦熙在《改学校国文科为国语科》一文中引用胡适的话说：“这个命令是几十年来第一件大事。它的影响和结果，我们现在很难计算。但我们可以说：这一道命令，把中国教育的革新，至少提早了

---

1　林文光著：《钱玄同文选》，成都：四川文艺出版社，2010 年，第 49 页。

2　陈学恂主编：《中国近代教育史教学参考资料（上册）》，北京：人民教育出版社，1986 年，第 542 页。

二十年”。[1]

1922年公布的“新学制”实行后,1923年的课程纲要中曾将初级中学的语文课称作“国语”。新学制《国语课标准程纲要》包括《小学国语课程纲要》、《初级中学国语课程纲要》、《高级中学公共必修的国语课程纲要》、《高级中学第一组必修的特设国文课程纲要》四部分。小学部分由吴研因起草,初级中学部分由叶圣陶起草,高级中学部分由胡适起草。国语课程标准纲要巩固了国语运动和白话文运动所取得的成果,在语文教育史上第一次以纲要的形式明确了语文课程的教学目的、教学内容、教材体系、教学原则、分段教学要求等,对后来语文课程标准(教学大纲)的制定有很大的影响。

《国语课标准程纲要》对国语教科书的编写作了一些规定。如初级中学国语课程的教科书分三大段落,每一段落都以读书领先。读书一项又分为精读、略读两部分。精读方面,第一段落读传记、小说、诗歌,兼及杂文,语体文约占四分之三,取材偏重近代名著。第二段落读记叙文、议论文、小说、诗歌、杂文,语体文约占四分之一。略读方面,列举了一些小说、戏剧、散文的书目,供各年级选读。高中公共必修的国语课规定要用已经整理过的名著,由学生自己研究。阅读也分精读和略读两部分,每部分均暂定八种名著

---

1　白吉庵、刘燕云编:《胡适教育论著选》,北京:人民教育出版社,1994年,第122页。

为最低数。1928 年 5 月,国民政府召开全国教育会议,决定重新编订中小学课程标准。其中《初、高级中学课程标准》的编订,从 1928 年始至 1936 年止,历时八年,修订过两次。这一时期的中学"国语"课又改称"国文"。

1935 年,开明书店出版《国文百八课》,这是叶圣陶和夏丏尊依据"往日教学的经验和个人的信念",[1] 编成的一套富有特色的初中语文课本,目标是"想给国文科以科学性,一扫从来玄妙笼统的观念"。[2] 全套共六册,每册十八课,合计"百八课"。这套书文言、语体混合编制,而以语体文为主。在语体文中,除了选编五四以来新文学创作中的佳品外,还收录了一些国外名著的优秀译作。打破了历来课本选文各不相关、毫无系统可寻的传统编辑模式,而创制了一种尽可能体现语文教学科学顺序的编辑体例。编者把初中阶

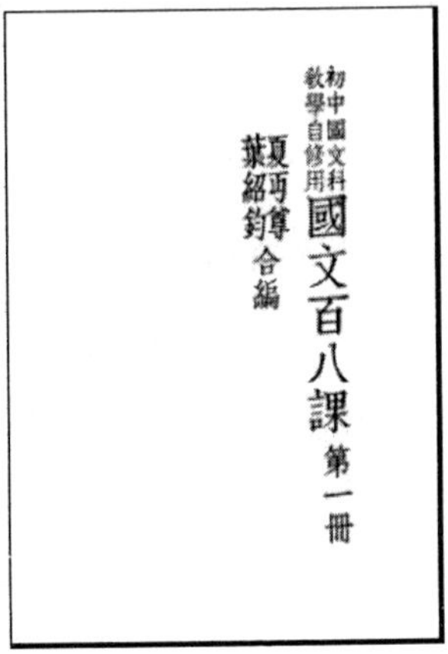

《国文百八课(第 1 册)》(开明书店 1935 年版)

1 叶绍钧、夏丏尊合编:《(初中国文科教学自修用)国文百八课(第 1 册)》,上海:开明书店,1935 年初版・1938 年新 1 版,第 1 页。

2 叶绍钧、夏丏尊合编:《(初中国文科教学自修用)国文百八课(第 1 册)》,上海:开明书店,1935 年初版・1938 年新 1 版,第 1 页。

段的教学内容归纳成一百零八“课”（即单元），每“课”有明确的教学目的；根据这个教学目的写一段“文话”，选编两篇课文作示例；选文后面安排“文法或修辞”，从选文中取例，同时保持着知识本身的系统性；最后有“习问”，就本“课”涉及到的知识提出值得思考或应该复习的问题。“文话”、“选文”、“文法或修辞”、“习问”这四项，都服从于本“课”的教学目的。如此循序渐进，跨过一百零八步台阶（即“百八课”）而到达一个预定目标，形成一个编者认为具有一定科学性的、完整的初中语文教学体系。

二十世纪四十年代中后期，叶圣陶在中学语文课本的编制上更加明确地倾向于文言、语体各成体系。1946 年出版的初中用书《开明新编国文读本》（甲种—语体，乙种—文言），以及 1948 年出版的高中用书《开明新编高级国文读本》和《开明文言读本》，就是他们试行文、白分别编制的、具有代表性的两种。

《开明新编国文读本（注释本甲种第 1 册）》（开明书店 1946 年初版・1948 年 6 版）

1946 年，叶圣陶、周予同、郭绍虞、覃必陶合编的《开明新编国文读本（甲种本）》开始出版，供初级中学用。全套共六册，每册选语体文二十篇，合计一百二十篇。从这套课本可以看出，叶圣陶对语文教学目的、任务的理解又有了新的认识。他更加重视了课文的内容的进步性和知识的广泛性，坚持课文在形式和技术上的示范性和多样性，以便于学生能从多方面去学习和掌握语文工具，以适应实际生活的需要。1947 年，叶圣陶、徐调孚、郭绍虞、覃必陶合编的《开明新编国文读本(乙种)》出版，供初级中学用。全书共三册，选文全系文言文。

1948 年开始，叶圣陶、朱自清、吕叔湘合编的《开明新编高级国文读本》出版，供高级中学用。全书共六册，选文均系白话文。同年，朱自清、吕叔湘、叶圣陶合编的《开明文言读本》也开始出版，这套书与《开明新编高级国文读本》同时使用，原拟编六册，实际上只编出三册。在《开明文言读本》第一册卷首编的“导言”中，编者把文言的性质和古汉语的基础知识(包括近二百个常用文言虚词的例释)作了比较扼要的概述，供学生自学、翻检。这套教科书的选文不局限纯文学作品，以议论、记叙、说明、描写、抒情等各种表达方式为基础，尽可能选收各类实用性文章。同时，教科书设计有“讨论与练习”，把文章的立意、布局、技法和语

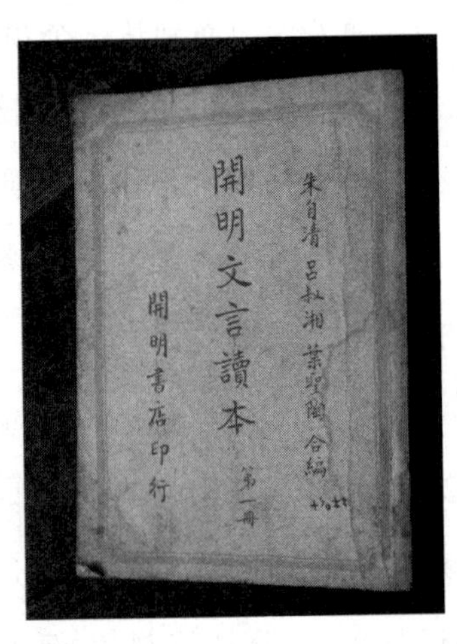

《开明文言读本(第 1 册)》(开明书店 1948 年初版・1948 年 3 版)

言运用等方面的特色同作者一贯的文风、时代的特征、地方的习俗、典章制度的演变等融合在一起,进行扼要的评述和启发式提示。《开明文言读本》的"编辑例言"中写道:

> 我们编辑这套读本,有两点基本认识作为我们的指导原则。第一,我们认为,作为一般人的表情达意的工具,文言已经逐渐让位给语体,而且这个转变不久即将完成。因此,现代的青年若是还有学习文言的需要,那就只是因为有时候要阅读文言的书籍:或是为了理解过去的历史,或是为了欣赏过去的文学。写作文言的能力决不会再是一般人所必须具备的了。第二,我们认为,在名副其实的文言跟现代口语之间已有很大的距离。我们学习文言的时候应该多少采取一点学习外国语的态度和方法,一切从根本上做起,处处注意它跟现代口语的同异。也许有人要说,很多文言词语都已经在现行的国语读本里出现,这样渐渐学会文言并不难,何必还要无中生有的去辨别同和异?我们承认有这种趋势,可是我们要指出,它的不良的效果已经昭昭在人耳目,就是产生了一种陆志韦先生说的'八不像'的白话文。所以这个趋势应该纠正,不应该再直接加以鼓励。[1]

---

1 吕叔湘、朱自清、叶圣陶编:《开明文言读本(第1册)》,上海:开明书店,1948年初版·1948年3版,第1页。

叶圣陶等编撰的开明课本，无论在内容上、在编制体例上代表着我国语文教学改革的方向，王石泉在《国文月刊》第一期撰文《介绍开明国文教本》称赞说："凡是读过开明书店出版的国文读本的人，回想起自己学语文的经历，像走了许多弯弯曲曲的冤枉路猛回头来发现一条直路一样，会感到豁然开朗"。[1]

1949年4月，为了编制新中国全国范围内使用的教科书，华北人民政府教育部成立教科书编审委员会，叶圣陶应中共中央的邀请，由上海经香港到达北平，担任华北人民政府教科书编审委员会主任。1949年7月10日，《中共中央宣传部关于中小学教科书问题给武汉市委宣传部的指示》指出："今后全国各地用教科书，除一部分小学教科书有地区差别之外，均应在可能条件下要求一致。华北的教科书编审委员会是作为中央政府的教科书编审机构的基础而成立的。惟因成立不久，人力不够，尚未能提供整套的新教科书。但他们据原有本子重编修订的《高小国语》一、三册，《高小历史》，《高小地理》，《初中本国史》，《中国本国近代史》上册，《高中本国史》，《高中本国近代史》上册，都是比较合用的，均在排印中，可由出版委员会以纸型（只送西北局、华中局、上海三地）或样书供给

1　刘增人、冯光廉编：《叶圣陶研究资料》，北京：北京十月文艺出版社，1988年，第223页。

你们,以便翻印。”[1]这套教科书几乎与新中国同时诞生,及时供应了1949年秋季全国大部分地方的中小学校,在巩固新生政权,维持社会稳定方面发挥了重要的作用。

华北地区人民政府教科书编审委员会选用中小学母语课本时,就其课程称呼展开了讨论。1949年8月,叶圣陶草拟了《中学语文科课程标准》,蒋仲仁草拟了《小学语文课程标准》(当时都是草案,供内部交流、讨论,并未正式发表。直到1980年,为了适应中学语文教科书改革的需要,由《中学语文教学》杂志在当年的第六期将《中学语文科课程标准》公开发表。发表时,在原题后加上“草稿”二字,以准确反映历史的实况。)在叶圣陶起草的《中学语文科课程标准》中始用“语文”。

1950年8月,教育部制定了供五年制小学使用的《小学语文课程暂行标准(草案)》。“语文”作为一门学科的名称,代替以往的“国语”学科,以国家课程法规文件形式规定下来,标志着语文教学思想的转变,标志着小学语文进入听、说、读、写综合训练的时代。“所谓语文,应是以北京音系为标准的普通话和照普通话写出的语体文。少数民族小学,除教学本民族语文外,教学汉语汉文时,也

---

1 《中共中央宣传部关于中小学教科书问题给武汉市委宣传部的指示(1949年7月10日)》,中国出版科学研究所、中央档案馆编:《中华人民共和国出版史料(1949)》,北京:中国书籍出版社,1995年第170页。

应以此为标准。”[1]该草案明确提出小学语文的目标为“一是使儿童通过以儿童文学为主要形式的普通语体文的学习、理解，能独立、顺利地欣赏民族的大众的文学，阅读通俗的报纸、杂志和科学书籍。二是使儿童通过说话、写作的研究、练习，能正确地用普通话和语体文表达思想感情。三是使儿童通过写字的研究、练习，能正确、迅速地书写正书和常用的行书。四是使儿童通过普通话和语体文并联系各科的学习，能获得初步的自然史地常识，并具有爱国主义思想和国民公德”。[2] 同时强调“语文教材以阅读为中心。写话和写字，必须充分和阅读联系；尽可能从阅读过的语文课本或补充读物中选取材料（例如说话教材，可用阅读过的语文课文，变换了应用；写作教材，可用阅读过的补充读物来缩写；写字教材，可用语文课本中读过的生字或语句）”。[3]

1950年8月，中央人民政府教育部颁发《中学暂行教学计划（草案）》，出版总署编审局1950年至1951年，以陕甘宁边区的初、高中国文课本为蓝本，组织编辑出版了初、高中的《语文课本》。

初级中学《语文课本》共6册，由中央人民政府出版总署编审

---

1 吴履平主编，课程教材研究所编，何慧君、姚富根卷编：《20世纪中国中小学课程标准·教学大纲汇编 语文卷》，北京：人民教育出版社，2001年，第65页。

2 吴履平主编，课程教材研究所编，何慧君、姚富根卷编：《20世纪中国中小学课程标准·教学大纲汇编 语文卷》，北京：人民教育出版社，2001年，第62页。

3 吴履平主编，课程教材研究所编，何慧君、姚富根卷编：《20世纪中国中小学课程标准·教学大纲汇编 语文卷》，北京：人民教育出版社，2001年，第65页。

局宋云彬、朱文叔、蒋仲仁、杜子劲、马祖武编辑，胡墨林、何汝芬、张苑香、平润齐、王一铭、王琦助编，叶圣陶校阅，新华书店出版发行。这套初级中学语文课本最前页有中央人民政府出版总署编审局1950年6月的落款。也就是说在人民教育出版社成立以前，以“语文”命名的教科书已经出现。而且，在这本教科书的版权页上，明确有校阅者“叶圣陶”，这是第一本以“语文”命名的教科书，在其“编辑大意”中明确说明：

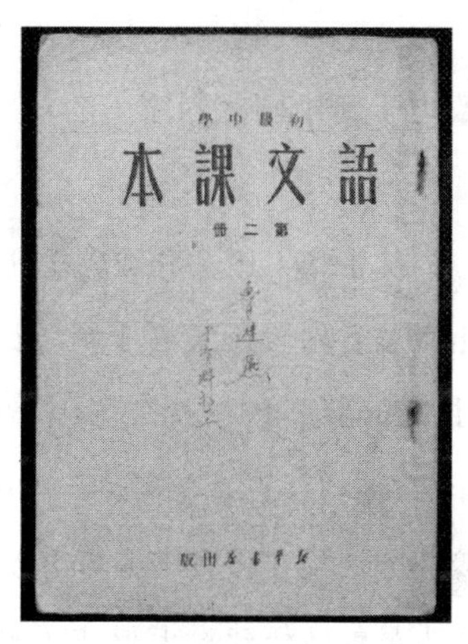


初级中学《语文课本（第2册）》（新华书店1950年版本重印·1950年汉口重印）

> 说出来是语言，写出来是文章，文章依据语言，“语”和“文”是分不开的。语文教学应该包括听话、说话、阅读、写作四项。因此，这套课本不再用“国文”或“国语”的旧名称，改称“语文课本”。[1]

---

1　宋云彬、朱文叔、蒋仲仁、杜子劲、马祖武编辑：《初级中学语文课本（第2册）》，北京：新华书店出版发行，据北京1950年8月版本重印·1950年9月汉口重印，第1页。

## 致力于新中国教科书

从中华人民共和国成立到1966年，叶圣陶历任中央人民政府出版总署副署长兼编审局局长，教育部副部长兼人民教育出版社社长和总编辑，主持全国中小学教科书的编审和出版工作。1976年后，他担任教育部顾问、中央文史研究馆馆长、全国政协副主席等职务。他在教科书编辑出版的指导思想、原则、方式方法以及编辑人员的队伍建设上形成了自己的思想，促进了新中国中小学教科书的规范化、制度化建设。

中华人民共和国成立后，毛泽东主席明确指示，“以老解放区新教育经验为基础，吸收旧教育有用的经验，借助苏联经验，建设新民主主义教育”。[1] 1949年11月1日，华北人民政府教育部所属的教科书编审委员会，与中共中央领导下的出版委员会和新华书店编辑部三部分组成了出版总署。1950年9月，出版总署召开第一届全国出版会议，会上确定中小学教材全国统一供应的方针，由出版总署和中央教育部共同组建筹建负责编辑出版中小学教材的专业出版社——人民教育出版社。1950年12月1日，人民教育出版社成立，毛泽东主席亲笔题了社名，叶圣陶为人民教育出版社第

---

1 《中国教育年鉴》编辑部编:《中国教育年鉴(1949—1981)》,北京:中国大百科全书出版社,1984年,第684页。

一任社长。

叶圣陶在工作

在1951年4月第一届全国教科书出版会议上,叶圣陶明确地提出了“调整生产,准时出版,及时供应”[1]的方针,为教育发展提供必要的基本保障。为了使得教科书的编辑要准确、科学,精益求精,叶圣陶强调入选文章要加工,思想内容要加工,语言文字也要加工。教科书编辑应当认真负责地对待每一篇课文,使其达到优质品的标准。如初中语文课本中有一篇翻译作品《最后一课》,这篇课文是法国作家都德的代表作,虽然当时有现成的中译本,但不理想。为了准确地反映原作的艺术风格和思想感情,叶圣陶召集人民教育出版社副总编辑、著名散文家吴伯箫,编辑室主任、著名

1 《中国教育年鉴》编辑部编:《中国教育年鉴(1949—1981)》,北京:中国大百科全书出版社,1984年,第488页。

语言学家张志公，著名文学史家张毕来，中学语文编辑室主任王微，小学语文编辑室主任蒋仲仁，还有年轻的语文编辑刘国正及一位法文翻译，对这篇译文字斟句酌，逐行、逐段推敲、编译。《最后一课》全文不过三千多字，而这些著名学者、专家聚集在一起，连续工作了几天，才定下理想的译稿。

叶圣陶认为教科书的编辑"从内容上讲要剔除陈旧的材料，补充必要的最新的知识，还要注意各科之间的相互联系和配合，避免重复和累赘。从效果上讲，要做到让老师便于教，让学生乐于学"。[1] 他要求编辑应该时刻假想教师面临的情况，设身处地于教学活动中，考虑怎样才能让学生心领神会。为了保证教科书的质量，叶圣陶在人民教育出版社倡导教科书书稿的集体讨论制。每一种教科书的初稿出来后，都要经过编辑室或者编辑小组的讨论、修改。书稿讨论会一般由叶圣陶主持，他召集有关编辑人员，包括副总编辑、编辑室主任、责任编辑和助理编辑，到他的办公室围坐一圈。书稿逐章逐节逐段逐句地通读，大家随时插入议论，提出问题。从内容的思想性、科学性，程度的深浅，分量的轻重，直到字句、标点，一一认真斟酌，仔细推敲。据人民教育出版社的编辑王宏志回忆，那时一本历史教科书要讨论两三个月，从选材、结构到内容，要逐字逐句讨论。这种讨论十分认真，一条

1　叶圣陶著:《跟上教育体制改革的步伐——祝贺人民教育出版社 35 周年》,《叶圣陶出版文集》,北京:中国书籍出版社,1996 年,第 35 页。

史料、一个词、一个标点用得合适不合适,都要讨论。这种教科书的集体讨论制后来发展成为编辑部的正副总编辑初审,教育部的专门审查组复审,教育部主管副部长最后批准的教科书三审制度。

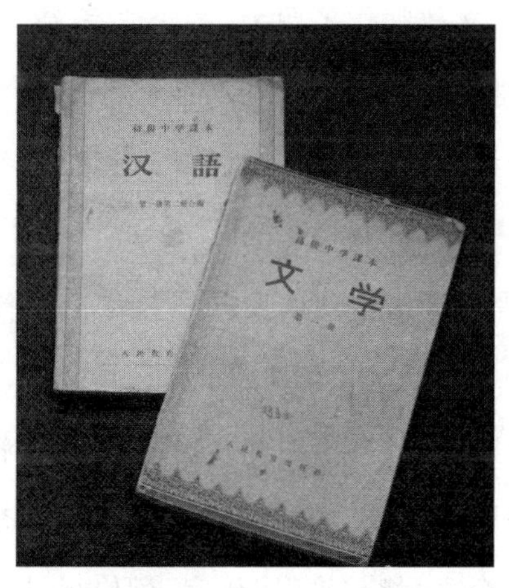


汉语、文学分科编教科书(人民教育出版社 1955 年开始出版)

为了探求语文教学的客观规律,使教学工作逐步建立在科学的基础之上,叶圣陶在中宣部的直接领导下曾经对语文教科书的编写做过多次的试验。1954 年 2 月,中央政治局扩大会议批准了《关于改进中小学语文教学的报告》里提出“应当把中小学语文一门课程,分为语言和文学两种独立的学科进行教学”,[1]将汉民族学

1　中央教育科学研究所编:《中华人民共和国教育大事记(1949—1982)》,北京:教育科学出版社,1984 年,第 95 页。

校中的语言课定名为“汉语课”。1954 年 10 月，叶圣陶任教育部副部长，兼人民教育出版社社长和总编辑、《人民教育》杂志编委会副主任、《中国语文》杂志编委。他开始领导汉语和文学分科编写的实验，他亲自主持制订教学大纲草案，主持召开分科教材编写工作会议，向北京市语文教师作了题为“关于语言文学分科问题”的报告，阐明分科教材实验的意义。1956 年 6 月，在教育部召开的全国语文教学工作会议上作报告，提出按知识和能力系统分别编写文学、汉语和作文三套教科书的设想。

《初级中学课本汉语》六册，张志公主编，吕冀平、洪心衡、郭翼舟、陈治文、张中行编辑，叶圣陶、吕叔湘、吴伯箫、朱文叔校订，人民教育出版社出版，1955 年 5 月第 1 册第 1 版。《初级中学课本文学》共编六册，张毕来、王欢、蔡超尘主编，冯镜芸、李光家、董秋芳、刘国正、韩书田、余文、姚韵漪、张传宗、梁伯行、周同德编辑，叶圣陶、吴伯萧、吕叔湘校订，人民教育出版社 1955 年 5 月第一册第一版。这是语文教科书改革的重大步骤，然而，仅只三个学期，试验便被中止了。

对于短暂的中学汉语教学，吕叔湘后来在《怎样跟中学生讲语法》一文中回忆说：“一般的印象是没有取得很大的成绩，有人就说是失败了。可是我这几年接触到好些比较年轻的教师，他们是五十年代当中学生的时候经过这一分科教学的阶段的，他们很怀念那两年的语文课，说是从里边学到了系统的语法知识，对于他现在的教学很有用。”[1]语文教育家蒋仲仁在《语文教学三十年》回顾这项改革时指出:“语文教学应该科学化……对待语文教学,以为可以不讲分析,只要‘书读百遍,其义自见’,以为可以不讲规律,只要见仁见智,神而明之,那就不合科学或者不完全科学。这次改革,就是针对这种状况,补偏救弊,使之科学化。”[2]当然,改革也存在严重的问题,主要是学习苏联机械照搬,忽视了汉语文的特点,脱离了中国教师、学生的实际,教师教起来困难,学生学起来吃力;无论汉语知识还是文学知识,都讲求完整的系统,读写基本训练明显被削弱;文学作品按文学史系统进行编排,有悖由易到难、由浅入深的学习规律,日常需要的实用文的学习不被重视。这次改革在教科书建设史上是很有意义的,直到今天这次改革还给人留下深刻的印象,如诺贝尔文学奖获得者莫言在《虚伪的教育》一文中说,“我幼时失学在家,反复阅读家兄用过的《文学》课本,感到受益很大。我最初的文学兴趣和文学素养,就是那几本《文学》课本培养起来的。”[3]

1959 年,北京、天津、上海等地展开关于语文教学目的任务的专题讨论,就是广大语文教育工作者对于当时盛行的那种“左”的错误倾向的否定。1960 年,在全国人大二届二次会议上,叶圣陶作

---

1　吕叔湘著:《怎样跟中学生讲语法》,《中学语文教学》1981 年第 7 期,第 1 页。

2　北京教育学院师范教研室编:《小学语文教学资料选编(1)》,北京:北京出版社,1982 年,第 25 页。

3　莫言著:《虚伪的教育》,《书摘》2006 年第 5 期,第 60 页。

叶圣陶与胡愈之(左)

《适应大跃进的形势 中小学教科书必须改革》的发言,提出"为了满足我国社会主义经济建设的需要,教科书的内容要增加现代生产需要的和最新科学技术的知识","对我国学生智力的发展应该有足够的估计,教科书的内容必须适当提高"要求将"教科书中陈旧、重复、繁琐的部分必须去掉"。[1]

叶圣陶担任全国中小学教科书编审领导小组的负责人,主持新一轮教学大纲和教科书的制订和编撰。除了到外地视察、调研外,他还以北京的三所学校为教科书实验基地,将新编教科书先行试教,再向全国推广。1962 年 2 月到 5 月,叶圣陶与三所学校老师共同备课,或听课或演讲指导,一直到新教材实验总结,亲自参加教研活动有十四次之多。此后,形成了 1963 年的新大纲草案及据此编写的中小学十二年制语文教科书。

1 李伯棠编著:《小学语文教材简史》,济南:山东教育出版社,1985 年,第 124 页。

叶圣陶作为人民教育出版社的首任社长兼总编辑，他直接领导各科教学大纲与教材的编写和实验，并倾注了全部心血。除了语文教科书之外，中小学和师范学校的其他各科教科书几乎也都是经过叶圣陶字斟句酌修改后才发排付印的。正如叶至善所说，在人民教育出版社，叶圣陶“根据各科教学大纲制定选题，编辑或组织稿件，审读，修改，定稿，设计版式，直到校对付印，检查成品，他都事必躬亲。有人以为他只管语文，其实不然，数理化他也管，也参与定选题，改稿件，看校样，尤其是生物课本，花的力气不小。”[1] 1979 年全国语文教学研究会成立，叶圣陶专门为此写了一篇贺词，他要求各地热心教学改革的同志在设计语文训练的项目和步骤上下些功夫，以便在此基础上编制出可以作为训练“凭借”的有系统的语文课本来。他一再强调，所谓语文训练应当包括听、说、读、写四个方面，若有偏废，便是缺陷。

晚年叶圣陶

叶圣陶先后在商务印书馆、开明书店、人民教育出版社从事编辑出版方面的具体工作和组织领导工

1 叶至善著：《我是编辑》，北京：中国少年儿童出版社，1998 年，第 387 页。

作，主持编辑出版了各类教学大纲、教科书、教学参考书约五百种。他一生与教科书的编撰出版密切联系，“编写教材不能拣到篮子里就是菜，要像蜜蜂那样，吸取百花精华，酿出蜜来。”[1]这是高天厚土之间的启蒙约定，在记忆抵达的世界里，教科书绵延历史的幽思，召唤生命的期待，引领新的时代。

---

1 课程教材研究所编：《教材制度沿革篇（上册）》，北京：人民教育出版社，2004 年，第 209 页。

# 附录 1

# 中国近现代教科书的部分编撰校订出版者名单

西方著名传教士有：

傅兰雅、丁韪良、艾约瑟、伟烈亚力、慕维廉、韦廉臣、狄考文、潘慎文、李提摩太、林乐知、毕利干、金楷理、玛高温等。

早期的参译者有：

李善兰、徐寿、华衡芳等。

早期的学堂教科书编撰者有：

陈懋治、沈心工、朱树人、刘树屏、钟天纬、吴敬恒、俞复、丁宝书、杜嗣程、陈子褒、程国璋等。

书坊及国定教科书编撰者有(以下人物按照名字的英文字母顺序排列)：

包公毅、包墨青、鲍映奎、鲍鑑清、白涤洲、白眉初、白动生、薄善保、秉志。

蔡元培、蔡雁宾、蔡丐因、蔡泽安、蔡研深、蔡儋人、陈懋功、陈岳生、陈棍、陈文、陈独秀、陈兼善、陈承泽、陈哲衡、陈捷、陈铎、陈可忠、陈布雷、陈仲子、陈立夫、陈果夫、陈杰夫、陈伯吹、陈醉云、陈映璜、陈希豪、陈棠、陈纶、陈霭麓、陈乃乾、陈建功、陈望道、陈之霖、陈鹤琴、陈剑恒、陈岳生、陈桢、陈邦彦、陈登原、陈公衡、陈希东、陈致中、陈祖源、陈杰夫、陈之佛、陈守绂、陈荩民、陈修仁、陈布青、陈大齐、陈雨苍、陈祖源、陈育崧、陈意、陈镐基、陈湘衡、陈永丰、曹同文、曹绍濂、曹玉麟、程宗启、程瀚章、程廷熙、程祥荣、程旭清、程国璋、程金生、程仰之、程铭西、常道直、常福元、柴辅文、柴之飞、储劲、曹申培、储祎、褚保熙、褚乙然、崔新民、嵩炅。

戴克敦、戴清廉、戴渭清、戴运轨、戴洪恒、戴骅文、戴良甫、杜秋孙、杜亚泉、杜就田、杜综大、杜若城、杜其堡、杜凤、杜天縻、杜维涛、杜佐周、丁宝书、丁锦、丁福宝、丁绍桓、丁尧章、丁锡华、丁晓先、丁致聘、丁鹤、丁察盦、丁察庵、丁绍桓、丁伯威、丁瞉音、邓庆澜、邓仲眉、邓启东、邓时逢、戴杰、董瑞椿、董文、董涤尘、董鲁安、董璠、段育华、段子燮、段调元、队克勋。

傅运森、傅彬然、傅纬平、傅溥、傅东华、傅角今、傅章琰、傅种孙、傅恩龄、范祥善、范广涛、樊炳清、富士英、范迪吉、范广涛、范作乘、费焯、费锡胤、费赞九、冯思莼、冯曦、冯友兰、冯顺伯、冯达夫、冯鼎芬、冯维敏、冯道夫、方钧、方浏生、方皋云、方淑密、方洄、方嗣槾、方锡琛、丰子恺。

顾毓琇、顾均正、顾辑明、顾曾华、顾品月、顾志贤、顾柟、高佩玉、关实之、龚仲萼。

何琪、何维朴、何元、何明斋、何明生、何鲁、何健民、何恭甫、何炳松、何振武、何容、何明齐、何时慧、何思翰、侯鸿鉴、侯堮、洪鋆、洪式闾、何熽时、何寿斋、黄展云、黄元吉、黄守中、黄觉民、黄菊人、黄铁厓、黄泰、黄德溥、黄绍绪、黄开绳、黄人济、黄刚、黄以增、黄德溥、黄素封、黄恭宪、黄现璠、黄人滨、黄寰清、黄建中、黄自、黄缘芬、黄坚白、黄维容、黄缘芳、黄开、贺尹东、贺绍章、贺凯、华循、华鸿年、华襄治、华绍昌、华文祺、华申琪、华国铨、胡树楷、胡适、胡愈之、胡宪生、胡怀琛、胡达聪、胡敦复、胡君复、胡明复、胡仁源、胡颜立、胡怀天、胡葆良、胡哲齐、胡赞平、胡悫风、胡先骕、胡钟瑞、胡彦立、胡术五、胡达聪、胡泽、怀桂琛、韩非木、韩道之、韩楚原、韩桂丛、韩清波、郝家麟、郝圣符。

蒋维乔、蒋智由、蒋石洲、蒋镜芙、蒋君章、蒋拱辰、蒋品珍、蒋建白、蒋伯潜、蒋息岑、蒋恭晟、蒋伯熙、蒋芹、戢翼翚、经亨颐、江涛、江恒源、江效唐、江问渔、江栋成、江枚、江景双、计志中、金兆梓、金少梅、金通尹、金润青、金崇如、金润青、金仲眉、金云峰、姜长麟、姜丹书、姜凤南、姜有方、姜亮夫、姜琦、贾祖璋、戚叔含、计剑华、计志中、居秉瑶、嵇联晋、靳钟麟、季朝桢。

邝富灼、康清桂、柯士铭、柯政和、柯璜。

骆师曾、雷奋、雷振清、陆伯羽、李步青、李叔同、李廷翰、李嘉谷、李登辉、李泽彰、李泰棻、李贻燕、李伯棠、李秀峰、李直、李法章、李藩、李儒勉、李唯建、李绪文、李拔可、李震东、李蕃、李家超、李季谷、李泳章、李煜亭、李清悚、李长傅、李顺卿、李少峰、李小峰、李约、李耀春、李嘉谟、李邵谟、李宜琛、李恩波、李熙如、李凤鸣、李梁、李童蒙、李之鹏、李之鷗、刘永昌、刘师培、刘法增、刘宪、刘传厚、刘秉麟、刘正经、刘英士、刘薰宇、刘劲秋、刘遂生、刘佩忠、刘悉规、刘德瑞、刘拓、刘亦衍、刘曾佑、刘肇荣、刘咸、刘虎如、黎锦熙、黎锦晖、凌昌焕、陆费逵、陆费执、陆子芬、陆步青、陆基、陆仲贤、陆依言、陆泳沂、陆有恒、陆志韦、陆光宇、陆绍昌、陆东平、陆子芬、陆并谦、陆长康、陆仁寿、陆廷珏、陆松安、吕伯攸、吕思勉、吕大元、吕云彪、吕金録、吕冕南、吕士熊、吕一舟、凌昌焕、梁实秋、梁士杰、郦福畴、郦福绵、雷琛、励乃骥、廖伟藩、林万里、林文庆、林语堂、林兰、林翥青、林汉达、林中杏、林天兰、林洁娇、林树艺、罗元鲲、罗鸿诏、罗宗洛、罗香林、罗根泽、胡怀天、庐文迪、娄三立、凌瑞堂、梁泽民、卢元石、卢达、卢冠六、庐怀琦、庐前、柳大纲、楼光来、楼培启、郎好常、柳大纲、柳亚子、梁澜勋、力谢盐、雷通群、倪若水。

马君武、马精武、马润卿、马客谈、马光斗、马静轩、马纯德、马家骧、缪徵麟、缪天绶、缪育南、缪玉源、莫明坤、穆济波、糜赞治、孟子厚、孟宪承、孟世杰、毛路真、茅文培、梅羹儒、闵世型、莫明坤、闽嗣鹤。

聂家裕、倪道鸿、倪祝华。

彭世芳、彭阜午、彭荣淦、潘鸿勋、潘公展、潘武、潘江、潘仁、潘文安、潘淡明、潘志澄、潘志濊、卜愈之、平韦卿、庞任公。

秦瑞玠、秦同培、秦瑞玠、秦汾、秦镐、钱承驹、钱基博、钱玄同、钱宗翰、钱梦渭、钱少华、钱选青、钱君匋、钱谷孙、钱兆和、钱宝琮、钱耕莘、钱秉良、钱昭孟、钱达三、钱安毅、钱英、钱重六、祁致贤、邱望湘、齐铁恨、裘友石、齐铁恨。

任鸿隽、任诚、任美锷、饶祝华、荣方舟、阮真。

施崇恩、施仁夫、施蛰存、沈颐、沈知方、沈圻、沈恩孚、沈尹默、沈步洲、沈煦、沈其达、沈星一、沈彬、沈羽、沈志坚、沈鼎三、沈百英、沈秉廉、沈昭文、沈麓元、沈慰霞、沈星五、沈荣龄、沈子善、沈昭文、沈啸秧、沈祖光、寿孝天、寿望斗、寿勉成、施毓麒、苏本铫、苏兆骧、苏颀夫、孙捷、孙钺、史礼绶、舒新城、舒宽鑫、舒重则、束樵如、孙俍工、孙世庆、孙伯才、孙怒潮、孙振宁、孙伯謇、孙慕坚、孙逸殊、孙省三、孙本文、孙震涛、孙葑清、孙贵定、石声汉、石濂水、石民、石承宣、桑继芬、宋文秉、宋崇义、宋文秉、佘恒、宋云彬、宋文翰、宋子俊、盛志良、盛叙功、盛子鹤、尚仲衣、束云逵、邵越崇、商致中、邵鸿、邵松如、邵鹤亭、苏从武、苏养培、苏继庼、萨孟武。

汤寿潜、汤彦颐、陶保霖、陶孟和、陶百川、陶鸿翔、屠元礼、屠颖、汤存德、童冠贤、童致棱、童巽五、唐钺、唐锡光、唐庐锋、唐数躬、唐魁芳、唐富言、谭廉、谭勤余、谭廉逊。

汪郁年、汪荣宝、汪楷、汪家栋、汪渤、汪涛、汪莫基、汪宗湜、汪蓉第、汪懋祖、汪定奕、汪桂荣、汪震、汪静轩、王璞、王亨统、王季烈、王兼善、王云五、王宠惠、王鸿飞、王守成、王雅南、王永炅、王凤歧、王恭睦、王曾善、王华隆、王振瑄、王钟麒、王欣渠、王镜清、王晋鑫、王烈、王剑星、王谟、王采南、王伯祥、王统照、王钟麟、王志成、王志瑞、王化民、王向、王鸿文、王石珍、王成组、王义珏、王济远、王益涯、王刚森、王采南、王问奇、王味辛、王新命、王宗武、王志清、王肇兴、王鹤清、王绍颜、王俊奎、王成浚、王建极、王毓琦、王德林、王桐龄、王树鼎、王金绂、王钧衡、王疏九、王隐秋、王缠梅、王鸿俊、王述达、王乔南、王锦璋、王侃如、王仲和、王德涵、王益厓、王纬平、王复旦、王毅诚、王承绪、王渐仁、王成组、吴在渊、吴冰心、吴传绂、吴家煦、吴家杰、吴元枚、吴研因、吴遁生、吴长涛、吴大钧、吴俊升、吴伯威、吴铁城、吴鼎、吴鼎第、吴静山、吴治民、吴织云、吴竟、吴桂仙、吴德彰、吴中望、吴梦非、吴士栋、吴增芥、吴之涤、吴仁杰、吴开先、吴子修、吴文仲、吴贯因、吴秉常、吴云鹏、吴元涤、吴志尧、吴家骧、吴泽霖、吴淑和、万国鼎、万良浚、万顾祥、万颐祥、万九光、魏冰心、魏屏三、魏志澄、魏怀谦、魏同仁、魏元雄、翁之龙、翁文灏、韦息予、韦琼莹、韦瀚章、韦镜权、伍光建、文元模。

谢洪赉、谢观、谢蒙、谢彬、谢季超、夏曾佑、夏清贻、夏景武、夏贯中、夏丏尊、夏承法、夏宇众、徐傅霖、徐鸿宝、徐悲鸿、徐增、徐允昭、徐砥平、徐文珊、徐世璜、徐迴千、徐映川、徐蔚南、徐克敏、徐调孚、徐逸樵、徐刚、徐琨、徐克敏、徐天游、徐子豪、徐庆根、徐子龄、徐迴千、徐任吾、徐晋、徐镜江、徐公美、徐志熙、徐应昶、徐子威、许家惺、许国英、许志中、许心芸、许昭仝、许炳汉、许心武、许观光、许用宾、许梦因、熊翥高、萧友梅、陆伯羽、谢兴尧、薛天游、薛仲华、薛天汉、薛无兢、薛德焴、薛德炯、夏贯中、习观枢、奚若。

严复、严济慈、严幼芝、严春山、杨廷栋、杨荫杭、杨锦森、杨喆、杨哲、杨文洵、杨长洲、杨浪明、杨卿鸿、杨逸群、杨杏佛、杨复耀、杨哲明、杨晓初、杨明轩、杨铨、杨彬如、杨士枬、杨人楩、杨东莼、杨秀峰、杨宝森、杨茂芬、羊达之、虞铭新、虞明礼、叶澜、叶绍钧、叶至善、叶溯中、叶楚伧、叶编新、姚明辉、姚祖义、姚汉章、姚绍华、姚释华、易韦斋、俞亮、俞子夷、俞焕斗、俞物恒、俞宗振、俞嘉瑞、俞易晋、鄢远猷、于右任、余介石、余井塘、余彤甫、余逊、余信符、余传绶、余元庆、余德荪、余俊生、尹石公、印鸾章、印水心、喻璞、喻守真、郁树敏、殷佩斯、袁昂、应功九、应成一、应尚能、殷祖英、袁善徵、袁徵、阎玉振、阎静山、伊荣绪、阮毅成。

张之洞、张元济、张资平、张其昀、张相文、张相、张慰慈、张灏、张家声、张钰哲、张超、张鹏飞、张念恃、张起焕、张肇熊、张德騳、张国维、张石樵、张文治、张鸿基、张宗望、张开圻、张咏春、张通谟、张匡、张天百、张令涛、张国、张若南、张箴华、张若南、张君南、张国人、张友松、张仲和、张敬熙、张少涵、张鸿来、张达善、张国璘、张静峰、张秀山、张怀义、张熙祚、张九如、张圣瑜、张劲候、张玉珍、张寄岫、张耿西、张若南、张云优、庄俞、庄适、庄庆祥、庄泽定、庄先识、庄畏仲、周世棠、周昌寿、周予同、周其勋、周传儒、周世勋、周邦道、周鲠生、周越然、周玲荪、周宣德、周振甫、周建人、周作人、周颂久、周颐甫、周家树、周颂久、周淦、周元谷、周太玄、周毓莘、周佛海、周容、周刚甫、周瑛、周其义、周颂声、周其动、周侯于、周立三、周新民、周景濂、周元瑞、周镒溪、周法均、周阆风、周尚文、周淦、郑贞文、郑昶、郑次川、郑鹤声、郑炳渭、郑勉、郑资约、郑其毅、郑叔璜、竺可桢、朱经农、朱文叔、朱文祺、朱家骅、朱子辰、朱翊新、朱稣典、朱麟、朱开乾、朱开谦、朱锦江、朱偰、朱建侯、朱剑芒、朱铣、朱凝如、朱昊飞、朱镜坚、朱阳、朱镜坚、朱建侯、朱元懋、朱风豪、朱希林、朱士谷、祝荪如、邹肖熊、仲子明、朱葆深、朱隆勋、朱公谨、朱慕周、朱鸿禧、赵秉良、赵士卿、赵瑞生、赵荣光、赵凤、赵楷、赵景深、赵景源、赵体用、赵欲仁、赵祥麟、赵修乾、赵荣光、赵廷炳、赵侣青、赵钲铎、赵进义、赵乐溪、赵庸耕、赵廷鑑、赵遒傅、赵海天、赵型、赵祥麟、赵夐、赵启人、赵承预、钟衡臧、宗亮寰、瞿世英、章绍烈、谌亚达、仲光然、邹尚熊、邹懋、韦悫、仲子明、詹文浒、谌亚达、章鸿钊、章益、翟垣、曾燦材。

# 附录 2

# 杜亚泉编译、编撰、编辑、译订、校订的部分教科书

《化学定性分析》1 册，[日]平野一贯、河村汪合著，杜亚泉翻译，(蔡元培撰写序文)先是连载于《亚泉杂志》第四至十期，后普通学书室汇编，1901 年初版。

《支那文明史论》1 册，[日]中西牛郎著，普通学书室翻译出版，1901 年初版。

《普通新历史(高等小学堂用)》1 册，普通学书室编，1902 年初版。

《普通矿物学》第 1 卷，亚泉学馆编，普通学书室出版，1903 年初版。

《普通植物学教科书》1 册，亚泉学馆编，普通学书室出版，1903 年初版。

《(绘图)文学初阶》6 卷，杜亚泉编辑，商务印书馆，1903 年初版。

《理化示教(高等小学用)》1 册，杜亚泉编译，1903 年普通学书室初版，1906 年商务印书馆改正出版。

《新撰植物学教科书》1 册，[日]三好学著，杜亚泉译述，1903 年初版。

《最新中学教科书植物学》1册，亚泉学馆编译，1903年初版。“此书由杜亚泉‘迻译并增补’”。[1]

《中学新撰植物学教科书》1册，杜亚泉编纂，1903年初版。

《最新笔算教科书》5册，徐隽编纂，杜亚泉、张元济校订，1904年初版。

《最新笔算教科书教授法(初等小学堂教员用)》5册，徐隽编纂，杜亚泉、张元济校订，1904年初版。

《最新高等小学理科教科书》4册，谢洪赉编纂，杜亚泉、张元济校订，1904年初版。

《最新高等小学笔算教科书》4册，王兆枏、杜亚泉编纂，1905年初版。

《最新高等小学笔算教科书教授法(高等小学堂教员用)》4册，王兆枏、杜亚泉编纂，1905年初版。(第3册为寿孝天、杜亚泉编纂)

《中学化学新教科书》1册，[日]吉田彦六郎著，杜亚泉译，1905年初版。

《中学生理学教科书》1册，[日]坪井次太郎著，杜亚泉等编译，1907年初版。

《最新初等小学格致教科书》3册，杜亚泉编辑，1906年初版。

---

1 许纪霖、田建业，编：《一溪集：杜亚泉的生平与思想》，北京：生活·读书·新知三联书店，1999年，第311页。

《最新初等小学格致教科书教授法》3 册,杜亚泉编纂,1906 年初版。

《化学新教科书》1 册,杜亚泉纂译、杜就田参订,1905 年初版。

《简易格致课本》1 册,杜亚泉编纂,1906 年初版。

《最新初等小学格致教科书》3 册,杜亚泉编辑,1906 年初版。(该书有订正版,1905 年 10 月初版·1912 年 5 月 20 版)

《最新初等小学格致教科书教授法》3 册,杜亚泉编辑,1906 年初版。

《高等小学算术教本》见第 4 册,寿孝天编辑,杜亚泉校订,1906 年初版。

《中学教科书矿物学》1 册,亚泉学馆编译,1906 年初版。

《最新中学教科书矿物学》1 册,杜亚泉编译,1906 年初版。“杜亚泉搜辑翻译而成。”[1]

《最新中学教科书用器画》1 册,孙钺编辑、杜亚泉校订,1906 年初版。

《中学生理学教科书》1 册,[日]坪井次郎著,杜亚泉、杜就田编译,1907 年初版。

《中学植物学教科书》1 册,[日]松村任三、齐田功太郎著,封面为“杜亚泉、杜就田编译”,版权页为“杜亚泉、杜就田译订,寿芝

1 许纪霖、田建业编:《一溪集:杜亚泉的生平与思想》,北京:生活·读书·新知三联书店,1999 年,第 312 页。

苏翻译”,1907 年初版。

《(修订)生理卫生新教科书(中学校及师范学校教科用书)》1 册,[日]三岛通良著,孙佐编译,杜亚泉、杜就田校订,1907 年初版。

《中学物理学新教科书》1 册,[日]中村清二著,杜亚泉编译,1907 年初版。

《新撰植物学教科书》1 册,[日]三好学著,杜亚泉编译,1907 年初版。(最前面是 1903 年 3 月写于亚泉学馆的“绪言”)

《初等矿物学教科书》1 册,[日]横山又次郎著,杜亚泉、杜就田合译,1907 年初版。

《格致课本》2 册,杜亚泉编纂,1907 年初版。

《格致课本教授法》2 册,杜亚泉编纂,1907 年初版。

《中学新撰动物学教科书》1 册,凌昌焕、许家庆编译,杜亚泉、杜就田校订,1908 年初版。

《实验化学教科书》1 册,杜就田编辑,杜亚泉校订,1908 年初版。

《(改订)中学动物学教科书》1 册,杜就田、孙佐同编译,杜亚泉校,1908 年初版。

《博物学教授指南》1 册,[日]山内繁雄等著,杜亚泉译,1908 年初版。

《盖氏对数表(附用法)》1 册,[德]盖氏(F. G. Gauss)著,[日]宫本藤吉原译,杜亚泉、寿孝天重译,1909 年初版。(如 1933 年 4

版,1951年4月再版)

《动物新论》1册,[日]箕作佳吉著,杜就田、许家庆译述,杜亚泉校订,1910年初版。

《师范学堂生理卫生学》册数不详,杜亚泉编纂,1910年以前。[1]

《初级师范学校动物学教科书》,册数不详,杜亚泉编纂,1910年初版。

《高等小学农业教科书》册数不详,杜亚泉与严保成合编,1910年以前出版。[2]

《实验植物学教科书》1册,[日]三好学著,杜亚泉编译,1911年初版。

《中学植物学教科书》1册,[日]松村任三、齐田功太郎著,杜亚泉、杜就田译,1912年8月6版。

《矿物学讲义(师范讲习社师范讲义)》1册,杜亚泉编纂,1912年初版。

《动物学讲义(师范讲习社师范讲义)》1册,杜亚泉、杜就田述,1912?

《博物学初步讲义(师范讲习社师范讲义)》1册,杜亚泉、杜就田编

---

1 许纪霖、田建业编:《一溪集:杜亚泉的生平与思想》,北京:生活·读书·新知三联书店,1999年,第318页。

2 许纪霖、田建业编:《一溪集:杜亚泉的生平与思想》,北京:生活·读书·新知三联书店,1999年,第318页。

纂,1912 年初版。

《(订正)最新笔算教科书(小学校高年级用)》4 册,王兆枏、杜亚泉编纂,1912 年初版。

《(订正)最新格致教科书(初级小学用)》3 册,杜亚泉编辑,1912 年初版。

《单级算术教科书(初等小学用)》12 册,寿孝天、邓庆澜编纂,陈宝泉、杜亚泉校订,1913 年初版。

《(订正)算书教本笔算(小学校高年级用)》4 册,寿孝天编纂,杜亚泉、骆师曾校订,第 2 册 1913 年 9 月 9 版。

《(新学制小学后期用)新法理科教科书》4 册,凌昌焕、杜亚泉编纂,1922 年初版。

《(新学制小学校高级用)新撰自然教科书》4 册,杜亚泉编纂,1924 年初版。

《共和国教科书新理科(高等小学秋季始业用)》6 册,杜亚泉、凌昌焕、杜就田编纂,1913 年初版。

《共和国教科书新理科教授法(高等小学秋季始业用)》6 册,杜亚泉等编纂,1913 年初版。

《共和国教科书新理科(高等小学春季始业用)》6 册,杜亚泉、杜就田编纂,1912 年初版。

《共和国教科书新理科教授法(高等小学春季始业教员用)》6 册,杜亚泉、杜就田编纂,1912 年初版。

《共和国教科书新理科教授法(高等小学春季始业教员用)》6册,杜亚泉、杜就田编纂,1912年初版。

《共和国教科书新理科教授法(高等小学秋季始业教员用)》6册,杜亚泉、杜就田编纂,1913年初版。

《共和国教科书植物学(中学校用)》1册,杜亚泉编纂,王兼善、杜就田校订,1913年初版。(此书所见有增订本,1913年初版·1921年27版)

《共和国教科书生理学(中学校用)》1册,杜亚泉、凌昌焕编纂,1914年初版。

《共和国教科书矿物学(中学校用)》1册,杜亚泉编纂,1914年初版。

《共和国教科书动物学(中学校用)》1册,徐善祥、杜亚泉、杜就田编纂,1915年初版。

《普通教科书新理科(高等小学春季始业)》6册,杜亚泉、杜就田编纂,1915年初版。

《(订正)算书教本(笔算)(小学校高年级用)》4册,寿孝天编纂,杜亚泉、骆师曾校订,第2册1913年9月3版。

《新编植物学教科书》1册,杜亚泉编纂,1915年增订版。

《(增订)最新中学教科书植物学》见第1册,[美]甘惠德著,杜亚泉校订,1915年初版。

《新时代民众学校自然课本》1册,凌昌焕编纂、杜亚泉校订,1920

年初版。

《新法理科教科书(高等小学秋季始业)》6册,凌昌焕编纂,杜亚泉、吴家煦校订,1920年初版。

《新法理科教科书(高等小学春季始业)》6册,凌昌焕编纂,杜亚泉、吴家煦校订,1921年初版。

《新法理科教科书(新学制小学后期用)》4册,凌昌焕、杜亚泉编纂,1922年初版。

《实用理科教科书(高等小学)》6册,北京教育图书社编纂,陈宝泉、杜亚泉、凌昌焕校订,第5册1923年8版。

《新学制自然教科书(小学校初级用)》8册,凌昌焕编,杜亚泉、王岫庐校订,1923年初版。

《新学制自然教科书(小学校高级用)》4册,凌昌焕编纂,王云五、杜亚泉校订,1923年初版。

《新学制初级中学教科书自然科学》4册,杜亚泉编辑,1923年初版。

《(订正)新学制自然教科书(小学校高年级用)》4册,凌昌焕编纂,王云五、杜亚泉校订,1924年初版。

《中等学校教科书有机化学》1册,杜亚泉、郑贞文编,1924年初版。

《新撰自然科教科书(新学制小学校高年级用)》4册,杜亚泉编纂,1924年初版。

《新撰自然科教授书(新学制小学校高年级用)》4册,许心芸编纂,杜亚泉校订,1924年初版。

《中学动物学教科书》1册,杜亚泉编纂,1927年以前。

《(订正)新学制自然教科书(初级小学用)》8册,凌昌焕编,杜亚泉、王岫庐校订,928年出版。

《人生哲学》1册,杜亚泉编纂,1929年初版。

《小学自然科教学法》1册,杜亚泉编纂、蔡元培校,1931年初版。

《新时代高中教科书岩石学》1册,杜若城编,杜亚泉校订,1931年初版。

《新标准初中教本动物学》上下册,周建人著,杜亚泉校,上海开明书店,1934年初版。

# 参考文献

## 一、报刊、历史文献类

《安徽教育行政旬刊》1933 年第 4 期。

《东方杂志》1934 年第 1 期。

《东方杂志》第 2 年第 9 期(1905 年)。

《广州民国日报》1926 年 05 月 10 日。

《国粹学报》第 1 年第 1 号,1905 年 2 月。

《国粹学报》第 1 年第 8 号,1905 年 9 月。

《国粹学报》第 3 年第 1 号,1907 年 3 月。

《教育通讯》1938 年创刊号。

《教育杂志》第 1 卷第 10 期(1909 年)。

《临时政府公报(第 2 号)》1912 年。

《路向》1938 年第 4 期。

《南洋旬刊》第 2 卷第 2 期,1926 年 2 月。

《商务印书馆编译所人员名册》稿本,现藏于北京,商务印书馆。

《申报》1912 年 2 月 26 日。

《申报》1946 年 8 月 4 日。

《文史资料选辑(第 31 辑)》,北京:文史资料出版社,1962 年。

《新中华杂志》第 2 卷第 6 期,1934 年。

《学部第一次审定初等小学暂用书目》,无版权页。

《哲学大辞典·中国哲学史卷》编辑委员会编:《哲学大辞典·中国哲学史卷》,上海:上海辞书出版社,1985年。

《中国教育年鉴》编辑部编:《中国教育年鉴(1949—1981)》,北京:中国大百科全书出版社,1984年。

《中华教育界》1913年1月号。

北京图书馆、人民教育出版社图书馆合编:《民国时期总书目(1911—1949)中小学教材》,北京:书目文献出版社,1985年。

陈奇著:《刘师培年谱长编》,贵阳:贵州人民出版社,2007年。

陈学恂、田正平编:《中国近代教育史资料汇编 留学教育》,上海:上海教育出版社,1991年。

陈学恂主编:《中国近代教育史教学参考资料(上册)》,北京:人民教育出版社,1986年。

陈学恂主编:《中国近代教育史教学参考资料(中册)》,北京:人民教育出版社,1987年。

陈寅:《中华书局一年之回顾》,《中华教育界》1913年1月号。

高平叔编著:《蔡元培年谱》,北京:中华书局,1980年。

国立编译馆编:《国立编译馆一览》,南京:国立编译馆,1934年。

河南省教育厅编:《河南教育特刊》,郑州:河南省教育厅印,1929年。

湖南人民出版社校点:《郭嵩焘日记(第3册)》,长沙:湖南人民出版社,1982年。

教育部编:《教育法令汇编(第5辑)》,1932年。

教育部教育年鉴编纂委员会编:《第二次中共教育年鉴(第1编)》,上海:商务印书馆,1948年。

黎难秋主编:《中国科学翻译史料》,合肥:中国科学技术大学出版社,1996年。

李桂林、戚名琇、钱曼倩编:《中国近代教育史资料汇编 普通教育》,上海:上海教育出版社,1995年。

刘增人、冯光廉编:《叶圣陶研究资料》,北京:北京十月文艺出版社,1988 年。
鲁迅博物馆、鲁迅研究室编:《鲁迅年谱(第 1 卷)》,北京:人民文学出版社,1981 年。
罗耀九主编:《严复年谱新编》,厦门:鹭江出版社,2004 年。
青年杂志社编辑:《青年杂志(第 1 卷第 1 期)》,上海:群益书社,1915 年。
清悚著:《侨民初中教科书编辑标准说明》,《侨民教育》1941 年第 2 期。
璩鑫圭、唐良炎编:《中国近代教育史资料汇编:学制演变》,上海:上海教育出版社,1991 年。
任鸿隽著:《一个关于理科教科书的调查》,《独立评论》第 61 号,1933 年。
荣孟源主编:《中国国民党历次代表大会及中央全会资料(下册)》,北京:光明日报出版社,1985 年。
上海交通大学校史编纂委员会编:《上海交通大学纪事 1896—2005(上册)》,上海:上海交通大学出版社,2006 年。
上海市出版工作者协会《出版史料》编辑部编:《出版史料 第 5 辑》,上海:学林出版社,1986 年。
上海市出版工作者协会《出版史料》编辑组编:《出版史料 第 1 辑》,上海:学林出版社,1982 年。
盛宣怀:《照会南洋公学添设特班学为应经济特科之选》,上海交大档案,第 508 卷。
舒新城编:《中国近代教育史资料(第 3 卷)》,北京:人民教育出版社,1981 年。
舒新城编:《中国近代教育史资料(上册)》,北京:人民教育出版社,1981 年。
舒新城编:《中国近代教育史资料(中册)》,北京:人民教育出版社,1961 年。
宋应离、袁喜生、刘小敏编:《20 世纪中国著名编辑出版家研究资料汇辑(第 1 辑)》,开封:河南大学出版社,2005 年。
宋原放主编,陈江辑注:《中国出版史料·现代部分(第 1 卷下)》,济南:山东教育出版社,2001 年。
唐宝林、林茂生著:《陈独秀年谱 1879—1942》,上海:上海人民出版社,

1988年。

万仁元、方庆秋主编，中国第二历史档案馆整编：《中华民国史史料长编 民国34年(2)》，南京：南京大学出版社，1993年。

王炜编校：《〈清实录〉科举史料汇编》，武汉：武汉大学出版社，2009年。

吴剑杰编著：《张之洞年谱长编(上卷)》，上海：上海交通大学出版社，2009年。

许同莘编：《张文襄公年谱》，上海：商务印书馆，1944年重庆初版·1946年上海初版·1947年上海再版。

薛福成著，宝海校注：《出使四国日记》，北京：社会科学文献出版社，2007年。

杨家骆编：《戊戌变法文献汇编(第2册)》，台北：鼎文书局，1973年。

恽毓鼎著：《恽毓鼎澄斋日记》，杭州：浙江古籍出版社，2004年。

张静庐辑注：《中国近代出版史料补编·插页》，北京：中华书局，1957年。

张静蔚编选校点：《中国近代音乐史料汇编：1840—1919》，北京：人民音乐出版社，1998年。

张人凤、柳和城编著：《张元济年谱长编(下)》，上海：上海交通大学出版社，2011年。

张树年主编，柳和成、张人凤、陈梦熊编著：《张元济年谱》，北京：商务印书馆，1991年。

章飚、汪福琪、洪树林、章伟编：《胡适家书手迹》，北京：东方出版社，1997年。

浙江省政协文史资料委员会编：《浙江文史资料选辑(第45辑) 浙江近代著名学校和教育家》，杭州：浙江人民出版社，1991年。

中共中央文献研究室、中共湖南省委《毛泽东早期文稿》编辑组编：《毛泽东早期文稿》，长沙：湖南人民出版社，2008年。

中国出版科学研究所、中央档案馆编：《中华人民共和国出版史料(1949)》，北京：中国书籍出版社，1995年。

中国第二历史档案馆编：《中华民国史档案资料汇编(第5辑第2编教育1)》，南京：江苏古籍出版社，1997年。

中国史学会主编，翦伯赞、刘启戈、段昌同、林树惠、王其榘、金家瑞编：《戊戌变法(4)》,上海:上海人民出版社,1957 年。
中国史学会主编,中国科学院近代史研究所史料编辑室、中央档案馆明清档案部编辑组编:《洋务运动(5)》,上海:上海人民出版社,1961 年。
中国史学会主编:《戊戌变法(第 2 册)》,上海:神州国光社,1953 年。
中华民国教育部编:《第一次中国教育年鉴(戊编·教育杂录)》,上海:开明书店,1934 年。
中央教育科学研究所编:《中华人民共和国教育大事记(1949—1982)》,北京:教育科学出版社,1984 年。
朱有瓛主编:《中国近代学制史料(第 1 辑上册)》,上海:华东师范大学出版社,1983 年。
朱有瓛主编:《中国近代学制史料(第 1 辑下册)》,上海:华东师范大学出版社,1986 年。
朱有瓛主编:《中国近代学制史料(第 2 辑上册)》,上海:华东师范大学出版社,1987 年。
朱有瓛主编:《中国近代学制史料(第 3 辑上册)》,上海:华东师范大学出版社,1990 年。

## 二、著作类

《中国现代教育家传》编委会编:《中国现代教育家传(第 1 卷)》,长沙:湖南教育出版社,1986 年。
白吉庵、刘燕云编:《胡适教育论著选》,北京:人民教育出版社,1994 年。
包天笑著:《钏影楼回忆录(第 2 辑·5)》,台北:龙文出版社股份有限公司,1990 年。
毕苑著:《建造常识:教科书与近代中国文化转型》,福州:福建教育出版社,2010 年。
蔡元培著,高平叔编:《蔡元培教育论集》,长沙:湖南教育出版社,1987 年。
陈独秀著,游冠辉编:《陈独秀箴言录》,北京:中国文联出版公司,1998 年。

陈独秀著,安庆市陈独秀学术研究会编注:《陈独秀诗存》,合肥:安徽教育出版社,2003 年。

陈独秀著,戚谢美、邵祖德编:《陈独秀教育论著选》,北京:人民教育出版社,1995 年。

陈独秀著,秦淮红编:《陈独秀文化随笔》,北京:中国青年出版社,1999 年。

陈独秀著,任建树、张统模、吴信忠编:《陈独秀著作选(第 1 卷)》,上海:上海人民出版社,1984 年。

陈独秀著,三联书店编辑:《陈独秀文章选编(上)》,北京:生活·读书·新知三联书店,1984 年。

陈独秀著:《独秀文存(卷 1)》,上海:亚东图书馆,1922 年。

陈独秀著:《实庵自传》,上海:亚东图书馆,1947 年 5 版。

陈衡哲著,朱维之编:《陈衡哲散文选集》,天津:百花文艺出版社,1991 年。

陈进金著:《抗战前教育政策之研究(1928—1937)》,台北:近代中国出版社,1997 年。

陈景磐编著:《中国近代教育史》,北京:人民教育出版社,1983 年。

陈立夫、陈秀惠著:《复兴中国文化:陈立夫访谈录》,北京:新华出版社,2007 年。

陈立夫著,王云五主编:《战时教育行政回忆》,台北:台湾商务印书馆股份有限公司,1973 年。

陈立夫著:《陈立夫回忆录:成败之鉴》,台北:正中书局,1994 年。

陈立夫著:《从根救起》,台北:三民书局,1970 年初版·1972 年再版·1976 年 3 版。

陈立夫著:《回忆抗战期间的教育》,(台湾)《中央日报》1985 年 8 月 7 日。

陈山榜编:《张之洞教育文存》,北京:人民教育出版社,2008 年。

陈书良编:《梁启超文集》,北京:燕山出版社,1997 年。

陈原著:《书和人和我》,北京:生活·读书·新知三联书店,1994 年。

陈远撰:《在不美的年代里》,重庆:重庆出版社,2011 年。

陈子展撰:《中国近代文学之变迁》,上海:上海书店出版社,1931年。
程谪凡编:《中国现代女子教育史》,上海:中华书局,1936年。
丁冬、谢泳著:《教育放言录》,福州:福建教育出版社,2008年。
丁冬、谢泳著:《文化十日谈》,福州:福建教育出版社,2008年。
丁尔纲著:《茅盾:翰墨人生八十秋》,武汉:长江文艺出版社,2000年。
丁钢主编:《文化的传递与嬗变 中国文化与教育》,上海:上海教育出版社,1990年。
丁钢著:《历史与现实之间:中国教育传统的理论探索》,北京:教育科学出版社,2002年。
丁守和主编:《辛亥革命时期期刊介绍(第1集)》,北京:人民出版社,1982年。
丁守和主编:《辛亥革命时期期刊介绍(第3集)》,北京:人民出版社,1983年。
丁守和主编:《中国近代启蒙思潮(上、中、下)》,北京:社会科学文献出版社,1999年。
丁文江、赵丰田著:《梁启超年谱长编》,上海:上海人民出版社,1983年。
丁晓禾主编:《中国百年留学全记录》,珠海:珠海出版社,1998年。
杜成宪、丁纲主编:《20世纪中国教育的现代化研究》,上海:上海教育出版社,2004年。
杜亚泉著,许纪霖、田建业编:《杜亚泉文存》,上海:上海教育出版社,2003年。
方光华著:《刘师培评传》,南昌:百花洲文艺出版社,2010年。
费正清编:《剑桥中国晚清史(下卷)》,北京:中国社会科学出版社,1994年。
丰子恺著、丰一吟编:《缘缘堂随笔集》,杭州:浙江文艺出版社,1983年。
冯天瑜、何晓明著:《张之洞评传》,南京:南京大学出版社,1985年。
冯天瑜等著:《中华文化史》,上海:上海人民出版社,1990年。
冯友兰著:《冯友兰学术自传(第2版)》,北京:人民出版社,2007年。
冯友兰著:《三松堂自序》,北京:人民出版社,1998年。
冯自由著:《革命逸史(第2集)》,北京:中华书局,1981年。
冯自由著:《中华民国开国前革命史(上)》,上海:上海书店出版社,1990年。

傅国涌著:《历史深处的误会——近代史的大人物小细节》,北京:东方出版社,2006 年。

傅国涌著:《民国年间那人这事:看历史中的历史 听故事中的故事》,珠海:珠海出版社,2007 年。

傅国涌著:《主角与配角:近代中国大转型的台前幕后》,武汉:长江文艺出版社,2005 年。

傅子玖主编:《中国新文学(上册)》,上海:华东师范大学出版社,1993 年。

高力克著:《调适的智慧:杜亚泉思想研究》,杭州市:浙江人民出版社,1998 年。

高平叔、王世儒编注:《蔡元培书信集》,杭州:浙江教育出版社,2000 年。

高平叔编:《蔡元培全集》,北京:中华书局,1984 年。

高信成著:《中国图书发行史》,上海:复旦大学出版社,2005 年。

顾黄初著:《语文教育论稿》,北京:人民教育出版社,1995 年。

关晓红著:《晚清学部研究》,广州:广东教育出版社,2000 年。

郭太风著:《王云五评传》,上海:上海书店出版社,1999 年。

郭院林著:《清代仪征刘氏左传家学研究》,北京:中华书局,2008 年。

何明编著:《民国名人全纪录 民国名人的最后岁月纪实 8 第 4 部 曲终人散》,北京:华文出版社,2010 年。

胡明编选:《胡适选集》,天津:天津人民出版社,1991 年。

胡明著:《胡适传论(上)》,北京:人民文学出版社,1996 年。

胡适著,耿云志、欧阳哲生整理:《胡适全集(第 24 卷)书信(1929—1943)》,合肥:安徽教育出版社,2003 年。

胡适著,洪治纲主编:《胡适经典文存》,上海:上海大学出版社,2004 年。

胡适著,季维龙整理:《胡适全集(第 13 卷) 史学·论集》,合肥:安徽教育出版社,2003 年。

胡适著,季羡林编:《胡适全集(第 2 卷)》,合肥:安徽教育出版社,2003 年。

胡适著,姜义华主编:《胡适学术文集·语言文字研究》,北京:中华书局,1993 年。

胡适著,李燕珍编:《胡适自叙》,北京:团结出版社,1996 年。
胡适著,林乐齐选编:《胡适散文》,杭州:浙江文艺出版社,2001 年。
胡适著,姚鹏、范桥编:《胡适散文(第 1 集)》,北京:中国广播电视出版社,1992 年。
胡适著:《尝试集》,北京:中国文联出版公司,1998 年。
胡适著:《戴东原哲学》,长沙:岳麓书社,2010 年。
胡适著:《胡适留学日记(下)》,合肥:安徽教育出版社,1999 年。
胡适著:《胡适日记全编 3 1919—1922》,合肥:安徽教育出版社,2001 年。
胡适著:《胡适文存》,合肥:黄山书社,1996 年。
胡适著:《胡适文集》,北京:人民文学出版社,1998 年。
胡适著:《四十自述(第 1 册)》,上海:亚东图书馆,1933 年初版·1941 年 7 版。
胡适著:《文学改良刍议 胡适文存 第 1 集第 1 卷》,台北:远流出版事业股份有限公司,1986 年。
湖南师范大学伦理研究所编:《伦理文化的当代求索 逻辑·历史·现实(中)》,长沙:湖南师范大学出版,2001 年。
黄世辉编:《蔡孑民先生言行录(上)》,上海:新潮社,1920 年。
黄兴涛等编译:《辜鸿铭文集(下卷)》,海口:海南出版社,1996 年。
黄炎培著:《八十年来》,北京:中国文史出版社,1982 年。
贾兴权著:《陈独秀传》,济南:山东人民出版社,1998 年。
姜东赋、刘顺利选注:《王国维文选》,天津:百花文艺出版社,2006 年。
蒋建农主编:《毛泽东全书(第 1 卷 横空出世)》,石家庄:河北人民出版社,1998 年。
晋阳学刊编辑部编:《中国现代社会科学家传略(第 10 辑)》,太原:山西人民出版社,1987 年。
晋阳学刊编辑部编:《中国现代社会科学家传略(第 4 辑)》,太原:山西人民出版社,1983 年。
课程教材研究所编:《教材制度沿革篇(上册)》,北京:人民教育出版社,

2004 年。
来新夏著:《出枥集:来新夏自选集》,北京:新世界出版社,2002 年。
李伯棠编著:《小学语文教材简史》,济南:山东教育出版社,1985 年。
李大钊著:《李大钊文集(上)》,北京:人民出版社,1984 年。
李海生、张敏著:《民国两兄弟 陈果夫与陈立夫》,上海:上海人民出版社,2000 年。
李良玉著:《动荡时代的知识分子》,杭州:浙江人民出版社,1990 年。
李妙根编:《刘师培论学论政》,上海:复旦大学出版社,1990 年。
李锐著:《毛泽东早年读书生活》,沈阳:辽宁人民出版社,1992 年。
李叔同著,张耀南编:《李叔同谈艺录》,长沙:湖南大学出版社,2011 年。
李兴华主编:《民国教育史》,上海:上海教育出版社,1997 年,
李兴华著:《人世楷模蔡元培》,上海:上海 人民出版社,1988 年。
李延辉著:《蒋介石的纵横人生》,长春市:吉林文史出版社,1995 年。
李泽厚著:《中国近代思想史论》,北京:人民出版社,1979 年。
李泽厚著:《中国现代思想史论》,天津:天津社会科学院出版社,2003 年。
梁启超著:《南海康先生传》,北京:中华书局,1989 年
梁启超著:《饮冰室合集》,上海:中华书局,1935 年。
梁启超著:《自由心影录 梁启超散文精品》,成都:四川文艺出版社,1998 年。
梁漱溟著:《东西文化及其哲学》,北京:商务印书馆,2004 年。
梁柱著:《蔡元培与北京大学》,银川:宁夏人民出版社,1983 年。
林保淳著:《严复——中国近代思想启蒙者》,台北:幼狮文化事业公司,1988 年。
林太乙著:《林语堂传》,北京:中国戏剧出版社,1994 年。
林太乙著:《林语堂传》,长春:东北师范大学出版社,1994 年。
林文光著:《钱玄同文选》,成都:四川文艺出版社,2010 年。
林语堂著,郑陀译:《吾国与吾民》,上海:世界新闻出版社,1938 年初版。
林语堂著:《八十自述》,北京:宝文堂书店,1990 年。

林语堂著:《林语堂自传》,南京:江苏文艺出版社,1995年。

林语堂著:《谁最会享受人生》,武汉:湖北人民出版社,1989年。

林语堂著、张振玉等译、寇晓伟编:《林语堂文集(第8卷) 吾国吾民 八十自述》,北京:作家出版社,1995年。

林毓生著:《中国传统的创造性转化》,北京:生活·读书·新知三联书店,1988年。

林增平、肖致治、冯祖贻、刘望龄主编:《辛亥革命史(上册)》,北京:人民出版社,1980年。

林子勋主编:《中华学术与现代文化丛书第十一册 教育学论集》,台北:中国文化大学出版部,1980年第1版·1983年再版。

刘师培撰,程千帆、曹虹导读:《中国中古文学史讲义》,上海:上海古籍出版社,2000年。

刘师培撰:《刘申叔先生遗书(第64册)》,宁武南氏校印,1936年。

刘师培撰:《刘申叔先生遗书(第65册)》,宁武南氏校印,1936年。

刘师培撰:《刘申叔先生遗书(第66册)》,宁武南氏校印,1936年。

刘师培撰:《刘申叔先生遗书(第67册)》,宁武南氏校印,1936年。

刘师培撰:《刘申叔先生遗书(第71册)》,宁武南氏校印,1936年。

刘师培撰:《刘申叔先生遗书(第73册)》,宁武南氏校印,1936年。

刘师培撰:《刘申叔先生遗书》之《左盦外集(卷17)》,宁武南氏校印,1936年。

鲁迅著:《鲁迅选集(上)》,北京:人民文学出版社,1959年。

路哲著:《中国无政府主义史稿》,福州:福建人民出版社,1990年。

吕达主编:《陆费逵教育论著选》,北京:人民教育出版社,2000年。

吕达著:《中国近代课程史论》,北京:人民教育出版社,1994年。

罗家伦著:《逝者如斯集》,台北:传记文学出版社,1981年。

洛秦编著:《海上回音叙事》,上海:上海音乐学院出版社,2010年。

马建强著:《追寻近代中国的教育大师》,北京:教育科学出版社,2008年。

茅盾著,叶子铭校注:《茅盾全集(34):回忆录一集》,北京:人民文学出版社,

1997 年。

茅盾著:《我走过的路(上)》,北京:人民文学出版社,1981 年。

欧用生著:《开放社会的教育改革》[M]. 台北:心理出版社,1992.

潘敏、李建强主编:《思源致远 百年神韵:上海交通大学文化研究》,北京:高等教育出版社,2011 年。

钱炳寰:《中华书局大事纪要:1912—1954》,北京:中华书局,2002 年。

钱仁康著:《学堂乐歌考源》,上海:上海音乐出版社,2001 年。

钱玄同著:《钱玄同文集(第 3 卷) 汉字改革与国语运动 》,北京:中国人民大学出版社,1999 年。

任鸿隽著,樊洪业、张久春选编:《科学救国之梦——任鸿隽文存》,上海:上海科技教育出版社、上海科学技术出版社,2002 年。

任建树著:《陈独秀传(上)》,上海:上海人民出版社,1989 年。

桑兵著:《晚清学堂学生与社会变迁》,桂林:广西师范大学出版社,2007 年。

商金林撰著:《叶圣陶年谱长编(第一卷)》,北京:人民教育出版社,2004 年。

商务印书馆编:《1897—1987 商务印书馆九十年——我和商务印书馆》,北京:商务印书馆,1987 年。

商务印书馆编:《1897—1992 商务印书馆九十五年——我和商务印书馆》,北京:商务印书馆,1992 年。

商务印书馆编:《商务印书馆一百年(1897—1997)》,北京:商务印书馆,1998 年。

沈百英等著:《小学教科书的改革》,上海:华华书店,1948 年。

沈寂主编,安徽省陈独秀研究会、安徽大学陈独秀研究中心编:《陈独秀研究(第 2 辑)》,合肥:安徽大学出版社,2003 年。

沈寂主编:《陈独秀研究(第 1 辑)》,北京:东方出版社,1999 年。

沈洽编:《学堂乐歌之父——沈心工之生平与作品》,台北:中华民国作曲家协会出版,无时间。

石鸥、吴小鸥编著:《百年中国教科书图说 1897—1949》,长沙:湖南教育出版社,2009年。

石鸥、吴小鸥著:《中国近现代教科书史(上册)》,长沙:湖南教育出版社,2012年。

石中英著:《知识转型与教育改革》,北京:教育科学出版社,2001年。

孙继南编著:《中国近现代音乐教育史纪年:1840—2000》,济南:山东教育出版社,2004年。

孙培青主编:《中国教育史(修订版)》,上海:华东师范大学出版社,2000年。

孙中山著:《孙中山选集(第2版)》,北京:人民出版社,1981年。

陶菊隐著:《筹安会"六君子"传》,北京:中华书局,1981年。

田慧生、曾天山著:《中小学课程教材改革与实验》,成都:四川教育出版社,1997年。

田建业、姚铭尧、任元彪选编:《杜亚泉文选》,上海:华东师范大学出版社,1993年。

田正平、肖朗主编:《世纪之理想 中国近代义务教育研究》,杭州:浙江教育出版社,2000年。

田正平著:《传统教育的现代转型》,杭州:浙江科学技术出版社,2013年。

田正平著:《留学生与中国教育近代化》,广州:广东教育出版社,1996年。

汪家熔著:《近代出版人的文化追求 张元济、陆费逵、王云五的文化贡献》,南宁:广西教育出版社,2003年。

汪家熔著:《民族魂——教科书的变迁》,北京:商务印书馆,2008年。

汪家熔著:《商务印书馆史及其他——汪家熔出版史研究文集》,北京:中国书籍出版社,1998年。

汪毓和编著:《中国近现代音乐史》,北京:人民音乐出版社,1984年。

汪毓和编著:《中国近现代音乐史》,北京:人民音乐出版社,2006年。

汪原放著:《回忆亚东图书馆》,上海:学林出版社,1983年。

汪志国主编:《中国历史与文化(下册)》,合肥:合肥工业大学出版社,2005年。

王炳照、田正平主编:《中国教育思想通史 第6卷 1911—1927》,长沙:湖南教育出版社,1994 年。
王国忠著:《李约瑟与中国》,上海:上海科学普及出版社,1992 年。
王稼句选编:《印象林语堂》,合肥:安徽文艺出版社,2010 年。
王建辉著:《名流随笔》,沈阳:辽宁教育出版社,1999 年。
王建军著:《中国近代教科书发展研究》,广州:广东教育出版社,1996 年。
王伦信著:《清末民国时期中学教育研究》,上海:华东师大出版社,2002 年。
王璞著:《项美丽在上海》,北京:人民文学出版社,2005 年。
王奇生著:《留学与救国 抗战时期海外学人群像》,桂林:广西师范大学出版社,1995 年。
王蘧常主编:《中国历代思想家传记汇诠(下册)》,上海:复旦大学出版社,1993 年。
王栻主编:《严复集》,北京:中华书局,1986 年。
王栻著:《严复传》,上海:上海人民出版社,1975 年。
王维礼主编:《蒋介石的文臣武将》,郑州:河南人民出版社,1998 年。
王聿均、孙斌编:《朱家骅先生言论集》,台北:中央研究院近代史研究所出版,1977 年。
王云五著:《革新时代教学思想》,台北:台湾商务印书馆,1971 年。
王云五著:《岫庐论教育》,台北:台湾商务印书馆股份有限公司,1965 年。
隗瀛涛、吴雁南主编:《辛亥革命史(中册)》,北京:人民出版社,1980 年。
闻纪宁、胡晓选编:《胡适:人生坦言》,合肥:安徽人民出版社,1995 年。
吴履平主编,课程教材研究所编,何慧君、姚富根卷编:《20 世纪中国中小学课程标准·教学大纲汇编 语文卷》,北京:人民教育出版社,2001 年。
吴汝纶著,宋开玉整理:《吴汝纶日记(上)》,石家庄:河北教育出版社,1999 年。
吴熙敬主编:《中国近现代技术史(下卷)》,北京:科学出版社,2000 年。
吴相著:《从印刷作坊到出版重镇》,南宁:广西教育出版社,1999 年。
吴小鸥著:《中国近代教科书的启蒙价值》,福州:福建教育出版社,2011 年。

吴研因、吴增芥编:《小学教材研究》,上海:商务印书馆,1933年。
吴研因等著:《小学教科书评论》,南京:正中书局,1936年。
吴雁南、冯祖贻、苏中立、郭汉民主编:《中国近代社会思潮1840—1949(第1卷)》,长沙:湖南教育出版社,1998年。
吴雁南主编:《清代经学史通论》,昆明:云南大学出版社,2001年。
肖东发、于文著:《中外出版史》,北京:中国人民大学出版社,2010年。
肖伊绯著:《孤云独去闲 民国闲人那些事》,杭州:浙江大学出版社,2012年。
谢泳著:《教授当年》,天津:百花文艺出版社,1998年。
谢泳著:《旧人旧事》,上海:上海人民出版社,1996年。
谢泳著:《靠不住的历史:杂书过眼录二集》,桂林:广西师范大学出版社,2009年。
谢泳著:《逝去的年代 中国自由知识分子的命运》,福州:福建教育出版社,2013年。
谢泳著:《书生的困境:中国现代知识分子问题简论》,桂林:广西师范大学出版社,2009年。
熊明安编:《中华民国教育史》,重庆:重庆出版社,1990年。
熊月之著:《中国近代民主思想史》,上海:上海人民出版社,1986年。
徐百柯著:《民国风度〈民国那些人〉修订版·典藏版》,北京:九州出版社,2011年。
徐登明著:《编辑出版家叶圣陶》,北京:中国书籍出版社,1994年。
徐立亭主编,陈景华著:《晚清巨人传盛宣怀》,哈尔滨:哈尔滨出版社,1996年。
徐雁、童强主编;南京大学中国思想家研究中心编:《中国思想史与思想家评传》,北京:中华书局,2002年。
许纪霖、田建业编:《一溪集:杜亚泉的生平与思想》,北京:生活·读书·新知三联书店,1999年。
薛理勇著:《旧上海租界史话》,上海:上海社会科学院出版社,2002年。

严复著，王宪明编：《严复学术文化随笔》，北京：中国青年出版社，1999 年。

严如平主编：《民国著名人物传（第 2 卷）》，北京：中国青年出版社，1997 年。

阎纯德著：《中国现代女作家》，哈尔滨：黑龙江人民出版社，1981 年。

杨东平编：《大学精神》，沈阳：辽海出版社，2000 年。

杨帆著：《国民党去台高官 大结局》，北京：华文出版社，2010 年。

杨晋龙主编：《清代扬州学术（下册）》，台北：中央研究院中国文哲研究所，2005 年。

杨仲揆著、陈鹏仁译：《中国现代化先驱——朱家骅传》，台北：近代中国出版社，1984 年。

叶圣陶著，刘国正主编：《叶圣陶教育文集（3）》，北京：人民教育出版社，1994 年。

叶圣陶著：《叶圣陶出版文集》，北京：中国书籍出版社，1996 年。

叶宋曼瑛著，张人凤、邹振环译：《从翰林到出版家——张元济的生平与事业》，香港：商务印书馆，1992 年。

叶再生主编：《出版史研究（第 2 辑）》，北京：中国书籍出版社，1994 年。

叶至善著：《我是编辑》，北京：中国少年儿童出版社，1998 年。

于述胜著，李国均、王炳照总主编：《中国教育制度通史（第 7 卷）民国时期（公元 1912—1949 年）》，济南：山东教育出版社，2000 年。

于树胜著：《中国教育口述史 第 1 辑》，重庆：重庆大学出版社，2011 年。

余子侠著：《民族危机下的教育应对》，武汉：华中师范大学出版社，2001 年。

俞筱尧、刘彦捷编：《陆费逵与中华书局》，北京：中华书局，2002 年。

袁洪亮著：《人的现代化：中国近代国民性改造思想研究》，北京：人民出版社，2005 年。

苑书义、孙华峰、李秉新主编：《张之洞全集》，石家庄：河北人民出版社，1998 年。

曾天山主笔：《20 世纪的中国 教育事业卷》，兰州：甘肃人民出版社，2000 年。

曾天山著：《教材论》，南昌：江西教育出版社，1997 年。

曾业英编:《蔡松坡集》,上海:上海人民出版社,1984 年。
张宝明、刘云飞著:《陈独秀的最后十年》,郑州:河南人民出版社,2000 年。
张宝明、刘云飞著:《飞扬与落寞——陈独秀的旷代悲情》,北京:东方出版社,2007 年。
张斌贤主编:《现代国家教育管理体制》,上海:上海教育出版社,1996 年。
张昌华著:《民国风景——文化名人的背影之二》,北京:东方出版社,2009 年。
张昌华著:《曾经风雅——文化名人的背影》,桂林:广西师范大学出版社,2007 年。
张昌华著:《走进大家》,北京:人民文学出版社,2003 年。
张楚廷著:《教育哲学》,北京:教育科学出版社,2006 年。
张楚廷著:《课程与教学哲学》,北京:人民教育出版社,2003 年。
张春霆著:《张文襄公治鄂记》,武昌:湖北通志馆,1947 年。
张岱年著:《中国文化概论》,北京:北京师范大学出版社,1994 年。
张建安、金人主编:《民国名人诉讼案》,北京:群众出版社,2004 年。
张君劢、丁文江等著:《科学与人生观》,济南:山东人民出版社,1997 年。
张君劢、丁文江著:《科学与人生观》,济南:山东人民出版社,1997 年。
张枬、王忍之编:《辛亥革命前十年间时论选集(第 1 卷上)》,北京:生活·读书·新知三联书店,1960 年。
张珊珍著:《陈立夫生平与思想评传》,北京:中共中央党校出版社,2006 年。
张树年著:《我的父亲张元济》,天津:百花文艺出版社,2006 年。
张学继、张雅蕙著:《陈立夫大传》,北京:团结出版社,2004 年。
张学继著:《出版巨擘——张元济传》,杭州:浙江人民出版社,2003 年。
张元济著,张人凤辑:《中华民族的人格》,沈阳:辽宁教育出版社,2003 年。
张元济著:《涵芬楼烬余书录·序》,《涵芬楼烬余书录》,上海:商务印书馆,1951 年。
张元济著:《张元济书札》,北京:商务印书馆,1981 年。
张之洞著:《劝学篇》,上海:上海书店出版社,2002 年。

章清著:《胡适评传》,南昌:百花洲文艺出版社,1992 年。

章士钊著:《逻辑指要》,重庆:时代精神社,1943 年。

赵尔巽等著:《二十五史(全本)清史稿》,乌鲁木齐:新疆青少年出版社,1999 年。

郑国民著:《从文言文教学到白话文教学——我国近现代语文教学的变革历程》,北京:北京师范大学出版社,2000 年。

郑鲁编著:《中国国民党史稿(第 4 篇)》,上海:商务印书馆,1938 年第 1 版·1944 年重庆增订第 1 版·1947 年上海增订第 1 版。

郑曦原编:《帝国的回忆》,北京:生活·读书·新知三联书店,2001 年。

智效民著:《胡适和他的朋友们》,北京:世界知识出版社,2010 年。

中共中央马克思恩格斯列宁斯大林著作编译局编:《马克思恩格斯全集(第 9 卷)》,北京:人民出版社,1965 年。

中国社会科学院近代史研究所中华民国史研究室编:《胡适的日记》,北京:中华书局,1985 年。

中华书局编辑部编:《回忆中华书局(上编)》,北京,中华书局,1987 年。

周天度著:《蔡元培传》,北京:人民出版社,1984 年。

周武著,方全林主编:《张元济:书卷人生》,上海:上海教育出版社,1999 年。

周越然著:《书与回忆》,沈阳:辽宁教育出版社,1996 年。

朱洪著:《陈独秀传》,合肥:安徽人民出版社,1998 年。

朱洪著:《胡适大传》,合肥:安徽人民出版社,2000 年。

朱绍禹、张文颖编著:《初中语文教科书指要》,北京:高等教育出版社,1997 年。

朱寿朋编,张静庐等校点:《光绪朝东华录(第 5 册)》,北京:中华书局,1958 年。

诸荣会著:《百年背影:历史嬗变中的悲喜人生》,合肥:安徽文艺出版社,2012 年。

卓如编:《冰心全集(8)》,福州:海峡文艺出版社,1999 年。

邹振环著:《晚清西方地理学在中国——以1815至1911年西方地理学译著的传播与影响为中心》,上海:上海古籍出版社,2000年。

[德]伽达默尔著:《真理与方法》,洪汉鼎译,上海:上海译文出版社,1999年。

[德]舍勒著:《知识的形式与教育》,刘小枫译,上海:三联书店,1999年。

[美]E. A. 罗斯著,公茂虹、张皓译:《变化中的中国人》,北京:中华书局,2006年。

[美]本杰明·史华兹著,叶凤美译:《寻求富强:严复与西方》,南京:江苏人民出版社,1996年。

[美]丁韪良著,沈弘等译:《花甲忆记——一位美国传教士眼中的晚清帝国》,桂林:广西师范大学出版社,2004年。

[美]杜威著,张恒编:《杜威的五大演讲》,北京:金城出版社,2010年。

[美]费正清编:《剑桥中华民国史1912—1949年》,北京:中国社会科学出版社,1994年。

[美]唐德刚著:《胡适杂忆(增订本)》,上海:华东师范大学出版社,1999年。

[美]张灏著:《梁启超与中国思想的过渡(1890—1907)》,崔志海、葛夫平译,南京:江苏人民出版社,1997年。

[日]实藤慧秀著,谭汝谦、林启彦译:《中国人留学日本史》,北京:生活·读书·新知三联书店,1983年。

[英]赫胥黎原著,严复述译:《赫胥黎天演论》,上海:富文书局石印,1901年。

[英]李提摩太著,李宪堂、侯林莉译:《亲历晚清四十五年李提摩太在华回忆录》,天津:天津人民出版社,2005年。

[英]李约瑟著.《中国科学技术史》翻译小组译:《中国科学技术史(第1卷第1分册)》,北京:科学出版社,1975年。

[英]迈克尔·波兰尼著:《个人知识》,许泽民译,贵阳:贵州人民出版社,2000年。

[英]麦克. F. D扬著:《知识与控制—教育社会学新探》,谢维和等译,上海:华东师大出版社,2002年。

## 三、其他

《蒙学课本(卷1)》,上海:南洋公学,1899年第2次排印。

北京教育学院师范教研室编:《小学语文教学资料选编(1)》,北京:北京出版社,1982年。

蔡元培编纂:《(订正)中学修身教科书》,上海:商务印书馆,1912年订正初版·1914年5版。

蔡振编纂:《(中学堂用)修身教科书(第1册)》,上海:商务印书馆,1907年初版·1910年4版。

陈独秀著:《小学识字教本》,油印本。

陈衡哲著:《(新学制高级中学教科书)西洋史(上册)》,上海:商务印书馆,1924年初版·1926年5版。

陈衡哲著:《(新学制高级中学教科书)西洋史(下册)》,上海:商务印书馆,1926年初版·1927年3版。

陈立夫主编、薛元龙编著:《建国教科书初级中学童子军(第1册)》,南京:正中书局,1936年初版·1936年40版。

陈乾生著:《小学万国地理新编(卷上)》,上海:商务印书馆,1902年。

戴克敦、沈颐、陆费逵编:《新制中华修身教科书(高等小学第1册)》,上海:中华书局,1913年初版·1913年5版。

戴克敦、沈颐、陆费逵编:《新制中华修身教科书(高等小学第3册)》,上海:中华书局,1913年初版·1913年10版。

杜亚泉、杜就田编译:《中学生理学教科书》,上海:商务印书馆,1907年初版·1922年17版。

杜亚泉、杜就田编纂:《共和国教科书高等小学新理科(第1册)》,上海:商务印书馆,1912年初版·1912年4版。

杜亚泉、杜就田编纂:《普通教科书新理科(高等小学春季始业第1册)》,上海:商务印书馆,1915年初版。

杜亚泉、杜就田编纂:《普通教科书新理科(高等小学春季始业第1册)》,上海:商务印书馆,1915年初版。

杜亚泉编辑:《(新学制初级中学教科书)自然科学(第1册)》,上海:商务印书馆,1923年初版·1932年国难后第1版·1932年国难后第3版。

杜亚泉编辑:《(新学制初级中学教科书)自然科学(第4册)》,上海:商务印书馆,1926年初版·1926年10版。

杜亚泉编辑:《新学制自然教科书(第1册)》,上海:商务印书馆,1923年初版·1923年4版。

杜亚泉编辑:《新学制自然教科书(第1册)》,上海:商务印书馆,1923年初版·1923年4版。

杜亚泉编纂:《(绘图)文学初阶(卷1)》,上海:商务印书馆,1903年第1版·1906年第15版。

杜亚泉编纂:《(绘图)文学初阶(卷4)》,上海:商务印书馆,1903年第1版·1906年第11版。

杜亚泉编纂:《(绘图)文学初阶(卷5)》,上海:商务印书馆,1903年第1版·1906年第8版。

杜亚泉编纂:《(绘图)文学初阶(卷6)》,上海:商务印书馆,1904年第1版。

杜亚泉编纂:《(小学校高级用书)新撰自然科教科书(第1册)》,上海:商务印书馆,1924年初版。

杜亚泉编纂:《(增订)共和国教科书植物学(中学校用)》,上海:商务印书馆,1913年初版·1921年27版。

杜亚泉纂译:《中学化学新教科书》,上海:商务印书馆,1905年9月初版·1906年7月4版。

范祥善编纂:《新学制常识教科书(小学校初级第1册)》,上海:商务印书馆,1923年初版·1923年10版。

范祥善编纂:《新学制常识教科书(小学校初级第5册)》,上海:商务印书馆,1924年初版·1926年135版。

范祥善编纂:《新学制常识教科书(小学校初级第7册)》,上海:商务印书馆,1924年初版。

傅运森编辑:《新学制历史教科书(初级中学上册)》,上海:商务印书馆,1923年初版·1926年90版。

葛传槼著:《开明英文文法精义》,上海:开明书店,1931年初版。

国立编译馆编纂:《短期小学课本(第1册)》,南京:国立编译馆,1935年订正初版·1937年订正314版。

国立编译馆编纂:《短期小学课本(第4册)》,南京:国立编译馆,1936年初版·1937年293版。

胡适选注:《词选(新学制高级中学国语科用)》,上海:商务印书馆,1927年初版·1928年再版。

华鸿年、何振武编辑:《中华初等小学国文教科书(第1册)》,上海:中华书局,1912年初版·1912年再版。

华鸿年、何振武编辑:《中华初等小学国文教科书(第2册)》,上海:中华书局,1912年初版·1913年62版。

蒋维乔、杜佐周、陈育崧、苏知新编校:《南侨公民教科书(初小第1册)》,新加坡:南洋书局,1941年初版。

蒋维乔、高凤谦、张元济编纂:《最新高等小学国文教科书(第7册)》,上海:商务印书馆,1909年初版·1909年6版。

教育部编审处编辑:《三民主义千字课暂行本乙种(第3册)》,南京:京华印书馆,1931年初版。

教育部教科用书编辑委员会编:《初级中学国文(甲编第2册)》,上海:国定中小学教科书七家联合供应处印行,1945年上海白报纸本第1版·1946年上海白报纸本第100版。

黎锦晖、陆费逵、编辑:《新小学教科书国语读本(初级小学第3册)》,上海:中华书局,1923年发行·1924年24版。

李步青编:《中华女子高等小学修身教科书(第1册)》,上海:中华书局,1914

年初版·1915年2版。

林语堂、林幽编著:《开明英文讲义(开明中学讲义第1册)》,上海:开明书店,1935年初版·1948年12版。

林语堂著,张沛霖汉译:《汉译开明英文文法(高级中学教科适用)》,上海:开明书店,1940年初版·1946年8版。

林语堂著:《开明第三英文读本(初级中学)》,上海:开明书店,1937年修正初版·1946年9版。

凌昌焕、杜亚泉编纂:《(新学制小学后期用)新法理科教科书(第1册)》,上海:商务印书馆,1922年初版·1923年21版。

刘师培编著:《安徽乡土地理教科书》,上海:国学保存会,1906年。

刘师培撰:《经学教科书(第2册)》,上海:国学保存会,1906年首版发行。

刘师培撰:《中国历史教科书(第1册)》,上海:国学保存会,1905年首版发行。

吕叔湘、朱自清、叶圣陶编:《开明文言读本(第1册)》,上海:开明书店,1948年初版·1948年3版。

钱基博编著:《语体文范》,无锡:锡成印刷公司印刷,无锡县公署三科发行,1920年。

商务印书馆编译所编纂:《最新修身教科书(初等小学堂第3册)》,上海:商务印书馆,1904年初版·1908年14版。

沈心工编辑:《学校唱歌集(初集)》,上海:文明书局,1904年。

沈心工编辑:《学校唱歌集(二集)》,上海:文明书局,1906年。

沈颐、戴克敦编纂:《共和国教科书新修身(初等小学春季始业第8册)》,上海:商务印书馆,1912年初版·1913年59版。

沈颐、范源濂、杨喆编:《中华女子高等小学国文教科书(第2册)》,上海:中华书局,1914年初版·1915年2版。

沈颐、范源濂、杨喆编:《中华女子高等小学国文教科书(第5册)》,上海:中华书局,1914年初版·1915年2版,第5页。

宋云彬、朱文叔、蒋仲仁、杜子劲、马祖武编辑:《初级中学语文课本(第2册)》,

北京:新华书店出版发行,据北京1950年8月版本重印·1950年9月汉口重印。
孙俍工编纂:《中学国文特种读本(第1册)》,上海:国立编译馆,1933年初版。
吴守谦、皇甫钧编纂:《短期小学的行政和教学》,上海:商务印书馆,1937年初版。
吴研因、范善祥、周予同编辑:《新学制教科书国语(初级中学第1册)》,上海:商务印书馆,1923年初版·1926第92版。
徐善祥、杜亚泉、杜就田编纂:《共和国教科书动物学》,上海:商务印书馆,1915年初版·1923年3月15版。
叶楚伧、陈立夫主编,刘悉规编著:《(初级中学)公民(公民生活与公民道德)第1册》,南京:正中书局,1935年78版。
叶楚伧、陈立夫主编,孙本文编著:《高级中学公民(社会问题)第1册》,南京:正中书局,1935年出版。
叶楚伧、陈立夫主编,应成一、萨孟武编著:《建国教科书高级中学公民(社会问题 政治要概)第1册》,(无地址):正中书局,1936年初版·1948年平1版。
叶绍钧、夏丏尊合编:《(初中国文科教学自修用)国文百八课(第1册)》,上海:开明书店,1935年初版·1938年新1版。
叶圣陶编:《开明国语课本(上册)》,上海:上海科学技术文献出版社,2005年。
叶圣陶编:《开明国语课本(下册)》,上海:上海科学技术文献出版社,2005年。
张岱年主编:《中华思想大辞典》,长春:吉林人民出版社,1991年。
张元济书:《初等小学堂习字帖(第1册)》,上海:商务印书馆,1905年初版·1911年30版。
张之洞著:《张相国新撰唱歌教科书》,无版权页。
周鹏枚校:《普通新历史》,上海:普通学书室,1902年。
周为群、刘薰宇、章克标、仲光然编著:《开明算学教本三角(初级中学学生用)》,上海:开明书店,1929年初版·1930年4版。

周为群、刘薰宇、章克标、仲光然编著:《开明算学教本算术(初级中学学生用)》下册,1929 年初版·1930 年 4 版。

朱剑芒编辑:《朱氏初中国文(第 5 册)》,上海:世界书局,1934 年印刷·1934 年出版。

庄适、吴研因、沈圻编纂:《新学制国语教科书(初等小学第 2 册)》,上海:商务印书馆,1923 年初版·1913 年 15 版。

# 后　记

这本书最初的写作动机，是出于一种好奇心。我的博士论文是研究清末民初教科书的启蒙诉求，在对一本本教科书进行登记、拍照时，发现很多编撰者是中国近现代的知名人士，当时就想在博士论文完成后，写一本通俗的读本，让更多的人了解他们与小小教科书的故事。

博士论文完成后，对百年中国教科书进行了系统的研究，进一步收集了很多近现代名人与教科书的资料。在博士论文出版过程中，经傅国涌先生的推荐，结识了福建教育出版社林冠珍老师，她不断鼓励我将本书写作完成。

本书的写作过程比我预期的要艰难许多，每一位先生都仰之弥高，我常常通过那些娴静而质朴的课本，感受他们在一脉书香中的人生信仰与良知，以及飘逸在书卷气息中平实抱素的精神超越，这是极其令人怀想的，也因此常常纠结于表述中语言的苍白。同时，我一直谨记当代知名教育史学家浙江大学田正平先生提到严谨踏实的研究是“有五分资料说三分话”的治学原则，力求客观呈现与表达。本书大量教科书珍贵文本及图片，来自导师个人二十余年的艰辛收藏，感谢田正平先生、石鸥先生的教诲与引领！

2013年初夏，收到商务印书馆刘雁老师的短信，遂与之交流书稿，刘老师对书稿很感兴趣，并提出一些修改建议。2013年12月2日，我第一次踏入了被胡适先生誉为“一个支配几千万儿童的知识思想的机关，当然比北京大学重要多了”的商务印书馆，看见门口巨石上刻有“商务印书馆”及“昌明教育 开启民智”几个大字时，一时间思绪万千、眼眶湿润。感谢为中国近代教科书编撰出版默默奉献的个人与机构！

2014年元旦，我在家中写作序言，思考着中国近现代名人，脑海中浮现了一个熟悉的身影，他就是张楚廷先生。张先生是我在1987年进入湖南师范大学教育系本科学习时的老校长，依稀记得当年只是在全校新生大会时远远仰视主席台上的先生。读博期间，近距离的聆听张先生开设的《教育哲学》，在他温和平静的言语中感受思想启蒙的力量。张先生作为我的博士论文答辩老师，在提问时说“我知道她要做什么”这句让我终身难忘并至今想起仍然会眼眶湿润的话语。我小心翼翼地给张先生发了一条短信，恳请先生能否在百忙之中写个序，最初先生没有答应，第二天再次接到先生的信息，说可以试试，真是十分荣幸，感谢张先生的关怀与期许！

2014 年岁末,应傅国涌先生之邀到温州参加民国教育学术会议,第一次见到傅国涌先生、谢泳先生、丁东先生,他们关于中国社会及教育的多维度阐释,是我理解中国近现代名人及教科书极为重要的参考,感谢三位先生的理解信任与慷慨推荐!

在书稿即将出版之际,我觉得自己真是十分幸运。感谢北京师范大学的张斌贤先生、华东师范大学的杜成宪先生、宁波大学贺国庆先生、湖南师范大学刘铁芳先生对我在研究中国近现代教科书过程中的帮助与鼓励!感谢商务印书馆蔡长虹老师及年轻责编孙祎萌女士对书稿复审及校阅中的宝贵意见及辛勤付出!

教科书研究是一条很漫长的路,任重而道远,需要一点一点的积累与探索。家,总是温馨的港湾,感谢一直默默支持我的爱人李小兵及女儿李想,我们现在不同的城市、各自的岗位努力工作与学习,互相鼓励,人生路上亲密同行!

此书稿虽历经多次修改,但由于笔者的水平所限,书中疏漏及不当之处,恳请各位读者朋友们不吝指正,衷心感谢!我也会更加努力!

吴小鸥

初稿于 2014 年国庆前夕宁波回郴州的 K212 次列车上

定稿于 2015 年初春宁波大学至善楼